MACHINE
LEARNING

머신러닝을 위한

수학 길잡이

머신러닝을 좀 더 깊이 있게 이해하기 위해 알아야 할
선형대수, 최적화, 확률 및 통계

하길찬 지음

KYOWOO

들어가며

기계학습(머신러닝)이나 심층학습(딥러닝)에서 학습이 의미하는 것은 수집된 데이터를 바탕으로 이 데이터의 특성을 잘 표현하는 예측 모델을 매개변수(파라미터)를 이용하여 구성하고, 수집된 데이터의 실제값과 예측모델로부터 얻은 예측값 사이의 평균오차가 최소가 되도록 매개변수를 결정하는 과정을 의미한다.

이때, 이미지, 텍스트, 음성 등 다양한 형태로 수집된 데이터는 적절한 전처리 과정을 통해 수치화한 다음 컴퓨터가 이해할 수 있는 배열 형태로 변환하게 되는데, 이런 배열에 대응되는 수학적 개념이 벡터와 행렬(좀 더 일반적으로 텐서)이다. 또 예측모델을 구성하는 것은 적절한 확률분포를 선택하는 것과 밀접하게 관련이 있고, 예측모델의 파라미터를 결정하는 것은 어떤 다변수 (벡터)함수가 최소가 되는 파라미터를 구하는 것에 대응되는데, 이 과정에서 여러 최적화 방법이 사용된다.

따라서 행렬과 다변수 함수의 미분 정도만 이해하면, 손쉽게 접할 수 있는 다양한 머신러닝 프레임워크나 라이브러리를 통해 머신러닝 알고리즘을 활용한 예측모델을 구성하는 것이 가능하다. 하지만, 단순히 흥미를 충족시키기 위한 것이 아니라, 어떤 목적을 갖고 실제 문제에 활용하기 위해 머신러닝을 사용하길 원한다면, 적절한 예측모델을 구성하고 그 결과가 얼마나 신뢰할 만한지를 평가할 수 있도록 각각의 머신러닝 알고리즘을 깊이 있게 이해해야 한다. 머신러닝을 깊이 있게 이해하는데 도움이 되는 교재로는 [5], [13]등과 같이 좋은 교재들이 있지만, 일정한 수학적 지식을 전제로 머신러닝과 통계적 분석을 다루고 있으므로 일반인이나 학부생이 읽고 이해하기에는 어려움이 있다.

이런 교재나 관련 논문을 읽기 위해서는 대학 1학년 수준의 미적분학 이외에 선형대수, 약간의 해석학 지식을 포함한 최적화 이론, 확률 및 다변량 통계 등이 필수적인데, 지난 8년 동안 대학에서 머신러닝을 강의하며 느낀 점은 학생들이 이 모든 것을 각각 공부한 뒤에 머신러닝을 공부하기에는 현실적으로 여러 가지 어려움이 있다는 점이었다. 이 책의 목적은 이런 어려움을 최소화하면서, 머신러닝을 깊이 있게 이해하는데 필요한 수학을 압축해서 체계적으로 이해할 수 있도록 도와주는 길잡이 역할을 하는 것이다.

이 책의 수준은 그 목적상 머신러닝을 위한 기초수학으로 많이 소개되는 미적분과 기초 통계학보다는 그 수준이 다소 높다. 하지만, 대학 1학년 수준에서 배우는 다변수 함수에 대한 편미분을 할 수 있으면, 논리적으로 책의 내용을 따라가면서 이해하는데 어려움이 없도록 쓰려고 노력했다. 따라서 이 책은 머신러닝을 깊게 공부하려는 일반인이나 공학 학부생이 필요한 수학을 보충하려는 목적으로 공부하기에 적합하며, 수학, 통계학 전공 학부생이 데이터 과학이나 머신러닝과 관련이 있는 전공 과목의 내용을 체계적으로 정리하는 목적으로 공부하기에도 충분하다.

이 책의 구성은 1장에서 데이터의 표현 뿐 아니라 머신러닝의 여러 연산을 효율적으로 처리하고, 내재된 정보를 추출하는데 필수적인 여러가지 행렬 분해와 선형대수의 필수적인 내용을 소개하고, 2장에서는 1장의 내용을 바탕으로 다변수 함수에 대한 최적화를 이해하는데 필수적인 내용을 다룬다. 특히 머신러닝의 학습에서 자주 나오는 볼록함수에 대한 최적화와 반복 최적화 알고리즘을 자세하게 설명하고, 최적화의 쌍대성 이론과 KKT 최적 조건을 활용한 서포트 벡터 머신의 학습을 자세히 설명한다. 3장의 확률과 통계는 예측모델을 이해하는데 필요한 확률분포와, 예측모델의 학습과 평가에 필요한 통계적 추론을 선형대수를 이용하여 설명하였다. 특히, 큰 수의 법칙과 중심극한정리는 머신러닝에서 중요하게 사용되는 도구인데, 이를 충분히 이해하고 활용할 수 있도록 확률변수열의 수렴성을 포함한 몇 가지 주제를 좀 더 자세하게 다루었다.

이 책에서 사용하는 표기법 중 언급할 점은 스칼라는 a, b, x, y와 같은 일반 글자체의 소문자를 사용하고, 벡터는 $\boldsymbol{a}, \boldsymbol{b}, \boldsymbol{x}, \boldsymbol{y}$와 같은 굵은 글자체를 사용한다. 같은 취지로 함숫값이 실수인 함수는 f, g, 함숫값이 벡터인 함수는 $\boldsymbol{f}, \boldsymbol{g}$로 쓴다. 또, 확률변수는 X, Y와 같은 일반 글자체의 대문자를 사용하고, 확률벡터는 $\boldsymbol{X}, \boldsymbol{Y}$와 같은 굵은 글자체를 사용한다. 행렬은 확률벡터와 구별하기 위해 $\mathbf{X}, \mathbf{Y}, \mathbf{A}$와 같은 글자체를 사용하고, 집합이나 점을 표현하는 문자와 구별하기 위해, 확률은 $\mathbb{P}$, 기댓값은 $\mathbb{E}$, 분산은 $\mathbb{V}\mathrm{ar}$, 공분산은 $\mathbb{C}\mathrm{ov}$로 표기한다.

바라건대 이 책이 머신러닝과 관련된 이론 서적이나 관련 논문을 읽을 때 부딪힐 수 있는 수학적 장벽을 낮추고, 좀 더 깊은 이해를 위해 어떤 수학을 좀 더 공부해야 하는지 그 방향을 잡는데 도움이 되기를 희망한다. 끝으로 초고를 꼼꼼하게 검토하고 좋은 의견을 제시해 준 한경훈 교수에게 깊은 감사의 마음을 전한다.

2024년 1월 하길찬

차 례

CHAPTER 1

벡터공간과 행렬

사람의 뇌는 이미지, 텍스트, 음성 등 다양한 형태의 데이터를 바로 이해할 수 있지만, 컴퓨터는 그렇지 못하다. 따라서 기계학습(머신러닝 machine learning)이나 심층학습(딥러닝 deep learning)을 위해서는 먼저 데이터를 컴퓨터가 이해할 수 있는 형태로 변환해 주어야 한다. 이때 복잡한 데이터에 적절한 전처리 과정을 거쳐 얻은 수치를 일정한 형태로 나열한 배열로 표현하게 되는데, 이런 배열에 대응되는 수학적 개념이 벡터와 행렬이다.

이처럼 데이터에 대한 정보를 담고 있는 행렬로부터 이 정보를 생성하는 기본적인 특성들을 찾고 표현하는 방법을 알기 위해서 벡터공간과 벡터공간의 기저에 대한 개념이 필요하며, 내재된 정보를 함축하는 새로운 특성벡터를 찾기 위해 행렬에 대한 특잇값 분해를 이용할 수 있다. 또, 벡터 또는 행렬로 표현된 데이터에 일정한 변형을 가하는 과정은 선형사상과 관련이 있고, 선형사상을 행렬로 표현하는 방법을 이해하고 나면 행렬의 대각화를 통해 주어진 선형사상의 본질적인 특성을 쉽게 파악할 수도 있다.

한편, 기계학습이나 심층학습에서 수집된 데이터를 바탕으로 일정한 학습 모델을 모델 파라미터에 대한 함수로 구성하고, 이 파라미터를 결정하는 학습과정에서 최적화 기법을 사용하게 되는데, 이때 함수의 미분 또한 벡터와 행렬로 표현된다. 따라서 그 계산을 효율적으로 하기 위해서 행렬에 대한 여러 가지 분해를 포함하여 선형대수의 기본적인 이론을 이해할 필요가 있다. 그 외에도 벡터공간에 내적이라는 것을 정의하면 두 벡터가 얼마나 가까운 벡터인지를 잴 수 있고, 양의 정부호 행렬을 이용하면 새로운 내적을 만들어 활용할 수 있다.

이 장에서는 선형대수와 행렬 이론에서 다루는 내용 중 기계학습을 공부하는데 기본적으로 알아야 할 내용을 중심으로 살펴본다. 선형대수에 대한 보다 자세한 내용은 [3, 17] 등을 참고하기 바란다.

1.1 벡터공간과 기저

어떤 집합의 두 원소로부터 그 집합에 포함되는 새로운 원소를 만들 수 있는 더하기(+)라는 연산과 집합의 임의의 원소에 실수를 곱하여 그 집합의 원소가 되게 하는 상수배가 정의되어 있고, 이 더하기와 상수배에 대해 좋은 성질이 만족될 때 이 집합을 실수 상에서 정의된 벡터 공간이라고 한다. 이 절에서는 벡터공간에 대한 기본적인 개념을 소개하고, 벡터공간의 부분 집합 중 이 부분집합에 속하는 원소끼리의 더하기와 상수배를 통해 벡터공간의 모든 원소를 만들어 낼 수 있는 기저에 대해 공부한다.

1.1.1 벡터공간과 부분 공간

계수가 실수인 2차 이하 다항함수들의 집합을 $\mathcal{V}$라 하고, 이 집합에 속하는 두 함수 a, b를

$$a(x) = a_0 + a_1x + a_2x^2, \quad b(x) = b_0 + b_1x + b_2x^2$$

이라 할 때, 이 두 함수를 더하거나 한 함수에 상수를 곱하면[1]

$$\begin{aligned} (a+b)(x) &:= a(x) + b(x) = (a_0+b_0) + (a_1+b_1)x + (a_2+b_2)x^2, \\ (\alpha a)(x) &:= \alpha a(x) = (\alpha a_0) + (\alpha a_1)x + (\alpha a_2)x^2 \end{aligned} \tag{1.1}$$

과 같이 집합 $\mathcal{V}$에 속하는 새로운 함수 $a+b$와 αa를 만들 수 있다.

특히, 2차 이하 다항함수를 다음과 같이 계수만을 일렬로 나열하여

$$a(x) = a_0 + a_1x + a_2x^2 \longleftrightarrow (a_0, a_1, a_2)$$

에 대응시키면 집합 $\mathcal{V}$는 집합 $\mathbb{R}^3$으로 생각할 수 있고, $\mathcal{V}$에서의 덧셈과 상수배는 다음과 같이 $\mathbb{R}^3$에 덧셈과 상수배를 정의하는 것으로 생각할 수 있다.

$$(a_0, a_1, a_2) + (b_0, b_1, b_2) = (a_0+b_0, a_1+b_1, a_2+b_2), \quad \alpha(a_0, a_1, a_2) = (\alpha a_0, \alpha a_1, \alpha a_2).$$

이처럼 어떤 집합의 두 원소를 더하거나 상수배를 통해 그 집합에 속하는 새로운 원소를 만들 수 있을 때, 이 집합을 벡터공간이라 하고, 집합에 속하는 각각의 대상을 벡터라고 하는데, 이를 엄밀하게 정의하면 다음과 같다.

---

[1] $:=$은 등식의 왼쪽을 오른쪽과 같이 정의한다는 것을 나타내는 표현이다.

정의 1.1

실 벡터공간(real vector space)은 집합 $\mathcal{V}$와 아래 8개 성질들을 만족하는 합과 상수곱

$$+ : \mathcal{V} \times \mathcal{V} \longrightarrow \mathcal{V}, \quad \cdot : \mathbb{R} \times \mathcal{V} \longrightarrow \mathcal{V}$$

이 주어진 것을 말한다.

(1) $\boldsymbol{x} + \boldsymbol{y} = \boldsymbol{y} + \boldsymbol{x}, \ \forall \boldsymbol{x}, \boldsymbol{y} \in \mathcal{V}$.[a]

(2) $(\boldsymbol{x} + \boldsymbol{y}) + \boldsymbol{z} = \boldsymbol{x} + (\boldsymbol{y} + \boldsymbol{z}), \ \forall \boldsymbol{x}, \boldsymbol{y}, \boldsymbol{z} \in \mathcal{V}$.

(3) 모든 $\boldsymbol{x} \in \mathcal{V}$에 대해 $\boldsymbol{x} + \mathbf{0} = \boldsymbol{x} = \mathbf{0} + \boldsymbol{x}$를 만족하는 원소 $\mathbf{0} \in \mathcal{V}$가 존재한다.

(4) 모든 $\boldsymbol{x} \in \mathcal{V}$에 대해 $\boldsymbol{x} + \boldsymbol{y} = \mathbf{0} = \boldsymbol{y} + \boldsymbol{x}$를 만족하는 $\boldsymbol{y} \in \mathcal{V}$가 존재한다. 이 경우 $\boldsymbol{y}$를 $-\boldsymbol{x}$라고 쓴다.

(5) $1\boldsymbol{x} = \boldsymbol{x}, \ \forall \boldsymbol{x} \in \mathcal{V}$.

(6) $(\alpha\beta)\boldsymbol{x} = \alpha(\beta\boldsymbol{x}), \ \forall \alpha, \beta \in \mathbb{R}, \forall \boldsymbol{x} \in \mathcal{V}$.

(7) $\alpha(\boldsymbol{x} + \boldsymbol{y}) = \alpha\boldsymbol{x} + \alpha\boldsymbol{y}, \ \forall \alpha \in \mathbb{R}, \forall \boldsymbol{x}, \boldsymbol{y} \in \mathcal{V}$.

(8) $(\alpha + \beta)\boldsymbol{x} = \alpha\boldsymbol{x} + \beta\boldsymbol{x}, \ \forall \alpha, \beta \in \mathbb{R}, \forall \boldsymbol{x} \in \mathcal{V}$.

벡터공간의 원소들을 **벡터**라고 부른다.

위의 정의에서 실수를 모두 복소수로 바꾸면, **복소 벡터공간**(complex vector space)을 얻는다.

[a] $\forall$– 은 "모든 – 에 대해"라는 기호이다. $\exists$– 은 "어떤 – 에 대해"라는 기호이다.

정의 1.1의 성질 (1)과 (2)로부터 세 개 이상 벡터의 합도 괄호없이 $\boldsymbol{x} + \boldsymbol{y} + \boldsymbol{z}$와 같이 표현하는 것이 가능하다. 또, 성질 (3)을 만족하는 벡터를 **영벡터**라 부른다. 예를 들어, 2차 이하 다항함수들로 이루어진 벡터공간의 경우에는 모든 함숫값이 0인 상수함수가 영벡터이다.

이 책에서 다루는 벡터공간에 대한 설명은 실 벡터공간을 대상으로 하지만, 특별한 언급이 없는 한 실수를 복소수로 바꾸면 복소 벡터공간에 대해서도 성립하는 내용이다.

예제 1.1 집합 $\mathbb{R}^n = \{(x_1, x_2, \cdots, x_n) | \forall x_i \in \mathbb{R}\}$의 두 원소와 실수 k에 대해 합과 상수곱을

$$(x_1, x_2, \cdots, x_n) + (y_1, y_2, \cdots, y_n) := (x_1 + y_1, x_2 + y_2, \cdots, x_n + y_n)$$
$$k(x_1, x_2, \cdots, x_n) := (kx_1, kx_2, \cdots, kx_n)$$

과 같이 정의하면 실 벡터공간이 된다.

풀이 합과 상수곱이 성분끼리의 연산으로 정의되어 있으므로 실수끼리의 덧셈과 곱셈에 대한 성질을 이용하면 정의 1.1의 성질 (3),(4)를 제외한 성질을 쉽게 확인할 수 있다. 성질 (3)은 영벡터 $\mathbf{0}$를 $(0, 0, \cdots, 0)$으로 잡으면 성립하고, $\boldsymbol{x} = (x_1, x_2, \cdots, x_n)$에 대해 $-\boldsymbol{x} = (-x_1, -x_2, \cdots, -x_n)$으로 잡으면 성질 (4)도 성립하므로 $\mathbb{R}^n$은 실 벡터공간이 된다. □

벡터공간의 부분집합이 벡터공간에 주어진 합과 상수곱에 대해 아래 두 조건을 만족하면 그 자체도 벡터공간이 됨을 보일 수 있다.

정의 1.2

벡터공간 $\mathcal{V}$의 부분집합 $\mathcal{W}$에 대해

$$\boldsymbol{x} + \boldsymbol{y} \in \mathcal{W}, \quad \alpha\boldsymbol{x} \in \mathcal{W}, \qquad \forall \boldsymbol{x}, \boldsymbol{y} \in \mathcal{W}, \quad \forall \alpha \in \mathbb{R}$$

가 성립하면, $\mathcal{W}$를 $\mathcal{V}$의 **부분공간**(subspace)이라고 부른다.

예제 1.2 벡터공간 $\mathcal{V} = \{a_0 + a_1 x + a_2 x^2 \mid \forall a_i \in \mathbb{R}\}$의 부분집합 $\mathcal{W} = \{a_0 + a_1 x \mid \forall a_i \in \mathbb{R}\}$은 식 (1.1)에서 정의한 합과 상수곱에 대해 $\mathcal{V}$의 부분공간이 되지만, 일차함수들의 집합은 $\mathcal{V}$의 부분공간이 아니다.

풀이 $\mathcal{W}$의 두 함수의 합은 계수가 실수인 1차 이하 다항함수가 되고, 상수곱으로 얻은 함수도 $\mathcal{W}$의 원소가 되므로 $\mathcal{W}$는 $\mathcal{V}$의 부분공간이다. 하지만, $a_1 \neq 0$이고 $b_1 \neq 0$이더라도 $a_1 + b_1 = 0$이 될 수 있으므로 두 일차함수의 합이 반드시 일차함수가 되는 것은 아니다. 따라서 일차함수들의 집합은 $\mathcal{V}$의 부분공간이 아니다. □

참고 1.3 일반적으로 벡터공간 $\mathcal{V}$의 공집합이 아닌 부분집합 $\mathcal{W}$가 부분공간이 된다면, 적어도 한 벡터 $\boldsymbol{w}$를 포함하고 있으므로 $0\boldsymbol{w} = \mathbf{0}$이 반드시 $\mathcal{W}$의 벡터가 되어야 한다. 앞의 예제에서 일차함수들의 집합은 상수함수 $\mathbf{0}$을 포함하고 있지 않으므로 이로부터 부분공간이 될 수 없음을 알 수도 있다.
다음 소절에서 배우는 기저와 차원을 이해하면 벡터공간 $\mathbb{R}^3$의 부분공간 중 $\mathbb{R}^3$가 아닌 것은 원점(영벡터)으로만 이루어진 집합, 원점을 지나는 한 직선 위의 점들로 이루어진 집합, 원점을 지나는 한 평면 위의 점들로 이루어진 집합 밖에 없음을 보일 수 있다.

1.1.2 일차독립과 기저

벡터공간 $\mathcal{V}$의 한 벡터 $\boldsymbol{v}$가 주어질 때, 벡터공간의 성질을 이용하면

$$\begin{aligned} \boldsymbol{v}+\boldsymbol{v} &= 1\boldsymbol{v}+1\boldsymbol{v}=(1+1)\boldsymbol{v}=2\boldsymbol{v}, \\ \boldsymbol{v}+\boldsymbol{v}+\boldsymbol{v} &= (\boldsymbol{v}+\boldsymbol{v})+\boldsymbol{v}=2\boldsymbol{v}+1\boldsymbol{v}=(2+1)\boldsymbol{v}=3\boldsymbol{v}, \\ &\vdots \end{aligned}$$

이므로, $\boldsymbol{v}$로부터 합만을 이용하여 만들 수 있는 모든 벡터는 상수곱을 통해 만들 수 있다. 따라서 집합 $\mathcal{S}=\{\boldsymbol{v}_1,\boldsymbol{v}_2,\cdots,\boldsymbol{v}_n\}$에 속하는 벡터로부터 만들 수 있는 벡터의 일반적인 형태는

$$\alpha_1\boldsymbol{v}_1+\alpha_2\boldsymbol{v}_2+\cdots+\alpha_n\boldsymbol{v}_n \quad (\forall\alpha_i\in\mathbb{R})$$

가 되는데, 이를 $\mathcal{S}$에 속하는 벡터들의 **선형결합**(linear combination) 또는 **일차결합**이라 부른다. 이때, $\mathcal{S}$에 속하는 벡터들의 모든 일차결합으로 이루어진 집합은 $\mathcal{V}$의 부분공간이 되는데, 기호로 $\langle\mathcal{S}\rangle$ 또는 $\mathrm{span}(\mathcal{S})$와 같이 나타내고 집합 $\mathcal{S}$로 **생성**된 부분공간이라고 부른다.

정의 1.4

벡터공간 $\mathcal{V}$의 부분집합 $\mathcal{S}=\{\boldsymbol{v}_1,\boldsymbol{v}_2,\cdots,\boldsymbol{v}_n\}$에 속하는 벡터에 대해 아래 조건

$$\alpha_1\boldsymbol{v}_1+\alpha_2\boldsymbol{v}_2+\cdots+\alpha_n\boldsymbol{v}_n=\mathbf{0}\Longrightarrow\alpha_1=\alpha_2=\cdots=\alpha_n=0$$

이 성립할 때, $\mathcal{S}$를 **일차독립**(linearly independent)이라 한다. 또, $\mathcal{S}$가 일차독립이 아닐 때, **일차종속**(linearly dependent)이라고 한다.

참고 1.5 만약 $\mathcal{S}=\{\boldsymbol{v}_1,\boldsymbol{v}_2,\cdots,\boldsymbol{v}_n\}$가 일차종속이라면, $\alpha_1\boldsymbol{v}_1+\alpha_2\boldsymbol{v}_2+\cdots+\alpha_n\boldsymbol{v}_n=\mathbf{0}$을 만족하고 적어도 하나는 0이 아닌 $\alpha_1,\cdots,\alpha_n$이 존재한다. 예를 들어, $\alpha_1\neq 0$이라면

$$\boldsymbol{v}_1=\frac{\alpha_2}{\alpha_1}\boldsymbol{v}_2+\frac{\alpha_3}{\alpha_1}\boldsymbol{v}_3+\cdots+\frac{\alpha_n}{\alpha_1}\boldsymbol{v}_n$$

과 같이 $\boldsymbol{v}_1$을 다른 벡터들의 일차결합으로 쓸 수 있다. 즉, $\mathcal{S}$가 일차종속이라는 것은 $\mathcal{S}$에 속하는 벡터 중 적어도 한 벡터를 나머지 벡터들의 일차결합으로부터 구할 수 있음을 의미한다.

참고 1.6 벡터공간 $\mathcal{V}$의 무한 부분집합 $\mathcal{S}$에 대해서는, 공집합이 아닌 임의의 유한 부분집합 $\mathcal{T} \subset \mathcal{S}$가 일차독립인 경우에 $\mathcal{S}$가 일차독립이라고 한다.

정리 1.7

집합 $\mathcal{S} = \{\boldsymbol{v}_1, \boldsymbol{v}_2, \cdots, \boldsymbol{v}_n\}$가 일차독립이다. $\Longleftrightarrow$

부분공간 $\langle \mathcal{S} \rangle$에 속하는 임의의 벡터를 일차결합으로 표현하는 방법은 유일하다.

[증명] ($\Longrightarrow$) 만약 벡터 $\boldsymbol{v} \in \langle \mathcal{S} \rangle$에 대해

$$\alpha_1 \boldsymbol{v}_1 + \alpha_2 \boldsymbol{v}_2 + \cdots + \alpha_n \boldsymbol{v}_n = \boldsymbol{v} = \beta_1 \boldsymbol{v}_1 + \beta_2 \boldsymbol{v}_2 + \cdots + \beta_n \boldsymbol{v}_n$$

이 성립한다면,

$$(\alpha_1 - \beta_1)\boldsymbol{v}_1 + (\alpha_2 - \beta_2)\boldsymbol{v}_2 + \cdots + (\alpha_n - \beta_n)\boldsymbol{v}_n = \mathbf{0}$$

이 되고, $\mathcal{S}$가 일차독립이므로 모든 i에 대해 $\alpha_i - \beta_i = 0$이 성립해야 한다.

($\Longleftarrow$) $\alpha_1 \boldsymbol{v}_1 + \alpha_2 \boldsymbol{v}_2 + \cdots + \alpha_n \boldsymbol{v}_n = \mathbf{0} = 0\boldsymbol{v}_1 + 0\boldsymbol{v}_2 + \cdots + 0\boldsymbol{v}_n$이고, 일차결합으로 표현하는 방법이 유일하므로 모든 i에 대해 $\alpha_i = 0$이다. □

정의 1.8

벡터공간 $\mathcal{V}$의 부분집합 $\mathcal{B} = \{\boldsymbol{v}_1, \boldsymbol{v}_2, \cdots, \boldsymbol{v}_n\}$이 일차독립이고 $\mathcal{V}$를 생성할 때, $\mathcal{B}$를 $\mathcal{V}$의 **기저**(basis)라고 한다. 또, 기저를 이루는 벡터의 개수 n을 $\mathcal{V}$의 **차원**(dimension)이라고 부르고 $\dim\mathcal{V}$로 쓴다.

참고 1.9 벡터공간 $\mathcal{V}$는 항상 기저를 갖는다. 영벡터로만 이루어진 벡터공간은 일차독립인 벡터가 없으므로 차원이 0인 벡터공간이다. 또, 벡터공간 $\mathcal{V}$는 무한 종류의 기저를 가질 수 있지만, 기저를 이루는 벡터의 개수는 항상 일정하다는 것을 보일 수 있다. 이 책에서 특별한 언급이 없으면 $\dim\mathcal{V} < \infty$인 유한차원 벡터공간을 의미하고, 주어진 벡터공간에서 기저를 이루는 벡터의 개수는 항상 일정하다는 것을 증명없이 사용한다.

예를 들어, 예제 1.1에서 $\mathbb{R}^3$의 점 (x_1, x_2, x_3)에 대해

$$(x_1, x_2, x_3) = x_1(1, 0, 0) + x_2(0, 1, 0) + x_3(0, 0, 1)$$

이므로 $\{(1,0,0),(0,1,0),(0,0,1)\}$ 이 $\mathbb{R}^3$ 의 기저가 됨을 확인할 수 있다. 일반적으로 $\mathbb{R}^n$ 에서도 i 번째 좌표만 1 이고 나머지 좌표는 모두 0 인 점에 대응되는 벡터를 $\boldsymbol{e}_i$ 라고 하면 $\mathcal{S} = \{\boldsymbol{e}_1, \boldsymbol{e}_2, \cdots, \boldsymbol{e}_n\}$ 은 $\mathbb{R}^n$ 의 기저가 되는데, 이를 $\mathbb{R}^n$ 의 **표준기저**(standard basis) 라 부른다.

$\mathbb{R}^n$ 을 벡터공간으로 생각할 때, 각 벡터 $\boldsymbol{x}$ 는 표준기저 $\{\boldsymbol{e}_1, \cdots, \boldsymbol{e}_n\}$ 에 대해 유일한 방법으로 $x_1\boldsymbol{e}_1 + \cdots + x_n\boldsymbol{e}_n$ 형태로 나타낼 수 있는데, 이때 결정되는 상수만을 열로 나열하여 아래와 같이 **열벡터**(column vector) 로 나타낸다.

$$\boldsymbol{x} = \begin{bmatrix} x_1 \\ \vdots \\ x_n \end{bmatrix}$$

표현의 편의를 위해 뒤에 정의할 **전치**(transpose) 를 이용하면, 위의 열벡터는 $\boldsymbol{x} = [x_1, \cdots, x_n]^{\mathrm{t}}$ 과 같이 **행벡터**(row vector) 의 전치로 나타낼 수도 있다. 물론, $\boldsymbol{x}^{\mathrm{t}} = [x_1, \cdots, x_n]$ 이다.

일반적으로 $\mathcal{V}$ 의 한 기저 $\mathcal{B} = \{\boldsymbol{v}_1, \cdots, \boldsymbol{v}_n\}$ 가 주어지면, $\mathcal{B}$ 는 $\mathcal{V}$ 를 생성하므로 $\mathcal{V}$ 의 임의의 벡터 $\boldsymbol{v}$ 를 $\boldsymbol{v}_1, \boldsymbol{v}_2, \cdots, \boldsymbol{v}_n$ 의 일차결합으로 쓸 수 있고, $\mathcal{B}$ 가 일차독립이므로 그 방법은 유일하다. 따라서 기저 $\mathcal{B}$ 를 이루는 벡터의 순서가 정해진 기저를 **순서기저**라 할 때, 이 순서기저에 대해 $\boldsymbol{v} = v_1\boldsymbol{v}_1 + v_2\boldsymbol{v}_2 + \cdots + v_n\boldsymbol{v}_n$ 을 만족하는 상수 $v_1, \cdots, v_n$ 은 유일하게 결정되고, $\mathbb{R}^n$ 의 열벡터 $[v_1, v_2, \cdots, v_n]^{\mathrm{t}}$ 에 대응시킬 수 있다. 이때, 이 열벡터를 주어진 순서기저 $\mathcal{B}$ 에 대한 $\boldsymbol{v}$ 의 **좌표벡터**(coordinate vector) 라 하고 $[\boldsymbol{v}]_{\mathcal{B}}$ 로 나타낸다.

$$\boldsymbol{v} = v_1\boldsymbol{v}_1 + \cdots + n\boldsymbol{v}_n \longleftrightarrow [\boldsymbol{v}]_{\mathcal{B}} := \begin{bmatrix} v_1 \\ v_2 \\ \vdots \\ v_n \end{bmatrix} (= [v_1, v_2, \cdots, v_n]^{\mathrm{t}}) \tag{1.2}$$

이 대응관계를 이용하여 함수 $f : \mathcal{V} \to \mathbb{R}^n$ 을 $f(\boldsymbol{v}) = [\boldsymbol{v}]_{\mathcal{B}}$ 로 정의하면, 두 벡터공간 $\mathcal{V}$ 와 $\mathbb{R}^n$ 은 벡터공간으로서는 구분할 수 없는 **동형**이 된다. 다음 소절의 예제 1.5에서 이것에 대해 알아본다.

예제 1.3 계수가 실수인 2 차 이하 다항함수들로 이루어진 벡터공간 $\mathcal{V}$ 에서 $\mathcal{B} = \{1, x, x^2\}$ 이 기저가 됨을 보이시오.

풀이 $f_0(x) = 1$, $f_1(x) = x$, $f_2(x) = x^2$ 이라 할 때, 임의의 2 차 이하 다항함수 f 는

$$f(x) = a_0 + a_1 x + a_2 x^2 = a_0 f_0(x) + a_1 f_1(x) + a_2 f_2(x)$$

로 쓸 수 있으므로 $\mathcal{B}$은 $\mathcal{V}$를 생성한다.

또, $a_0 f_0(x) + a_1 f_1(x) + a_2 f_2(x) = \mathbf{0}$이라 하면 양변이 함수로써 같다는 의미이므로 $x = 0, -1, 1$에 대해서도 성립해야 하고, 이로부터 $a_0 = a_1 = a_2 = 0$이 된다. 따라서 $\mathcal{B}$는 일차독립이다. □

n차원 벡터공간에서는 n개의 벡터가 일차독립이거나 전체 벡터공간을 생성하면 기저가 된다.

정리 1.10

n차원 벡터공간 $\mathcal{V}$의 한 부분집합 $\mathcal{B} = \{\boldsymbol{v}_1, \cdots, \boldsymbol{v}_n\}$에 대하여 다음이 성립한다.

(1) $\mathcal{B}$가 일차독립이면 $\mathcal{B}$는 $\mathcal{V}$를 생성한다.

(2) $\mathcal{B}$가 $\mathcal{V}$를 생성하면, $\mathcal{B}$는 일차독립이다.

[증명] (1) $\mathcal{B}$가 $\mathcal{V}$를 생성하지 않는다면 $\text{span}(\mathcal{B})$에 속하지 않는 $\boldsymbol{w} \in \mathcal{V}$가 존재한다. 이때, $c_1\boldsymbol{v}_1 + \cdots + c_n\boldsymbol{v}_n + \alpha\boldsymbol{w} = \mathbf{0}$이 성립하려면 $\alpha = 0$이어야 하고[2], $\mathcal{B} \cup \{\boldsymbol{w}\}$는 $\mathcal{V}$의 일차독립인 집합이 된다. 따라서 $\dim \mathcal{V} \geq n+1$가 되어 모순이다(참고 1.9).

(2) $\mathcal{B}$가 일차종속이라면 $\mathcal{B}$의 한 벡터 $\boldsymbol{v}_i$를 $\mathcal{B}$의 나머지 벡터들의 일차결합으로 쓸 수 있다. 따라서 $\boldsymbol{v}_i$를 제외한 $\mathcal{B}$의 나머지 $n-1$개로 이루어진 집합 $\widetilde{\mathcal{B}}$로 $\mathcal{V}$를 생성할 수 있다. 만약 $\widetilde{\mathcal{B}}$도 일차종속이면 같은 과정을 반복하여 $\mathcal{V}$를 생성하면서 일차독립인 $\mathcal{B}$의 부분집합 $\widetilde{\mathcal{B}}$를 얻을 수 있다. 이때, $\widetilde{\mathcal{B}}$는 $\mathcal{V}$의 기저이므로 $\dim \mathcal{V} < n$이 되어 모순이다(참고 1.9에서 언급했듯이, n 차원 벡터공간의 기저를 이루는 벡터의 개수는 n으로 일정하다). □

1.2 선형사상과 행렬

벡터공간 사이에 정의된 함수 중 합과 상수곱을 보존하는 함수는 벡터공간의 기저에 대한 함숫값으로 완전히 결정되고, 행렬을 이용하여 표현할 수 있다. 이 절에서는 이러한 관계에 대해 공부한다.

[2] $\alpha \neq 0$이면 $\boldsymbol{w} = -1/\alpha(c_1\boldsymbol{v}_1 + \cdots + c_n\boldsymbol{v}_n) \in \text{span}(\mathcal{B})$가 된다.

1.2.1 선형사상

벡터공간은 합과 상수곱이라는 대수적 구조를 가진 집합이므로 두 벡터공간 사이의 함수 중에서 이런 대수적 구조를 보존하는 함수에 관심이 있다.

정의 1.11

두 벡터공간 $\mathcal{V}, \mathcal{W}$ 사이에 정의된 함수 $\boldsymbol{f} : \mathcal{V} \to \mathcal{W}$가 아래 조건을 만족할 때 **선형사상**(linear map), **선형변환** 또는 **일차변환**(linear transformation)이라고 부른다.

$$\boldsymbol{f}(\alpha \boldsymbol{u} + \beta \boldsymbol{v}) = \alpha \boldsymbol{f}(\boldsymbol{u}) + \beta \boldsymbol{f}(\boldsymbol{v}), \qquad \forall \boldsymbol{u}, \boldsymbol{v} \in \mathcal{V},\ \forall \alpha, \beta \in \mathbb{R}$$

특히, 선형사상 $\boldsymbol{f}$가 일대일 대응이 될 때, **동형사상**(isomorphism)이라고 부르고, $\mathcal{V}$와 $\mathcal{W}$는 서로 **동형**(isomorphic)이라고 한다.

벡터공간 $\mathcal{V}$의 기저를 $\{\boldsymbol{v}_1, \cdots, \boldsymbol{v}_n\}$이라 하면, $\mathcal{V}$의 임의의 벡터는 $\boldsymbol{v} = \alpha_1 \boldsymbol{v}_1 + \cdots + \alpha_n \boldsymbol{v}_n$으로 유일하게 쓸 수 있고, 선형사상 $\boldsymbol{f}$의 정의로부터

$$\boldsymbol{f}(\boldsymbol{v}) = \alpha_1 \boldsymbol{f}(\boldsymbol{v}_1) + \cdots + \alpha_n \boldsymbol{f}(\boldsymbol{v}_n)$$

이 성립한다. 즉, 선형사상 $\boldsymbol{f} : \mathcal{V} \to \mathcal{W}$는 $\mathcal{V}$의 한 기저 $\mathcal{B}$에 대해 $\{\boldsymbol{f}(\boldsymbol{v}_i) \,|\, \forall \boldsymbol{v}_i \in \mathcal{B}\}$만 알면 결정된다.

일반적으로 함수 $\boldsymbol{f} : \mathcal{V} \to \mathcal{W}$가 일대일 대응이라는 것은 다음 전사 조건과 단사 조건을 모두 만족한다는 뜻이다.

- **전사**: 임의의 $\boldsymbol{w} \in \mathcal{W}$에 대하여 $\boldsymbol{v} \in \mathcal{V}$가 존재해서 $\boldsymbol{f}(\boldsymbol{v}) = \boldsymbol{w}$가 성립
- **단사**: $\boldsymbol{u} \neq \boldsymbol{v} \Longrightarrow \boldsymbol{f}(\boldsymbol{u}) \neq \boldsymbol{f}(\boldsymbol{v})$ (또는 $\boldsymbol{f}(\boldsymbol{u}) = \boldsymbol{f}(\boldsymbol{v}) \Longrightarrow \boldsymbol{u} = \boldsymbol{v}$)

예제 1.4 선형사상 $\boldsymbol{f} : \mathcal{V} \to \mathcal{W}$에 대하여 집합 $\ker(\boldsymbol{f}) := \{\boldsymbol{v} \in V \,|\, \boldsymbol{f}(\boldsymbol{v}) = \boldsymbol{0}\}$는 $\mathcal{V}$의 부분공간이 되고, 집합 $\mathrm{im}(\boldsymbol{f}) := \{\boldsymbol{f}(\boldsymbol{v}) \in \mathcal{W} \,|\, \boldsymbol{v} \in \mathcal{V}\}$은 $\mathcal{W}$의 부분공간이 됨을 보이시오.

풀이 $\ker(\boldsymbol{f})$가 $\mathcal{V}$의 부분공간이 됨을 보이자. $\boldsymbol{f}(\boldsymbol{v}_1) = \boldsymbol{0} = \boldsymbol{f}(\boldsymbol{v}_2)$를 만족하는 임의의 두 벡터 $\boldsymbol{v}_1, \boldsymbol{v}_2$와 임의의 실수 α_1, α_2에 대해

$$\boldsymbol{f}(\alpha_1 \boldsymbol{v}_1 + \alpha_2 \boldsymbol{v}_2) = \alpha_1 \boldsymbol{f}(\boldsymbol{v}_1) + \alpha_2 \boldsymbol{f}(\boldsymbol{v}_2) = \alpha_1 \boldsymbol{0} + \alpha_2 \boldsymbol{0} = \boldsymbol{0}$$

이 성립하므로 $\alpha_1 \boldsymbol{v}_1 + \alpha_2 \boldsymbol{v}_2 \in \ker(\boldsymbol{f})$ 가 성립한다. 따라서 정의 1.2에 의해 $\ker(\boldsymbol{f})$ 는 $\mathcal{V}$ 의 부분공간이 된다.

$\mathrm{im}(\boldsymbol{f})$ 의 임의의 두 벡터 $\boldsymbol{w}_1, \boldsymbol{w}_2$ 에 대해 $\boldsymbol{f}(\boldsymbol{v}_1) = \boldsymbol{w}_1$, $\boldsymbol{f}(\boldsymbol{v}_2) = \boldsymbol{w}_2$ 를 만족하는 $\mathcal{V}$ 의 두 벡터 $\boldsymbol{v}_1, \boldsymbol{v}_2$ 가 존재하므로 아래와 같이 $\alpha_1 \boldsymbol{w}_1 + \alpha_2 \boldsymbol{w}_2 \in \mathrm{im}(\boldsymbol{f})$ 가 성립한다.

$$\alpha_1 \boldsymbol{w}_1 + \alpha_2 \boldsymbol{w}_2 = \alpha_1 \boldsymbol{f}(\boldsymbol{v}_1) + \alpha_2 \boldsymbol{f}(\boldsymbol{v}_2) = \boldsymbol{f}(\alpha_1 \boldsymbol{v}_1 + \alpha_2 \boldsymbol{v}_2)$$

따라서 $\mathrm{im}(\boldsymbol{f})$ 는 $\mathcal{W}$ 의 부분공간이다. □

선형사상 $\boldsymbol{f}$ 에 대해 앞의 예제에서 살펴본 $\mathcal{V}$ 의 부분공간 $\ker(\boldsymbol{f})$ 를 $\boldsymbol{f}$ 의 **영공간**이라 부르고, $\mathcal{W}$ 의 부분공간 $\mathrm{im}(\boldsymbol{f})$ 를 $\boldsymbol{f}$ 의 **상공간** (range space) 이라고 부른다.

함수 $\boldsymbol{f}$ 가 선형사상이면 단사 조건을 좀 더 쉽게 확인할 수 있다.

정리 1.12

선형사상 $\boldsymbol{f}$ 가 단사이다. $\iff \ker(\boldsymbol{f}) = \{\boldsymbol{0}\}$ 이다.

[증명] ($\Longrightarrow$) $\boldsymbol{v} \in \ker(\boldsymbol{f})$ 이면 $\boldsymbol{f}(\boldsymbol{v}) = \boldsymbol{0} = \boldsymbol{f}(\boldsymbol{0})$ 이고, $\boldsymbol{f}$ 가 단사이므로 $\boldsymbol{v} = \boldsymbol{0}$ 이다.

($\Longleftarrow$) $\boldsymbol{f}(\boldsymbol{u}) = \boldsymbol{f}(\boldsymbol{v})$ 라 하면 $\boldsymbol{f}(\boldsymbol{u} - \boldsymbol{v}) = \boldsymbol{0}$ 이므로 $\boldsymbol{u} - \boldsymbol{v} \in \ker(\boldsymbol{f}) = \{\boldsymbol{0}\}$ 이고, 따라서 $\boldsymbol{u} = \boldsymbol{v}$ 이다. □

따라서 선형사상 $\boldsymbol{f} : \mathcal{V} \to \mathcal{W}$ 가 일대일 대응이 될 필요충분조건은 아래와 같다.

$$\mathrm{im}(\boldsymbol{f}) = \mathcal{W}, \quad \ker(\boldsymbol{f}) = \{\boldsymbol{0}\}$$

$\boldsymbol{f}$ 가 일대일 대응이면 역함수 $\boldsymbol{f}^{-1} : \mathcal{W} \to \mathcal{V}$ 가 존재하는데, $\boldsymbol{f}$ 가 선형사상이면 $\boldsymbol{f}^{-1}$ 도 선형사상이 된다는 것을 쉽게 확인할 수 있다. 또, 두 선형사상의 합성함수가 정의될 때, 합성함수도 선형사상이 됨을 확인하기 바란다.

예제 1.5 n 차원 벡터공간 $\mathcal{V}$ 의 한 기저를 $\mathcal{B}$ 라 할 때, $\mathcal{V}$ 의 임의의 벡터 $\boldsymbol{v}$ 를 좌표벡터 $[\boldsymbol{v}]_{\mathcal{B}}$ 에 대응시키는 함수 $\boldsymbol{f} : \mathcal{V} \to \mathbb{R}^n$ 는 동형사상이 됨을 보이시오.

풀이 $\mathcal{V}$ 의 기저를 $\mathcal{B} = \{\boldsymbol{v}_1, \cdots, \boldsymbol{v}_n\}$ 라 하고, $[\boldsymbol{x}]_{\mathcal{B}} = [x_1, \cdots, x_n]^{\mathrm{t}}$, $[\boldsymbol{y}]_{\mathcal{B}} = [y_1, \cdots, y_n]^{\mathrm{t}}$ 인

임의의 두 벡터 $\boldsymbol{x}, \boldsymbol{y}$ 에 대하여

$$\begin{aligned}\boldsymbol{f}(\alpha\boldsymbol{x}+\beta\boldsymbol{y}) =&[\alpha\boldsymbol{x}+\beta\boldsymbol{y}]_{\mathcal{B}}\\ =&[(\alpha x_1+\beta y_1)\boldsymbol{v}_1+\cdots+(\alpha x_n+\beta y_n)\boldsymbol{v}_n]_{\mathcal{B}}\\ =&[\alpha x_1+\beta y_1,\cdots,\alpha x_n+\beta y_n]^{\mathrm{t}}\\ =&\alpha[x_1,\cdots,x_n]^{\mathrm{t}}-\beta[y_1,\cdots,y_n]^{\mathrm{t}}\\ =&\alpha[\boldsymbol{x}]_{\mathcal{B}}+\beta[\boldsymbol{y}]_{\mathcal{B}}=\alpha\boldsymbol{f}(\boldsymbol{x})+\beta\boldsymbol{f}(\boldsymbol{y})\end{aligned}$$

이므로 $\boldsymbol{f}$ 는 선형사상이다. 또, $\mathbb{R}^n$ 의 임의의 벡터 $\boldsymbol{r}=[r_1,\cdots,r_n]^{\mathrm{t}}$ 에 대해 $\boldsymbol{v}\in\mathcal{V}$ 를 $\boldsymbol{v}=r_1\boldsymbol{v}_1+\cdots+r_n\boldsymbol{v}_n$ 으로 정의하면, $[\boldsymbol{v}]_{\mathcal{B}}=\boldsymbol{r}$ 이 되므로 $\boldsymbol{f}$ 는 전사이다.

이제 $\boldsymbol{f}(\boldsymbol{v})=[\boldsymbol{v}]_{\mathcal{B}}=[0,\cdots,0]^{\mathrm{t}}$ 이라 하면, $\boldsymbol{v}=\boldsymbol{0}\in\mathcal{V}$ 가 되므로 정리 1.12에 의해 $\boldsymbol{f}$ 는 단사가 된다. 따라서 $\boldsymbol{f}$ 는 동형사상이다. □

참고 1.13 예제 1.5는 두 벡터공간이 동형이라는 의미를 설명한다. 일반적인 n 차원 벡터공간 $\mathcal{V}$ 에서 기저를 고정하고 나면, 벡터를 아는 것과 기저에 대한 좌표벡터를 아는 것이 동등하다. 또 벡터공간 $\mathcal{V}$ 에서 합이나 상수곱을 행하는 것은 $\mathbb{R}^n$ 에서 대응되는 좌표벡터에 대해 합이나 상수곱을 하는 것과 같음을 알 수 있다.

선형사상 $\boldsymbol{f}:\mathcal{V}\to\mathcal{W}$ 에 대해 $\ker(\boldsymbol{f})\neq\{\boldsymbol{0}\}$ 이고 그 기저를 $\mathcal{S}=\{\boldsymbol{v}_1,\cdots,\boldsymbol{v}_k\}$ 라고 하면, $\ker(\boldsymbol{f})$ 는 $\mathcal{V}$ 의 부분공간이므로 $\mathcal{S}$ 를 포함하는 $\mathcal{V}$ 의 기저 $\mathcal{B}=\{\boldsymbol{v}_1,\cdots,\boldsymbol{v}_n\}$ 을 잡을 수 있다. 이때, 임의의 $\boldsymbol{v}\in\mathcal{V}$ 에 대해 $[\boldsymbol{v}]_{\mathcal{B}}=[v_1,\cdots,v_n]^{\mathrm{t}}$ 라 하면,

$$\begin{aligned}\boldsymbol{f}(\boldsymbol{v}) =&\boldsymbol{f}(v_1\boldsymbol{v}_1+\cdots+v_k\boldsymbol{v}_k+v_{k+1}\boldsymbol{v}_{k+1}+\cdots+v_n\boldsymbol{v}_n)\\ =&v_1\boldsymbol{f}(\boldsymbol{v}_1)+\cdots+v_k\boldsymbol{f}(\boldsymbol{v}_k)+v_{k+1}\boldsymbol{f}(\boldsymbol{v}_{k+1})+\cdots+v_n\boldsymbol{f}(\boldsymbol{v}_n)\\ =&v_{k+1}\boldsymbol{f}(\boldsymbol{v}_{k+1})+\cdots+v_n\boldsymbol{f}(\boldsymbol{v}_n)\end{aligned}$$

이 되므로 $\mathrm{im}(\boldsymbol{f})$ 는 $\{\boldsymbol{f}(\boldsymbol{v}_{k+1}),\cdots,\boldsymbol{f}(\boldsymbol{v}_n)\}$ 으로 생성된다. 이 집합이 일차독립임을 보이기 위해 $\alpha_{k+1}\boldsymbol{f}(\boldsymbol{v}_{k+1})+\cdots+\alpha_n\boldsymbol{f}(\boldsymbol{v}_n)=\boldsymbol{0}$ 이라 두면 $\alpha_{k+1}\boldsymbol{v}_{k+1}+\cdots+\alpha_n\boldsymbol{v}_n\in\ker(\boldsymbol{f})$ 가 성립하므로 아래와 같이 $\ker(\boldsymbol{f})$ 의 기저의 일차결합으로 쓸 수 있다.

$$\begin{aligned}&\alpha_{k+1}\boldsymbol{v}_{k+1}+\cdots+\alpha_n\boldsymbol{v}_n=\beta_1\boldsymbol{v}_1+\cdots+\beta_k\boldsymbol{v}_k\\ \Longleftrightarrow&\beta_1\boldsymbol{v}_1+\cdots+\beta_k\boldsymbol{v}_k-\alpha_{k+1}\boldsymbol{v}_{k+1}-\cdots-\alpha_n\boldsymbol{v}_n=\boldsymbol{0}\end{aligned}$$

한편, $\{\boldsymbol{v}_1,\cdots,\boldsymbol{v}_n\}$ 이 일차독립이므로 $\beta_1=\cdots=\beta_k=0=\alpha_{k+1}=\cdots=\alpha_n$ 가 성립하고, $\{\boldsymbol{f}(\boldsymbol{v}_{k+1}),\cdots,\boldsymbol{f}(\boldsymbol{v}_n)\}$ 는 $\mathrm{im}(\boldsymbol{f})$ 의 기저가 된다.

따라서 선형사상에 대한 **차원정리**(dimension theorem)를 얻는다.

정리 1.14

선형사상 $\boldsymbol{f}: \mathcal{V} \to \mathcal{W}$ 에 대하여 다음 **차원정리**가 성립한다.

$$\dim\big(\ker(\boldsymbol{f})\big) + \dim\big(\mathrm{im}(\boldsymbol{f})\big) = \dim(\mathcal{V})$$

[증명] $\ker(\boldsymbol{f}) \neq \{\mathbf{0}\}$ 인 경우는 이미 증명을 했고, $\ker(\boldsymbol{f}) = \{\mathbf{0}\}$ 일 때도 앞에서 설명한 것과 같은 방법으로 $\mathcal{V}$ 의 기저 $\{\boldsymbol{v}_1, \cdots, \boldsymbol{v}_n\}$ 에 대해 $\{\boldsymbol{f}(\boldsymbol{v}_1), \cdots, \boldsymbol{f}(\boldsymbol{v}_n)\}$ 가 $\mathrm{im}(\boldsymbol{f})$ 의 기저가 됨을 보이면 된다. □

예제 1.6 $\dim\mathcal{V} = \dim\mathcal{W}$ 인 두 벡터공간 사이에 정의된 선형사상 $\boldsymbol{f}$ 에 대해 다음이 성립한다.

$$\boldsymbol{f}\text{ 가 동형사상} \iff \boldsymbol{f}\text{ 가 단사사상} \iff \boldsymbol{f}\text{ 가 전사사상}$$

풀이 벡터공간의 차원에 대한 가정과 차원정리로부터

$$\dim\big(\mathrm{im}(\boldsymbol{f})\big) = \dim\mathcal{W} \iff \dim\big(\ker(\boldsymbol{f})\big) = 0$$

가 성립함을 이용하면 정리 1.12로부터 쉽게 확인할 수 있다. □

1.2.2 행렬의 연산과 성질

아래와 같이 mn 개의 실수를 직사각형 형태로 배열한 것을 $m \times n$ **행렬**(matrix)이라 하고, 이 형태를 갖는 행렬들의 집합을 $\mathbb{R}^{m\times n}$ 으로 나타낸다.

$$\mathbf{A} = \begin{bmatrix} a_{11} & a_{12} & \cdots & a_{1n} \\ a_{21} & a_{22} & \cdots & a_{2n} \\ \vdots & \vdots & \ddots & \vdots \\ a_{m1} & a_{m2} & \cdots & a_{mn} \end{bmatrix}$$

이때, 가로를 **행**(row), 세로를 **열**(column)이라 하고, 위로부터 i 번째 행, 왼쪽으로부터 j 번째 열에 배열된 실수 a_{ij} 를 그 행렬의 (i, j) **성분**(entry)이라고 한다. 또 a_{ii} 성분들을 **주대각성분**이라 한다.

참고 1.15 기계학습에서 주로 등장하는 벡터와 행렬은 성분이 실수인 경우이므로 이 책에서는 성분이 실수인 행렬에 대해 주로 설명하지만, 특별한 언급이 없는 한 성분이 복소수인 **복소행렬**로 바꾸어도 성립하는 내용들이다. $m \times n$ 복소행렬들의 집합은 $\mathbb{C}^{m\times n}$ 으로 나타낸다.

지금부터 이 책의 설명에서 $\mathbb{R}$을 $\mathbb{C}$로 바꾸고 관련된 벡터공간도 (실) 벡터공간에서 복소 벡터공간으로 바꾸어도 성립하는 경우에 사용되는 행렬은 $m \times n$ 행렬 $\mathbf{A}$ 처럼 표현하고, 특별히 실수(복소수) 성분 행렬에 대해서만 성립하는 성질을 설명할 때 등장하는 행렬은 각각 $\mathbf{A} \in \mathbb{R}^{m\times n}$($\mathbf{A} \in \mathbb{C}^{m\times n}$)와 같이 구분하여 쓰기로 한다.

$m \times n$ 행렬 $\mathbf{A}$는 $\mathbb{R}^m$의 열벡터 n개를 가로로 나열한 것이므로, 행렬 $\mathbf{A}$의 j 번째 열벡터 $[a_{1j}, \cdots, a_{mj}]^{\mathrm{t}} \in \mathbb{R}^m$는 행렬을 나타내는 대문자의 소문자를 써서 $\boldsymbol{a}_j$로 나타내고,

$$\mathbf{A} = [\boldsymbol{a}_1, \cdots, \boldsymbol{a}_n]$$

으로 쓴다. 또, 행렬 $\mathbf{A}$의 i 번째 행벡터는 열벡터 $\boldsymbol{\alpha}_i = [a_{i1}, \cdots, a_{in}]^{\mathrm{t}} \in \mathbb{R}^n$에 대해 $\boldsymbol{\alpha}_i^{\mathrm{t}}$와 같이 나타낸다.[3]

위의 표현 방식을 3×2 행렬의 경우에 예로 들면 다음과 같다.

$$\mathbf{A} = \begin{bmatrix} a_{11} & a_{12} \\ a_{21} & a_{22} \\ a_{31} & a_{32} \end{bmatrix} \iff \mathbf{A} = [\boldsymbol{a}_1, \boldsymbol{a}_2],\ \boldsymbol{a}_i = \begin{bmatrix} a_{1i} \\ a_{2i} \\ a_{3i} \end{bmatrix} \iff \mathbf{A} = \begin{bmatrix} \boldsymbol{\alpha}_1^{\mathrm{t}} \\ \boldsymbol{\alpha}_2^{\mathrm{t}} \\ \boldsymbol{\alpha}_3^{\mathrm{t}} \end{bmatrix},\ \boldsymbol{\alpha}_i = \begin{bmatrix} a_{i1} \\ a_{i2} \end{bmatrix}$$

행렬은 열벡터를 배열한 것으로 생각할 수 있으므로 열벡터에 정의된 합과 상수곱을 자연스럽게 확장할 수 있다. 즉, 크기가 $m \times n$인 두 행렬 $\mathbf{A} = [\boldsymbol{a}_1, \cdots, \boldsymbol{a}_n]$, $\mathbf{B} = [\boldsymbol{b}_1, \cdots, \boldsymbol{b}_n]$과 실수 α에 대해 합과 상수곱을

$$\mathbf{A} + \mathbf{B} := [\boldsymbol{a}_1 + \boldsymbol{b}_1, \cdots, \boldsymbol{a}_n + \boldsymbol{b}_n], \qquad \alpha\mathbf{A} := [\alpha\boldsymbol{a}_1, \cdots, \alpha\boldsymbol{a}_n]$$

으로 정의하면 $\mathbb{R}^{m\times n}$은 벡터공간이 된다. 이때, 이 벡터공간의 영벡터는 모든 성분이 0인 행렬 $[\mathbf{0}, \cdots, \mathbf{0}]$이 되는데, 이 행렬을 **영행렬**이라 하고 $\mathbf{O}_{m\times n}$ 또는 $\mathbf{O}$로 쓴다.

성분을 이용하여 행렬을 $\mathbf{A} = [a_{ij}]$와 같이 나타낼 수도 있는데, 이 방식을 따르면 행렬의 합과 상수곱을 다음과 같이 나타낼 수 있다.

$$[a_{ij}] + [b_{ij}] := [a_{ij} + b_{ij}], \qquad \alpha[a_{ij}] := [\alpha a_{ij}]$$

예를 들어, 2×2 행렬 $\mathbf{A}, \mathbf{B}$에 대해 다음이 성립한다.

$$\begin{bmatrix} a_{11} & a_{12} \\ a_{21} & a_{22} \end{bmatrix} + \begin{bmatrix} b_{11} & b_{12} \\ b_{21} & b_{22} \end{bmatrix} = \mathbf{A} + \mathbf{B} = [\boldsymbol{a}_1 + \boldsymbol{b}_1, \boldsymbol{a}_2 + \boldsymbol{b}_2] = \begin{bmatrix} a_{11} + b_{11} & a_{12} + b_{12} \\ a_{21} + b_{21} & a_{22} + b_{22} \end{bmatrix}$$

[3]혼란을 피하기 위해, 기본적으로 $\boldsymbol{a}, \boldsymbol{\alpha}$와 같이 굵은 문자로 표시하는 벡터는 모두 열벡터를 나타내고, 행벡터를 표현할 때는 $\boldsymbol{a}^{\mathrm{t}}, \boldsymbol{\alpha}^{\mathrm{t}}$와 같이 열벡터의 전치로 표현한다.

$m \times n$ 행렬 $\mathbf{A}$ 의 열벡터 $\boldsymbol{a}_i$ $(1 \le i \le n)$ 로 생성되는 $\mathbb{R}^m$ 의 부분공간의 차원을 행렬 $\mathbf{A}$ 의 **열계수**(column rank)라 하고, $\mathbf{A}$ 의 행벡터를 $\boldsymbol{\alpha}_i^{\mathrm{t}}$ 라 할 때 $\boldsymbol{\alpha}_i$ $(1 \le i \le m)$ 로 생성되는 $\mathbb{R}^n$ 의 부분공간의 차원을 행렬 $\mathbf{A}$ 의 **행계수**(row rank)라고 한다. 행계수와 열계수는 항상 같아짐을 보일 수 있으므로([3, 17]를 참고), 간단히 행렬의 **계수**(rank)라 하고 rank($\mathbf{A}$)로 쓴다. 계수의 정의로부터 다음이 성립한다.

$$\mathrm{rank}(\mathbf{A}) \le \min\{m, n\}$$

$m \times n$ 행렬 $\mathbf{A}$ 와 열벡터[4] $\boldsymbol{x} = [x_1, \cdots, x_n]^{\mathrm{t}}$ 의 곱은 아래와 같이 행렬의 열벡터들의 일차결합이 되도록 정의한다.

$$\begin{aligned}
&\mathbf{A}\boldsymbol{x} := x_1\boldsymbol{a}_1 + \cdots + x_n\boldsymbol{a}_n \\
\iff &\begin{bmatrix} a_{11} & a_{12} & \cdots & a_{1n} \\ a_{21} & a_{22} & \cdots & a_{2n} \\ \vdots & \vdots & \ddots & \vdots \\ a_{m1} & a_{m2} & \cdots & a_{mn} \end{bmatrix} \begin{bmatrix} x_1 \\ x_2 \\ \vdots \\ x_n \end{bmatrix} = x_1 \begin{bmatrix} a_{11} \\ a_{21} \\ \vdots \\ a_{m1} \end{bmatrix} + x_2 \begin{bmatrix} a_{12} \\ a_{22} \\ \vdots \\ a_{m2} \end{bmatrix} + \cdots x_n \begin{bmatrix} a_{1n} \\ a_{2n} \\ \vdots \\ a_{mn} \end{bmatrix} \qquad (1.3) \\
&\qquad = \begin{bmatrix} a_{11}x_1 + a_{12}x_2 + \cdots + a_{1n}x_n \\ a_{21}x_1 + a_{22}x_2 + \cdots + a_{2n}x_n \\ \vdots \\ a_{m1}x_1 + a_{m2}x_2 + \cdots + a_{mn}x_n \end{bmatrix}
\end{aligned}$$

즉, $m \times n$ 행렬과 $n \times 1$ 행렬(열벡터)을 곱하여 $m \times 1$ 행렬(열벡터)을 얻는다.

이것을 확장하여 $m \times n$ 행렬 $\mathbf{A}$ 와 $n \times p$ 행렬 $\mathbf{B}$ 의 곱을 다음과 같이 정의한다.

$$\mathbf{AB} = [\mathbf{A}\boldsymbol{b}_1, \mathbf{A}\boldsymbol{b}_2, \cdots, \mathbf{A}\boldsymbol{b}_p] \qquad (\text{단, } \boldsymbol{b}_j = [b_{1j}, \cdots, b_{nj}]^{\mathrm{t}})$$

다시 말해 $\mathbf{C} = \mathbf{AB}$ 라 할 때, $\mathbf{C}$ 의 i 행 j 열 성분은 열벡터 $\mathbf{A}\boldsymbol{b}_j$ 의 i 번째 성분이므로

$$c_{ij} = \sum_{k=1}^{n} a_{ik}b_{kj} \qquad (1 \le i \le m,\ 1 \le j \le p) \qquad (1.4)$$

가 성립한다.

이때 행렬의 곱 $\mathbf{AB} = \mathbf{C} = [c_{ij}]$ 에서 행렬 $\mathbf{A}$ 의 i 번째 행벡터를 $\boldsymbol{\alpha}_i^{\mathrm{t}} = [a_{i1}, \cdots, a_{in}]$ 이라 하고, $1 \times n$ 행렬 $\boldsymbol{\alpha}_i^{\mathrm{t}}$ 와 열벡터 $\boldsymbol{b}_j$ 에 대해 식 (1.3)을 적용하면, 식 (1.4)에 의해 $c_{ij} = \boldsymbol{\alpha}_i^{\mathrm{t}}\boldsymbol{b}_j$ 로 쓸 수 있다.

---

[4] $\mathbb{R}^n$ 의 열벡터는 $n \times 1$ 행렬과 같으므로 $m \times n$ 행렬과 $n \times 1$ 행렬의 곱을 정의하고 있는 것이다.

또, $1 \times n$ 행렬과 $n \times p$ 행렬의 곱으로 주어지는 행벡터 $\boldsymbol{\alpha}_i^{\mathrm{t}}\mathbf{B}$ 는 아래와 같이 $\mathbf{B}$ 의 행벡터 $\boldsymbol{\beta}_i^{\mathrm{t}}\ (1 \le i \le n)$ 들의 일차결합이 됨을 알 수 있다.

$$[c_{i1}, \cdots, c_{ip}] = \boldsymbol{\alpha}_i^{\mathrm{t}}\mathbf{B} = [\boldsymbol{\alpha}_i^{\mathrm{t}}\boldsymbol{b}_1, \boldsymbol{\alpha}_i^{\mathrm{t}}\boldsymbol{b}_2, \cdots, \boldsymbol{\alpha}_i^{\mathrm{t}}\boldsymbol{b}_p] = a_{i1}\boldsymbol{\beta}_1^{\mathrm{t}} + a_{i2}\boldsymbol{\beta}_2^{\mathrm{t}} + \cdots a_{in}\boldsymbol{\beta}_n^{\mathrm{t}}$$

따라서, $\mathbf{AB}$ 는

$$\begin{bmatrix} c_{11} & c_{12} & \cdots & c_{1p} \\ c_{21} & c_{22} & \cdots & c_{2p} \\ \vdots & \vdots & \ddots & \vdots \\ c_{m1} & c_{m2} & \cdots & c_{mp} \end{bmatrix} = \mathbf{C} = \mathbf{AB} = \begin{bmatrix} \boldsymbol{\alpha}_1^{\mathrm{t}}\mathbf{B} \\ \boldsymbol{\alpha}_2^{\mathrm{t}}\mathbf{B} \\ \vdots \\ \boldsymbol{\alpha}_m^{\mathrm{t}}\mathbf{B} \end{bmatrix}$$

로 생각할 수 있다.

지금까지 설명한 내용을 정리하면 다음과 같다.

행렬의 곱

$m \times n$ 행렬 $\mathbf{A}$ 의 행벡터 $\boldsymbol{\alpha}_i^{\mathrm{t}}$, 열벡터 $\boldsymbol{a}_i$ 와 $n \times p$ 행렬 $\mathbf{B}$ 의 행벡터 $\boldsymbol{\beta}_i^{\mathrm{t}}$, 열벡터 $\boldsymbol{b}_i$ 에 대해 행렬의 곱을 다음과 같이 표현할 수 있다.

$$\begin{aligned} \mathbf{AB} &= \begin{bmatrix} \boldsymbol{\alpha}_1^{\mathrm{t}}\boldsymbol{b}_1 & \boldsymbol{\alpha}_1^{\mathrm{t}}\boldsymbol{b}_2 & \cdots & \boldsymbol{\alpha}_1^{\mathrm{t}}\boldsymbol{b}_p \\ \boldsymbol{\alpha}_2^{\mathrm{t}}\boldsymbol{b}_1 & \boldsymbol{\alpha}_2^{\mathrm{t}}\boldsymbol{b}_2 & \cdots & \boldsymbol{\alpha}_2^{\mathrm{t}}\boldsymbol{b}_p \\ \vdots & \vdots & \ddots & \vdots \\ \boldsymbol{\alpha}_m^{\mathrm{t}}\boldsymbol{b}_1 & \boldsymbol{\alpha}_m^{\mathrm{t}}\boldsymbol{b}_2 & \cdots & \boldsymbol{\alpha}_m^{\mathrm{t}}\boldsymbol{b}_p \end{bmatrix} \\ &= [\mathbf{A}\boldsymbol{b}_1, \mathbf{A}\boldsymbol{b}_2, \cdots, \mathbf{A}\boldsymbol{b}_p] \quad (\mathbf{AB}\text{의 열벡터: } \mathbf{A}\text{의 열벡터들의 일차결합}) \\ &= \begin{bmatrix} \boldsymbol{\alpha}_1^{\mathrm{t}}\mathbf{B} \\ \boldsymbol{\alpha}_2^{\mathrm{t}}\mathbf{B} \\ \vdots \\ \boldsymbol{\alpha}_m^{\mathrm{t}}\mathbf{B} \end{bmatrix} \quad (\mathbf{AB}\text{의 행벡터: } \mathbf{B}\text{의 행벡터들의 일차결합}) \\ &= \boldsymbol{a}_1\boldsymbol{\beta}_1^{\mathrm{t}} + \boldsymbol{a}_2\boldsymbol{\beta}_2^{\mathrm{t}} + \cdots + \boldsymbol{a}_n\boldsymbol{\beta}_n^{\mathrm{t}} \end{aligned} \tag{1.5}$$

- 행렬의 덧셈과 곱셈에 대해 분배법칙 $\mathbf{A}(\mathbf{B}+\mathbf{C}) = \mathbf{AB} + \mathbf{AC}$ 가 성립한다.

예제 1.7 행렬의 곱에 대한 식 (1.5)의 마지막 등식이 성립함을 보이시오.

$$\mathbf{AB} = [\boldsymbol{a}_1, \cdots, \boldsymbol{a}_n] \begin{pmatrix} \boldsymbol{\beta}_1^{\mathrm{t}} \\ \vdots \\ \boldsymbol{\beta}_n^{\mathrm{t}} \end{pmatrix} = \boldsymbol{a}_1\boldsymbol{\beta}_1^{\mathrm{t}} + \boldsymbol{a}_2\boldsymbol{\beta}_2^{\mathrm{t}} + \cdots + \boldsymbol{a}_n\boldsymbol{\beta}_n^{\mathrm{t}}$$

풀이 $m\times 1$ 행렬 $\boldsymbol{a}_k=[a_{1k},\cdots,a_{mk}]^{\mathrm{t}}$ 와 $1\times p$ 행렬 $\boldsymbol{\beta}_k^{\mathrm{t}}=[b_{k1},\cdots,b_{kp}]$ 의 곱 $\boldsymbol{a}_k\boldsymbol{\beta}_k^{\mathrm{t}}$ 은 $m\times p$ 행렬이다. 이 행렬의 (i,j) 성분은 $a_{ik}b_{kj}$ 이고, 행렬의 합은 성분끼리의 합으로 정의되므로 $m\times p$ 행렬 $\boldsymbol{a}_1\boldsymbol{\beta}_1^{\mathrm{t}}+\boldsymbol{a}_2\boldsymbol{\beta}_2^{\mathrm{t}}+\cdots+\boldsymbol{a}_n\boldsymbol{\beta}_n^{\mathrm{t}}$ 의 (i,j) 성분은 $\displaystyle\sum_{k=1}^{n}a_{ik}b_{kj}$ 이 되어 $\mathbf{AB}$ 의 (i,j) 성분과 같다. □

예제 1.8 벡터 $\boldsymbol{a}=[a_1,\cdots,a_m]^{\mathrm{t}}$ 와 벡터 $\boldsymbol{b}=[b_1,\cdots,b_n]^{\mathrm{t}}$ 에 대해 $m\times n$ 행렬 $\boldsymbol{ab}^{\mathrm{t}}$ 의 계수는 1 이다. 즉, $\mathrm{rank}(\boldsymbol{ab}^{\mathrm{t}})=1$ 이다.

풀이 $\boldsymbol{ab}^{\mathrm{t}}=\boldsymbol{a}[b_1,\cdots,b_n]=[b_1\boldsymbol{a},\cdots,b_n\boldsymbol{a}]$ 이므로 행렬 $\boldsymbol{ab}^{\mathrm{t}}$ 의 모든 열벡터는 $\boldsymbol{a}$ 로 생성된다. 따라서 행렬의 계수는 1 이다. □

예제 1.9 $m\times n$ 행렬 $\mathbf{A}$ 와 $n\times p$ 행렬 $\mathbf{B}$ 에 대하여

$$\mathrm{rank}(\mathbf{AB})\le\min\{\mathrm{rank}(\mathbf{A}),\mathrm{rank}(\mathbf{B})\}$$

가 성립하고, 등호가 성립하는 경우는

$$\mathrm{rank}(\mathbf{B})=n\text{일 때 }\mathrm{rank}(\mathbf{AB})=\mathrm{rank}(\mathbf{A}),\quad \mathrm{rank}(\mathbf{A})=n\text{일 때 }\mathrm{rank}(\mathbf{AB})=\mathrm{rank}(\mathbf{B})$$

임을 보이시오.

풀이 행렬 $\mathbf{AB}$ 의 i 번째 열벡터 $\mathbf{A}\boldsymbol{b}_i$ 는 $\mathbf{A}$ 의 열벡터들의 일차결합이므로 $\mathbf{AB}$ 의 열벡터들로 생성되는 부분공간은 $\mathbf{A}$ 의 열벡터들로 생성되는 부분공간의 부분공간이다. 따라서 $\mathrm{rank}(\mathbf{AB})\le\mathrm{rank}(\mathbf{A})$ 이다. 또, $\mathbf{AB}$ 의 i 번째 행벡터는 $\mathbf{A}$ 의 i 번째 행벡터 $\boldsymbol{\alpha}_i^{\mathrm{t}}$ 에 대해 $\boldsymbol{\alpha}_i^{\mathrm{t}}\mathbf{B}$ 로 주어지고, 이 벡터는 다시 $\mathbf{B}$ 의 행벡터들의 일차결합이므로, $\mathbf{AB}$ 의 행벡터로 생성되는 부분공간은 $\mathbf{B}$ 의 행벡터들로 생성되는 부분공간에 포함된다. 따라서 $\mathrm{rank}(\mathbf{AB})\le\mathrm{rank}(\mathbf{B})$ 도 성립한다.[5]

부등식에서 등호가 성립하는 첫 번째 경우를 증명하자. $\mathrm{rank}(\mathbf{B})=n$ 이므로 $\mathbf{B}$ 의 열벡터 중 n 개를 적절하게 선택하면 $\mathbb{R}^n$ 의 기저가 되고, $\mathbf{B}$ 의 열벡터들의 일차결합으로 $\mathbb{R}^n$ 의 표준기저 벡터 $\boldsymbol{e}_i$ 를 생성할 수 있다. 즉, 모든 $1\le i\le n$ 에 대해 $\mathbf{B}\boldsymbol{v}_i=\boldsymbol{e}_i$ 를 만족하는 $\mathbb{R}^p$ 의 벡터 $\boldsymbol{v}_i$ 가 존재한다.

[5] 식 (1.5)와 14 쪽 설명을 충분히 이해하고 활용하기 바란다.

따라서 $\mathbf{A}$의 i 번째 열벡터 $\boldsymbol{a}_i$에 대해

$$\boldsymbol{a}_i = \mathbf{A}\boldsymbol{e}_i = \mathbf{AB}\boldsymbol{v}_i, \qquad \forall 1 \le i \le n$$

가 성립하므로, $\mathbf{AB}$의 열벡터들로 생성되는 부분공간은 $\mathbf{A}$로 생성되는 부분공간을 포함한다. 즉, $\operatorname{rank}(\mathbf{A}) \le \operatorname{rank}(\mathbf{AB})$이다. 결론적으로 $\operatorname{rank}(\mathbf{B}) = n$일 때, 부등식의 등식이 성립함을 알 수 있다. 나머지 경우는 각자 확인해보기 바란다. □

$m \times n$ 행렬 $\mathbf{A}$, $n \times p$ 행렬 $\mathbf{B}$, $p \times q$ 행렬 $\mathbf{C}$에 대해

$$(\mathbf{AB})\mathbf{C} = \mathbf{A}(\mathbf{BC})$$

가 성립하므로 결과로 얻어지는 $m \times q$ 행렬을 괄호없이 $\mathbf{ABC}$로 쓸 수 있다.

참고 1.16 위 상황에서 $m \ne p$이면 $\mathbf{BA}$는 정의할 수 없고, $m = p$인 경우에 두 행렬 $\mathbf{AB}$와 $\mathbf{BA}$는 크기가 다른 행렬이 된다. $m = n = p$인 경우에도 일반적으로 $\mathbf{AB} = \mathbf{BA}$가 성립하지 않는다.

예제 1.10 크기가 $m \times n$인 두 행렬 $\mathbf{A}, \mathbf{B}$에 대하여 다음이 성립함을 보이시오.

$$\mathbf{A} = \mathbf{B} \iff \mathbf{A}\boldsymbol{x} = \mathbf{B}\boldsymbol{x},\ \forall \boldsymbol{x} \in \mathbb{R}^n \iff \boldsymbol{y}^{\mathrm{t}}\mathbf{A}\boldsymbol{x} = \boldsymbol{y}^{\mathrm{t}}\mathbf{B}\boldsymbol{x},\ \forall \boldsymbol{x} \in \mathbb{R}^n, \forall \boldsymbol{y} \in \mathbb{R}^m \tag{1.6}$$

풀이 $\mathbb{R}^n$의 표준기저를 $\{\boldsymbol{e}_1, \cdots, \boldsymbol{e}_n\}$, $\mathbb{R}^m$의 표준기저를 $\{\widetilde{\boldsymbol{e}}_1, \cdots, \widetilde{\boldsymbol{e}}_m\}$이라 하자. 이때, $\mathbf{A}\boldsymbol{e}_j$는 행렬 $\mathbf{A}$의 j 번째 열벡터 $\boldsymbol{a}_j$이고, $\widetilde{\boldsymbol{e}}_i\mathbf{A}\boldsymbol{e}_j$는 행렬 $\mathbf{A}$의 (i, j) 성분 a_{ij}가 된다. 따라서 모든 i, j에 대해 $\boldsymbol{x} = \boldsymbol{e}_i$, $\boldsymbol{y} = \widetilde{\boldsymbol{e}}_j$인 경우를 생각하면, 위 동치관계가 성립함을 확인할 수 있다. □

$m \times n$ 행렬 $\mathbf{A}$에서 각 행을 순서대로 열로 바꾸어 얻은 $n \times m$ 행렬을 **전치행렬**(transpose)이라 하고, $\mathbf{A}^{\mathrm{t}}$로 쓴다. 즉, $\mathbf{A}^{\mathrm{t}}$의 (i, j) 성분은 $\mathbf{A}$의 (j, i) 성분이 되고, $\mathbf{A}$의 i 번째 열벡터를 $\boldsymbol{a}_i$라 할 때, $\boldsymbol{a}_i^{\mathrm{t}}$는 $\mathbf{A}^{\mathrm{t}}$의 i 번째 행벡터가 된다.

$$\mathbf{A} = [\boldsymbol{a}_1, \cdots, \boldsymbol{a}_n] \iff \mathbf{A}^{\mathrm{t}} = \begin{bmatrix} \boldsymbol{a}_1^{\mathrm{t}} \\ \vdots \\ \boldsymbol{a}_n^{\mathrm{t}} \end{bmatrix}$$

전치행렬의 중요한 성질은 다음과 같다.

정리 1.17

(1) $(\mathbf{A}^t)^t = \mathbf{A}$

(2) $m \times n$ 행렬 $\mathbf{A}$와 $n \times 1$ 행렬(열벡터) $\boldsymbol{b}$에 대하여 $(\mathbf{A}\boldsymbol{b})^t = \boldsymbol{b}^t\mathbf{A}^t$ 이다.

(3) $m \times n$ 행렬 $\mathbf{A}$와 $n \times p$ 행렬 $\mathbf{B}$에 대해 $(\mathbf{AB})^t = \mathbf{B}^t\mathbf{A}^t$

[증명] 전치행렬의 정의로부터 (1)은 쉽게 확인할 수 있다. $\boldsymbol{b} = [b_1, \cdots, b_n]^t$ 라 하면 $\mathbf{A}\boldsymbol{b}$는 $\mathbf{A}$의 열벡터 $\boldsymbol{a}_i$ 들의 일차결합 $b_1\boldsymbol{a}_1 + \cdots + b_n\boldsymbol{a}_n$ 이고,

$$(\mathbf{A}\boldsymbol{b})^t = b_1\boldsymbol{a}_1^t + \cdots + b_n\boldsymbol{a}_n^t$$

이 되어 $\mathbf{A}^t$의 행벡터들의 일차결합 $\boldsymbol{b}^t\mathbf{A}^t$가 되므로 (2)가 성립한다.

(3)은 (2)와 식 (1.5)를 이용하면 아래와 같이 보일 수 있다.[6]

$$(\mathbf{AB})^t = [\mathbf{A}\boldsymbol{b}_1, \cdots, \mathbf{A}\boldsymbol{b}_p]^t = \begin{bmatrix} (\mathbf{A}\boldsymbol{b}_1)^t \\ \vdots \\ (\mathbf{A}\boldsymbol{b}_p)^t \end{bmatrix} = \begin{bmatrix} \boldsymbol{b}_1^t\mathbf{A}^t \\ \vdots \\ \boldsymbol{b}_p^t\mathbf{A}^t \end{bmatrix} = \mathbf{B}^t\mathbf{A}^t$$

□

1.2.3 기본행렬과 역행렬

$n \times n$ 행렬을 n차 **정사각행렬**(square matrix)이라고 부른다. 특히, $\mathbb{R}^n$의 표준기저를 차례로 나열한 정사각행렬 $[\boldsymbol{e}_1, \boldsymbol{e}_2, \cdots, \boldsymbol{e}_n]$을 n차 **단위행렬**이라 하고 $\mathbf{I}_n$ 또는 $\mathbf{I}$로 쓴다. 또, 주대각성분을 제외한 모든 성분이 0인 행렬을 **대각행렬**이라 하고, 주대각성분을 차례로 나열하여 $\mathrm{diag}(d_1, \cdots, d_n)$과 같이 쓴다. 즉, $\mathrm{diag}(d_1, \cdots, d_n) = [d_1\boldsymbol{e}_1, \cdots, d_n\boldsymbol{e}_n]$이다.

행렬의 곱 (1.5)에 의해, n차 정사각행렬 $\mathbf{A}$과 대각행렬 $\mathbf{D} = \mathrm{diag}(d_1, \cdots, d_n)$의 곱은

$$\mathbf{AD} = \mathbf{A}[d_1\boldsymbol{e}_1, \cdots, d_n\boldsymbol{e}_n] = [d_1\mathbf{A}\boldsymbol{e}_1, \cdots, d_n\mathbf{A}\boldsymbol{e}_n] = [d_1\boldsymbol{a}_1, \cdots, d_n\boldsymbol{a}_n]$$

과 같이 $\mathbf{A}$의 i 번째 열벡터에 d_i를 곱한 것을 i 번째 열벡터로 갖는 행렬이 된다. 행렬 $\mathbf{DA}$의 i 번째 행벡터는 $\mathbf{A}$의 i 번째 행벡터에 d_i를 곱한 행벡터임을 확인할 수 있다.

[6] 식 (1.4)를 이용하여 계산으로 보이는 방법은 참고문헌의 선형대수학 책을 참고하면 된다.

특히, $m \times n$ 행렬 $\mathbf{A}$와 단위행렬에 대해 다음이 성립한다.

$$\mathbf{A}\mathbf{I}_n = \mathbf{A}, \quad \mathbf{I}_m\mathbf{A} = \mathbf{A}$$

정의 1.18

n차 정사각행렬 $\mathbf{A}$에 대하여 $\mathbf{AX} = \mathbf{I}_n = \mathbf{XA}$를 만족하는 n차 정사각행렬 $\mathbf{X}$를 행렬 $\mathbf{A}$의 **역행렬**(inverse)이라 하고 $\mathbf{A}^{-1}$로 쓴다. 또, 역행렬을 갖는 행렬을 **가역행렬**이라고 한다.[a]

[a]뒤에 행렬식을 배우고 나면, 정리 1.21과 행렬식의 성질 (8)에 의해 $\mathbf{AX} = \mathbf{I}_n$과 $\mathbf{XA} = \mathbf{I}_n$ 중 하나만 만족해도 $\mathbf{X}$가 $\mathbf{A}$의 역행렬이 됨을 알게 된다.

예제 1.11 다음을 보이시오.

(1) n차 정사각행렬 $\mathbf{A}$가 가역일 때, 역행렬은 유일하게 존재한다.[7]

(2) n차 정사각행렬 $\mathbf{A}$와 $\mathbf{B}$가 가역일 때, $\mathbf{AB}$도 가역이고 $(\mathbf{AB})^{-1} = \mathbf{B}^{-1}\mathbf{A}^{-1}$이다.

풀이 (1) 만약 $\mathbf{X}, \mathbf{Y}$가 모두 행렬 $\mathbf{A}$의 역행렬이라면 다음과 같이 같아짐을 보일 수 있다.

$$\mathbf{X} = \mathbf{X}\mathbf{I}_n = \mathbf{X}(\mathbf{AY}) = (\mathbf{XA})\mathbf{Y} = \mathbf{I}_n\mathbf{Y} = \mathbf{Y}$$

(2) $(\mathbf{AB})(\mathbf{B}^{-1}\mathbf{A}^{-1}) = \mathbf{A}(\mathbf{B}\mathbf{B}^{-1})\mathbf{A}^{-1} = \mathbf{A}\mathbf{I}_n\mathbf{A}^{-1} = \mathbf{A}\mathbf{A}^{-1} = \mathbf{I}_n$이 성립하고, 비슷한 방법으로 $(\mathbf{B}^{-1}\mathbf{A}^{-1})(\mathbf{AB}) = \mathbf{I}_n$도 보일 수 있다. □

역행렬을 구하는 방법을 소개하기 전에 우선 행렬의 행 또는 열에 대한 **기본연산**(elementary operation)부터 살펴보자.

정의 1.19

행렬의 행(행벡터) 또는 열(열벡터)에 대한 다음 세 가지 연산을 행렬의 행(열)에 대한 기본연산이라고 한다.

(1) 두 행벡터(열벡터)의 위치를 서로 맞바꾼다.

(2) 한 행벡터(열벡터)에 0이 아닌 상수를 곱한다.

(3) 한 행벡터(열벡터)에 상수곱을 한 후 다른 행백터(열벡터)에 더한다.

[7] $\mathbf{A}$의 역행렬을 $\mathbf{A}^{-1}$라고 쓸 수 있는 이유이다.

아래 예에서 보듯이 $m \times n$ 행렬 $\mathbf{A}$의 왼쪽(오른쪽)에 곱해서 행(열)에 대한 기본연산을 적용하는 것과 같은 결과를 얻는 $m \times m(n \times n)$ 행렬을 **기본행렬**이라고 부르고 $\mathbf{E}$로 쓴다. 3×3 행렬 $\mathbf{A}$의 행벡터 $\boldsymbol{\alpha}_i^{\mathrm{t}}$, 열벡터 $\boldsymbol{a}_j$와 $\mathbb{R}^3$의 표준기저를 이루는 벡터 $\boldsymbol{e}_i$에 대해

(1) $\mathbf{E} = \begin{bmatrix} 0 & 1 & 0 \\ 1 & 0 & 0 \\ 0 & 0 & 1 \end{bmatrix}$: 1행(열)과 2행(열)을 맞바꾸는 연산에 대응되는 행렬

$$\Longrightarrow (\text{행연산}) \quad \mathbf{EA} = \begin{bmatrix} \boldsymbol{e}_2^{\mathrm{t}} \\ \boldsymbol{e}_1^{\mathrm{t}} \\ \boldsymbol{e}_3^{\mathrm{t}} \end{bmatrix} \begin{bmatrix} \boldsymbol{\alpha}_1^{\mathrm{t}} \\ \boldsymbol{\alpha}_2^{\mathrm{t}} \\ \boldsymbol{\alpha}_3^{\mathrm{t}} \end{bmatrix} = \begin{bmatrix} 0\boldsymbol{\alpha}_1^{\mathrm{t}} + 1\boldsymbol{\alpha}_2^{\mathrm{t}} + 0\boldsymbol{\alpha}_3^{\mathrm{t}} \\ 1\boldsymbol{\alpha}_1^{\mathrm{t}} + 0\boldsymbol{\alpha}_2^{\mathrm{t}} + 0\boldsymbol{\alpha}_3^{\mathrm{t}} \\ 0\boldsymbol{\alpha}_1^{\mathrm{t}} + 0\boldsymbol{\alpha}_2^{\mathrm{t}} + 1\boldsymbol{\alpha}_3^{\mathrm{t}} \end{bmatrix} = \begin{bmatrix} \boldsymbol{\alpha}_2^{\mathrm{t}} \\ \boldsymbol{\alpha}_1^{\mathrm{t}} \\ \boldsymbol{\alpha}_3^{\mathrm{t}} \end{bmatrix}$$

$$\begin{aligned} (\text{열연산}) \quad \mathbf{AE} &= [\boldsymbol{a}_1, \boldsymbol{a}_2, \boldsymbol{a}_3][\boldsymbol{e}_2, \boldsymbol{e}_1, \boldsymbol{e}_3] \\ &= [0\boldsymbol{a}_1 + 1\boldsymbol{a}_2 + 0\boldsymbol{a}_3, 1\boldsymbol{a}_1 + 0\boldsymbol{a}_2 + 0\boldsymbol{a}_3, 0\boldsymbol{a}_1 + 0\boldsymbol{a}_2 + 1\boldsymbol{a}_3] \\ &= [\boldsymbol{a}_2, \boldsymbol{a}_1, \boldsymbol{a}_3] \end{aligned}$$

(2) $\mathbf{E} = \begin{bmatrix} k & 0 & 0 \\ 0 & 1 & 0 \\ 0 & 0 & 1 \end{bmatrix}$: 1행(열)에 k를 곱하는 연산에 대응되는 행렬

$$\Longrightarrow (\text{행연산}) \quad \mathbf{EA} = \begin{bmatrix} k\boldsymbol{e}_1^{\mathrm{t}} \\ \boldsymbol{e}_2^{\mathrm{t}} \\ \boldsymbol{e}_3^{\mathrm{t}} \end{bmatrix} \begin{bmatrix} \boldsymbol{\alpha}_1^{\mathrm{t}} \\ \boldsymbol{\alpha}_2^{\mathrm{t}} \\ \boldsymbol{\alpha}_3^{\mathrm{t}} \end{bmatrix} = \begin{bmatrix} k\boldsymbol{\alpha}_1^{\mathrm{t}} + 0\boldsymbol{\alpha}_2^{\mathrm{t}} + 0\boldsymbol{\alpha}_3^{\mathrm{t}} \\ 0\boldsymbol{\alpha}_1^{\mathrm{t}} + 1\boldsymbol{\alpha}_2^{\mathrm{t}} + 0\boldsymbol{\alpha}_3^{\mathrm{t}} \\ 0\boldsymbol{\alpha}_1^{\mathrm{t}} + 0\boldsymbol{\alpha}_2^{\mathrm{t}} + 1\boldsymbol{\alpha}_3^{\mathrm{t}} \end{bmatrix} = \begin{bmatrix} k\boldsymbol{\alpha}_1^{\mathrm{t}} \\ \boldsymbol{\alpha}_2^{\mathrm{t}} \\ \boldsymbol{\alpha}_3^{\mathrm{t}} \end{bmatrix}$$

$$\begin{aligned} (\text{열연산}) \quad \mathbf{AE} &= [\boldsymbol{a}_1, \boldsymbol{a}_2, \boldsymbol{a}_3][k\boldsymbol{e}_1, \boldsymbol{e}_2, \boldsymbol{e}_3] \\ &= [k\boldsymbol{a}_1 + 0\boldsymbol{a}_2 + 0\boldsymbol{a}_3, 0\boldsymbol{a}_1 + 1\boldsymbol{a}_2 + 0\boldsymbol{a}_3, 0\boldsymbol{a}_1 + 0\boldsymbol{a}_2 + 1\boldsymbol{a}_3] \\ &= [k\boldsymbol{a}_1, \boldsymbol{a}_2, \boldsymbol{a}_3] \end{aligned}$$

(3) $\mathbf{E} = \begin{bmatrix} 1 & 0 & 0 \\ 0 & 1 & 0 \\ k & 0 & 1 \end{bmatrix}$: 1행(3열)에 k를 곱한 것을 3행(1열)에 더하는 연산에 대응되는 행렬

$$\Longrightarrow (\text{행연산}) \quad \mathbf{EA} = \begin{bmatrix} \boldsymbol{e}_1^{\mathrm{t}} \\ \boldsymbol{e}_2^{\mathrm{t}} \\ k\boldsymbol{e}_1^{\mathrm{t}} + \boldsymbol{e}_3^{\mathrm{t}} \end{bmatrix} \begin{bmatrix} \boldsymbol{\alpha}_1^{\mathrm{t}} \\ \boldsymbol{\alpha}_2^{\mathrm{t}} \\ \boldsymbol{\alpha}_3^{\mathrm{t}} \end{bmatrix} = \begin{bmatrix} 1\boldsymbol{\alpha}_1^{\mathrm{t}} + 0\boldsymbol{\alpha}_2^{\mathrm{t}} + 0\boldsymbol{\alpha}_3^{\mathrm{t}} \\ 0\boldsymbol{\alpha}_1^{\mathrm{t}} + 1\boldsymbol{\alpha}_2^{\mathrm{t}} + 0\boldsymbol{\alpha}_3^{\mathrm{t}} \\ k\boldsymbol{\alpha}_1^{\mathrm{t}} + 0\boldsymbol{\alpha}_2^{\mathrm{t}} + 1\boldsymbol{\alpha}_3^{\mathrm{t}} \end{bmatrix} = \begin{bmatrix} \boldsymbol{\alpha}_1^{\mathrm{t}} \\ \boldsymbol{\alpha}_2^{\mathrm{t}} \\ k\boldsymbol{\alpha}_1^{\mathrm{t}} + \boldsymbol{\alpha}_3^{\mathrm{t}} \end{bmatrix}$$

$$\begin{aligned} (\text{열연산}) \quad \mathbf{AE} &= [\boldsymbol{a}_1, \boldsymbol{a}_2, \boldsymbol{a}_3][\boldsymbol{e}_1 + k\boldsymbol{e}_3, \boldsymbol{e}_2, \boldsymbol{e}_3] \\ &= [\boldsymbol{a}_1 + 0\boldsymbol{a}_2 + k\boldsymbol{a}_3, 0\boldsymbol{a}_1 + 1\boldsymbol{a}_2 + 0\boldsymbol{a}_3, 0\boldsymbol{a}_1 + 0\boldsymbol{a}_2 + 1\boldsymbol{a}_3] \\ &= [\boldsymbol{a}_1 + k\boldsymbol{a}_3, \boldsymbol{a}_2, \boldsymbol{a}_3] \end{aligned}$$

행렬의 왼쪽 또는 오른쪽에 기본행렬을 곱하는 위 예제의 의미를 잘 이해하면, 모든 기본행렬은 가역이고 역행렬도 기본행렬이 됨을 알 수 있다. 예를 들어, 두 행의 위치를 맞바꾸는 기본행렬의 전치행렬과 역행렬은 각각 자기 자신이 되고, i 행에 k를 곱하는 기본행렬의 역행렬은 i 행에 $1/k$를 곱하는 기본행렬, i 행에 k를 곱한 것을 j 행에 더하는 기본행렬의 역행렬은

i 행에 $-k$ 를 곱한 것을 j 행에 더하는 기본행렬이 된다.

따라서, 행렬 $\mathbf{A}$ 의 행벡터들이 일차독립을 이루는 것과 기본행렬 $\mathbf{E}$ 에 대해 $\mathbf{EA}$ 의 행벡터들이 일차독립을 이루는 것은 동치이다.[8] 좀 더 일반적으로 예제 1.9를 이용하면

$$\text{rank}(\mathbf{A}) = \text{rank}(\mathbf{EA})$$

가 성립한다.

n 차 정사각행렬 $\mathbf{A}$ 의 행벡터가 일차독립이 아닐 때, 즉 $\text{rank}(\mathbf{A}) = k < n$ 일 때, $\mathbf{A}$ 의 왼쪽에 기본행렬을 반복해서 곱하여 $n-k$ 개의 행벡터가 $\mathbf{0}^{\text{t}}$ 이 되게 할 수 있다. 또, $\mathbf{A}$ 의 행벡터들이 일차독립이면, 행렬 $\mathbf{A}$ 의 왼쪽에 기본행렬 $\mathbf{E}_i\,(1 \leq i \leq k)$ 을 반복해서 곱하여 단위행렬이 되게 할 수 있는데, 이를 이용하면 다음과 같이 $\mathbf{A}$ 의 역행렬을 구할 수 있다.

가우스-요르단 소거법을 이용하여 역행렬 구하는 방법

$n \times n$ 행렬 $\mathbf{A}$ 의 계수가 n 일 때, 즉 n 개의 행벡터들이 일차독립을 이룰 때, 아래 두 단계를 통해

$$\mathbf{E}_k\mathbf{E}_{k-1}\cdots\mathbf{E}_1\mathbf{A} = \mathbf{I}_n$$

이 되는 기본행렬 $\mathbf{E}_i$ 를 구하면 $\mathbf{A}^{-1} = \mathbf{E}_k\mathbf{E}_{k-1}\cdots\mathbf{E}_1\mathbf{I}_n$ 이다.

[단계 1] 행렬 $\mathbf{A}$ 에 기본연산 (1),(2)와 $i < j$ 인 i, j 에 대해 i 행에 상수를 곱하고 j 행에 더하는 기본연산 (3)을 적용하여, 1 열부터 시작해서 n 열까지 차례로 주대각성분은 1, 주대각성분의 아래쪽은 모두 0 인 행렬로 만든다.

[단계 2] [단계 1]의 결과로 얻은 행렬에 $i > j$ 인 i, j 에 대해 i 행에 상수를 곱하고 j 행에 더하는 기본연산 (3)을 적용하여, n 열부터 시작해서 1 열까지 차례로 주대각성분의 위쪽이 모두 0 인 행렬로 만들면 단위행렬이 된다.

위 방법은 역행렬을 구하는 몇 가지 방법 중, 연립방정식의 해를 구하는 방법인 **가우스-요르단 소거법**(Gauss-Jordan elimination method)을 이용한 방법이다. 이 방법의 계산복잡도는 행렬의 크기 n 에 대해 $O(n^3)$ 이 된다.[9] 가우스-요르단 소거법에 대해서는 기본적인 선형대수학 책 [3, 17] 으로 공부하기를 권하며, 또 다른 방법에 대해 31쪽을 확인하기 바란다.

[8] 세 가지 기본연산 각각에 대해 일차독립의 정의를 사용하면 쉽게 확인할 수 있다.

[9] 간단히 말해서, n 에 대한 계산량이 n^3 의 상수배 정도 된다는 의미이다.

실제 역행렬을 계산할 때는, 행렬 $\mathbf{A}$ 와 $\mathbf{I}_n$ 을 옆으로 나란히 이어 붙인 $n \times 2n$ 행렬 $[\mathbf{A}, \mathbf{I}_n]$ 에 [단계 1], [단계 2]의 행에 대한 기본연산을 적용하면 $[\mathbf{I}_n, \mathbf{A}^{-1}]$ 가 되므로 $\mathbf{A}^{-1}$ 를 동시에 계산할 수 있다. 이때, $n \times 2n$ 행렬 $[\mathbf{A}, \mathbf{I}_n]$ 을 **덧붙인 행렬**(augmented matrix) 또는 **첨가행렬**이라 부르고 $[\mathbf{A} \mid \mathbf{I}_n]$ 처럼 쓰기도 한다.[10]

가우스-요르단 소거법으로 역행렬 구하는 과정을 예를 들어 살펴보자. 아래 행렬 $\mathbf{A}$ 에 [단계 1]의 기본연산들을 적용한 결과를 차례로 쓰면[11]

$$\mathbf{A} = \begin{bmatrix} 0 & 1 & 2 \\ 2 & 3 & 2 \\ 1 & 2 & 1 \end{bmatrix} \xrightarrow{(1)} \begin{bmatrix} 1 & 2 & 1 \\ 2 & 3 & 2 \\ 0 & 1 & 2 \end{bmatrix} \xrightarrow{(3)} \begin{bmatrix} 1 & 2 & 1 \\ 0 & -1 & 0 \\ 0 & 1 & 2 \end{bmatrix} \xrightarrow{(2)} \begin{bmatrix} 1 & 2 & 1 \\ 0 & 1 & 0 \\ 0 & 1 & 2 \end{bmatrix} \xrightarrow{(3)} \begin{bmatrix} 1 & 2 & 1 \\ 0 & 1 & 0 \\ 0 & 0 & 2 \end{bmatrix}$$
$$\xrightarrow{(2)} \begin{bmatrix} 1 & 2 & 1 \\ 0 & 1 & 0 \\ 0 & 0 & 1 \end{bmatrix}$$

이고, 이것을 행렬 $\mathbf{A}$ 의 왼쪽에 기본행렬을 곱하는 것으로 표현하면

$$\begin{aligned} \mathbf{E} :=& \mathbf{E}_5\mathbf{E}_4\mathbf{E}_3\mathbf{E}_2\mathbf{E}_1 \\ =& \begin{bmatrix} 1 & 0 & 0 \\ 0 & 1 & 0 \\ 0 & 0 & \frac{1}{2} \end{bmatrix} \begin{bmatrix} 1 & 0 & 0 \\ 0 & 1 & 0 \\ 0 & -1 & 1 \end{bmatrix} \begin{bmatrix} 1 & 0 & 0 \\ 0 & -1 & 0 \\ 0 & 0 & 1 \end{bmatrix} \begin{bmatrix} 1 & 0 & 0 \\ -2 & 1 & 0 \\ 0 & 0 & 1 \end{bmatrix} \begin{bmatrix} 0 & 0 & 1 \\ 0 & 1 & 0 \\ 1 & 0 & 0 \end{bmatrix} = \begin{bmatrix} 0 & 0 & 1 \\ 0 & -1 & 2 \\ \frac{1}{2} & \frac{1}{2} & -1 \end{bmatrix} \end{aligned}$$

에 대해 $\mathbf{EA}$ 를 구한 것이다. $\mathbf{E}$ 를 계산할 때, 행렬 $\mathbf{E}_1$ 에 $\mathbf{E}_2$ 부터 $\mathbf{E}_5$ 까지 차례로 기본연산의 의미를 적용하면 쉽게 구할 수 있다. (예를 들어, $\mathbf{E}_2\mathbf{E}_1$ 은 $\mathbf{E}_1$ 의 1 행에 -2를 곱한 것을 2 행에 더해주면 된다.)

[단계 1]의 결과로 얻은 행렬에 [단계 2]의 기본연산들을 적용하면

$$\begin{bmatrix} 1 & 2 & 1 \\ 0 & 1 & 0 \\ 0 & 0 & 1 \end{bmatrix} \xrightarrow{(3)} \begin{bmatrix} 1 & 2 & 0 \\ 0 & 1 & 0 \\ 0 & 0 & 1 \end{bmatrix} \xrightarrow{(3)} \begin{bmatrix} 1 & 0 & 0 \\ 0 & 1 & 0 \\ 0 & 0 & 1 \end{bmatrix} = \mathbf{I}_3$$

과 같이 단위행렬을 얻고, 이 과정을 기본행렬을 곱하는 것으로 표현하면

$$\widetilde{\mathbf{E}} := \mathbf{E}_7\mathbf{E}_6 = \begin{bmatrix} 1 & -2 & 0 \\ 0 & 1 & 0 \\ 0 & 0 & 1 \end{bmatrix} \begin{bmatrix} 1 & 0 & -1 \\ 0 & 1 & 0 \\ 0 & 0 & 1 \end{bmatrix} = \begin{bmatrix} 1 & -2 & -1 \\ 0 & 1 & 0 \\ 0 & 0 & 1 \end{bmatrix}$$

---

[10] 물론, 열에 대한 기본연산을 적용해서 역행렬을 구하는 것도 가능하다. 이 경우에는 행렬 $\mathbf{A}$ 의 오른쪽에 기본행렬을 반복해서 곱하여 $\begin{bmatrix} \mathbf{A} \\ \mathbf{I}_n \end{bmatrix} \mathbf{E}_1 \cdots \mathbf{E}_k = \begin{bmatrix} \mathbf{I}_n \\ \mathbf{A}^{-1} \end{bmatrix}$ 형태로 역행렬을 구하게 된다.

[11] 복잡한 표현을 피하기 위해 화살표 위에 기본연산을 구체적으로 기술하지 않았지만, 예를 보면 어떤 기본연산인지 쉽게 파악할 수 있다.

이므로 $\mathbf{A}^{-1}$ 는 다음과 같다. $[\mathbf{A}, \mathbf{I}_3]$ 에 [단계 1], [단계 2]를 적용하여 비교하길 권한다.

$$\mathbf{A}^{-1} = \widetilde{\mathbf{E}}\mathbf{E} = \begin{bmatrix} 1 & -2 & -1 \\ 0 & 1 & 0 \\ 0 & 0 & 1 \end{bmatrix} \begin{bmatrix} 0 & 0 & 1 \\ 0 & -1 & 2 \\ \frac{1}{2} & \frac{1}{2} & -1 \end{bmatrix} = \begin{bmatrix} -\frac{1}{2} & \frac{3}{2} & -2 \\ 0 & -1 & 2 \\ \frac{1}{2} & \frac{1}{2} & -1 \end{bmatrix} \tag{1.7}$$

n 차 정사각행렬 $\mathbf{A}$ 에서 주대각성분의 위쪽 성분이 모두 0(즉, $i < j$ 인 모든 $a_{ij} = 0$) 인 행렬을 **하삼각행렬**(lower triangular matrix)라 하고 $\mathbf{L}$ 로 쓴다. 또 주대각성분의 아래쪽 성분이 모두 0(즉, $i > j$ 인 모든 $a_{ij} = 0$) 인 행렬을 **상삼각행렬**이라 부르고 $\mathbf{U}$ 로 쓴다. 상삼각행렬이면서 동시에 하삼각행렬이 되는 행렬은 대각행렬이다. 하삼각행렬의 곱은 하삼각행렬이 되고, 상삼각행렬의 곱은 상삼각행렬이 되는 것을 확인해보기 바란다.[12]

앞의 예에서 역행렬을 구하는 [단계1]의 기본연산 (3)에 대응되는 $\mathbf{E}_k$ $(2 \le k \le 5)$ 와 그 역행렬은 모두 하삼각행렬이고, [단계2]의 기본연산 (3)에 대응하는 기본행렬 $\mathbf{E}_6, \mathbf{E}_7$ 과 그 역행렬도 모두 상삼각행렬이다.[13]

일반적으로 기본연산 (1)에 대응되는 기본행렬만을 반복하여 곱하여 얻은 행렬을 **치환행렬**(permutation matrix)이라 하고 $\mathbf{P}$ 로 쓴다.[14] 가우스-요르단 소거법으로 역행렬을 구하는 과정을 이용하면

$$\mathbf{PA} = \mathbf{LU} \iff \mathbf{A} = \mathbf{P}^{\mathrm{t}}\mathbf{LU}$$

와 같이 가역행렬 $\mathbf{A}$ 를 치환행렬 $\mathbf{P}$, 하삼각행렬 $\mathbf{L}$, 상삼각행렬 $\mathbf{U}$ 의 곱으로 분해할 수 있는데, 이를 행렬의 **(P)LU 분해**(LU decomposition)라고 부른다.

예를 들어, 앞의 예에서 구한 결과 (1.7)로부터

$$\mathbf{A} = \mathbf{E}^{-1}\widetilde{\mathbf{E}}^{-1} = \mathbf{E}_1^{-1}(\mathbf{E}_2^{-1}\mathbf{E}_3^{-1}\mathbf{E}_4^{-1}\mathbf{E}_5^{-1})(\mathbf{E}_6^{-1}\mathbf{E}_7^{-1}) \tag{1.8}$$

가 성립한다. 이때 $\mathbf{E}_1^{-1} = \mathbf{E}_1$ 은 치환행렬이고, [단계1]의 하삼각행렬 $\mathbf{E}_i$ $(2 \le i \le 5)$ 의 역행렬의 곱은 다음과 같이 하삼각행렬이 된다.[15]

$$\mathbf{E}_2^{-1}\mathbf{E}_3^{-1}\mathbf{E}_4^{-1}\mathbf{E}_5^{-1} = \begin{bmatrix} 1 & 0 & 0 \\ 2 & 1 & 0 \\ 0 & 0 & 1 \end{bmatrix} \begin{bmatrix} 1 & 0 & 0 \\ 0 & -1 & 0 \\ 0 & 0 & 1 \end{bmatrix} \begin{bmatrix} 1 & 0 & 0 \\ 0 & 1 & 0 \\ 0 & 1 & 1 \end{bmatrix} \begin{bmatrix} 1 & 0 & 0 \\ 0 & 1 & 0 \\ 0 & 0 & 2 \end{bmatrix} = \begin{bmatrix} 1 & 0 & 0 \\ 2 & -1 & 0 \\ 0 & 1 & 2 \end{bmatrix}$$

[12] 두 하삼각행렬 $\mathbf{A}, \mathbf{B}$ 의 곱 $\mathbf{AB}$ 의 (i, j) 성분이 $i < j$ 일 때 모두 0 이 됨을 보이면 된다.

[13] 20쪽의 설명을 참고하라.

[14] 기본연산 (1)에 대응되는 $\mathbf{E}_i$ 에 대해 $\mathbf{E}_i^{-1} = \mathbf{E}_i = \mathbf{E}_i^{\mathrm{t}}$ 이므로 $\mathbf{F} = \mathbf{E}_1 \cdots \mathbf{E}_k$ 에 대해 $\mathbf{P}^{-1} = \mathbf{P}^{\mathrm{t}}$ 가 된다.

[15] 기본행렬의 역행렬은 20쪽에서 설명했듯이 그 의미로부터 쉽게 구할 수 있다.

또, [단계2]의 상삼각행렬의 역행렬의 곱은

$$\mathbf{E}_6^{-1}\mathbf{E}_7^{-1} = \begin{bmatrix} 1 & 0 & 1 \\ 0 & 1 & 0 \\ 0 & 0 & 1 \end{bmatrix} \begin{bmatrix} 1 & 2 & 0 \\ 0 & 1 & 0 \\ 0 & 0 & 1 \end{bmatrix} = \begin{bmatrix} 1 & 2 & 1 \\ 0 & 1 & 0 \\ 0 & 0 & 1 \end{bmatrix}$$

과 같이 상삼각행렬이 된다. 따라서 식 (1.8)은 $\mathbf{A}$의 PLU 분해가 된다.

일반적으로 가우스-요르단 소거법을 이용하여 역행렬을 구할 때, [단계 1]에서 기본연산 (1)이 사용되지 않으면 사용된 모든 기본행렬의 곱이 하삼각행렬이 되고, [단계 2]에서 사용되는 기본행렬의 곱은 상삼각행렬이 되므로 행렬의 LU 분해를 손쉽게 얻을 수 있다.

또, [단계 1]에서 기본연산 (1)에 대응되는 기본행렬이 계산 중간에 여러 번 사용되는 경우에도, 행렬의 PLU 분해가 가능하다는 것을 증명할 수 있고, PLU 분해를 체계적으로 계산하는 알고리즘도 존재한다. 특히, 행렬의 PLU 분해를 구하고 나면 대응되는 선형 연립방정식의 해를 효율적으로 구할 수 있는데, 이것에 대해서는 PLU 분해 알고리즘과 함께 1.5.1 소절에서 자세히 공부한다.

이 소절을 마치기 전에 역행렬과 관련된 예를 좀 더 살펴보자. 식 (1.3)을 이용하면 다음 예제에서 보듯이 역행렬을 이용하여 주어진 순서기저에 대한 좌표벡터를 구할 수 있다.

예제 1.12 벡터공간 $\mathbb{R}^n$의 한 순서기저 $\mathcal{A} = \{\boldsymbol{a}_i | 1 \le i \le n\}$가 주어질 때, 벡터 $\boldsymbol{x} \in \mathbb{R}^n$의 $\mathcal{A}$에 대한 좌표벡터 $[\boldsymbol{x}]_\mathcal{A}$를 구하시오.

풀이 $\mathcal{A}$의 벡터를 차례로 열벡터로 갖는 $n \times n$ 행렬을 $\mathbf{A}$라 하면, $\mathcal{A}$가 일차독립이므로 $\mathbf{A}$는 가역이다. $\boldsymbol{x}$를 $\mathcal{A}$의 일차결합으로 표현하는 것을 행렬의 곱으로 나타내면

$$\boldsymbol{x} = y_1\boldsymbol{a}_1 + \cdots + y_n\boldsymbol{a}_n = \mathbf{A}\boldsymbol{y} \quad (\boldsymbol{y} = [y_1, \cdots, y_n]^{\mathrm{t}})$$

이므로 $[\boldsymbol{x}]_\mathcal{A} = \boldsymbol{y} = \mathbf{A}^{-1}\boldsymbol{x}$이다. □

예제 1.13 가역행렬 $\mathbf{A}$에 대해 $(\mathbf{A}^{-1})^{\mathrm{t}} = (\mathbf{A}^{\mathrm{t}})^{-1} =: \mathbf{A}^{-\mathrm{t}}$임을 보이시오.

풀이 $\mathbf{A}\mathbf{A}^{-1} = \mathbf{I}$이므로 $\mathbf{I} = (\mathbf{A}\mathbf{A}^{-1})^{\mathrm{t}} = \left(\mathbf{A}^{-1}\right)^{\mathrm{t}}\mathbf{A}^{\mathrm{t}}$이다.

따라서 $\mathbf{A}^{\mathrm{t}}$는 가역이고 $\left(\mathbf{A}^{\mathrm{t}}\right)^{-1} = \left(\mathbf{A}^{-1}\right)^{\mathrm{t}}$가 된다. □

1.2.4 행렬식과 대각합

n 차 정사각행렬 $\mathbf{A}$ 가 가역이 될 필요충분조건은 $\mathrm{rank}(\mathbf{A}) = n$ 이 되는 것이고, 이것은 n 개의 행벡터(열벡터)가 일차독립을 이루는 것과 같다. 이 소절에서 행렬식을 배우고 나면, 행렬식이 0 이 아닌 것도 $\mathbf{A}$ 가 가역이 될 필요충분조건이 됨을 알게 된다.

정의 1.20

n 차 정사각행렬들의 집합 $\mathbb{R}^{n\times n}$ 에서 $\mathbb{R}$ 로 가는 함수 det 가 다음 네 성질을 만족할 때, **행렬식**(determinant) 이라 부르고 $\mathbf{A}$ 의 행렬식을 $\det(\mathbf{A})$ 또는 $|\mathbf{A}|$ 로 나타낸다.

(1) 행렬 $\mathbf{A}$ 의 i 번째 행벡터에 n 차원 행벡터 $\boldsymbol{b}^{\mathrm{t}}$ 를 더한 행렬의 행렬식은 아래와 같다.

$$\det\left(\begin{bmatrix} \boldsymbol{\alpha}_1^{\mathrm{t}} \\ \vdots \\ \boldsymbol{\alpha}_i^{\mathrm{t}} + \boldsymbol{b}^{\mathrm{t}} \\ \vdots \\ \boldsymbol{\alpha}_n^{\mathrm{t}} \end{bmatrix}\right) = \det\left(\begin{bmatrix} \boldsymbol{\alpha}_1^{\mathrm{t}} \\ \vdots \\ \boldsymbol{\alpha}_i^{\mathrm{t}} \\ \vdots \\ \boldsymbol{\alpha}_n^{\mathrm{t}} \end{bmatrix}\right) + \det\left(\begin{bmatrix} \boldsymbol{\alpha}_1^{\mathrm{t}} \\ \vdots \\ \boldsymbol{b}^{\mathrm{t}} \\ \vdots \\ \boldsymbol{\alpha}_n^{\mathrm{t}} \end{bmatrix}\right) \quad (1 \le i \le n)$$

(2) 행렬 $\mathbf{A}$ 에서 두 행을 맞바꾼 행렬을 $\widetilde{\mathbf{A}}$ 라 할 때, $\det(\widetilde{\mathbf{A}}) = -\det(\mathbf{A})$ 이다.

(3) 행렬 $\mathbf{A}$ 의 한 행에만 상수 c 를 곱한 행렬을 $\widetilde{\mathbf{A}}$ 라 할 때, $\det(\widetilde{\mathbf{A}}) = c\det(\mathbf{A})$ 이다.

(4) 단위행렬 $\mathbf{I}_n$ 에 대해 $\det(\mathbf{I}_n) = 1$ 이다.

행렬식의 정의로부터 얻을 수 있는 중요한 성질 세 가지를 먼저 살펴보자.

행렬식의 성질

(5) 한 행벡터가 $\mathbf{0}^{\mathrm{t}}$ 인 행렬의 행렬식은 0 이다.

(6) 행렬 $\mathbf{A}$ 에서 i 행과 j 행이 일치(즉, $\boldsymbol{\alpha}_i^{\mathrm{t}} = \boldsymbol{\alpha}_j^{\mathrm{t}}$ $(i \neq j)$)하면 $\det(\mathbf{A}) = 0$ 이다.

(7) 행렬 $\mathbf{A}$ 에 행에 대한 기본연산 (3) 을 적용해도 행렬식은 변하지 않는다.

[증명] 행렬 $\mathbf{A}$ 의 한 행벡터가 $\mathbf{0}$ 이면 $\mathbf{0} = \mathbf{0} + \mathbf{0}$ 이므로 행렬식의 성질 (1) 에 의해

$$\det(\mathbf{A}) = \det(\mathbf{A}) + \det(\mathbf{A}) \iff \det(\mathbf{A}) = 0$$

이므로 성질 (5) 가 성립한다.

성질 (6)을 보이기 위해 $\mathbf{A}$의 i행과 j행을 맞바꾼 행렬을 $\widetilde{\mathbf{A}}$라 하면, $\mathbf{A} = \widetilde{\mathbf{A}}$이므로 행렬식의 성질 (2)와 결합하여 $\det(\mathbf{A}) = \det(\widetilde{\mathbf{A}}) = -\det(\mathbf{A})$가 된다. 따라서 $\det(\mathbf{A}) = 0$이다.

마지막으로 $\mathbf{A}$의 i행에 k를 곱한 것을 j행에 더해 얻은 행렬을 $\widetilde{\mathbf{A}}$라 할 때,

$$\begin{aligned}\det(\widetilde{\mathbf{A}}) &= \det\left([\cdots, \boldsymbol{\alpha}_i, \cdots, k\boldsymbol{\alpha}_i + \boldsymbol{\alpha}_j, \cdots]^{\mathrm{t}}\right)\\ &= \det\left([\cdots, \boldsymbol{\alpha}_i, \cdots, k\boldsymbol{\alpha}_i, \cdots]^{\mathrm{t}}\right) + \det\left([\cdots, \boldsymbol{\alpha}_i, \cdots, \boldsymbol{\alpha}_j, \cdots]^{\mathrm{t}}\right)\\ &= k\det\left([\cdots, \boldsymbol{\alpha}_i, \cdots, \boldsymbol{\alpha}_i, \cdots]^{\mathrm{t}}\right) + \det\left([\cdots, \boldsymbol{\alpha}_i, \cdots, \boldsymbol{\alpha}_j, \cdots]^{\mathrm{t}}\right) = 0 + \det(\mathbf{A})\end{aligned}$$

와 같이 성질 (7)이 성립함을 보일 수 있다. □

행렬식의 성질을 이용하면 행렬 $\mathbf{A}$에 행에 대한 기본연산을 적용하여 얻은 행렬의 행렬식을 구할 수 있다.

- 행렬 $\mathbf{A}$에서 두 행의 위치를 바꾼 행렬 $\widetilde{\mathbf{A}}$의 행렬식: $\det(\widetilde{\mathbf{A}}) = -\det(\mathbf{A})$ (성질 2)
- 행렬 $\mathbf{A}$의 한 행에 상수 $k(\neq 0)$를 곱한 행렬 $\widetilde{\mathbf{A}}$의 행렬식:
  행렬식의 성질 (3)에 의해 $\det(\widetilde{\mathbf{A}}) = k\det(\mathbf{A})$
- 행렬 $\mathbf{A}$의 한 행벡터에 상수 k를 곱한 것을 다른 행에 더하여 얻은 행렬 $\widetilde{\mathbf{A}}$의 행렬식:
  행렬식의 성질 (7)에 의해 $\det(\widetilde{\mathbf{A}}) = \det(\mathbf{A})$

행렬 $\mathbf{A}$가 가역행렬이면 기본연산을 적용하여 단위행렬을 만들 수 있으므로, 기본연산을 적용할 때 행렬식의 변화에 대한 앞의 설명과 $\det(\mathbf{I}_n) = 1$을 이용하면 $\det(\mathbf{A})$를 구할 수 있다. 만약 행렬 $\mathbf{A}$가 가역이 아니면 기본연산을 적용할 때 적어도 한 행벡터가 $\mathbf{0}^{\mathrm{t}}$가 되므로 행렬식의 성질 (5)에 의해 $\det(\mathbf{A}) = 0$이 된다.

따라서 다음 정리를 얻는다.

정리 1.21

n차 정사각행렬 $\mathbf{A}$에 대하여 다음은 동치조건이다.

(1) $\mathrm{rank}(\mathbf{A}) = n$

(2) 행렬 $\mathbf{A}$의 n개의 행벡터가 일차독립을 이룬다.

(3) 행렬 $\mathbf{A}$의 n개의 열벡터가 일차독립을 이룬다.

(4) 행렬 $\mathbf{A}$의 역행렬이 존재한다.

(5) $\det(\mathbf{A}) \neq 0$

행렬식의 정의를 이용하면 행렬의 성분을 이용하여 행렬식을 공식처럼 쓸 수 있다.

예제 1.14 2×2 행렬 $\mathbf{A}$ 의 행렬식 $|\mathbf{A}|$ 를 성분으로 나타내면 다음과 같음을 보이시오.

$$\left|\begin{bmatrix} a_{11} & a_{12} \\ a_{21} & a_{22} \end{bmatrix}\right| = a_{11}a_{22} - a_{12}a_{21}$$

풀이 행렬 $\mathbf{A}$ 의 1 행에 행렬식의 성질 (1)과 (3)을 차례로 적용시키면 아래와 같다.

$$|\mathbf{A}| = a_{11}\left|\begin{bmatrix} 1 & 0 \\ a_{21} & a_{22} \end{bmatrix}\right| + a_{12}\left|\begin{bmatrix} 0 & 1 \\ a_{21} & a_{22} \end{bmatrix}\right|$$

이때, 등식 오른쪽 두 행렬의 2 행에 다시 행렬식의 성질 (1)과 (3)을 차례로 적용시키면

$$|\mathbf{A}| = a_{11}a_{21}\left|\begin{bmatrix} 1 & 0 \\ 1 & 0 \end{bmatrix}\right| + a_{11}a_{22}\left|\begin{bmatrix} 1 & 0 \\ 0 & 1 \end{bmatrix}\right| + a_{12}a_{21}\left|\begin{bmatrix} 0 & 1 \\ 1 & 0 \end{bmatrix}\right| + a_{12}a_{22}\left|\begin{bmatrix} 0 & 1 \\ 0 & 1 \end{bmatrix}\right|$$

이다. 또, 위의 네 행렬식 중 첫 번째 행렬식과 마지막 행렬식은 같은 행벡터를 가지므로 행렬식의 성질 (6)에 의해 0 이 되고, 단위행렬의 행렬식이 1 임을 이용하기 위해 행렬식의 성질 (2)를 적용하면 $|\mathbf{A}| = a_{11}a_{22} - a_{12}a_{21}$ 을 얻을 수 있다. □

예제 1.14의 풀이 방법은 일반적인 $n \times n$ 행렬에도 적용할 수 있다. 우선 **치환**(permutation)이라고 부르는 일대일대응 $\sigma : \{1, 2, \cdots, n\} \to \{1, 2, \cdots, n\}$ 전체의 집합을 $\mathcal{S}_n$ 이라 하고, 한 치환 $\sigma \in \mathcal{S}_n$ 에 대하여 $i < j$ 이고 $\sigma(i) > \sigma(j)$ 인 순서쌍 (i, j) 의 개수를 $\zeta(\sigma)$ 로 나타내자. 예를 들어, $\sigma(1) = 2, \sigma(2) = 4, \sigma(3) = 1, \sigma(4) = 3$ 인 σ 에 대해 위 조건을 만족하는 순서쌍은 $(1, 3), (2, 3), (2, 4)$ 이므로 $\zeta(\sigma) = 3$ 이다.

각 치환 $\sigma \in \mathcal{S}_n$ 에 대해 $(i, \sigma(i))$ 성분만 1 이고 나머지 성분은 모두 0 인 $n \times n$ 행렬을 $\mathbf{P}_\sigma$ 라 하면, $\mathbf{P}_\sigma$ 에 두 행을 맞바꾸는 기본연산을 $\zeta(\sigma)$ 번 적용하면 단위행렬이 되므로 $\mathbf{P}_\sigma$ 는 치환행렬이다. 예를 들어, $\sigma(1) = 2, \sigma(2) = 4, \sigma(3) = 1, \sigma(4) = 3$ 인 σ 에 대해 행렬 $\mathbf{P}_\sigma$ 의 i 행과 j 행을 맞바꾸는 기본연산을 화살표 위에 (i, j) 로 표시하면 다음과 같으므로

$$\begin{bmatrix} 0 & 1 & 0 & 0 \\ 0 & 0 & 0 & 1 \\ 1 & 0 & 0 & 0 \\ 0 & 0 & 1 & 0 \end{bmatrix} \xrightarrow{(1,3)} \begin{bmatrix} 1 & 0 & 0 & 0 \\ 0 & 0 & 0 & 1 \\ 0 & 1 & 0 & 0 \\ 0 & 0 & 1 & 0 \end{bmatrix} \xrightarrow{(2,3)} \begin{bmatrix} 1 & 0 & 0 & 0 \\ 0 & 1 & 0 & 0 \\ 0 & 0 & 0 & 1 \\ 0 & 0 & 1 & 0 \end{bmatrix} \xrightarrow{(3,4)} \begin{bmatrix} 1 & 0 & 0 & 0 \\ 0 & 1 & 0 & 0 \\ 0 & 0 & 1 & 0 \\ 0 & 0 & 0 & 1 \end{bmatrix}$$

$\mathbf{P}_\sigma$ 는 두 행을 맞바꾸는 기본행렬 $\zeta(\sigma) = 3$ 개의 곱으로 표현되는 치환행렬임을 알 수 있다.

이제 행렬의 성분을 이용하여 행렬식을 표현하는 방법을 알아보자.

정리 1.22

$n \times n$ 행렬 $\mathbf{A} = [a_{ij}]$ 의 행렬식은

$$\det(\mathbf{A}) = \sum_{\sigma \in \mathcal{S}_n} (-1)^{\zeta(\sigma)} \prod_{i=1}^{n} a_{i\sigma(i)} = \sum_{\sigma \in \mathcal{S}_n} (-1)^{\zeta(\sigma)} \prod_{i=1}^{n} a_{\sigma(i)i}$$

이다. 따라서 정의 1.20의 네 성질을 만족하는 함수는 유일하다.

[증명] 1 행부터 시작해서 행벡터 $[a_{11}, \cdots, a_{1n}]$ 는 n 개의 행벡터의 합 $a_{11}\boldsymbol{e}_1^{\mathrm{t}} + \cdots + a_{1n}\boldsymbol{e}_n^{\mathrm{t}}$ 이므로 행렬식의 성질 (1)과 (3)을 적용하면 n 개의 행렬식의 합으로 쓸 수 있다. n 개의 행렬식 각각에 나오는 행렬의 2 행에 대해 똑같은 방법으로 행렬식의 성질 (1)과 (3)을 적용하여 n 개의 행렬식의 합으로 쓸 때, 이 중 한 행은 행렬의 1 행과 같아지므로 행렬식의 성질 (6)에 의해 행렬식이 0 이 된다. 즉, 전체 $n(n-1)$ 개의 행렬식만 남게된다. 이 과정을 n 행까지 반복하면, $|\mathbf{A}|$ 는 $n! = n(n-1)\cdots 1$ 개의 행렬식의 합으로 쓸 수 있다.

이때 계산 과정에서 사용한 행렬식의 성질 (1)과 (6)에 의해, 각각의 행렬식은 어떤 치환 $\sigma \in \mathcal{S}_n$ 에 대해 $a_{1\sigma(1)}a_{2\sigma(2)}\cdots a_{n\sigma(n)} \det(\mathbf{P}_\sigma)$ 꼴이 되고, 행렬식의 성질 (2)를 $\zeta(\sigma)$ 번 적용하면 다음이 성립한다.

$$a_{1\sigma(1)}a_{2\sigma(2)}\cdots a_{n\sigma(n)} \det(\mathbf{P}_\sigma) = (-1)^{\zeta(\sigma)} a_{1\sigma(1)}a_{2\sigma(2)}\cdots a_{n\sigma(n)}$$

$n!$ 개의 행렬식 각각에 대응되는 치환 σ 는 서로 다르고, $\mathcal{S}_n$ 에 속하는 치환의 개수는 $n!$ 개이므로 정리의 첫 번째 등식이 성립하고, 두 번째 등식은 $\prod a_{i\sigma(i)} = \prod a_{\sigma^{-1}(i)i}$ 이므로 성립한다. □

위 정리의 중요한 의미 중 하나는 어떤 함수 $f : \mathbb{R}^{n\times n} \to \mathbb{R}$ 가 정의 1.20의 네 가지 성질을 만족시키면 $f(\mathbf{A}) = \det(\mathbf{A})$ 가 될 수 밖에 없다는 것이다. 예를 들어, 임의의 $n \times n$ 가역행렬 $\mathbf{B}$를 하나 고정하고, 함수 $f : \mathbb{R}^{n\times n} \to \mathbb{R}$를 $f(\mathbf{A}) = \det(\mathbf{AB})/\det(\mathbf{B})$ 라고 정의하면, 정의 1.20의 네 가지 성질을 모두 만족하는 것을 보일 수 있다. 따라서

$$f(\mathbf{A}) = \det(\mathbf{A}) \Longleftrightarrow \det(\mathbf{AB}) = \det(\mathbf{A})\det(\mathbf{B})$$

가 성립하고, 두 행렬 중 한 행렬의 행렬식이 0 이어도 성립함을 확인할 수 있다.

이를 이용하면 가역행렬 $\mathbf{A}$ 에 대해 $\mathbf{A}\mathbf{A}^{-1} = \mathbf{I}$ 이므로 $\det(\mathbf{A}^{-1}) = (\det(\mathbf{A}))^{-1}$ 임을 알 수 있다. 또, 정리 1.22의 두 등식으로부터 $\det(\mathbf{A}^t) = \det(\mathbf{A})$ 가 성립함도 알 수 있다. 따라서 행렬식의 모든 성질을 행벡터가 아닌 열벡터에 대한 것으로 바꾸어도 성립한다.

행렬식의 유용한 성질 한 가지만 더 살펴보자. 25쪽 행렬식의 성질 (7)을 이용하면 하삼각행렬과 상삼각행렬의 행렬식은 모든 주대각성분의 곱이 되는 것도 쉽게 알 수 있다. 예를 들어, 하삼각행렬 $\mathbf{L}$ 의 주대각성분이 $l_{ii} \neq 0\,(1 \le i \le n)$ 일 때, 소거법으로 역행렬을 구하는 [단계1]에서 기본연산 (3) 만을 적용하면 $\det(\mathbf{L}) = \det\big(\mathrm{diag}(l_{11}, \cdots, l_{nn})\big)$ 이 되고, 행렬식의 성질 (3)에 의해 $\det(\mathbf{L}) = \prod_i l_{ii}$ 가 된다. 주대각성분 중 $l_{ii} = 0$ 인 경우에도 행렬식의 변화없이 기본연산 (3)을 적용시키면, i 행벡터가 $\mathbf{0}^t$ 가 되어 행렬식이 0이 되므로 앞의 식은 여전히 성립한다.

지금까지 설명한 내용을 25쪽 행렬식의 성질에 덧붙여 정리하면 다음과 같다.

행렬식의 성질

행렬식의 정의와 25쪽 행렬식의 성질에 덧붙여 다음이 성립한다.

(3a) n 차 정사각행렬 $\mathbf{A}$ 에 대하여 $\det(k\mathbf{A}) = k^n \det(\mathbf{A})$ 이다.[a]

(8) n 차 정사각행렬 $\mathbf{A}, \mathbf{B}$ 에 대하여 $\det(\mathbf{AB}) = \det(\mathbf{A})\det(\mathbf{B})$ 이다.

(9) n 차 가역행렬 $\mathbf{A}$ 에 대하여 $\det(\mathbf{A}^{-1}) = \big(\det(\mathbf{A})\big)^{-1}$ 이다.

(10) n 차 정사각행렬 $\mathbf{A}$ 에 대하여 $\det(\mathbf{A}^t) = \det(\mathbf{A})$ 이다.

(11) n 차 하삼각행렬 $\mathbf{L} = [l_{ij}]$ 와 상삼각행렬 $\mathbf{U} = [u_{ij}]$ 의 행렬식은 아래와 같다.

$$\det(\mathbf{L}) = \prod_{i=1}^{n} l_{ii}, \quad \det(\mathbf{U}) = \prod_{i=1}^{n} u_{ii}$$

(12) 행렬식의 성질 (1)부터 (7)까지에서, 행(벡터)을 열(벡터)로 바꾸어도 성립한다.

[a] 행렬식의 성질 (3)을 각 행에 적용한 결과이다.

만약 n 차 정사각행렬 $\mathbf{A}$ 에 대해 $\mathbf{AX} = \mathbf{I}_n$ 이 성립하면 행렬식의 성질 (8)에 의해

$$\det(\mathbf{A})\det(\mathbf{X}) = 1$$

이고, $\det(\mathbf{A}) \neq 0$ 이므로 정리 1.21에 의해 $\mathbf{A}$ 는 가역행렬이 된다. 즉, 역행렬이 만족해야하는 두 조건 중 하나만 성립해도 역행렬이 된다.

지금까지 설명한 행렬식의 성질을 이용하면 행렬의 행과 열에 대한 기본연산만을 이용하여 행렬식을 효율적으로 계산하는 것이 가능하다. 하지만, 재귀적으로 행렬식을 계산하는 식은, 크기가 작은 행렬의 행렬식을 프로그래밍 언어의 재귀적 함수 구현을 통해 계산할 때 활용할 수 있고, 행렬식과 관련된 내용을 증명할 때도 유용한 측면이 있다. 따라서, 이 소절에서는 재귀적으로 행렬식을 계산하는 식을 소개하고, 자세한 증명은 참고도서 [3]을 참고하기 바란다.

우선, $\mathbf{A} \in \mathbb{R}^{n\times n}$ 에서 i 행과 j 열을 제거한 행렬을 $\mathbf{A}_{\backslash i,\backslash j} \in \mathbb{R}^{(n-1)\times(n-1)}$ 로 나타내자. 예를 들면,

$$\mathbf{A} = \begin{bmatrix} 1 & 2 & 3 \\ 4 & 5 & 6 \\ 7 & 8 & 9 \end{bmatrix} \Longrightarrow \mathbf{A}_{\backslash 1,\backslash 1} = \begin{bmatrix} 5 & 6 \\ 8 & 9 \end{bmatrix}, \quad \mathbf{A}_{\backslash 2,\backslash 3} = \begin{bmatrix} 1 & 2 \\ 7 & 8 \end{bmatrix}$$

이다.

이제, 1×1 행렬 $[a_{11}]$ 의 행렬식은 a_{11} 임을 염두에 두면, 다음 식으로부터 행렬식을 재귀적으로 구할 수 있다.

행렬식의 재귀적 계산

n 차 정사각행렬 $\mathbf{A} = [a_{ij}]$ 의 행렬식은 다음과 같이 재귀적으로 계산할 수 있다.

$$\begin{aligned} |\mathbf{A}| &= \sum_{i=1}^{n} (-1)^{i+j} a_{ij} |\mathbf{A}_{\backslash i,\backslash j}| \quad (\forall j \in \{1, \cdots, n\}) \\ &= \sum_{j=1}^{n} (-1)^{i+j} a_{ij} |\mathbf{A}_{\backslash i,\backslash j}| \quad ((\forall i \in \{1, \cdots, n\}) \end{aligned} \tag{1.9}$$

위 식 (1.9)를 반복해서 적용하면 $|\mathbf{A}|$ 의 항의 개수가 $n!$ 이 됨을 알 수 있다. 예를 들어, 행렬 $\mathbf{A} = [a_{ij}] \in \mathbb{R}^{3\times 3}$ 의 행렬식을 위 방법으로 구하면 다음과 같다.

$$\begin{aligned} \left| \begin{bmatrix} a_{11} & a_{12} & a_{13} \\ a_{21} & a_{22} & a_{23} \\ a_{31} & a_{32} & a_{33} \end{bmatrix} \right| &= a_{11} \left| \begin{bmatrix} a_{22} & a_{23} \\ a_{32} & a_{33} \end{bmatrix} \right| - a_{12} \left| \begin{bmatrix} a_{21} & a_{23} \\ a_{31} & a_{33} \end{bmatrix} \right| + a_{13} \left| \begin{bmatrix} a_{21} & a_{22} \\ a_{31} & a_{32} \end{bmatrix} \right| \\ &= a_{11}\big(a_{22}a_{33} - a_{23}a_{32}\big) - a_{12}\big(a_{21}a_{33} - a_{23}a_{31}\big) + a_{13}\big(a_{21}a_{32} - a_{22}a_{31}\big) \end{aligned}$$

행렬식의 계산과 마찬가지로 행렬의 행에 대한 기본연산을 이용하면 행렬의 역행렬을 쉽게 계산할 수 있지만, 식 (1.9)를 이용하면 역행렬을 식으로 표현하는 것이 가능하다. 역행렬

과 관련된 여러 증명에서 활용할 수 있도록 간략하게 설명하도록 한다.

우선 행렬 $\mathbf{A} \in \mathbb{R}^{n \times n}$ 에 대하여 (i, j) 성분이 $(-1)^{i+j}|\mathbf{A}_{\setminus j, \setminus i}|$ 인 $n \times n$ 행렬을 $\mathbf{A}$ 의 (고전적) **수반행렬**[16](adjoint)라 하고 $\mathrm{adj}(\mathbf{A})$ 로 쓴다. 즉,

$$[\mathrm{adj}(\mathbf{A})]_{ij} = (-1)^{i-j}|\mathbf{A}_{\setminus j, \setminus i}|$$

이다. ((i, j) 성분을 정의할 때, 우변의 식에서 i 와 j 의 순서가 바뀌는 것을 눈여겨 볼 필요가 있다.)

따라서 식 (1.9)를 이용하면 두 행렬 $\mathbf{A}$ 와 $\mathrm{adj}(\mathbf{A})$ 의 곱으로부터 $\mathbf{A}^{-1}$ 에 대한 식을 얻을 수 있다.

수반행렬을 이용한 역행렬 표현

$$\mathbf{A}\,\mathrm{adj}(\mathbf{A}) = |\mathbf{A}|\,\mathbf{I}_n \iff \mathbf{A}^{-1} = \frac{1}{|\mathbf{A}|}\mathrm{adj}(\mathbf{A}) \tag{1.10}$$

이 소절을 마치기 전에 행렬의 대각합과 그 성질에 대해 살펴보자. n 차 정사각행렬 $\mathbf{A}$ 의 주대각성분을 모두 더한 것을 행렬의 **대각합**(trace)이라 하고 $\mathrm{tr}(\mathbf{A}) := a_{11} + \cdots + a_{nn}$ 로 쓴다. n 차 정사각행렬 $\mathbf{A}, \mathbf{B}$ 와 상수 k 에 대해 다음이 성립함을 쉽게 확인할 수 있다.

$$\begin{aligned} \mathrm{tr}(\mathbf{A}^{\mathrm{t}}) &= \mathrm{tr}(\mathbf{A}) \\ \mathrm{tr}(k\mathbf{A}) &= k\,\mathrm{tr}(\mathbf{A}) \\ \mathrm{tr}(\mathbf{A} + \mathbf{B}) &= \mathrm{tr}(\mathbf{A}) + \mathrm{tr}(\mathbf{B}) \end{aligned} \tag{1.11}$$

정사각행렬이 아니더라도 행렬의 곱이 정사각행렬이 되면 대각합을 생각할 수 있다.

정리 1.23

행렬의 곱이 정사각행렬이 될 때 다음이 성립한다.

(1) $\mathrm{tr}(\mathbf{AB}) = \mathrm{tr}(\mathbf{BA})$

(2) $\mathrm{tr}(\mathbf{ABC}) = \mathrm{tr}(\mathbf{BCA}) = \mathrm{tr}(\mathbf{CAB})$ [대각합에 대한 순환성질]

[16] 보통 61쪽에서 소개하는 복소행렬에 대한 수반행렬과 용어가 중복되므로 여기서 정의하는 수반행렬을 고전적 수반행렬이라 부르기도 하고, 복소행렬에서 정의하는 수반행렬을 켤레전치행렬이라고 부르기도 한다.

[증명] $\mathbf{AB}$ 가 $m\times m$ 행렬이라면, $\mathbf{A}$ 는 $m\times n$ 행렬, $\mathbf{B}$ 는 $n\times m$ 행렬이므로 $\mathrm{tr}(\mathbf{BA})$ 를 생각할 수 있다. $\mathbf{A} = [a_{ij}]$, $\mathbf{B} = [b_{ij}]$ 라 할 때, $\mathbf{AB}$ 의 (i,i) 성분은 $\sum_{k=1}^{n} a_{ik}b_{ki}$, $\mathbf{BA}$ 의 (k,k) 성분은 $\sum_{i=1}^{m} b_{ki}a_{ik}$ 이므로

$$\mathrm{tr}(\mathbf{AB}) = \sum_{i=1}^{m}\left(\sum_{k=1}^{n} a_{ik}b_{ki}\right) = \sum_{k=1}^{n}\left(\sum_{i=1}^{m} b_{ki}a_{ik}\right) = \mathrm{tr}(\mathbf{BA})$$

가 되어 (1) 이 증명된다.

(2) 에서 $\mathbf{ABC}$ 가 $m\times m$ 행렬이라면, $\mathbf{A}$ 는 $m\times n$ 행렬, $\mathbf{B}$ 는 $n\times p$ 행렬, $\mathbf{C}$ 는 $p\times m$ 행렬이라 할 수 있다. 이때, $\mathbf{BC}$ 는 $n\times m$ 행렬이므로 $\mathbf{A}(\mathbf{BC})$ 는 $m\times m$, $(\mathbf{BC})\mathbf{A}$ 는 $n\times n$ 행렬이 되고, (1) 에 의해 $\mathrm{tr}(\mathbf{ABC}) = \mathrm{tr}(\mathbf{BCA})$ 가 성립한다. 또, $(\mathbf{AB})\mathbf{C}$ 와 $\mathbf{C}(\mathbf{AB})$ 를 생각하면 비슷한 방법으로 나머지 등식이 성립함을 보일 수 있다. □

예제 1.15 다음을 보이시오.

(1) n 차원 (열) 벡터 $\boldsymbol{a}, \boldsymbol{b}$ 에 대해 $\mathrm{tr}(\boldsymbol{a}\boldsymbol{b}^{\mathrm{t}}) = \boldsymbol{b}^{\mathrm{t}}\boldsymbol{a}$ 이다.

(2) n 차원 (열) 벡터 $\boldsymbol{x}$ 와 $n\times n$ 행렬 $\mathbf{A}$ 에 대해 $\boldsymbol{x}^{\mathrm{t}}\mathbf{A}\boldsymbol{x} = \mathrm{tr}(\mathbf{A}\boldsymbol{x}\boldsymbol{x}^{\mathrm{t}})$ 이다.

풀이 (1) $\boldsymbol{a}\boldsymbol{b}^{\mathrm{t}}$ 는 $n\times n$ 행렬이고, $\boldsymbol{b}^{\mathrm{t}}\boldsymbol{a}$ 는 1×1 행렬이므로 정리 1.23의 (1) 에 의해 성립한다.[17]

(2) $\boldsymbol{x}^{\mathrm{t}}$ 는 $1\times n$, $\mathbf{A}$ 는 $n\times n$, $\boldsymbol{x}$ 는 $n\times 1$ 행렬이므로 정리 1.23의 (2) 에 의해 성립한다. □

1.2.5 벡터공간 $\mathbb{R}^n$ 에서 벡터와 행렬식의 기하적 의미

벡터공간 $\mathbb{R}^n$ 의 벡터를 기하적으로 이해하면, 이를 바탕으로 행렬의 행 또는 열에 대한 기본 연산이 갖는 의미를 기하적으로 해석할 수 있다. 이러한 과정을 통해 행렬식이 갖는 기하적 의미는 이해하는 것이 이 소절에서 공부할 내용이다.

n 차원 좌표공간 $\mathbb{R}^n$ 에서 점 $(v_1, \cdots, v_n)$ 을 벡터 $\boldsymbol{v} = [v_1, \cdots, v_n]^{\mathrm{t}}$ 으로 이해하는 한 가지 방법은 크기와 방향을 갖는 화살표로 이해하는 것이다. 이처럼 벡터를 크기와 방향을 갖는 대상(화살표)으로 이해하면, 원점 $(0, \cdots, 0)$ 을 시작점, 점 $(v_1, \cdots, v_n)$ 를 끝점으로 하는 화살표와 점 $\mathrm{P}(a_1, \cdots, a_n)$ 를 시작점으로 하고 점 $\mathrm{Q}(a_1+v_1, \cdots, a_n+b_n)$ 을 끝점으로 하는 화

[17] 1×1 행렬 $[k]$ 에 대한 대각합은 $\mathrm{tr}([k]) = k$ 이다.

살표는 크기와 방향이 같으므로 모두 벡터 $\boldsymbol{v} = [v_1, \cdots, v_n]^t$ 를 나타낸다. 이때, 벡터의 상수곱 $k\boldsymbol{v}$ 는 같은 방향($k > 0$) 또는 반대 방향($k < 0$)으로 길이가 $|k|$ 배인 화살표를 나타내는 것으로 이해할 수 있다. 또, 두 벡터 $\boldsymbol{u}, \boldsymbol{v}$ 가 일차종속이라는 것은 두 벡터를 나타내는 화살표의 시작점을 모두 원점으로 할 때, 두 끝점이 모두 원점을 지나는 한 직선 위에 있음을 의미한다.

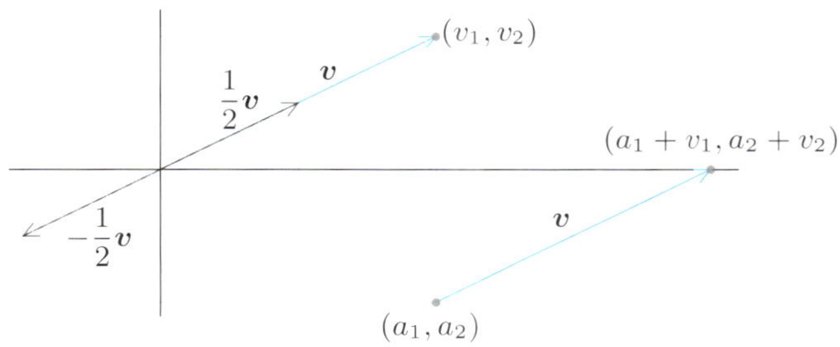

그림 1.1: $\mathbb{R}^2$ 의 벡터

한편, 두 벡터의 합 $\boldsymbol{u}+\boldsymbol{v}$ 는 두 화살표 $\boldsymbol{u}$ 와 $\boldsymbol{v}$ 가 원점을 공유하는 두 변이 되도록 평행사변형을 그릴 때, 원점이 아닌 나머지 한 점을 가리키는 화살표로 이해할 수 있다. 또, $0 \leq s \leq 1$ 인 s 에 대해 벡터 $s\boldsymbol{u}$ 가 나타내는 점은 벡터 $\boldsymbol{u}$ 의 시작점인 원점 O와 끝점 $\mathrm{P}(u_1, u_2)$ 를 $s : 1-s$ 로 내분하는 점이므로, 벡터 $s\boldsymbol{u}$ $(0 \leq s \leq 1)$ 는 선분 $\overline{\mathrm{OP}}$ 를 나타내는 것으로 이해할 수 있다. 이때, $t\boldsymbol{v} + s\boldsymbol{u}$ $(0 \leq s \leq 1)$ 가 나타내는 점들의 집합은 〈그림 1.2〉의 평행사변형 내부에 점선으로 표시한 선분이 되고, 선분 $\overline{\mathrm{OP}}$ 의 각 점을 x 축, y 축 방향으로 각각 tv_1, tv_2 만큼 평행이동시켜 얻어지는 선분임을 알 수 있다.

따라서 $0 \leq s \leq 1, 0 \leq t \leq 1$ 인 s, t 에 대해 벡터 $s\,\boldsymbol{u} + t\,\boldsymbol{v}$ 가 나타내는 (끝)점들로 이루어진 집합은 〈그림 1.2〉에서 보듯이 두 벡터 $\boldsymbol{u}$ 와 $\boldsymbol{v}$ 로 만들어지는 평행사변형과 그 내부를 나타내는 도형이 된다.

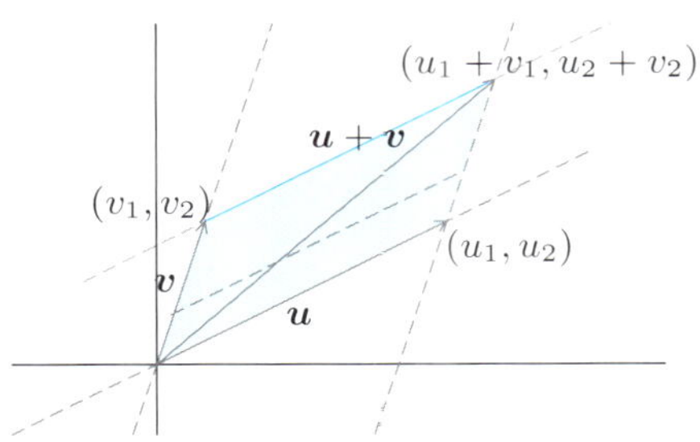

그림 1.2: $\mathbb{R}^2$ 에서 두 벡터의 합

즉, 선분을 나타내는 $s\boldsymbol{u}$ $(0 \le s \le 1)$ 벡터의 시작점이 $t\boldsymbol{v}$ 가 되도록 $0 \le t \le 1$ 를 연속적으로 변화시키면 평행사변형을 채우는 점들이 집합이 된다. 일반적으로 벡터공간 $\mathbb{R}^n$ 에서 n 개의 일차독립인 벡터 $\boldsymbol{a}_1, \cdots, \boldsymbol{a}_n$ 이 주어질 때,

$$\mathcal{P} := \{c_1\boldsymbol{a}_1 + c_2\boldsymbol{a}_2 + \cdots + c_n\boldsymbol{a}_n \,|\, 0 \le c_i \le 1,\ \forall i\} \tag{1.12}$$

로 정의되는 집합을 n 차원 평행체라 하고, $\mathbb{R}^2$ 의 평행사변형, $\mathbb{R}^3$ 의 평행육면체를 n 차원으로 확장한 집합이 된다. 이때, 행렬 $\mathbf{A} = [\boldsymbol{a}_1, \cdots, \boldsymbol{a}_n]$ 에 대해 $\det(\mathbf{A})$ 를 집합 $\mathcal{P}$ 의 **부호가 있는 부피**(signed volume) 라고 정의한다.

실제로, $n = 2$ 일 때 집합 $\mathcal{P}$ 는 평행사변형, $n = 3$ 일 때 집합 $\mathcal{P}$ 는 평행육면체가 되는데, 각 경우에 $\det(\mathbf{A})$ 는 평행사변형의 (부호가 있는) 넓이, 평행육면체의 (부호가 있는)부피가 됨을 확인할 수 있다[3]. 이때, 부호가 갖는 의미는 주어진 벡터들의 순서로 주어지는 방향(orientation)과 관련이 있다.

여기서는 $n = 2$ 인 경우에 행렬식이 대응되는 평행사변형의 넓이가 되는 것을 기본연산과 관련지어 살펴보자.

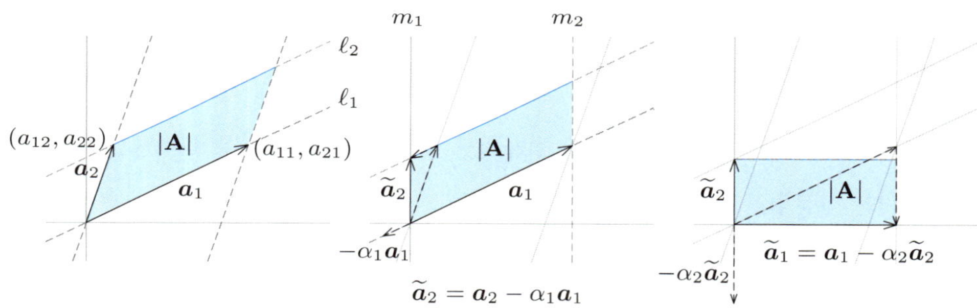

그림 1.3: 행렬식의 기하적 의미

일차독립인 두 벡터 $\boldsymbol{a}_1 = [a_{11}, a_{21}]^{\mathrm{t}}$, $\boldsymbol{a}_2 = [a_{12}, a_{22}]^{\mathrm{t}}$ 에 대해 $\mathbf{A} = \big[\boldsymbol{a}_1, \boldsymbol{a}_2\big]$ 라 하자. 이때, ⟨그림 1.3⟩ 의 첫 번째 그림에서 두 직선 ℓ_1 과 ℓ_2 가 평행하므로, 색칠된 평행사변형의 넓이는 두 벡터 $\boldsymbol{a}_1$ 과 $\widetilde{\boldsymbol{a}}_2 := \boldsymbol{a}_2 - a_{12}/a_{11}\,\boldsymbol{a}_1$ 으로 생성되는 평행사변형의 넓이와 같다. 또, 두 번째 그림에서 두 직선 m_1 과 m_2 가 평행하므로 색칠된 평행사변형의 넓이는 다음 두 벡터

$$\widetilde{\boldsymbol{a}}_2, \qquad \widetilde{\boldsymbol{a}}_1 := \boldsymbol{a}_1 - (a_{11}a_{21})/(a_{11}a_{22} - a_{12}a_{21})\,\widetilde{\boldsymbol{a}}_2$$

로 생성되는 직사각형의 넓이와 같다.

이때, 각 평행사변형을 생성하는 두 벡터를 열벡터로 갖는 행렬은 다음과 같고,

$$\mathbf{A} = [\boldsymbol{a}_1, \boldsymbol{a}_2] \Longrightarrow [\boldsymbol{a}_1, \widetilde{\boldsymbol{a}}_2] = \begin{bmatrix} a_{11} & 0 \\ a_{21} & \frac{a_{11}a_{22}-a_{12}a_{21}}{a_{11}} \end{bmatrix} \Longrightarrow [\widetilde{\boldsymbol{a}}_1, \widetilde{\boldsymbol{a}}_2] = \begin{bmatrix} a_{11} & 0 \\ 0 & \frac{a_{11}a_{22}-a_{12}a_{21}}{a_{11}} \end{bmatrix}$$

각 행렬은 $\mathbf{A}$의 열에 대한 기본연산 (3) 만으로 구해지므로 행렬식이 모두 $\det(\mathbf{A})$로 같다. 또, 마지막 행렬의 두 열벡터 $\widetilde{\boldsymbol{a}}_1$, $\widetilde{\boldsymbol{a}}_2$는 서로 수직이므로 ⟨그림 1.3⟩의 세 번째 직사각형의 넓이와 행렬식이 같아진다. 이 경우에 만약 행렬을 $\mathbf{A} = [\boldsymbol{a}_2, \boldsymbol{a}_1]$로 둔다면, 두 열벡터로 생성되는 평행사변형의 넓이는 $-\det(\mathbf{A})$가 된다.

일반적으로 행렬 $\mathbf{A}$를 이루는 열벡터의 방향이 그림과 다르더라도 두 벡터가 일차독립이기만 하면, 열에 대한 기본연산 (1)과 (3) 만을 이용하여 대각행렬로 만들 수 있으므로 두 열벡터가 생성하는 평행사변형의 넓이가 $|\det(\mathbf{A})|$가 됨을 알 수 있다. 또, $n \geq 3$인 경우에도 유사한 해석이 가능하다.

행렬식이 갖는 기하적 의미를 한 가지 더 살펴보자. $n \times n$ 행렬 $\mathbf{A}$에 대해, 함수 $\boldsymbol{f}$를

$$\boldsymbol{f}(\boldsymbol{x}) = \mathbf{A}\boldsymbol{x},\ \ \boldsymbol{x} \in \mathbb{R}^n$$

으로 정의하면, $\boldsymbol{f}(\boldsymbol{x}_1+\boldsymbol{x}_2) = \boldsymbol{f}(\boldsymbol{x}_1)+\boldsymbol{f}(\boldsymbol{x}_2)$, $\boldsymbol{f}(c\,\boldsymbol{x}) = c\boldsymbol{f}(\boldsymbol{x})$가 성립하므로 $\boldsymbol{f}$는 선형사상이 된다. 또, $\mathbf{A}$의 i번째 열벡터를 $\boldsymbol{a}_i$라 할 때, $\mathbb{R}^n$의 표준기저 $\boldsymbol{e}_1, \cdots, \boldsymbol{e}_n$에 대하여

$$\boldsymbol{f}(c_1\boldsymbol{e}_1 + \cdots + c_n\boldsymbol{e}_n) = c_1\boldsymbol{f}(\boldsymbol{e}_1) + \cdots - c_n\boldsymbol{f}(\boldsymbol{e}_n) = c_1\boldsymbol{a}_1 + \cdots + c_n\boldsymbol{a}_n$$

가 성립하므로, 식 (1.12)와 앞의 설명에 의해 $\boldsymbol{f}$는 정의역의 평행체를 평행체로 옮기고, 그 부피의 변화는 $|\det(\mathbf{A})|$가 됨을 알 수 있다.

1.2.6 블록 행렬의 연산과 성질

주어진 행렬 $\mathbf{X}$에 가상으로 가로, 세로 선을 그려 생기는 부분 행렬을 이용하면 아래의 예와 같이 행렬 $\mathbf{X}$를 간단하게 쓸 수 있다.

$$\mathbf{X} = \left[\begin{array}{cc|cc|ccc} a_{11} & a_{12} & b_{11} & b_{12} & c_{11} & c_{12} & c_{13} \\ a_{21} & a_{22} & b_{21} & b_{22} & c_{21} & c_{22} & c_{23} \\ \hline d_{11} & d_{12} & e_{11} & e_{12} & f_{11} & f_{12} & f_{13} \\ d_{21} & d_{22} & e_{21} & e_{22} & f_{21} & f_{22} & f_{23} \end{array}\right] \Longleftrightarrow \mathbf{X} = \begin{bmatrix} \mathbf{A} & \mathbf{B} & \mathbf{C} \\ \mathbf{D} & \mathbf{E} & \mathbf{F} \end{bmatrix}$$

예와 같이 부분행렬을 이용하여 표현한 행렬 $\mathbf{X}$ 를 **블록 행렬**(block matrix) 이라고 부른다. 위에서 예로 든 블록 행렬 $\mathbf{X}$ 에서 1 행 2 열에 위치한 행렬이 $\mathbf{B}$ 인데, 이를 간단히 $(1, 2)$ 부분 행렬이라 부르고, $\mathbf{X}_{12}$ 로 쓰기도 한다. 이때, 그 의미가 분명하면 $\mathbf{X} = [\mathbf{X}_{ij}]$ 로 쓸 수 있다.

두 블록 행렬 $\mathbf{X}, \mathbf{Y}$ 에 대해, 아래의 예와 같이 블록 행렬 $\mathbf{X}$ 의 한 행에 있는 부분 행렬의 개수와 블록 행렬 $\mathbf{Y}$ 의 한 열에 있는 부분 행렬의 개수가 같고,

$$\mathbf{X} = \begin{bmatrix} \mathbf{X}_{11} & \mathbf{X}_{12} & \mathbf{X}_{13} \\ \mathbf{X}_{21} & \mathbf{X}_{22} & \mathbf{X}_{23} \end{bmatrix}, \quad \mathbf{Y} = \begin{bmatrix} \mathbf{Y}_{11} & \mathbf{Y}_{12} \\ \mathbf{Y}_{21} & \mathbf{Y}_{22} \\ \mathbf{Y}_{31} & \mathbf{Y}_{32} \end{bmatrix}$$

각 부분 행렬 $\mathbf{X}_{ik}$ 의 열의 개수와 $\mathbf{Y}_{kj}$ 의 행의 개수가 모든 i, j, k 에 대해 같으면, 두 블록 행렬의 곱을 식 (1.4)와 유사하게[18] 다음과 같이 정의할 수 있다.

$$\mathbf{XY}\text{의 } (i, j)\text{부분 행렬 } = \sum_k \mathbf{X}_{ik}\mathbf{Y}_{kj}$$

즉, 예로 든 $\mathbf{X}, \mathbf{Y}$ 의 경우에 두 블록 행렬의 곱은 다음과 같다.

$$\mathbf{XY} = \begin{bmatrix} \mathbf{X}_{11}\mathbf{Y}_{11} + \mathbf{X}_{12}\mathbf{Y}_{21} + \mathbf{X}_{13}\mathbf{Y}_{31} & \mathbf{X}_{11}\mathbf{Y}_{12} + \mathbf{X}_{12}\mathbf{Y}_{22} + \mathbf{X}_{13}\mathbf{Y}_{32} \\ \mathbf{X}_{21}\mathbf{Y}_{11} + \mathbf{X}_{22}\mathbf{Y}_{21} + \mathbf{X}_{23}\mathbf{Y}_{31} & \mathbf{X}_{21}\mathbf{Y}_{12} + \mathbf{X}_{22}\mathbf{Y}_{22} + \mathbf{X}_{23}\mathbf{Y}_{32} \end{bmatrix}$$

두 블록 행렬의 곱으로 얻은 행렬은, 모든 부분 행렬을 성분으로 표시한 후 단순히 두 행렬을 곱하여 얻는 행렬과 동일하다.[19]

예제 1.16 영행렬 $\mathbf{O}$ 의 크기를 문제의 상황에 맞게 적절하게 해석할 때, 다음을 보이시오.

(1) n 차 정사각행렬 $\mathbf{A}$ 에 대하여 다음이 성립함을 보이시오.

$$\det\left(\begin{bmatrix} \mathbf{A} & \mathbf{O} \\ \mathbf{O} & \mathbf{I}_m \end{bmatrix}\right) = \det(\mathbf{A}) = \det\left(\begin{bmatrix} \mathbf{I}_m & \mathbf{O} \\ \mathbf{O} & \mathbf{A} \end{bmatrix}\right)$$

(2) n 차 정사각행렬 $\mathbf{A}$, m 차 정사각행렬 $\mathbf{C}$, $m \times n$ 행렬 $\mathbf{B}$ 에 대하여 다음이 성립함을 보이시오.

$$\det\left(\begin{bmatrix} \mathbf{A} & \mathbf{O} \\ \mathbf{B} & \mathbf{C} \end{bmatrix}\right) = \det(\mathbf{A})\det(\mathbf{C})$$

풀이 (1) 첫 번째 등식을 보이자. 정리 1.22의 $\sigma \in \mathcal{S}_{n+m}$ 에 대해, $n + 1 \le i \le n + m$ 이고

[18] 성분이 부분 행렬로 바뀐 것을 제외하면 같은 형태이다.

[19] 두 행렬의 곱 $\mathbf{XY}$ 의 (i, j) 성분은 $\mathbf{X}$ 의 i 번째 행벡터와 $\mathbf{Y}$ 의 j 번째 열벡터에 의해 결정되므로, i 번째 행벡터가 포함되는 $\mathbf{X}$ 의 모든 부분 행렬과 j 번째 열벡터가 포함되는 $\mathbf{Y}$ 의 모든 부분 행렬을 이용하면 쉽게 확인할 수 있다.

$a_{i\sigma(i)} \neq 0$ 인 경우는 $\sigma(i) = i$ 일 때 $a_{ii} = 1$ 인 경우 밖에 없으므로 $\sigma \in \mathcal{S}_n$ 의 경우만 따지는 것과 같다. 따라서 전체 블록 행렬의 행렬식은 $\det(\mathbf{A})$ 가 된다. 나머지 경우도 비슷하게 성립한다.

(2) 만약 $\det(\mathbf{A}) = 0$ 이면 $\mathbf{A}$ 의 행벡터가 일차종속이므로 전체 행렬의 행벡터도 일차종속이 된다. 따라서 행렬식이 0 이 되어 성립한다.

$\det(\mathbf{A}) \neq 0$ 인 경우에 $\mathbf{A}$ 의 역행렬이 존재하므로

$$\begin{bmatrix} \mathbf{I}_n & \mathbf{O} \\ -\mathbf{BA}^{-1} & \mathbf{I}_m \end{bmatrix} \begin{bmatrix} \mathbf{A} & \mathbf{O} \\ \mathbf{B} & \mathbf{C} \end{bmatrix} = \begin{bmatrix} \mathbf{A} & \mathbf{O} \\ -\mathbf{BA}^{-1}\mathbf{A} + \mathbf{I}_m\mathbf{B} & \mathbf{C} \end{bmatrix} = \begin{bmatrix} \mathbf{A} & \mathbf{O} \\ \mathbf{O} & \mathbf{C} \end{bmatrix}$$

가 성립한다.[20] 이때 위 식에서 첫 번째 행렬은 대각성분이 모두 1 인 하삼각행렬이므로 행렬식이 1 이다. 따라서 행렬식의 성질 (8) 에 의해

$$\det\left(\begin{bmatrix} \mathbf{A} & \mathbf{O} \\ \mathbf{B} & \mathbf{C} \end{bmatrix}\right) = \det\left(\begin{bmatrix} \mathbf{I}_n & \mathbf{O} \\ -\mathbf{BA}^{-1} & \mathbf{I}_m \end{bmatrix}\right) \det\left(\begin{bmatrix} \mathbf{A} & \mathbf{O} \\ \mathbf{B} & \mathbf{C} \end{bmatrix}\right) = \det\left(\begin{bmatrix} \mathbf{A} & \mathbf{O} \\ \mathbf{O} & \mathbf{C} \end{bmatrix}\right)$$

가 성립한다. 다시 행렬식의 성질 (8) 과 앞 예제의 결과를 이용하면

$$\det\left(\begin{bmatrix} \mathbf{A} & \mathbf{O} \\ \mathbf{O} & \mathbf{C} \end{bmatrix}\right) = \det\left(\begin{bmatrix} \mathbf{A} & \mathbf{O} \\ \mathbf{O} & \mathbf{I}_m \end{bmatrix}\right) \det\left(\begin{bmatrix} \mathbf{I}_n & \mathbf{O} \\ \mathbf{O} & \mathbf{C} \end{bmatrix}\right) = \det(\mathbf{A})\det(\mathbf{C})$$

가 되어 증명이 끝난다. □

예제 1.17 적절한 크기의 영행렬을 $\mathbf{O}$ 라 할 때, n 차 가역행렬 $\mathbf{A}$, $n \times m$ 행렬 $\mathbf{B}$, $m \times n$ 행렬 $\mathbf{C}$, m 차 가역행렬 $\mathbf{D}$ 에 대하여 다음이 성립함을 보이시오.

$$\begin{bmatrix} \mathbf{A} & \mathbf{O} \\ \mathbf{O} & \mathbf{D} \end{bmatrix}^{-1} = \begin{bmatrix} \mathbf{A}^{-1} & \mathbf{O} \\ \mathbf{O} & \mathbf{D}^{-1} \end{bmatrix}, \quad \begin{bmatrix} \mathbf{I}_n & \mathbf{B} \\ \mathbf{O} & \mathbf{I}_m \end{bmatrix}^{-1} = \begin{bmatrix} \mathbf{I}_n & -\mathbf{B} \\ \mathbf{O} & \mathbf{I}_m \end{bmatrix}, \quad \begin{bmatrix} \mathbf{I}_n & \mathbf{O} \\ \mathbf{C} & \mathbf{I}_m \end{bmatrix}^{-1} = \begin{bmatrix} \mathbf{I}_n & \mathbf{O} \\ -\mathbf{C} & \mathbf{I}_m \end{bmatrix}$$

풀이 예제 1.16에 의해 주어진 행렬들은 모두 가역행렬이고, 블록 행렬에 대한 곱을 계산하면 각각의 역행렬이 됨을 확인할 수 있다. 예를 들어, 두 번째 등식은 다음과 같이 확인할 수 있다.

$$\begin{bmatrix} \mathbf{I}_n & -\mathbf{B} \\ \mathbf{O} & \mathbf{I}_m \end{bmatrix} \begin{bmatrix} \mathbf{I}_n & \mathbf{B} \\ \mathbf{O} & \mathbf{I}_m \end{bmatrix} = \begin{bmatrix} \mathbf{I}_n\mathbf{I}_n - \mathbf{BO} & \mathbf{I}_n\mathbf{B} - \mathbf{BI}_m \\ \mathbf{OI}_n + \mathbf{I}_m\mathbf{O} & \mathbf{OB} + \mathbf{I}_m\mathbf{I}_m \end{bmatrix} = \begin{bmatrix} \mathbf{I}_n & \mathbf{O} \\ \mathbf{O} & \mathbf{I}_m \end{bmatrix}$$

[20] 이 등식은 행렬의 행에 대한 기본연산을 블록 행렬에 확장시켜 적용하는 것으로 생각할 수 있다.

참고로, 두 번째, 세 번째 행렬은 다음 식

$$\begin{bmatrix} \mathbf{I}_n & \mathbf{B} \\ \mathbf{O} & \mathbf{I}_m \end{bmatrix} \begin{bmatrix} \mathbf{X} & \mathbf{Y} \\ \mathbf{Z} & \mathbf{W} \end{bmatrix} = \begin{bmatrix} \mathbf{X}+\mathbf{BZ} & \mathbf{Y}+\mathbf{BW} \\ \mathbf{Z} & \mathbf{W} \end{bmatrix}$$

에서 보듯이 일반적인 행렬에 대해 행에 관한 기본연산을 하는 것에 대응되는 블록 행렬의 연산으로 이해할 수 있다.[21] □

1.2.7 선형사상과 행렬

n 차원 벡터공간 $\mathcal{V}$ 의 한 순서기저 $\mathcal{B}$ 를 고정하고, $\mathcal{V}$ 의 임의의 벡터 $\boldsymbol{v}$ 를 이 기저에 대한 좌표벡터 $[\boldsymbol{v}]_{\mathcal{B}} = [v_1, \cdots, v_n]^{\mathrm{t}} \in \mathbb{R}^n$ 로 대응시키면, 이 대응관계에 대해 두 벡터공간 $\mathcal{V}$ 와 $\mathbb{R}^n$ 은 동형이 됨을 배웠다. 특히, $\mathcal{V} = \mathbb{R}^n$ 인 경우, 표준기저에 대한 좌표벡터를 쓸 때는 기저를 표시하지 않고 간단히 $\boldsymbol{v} = [v_1, \cdots, v_n]^{\mathrm{t}}$ 로 나타내기로 약속했다.

두 벡터공간 $\mathbb{R}^n, \mathbb{R}^m$ 의 순서기저를 각각 표준기저로 고정하고, 선형사상 $\boldsymbol{f} : \mathbb{R}^n \to \mathbb{R}^m$ 의 대응관계를 좌표벡터로 표현해보자. $\mathbb{R}^n$ 의 표준기저에 대해

$$\boldsymbol{f}(\boldsymbol{e}_i) = [f_{1i}, f_{2i}, \cdots, f_{mi}]^{\mathrm{t}} \ (1 \le i \le n)$$

이라 하고, $\boldsymbol{f}(\boldsymbol{x}) = \boldsymbol{y} = [y_1, \cdots, y_m]^{\mathrm{t}}$ 라 하면

$$\begin{aligned} \boldsymbol{f}(\boldsymbol{x}) &= \boldsymbol{f}(x_1\boldsymbol{e}_1 + x_2\boldsymbol{e}_2 + \cdots + x_n\boldsymbol{e}_n) \\ &= x_1\boldsymbol{f}(\boldsymbol{e}_1) + \cdots + x_n\boldsymbol{f}(\boldsymbol{e}_n) \\ &= x_1 \begin{bmatrix} f_{11} \\ f_{21} \\ \vdots \\ f_{m1} \end{bmatrix} + x_2 \begin{bmatrix} f_{12} \\ f_{22} \\ \vdots \\ f_{m2} \end{bmatrix} + \cdots + x_n \begin{bmatrix} f_{1n} \\ f_{2n} \\ \vdots \\ f_{mn} \end{bmatrix} \\ &= \begin{bmatrix} f_{11} & f_{12} & \cdots & f_{1n} \\ f_{21} & f_{22} & \cdots & f_{2n} \\ \vdots & \vdots & \ddots & \vdots \\ f_{m1} & f_{m2} & \cdots & f_{mn} \end{bmatrix} \begin{bmatrix} x_1 \\ x_2 \\ \vdots \\ x_n \end{bmatrix} \end{aligned} \tag{1.13}$$

이므로 $m \times n$ 행렬 $\mathbf{F} = [f_{ij}] = \big[\boldsymbol{f}(\boldsymbol{e}_1), \cdots, \boldsymbol{f}(\boldsymbol{e}_n)\big]$ 에 대해 $\boldsymbol{y} = \mathbf{F}\boldsymbol{x}$ 로 쓸 수 있다.

[21] 행렬의 곱에 대해서는 교환법칙이 성립하지 않는다는 것을 염두에 두고, 블록 행렬의 2 행에 있는 부분 행렬의 왼쪽에 각각 $\mathbf{B}$ 를 곱한 것을 1 행의 부분 행렬에 더하는 것을 나타낸다. 따라서 그 역행렬은 원상태로 돌리기 위해 2 행에 $-\mathbf{B}$ 를 곱한 것을 1 행에 더해주면 되므로, 문제에서 주어진 행렬을 얻을 수 있다.

역으로 $m \times n$ 행렬 $\mathbf{F} = [f_{ij}]$ 가 주어질 때, 함수 $\boldsymbol{f} : \mathbb{R}^n \to \mathbb{R}^m$ 을 $\boldsymbol{f}(\boldsymbol{x}) = \mathbf{F}\boldsymbol{x}$ 로 정의하면 행렬의 합과 곱에 대한 분배법칙에 의해 다음이 성립한다.

$$\boldsymbol{f}(\alpha\boldsymbol{u} + \beta\boldsymbol{v}) = \mathbf{F}(\alpha\boldsymbol{u} + \beta\boldsymbol{v}) = \alpha\mathbf{F}\boldsymbol{u} + \alpha\mathbf{F}\boldsymbol{v} = \alpha\boldsymbol{f}(\boldsymbol{u}) + \beta\boldsymbol{f}(\boldsymbol{v})$$

따라서, $\mathbb{R}^n$ 에서 $\mathbb{R}^m$ 으로 가는 선형사상은 $m \times n$ 행렬로 이해할 수 있다.

일반적인 벡터공간 사이에 정의된 선형사상 $\boldsymbol{f} : \mathcal{V} \to \mathcal{W}$ 도 고정된 순서기저에 대한 행렬 표현과 좌표벡터의 곱으로 이해할 수 있다.

선형사상의 행렬 표현

n 차원 벡터공간 $\mathcal{V}$ 의 한 순서기저를 $\mathcal{A} = \{\boldsymbol{v}_i | 1 \le i \le n\}$ 라 하고, m 차원 벡터공간 $\mathcal{W}$ 의 한 순서기저를 $\mathcal{B} = \{\boldsymbol{w}_i | 1 \le i \le m\}$ 이라 하자. 이때, $\mathcal{V}$ 의 기저 벡터 $\boldsymbol{v}_i$ 에 대해

$$[\boldsymbol{f}(\boldsymbol{v}_i)]_{\mathcal{B}} = [f_{1i}, \cdots, f_{mi}]^{\mathrm{t}} \ (1 \le i \le n)$$

이라 하고, $[\boldsymbol{v}]_{\mathcal{A}} = [v_1, \cdots, v_n]^{\mathrm{t}}$ 에 대해 식 (1.13)과 동일한 계산을 하면, $m \times n$ 행렬

$$\mathbf{F} := [f_{ij}] = \big[[\boldsymbol{f}(\boldsymbol{v}_1)]_{\mathcal{B}}, \cdots, [\boldsymbol{f}(\boldsymbol{v}_n)]_{\mathcal{B}}\big] \tag{1.14}$$

에 대해

$$[\boldsymbol{f}(\boldsymbol{v})]_{\mathcal{B}} = \mathbf{F}[\boldsymbol{v}]_{\mathcal{A}} \tag{1.15}$$

가 성립한다. 이때, $\mathbf{F}$ 를 주어진 순서기저에 대한 $\boldsymbol{f}$ 의 행렬 표현이라고 한다[a].

특히, 모든 $\boldsymbol{v}$ 에 대해 $\boldsymbol{f}(\boldsymbol{v}) = \boldsymbol{v}$ 인 선형사상 $\boldsymbol{f} : \mathcal{V} \to \mathcal{V}$ 를 **항등사상**(identity map)이라고 하는데, 주어진 기저에 대한 항등사상의 행렬표현은 단위행렬이 된다.

[a] 기저 $\mathcal{A}$ 와 $\mathcal{B}$ 에 대한 $\boldsymbol{f}$ 의 행렬 표현이라는 것을 강조하기 위해 $[\boldsymbol{f}]_{\mathcal{A},\mathcal{B}}$ 를 대응되는 행렬로 쓰기도 하지만, 이 책에서는 복잡한 표현을 피하기 위해 $\mathbf{F}$ 라고 쓴다.

예제 1.18 좌표평면 $\mathbb{R}^2$ 에서 원점 $(0, 0)$ 을 중심으로 점 (x, y) 를 θ 만큼 (반시계방향으로) 회전시킨 점을 구하시오.

풀이 원점을 중심으로 θ 만큼 회전시키는 함수를 $\boldsymbol{f}_\theta : \mathbb{R}^2 \to \mathbb{R}^2$ 라 하자. 한 꼭짓점이 원점인 평행사변형을 원점을 중심으로 θ 만큼 회전시키는 상황을 생각하면, 32쪽 벡터의 기하적

의미로부터 $\boldsymbol{f}_\theta(\boldsymbol{u}+\boldsymbol{v}) = \boldsymbol{f}_\theta(\boldsymbol{u})+\boldsymbol{f}_\theta(\boldsymbol{v})$ 와 $\boldsymbol{f}_\theta(k\boldsymbol{u}) = k\boldsymbol{f}_\theta(\boldsymbol{u})$ 가 성립하는 것을 확인할 수 있다. 즉, $\boldsymbol{f}_\theta$ 는 선형사상이 되므로 기저에 대한 함숫값을 알면 충분하다.

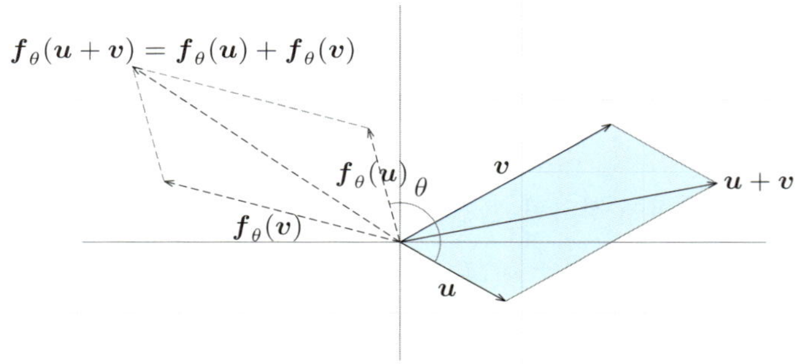

그림 1.4: 회전변환이 선형사상인 이유

기저에 대응되는 점을 각각 회전시키면

$$\boldsymbol{f}_\theta(1,0) = (\cos\theta, \sin\theta), \quad \boldsymbol{f}_\theta(0,1) = (-\sin\theta, \cos\theta)$$

이므로 점 (x, y)를 회전시킨 점은

$$\begin{aligned}\boldsymbol{f}_\theta(x,y) &= x\boldsymbol{f}_\theta(1,0) + y\boldsymbol{f}_\theta(0,1)\\ &= x(\cos\theta, \sin\theta) + y(-\sin\theta, \cos\theta) = (x\cos\theta - y\sin\theta, x\sin\theta + y\cos\theta)\end{aligned}$$

이다. 이를 표준기저 $\{\boldsymbol{e}_1, \boldsymbol{e}_2\}$에 대한 좌표벡터와 행렬 표현을 이용하여 나타내면

$$[\boldsymbol{f}_\theta(\boldsymbol{e}_1), \boldsymbol{f}_\theta(\boldsymbol{e}_2)]\begin{bmatrix} x \\ y \end{bmatrix} = \begin{bmatrix} \cos\theta & -\sin\theta \\ \sin\theta & \cos\theta \end{bmatrix}\begin{bmatrix} x \\ y \end{bmatrix}$$

이다. □

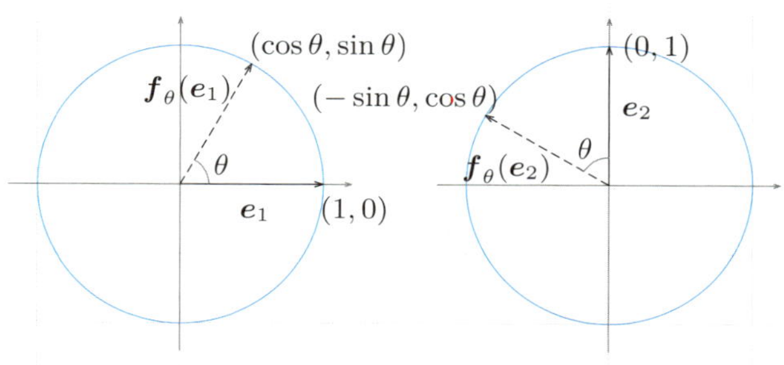

그림 1.5: 회전변환에 의한 기저벡터의 상

m 차원 벡터공간 $\mathcal{U}$, n 차원 벡터공간 $\mathcal{V}$, p 차원 벡터공간 $\mathcal{W}$ 의 순서기저를 각각 $\mathcal{A}, \mathcal{B}, \mathcal{C}$ 라 하고, 이 기저에 대한 선형사상 $\boldsymbol{f} : \mathcal{U} \to \mathcal{V}$ 의 행렬 표현을 $\mathbf{F}$, 선형사상 $\boldsymbol{g} : \mathcal{V} \to \mathcal{W}$ 의 행렬 표현을 $\mathbf{G}$ 라 하자. 이때, 합성사상과 역사상에 대해 다음이 성립한다.

- 합성사상 $\boldsymbol{g} \circ \boldsymbol{f} : \mathcal{U} \to \mathcal{W}$ 의 기저 $\mathcal{A}, \mathcal{C}$ 에 대한 행렬 표현은 행렬 곱 $\mathbf{GF}$ 가 된다. 즉,

$$[(\boldsymbol{g} \circ \boldsymbol{f})(\boldsymbol{u})]_{\mathcal{C}} = \mathbf{G}[\boldsymbol{f}(\boldsymbol{u})]_{\mathcal{B}} = \mathbf{GF}[\boldsymbol{u}]_{\mathcal{A}}$$

- $m = n$ 이고 선형사상 $\boldsymbol{f}$ 가 동형사상이면 역사상 $\boldsymbol{f}^{-1}$ 의 기저 $\mathcal{B}, \mathcal{A}$ 에 대한 행렬 표현은 역행렬 $\mathbf{F}^{-1}$ 이다.[22]

예제 1.19 $\mathbb{R}^n$ 의 한 기저 $\mathcal{B} = \{\boldsymbol{v}_i | 1 \le i \le n\}$ 과 실수 $\alpha_i \ (1 \le i \le n)$ 에 대해

$$\boldsymbol{f}(\boldsymbol{v}_i) = \alpha_i \boldsymbol{v}_i \ (1 \le i \le n)$$

을 만족하는 선형사상 $\boldsymbol{f} : \mathbb{R}^n \to \mathbb{R}^n$ 을 구하시오.

풀이 기저 $\mathcal{B}$ 에 대한 $\boldsymbol{f}$ 의 행렬 표현을 $\mathbf{D}$ 라 하면

$$\mathbf{D} = \Big[[\boldsymbol{f}(\boldsymbol{v}_1)]_{\mathcal{B}}, \cdots, [\boldsymbol{f}(\boldsymbol{v}_n)]_{\mathcal{B}}\Big] = \operatorname{diag}(\alpha_1, \cdots, \alpha_n)$$

이다. 따라서, 임의의 벡터 $\boldsymbol{x}$ 에 대하여 $[\boldsymbol{x}]_{\mathcal{B}}$ 를 구하고, $[\boldsymbol{f}(\boldsymbol{x})]_{\mathcal{B}} = \mathbf{D}[\boldsymbol{x}]_{\mathcal{B}}$ 로부터 $\boldsymbol{f}(\boldsymbol{x})$ 를 구해보자. 순서기저 $\mathcal{B}$ 의 벡터를 차례로 열벡터로 갖는 행렬 $\mathbf{A}$ 를 $\mathbf{A} := [\boldsymbol{v}_1, \cdots, \boldsymbol{v}_n]$ 이라 할 때, $[\boldsymbol{x}]_{\mathcal{B}} = \mathbf{A}^{-1}\boldsymbol{x}$ 이므로[23]

$$[\boldsymbol{f}(\boldsymbol{x})]_{\mathcal{B}} = \mathbf{D}[\boldsymbol{x}]_{\mathcal{B}} = \mathbf{DA}^{-1}\boldsymbol{x}$$

가 된다. 이제 $\boldsymbol{f}(\boldsymbol{x})$ 의 $\mathcal{B}$ 에 대한 좌표벡터를 이용하여 $\boldsymbol{v}_1, \cdots, \boldsymbol{v}_n$ 들의 일차결합으로 나타내면 $\boldsymbol{f}(\boldsymbol{x}) = [\boldsymbol{v}_1, \cdots, \boldsymbol{v}_n][\boldsymbol{f}(\boldsymbol{x})]_{\mathcal{B}} = \mathbf{ADA}^{-1}\boldsymbol{x}$ 이다. □

참고 1.24 예제 1.19는 중요한 의미를 갖는데, 그 이유를 알아보자. $n \times n$ 행렬 $\mathbf{F}$ 가 주어지면 이 행렬을 어떤 선형사상 $\boldsymbol{f} : \mathbb{R}^n \to \mathbb{R}^n$ 의 표준기저에 대한 행렬 표현으로 생각할 수 있다. 어떤 경우에는 행렬 $\mathbf{F}$ 를 가역행렬 $\mathbf{A}$ 와 대각행렬 $\mathbf{D}$ 에 대해 $\mathbf{F} = \mathbf{ADA}^{-1}$ 로 분해할 수 있는데, 이 경우 $\mathbf{A}$ 의 열벡터로

[22] $\boldsymbol{f}^{-1}$ 의 기저 $\mathcal{B}, \mathcal{A}$ 에 대한 행렬 표현을 $\mathbf{X}$ 라 할 때, $\boldsymbol{f}^{-1} \circ \boldsymbol{f} : \mathcal{U} \to \mathcal{U}$ 는 항등사상이므로 기저 $\mathcal{A}, \mathcal{A}$ 에 대한 행렬 표현이 단위행렬이다. 따라서 $\mathbf{XF} = \mathbf{I}$ 로부터 $\mathbf{X} = \mathbf{F}^{-1}$ 를 얻는다.

[23] 예제 1.12의 결과이다.

이루어진 새로운 기저 $\mathcal{B}$의 일차결합으로 $\mathbb{R}^n$ 의 벡터를 표현하면

$$\boldsymbol{f}(c_1\boldsymbol{v}_1 + \cdots + c_n\boldsymbol{v}_n) = c_1 d_{11}\boldsymbol{v}_1 + \cdots + c_n d_{nn}\boldsymbol{v}_n$$

처럼 선형사상을 특성을 쉽게 파악할 수 있다. 이처럼 가역행렬은 기저를 변환하는 것으로 이해할 수 있고, 언제 행렬을 위의 형태로 분해할 수 있는지와 그 방법은 행렬의 대각화에서 공부할 내용이다.

임의의 $m \times n$ 행렬 $\mathbf{A}$ 는 $\boldsymbol{f}(\boldsymbol{x}) = \mathbf{A}\boldsymbol{x}$ 라는 선형사상 $\boldsymbol{f} : \mathbb{R}^n \to \mathbb{R}^m$ 으로 이해할 수 있으므로 선형사상에 대한 차원정리 1.14를 적용할 수 있다. 이 경우에 $\mathrm{im}(\boldsymbol{f}) = \{\mathbf{A}\boldsymbol{x} \,|\, \boldsymbol{x} \in \mathbb{R}^n\}$ 는 $\mathbf{A}$ 의 열벡터들로 생성되는 부분공간이므로 $\dim\big(\mathrm{im}(\boldsymbol{f})\big) = \mathrm{rank}(\mathbf{A})$ 가 된다. 또, 행렬 $\mathbf{A}$ 에 대한 부분공간 $\ker(\boldsymbol{f}) = \{\boldsymbol{x} \,|\, \mathbf{A}\boldsymbol{x} = \mathbf{0}\}$ 의 차원을 보통 행렬의 **퇴화차수**(nullity) 라 하고 $\mathrm{null}(\mathbf{A})$ 또는 $\mathrm{nullity}(\mathbf{A})$ 로 쓰는데, 이때 선형사상에 대한 차원정리를 행렬에 대해 기술하면 다음과 같다.

정리 1.25

$m \times n$ 행렬 $\mathbf{A}$ 에 대하여 다음 차원정리가 성립한다.

$$\mathrm{rank}(\mathbf{A}) + \mathrm{null}(\mathbf{A}) = n$$

행렬에 대한 차원정리를 이용하는 다음 예제는 뒤에 최소제곱법, 유사역행렬을 공부하는데 도움이 된다.

예제 1.20 행렬 $\mathbf{A} \in \mathbb{R}^{m\times n}$ 에 대해 다음을 보이시오.

(1) $\mathrm{rank}(\mathbf{A}\mathbf{A}^{\mathrm{t}}) = \mathrm{rank}(\mathbf{A}^{\mathrm{t}}\mathbf{A}) = \mathrm{rank}(\mathbf{A}) = \mathrm{rank}(\mathbf{A}^{\mathrm{t}})$

(2) $\mathbf{A}$ 의 열벡터가 일차독립을 이루면 $\mathbf{A}^{\mathrm{t}}\mathbf{A}$ 가 가역이고, $\mathbf{A}$ 의 행벡터가 일차독립을 이루면 $\mathbf{A}\mathbf{A}^{\mathrm{t}}$ 가 가역이다.

풀이 (1) 행렬에 대한 차원정리로부터 $\mathrm{rank}(\mathbf{A}^{\mathrm{t}}\mathbf{A}) = \mathrm{rank}(\mathbf{A})$ 가 성립하는 것은 $\mathrm{null}(\mathbf{A}^{\mathrm{t}}\mathbf{A}) = \mathrm{null}(\mathbf{A})$ 가 성립하는 것과 동치임을 알 수 있다.

우선, $\mathrm{null}(\mathbf{A}^{\mathrm{t}}\mathbf{A}) = \mathrm{null}(\mathbf{A})$ 가 성립함을 보이자. $\mathbf{A}\boldsymbol{x} = \mathbf{0}$ 이면 $\mathbf{A}^{\mathrm{t}}\mathbf{A}\boldsymbol{x} = \mathbf{A}^{\mathrm{t}}\mathbf{0} = \mathbf{0}$ 이므로 $\ker(\mathbf{A}) \subset \ker(\mathbf{A}^{\mathrm{t}}\mathbf{A})$ 이다. 또, $\mathbf{A}^{\mathrm{t}}\mathbf{A}\boldsymbol{x} = \mathbf{0}$ 이면

$$(\mathbf{A}\boldsymbol{x})^{\mathrm{t}}(\mathbf{A}\boldsymbol{x}) = \boldsymbol{x}^{\mathrm{t}}\mathbf{A}^{\mathrm{t}}\mathbf{A}\boldsymbol{x} = \boldsymbol{x}^{\mathrm{t}}\mathbf{0} = 0$$

이므로[24] $\mathbf{A}\boldsymbol{x} = \mathbf{0}$ 이다. 따라서, $\ker(\mathbf{A}^t\mathbf{A}) \subset \ker(\mathbf{A})$ 가 되어 $\ker(\mathbf{A}^t\mathbf{A}) = \ker(\mathbf{A})$ 이 성립하고 두 부분공간의 차원이 같다.

$\mathrm{rank}(\mathbf{A}^t\mathbf{A}) = \mathrm{rank}(\mathbf{A})$ 에서 $\mathbf{A}$ 를 $\mathbf{A}^t$ 로 바꾸어 생각하면 $\mathrm{rank}(\mathbf{A}\mathbf{A}^t) = \mathrm{rank}(\mathbf{A}^t)$ 가 성립하고, 행렬 $\mathbf{A}$ 의 행계수와 열계수는 같으므로 $\mathrm{rank}(\mathbf{A}^t) = \mathrm{rank}(\mathbf{A})$ 이다. 따라서 이 결과를 종합하면 (1) 이 성립한다.

(2) $\mathbf{A} \in \mathbb{R}^{m\times n}$ 의 열벡터가 일차독립을 이루면 $\mathrm{rank}(\mathbf{A}^t\mathbf{A}) = \mathrm{rank}(\mathbf{A}) = n$ 이므로 (1) 에 의해 n 차 정사각행렬 $\mathbf{A}^t\mathbf{A}$ 는 가역행렬이 된다. 나머지도 (1) 을 이용하면 비슷하게 보일 수 있다. □

참고 1.26 예제 1.20은 실수 행렬에 대해 성립하는 결과지만, 복소행렬에서 행렬 $\mathbf{A}$ 의 모든 성분을 켤레복소수로 바꾼 행렬을 $\overline{\mathbf{A}}$ 라 하고, 예제 1.20의 모든 식에서 전치행렬 $\mathbf{A}$ 를 **켤레전치행렬**(conjugate transpose) $\mathbf{A}^* = \overline{\mathbf{A}}^t$ 로 바꾸면 동일하게 성립한다. 뒤에 복소행렬을 좀 더 다룰 때 다시 한 번 설명하기로 한다.

1.2.8 유사 역행렬

행렬 $\mathbf{A}$ 가 정사각행렬이 아니거나 정사각행렬이더라도 $\det(\mathbf{A}) = 0$ 이면 역행렬이 존재하지 않는다. 이 소절에서는 역행렬을 일반화시킨 **유사 역행렬**(pseudo-inverse) 에 대해 설명한다.

정의 1.27

행렬 $\mathbf{A} \in \mathbb{R}^{n\times p}$ 에 대하여 아래 네 성질을 만족하는 행렬 $\mathbf{A}^+ \in \mathbb{R}^{p\times n}$ 은 유일하게 존재하는데 이를 $\mathbf{A}$ 의 무어-펜로즈(Moore-Penrose)의 **유사 역행렬**이라고 부른다.

(1) $\mathbf{A}\mathbf{A}^+\mathbf{A} = \mathbf{A}$

(2) $\mathbf{A}^+\mathbf{A}\mathbf{A}^+ = \mathbf{A}^+$

(3) $(\mathbf{A}\mathbf{A}^+)^t = \mathbf{A}\mathbf{A}^+$

(4) $(\mathbf{A}^+\mathbf{A})^t = \mathbf{A}^+\mathbf{A}$

[참고] 위 정의에서 모든 전치행렬을 켤레전치행렬로 바꾸면 복소행렬에 대해서도 동일하게 네 성질을 만족하는 유사 역행렬이 유일하게 존재한다.

[24] 일반적으로 $\mathbb{R}^n$ 의 벡터 $\boldsymbol{v} = [v_1, \cdots, v_n]^t$ 에 대해 $\boldsymbol{v}^t\boldsymbol{v} = v_1^2 + \cdots + v_n^2$ 이므로 $\boldsymbol{v}^t\boldsymbol{v} = \mathbf{0}$ 이면 $\boldsymbol{v} = \mathbf{0}$ 이다.

일반적인 경우에 유사 역행렬이 존재한다는 증명은 1.5.5 소절의 특잇값 분해를 공부한 다음에 예제 1.39에서 다루기로 하고, 우선 행렬의 열벡터 또는 행벡터들이 일차독립을 이루는 경우에 구체적으로 $\mathbf{A}^+$ 를 구하는 방법을 알아보자.

우선 $\text{rank}(\mathbf{A}) = p$ 인 경우, 즉 $\mathbf{A}$ 의 열벡터가 일차독립인 경우에는 예제 1.20에 의해 $\mathbf{A}^t\mathbf{A} \in \mathbb{R}^{p\times p}$ 가 가역행렬이 된다. 또, 유사 역행렬 정의의 성질 (3)과 (1)을 차례로 이용하면

$$(\mathbf{A}^t\mathbf{A})\mathbf{A}^+ = \mathbf{A}^t(\mathbf{A}\mathbf{A}^+) = \mathbf{A}^t(\mathbf{A}\mathbf{A}^+)^t = \big((\mathbf{A}\mathbf{A}^+)\mathbf{A}\big)^t = (\mathbf{A}\mathbf{A}^+\mathbf{A})^t = \mathbf{A}^t$$

이므로 위 식 양변의 왼쪽에 $\mathbf{A}^t\mathbf{A}$ 의 역행렬을 곱하면 다음 결과를 얻는다.

$$\mathbf{A} \text{ 의 열벡터가 일차독립} \Longrightarrow \mathbf{A}^+ = (\mathbf{A}^t\mathbf{A})^{-1}\mathbf{A}^t \tag{1.16}$$

이때, 식 (1.16)의 $\mathbf{A}^+$ 는 $\mathbf{A}^+\mathbf{A} = \mathbf{I}_p$ 를 만족하므로 **왼쪽 유사 역행렬**(left pseudo-inverse) 이라고 부른다.

$\mathbf{A}$ 의 행벡터들이 일차독립인 경우에는 $\mathbf{A}\mathbf{A}^t \in \mathbb{R}^{n\times n}$ 가 가역이므로 비슷한 방법으로

$$\mathbf{A}^+(\mathbf{A}\mathbf{A}^t) = (\mathbf{A}^+\mathbf{A})\mathbf{A}^t = (\mathbf{A}^+\mathbf{A})^t\mathbf{A}^t = \big(\mathbf{A}(\mathbf{A}^+\mathbf{A})\big)^t = (\mathbf{A}\mathbf{A}^+\mathbf{A})^t = \mathbf{A}^t$$

를 얻으므로 다음이 성립함을 확인할 수 있다.

$$\mathbf{A} \text{ 의 행벡터가 일차독립} \Longrightarrow \mathbf{A}^+ = \mathbf{A}^t(\mathbf{A}\mathbf{A}^t)^{-1} \tag{1.17}$$

이 경우 $\mathbf{A}^+$ 를 **오른쪽 유사 역행렬**(right pseudo-inverse) 이라고 부른다. 물론, $\mathbf{A}$ 가 가역행렬이면 $\mathbf{A}^+ = \mathbf{A}^{-1}$ 이다.

정의 1.27의 성질 (3),(4) 처럼 $\mathbf{X} = \mathbf{X}^t$ 를 만족하는 정사각행렬을 **대칭행렬**(symmetric matrix) 라 부르는데, 행렬의 대각화를 공부할 때 중요한 역할을 한다.

유사 역행렬의 존재성을 가정하고 유사 역행렬이 유일하게 존재함을 보이자.

예제 1.21 행렬 $\mathbf{A} \in \mathbb{R}^{n\times p}$ 에 대해, 두 행렬 $\mathbf{X}, \mathbf{Y} \in \mathbb{R}^{p\times n}$ 가 정의 1.27의 네 성질을 만족하면, $\mathbf{X} = \mathbf{Y}$ 임을 보이시오. 즉, 유사 역행렬은 유일함을 보이시오.

풀이 우선 $\mathbf{AX} = \mathbf{AY}$ 임을 보이자.

$$\mathbf{AX} = (\mathbf{AYA})\mathbf{X} = (\mathbf{AY})^t(\mathbf{AX})^t = \mathbf{Y}^t\mathbf{A}^t\mathbf{X}^t\mathbf{A}^t = \mathbf{Y}^t(\mathbf{AXA})^t = \mathbf{Y}^t\mathbf{A}^t = (\mathbf{AY})^t$$

이고 $(\mathbf{AY})^t = \mathbf{AY}$ 이므로 $\mathbf{AX} = \mathbf{AY}$ 가 성립한다. 비슷한 방법으로 $\mathbf{XA} = \mathbf{YA}$ 를

보일 수 있고, $\mathbf{AX} = \mathbf{AY}$ 와 $\mathbf{XA} = \mathbf{YA}$ 가 성립함을 이용하면

$$\mathbf{X} = \mathbf{X}(\mathbf{AX}) = \mathbf{X}(\mathbf{AY}) = (\mathbf{XA})\mathbf{Y} = (\mathbf{YA})\mathbf{Y} = \mathbf{Y}$$

이므로 증명이 끝난다. □

예제 1.22 $\mathbf{A}$ 의 유사 역행렬 $\mathbf{A}^+$ 에 대하여 다음을 보이시오.

(1) $(\mathbf{AA}^+)(\mathbf{AA}^+) = (\mathbf{AA}^+)$

(2) $\text{rank}(\mathbf{AA}^+) = \text{rank}(\mathbf{A})$

풀이 (1) $(\mathbf{AA}^+)(\mathbf{AA}^+) = (\mathbf{AA}^+\mathbf{A})\mathbf{A}^+ = \mathbf{AA}^+$ 로 성립한다.

(2) 예제 1.9에 의해 $\text{rank}(\mathbf{AA}^+) \le \text{rank}(\mathbf{A})$ 가 성립한다. 또, $\mathbf{A} = (\mathbf{AA}^+)\mathbf{A}$ 이므로 예제 1.9를 다시 적용하면,

$$\text{rank}(\mathbf{A}) \le \min\{\text{rank}(\mathbf{AA}^+), \text{rank}(\mathbf{A})\} \le \text{rank}(\mathbf{AA}^+)$$

이다. 따라서 $\text{rank}(\mathbf{A}) = \text{rank}(\mathbf{AA}^+)$ 이다. □

1.3 내적공간

일반적인 벡터공간에서 두 벡터 사이의 각을 정의하고 두 벡터가 수직이라는 것이 무슨 뜻인지 정의하는데 내적이 이용된다. 자신과의 내적을 이용하면 자연스럽게 벡터의 크기를 뜻하는 노름을 정할 수 있고, 이를 이용하여 거리의 개념을 정의할 수 있으므로 내적은 벡터공간에 기하적 개념을 도입하는데 중요한 역할을 한다.

1.3.1 내적공간 $\mathbb{R}^n$

$\mathbb{R}^n$ 의 두 벡터 $\boldsymbol{x} = [x_1, \cdots, x_n]^{\text{t}}$ 와 $\boldsymbol{y} = [y_1, \cdots, y_n]^{\text{t}}$ 에 대해 실수

$$\boldsymbol{x}^{\text{t}}\boldsymbol{y} = \sum_{i=1}^{n} x_i y_i$$

를 대응시키는 함수를 유클리드 **내적**(inner product) 이라 하고 $\boldsymbol{x} \cdot \boldsymbol{y}$ 또는 $\langle \boldsymbol{x}, \boldsymbol{y} \rangle$ 로 나타낸다. 또, 내적을 갖는 벡터공간을 **내적공간**(inner product space) 이라고 부른다.

유클리드 내적은 다음 네 가지 성질을 만족한다.

내적의 성질

임의의 벡터 $\boldsymbol{x}, \boldsymbol{y}, \boldsymbol{z} \in \mathbb{R}^n$ 와 임의의 실수 $\alpha, \beta \in \mathbb{R}$ 에 대해 다음이 성립한다.

(1) $\langle \alpha\boldsymbol{x} + \beta\boldsymbol{y}, \boldsymbol{z} \rangle = \alpha\langle \boldsymbol{x}, \boldsymbol{z} \rangle + \beta\langle \boldsymbol{y}, \boldsymbol{z} \rangle$

(2) $\langle \boldsymbol{x}, \boldsymbol{y} \rangle = \langle \boldsymbol{y}, \boldsymbol{x} \rangle$

(3) $\langle \boldsymbol{x}, \boldsymbol{x} \rangle \geq 0$

(4) $\langle \boldsymbol{x}, \boldsymbol{x} \rangle = 0 \Longleftrightarrow \boldsymbol{x} = \boldsymbol{0}$

참고 1.28 다음 소절에 설명할 복소 내적공간은 내적이 성립하는 성질 (2)가 실 벡터공간의 경우와 달라진다. 예를 들어, 뒤에 나올 예제 1.24에서 내적공간을 복소 내적공간으로 $\mathbb{C}^n$ 으로 바꾸고, $\mathbf{A}$ 의 전치행렬을 켤레전치행렬 $\mathbf{A}^*$ 로 바꾸면 동일한 결과가 성립하고, 정리 1.30도 성립한다.

$\mathbb{R}^n$ 에서 정의한 내적은 벡터의 크기와 관계가 있다. 예를 들어, 벡터공간 $\mathbb{R}^2$ 에서 벡터 $\boldsymbol{x} = [x_1, x_2]^{\mathrm{t}}$ 를 원점에서 시작해서 끝점 (x_1, x_2) 를 가리키는 화살표로 이해할 때, 벡터의 크기는 원점으로부터 점 (x_1, x_2) 까지의 유클리드 거리 $\sqrt{x_1^2 + x_2^2}$ 로 생각할 수 있는데, 이 벡터의 크기를 **노름**이라 부르고 $\|\boldsymbol{x}\|$ 로 쓴다. 이 경우 $\|\boldsymbol{x}\|^2 = \langle \boldsymbol{x}, \boldsymbol{x} \rangle$ 가 성립한다.

일반적으로 내적공간 $\mathbb{R}^n$ 에서 벡터의 $\boldsymbol{x} = [x_1, \cdots, x_n]^{\mathrm{t}}$ 의 **노름** $\|\boldsymbol{x}\|$ 는 다음과 같이 내적을 이용하여 정의할 수 있다.

$$\|\boldsymbol{x}\|^2 =: \langle \boldsymbol{x}, \boldsymbol{x} \rangle = \boldsymbol{x}^{\mathrm{t}}\boldsymbol{x} = \sum_{i=1}^{n} x_i^2 \tag{1.18}$$

내적을 이용하여 정의한 노름 $\|\cdot\| : \mathbb{R}^n \to \mathbb{R}$ 은 노름을 특징짓는 다음 네 가지 성질을 만족한다.[25]

노름의 성질

임의의 벡터 $\boldsymbol{x}, \boldsymbol{y} \in \mathbb{R}^n$ 와 임의의 실수 $\alpha \in \mathbb{R}$ 에 대해 다음이 성립한다.

(1) $\|\boldsymbol{x} + \boldsymbol{y}\| \leq \|\boldsymbol{x}\| + \|\boldsymbol{y}\|$ [삼각 부등식]

[25] 일반적으로 내적과 무관하게, 주어진 네 가지 성질을 만족하는 함수를 노름이라고 정의한다. 즉, 내적이 주어지면 자연스러운 노름을 생각할 수 있지만, 노름이 주어진다고 항상 내적이 존재하는 것은 아니다. 노름공간은 내적공간보다 넓은 개념이다.

(2) $\|\alpha \boldsymbol{x}\| = |\alpha| \, \|\boldsymbol{x}\|$

(3) $\|\boldsymbol{x}\| \geq 0$

(4) $\|\boldsymbol{x}\| = 0 \Longleftrightarrow \boldsymbol{x} = \mathbf{0}$

$\mathbb{R}^n$ 의 두 벡터 $\boldsymbol{x} = [x_1, \cdots, x_n]^{\mathrm{t}}, \boldsymbol{y} = [y_1, \cdots, y_n]^{\mathrm{t}}$ 사이의 **거리**는 두 점 $(x_1, \cdots, x_n)$과 $(y_1, \cdots, y_n)$ 사이의 유클리드 거리로 정의하며, 노름을 이용하여 나타낼 수 있다.

$$\mathrm{d}(\boldsymbol{x}, \boldsymbol{y}) = \|\boldsymbol{x} - \boldsymbol{y}\| = \sqrt{\sum_{i=1}^{n} (x_i - y_i)^2}$$

$\mathbb{R}^n$ 의 두 벡터 $\boldsymbol{x} = [x_1, \cdots, x_n]^{\mathrm{t}}, \boldsymbol{y} = [y_1, \cdots, y_n]^{\mathrm{t}}$ 사이의 각 $\theta \, (0 \leq \theta \leq \pi)$도 내적을 이용하여 정의할 수 있다. 즉, $\mathbb{R}^n$ 에서 원점과 두 점 $(x_1, \cdots, x_n), (y_1, \cdots, y_n)$으로 결정되는 삼각형에 코사인 법칙[26]을 적용하면 $\|\boldsymbol{x} - \boldsymbol{y}\|^2 = \|\boldsymbol{x}\|^2 + \|\boldsymbol{y}\|^2 - 2\|\boldsymbol{x}\| \, \|\boldsymbol{y}\| \cos\theta$ 이고, $\|\boldsymbol{x} - \boldsymbol{y}\|^2 = \langle \boldsymbol{x} - \boldsymbol{y}, \boldsymbol{x} - \boldsymbol{y} \rangle$ 을 이용하여 정리한 다음 식으로부터 각을 정의할 수 있다.

$$\cos\theta = \frac{\langle \boldsymbol{x}, \boldsymbol{y} \rangle}{\|\boldsymbol{x}\| \, \|\boldsymbol{y}\|} \tag{1.19}$$

또한 식 (1.19)로부터 **코시-슈바르츠 부등식**이 성립한다.

정리 1.29

$\mathbb{R}^n$ 의 두 벡터 $\boldsymbol{x}, \boldsymbol{y}$ 에 대해 아래 부등식이 성립한다.

$$\left| \langle \boldsymbol{x}, \boldsymbol{y} \rangle \right| \leq \|\boldsymbol{x}\| \, \|\boldsymbol{y}\|$$

등호는 $k \neq 0$ 인 실수 k 에 대해 $\boldsymbol{x} = k\boldsymbol{y}$, 즉 두 벡터가 일차종속일 때 성립한다.

앞에서 정의한 벡터 사이의 각을 이용하면, 두 벡터가 서로 **수직**(perpendicular)이라는 것은 $\langle \boldsymbol{x}, \boldsymbol{y} \rangle = 0$ 임을 의미한다. 두 벡터가 서로 수직인 것을 두 벡터가 **직교**(orthogonal) 한다고 표현하기도 한다.

예제 1.23 서로 수직인 $\mathbb{R}^n$ 의 두 벡터 $\boldsymbol{x}, \boldsymbol{y}$ 에 대하여, 다음 피타고라스 정리가 성립함을 보이시오.

$$\|\boldsymbol{x} + \boldsymbol{y}\|^2 = \|\boldsymbol{x}\|^2 + \|\boldsymbol{y}\|^2$$

[26] 평면 삼각형에서 두 변의 길이가 각각 a, b 이고 두 변 사이의 각을 θ 라 할 때, 나머지 한 변 c 의 길이는 $c^2 = a^2 + b^2 - 2ab\cos\theta$ 를 만족시키는데, 이를 코사인 법칙이라 한다.

풀이 노름을 내적으로 표현하고 내적의 성질을 이용하면 아래와 같이 보일 수 있다.

$$\|\boldsymbol{x}+\boldsymbol{y}\|^2 = \langle \boldsymbol{x}+\boldsymbol{y}, \boldsymbol{x}+\boldsymbol{y}\rangle = \langle \boldsymbol{x}, \boldsymbol{x}\rangle + 2\langle \boldsymbol{x}, \boldsymbol{y}\rangle + \langle \boldsymbol{y}, \boldsymbol{y}\rangle = \|\boldsymbol{x}\|^2 + \|\boldsymbol{y}\|^2$$

두 벡터 $\boldsymbol{x}, \boldsymbol{y}$ 가 나타내는 점과 원점으로 이루어진 삼각형을 생각하면 직각삼각형이 되고, 주어진 식이 피타고라스 정리를 의미함을 알 수 있다. □

예제 1.24 내적공간 $\mathbb{R}^n$ 의 부분공간 $\mathcal{V}$ (단, $0 < \dim \mathcal{V} < n$)에 대하여 집합 $\mathcal{W}$ 를

$$\mathcal{W} = \{\boldsymbol{x} \in \mathbb{R}^n | \langle \boldsymbol{x}, \boldsymbol{v}\rangle = 0,\ \forall \boldsymbol{v} \in \mathcal{V}\} \tag{1.20}$$

라 할 때 다음을 보이시오. (단, $\mathcal{B} = \{\boldsymbol{v}_1, \cdots, \boldsymbol{v}_k\}$ 은 $\mathcal{V}$ 의 한 기저이다.)

(1) $\mathcal{W}$ 는 $\mathbb{R}^n$ 의 부분공간이다.

(2) $\mathcal{V} \cap \mathcal{W} = \{\mathbf{0}\}$

(3) 행렬 $\mathbf{A} = [\boldsymbol{v}_1, \cdots, \boldsymbol{v}_k] \in \mathbb{R}^{n\times k}$ 에 대하여 집합 $\mathcal{W} = \ker(\mathbf{A}^{\mathrm{t}})$ 가 성립한다.

(4) $\dim \mathcal{V} + \dim \mathcal{W} = n$

풀이 (1) $\boldsymbol{x}, \boldsymbol{y} \in \mathcal{W}$ 와 실수 α, β 에 대하여 다음이 성립하므로 $\mathcal{W}$ 는 $\mathbb{R}^n$ 의 부분공간이다.

$$\langle \alpha\boldsymbol{x} + \beta\boldsymbol{y}, \boldsymbol{v}\rangle = \alpha\langle \boldsymbol{x}, \boldsymbol{v}\rangle + \beta\langle \boldsymbol{y}, \boldsymbol{v}\rangle = 0,\ \forall \boldsymbol{v} \in \mathcal{V}$$

(2) 만약 $\boldsymbol{x} \in \mathcal{V} \cap \mathcal{W}$ 이면 $\langle \boldsymbol{x}, \boldsymbol{x}\rangle = 0$ 이므로 내적의 성질 (4)에 의해 $\boldsymbol{x} = \mathbf{0}$ 이다.

(3) 식 (1.5)에 의해 아래 동치조건 (i) 가 성립하고, $\mathcal{B}$ 가 $\mathcal{V}$ 의 기저이므로 내적의 성질 (1),(2)에 의해 아래 동치조건 (ii) 가 성립한다.

$$\mathbf{A}^{\mathrm{t}}\boldsymbol{x} = \begin{bmatrix} \boldsymbol{v}_1^{\mathrm{t}} \\ \vdots \\ \boldsymbol{v}_k^{\mathrm{t}} \end{bmatrix} \boldsymbol{x} = \mathbf{0} \overset{(i)}{\Longleftrightarrow} \boldsymbol{v}_i^{\mathrm{t}}\boldsymbol{x} = \langle \boldsymbol{x}, \boldsymbol{v}_i\rangle = 0\ (\forall 1 \le i \le k) \overset{(ii)}{\Longleftrightarrow} \boldsymbol{x} \in \mathcal{W}$$

동치조건 (i) 의 왼쪽 식은 $\boldsymbol{x} \in \ker(\mathbf{A}^{\mathrm{t}})$ 을 의미하므로 $\mathcal{W} = \ker(\mathbf{A}^{\mathrm{t}})$ 이 성립한다.

(4) 예제 (3)에 의해 $\dim \mathcal{W} = \dim\big(\ker(\mathbf{A}^{\mathrm{t}})\big)$ 이고, 행렬에 대한 차원정리 1.25에 의해

$$\dim\big(\ker(\mathbf{A}^{\mathrm{t}})\big) = n - \operatorname{rank}(\mathbf{A}^{\mathrm{t}}) = n - \operatorname{rank}(\mathbf{A})$$

이다. 또, $\operatorname{rank}(\mathbf{A})$ 는 $\mathbf{A}$ 의 열벡터 $\boldsymbol{v}_1, \cdots, \boldsymbol{v}_k$ 가 생성하는 부분공간의 차원 k 와 같으므로, $\dim \mathcal{W} = n - k$ 가 되어 (4)가 성립한다. □

$\mathbb{R}^n$ 의 부분공간 $\mathcal{V}$ 에 대해 식 (1.20)에서 정의한 집합을 $\mathcal{V}$ 의 **직교여공간**(orthogonal complement)이라 부르고 $\mathcal{V}^\perp$ 로 쓴다. $\{\mathbf{0}\}^\perp = \mathbb{R}^n$ 이고 $(\mathbb{R}^n)^\perp = \{\mathbf{0}\}$ 이다.

$\mathbb{R}^n$ 의 임의의 벡터는 $\mathcal{V}$ 에 속하는 벡터와 $\mathcal{V}^\perp$ 에 속하는 벡터의 합으로 유일하게 쓸 수 있다는 중요한 성질을 살펴보자. (아래 정리를 **직교 분해 정리**라 부른다.)

정리 1.30

$\mathbb{R}^n$ 의 $k\,(0 < k < n)$ 차원 부분공간 $\mathcal{V}$ 에 대하여, $\mathbb{R}^n$ 의 임의의 벡터 $\boldsymbol{x}$ 는 $\mathcal{V}$ 의 벡터와 $\mathcal{V}^\perp$ 의 합으로 유일하게 쓸 수 있다. 즉, $\boldsymbol{x} = \boldsymbol{v} + \widetilde{\boldsymbol{v}}$ 인 $\boldsymbol{v} \in \mathcal{V}$ 와 $\widetilde{\boldsymbol{v}} \in \mathcal{V}^\perp$ 가 유일하게 존재한다. 또한, $(\mathcal{V}^\perp)^\perp = \mathcal{V}$ 가 성립한다.

[증명] 예제 1.24의 (4)에 의해 $\dim \mathcal{V}^\perp = n - k$ 이므로 $\mathcal{V}$ 의 기저를 $\mathcal{B} = \{\boldsymbol{v}, \cdots, \boldsymbol{v}_k\}$ 라 하고 $\mathcal{V}^\perp$ 의 기저를 $\widetilde{\mathcal{B}} = \{\widetilde{\boldsymbol{v}}_{k+1}, \cdots, \widetilde{\boldsymbol{v}}_n\}$ 라 하자. 이때 $\mathcal{B} \cup \widetilde{\mathcal{B}}$ 가 일차독립임을 보이면, 정리 1.10에 의해 $\mathcal{B} \cup \widetilde{\mathcal{B}}$ 는 $\mathbb{R}^n$ 의 기저가 되어 증명이 끝난다.

$$\begin{aligned} & c_1\boldsymbol{v}_1 + \cdots + c_k\boldsymbol{v}_k + c_{k+1}\widetilde{\boldsymbol{v}}_{k+1} + \cdots + c_n\widetilde{\boldsymbol{v}}_n = \mathbf{0} \\ \iff & -c_1\boldsymbol{v}_1 - \cdots - c_k\boldsymbol{v}_k = c_{k+1}\widetilde{\boldsymbol{v}}_{k+1} + \cdots + c_n\widetilde{\boldsymbol{v}}_n \in \mathcal{V} \cap \mathcal{V}^\perp \end{aligned}$$

이므로 예제 1.24의 (2)에 의해 $c_1\boldsymbol{v}_1 + \cdots + c_k\boldsymbol{v}_k = \mathbf{0} = c_{k+1}\widetilde{\boldsymbol{v}}_{k+1} + \cdots + c_n\widetilde{\boldsymbol{v}}_n$ 이다. 한편, $\mathcal{B}$ 와 $\widetilde{\mathcal{B}}$ 는 각각 일차독립인 집합이므로 모든 $c_i = 0\,(1 \le i \le n)$ 가 되어 $\mathcal{B} \cup \widetilde{\mathcal{B}}$ 의 n 개의 벡터는 일차독립을 이룬다.

이제 $(\mathcal{V}^\perp)^\perp = \mathcal{V}$ 임을 보이자. 우선 직교여공간의 정의로부터 $\mathcal{V} \subset (\mathcal{V}^\perp)^\perp$ 가 성립하므로 두 부분공간의 차원이 같음을 보이면 증명이 끝난다. 예제 1.24의 (4)로부터 $\dim \mathcal{V}^\perp = n - k$ 가 되고, $\mathcal{V}^\perp$ 에 대해 동일한 결과를 적용하면 $\dim(\mathcal{V}^\perp)^\perp = n - (n - k) = k$ 가 된다. □

$\mathbb{R}^n$ 을 내적공간으로 이해할 때, 표준기저 $\{\boldsymbol{e}_1, \cdots, \boldsymbol{e}_n\}$ 사이의 내적은 **크로네커의 델타함수**(Kronecker delta) δ_{ij} 를 이용하면 아래와 같이 간단히 표현할 수 있다.

$$\langle \boldsymbol{e}_i, \boldsymbol{e}_j \rangle = \delta_{ij} := \begin{cases} 1 & (i = j) \\ 0 & (i \neq j) \end{cases}$$

이처럼 내적공간에서 서로 수직이고 노름이 모두 1 인 벡터들의 집합을 **정규직교집합**이라 하고, 특히 이 집합이 기저를 이룰 때 **정규직교기저**(orthonormal basis)라 부른다.

예제 1.25 내적공간에서 서로 수직인 벡터 $\boldsymbol{v}_1, \cdots, \boldsymbol{v}_k$ (단, $\forall \boldsymbol{v}_i \neq \mathbf{0}$) 들의 집합은 일차독립임을 보이시오.

풀이 $c_1\boldsymbol{v}_1 + \cdots + c_k\boldsymbol{v}_k = \mathbf{0}$ 라 하자. 이때, $\boldsymbol{v}_i$ 와 내적을 취하면 $0 = \langle \boldsymbol{v}_i, \mathbf{0} \rangle = c_i \|\boldsymbol{v}_i\|^2$ 이고 $\|\boldsymbol{v}_i\| \neq 0$ 이므로 $c_i = 0\ (1 \leq i \leq k)$ 이다. □

정규직교기저 $\mathcal{B}$ 가 주어지는 것은 기저를 이루는 각 벡터의 방향을 새로운 축의 양의 방향으로 하는 $\mathbb{R}^n$ 의 직교좌표계가 주어지는 것과 같고, 주어진 벡터 $\boldsymbol{x}$ 의 좌표벡터 $[\boldsymbol{x}]_{\mathcal{B}}$ 는 새로운 직교좌표계에서의 좌표를 나타내는 것으로 생각할 수 있다. 이때, 정규직교기저에 대한 좌표벡터는 내적을 이용하여 쉽게 구할 수 있다.

정리 1.31

내적공간 $\mathbb{R}^n$ 의 정규직교기저 $\mathcal{B} = \{\boldsymbol{v}_1, \cdots, \boldsymbol{v}_n\}$ 에 대한 $\boldsymbol{x}$ 의 일차결합 표현은 내적을 이용하여 아래와 같이 구할 수 있다.

$$\boldsymbol{x} = \langle \boldsymbol{x}, \boldsymbol{v}_1 \rangle \boldsymbol{v}_1 + \cdots + \langle \boldsymbol{x}, \boldsymbol{v}_n \rangle \boldsymbol{v}_n \tag{1.21}$$

즉, 순서기저 $\mathcal{B}$ 에 대한 $\boldsymbol{x}$ 의 좌표벡터는 $[\boldsymbol{x}]_{\mathcal{B}} = [\langle \boldsymbol{x}, \boldsymbol{v}_1 \rangle, \cdots, \langle \boldsymbol{x}, \boldsymbol{v}_n \rangle]^{\mathrm{t}}$ 이다.

[증명] 임의의 벡터 $\boldsymbol{x} \in \mathbb{R}^n$ 에 대해 $\boldsymbol{x} = c_1\boldsymbol{v}_1 + \cdots + c_n\boldsymbol{v}_n$ 을 만족하는 $c_i\ (1 \leq i \leq n)$ 을 구하면 된다. 내적의 성질 (1) 에 의해

$$\langle \boldsymbol{x}, \boldsymbol{v}_i \rangle = c_1 \langle \boldsymbol{v}_1, \boldsymbol{v}_i \rangle + \cdots + c_n \langle \boldsymbol{v}_n, \boldsymbol{v}_i \rangle$$

이고, $\mathcal{B}$ 가 정규직교기저임을 이용하면 $c_i = \langle \boldsymbol{x}, \boldsymbol{v}_i \rangle\ (1 \leq i \leq n)$ 을 얻는다. □

주어진 기저로부터 일정한 성질을 갖는 정규직교기저를 구하는 방법인 그람-슈미트 직교화 과정에 대해서는 1.3.3절에서 공부한다.

정리 1.31에서 $\langle \boldsymbol{x}, \boldsymbol{v}_i \rangle = \langle \boldsymbol{v}_i, \boldsymbol{x} \rangle = \boldsymbol{v}_i^{\mathrm{t}}\boldsymbol{x}$ 이므로 식 (1.5)를 이용하면, 식 (1.21)은 행렬 $\mathbf{V} = [\boldsymbol{v}_1, \cdots, \boldsymbol{v}_n] \in \mathbb{R}^{n \times n}$ 와 임의의 벡터 $\boldsymbol{x}$ 에 대해

$$\boldsymbol{x} = \mathbf{V} \begin{bmatrix} \boldsymbol{v}_1^{\mathrm{t}}\boldsymbol{x} \\ \vdots \\ \boldsymbol{v}_n^{\mathrm{t}}\boldsymbol{x} \end{bmatrix} = \mathbf{V} \begin{bmatrix} \boldsymbol{v}_1^{\mathrm{t}} \\ \vdots \\ \boldsymbol{v}_n^{\mathrm{t}} \end{bmatrix} \boldsymbol{x} = \mathbf{V}\mathbf{V}^{\mathrm{t}}\boldsymbol{x}$$

로 쓸 수 있다. 위 식이 모든 $\boldsymbol{x} \in \mathbb{R}^n$ 에 대해 성립하므로 행렬 $\mathbf{V}\mathbf{V}^{\mathrm{t}} = \mathbf{I}_n$ 이다.[27] 따라서 $\mathbb{R}^n$ 의 정규직교기저를 열벡터로 갖는 정사각행렬의 역행렬은 $\mathbf{V}^{-1} = \mathbf{V}^{\mathrm{t}}$ 이 되는데, 이처럼

$$\mathbf{V}\mathbf{V}^{\mathrm{t}} = \mathbf{V}^{\mathrm{t}}\mathbf{V} = \mathbf{I}_n$$

를 만족하는 정사각행렬 $\mathbf{V} \in \mathbb{R}^{n\times n}$ 을 **직교행렬**이라고 부른다.[28]

예제 1.26 직교행렬 $\mathbf{V}$ 에 의해 정의되는 $\mathbb{R}^n$ 사이의 선형사상 $\boldsymbol{f}(\boldsymbol{x}) = \mathbf{V}\boldsymbol{x}$ 에 대하여 다음을 보이시오.

(1) 선형사상 $\boldsymbol{f}$ 는 벡터의 내적을 보존한다. 즉, $\langle \boldsymbol{f}(\boldsymbol{x}), \boldsymbol{f}(\boldsymbol{y})\rangle = \langle \boldsymbol{x}, \boldsymbol{y}\rangle$ 이다.

(2) 선형사상 $\boldsymbol{f}$ 는 벡터의 노름을 보존한다. 즉, $\|\boldsymbol{f}(\boldsymbol{x})\| = \|\boldsymbol{x}\|$ 이다.

(3) 선형사상 $\boldsymbol{f}$ 는 동형사상이다.

풀이 (1) 유클리드 내적을 행벡터와 열벡터의 곱으로 쓰면 다음과 같이 보일 수 있다.

$$\langle \boldsymbol{f}(\boldsymbol{x}), \boldsymbol{f}(\boldsymbol{y})\rangle = \langle \mathbf{V}\boldsymbol{x}, \mathbf{V}\boldsymbol{y}\rangle = (\mathbf{V}\boldsymbol{x})^{\mathrm{t}}(\mathbf{V}\boldsymbol{y}) = \boldsymbol{x}^{\mathrm{t}}\mathbf{V}^{\mathrm{t}}\mathbf{V}\boldsymbol{y} = \boldsymbol{x}^{\mathrm{t}}\boldsymbol{y} = \langle \boldsymbol{x}, \boldsymbol{y}\rangle$$

(2) (1)에 의해 $\|\boldsymbol{f}(\boldsymbol{x})\|^2 = \langle \boldsymbol{f}(\boldsymbol{x}), \boldsymbol{f}(\boldsymbol{x})\rangle = \langle \boldsymbol{x}, \boldsymbol{x}\rangle = \|\boldsymbol{x}\|^2$ 이고 노름은 항상 0 이상이므로 성립한다.

(3) 예제 1.6에 의해 f 가 단사임을 보이면 충분하다.

$$\boldsymbol{f}(\boldsymbol{x}) = \mathbf{0} \Longleftrightarrow \mathbf{V}\boldsymbol{x} = \mathbf{0} \Longleftrightarrow \boldsymbol{x} = \mathbf{V}^{\mathrm{t}}\mathbf{0} = \mathbf{0}$$

이므로 $\ker(\boldsymbol{f}) = \{\mathbf{0}\}$ 이고, 정리 1.12에 의해 $\boldsymbol{f}$ 는 단사이다. □

1.3.2 정사영

내적공간 $\mathbb{R}^n$ 의 한 부분공간을 $\mathcal{V}$ 라 하고, $\mathcal{V}$ 의 직교여공간을 $\mathcal{V}^{\perp}$ 이라 하자. 이때, 직교 분해 정리 1.30에 의해 $\mathbb{R}^n$ 의 임의의 벡터 $\boldsymbol{x}$ 는

$$\boldsymbol{x} = \boldsymbol{v} + \widetilde{\boldsymbol{v}}, \quad \boldsymbol{v} \in \mathcal{V}, \widetilde{\boldsymbol{v}} \in \mathcal{V}^{\perp}$$

와 같이 유일하게 쓸 수 있다.

[27] 항등사상의 표준기저에 대한 행렬표현이므로 성립한다. 즉, $\mathbf{V}\mathbf{V}^{\mathrm{t}}\boldsymbol{e}_i = \boldsymbol{e}_i$ 로부터 $\mathbf{V}\mathbf{V}^{\mathrm{t}}[\boldsymbol{e}_1, \cdots, \boldsymbol{e}_n] = \mathbf{I}_n$ 이다

[28] 직교행렬 $\mathbf{V}$ 에 대해 $\mathbf{V}^{\mathrm{t}}\mathbf{V}$ 의 (i,j) 성분은 $\langle \boldsymbol{v}_i, \boldsymbol{v}_j\rangle$ 이므로, 직접 $\mathbf{V}^{\mathrm{t}}\mathbf{V} = \mathbf{I}_n$ 임을 확인할 수도 있다.

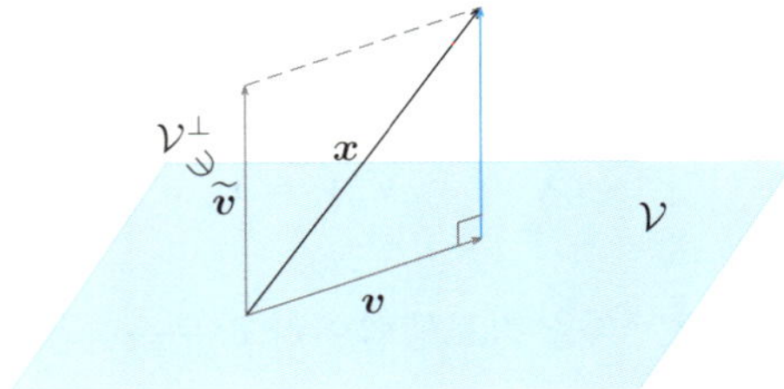

그림 1.6: 벡터의 직교 분해

따라서 $\boldsymbol{x}$ 에 $\boldsymbol{v}$ 를 대응시키는 함수가 선형사상이 되는데, 이 선형사상의 표준기저에 대한 행렬표현 $\mathbf{P} \in \mathbb{R}^{n\times n}$ 를 ($\mathcal{V}$ 위로의) **정사영 행렬**(orthogonal projection matrix) 이라 부르고, 벡터 $\boldsymbol{v}$ 를 $\mathcal{V}$ 에 내린 $\boldsymbol{x}$ 의 **정사영 벡터**, 또는 간단히 $\boldsymbol{x}$ 의 정사영이라고 부른다. 즉, 행렬 $\mathbf{P}$ 가 $\mathcal{V}$ 위로의 정사영 행렬이라는 것은 아래 두 조건

$$\mathbf{P}\boldsymbol{x} = \boldsymbol{x},\ (\forall \boldsymbol{x} \in \mathcal{V}), \qquad \mathbf{P}\boldsymbol{x} = \mathbf{0},\ (\forall \boldsymbol{x} \in \mathcal{V}^\perp) \tag{1.22}$$

을 만족한다는 것이고, $\mathbf{I}_n - \mathbf{P}$ 가 $\mathcal{V}^\perp$ 위로의 정사영 행렬이 되는 것과 같다.

어떤 정사각행렬 $\mathbf{P}$ 가 어떤 부분공간 위로의 정사영 행렬이 되는지 아닌지는 다음 정리에서 보듯이 행렬의 성질만으로 판단할 수 있다.

정리 1.32

정사각행렬 $\mathbf{P} \in \mathbb{R}^{n\times n}$ 가 정사영 행렬이 될 필요충분조건은

$$\mathbf{P}^2 = \mathbf{P} = \mathbf{P}^{\mathrm{t}}$$

이다. 즉, $\mathbf{P}^2 = \mathbf{P}$ 를 만족하는 대칭행렬 $\mathbf{P}$ 는 $\mathbf{P}$ 의 열벡터들이 생성하는 부분공간 $\mathcal{V}$ 위로의 정사영행렬이고, $\mathcal{V}^\perp = \ker(\mathbf{P})$ 이다.

[참고] $\mathbf{P}$ 가 복소행렬일 때는 $\mathbf{P}^{\mathrm{t}}$ 를 $\mathbf{P}^*$ 로 바꾸면 동일하게 성립한다.

[증명] ($\Longrightarrow$) $\mathbf{P}$ 가 부분공간 $\mathcal{V}$ 위로의 정사영 행렬이라 하면, 임의의 벡터 $\boldsymbol{x} \in \mathbb{R}^n$ 에 대해 $\mathbf{P}\boldsymbol{x} \in \mathcal{V}$ 이므로 식 (1.22)에 의해 $\mathbf{P}^2\boldsymbol{x} = \mathbf{P}(\mathbf{P}\boldsymbol{x}) = \mathbf{P}\boldsymbol{x}$ 이다. 따라서 $\mathbf{P}^2 = \mathbf{P}$ 이다.[29]

[29] 식 (1.6)을 확인하기 바란다.

또, 임의의 벡터 $\boldsymbol{x} \in \mathbb{R}^n$ 에 대해 $\mathbf{P}\boldsymbol{x} \in \mathcal{V}$ 이고 $\boldsymbol{x} - \mathbf{P}\boldsymbol{x} \in \mathcal{V}^\perp$ 이므로

- $\langle \mathbf{P}\boldsymbol{x}, \boldsymbol{y} - \mathbf{P}\boldsymbol{y} \rangle = 0$ 으로부터 $\langle \mathbf{P}\boldsymbol{x}, \boldsymbol{y} \rangle = \langle \mathbf{P}\boldsymbol{x}, \mathbf{P}\boldsymbol{y} \rangle$
- $\langle \boldsymbol{x} - \mathbf{P}\boldsymbol{x}, \mathbf{P}\boldsymbol{y} \rangle = 0$ 으로부터 $\langle \boldsymbol{x}, \mathbf{P}\boldsymbol{y} \rangle = \langle \mathbf{P}\boldsymbol{x}, \mathbf{P}\boldsymbol{y} \rangle$

가 성립하고, 임의의 $\boldsymbol{x}, \boldsymbol{y} \in \mathbb{R}^n$ 에 대해

$$\boldsymbol{x}^{\mathrm{t}}\mathbf{P}^{\mathrm{t}}\boldsymbol{y} = \langle \mathbf{P}\boldsymbol{x}, \boldsymbol{y} \rangle = \langle \boldsymbol{x}, \mathbf{P}\boldsymbol{y} \rangle = \boldsymbol{x}^{\mathrm{t}}\mathbf{P}\boldsymbol{y}$$

를 얻는다. 따라서 식 (1.6)에 의해 $\mathbf{P}^{\mathrm{t}} = \mathbf{P}$ 가 성립한다.

($\Longleftarrow$) $\mathbf{P}$ 의 열벡터가 생성하는 부분공간을 $\mathcal{V}$ 라 하면, 예제 1.24의 (3)에 의해 $\mathcal{V}$ 의 직교여공간은 $\mathcal{V}^\perp = \ker(\mathbf{P}^{\mathrm{t}})$ 가 된다. 식 (1.22)의 첫 번째 조건이 성립함을 보이기 위해 $\mathbf{P}^2 = \mathbf{P}$ 임을 이용하면, 임의의 $\boldsymbol{v} \in \mathcal{V}$ 에 대해 $\boldsymbol{v} = \mathbf{P}\boldsymbol{x}$ 이므로

$$\mathbf{P}\boldsymbol{v} = \mathbf{P}(\mathbf{P}\boldsymbol{x}) = \mathbf{P}\boldsymbol{x} = \boldsymbol{v}$$

가 성립한다. 또, $\mathbf{P}^{\mathrm{t}} = \mathbf{P}$ 를 이용하면, 임의의 $\widetilde{\boldsymbol{v}} \in \mathcal{V}^\perp = \ker(\mathbf{P})$ 에 대해 $\mathbf{P}\widetilde{\boldsymbol{v}} = \mathbf{0}$ 가 되어 두 번째 조건도 성립한다. 따라서 $\mathbf{P}$ 는 $\mathcal{V}$ 위로의 정사영 행렬이다. □

이제 k 개의 벡터로 생성된 부분공간 $\mathcal{V} = \operatorname{span}(\{\boldsymbol{v}_1, \cdots, \boldsymbol{v}_k\})$ 에 대해, $\mathcal{V}$ 위로의 정사영 행렬 $\mathbf{P}$ 를 구하는 방법에 대해 알아보자.

우선 k 개의 벡터 $\boldsymbol{v}_i$ 가 일차독립인 경우부터 살펴보자. $\mathbf{V} = [\boldsymbol{v}_1, \cdots, \boldsymbol{v}_k] \in \mathbb{R}^{n\times k}$ 라 하면, 임의의 $\boldsymbol{x} \in \mathbb{R}^n$ 의 $\mathcal{V}$ 위로의 정사영 벡터는 $\boldsymbol{v}_i$ 들의 일차결합이므로 $\mathbf{V}\boldsymbol{c}$, ($\boldsymbol{c} \in \mathbb{R}^k$) 꼴이다. 이때, $\boldsymbol{x} - \mathbf{V}\boldsymbol{c} \in \mathcal{V}^\perp$ 이므로 모든 $\boldsymbol{v}_i$ 에 대해

$$\langle \boldsymbol{v}_i, \boldsymbol{x} - \mathbf{V}\boldsymbol{c} \rangle = \boldsymbol{v}_i^{\mathrm{t}}(\boldsymbol{x} - \mathbf{V}\boldsymbol{c}) = 0, \ (1 \le i \le k)$$

이어야 하고, 이를 행렬 곱으로 쓰면

$$\mathbf{V}^{\mathrm{t}}(\boldsymbol{x} - \mathbf{V}\boldsymbol{c}) = \mathbf{0} \Longleftrightarrow \mathbf{V}^{\mathrm{t}}\boldsymbol{x} = \mathbf{V}^{\mathrm{t}}\mathbf{V}\boldsymbol{c}$$

이다. 예제 1.20에 의해 $\mathbf{V}^{\mathrm{t}}\mathbf{V}$ 가 역행렬을 가지므로[30] $\boldsymbol{c} = (\mathbf{V}^{\mathrm{t}}\mathbf{V})^{-1}\mathbf{V}^{\mathrm{t}}\boldsymbol{x}$ 가 되고, 정사영 벡터는 $\mathbf{V}(\mathbf{V}^{\mathrm{t}}\mathbf{V})^{-1}\mathbf{V}^{\mathrm{t}}\boldsymbol{x}$ 이다. 벡터 $\boldsymbol{x} \in \mathbb{R}^n$ 가 임의의 벡터이므로 다음과 같이 정리할 수 있다.[31]

[30] $\mathbf{V}$ 의 열벡터들이 일차독립일 때, $\mathbf{V}^{\mathrm{t}}\mathbf{V}$ 가 가역이다.

[31] 두 행렬이 같음을 보이기 위해 식 (1.6)을 적용한 결과이다.

일차독립인 벡터들로 생성된 부분공간 위로의 정사영 행렬

행렬 $\mathbf{V} = [\boldsymbol{v}_1, \cdots, \boldsymbol{v}_k]$의 열벡터들이 일차독립을 이룰 때, 이 열벡터들로 생성된 부분공간 $\mathcal{V}$ 위로의 정사영 행렬은 아래와 같다.

$$\mathbf{P} = \mathbf{V}(\mathbf{V}^{\mathrm{t}}\mathbf{V})^{-1}\mathbf{V}^{\mathrm{t}} \tag{1.23}$$

특히, $\{\boldsymbol{v}_1, \cdots, \boldsymbol{v}_k\}$가 정규직교 집합이면 $\mathbf{V}^{\mathrm{t}}\mathbf{V} = \mathbf{I}_k$가 되므로 식 (1.23)에서 정사영 행렬은 $\mathbf{P} = \mathbf{V}\mathbf{V}^{\mathrm{t}}$가 되고, $\boldsymbol{x} \in \mathbb{R}^n$의 정사영 벡터 $\mathbf{P}\boldsymbol{x}$는

$$\mathbf{P}\boldsymbol{x} = \mathbf{V}\mathbf{V}^{\mathrm{t}}\boldsymbol{x} = \langle \boldsymbol{x}, \boldsymbol{v}_1 \rangle \boldsymbol{v}_1 + \cdots + \langle \boldsymbol{x}, \boldsymbol{v}_k \rangle \boldsymbol{v}_k \tag{1.24}$$

가 된다.[32]

한편, $\mathbf{V}$의 열벡터들이 일차독립일 때 유사 역행렬 $\mathbf{V}^+$를 이용하면, 식 (1.23)의 정사영 행렬은 $\mathbf{P} = \mathbf{V}\mathbf{V}^+$로 쓸 수 있다. 실제로는 $\mathbf{V}$의 열벡터들이 일차독립이 아닐 때도 성립하는 내용이다. 보통 행렬 $\mathbf{A}$의 모든 열벡터들로 생성되는 부분공간을 행렬의 **열공간**(column space)이라 하고, $\mathcal{R}(\mathbf{A})$로 쓴다.

정리 1.33

행렬 $\mathbf{V} = [\boldsymbol{v}_1, \cdots, \boldsymbol{v}_k]$의 열벡터들로 생성되는 열공간을 $\mathcal{V} := \mathcal{R}(\mathbf{V})$라 할 때, $\mathcal{V}$ 위로의 정사영 행렬은 $\mathbf{P} = \mathbf{V}\mathbf{V}^+$이다.

[증명] 식 (1.22)의 두 조건이 성립함을 보이자. 우선 $\mathcal{V}$의 벡터 $\boldsymbol{v}$는 $\mathbf{V}$의 열벡터들의 일차결합이므로 $\boldsymbol{c} \in \mathbb{R}^k$에 대하여 $\boldsymbol{v} = \mathbf{V}\boldsymbol{c}$ 꼴이다. 따라서 유사 역행렬의 성질 (1)에 의해

$$\mathbf{P}\boldsymbol{v} = \mathbf{V}\mathbf{V}^+\mathbf{V}\boldsymbol{c} = \mathbf{V}\boldsymbol{c} = \boldsymbol{v}, \quad \forall \boldsymbol{v} \in \mathcal{V}$$

이므로 첫 번째 조건이 성립한다.

또, 예제 1.24의 (3)에 의해 $\mathcal{V}^\perp = \ker(\mathbf{V}^{\mathrm{t}})$이고 유사 역행렬의 성질 (3)에 의해 $\mathbf{V}\mathbf{V}^+$는 대칭행렬이므로, 임의의 $\widetilde{\boldsymbol{v}} \in \mathcal{V}^\perp$에 대해

$$\mathbf{P}\widetilde{\boldsymbol{v}} = (\mathbf{V}\mathbf{V}^+)\widetilde{\boldsymbol{v}} = (\mathbf{V}\mathbf{V}^+)^{\mathrm{t}}\widetilde{\boldsymbol{v}} = (\mathbf{V}^+)^{\mathrm{t}}\mathbf{V}^{\mathrm{t}}\widetilde{\boldsymbol{v}} = \mathbf{0}, \quad \forall \widetilde{\boldsymbol{v}} \in \mathcal{V}^\perp$$

이므로 두 번째 조건이 성립한다. □

[32] $\{\boldsymbol{v}_1, \cdots, \boldsymbol{v}_k\}$가 $\mathcal{V}$의 정규직교기저가 되므로 식 (1.21)과 동일한 방법으로 증명할 수도 있다.

이제 정사영 벡터의 기하적 의미에 대해서 알아보자. 이 내용은 통계학에서 최소제곱법으로 선형 회귀문제를 푸는 것 또는 기계학습에서 선형모델을 학습시키는 것의 기초가 되는 내용이다(89쪽 **최소제곱법** 참고).

정리 1.34

내적공간 $\mathbb{R}^n$의 부분공간 $\mathcal{V}$ 위로의 정사영 행렬 $\mathbf{P}$에 대하여 정사영 벡터 $\mathbf{P}\boldsymbol{x}$는 $\mathcal{V}$의 벡터 중 $\boldsymbol{x}$와 가장 가까운 벡터이다. 즉,

$$\min_{\boldsymbol{y}\in\mathcal{V}} \|\boldsymbol{x}-\boldsymbol{y}\| = \|\boldsymbol{x}-\mathbf{P}\boldsymbol{x}\| \tag{1.25}$$

[증명] 임의의 벡터 $\boldsymbol{y}\in\mathcal{V}$에 대하여 $\boldsymbol{y}=\mathbf{P}\boldsymbol{y}$이고, $\mathbf{P}(\boldsymbol{x}-\boldsymbol{y})\in\mathcal{V}$와 $(\mathbf{I}-\mathbf{P})\boldsymbol{x}\in\mathcal{V}^{\perp}$는 서로 수직이므로 피타고라스 정리(예제 1.23)에 의해

$$\begin{aligned}\|\boldsymbol{x}-\boldsymbol{y}\|^2 &= \left\|\Big(\mathbf{P}\boldsymbol{x}+(\mathbf{I}-\mathbf{P})\boldsymbol{x}\Big)-\mathbf{P}\boldsymbol{y}\right\|^2\\ &= \|\mathbf{P}(\boldsymbol{x}-\boldsymbol{y})+(\mathbf{I}-\mathbf{P})\boldsymbol{x}\|^2\\ &= \|\mathbf{P}(\boldsymbol{x}-\boldsymbol{y})\|^2+\|(\mathbf{I}-\mathbf{P})\boldsymbol{x}\|^2\\ &= \|\mathbf{P}\boldsymbol{x}-\boldsymbol{y}\|^2+\|\boldsymbol{x}-\mathbf{P}\boldsymbol{x}\|^2\end{aligned}$$

이 성립한다. 위 식에서 $\boldsymbol{x}$는 고정된 벡터이므로, $\|\boldsymbol{x}-\boldsymbol{y}\|$는 $\boldsymbol{y}=\mathbf{P}\boldsymbol{x}$일 때 최솟값 $\|\boldsymbol{x}-\mathbf{P}\boldsymbol{x}\|$를 갖는다. □

1.3.3 그람-슈미트 직교화 과정

식 (1.21)과 (1.24)에서 내적공간 $\mathbb{R}^n$이나 부분공간에 정규직교기저가 주어지면, 임의의 벡터를 기저의 일차결합으로 쉽게 표현하는 것이 가능함을 보았다.

이 소절에서는 $\mathbb{R}^n$에서 일차독립인 벡터들의 집합 $\mathcal{B}=\{\boldsymbol{v}_1,\cdots,\boldsymbol{v}_k\}$ $(1\le k\le n)$이 주어질 때, 이 벡터들로부터 아래 조건

$$\operatorname{span}\big(\{\boldsymbol{v}_1,\cdots,\boldsymbol{v}_i\}\big)=\operatorname{span}\big(\{\widetilde{\boldsymbol{v}}_1,\cdots,\widetilde{\boldsymbol{v}}_i\}\big),\ \forall i=1,\cdots,k \tag{1.26}$$

을 만족하는 정규직교집합 $\widetilde{\mathcal{B}}=\{\widetilde{\boldsymbol{v}}_1,\cdots,\widetilde{\boldsymbol{v}}_k\}$를 구하는 과정인 **그람-슈미트 직교화 과정**(Gram-Schmidt process)에 대해 공부한다.

그람-슈미트 직교화 과정

집합 $\{\boldsymbol{v}_1, \cdots, \boldsymbol{v}_k\}$ 가 일차독립일 때, 다음 단계를 통해 정규직교집합 $\{\widetilde{\boldsymbol{v}}_1, \cdots, \widetilde{\boldsymbol{v}}_k\}$ 를 구한다. (각 단계에서 정사영 벡터는 식 (1.24)를 이용하면 쉽게 구할 수 있다.)

단계1) $\widetilde{\boldsymbol{v}}_1 := \boldsymbol{v}_1 / \|\boldsymbol{v}_1\|$

단계2) $\boldsymbol{v}_2$ 를 부분공간 $\mathrm{span}(\{\widetilde{\boldsymbol{v}}_1\})$ 위로 내린 정사영 벡터를

$$\boldsymbol{p}_1 = \langle \boldsymbol{v}_2, \widetilde{\boldsymbol{v}}_1 \rangle \widetilde{\boldsymbol{v}}_1$$

이라 할 때, $\widetilde{\boldsymbol{v}}_2$ 를 다음과 같이 정의:

$$\widetilde{\boldsymbol{v}}_2 := \frac{\boldsymbol{v}_2 - \boldsymbol{p}_1}{\|\boldsymbol{v}_2 - \boldsymbol{p}_1\|} \in \mathrm{span}(\{\widetilde{\boldsymbol{v}}_1\})^{\perp}$$

(이때, $\mathrm{span}(\{\widetilde{\boldsymbol{v}}_1, \widetilde{\boldsymbol{v}}_2\}) = \mathrm{span}(\{\boldsymbol{v}_1, \boldsymbol{v}_2\})$ 이 성립)

단계3) $\boldsymbol{v}_3$ 을 부분공간 $\mathrm{span}(\{\widetilde{\boldsymbol{v}}_1, \widetilde{\boldsymbol{v}}_2\})$ 위로 내린 정사영 벡터를

$$\boldsymbol{p}_2 = \langle \boldsymbol{v}_3, \widetilde{\boldsymbol{v}}_1 \rangle \widetilde{\boldsymbol{v}}_1 + \langle \boldsymbol{v}_3, \widetilde{\boldsymbol{v}}_2 \rangle \widetilde{\boldsymbol{v}}_2$$

라 할 때, $\widetilde{\boldsymbol{v}}_3$ 을 다음과 같이 정의:

$$\widetilde{\boldsymbol{v}}_3 := \frac{\boldsymbol{v}_3 - \boldsymbol{p}_2}{\|\boldsymbol{v}_3 - \boldsymbol{p}_2\|} \in \mathrm{span}(\{\widetilde{\boldsymbol{v}}_1, \widetilde{\boldsymbol{v}}_2\})^{\perp}$$

(이때, $\mathrm{span}(\{\widetilde{\boldsymbol{v}}_1, \widetilde{\boldsymbol{v}}_2, \widetilde{\boldsymbol{v}}_3\}) = \mathrm{span}(\{\boldsymbol{v}_1, \boldsymbol{v}_2, \boldsymbol{v}_3\})$ 이 성립)

단계4) 위 과정을 반복하여 $i = 3, \cdots, k-1$ 에 대해 $\boldsymbol{v}_{i+1}$ 를 $\mathrm{span}(\{\widetilde{\boldsymbol{v}}_1, \cdots, \widetilde{\boldsymbol{v}}_i\})$ 위로 내린 정사영 벡터를

$$\boldsymbol{p}_i = \langle \boldsymbol{v}_{i+1}, \widetilde{\boldsymbol{v}}_1 \rangle \widetilde{\boldsymbol{v}}_1 + \cdots + \langle \boldsymbol{v}_{i+1}, \widetilde{\boldsymbol{v}}_i \rangle \widetilde{\boldsymbol{v}}_i$$

라 할 때, $\widetilde{\boldsymbol{v}}_{i+1}$ 을 다음과 같이 정의:[a]

$$\widetilde{\boldsymbol{v}}_{i+1} := \frac{\boldsymbol{v}_{i+1} - \boldsymbol{p}_i}{\|\boldsymbol{v}_{i+1} - \boldsymbol{p}_i\|} \in \mathrm{span}(\{\widetilde{\boldsymbol{v}}_1, \cdots, \widetilde{\boldsymbol{v}}_i\})^{\perp}$$

(이때, $\mathrm{span}(\{\widetilde{\boldsymbol{v}}_1, \cdots, \widetilde{\boldsymbol{v}}_{i+1}\}) = \mathrm{span}(\{\boldsymbol{v}_1, \cdots, \boldsymbol{v}_{i+1}\})$ 이 성립)

[a] 정리 1.30에 의해 $\boldsymbol{v}_{i+1} = \boldsymbol{p}_i + (\boldsymbol{v}_{i+1} - \boldsymbol{p}_i)$ 이고 $(\boldsymbol{v}_{i+1} - \boldsymbol{p}_i) \in \mathrm{span}(\{\widetilde{\boldsymbol{v}}_1, \cdots, \widetilde{\boldsymbol{v}}_i\})^{\perp}$ 이 성립한다.

위의 그람-슈미트 직교화 과정은 임의의 기저로부터 식 (1.26)을 만족하는 정규직교기저를 구하는 방법을 알려준다.

또, 정규직교집합을 이루는 벡터를 열벡터로 갖는 행렬을 $\mathbf{V}$ 라 하면, 그람-슈미트 직교화 과정은 행렬 $\mathbf{V}$ 의 **QR 분해**와 관련이 있는데, 1.5.4 소절에서 알아보기로 한다.

1.3.4 일반적인 내적공간

앞 소절에서 벡터공간 $\mathbb{R}^n$ 에 유클리드 내적의 네 가지 성질로부터 벡터의 노름, 벡터 사이의 거리, 벡터 사이의 각을 정의할 수 있었다.

일반적인 벡터공간 $\mathcal{U}$ 에서도 46쪽에서 설명한 내적의 네 가지 성질을 만족하는 함수

$$\langle \cdot, \cdot \rangle_{\mathcal{U}} : \mathcal{U} \times \mathcal{U} \to \mathbb{R}$$

가 존재하면, 이를 **내적**(inner product) 이라 부르고, 내적을 갖는 (실) 벡터공간을 **내적공간**(inner product space) 이라고 부른다. 그 의미가 분명할 때는 $\langle \cdot, \cdot \rangle_{\mathcal{U}}$ 를 간단히 $\langle \cdot, \cdot \rangle$ 로 쓴다.

벡터공간 $\mathcal{U}$ 에 내적 $\langle \cdot, \cdot \rangle_{\mathcal{U}}$ 가 주어질 때, 함수 $\|\cdot\|_{\mathcal{U}} : \mathcal{U} \to \mathbb{R}$ 을 $\|\boldsymbol{x}\|_{\mathcal{U}}^2 = \langle \boldsymbol{x}, \boldsymbol{x} \rangle_{\mathcal{U}}$ 로 정의하면 46쪽 노름의 성질 네 가지가 모두 성립하므로 이 함수를 주어진 내적 $\langle \cdot, \cdot \rangle_{\mathcal{U}}$ 로부터 얻은 **노름**이라고 부른다. 또, 주어진 노름으로부터 $\mathcal{U}$ 의 두 벡터 사이의 거리는

$$\mathrm{d}_{\mathcal{U}}(\boldsymbol{x}, \boldsymbol{y}) = \|\boldsymbol{x} - \boldsymbol{y}\|$$

로 정의한다. 노름과 거리의 경우에도 의미가 분명할 때는 간단히 $\|\boldsymbol{x}\|$ 나 $\mathrm{d}(\boldsymbol{x}, \boldsymbol{y})$ 처럼 첨자없이 쓴다.

일반적인 내적공간 $\mathcal{U}$ 에서도 코시-슈바르츠 부등식이 성립한다.

$$|\langle \boldsymbol{x}, \boldsymbol{y} \rangle_{\mathcal{U}}| \leq \|\boldsymbol{x}\|_{\mathcal{U}} \|\boldsymbol{y}\|_{\mathcal{U}} \tag{1.27}$$

$\boldsymbol{x} = \mathbf{0}$ 일 때는 당연히 성립하므로 $\boldsymbol{x} \neq \mathbf{0}$ 인 경우에 성립함을 살펴보자.

실수 α 를 $\langle \boldsymbol{x}, \boldsymbol{y} \rangle / \|\boldsymbol{x}\|^2$ 로 두고 다음 식을 계산하면,[33]

$$\begin{aligned} 0 \leq \langle \alpha\boldsymbol{x} - \boldsymbol{y}, \alpha\boldsymbol{x} - \boldsymbol{y} \rangle &= \alpha^2 \|\boldsymbol{x}\|^2 - 2\alpha \langle \boldsymbol{x}, \boldsymbol{y} \rangle + \|\boldsymbol{y}\|^2 \\ &= -\frac{\langle \boldsymbol{x}, \boldsymbol{y} \rangle^2}{\|\boldsymbol{x}\|^2} + \|\boldsymbol{y}\|^2 \end{aligned}$$

이므로 $\langle \boldsymbol{x}, \boldsymbol{y} \rangle^2 \leq \|\boldsymbol{x}\|^2 \|\boldsymbol{y}\|^2$ 이 성립한다.

[33] 식을 간단하게 쓰기 위해 노름과 내적에 첨자를 생략한다.

따라서, 다음과 같이 코사인 함수를 이용하여 $\mathcal{U}$의 두 벡터 $\boldsymbol{x}, \boldsymbol{y}$ 사이의 각 θ를 정의하는 것이 가능하다.

$$\cos\theta = \frac{\langle \boldsymbol{x}, \boldsymbol{y} \rangle_{\mathcal{U}}}{\|\boldsymbol{x}\|_{\mathcal{U}} \|\boldsymbol{y}\|_{\mathcal{U}}}$$

이때, 일반적인 내적공간 $\mathcal{U}$에서도 주어진 내적에 대해 부분공간 $\mathcal{V}$의 **직교여공간** $\mathcal{V}^{\perp}$을 정의할 수 있고, 예제 1.24와 정리 1.30이 동일하게 성립한다. 또, 유한차원 내적공간의 경우, 주어진 내적에 대해 **정규직교기저**를 정의할 수 있고, 정규직교기저에 대해 정리 1.31도 동일하게 성립한다.

참고 1.35 일반적으로 46쪽의 네 가지 성질을 만족하는 함수를 노름이라고 정의하는데, 이렇게 정의한 노름이 항상 어떤 내적으로부터 주어지는 것은 아니다. 내적으로부터 온 노름은 항상 평행사변형 법칙이라고 부르는 등식 $\|\boldsymbol{x}+\boldsymbol{y}\|^2 + \|\boldsymbol{v}-\boldsymbol{w}\|^2 = 2(\|\boldsymbol{x}\|^2 + \|\boldsymbol{y}\|^2)$을 만족해야 한다[3].

예제 1.27 닫힌구간 $[0,1]$에서 정의된 연속함수 $f : [0,1] \to \mathbb{R}$들의 집합을 $\mathcal{C}([0,1])$이라 하면 $\mathcal{C}([0,1])$은 함수의 합 $(f+g)(x) := f(x)+g(x)$과 곱 $(fg)(x) := f(x)g(x)$에 대하여 벡터공간이 된다. $\langle f, g \rangle := \int_0^1 f(x)g(x)\,dx$가 내적이 됨을 보이시오.

풀이 적분의 성질에 의해 내적의 성질 (1),(2),(3)이 성립하는 것은 쉽게 확인할 수 있다.

내적의 성질 (4)가 성립함을 보이기 위해, 대우명제 즉, $f \neq 0$이면 $\langle f, f \rangle > 0$이 성립함을 보이면 된다. 연속함수 f에 대하여 $f(a) \neq 0$인 $a \in [0,1]$가 존재하면, $x = a$를 포함하는 어떤 닫힌구간 $[\alpha, \beta]$ (단, $0 \le \alpha < \beta \le 1$)의 모든 x에 대해 $f(x) \neq 0$이 된다. 한편 모든 $x \in [0,1]$에 대해 $f(x)^2 \ge 0$이므로

$$\int_0^1 f(x)^2\,dx \ge \int_\alpha^\beta f(x)^2\,dx > 0$$

이 성립한다. □

예제 1.27의 내적공간은 무한차원 벡터공간의 예이다. 이 공간에서 내적으로부터 주어지는 노름은 $\|f\| = \left[\int_0^1 f(x)^2\,dx\right]^{1/2}$이고, 이 노름을 이용하여 두 함수의 거리를 정의할 수 있다. 또 이 경우에 코시-슈바르츠 정리를 쓰면 다음과 같다.

$$\left(\int_0^1 f(x)g(x)\,dx\right)^2 \le \left(\int_0^1 f(x)^2\,dx\right)\left(\int_0^1 g(x)^2\,dx\right)$$

내적공간의 또 다른 예를 살펴보자.

예제 1.28 벡터공간 $\mathbb{R}^{m\times n}$ 은

$$\langle \mathbf{A}, \mathbf{B} \rangle = \operatorname{tr}(\mathbf{B}^{\mathrm{t}}\mathbf{A}), \ \forall \mathbf{A}, \mathbf{B} \in \mathbb{R}^{m\times n} \tag{1.28}$$

에 대하여 내적공간이 됨을 보이시오.

풀이 식 (1.11)과 정리 1.23에 의해 내적의 성질 (1),(2) 가 성립한다. 행렬 $\mathbf{A} \in \mathbb{R}^{m\times n}$ 를 $\mathbb{R}^m$ 의 열벡터 $\boldsymbol{a}_i$ 를 이용하여 $\mathbf{A} = [\boldsymbol{a}_1, \cdots, \boldsymbol{a}_n]$ 로 쓰면, 식 (1.5)에 의해

$$\langle \mathbf{A}, \mathbf{A} \rangle = \operatorname{tr}(\mathbf{A}^{\mathrm{t}}\mathbf{A}) = \sum_{i=1}^{n} \boldsymbol{a}_i^{\mathrm{t}}\boldsymbol{a}_i = \sum_{i=1}^{n} \|\boldsymbol{a}_i\|_{\mathbb{R}^n}^2 \geq 0 \tag{1.29}$$

이므로 내적의 성질 (3) 이 성립한다.

또 $\langle \mathbf{A}, \mathbf{A} \rangle = 0$ 이면, 식 (1.29)에서 모든 $\|\boldsymbol{a}_i\| = 0$ 이므로 $\mathbf{A}$ 의 모든 열벡터는 영벡터이고 $\mathbf{A}$ 는 영행렬이다. 따라서 내적의 성질 (4) 도 성립한다. □

실제로 식 (1.28)로 정의한 $\mathbb{R}^{m\times n}$ 의 내적은 $\mathbb{R}^{mn}$ 의 유클리드 내적과 같고[34], 행렬의 노름도 $\mathbb{R}^{mn}$ 의 유클리드 노름과 같다. $\mathbb{R}^{m\times n}$ 에서 정의한 내적에 대해 코시-슈바르츠 부등식을 적용하면

$$\left(\operatorname{tr}(\mathbf{B}^{\mathrm{t}}\mathbf{A})\right)^2 \leq \operatorname{tr}(\mathbf{A}^{\mathrm{t}}\mathbf{A}) \operatorname{tr}(\mathbf{B}^{\mathrm{t}}\mathbf{B})$$

이 성립한다.

1.3.5 복소 내적공간 $\mathbb{C}^n$ 과 복소행렬

복소수는 실수 x, y 와 $\mathrm{i}^2 = -1$ 을 만족하는 허수단위 i 에 대해 $z = x + \mathrm{i}y$ 꼴이고, z 의 크기 $|z| = \sqrt{x^2 + y^2}$ 은 켤레복소수 $\bar{z} = x - \mathrm{i}y$ 에 대해 $|z|^2 = z\bar{z} = x^2 + y^2$ 을 만족한다.

따라서, 두 열벡터의 같은 성분끼리 곱한 것을 모두 더하는 것으로 정의하는 $\mathbb{R}^n$ 의 내적과 달리, 복소 벡터공간 $\mathbb{C}^n$ 의 **복소내적**은 두 열벡터 $\boldsymbol{z} = [z_1, \cdots, z_n]^{\mathrm{t}}$ 와 $\boldsymbol{w} = [w_1, \cdots, w_n]^{\mathrm{t}}$ 에 대해

$$\langle \boldsymbol{z}, \boldsymbol{w} \rangle_{\mathbb{C}^n} := \sum_{i=1}^{n} z_i \bar{w}_i \tag{1.30}$$

[34] 행렬의 행 또는 열을 차례로 이어 붙이면 $\mathbb{R}^{mn}$ 의 벡터로 볼 수 있다.

로 정의하고, 복소내적을 갖는 복소 벡터공간을 **복소 내적공간**이라고 부른다. 이때 복소내적으로 정의하는 벡터 $\boldsymbol{z}$의 **노름**

$$\|\boldsymbol{z}\|_{\mathbb{C}^n} := \langle \boldsymbol{z}, \boldsymbol{z} \rangle = \sum_{i=1}^{n} |z_i|^2 = \sum_{i=1}^{n} (|x_i|^2 + |y_i|^2)$$

은 $n = 1$일 때 복소수의 크기를 자연스럽게 확장한 것이 되고, 아래에서 설명할 복소내적의 성질을 이용하면 46쪽에서 설명한 노름의 모든 성질을 만족함을 확인할 수 있다.

따라서 복소내적과 그 내적으로부터 주어진 노름에 대해 코시-슈바르츠 부등식

$$|\langle \boldsymbol{z}, \boldsymbol{w} \rangle_{\mathbb{C}^n}| \le \|\boldsymbol{z}\|_{\mathbb{C}^n} \|\boldsymbol{w}\|_{\mathbb{C}^n} \iff \left| \sum_{i=1}^{n} z_i \bar{w}_i \right|^2 \le \Big(\sum_{i=1}^{n} |z_i|^2 \Big) \Big(\sum_{i=1}^{n} |w_i| \Big)$$

도 성립한다.[35] 복소 내적공간의 내적과 노름도 그 뜻이 분명한 경우 첨자를 생략하고 쓴다.

식 (1.30)에서 정의한 복소 내적은 복소 내적을 특징짓는 아래 네 성질을 만족한다.[36]

복소내적의 성질

임의의 벡터 $\boldsymbol{x}, \boldsymbol{y}, \boldsymbol{z} \in \mathbb{C}^n$과 임의의 복소수 $\alpha, \beta \in \mathbb{R}$에 대해 다음이 성립한다.

(1) $\langle \alpha\boldsymbol{x} + \beta\boldsymbol{y}, \boldsymbol{z} \rangle = \alpha\langle \boldsymbol{x}, \boldsymbol{z} \rangle + \beta\langle \boldsymbol{y}, \boldsymbol{z} \rangle$

(2) $\langle \boldsymbol{x}, \boldsymbol{y} \rangle = \overline{\langle \boldsymbol{y}, \boldsymbol{x} \rangle}$

(3) $\langle \boldsymbol{x}, \boldsymbol{x} \rangle \ge 0$

(4) $\langle \boldsymbol{x}, \boldsymbol{x} \rangle = 0 \iff \boldsymbol{x} = \boldsymbol{0}$

실 내적공간의 내적과 비교할 때, 복소내적의 성질 중 유일하게 다른 것은 성질 (2)이고, 이로 인해 내적의 뒤쪽 벡터의 일차결합을 풀 때는

$$\langle \boldsymbol{z}, \alpha\boldsymbol{x} + \beta\boldsymbol{y} \rangle = \bar{\alpha}\langle \boldsymbol{z}, \boldsymbol{x} \rangle + \bar{\beta}\langle \boldsymbol{z}, \boldsymbol{y} \rangle$$

가 된다. 따라서 $\langle \alpha\boldsymbol{z}, \alpha\boldsymbol{z} \rangle = |\alpha|^2 \langle \boldsymbol{z}, \boldsymbol{z} \rangle$가 성립하고, 이것이 복소내적으로 주어진 노름의 성질 (2)가 성립하는 이유이다.

$\mathbb{R}^n$의 두 벡터 $\boldsymbol{x}, \boldsymbol{y}$에 대한 내적은 $\langle \boldsymbol{x}, \boldsymbol{y} \rangle = \boldsymbol{x}^{\mathrm{t}}\boldsymbol{y} = \boldsymbol{y}^{\mathrm{t}}\boldsymbol{x}$와 같이 전치행렬과 행렬의 곱을 이용하여 표현하는 것이 가능했다. 복소내적도 복소행렬의 곱으로 이해할 수 있는데, 이를

[35] 코시-슈바르츠 부등식에 나타나는 크기 표현 $|\cdot|$는 모두 복소수의 크기임에 유의하라.

[36] 물리학에서는 복소내적 $\langle \boldsymbol{x}, \boldsymbol{y} \rangle$를 정의할 때 $\boldsymbol{x}$ 벡터의 성분에 켤레복소수를 취하는 것으로 정의한다. 이 경우 아래 성질 중 (1)이 $\langle \alpha\boldsymbol{x} + \beta\boldsymbol{y}, \boldsymbol{z} \rangle = \bar{\alpha}\langle \boldsymbol{x}, \boldsymbol{z} \rangle + \bar{\beta}\langle \boldsymbol{y}, \boldsymbol{z} \rangle$로 바뀌지만 본질적인 측면에서는 차이가 없다.

위해 켤레전치행렬을 정의하는 것이 필요하다.

복소행렬 $\mathbf{A} = [a_{ij}] \in \mathbb{C}^{m\times n}$ 에 대해, 모든 성분의 켤레복소수를 취하여 얻은 행렬의 전치행렬을 **켤레전치행렬** 또는 **수반행렬**이라 부르고 $\mathbf{A}^*$ 로 쓴다. 즉, $\mathbf{A}$의 각 성분에 켤레복소수를 취한 행렬을 $\overline{\mathbf{A}}$ 라 할 때,

$$\mathbf{A}^* = (\overline{\mathbf{A}})^{\mathrm{t}} = \overline{(\mathbf{A}^{\mathrm{t}})}$$

이다. 이때, $\mathbb{C}^n$ 의 열벡터 $\boldsymbol{z} = [z_1, \cdots, z_n]^{\mathrm{t}}$ 는 $n \times 1$ 행렬이므로, 켤레전치행렬을 구하면 각 성분에 켤레복소수를 취한 행벡터 $\boldsymbol{z}^* = [\bar{z}_1, \cdots, \bar{z}_n]$ 가 된다. 따라서 $\mathbb{C}^n$ 의 복소내적은

$$\langle \boldsymbol{x}, \boldsymbol{y}\rangle_{\mathbb{C}^n} = \boldsymbol{y}^*\boldsymbol{x} = \bar{\boldsymbol{y}}^{\mathrm{t}}\boldsymbol{x} = \overline{\boldsymbol{x}^*\boldsymbol{y}}$$

와 같이 행렬 곱을 이용하여 쓸 수 있다.

앞서 예제 1.20, 참고 1.26, 유사 역행렬의 정의 1.27, 정사영과 관련된 정리 1.32와 1.33에서 전치행렬을 켤레전치행렬로 바꾸면 복소 벡터공간에서도 같은 결과를 얻을 수 있음을 확인하기 바란다.

또한, 예제 1.28과 유사하게 복소 벡터공간 $\mathbb{C}^{m\times n}$ 도 아래와 같이 정의한 복소내적

$$\langle \mathbf{A}, \mathbf{B}\rangle = \mathrm{tr}(\mathbf{B}^*\mathbf{A}), \ \forall \mathbf{A}, \mathbf{B} \in \mathbb{C}^{m\times n} \tag{1.31}$$

에 대해 복소 내적공간이 됨을 확인할 수 있다. 이 경우에도, 복소행렬들로 이루어진 벡터공간 $\mathbb{C}^{m\times n}$ 을 mn 차원 벡터공간 $\mathbb{C}^{mn}$ 으로 생각하고 복소내적을 취하는 것과 같다.

실 내적공간에서처럼 복소 내적공간에서도 주어진 복소내적에 대해 $\langle \boldsymbol{x}, \boldsymbol{y}\rangle = 0$ 이 될 때 두 벡터가 서로 **수직**이라고 부르고, 부분공간의 직교여공간, 정규직교기저를 같은 방식으로 복소내적에 대해 정의한다.

이때, 정규직교기저 $\mathcal{B} = \{\boldsymbol{v}_1, \cdots, \boldsymbol{v}_n\}$ 에 대해 벡터 $\boldsymbol{z}$ 의 좌표벡터는 복소내적에 대해 식 (1.21)과 동일한 방법으로 구할 수 있다. 즉, $\mathbf{V} = [\boldsymbol{v}_1, \cdots, \boldsymbol{v}_n] \in \mathbb{C}^{n\times n}$ 이라 할 때

$$[\boldsymbol{z}]_{\mathcal{B}} = \begin{bmatrix} \langle \boldsymbol{z}, \boldsymbol{v}_1\rangle \\ \vdots \\ \langle \boldsymbol{z}, \boldsymbol{v}_n\rangle \end{bmatrix} = \begin{bmatrix} \boldsymbol{v}_1^*\boldsymbol{z} \\ \vdots \\ \boldsymbol{v}_n^*\boldsymbol{z} \end{bmatrix} = \mathbf{V}^*\boldsymbol{z}$$

이고, 이로부터 임의의 벡터 $\boldsymbol{z}$ 에 대해 $\boldsymbol{z} = \mathbf{V}[\boldsymbol{z}]_{\mathcal{B}} = \mathbf{V}\mathbf{V}^*\boldsymbol{z}$ 가 성립하므로 $\mathbf{V}\mathbf{V}^* = \mathbf{I}_n$ 이 된다. 따라서 복소 내적공간에서 정규직교기저를 열벡터로 갖는 행렬 $\mathbf{V}$ 는 역행렬이 $\mathbf{V}^*$ 인 행렬이

되는데, 이를 **유니타리 행렬**(unitary matrix)이라고 부른다. 즉, 유니타리 행렬은

$$\mathbf{V}\mathbf{V}^* = \mathbf{I}_n = \mathbf{V}^*\mathbf{V}$$

를 만족하는 복소행렬이다.

또, $\mathbf{A}^* = \mathbf{A}$를 만족하는 복소행렬을 **에르미트 행렬**(Hermitian matrix) 또는 **자기수반행렬**이라고 부른다. 모든 성분이 실수인 에르미트 행렬은 대칭행렬이고, 모든 성분이 실수인 유니타리 행렬은 직교행렬이다.

1.4 행렬의 대각화

n차 정사각행렬은 표준기저에 대해 어떤 선형사상을 표현하는 것으로 생각할 수 있는데, 예제 1.19와 참고 1.24에서 살펴보았듯이, 기저를 잘 선택하여 선택한 기저에 대한 행렬 표현이 대각행렬이 되도록 할 수 있다면 선형사상의 특성을 파악하기 쉬워진다. 특히, 선택한 기저가 정규직교기저라면 새로운 직교좌표계에서 각 축 방향으로 상수배하는 것으로 선형사상을 이해할 수 있게 된다.

이 절에서는 $\mathbb{R}^n$ $(\mathbb{C}^n)$에서 $\mathbb{R}^n$ $(\mathbb{C}^n)$으로 가는 선형사상 $\boldsymbol{f}$가 정규직교기저에 대해 대각행렬로 표현될 수 있는 경우를 주로 공부한다. 이 경우에 선형사상 $\boldsymbol{f}$의 표준기저에 대한 행렬 표현을 $\mathbf{A}$라 하고 구하는 정규직교기저에 대한 $\boldsymbol{f}$의 행렬표현을 대각행렬 $\mathrm{diag}(\lambda_1, \cdots, \lambda_n)$라 하면, λ_i는 행렬 $\mathbf{A}$의 **고윳값**이 되고 $\boldsymbol{f}(\boldsymbol{v}_i) = \lambda_i \boldsymbol{v}_i$를 만족하는 정규직교기저의 벡터 $\boldsymbol{v}_i$는 행렬 $\mathbf{A}$의 고윳값 λ_i에 대한 **고유벡터**가 된다.

1.4.1 고윳값과 고유벡터

$\mathbf{A}$가 n차 정사각행렬일 때 영벡터가 아닌 $\boldsymbol{v}$와 적당한 실수(복소수) λ에 대해 관계식

$$\mathbf{A}\boldsymbol{v} = \lambda \boldsymbol{v} \tag{1.32}$$

가 성립하면, 실수(복소수) λ를 $\mathbf{A}$의 **고윳값**(eigenvalue), 벡터 $\boldsymbol{v} \neq \mathbf{0}$를 고윳값 λ에 대응하는 **고유벡터**(eigenvector)라 부른다.

식 (1.32)가 성립하면 임의의 $c \in \mathbb{R}$에 대해

$$(\lambda \mathbf{I}_n - \mathbf{A})(c\boldsymbol{v}) = \mathbf{0}$$

이 성립하므로 행렬 $\lambda \mathbf{I}_n - \mathbf{A}$의 열벡터들이 일차종속이 되고, 이로부터 $\det(\lambda \mathbf{I}_n - \mathbf{A}) = 0$이 성립한다.

따라서, 행렬 $\mathbf{A}$의 고윳값은 **특성다항식**(characteristic polynomial) 또는 **고유다항식**이라 부르는 n차 다항식[37]

$$\det(x\mathbf{I}_n - \mathbf{A}) = (x - \lambda_1)^{n_1} \cdots (x - \lambda_k)^{n_k}, \ (n_1 + \cdots + n_k = n)$$

의 해이다. 이때, n_i를 고윳값 λ_i의 **대수적 중복도**(algebraic multiplicity)라고 부른다.

고윳값 λ_i에 대응되는 $\mathbf{A}$의 고유벡터 $\boldsymbol{v}$는 $\ker(\lambda_i \mathbf{I}_n - \mathbf{A})$에 속하는 영벡터가 아닌 모든 벡터가 되는데, 부분공간 $\ker(\lambda_i \mathbf{I}_n - \mathbf{A})$를 고윳값 λ_i의 **고유공간**(eigenspace)이라 하고, 이 부분공간의 차원을 고윳값 λ_i의 **기하적 중복도**(geometric multiplicity)라 부른다. 즉, λ_i의 기하적 중복도가 m이라는 것은 λ_i에 대응되는 일차독립인 고유벡터를 m개까지 구할 수 있다는 뜻이다.

실제로 고윳값 λ_i에 대응하는 모든 고유벡터를 구하는 것은 방정식 $(\lambda_i \mathbf{I}_n - \mathbf{A})\boldsymbol{x} = \mathbf{0}$의 해 $\boldsymbol{x}$를 구하는 것이므로, 역행렬을 구할 때처럼 가우스 소거법을 이용하여 계산한다.[38]

예제 1.29 다음 행렬의 고윳값과 대응되는 고유벡터를 구하고, 행렬이 나타내는 선형사상과 관련지어 그 의미를 설명하시오.

(1) $\begin{bmatrix} 1 & 3 \\ 4 & 2 \end{bmatrix}$ (2) $\begin{bmatrix} 0 & 0 \\ 1 & 0 \end{bmatrix}$

풀이 (1) 주어진 행렬을 $\mathbf{A}$라 하고 특성 다항식을 구하면

$$|\lambda \mathbf{I} - \mathbf{A}| = \left| \begin{bmatrix} \lambda - 1 & -3 \\ -4 & \lambda - 2 \end{bmatrix} \right| = \lambda^2 - 3\lambda - 10 = (\lambda + 2)(\lambda - 5)$$

이므로 고윳값 $\lambda = -2$와 $\lambda = 5$를 찾을 수 있다.

---

[37] 복소수 계수를 갖는 1차 이상의 방정식은 적어도 하나의 복소수 근을 갖는다는 대수학의 기본정리에 의해, n차 복소수 계수 다항식은 중복을 허용할 때 반드시 n개의 근을 갖는다.

[38] 가우스 소거법을 이용하여 선형 연립방정식의 해를 구하는 것에 익숙하지 않은 독자는 [3, 17] 등을 참고하기 바란다.

$\lambda = -2$에 대응하는 고유벡터를 찾기 위해 $(-2\mathbf{I} - \mathbf{A})\boldsymbol{x} = \mathbf{0}$를 만족하는 $\boldsymbol{x} = [x, y]^{\mathrm{t}}$를 구하면,

$$\begin{bmatrix} -3 & -3 \\ -4 & -4 \end{bmatrix} \begin{bmatrix} x \\ y \end{bmatrix} = \begin{bmatrix} 0 \\ 0 \end{bmatrix}$$

에서 $x + y = 0$을 만족해야 한다. 따라서 구하는 고유벡터는 $x \neq 0$일 때

$$\boldsymbol{x} = [x, y]^{\mathrm{t}} = x[1, -1]^{\mathrm{t}}$$

이다. 같은 방법으로 $\lambda = 5$에 대응되는 고유벡터 $\boldsymbol{x} = [x, y]^{\mathrm{t}}$를 구하면, $4x - 3y = 0$을 만족해야 하므로 $x \neq 0$인 임의의 실수 x에 대해 $\boldsymbol{x} = x[3/4, 1]^{\mathrm{t}}$이 된다.

고윳값 -2와 5에 대응되는 고유벡터 중 단위벡터를 각각 $\boldsymbol{u}$, $\boldsymbol{v}$라 하면 $\mathbb{R}^2$의 기저 $\mathcal{B} = \{\boldsymbol{u}, \boldsymbol{v}\}$가 되고, 임의의 벡터는 이 기저에 대한 일차결합 $\boldsymbol{x} = \alpha\boldsymbol{u} + \beta\boldsymbol{v}$로 쓸 수 있다. 이때, 행렬 $\mathbf{A}$로 주어지는 선형사상 $\boldsymbol{f}(\boldsymbol{x}) = \mathbf{A}\boldsymbol{x}$는

$$\boldsymbol{f}(\alpha\boldsymbol{u} + \beta\boldsymbol{v}) = -2\alpha\boldsymbol{u} + 5\beta\boldsymbol{v}$$

와 같이 기저벡터 $\boldsymbol{u}$, $\boldsymbol{v}$ 방향(또는 반대방향)으로 늘이거나 줄이는 함수로 쉽게 이해할 수 있다. 예를 들어, 〈그림 1.7〉에서 보듯이 정의역과 공역을 겹쳐서 그리면, 단위원은 타원으로 옮겨진다. 하지만, 이 행렬의 경우에 고유벡터로 이루어진 정규직교기저는 없다.

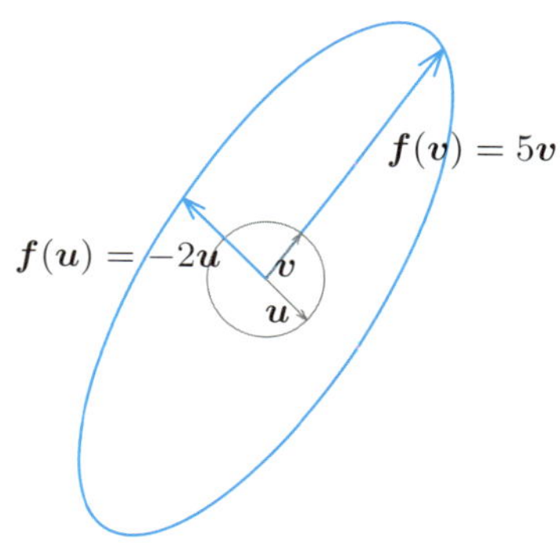

그림 1.7: 선형사상에 의한 고유벡터의 상

(2) 주어진 행렬을 $\mathbf{A}$라 하고 (1)에서와 같은 방법으로 특성 다항식을 구하면 $\lambda^2 = 0$이므로, 고윳값은 대수적 중복도 2를 갖는 0 뿐이다. 이때 고윳값 $\lambda = 0$에 대응되는

고유벡터 $\boldsymbol{v} = [x, y]^{\mathrm{t}}$ 를 구하기 위해 $(\lambda\mathbf{I} - \mathbf{A})\boldsymbol{v} = -\mathbf{A}\boldsymbol{v} = \mathbf{0}$ 를 풀면 $x = 0,\ y \in \mathbb{R}$ 을 얻는다. 즉, 고윳값 $\lambda = 0$ 의 기하적 중복도는 1 이고, 대응되는 고유공간은 $\boldsymbol{e}_2 = [0, 1]^{\mathrm{t}}$ 로 생성된다.

이 예제의 경우에는 고유벡터로만 이루어진 기저를 만드는 것이 불가능하므로, 고유벡터 $\boldsymbol{e}_2$ 를 포함하는 표준기저에 대해 선형사상을 $\boldsymbol{f}(\boldsymbol{x}) = \mathbf{A}\boldsymbol{x}$ 을 살펴보자.

$\boldsymbol{f}(\boldsymbol{e}_1) = \boldsymbol{e}_2,\ \boldsymbol{f}(\boldsymbol{e}_2) = \mathbf{0}$ 이므로 $\boldsymbol{x} = x\boldsymbol{e}_1 + y\boldsymbol{e}_2$ 할 때,

$$\boldsymbol{f}(\boldsymbol{x}) = x\boldsymbol{f}(\boldsymbol{e}_1) + y\boldsymbol{f}(\boldsymbol{e}_2) = x\boldsymbol{e}_2$$

이므로, 행렬 $\mathbf{A}$ 는 좌표평면에서 점 (x, y) 를 x 축 위로 정사영시켜 $(x, 0)$ 로 보내는 선형사상 $\boldsymbol{g}$ 에 이어서 시계 반대방향으로 $90°$ 회전시키는 선형사상 $\boldsymbol{h}$ 를 합성한 $\boldsymbol{f} = \boldsymbol{h} \circ \boldsymbol{g}$ 의 표준기저에 대한 행렬 표현이다. 실제로 $\boldsymbol{g}$ 와 $\boldsymbol{h}$ 의 표준기저에 대한 행렬 표현을 각각 $\mathbf{B}, \mathbf{C}$ 라 하면[39]

$$\mathbf{CB} = \begin{bmatrix} 0 & 1 \\ 1 & 0 \end{bmatrix} \begin{bmatrix} 1 & 0 \\ 0 & 0 \end{bmatrix} = \begin{bmatrix} 0 & 0 \\ 1 & 0 \end{bmatrix} = \mathbf{A}$$

가 성립함을 확인할 수 있다. n 차 정사각행렬 $\mathbf{A}$ 의 고윳값 각각에 대해 대수적 중복도와 기하적 중복도가 같으면 고유벡터들로만 이루어진 $\mathbb{R}^n$ 의 기저를 구성할 수 있다. □

정의 1.36

n 차 정사각행렬 $\mathbf{A}$ 가 **대각화**(diagonalization) 가능하다는 것은 어떤 가역행렬 $\mathbf{V}$ 가 존재해서 $\mathbf{V}^{-1}\mathbf{AV}$ 가 대각행렬이 되는 것이다. 이때, $\mathbf{A}$ 는 가역행렬 $\mathbf{V}$ 에 의해 대각화된다고 말하기도 한다.

대각화 가능한 행렬 $\mathbf{A}$ 에 대해 대각행렬 $\mathbf{D} := \mathbf{V}^{-1}\mathbf{AV}$ 를 $\mathbf{D} = \mathrm{diag}(\lambda_1, \cdots, \lambda_n)$ 이라 하고 가역행렬 $\mathbf{V}$ 를 $\mathbf{V} = [\boldsymbol{v}_1, \cdots, \boldsymbol{v}_n]$ 이라 하면, $\mathbf{AV} = \mathbf{VD}$ 로부터

$$\mathbf{A}\boldsymbol{v}_i = \lambda_i\boldsymbol{v}_i\ (1 \le i \le n) \tag{1.33}$$

이 성립한다. 즉, $\mathbf{V}$ 의 열벡터 $\boldsymbol{v}_i$ 는 고윳값 λ_i 에 대응하는 $\mathbf{A}$ 의 고유벡터이다.

[39] 식 (1.14)를 이용하면 표준기저에 대한 행렬 표현을 쉽게 구할 수 있다. 즉, $\mathbf{B} = [\boldsymbol{g}(\boldsymbol{e}_1), \boldsymbol{g}(\boldsymbol{e}_2)]$, $\mathbf{C} = [\boldsymbol{h}(\boldsymbol{e}_1), \boldsymbol{h}(\boldsymbol{e}_2)]$ 이다.

역으로 식 (1.33)을 만족하는 일차독립인 n 개의 벡터 $\boldsymbol{v}_1, \cdots, \boldsymbol{v}_n$ 와 $\lambda_i, \cdots, \lambda_n$ 이 존재하면 행렬 $\mathbf{A}$ 는 대각화 가능하다. 따라서 다음과 같이 정리할 수 있다.

정리 1.37

n 차 정사각행렬이 대각화 가능할 필요충분조건은 n 개의 일차독립인 고유벡터가 존재하는 것이다.

참고 1.38 예제 1.29에서 살펴본 것처럼, 일반적으로 정사각행렬 $\mathbf{A}$ 의 고윳값의 기하적 중복도는 대수적 중복도보다 작거나 같다는 것이 알려져 있다. 특히, 대각화 가능한 행렬 $\mathbf{A}$ 의 경우에는 정리 1.37에 의해 각 고윳값의 기하적 중복도와 대수적 중복도가 같아짐을 알 수 있는데, 그 역도 성립한다.

정리 1.37에서 실수 행렬 $\mathbf{A}$ 에 대해 n 개의 고유벡터를 $\mathbb{R}^n$ 의 정규직교기저가 되도록 잡을 수 있으면, 실수 행렬 $\mathbf{V}$ 는 직교행렬이 되므로 $\mathbf{V}^t\mathbf{A}\mathbf{V}$ 와 같이 대각화할 수 있다. 이때, $\mathbf{A}$ 는 **직교 대각화** 가능하다고 말한다.

복소 행렬 $\mathbf{A}$ 의 경우에도 고유벡터로 이루어진 $\mathbb{C}^n$ 의 정규직교기저를 잡을 수 있으면, 유니타리 행렬 $\mathbf{V}$ 로 $\mathbf{V}^*\mathbf{A}\mathbf{V}$ 와 같이 대각화할 수 있는데, 이를 **유니타리 대각화**라고 부른다. 주어진 행렬이 직교(유니타리) 대각화 가능한 행렬인지를 판별하는 쉬운 방법에 다음 소절에서 공부한다.

예제 1.30 대각화 가능한 $n \times n$ 행렬 $\mathbf{A}$ 의 고윳값이 $\lambda_1, \cdots, \lambda_n$ 일 때, 다음을 보이시오.

$$\det(\mathbf{A}) = \prod_{i=1}^{n} \lambda_i, \qquad \operatorname{tr}(\mathbf{A}) = \sum_{i=1}^{n} \lambda_i$$

풀이 $\mathbf{A}$ 가 대각화 가능하므로 적당한 가역행렬 $\mathbf{V}$ 에 대해 $\mathbf{V}^{-1}\mathbf{A}\mathbf{V} = \operatorname{diag}(\lambda_1, \cdots, \lambda_n)$ 이다. 따라서 행렬식의 성질 (3), (8)과 (9)에 의해 첫 번째 등식이 성립한다.

$$\begin{aligned}\det(\mathbf{V}^{-1}\mathbf{A}\mathbf{V}) &= \big(\det(\mathbf{V})\big)^{-1}\det(\mathbf{A})\det(\mathbf{V}) \\ &= \det(\mathbf{A}) = \prod_{i=1}^{n} \lambda_i\end{aligned}$$

또, 정리 1.23을 이용하면 $\operatorname{tr}\big(\mathbf{V}^{-1}\mathbf{A}\mathbf{V}\big) = \operatorname{tr}\big(\mathbf{A}\mathbf{V}\mathbf{V}^{-1}\big) = \operatorname{tr}(\mathbf{A}) = \sum_{i=1}^{n} \lambda_i$ 이다. □

1.4.2 행렬의 직교 대각화, 유니타리 대각화

이 소절에서는 주어진 행렬이 직교(유니타리) 대각화 가능한지를 쉽게 판별하는 방법에 대해 공부한다. 우선 가장 중요한 역할을 하는 쉬르(Schur)의 정리라고 부르는 행렬의 삼각형화에 대해 먼저 살펴보자.

정리 1.39

[쉬르의 정리] 임의의 (복소) 정사각행렬 $\mathbf{A}$에 대하여 $\mathbf{U}^*\mathbf{AU}$가 상삼각행렬이 되도록 하는 유니타리 행렬 $\mathbf{U}$가 존재한다.

[증명] 행렬의 크기 n에 대해 수학적 귀납법을 이용하여 증명한다. $n = 1$일 때는 행렬 $\mathbf{A}$가 복소수이고 유니타리 행렬로 1을 잡으면 성립한다. 이제 $n = k$일 때 성립한다고 가정하고 $n = k + 1$일 때 성립함을 보이자.

임의의 행렬 $\mathbf{A}$는 적어도 하나의 고윳값 λ와 대응되는 고유벡터 $\boldsymbol{v}$를 가지고, $\|\boldsymbol{v}\| = 1$이라 가정할 수 있다. 이때, $\boldsymbol{v}$를 1열로 갖는 유니타리 행렬을 $\mathbf{U} := [\boldsymbol{v}, \boldsymbol{v}_1, \cdots, \boldsymbol{v}_k]$라 하고[40] 식 (1.5)를 이용하여 계산하면, 적당한 $1 \times k$ 행렬 $\boldsymbol{u}^*$와 $k \times k$ 행렬 $\mathbf{B}$에 대해

$$\mathbf{U}^*\mathbf{AU} = \begin{bmatrix} \boldsymbol{v}^* \\ \boldsymbol{v}_1^* \\ \vdots \\ \boldsymbol{v}_k^* \end{bmatrix} \mathbf{A}[\boldsymbol{v}, \boldsymbol{v}_1, \cdots, \boldsymbol{v}_k] = \begin{bmatrix} \boldsymbol{v}^* \\ \boldsymbol{v}_1^* \\ \vdots \\ \boldsymbol{v}_k^* \end{bmatrix} [\lambda\boldsymbol{v}, \mathbf{A}\boldsymbol{v}_1, \cdots, \mathbf{A}\boldsymbol{v}_k] = \begin{bmatrix} \lambda & \boldsymbol{u}^* \\ \mathbf{0} & \mathbf{B} \end{bmatrix}$$

가 성립한다.

귀납법의 가정에 의해 크기가 k일 때는 정리가 성립하므로 $k \times k$ 유니타리 행렬 $\mathbf{W}$와 상삼각행렬 $\mathbf{T}$가 존재해서 $\mathbf{W}^*\mathbf{BW} = \mathbf{T}$가 성립한다. 따라서 유니타리 행렬 $\mathbf{W}$에 대해 $(k+1) \times (k+1)$ 행렬 $\mathbf{V}$를

$$\mathbf{V} = \begin{bmatrix} 1 & \mathbf{0}^t \\ \mathbf{0} & \mathbf{W} \end{bmatrix}$$

로 정의하면

$$\mathbf{V}^*\mathbf{V} = \begin{bmatrix} 1 & \mathbf{0}^t \\ \mathbf{0} & \mathbf{W}^* \end{bmatrix} \begin{bmatrix} 1 & \mathbf{0}^t \\ \mathbf{0} & \mathbf{W} \end{bmatrix} = \begin{bmatrix} 1 & \mathbf{0}^t \\ \mathbf{0} & \mathbf{W}^*\mathbf{W} \end{bmatrix} = \mathbf{I}_{k+1}$$

[40] $\boldsymbol{v}$를 포함하는 한 기저를 찾고, 그람-슈미트 직교화 과정을 이용해 정규직교기저로 만든 것을 차례로 열벡터로 갖는 행렬을 만들면 된다.

이므로 $\mathbf{V}$도 유니타리 행렬이 된다. 또, 유니타리 행렬의 곱 $\mathbf{UV}$는 아래 식

$$(\mathbf{UV})^*(\mathbf{UV}) = \mathbf{V}^*(\mathbf{U}^*\mathbf{U})\mathbf{V} = \mathbf{V}^*\mathbf{V} = \mathbf{I}_{k+1}$$

에서 알 수 있듯이 유니타리 행렬이다.

이제 증명을 마무리하기 위해 $(\mathbf{UV})^*\mathbf{A}(\mathbf{UV})$가 상삼각행렬이 됨을 보이자.

$$\begin{aligned}\mathbf{V}^*(\mathbf{U}^*\mathbf{AU})\mathbf{V} &= \begin{bmatrix} 1 & \mathbf{0}^t \\ \mathbf{0} & \mathbf{W}^* \end{bmatrix} \begin{bmatrix} \lambda & \boldsymbol{u}^* \\ \mathbf{0} & \mathbf{B} \end{bmatrix} \begin{bmatrix} 1 & \mathbf{0}^t \\ \mathbf{0} & \mathbf{W} \end{bmatrix} \\ &= \begin{bmatrix} \lambda & \boldsymbol{u}^* \\ \mathbf{0} & \mathbf{W}^*\mathbf{B} \end{bmatrix} \begin{bmatrix} 1 & \mathbf{0}^t \\ \mathbf{0} & \mathbf{W} \end{bmatrix} = \begin{bmatrix} \lambda & \boldsymbol{u}^*\mathbf{W} \\ \mathbf{0} & \mathbf{W}^*\mathbf{BW} \end{bmatrix}\end{aligned}$$

에서 $\boldsymbol{u}^*\mathbf{W}$는 $1 \times k$ 행렬이고, $\mathbf{W}^*\mathbf{BW}$는 $k \times k$ 상삼각행렬이므로 주어진 행렬은 $(k+1)$차 상삼각행렬임을 알 수 있다. □

위 정리를 이용하면 에르미트 행렬의 고윳값에 대한 중요한 성질을 얻을 수 있다.

정리 1.40

$n \times n$ 에르미트 행렬의 모든 고윳값은 실수이고, 유니타리 대각화 가능하다.

[증명] 에르미트 행렬을 $\mathbf{A}$라 하면, 쉬르의 정리 1.39에 의해 $\mathbf{U}^*\mathbf{AU}$가 상삼각행렬 $\mathbf{T}$가 되도록 하는 유니타리 행렬 $\mathbf{U}$가 존재한다. 한편, 상삼각행렬 $\mathbf{T}$의 켤레전치행렬 $\mathbf{T}^*$는 하삼각행렬이 되어야 하는데, $\mathbf{A}^* = \mathbf{A}$이므로

$$\mathbf{T}^* = (\mathbf{U}^*\mathbf{AU})^* = \mathbf{U}^*\mathbf{A}^*\mathbf{U} = \mathbf{U}^*\mathbf{AU} = \mathbf{T}$$

가 성립한다. 따라서 $\mathbf{T}$는 대각성분이 모두 실수인 대각행렬이 된다.[41]

대각성분이 모두 실수인 대각행렬 $\mathbf{T}$에 대해 $\mathbf{U}^*\mathbf{AU} = \mathbf{T}$가 성립하므로 $\mathbf{A}$는 유니타리 대각화 가능하고, 모든 고윳값이 실수임을 알 수 있다. □

모든 성분이 실수인 n차 대칭행렬에 위 정리를 적용하면, 중복을 허용할 때 n개의 실수 고윳값을 가지고, 실수 고윳값 λ에 대응하는 고유벡터를 $\mathbb{R}^n$의 벡터로 잡을 수 있다.[42] 따라서,

[41] 복소수 $z = x + iy$에 대해 $\bar{z} = z$이면 $z = x$이므로 z는 실수이다.

[42] 고유벡터를 구하는 과정은 연립일차선형방정식을 가우스 소거법으로 푸는 것이고, 실수끼리의 연산은 실수가 되므로 고유벡터의 성분은 실수이다. 실제로 모든 성분이 실수인 행렬 $\mathbf{A}$와 실수 고윳값 λ에 대해 $\mathbf{A}\boldsymbol{v} = \lambda\boldsymbol{v}$인 고유벡터 $\boldsymbol{v} \in \mathbb{C}^n$이 존재할 때, $\boldsymbol{v}$의 모든 성분이 iv_i 꼴이면 $\widetilde{\boldsymbol{v}} := -i\boldsymbol{v}$, 그 외의 경우에는 $\widetilde{\boldsymbol{v}} := \boldsymbol{v} + \bar{\boldsymbol{v}}$로 잡으면, $\widetilde{\boldsymbol{v}} \in \mathbb{R}^n$이고 λ에 대응되는 고유벡터가 된다.

쉬르의 정리 1.39에서 증명 과정의 고윳값과 벡터를 실수로 제한하면, 직교행렬이 유니타리 역할을 대신할 때 성립함을 알 수 있다. 따라서 정리 1.40으로부터 대칭행렬의 모든 고윳값은 실수이고, 직교 대각화 가능하다는 결과를 얻는다.

성분이 실수인 대칭행렬의 경우에는 그 역도 성립함을 다음과 같이 보일 수 있다.

정리 1.41

[실수 행렬의 직교 대각화] 행렬 $\mathbf{A} \in \mathbb{R}^{n\times n}$ 가 직교 대각화 가능할 필요충분조건은 $\mathbf{A}$ 가 대칭행렬인 것이다. 즉, 다음이 동치이다.

(i) $\mathbf{A}^{\mathrm{t}} = \mathbf{A}$

(ii) $\mathbf{Q}^{\mathrm{t}}\mathbf{A}\mathbf{Q} = \mathbf{D}$ 인 대각행렬 $\mathbf{D} \in \mathbb{R}^{n\times n}$ 과 직교행렬 $\mathbf{Q} \in \mathbb{R}^{n\times n}$ 이 존재

(iii) $\mathbf{A}\boldsymbol{v}_i = \lambda_i \boldsymbol{v}_i$ 인 $\mathbb{R}^n$ 의 정규직교기저 $\{\boldsymbol{v}_1, \cdots, \boldsymbol{v}_n\}$ 이 존재

[증명] 정리 1.40을 이용하여 (i) 이면 (ii) 가 성립함을 설명했으므로, 그 역이 성립함을 보이면 된다. 직교행렬 $\mathbf{Q}$ 와 대각행렬 $\mathbf{D}$ 에 대해 $\mathbf{Q}^{\mathrm{t}}\mathbf{A}\mathbf{Q} = \mathbf{D}$ 가 성립한다고 하자. 이때, $\mathbf{D}^{\mathrm{t}} = \mathbf{D} \in \mathbb{R}^{n\times n}$ 이므로 $\mathbf{A}^{\mathrm{t}} = \left(\mathbf{Q}\mathbf{D}\mathbf{Q}^{\mathrm{t}}\right)^{\mathrm{t}} = \mathbf{Q}\mathbf{D}^{\mathrm{t}}\mathbf{Q}^{\mathrm{t}} = \mathbf{A}$ 가 되어 $\mathbf{A}$ 는 대칭행렬이 된다. □

대칭행렬과 달리, 복소행렬이 유니타리 대각화 가능하다고 해서 에르미트 행렬이 되는 것은 아니다. $\mathbf{A}$ 가 유니타리 대각화 가능한 행렬이라면 $\mathbf{A} = \mathbf{U}\mathbf{D}\mathbf{U}^*$ 를 만족하는 유니타리 행렬 $\mathbf{U}$ 와 대각행렬 $\mathbf{D}$ 가 존재하는데, $\mathbf{A}^* = \mathbf{U}\overline{\mathbf{D}}\mathbf{U}^*$ 이므로 모든 고윳값이 실수인 경우에는 $\mathbf{A} = \mathbf{A}^*$ 이지만 일반적으로 에르미트 행렬이 될 수 없음을 알 수 있다. 일반적으로 복소행렬이 유니타리 대각화 가능할 필요충분조건은 다음과 같다.

정리 1.42

[복소행렬의 유니타리 대각화] 복소행렬 $\mathbf{A}$ 가 유니타리 대각화 가능할 필요충분조건은 행렬 $\mathbf{A}$ 가 다음 조건을 만족하는 것이다.

$$\mathbf{A}\mathbf{A}^* = \mathbf{A}^*\mathbf{A} \tag{1.34}$$

[증명] 우선 $\mathbf{A} = \mathbf{U}\mathbf{D}\mathbf{U}^*$ 와 같이 유니타리 대각화 가능하면, 다음이 성립함을 쉽게 확인할 수 있다.

$$\mathbf{A}\mathbf{A}^* = \mathbf{U}\mathbf{D}\overline{\mathbf{D}}\mathbf{U}^* = \mathbf{U}\overline{\mathbf{D}}\mathbf{D}\mathbf{U}^* = \mathbf{A}^*\mathbf{A}$$

역이 성립함을 보이기 위해 행렬 $\mathbf{A}$가 식 (1.34)를 만족한다고 하자. 쉬르의 정리 1.39에 의해 적당한 유니타리 행렬 $\mathbf{U}$와 상삼각행렬 $\mathbf{T}$에 대해 $\mathbf{A} = \mathbf{UTU}^*$이므로 식 (1.34)로부터

$$\mathbf{TT}^* = \mathbf{T}^*\mathbf{T} \tag{1.35}$$

이다. 한편 $\mathbf{T} = [t_{ij}] \in \mathbb{C}^{n\times n}$이라 할 때, $\mathbf{T}$는 상삼각행렬이므로 $t_{ij} = 0\ (\forall i > j)$이고, 식 (1.35)에서 두 행렬의 (n, n) 성분부터 비교하기 시작해서 $(n-1, n-1), \cdots, (1, 1)$ 성분까지 차례로 비교해 나가면 $\mathbf{T}$의 대각성분을 제외한 모든 성분이 0이 됨을 쉽게 확인할 수 있다. 따라서 쉬르의 삼각형화로 얻은 $\mathbf{U}^*\mathbf{AU}$가 대각행렬이 되어 $\mathbf{A}$는 유니타리 대각화 가능하다. □

식 (1.34)를 만족하는 행렬을 **정규행렬**(normal matrix)라고 부른다. 에르미트 행렬, 유니타리 행렬은 모두 정규행렬이 되므로 유니타리 대각화 가능하다.

예제 1.31 다음을 보이시오.

(1) 유니타리 행렬의 모든 고윳값 λ에 대해 $|\lambda| = 1$이 성립한다.

(2) 정규행렬 $\mathbf{A}$의 모든 고윳값 λ에 대해 $|\lambda| = 1$이 성립하면, $\mathbf{A}$는 유니타리 행렬이다.

풀이 (1) 유니타리 행렬 $\mathbf{U}$는 정규행렬이므로 $\mathbf{U} = \mathbf{VDV}^*$와 같이 유니타리 대각화 가능하다. $\mathbf{D} = \mathrm{diag}(\lambda_1, \cdots, \lambda_n)$이라 할 때, $\mathbf{U}$가 유니타리 행렬임을 이용하면

$$\mathbf{U}^*\mathbf{U} = \mathbf{I} \Longleftrightarrow \mathbf{VD}^*\mathbf{DV}^* = \mathbf{I} \Longleftrightarrow \overline{\mathbf{D}}\mathbf{D} = \mathbf{V}^*\mathbf{V} = \mathbf{I}$$

가 성립하고, 이로부터 $\bar{\lambda}_i\lambda_i = |\lambda_i|^2 = 1\ (1 \le i \le n)$이다.

(2) 정규행렬 $\mathbf{A}$는 유니타리 대각화 가능하므로 $\mathbf{A}$의 고윳값을 대각성분으로 갖는 대각행렬 $\mathbf{D} = \mathrm{diag}(\lambda_1, \cdots, \lambda_n)$에 대해 $\mathbf{A} = \mathbf{UDU}^*$인 유니타리 행렬 $\mathbf{U}$가 존재한다. 또, $\mathbf{A}$의 모든 고윳값이 $|\lambda| = 1$을 만족하므로 $\mathbf{D}^*\mathbf{D} = \mathrm{diag}(|\lambda_1|^2, \cdots, |\lambda_n|^2) = \mathbf{I}$이다. 따라서, $\mathbf{A}^*\mathbf{A} = \mathbf{U}^*\mathbf{D}^*\mathbf{DU} = \mathbf{U}^*\mathbf{U} = \mathbf{I}$가 되어 $\mathbf{A}$는 유니타리 행렬이다. □

예제 1.32 행렬 $\mathbf{A} \in \mathbb{R}^{n\times n}$가 대칭행렬이면, 고윳값 $\lambda_i\ (\lambda_1 \le \lambda_2 \le \cdots \le \lambda_n)$에 대응되는 고유벡터 $\boldsymbol{v}_i$를 $\mathbb{R}^n$의 정규직교기저로 잡을 때, 다음이 성립함을 보이시오.

$$\mathbf{A} = \lambda_1\boldsymbol{v}_1\boldsymbol{v}_1^{\mathrm{t}} + \cdots + \lambda_n\boldsymbol{v}_n\boldsymbol{v}_n^{\mathrm{t}} \tag{1.36}$$

또, $v_1, \cdots, v_n$ 중에서 $\mathbf{A}$의 고윳값 λ에 대응되는 모든 고유벡터가 $\boldsymbol{v}_k$ $(i \le k \le j)$라 할 때, λ의 고유공간 $\ker(\lambda\mathbf{I} - \mathbf{A})$ 위로의 정사영 행렬 $\mathbf{P}$는 다음과 같음을 보이시오.

$$\mathbf{P} = \sum_{k=i}^{j} \boldsymbol{v}_k \boldsymbol{v}_k^{\mathrm{t}} = [\boldsymbol{v}_i, \cdots, \boldsymbol{v}_j] \begin{bmatrix} \boldsymbol{v}_i^{\mathrm{t}} \\ \vdots \\ \boldsymbol{v}_j^{\mathrm{t}} \end{bmatrix}$$

풀이 $\mathbf{A}$가 대칭행렬이므로 $\mathbf{A} = \mathbf{V}\,\mathrm{diag}(\lambda_1, \cdots, \lambda_n)\mathbf{V}^{\mathrm{t}}$를 만족하는 직교행렬 $\mathbf{V}$가 존재한다. 따라서, $\mathbf{V} = [\boldsymbol{v}_1, \cdots, \boldsymbol{v}_n]$이라 할 때, 식 (1.5)에 의해

$$\mathbf{A} = [\lambda_1 \boldsymbol{v}_1, \cdots, \lambda_n \boldsymbol{v}_n] \begin{bmatrix} \boldsymbol{v}_1^{\mathrm{t}} \\ \vdots \\ \boldsymbol{v}_n^{\mathrm{t}} \end{bmatrix} = \lambda_1 \boldsymbol{v}_1 \boldsymbol{v}_1^{\mathrm{t}} + \cdots + \lambda_n \boldsymbol{v}_n \boldsymbol{v}_n^{\mathrm{t}}$$

가 성립한다.

$\mathbf{A}$의 고윳값 λ에 대응되는 고유공간은 $\mathcal{B} := \{\boldsymbol{v}_k | i \le k \le j\}$로 생성된다. 또, $\mathcal{B}$는 정규직교집합이므로 $\boldsymbol{v}_k^{\mathrm{t}} \boldsymbol{v}_\ell = \langle \boldsymbol{v}_\ell, \boldsymbol{v}_k \rangle = \delta_{k\ell}$이고, 이를 이용하면

$$\mathbf{P}^2 = \Big(\sum_{k=i}^{j} \boldsymbol{v}_k \boldsymbol{v}_k^{\mathrm{t}}\Big)\Big(\sum_{\ell=i}^{j} \boldsymbol{v}_\ell \boldsymbol{v}_\ell^{\mathrm{t}}\Big) = \sum_{k=i}^{j} \sum_{\ell=i}^{j} \boldsymbol{v}_k \big(\boldsymbol{v}_k^{\mathrm{t}} \boldsymbol{v}_\ell\big) \boldsymbol{v}_\ell^{\mathrm{t}} = \sum_{k=i}^{j} \sum_{\ell=i}^{j} \delta_{k\ell} \boldsymbol{v}_k \boldsymbol{v}_\ell^{\mathrm{t}} = \mathbf{P}$$

가 성립한다. 또, $\mathbf{P}^{\mathrm{t}} = \mathbf{P}$이고 상공간 $\mathcal{R}(\mathbf{P}) = \mathrm{span}(\mathcal{B})$이므로[43] 정리 1.32에 의해 $\mathbf{P}$는 고유공간 $\ker(\lambda\mathbf{I} - \mathbf{A})$ 위로의 정사영 행렬이 된다. □

예제 1.32의 식 (1.36)에서 대칭행렬 $\mathbf{A}$의 고유벡터 중 동일한 고윳값을 갖는 고유벡터를 모두 모으면 고유공간의 기저가 되고 예제에서 보인 것처럼 고유공간 위로의 정사영 행렬 $\mathbf{P}$를 구할 수 있다. 따라서, $i \ne j$일 때 $\mathbf{P}_i \mathbf{P}_j$가 영행렬이 되는 정사영 행렬 $\mathbf{P}_i$에 대해

$$\mathbf{A} = \lambda_1 \mathbf{P}_1 + \cdots + \lambda_k \mathbf{P}_k$$

와 같은 형태로 분해할 수 있는데, 이를 대칭행렬의 **스펙트럼 분해**(spectral decomposition)라고 한다.[44] 이로부터 대칭행렬 $\mathbf{A}$를 ℓ번 곱한 행렬은 $\mathbf{A}^\ell = \lambda_1^\ell \mathbf{P}_1 + \cdots + \lambda_k^\ell \mathbf{P}_k$가 되는 것도 쉽게 확인할 수 있다.[45]

[43] $\mathbf{P}\boldsymbol{x} = \sum_{k=i}^{j} \langle \boldsymbol{x}, \boldsymbol{v}_k \rangle \boldsymbol{v}_k \in \mathrm{span}(\mathcal{B})$이므로 $\mathcal{R}(\mathbf{P}) \subset \mathrm{span}(\mathcal{B})$이고, $\boldsymbol{v}_k = \mathbf{P}\boldsymbol{v}_k \in \mathcal{R}(\mathbf{P})$ $(i \le k \le j)$이다.

[44] 행렬의 스펙트럼 분해는 고유벡터를 구하지 않더라도 고윳값만 알면 라그랑주 보간 다항식을 이용하여 쉽게 구할 수 있는데, 관심있는 독자는 [3] 등의 참고도서를 읽어보길 권한다.

[45] 대칭행렬의 직교 대각화 $\mathbf{A} = \mathbf{V}\mathbf{D}\mathbf{V}^{\mathrm{t}}$에서 $\mathbf{A}^\ell = (\mathbf{V}\mathbf{D}\mathbf{V}^{\mathrm{t}}) \cdots (\mathbf{V}\mathbf{D}\mathbf{V}^{\mathrm{t}}) = \mathbf{V}\mathbf{D}^\ell\mathbf{V}^{\mathrm{t}}$와 본질적으로 같다.

대칭행렬 $\mathbf{A}$ 가 가역행렬이면 $\mathbf{A}$ 의 직교 대각화 $\mathbf{A} = \mathbf{V}\mathbf{D}\mathbf{V}^{\mathrm{t}}$ 에서

$$\mathbf{A}^{-1} = (\mathbf{V}\mathbf{D}\mathbf{V}^{\mathrm{t}})^{-1} = \mathbf{V}\mathbf{D}^{-1}\mathbf{V}^{\mathrm{t}}$$

이므로 $\boldsymbol{v}$ 가 $\mathbf{A}$ 의 고윳값 λ 에 대응되는 고유벡터라면, $\boldsymbol{v}$ 는 $\mathbf{A}^{-1}$ 의 고윳값 λ^{-1} 에 대응되는 고유벡터가 됨을 알 수 있다.

예제 1.33 아래 행렬 $\mathbf{A}$ 로 주어지는 선형사상을 $\boldsymbol{y} = \mathbf{A}\boldsymbol{x}$ 라 하자.

$$\mathbf{A} = \begin{bmatrix} 1 & -1 \\ 2 & 2 \end{bmatrix}$$

$\|\boldsymbol{x}\| = 1$ 을 만족하는 $\boldsymbol{x}$ 에 대해 $\boldsymbol{y} = [y_1, y_2]^{\mathrm{t}}$ 에 대응되는 점 (y_1, y_2) 는 어떤 타원 위의 점이 된다. 이 타원의 장축 방향과 단축 방향을 행렬 $\mathbf{A}$ 와 관련지어 설명하시오.

풀이 우선 $\det(\mathbf{A}) = 4$ 이므로 $\mathbf{A}$ 는 가역행렬이 되고, $\boldsymbol{x} = \mathbf{A}^{-1}\boldsymbol{y}$ 이다.

$$\begin{aligned} 1 = \|\boldsymbol{x}\|^2 &= \boldsymbol{x}^{\mathrm{t}}\boldsymbol{x} = \left(\mathbf{A}^{-1}\boldsymbol{y}\right)^{\mathrm{t}}\left(\mathbf{A}^{-1}\boldsymbol{y}\right) \\ &= \boldsymbol{y}^{\mathrm{t}}\left(\mathbf{A}^{-1}\right)^{\mathrm{t}}\mathbf{A}^{-1}\boldsymbol{y} = \boldsymbol{y}^{\mathrm{t}}\left(\mathbf{A}\mathbf{A}^{\mathrm{t}}\right)^{-1}\boldsymbol{y} = [y_1, y_2]\begin{bmatrix} 2 & 0 \\ 0 & 8 \end{bmatrix}^{-1}\begin{bmatrix} y_1 \\ y_2 \end{bmatrix} \end{aligned}$$

이므로, 단위원 위의 점 (x_1, x_2) 에 대응되는 점 (y_1, y_2) 는 단축이 y_1 축($\boldsymbol{e}_1$ 방향) 이고, 장축이 y_2 축($\boldsymbol{e}_2$ 방향) 인 다음 타원 위의 점이 된다.

$$\frac{y_1^2}{(\sqrt{2})^2} + \frac{y_2^2}{(\sqrt{8})^2} = 1$$

따라서 대칭행렬 $(\mathbf{A}\mathbf{A}^{\mathrm{t}})$ 의 고윳값의 제곱근 $\sqrt{2}, \sqrt{8}$ 이 각각 단축과 장축의 길이를 결정하고, 대응되는 고유벡터 $\boldsymbol{e}_1$, $\boldsymbol{e}_2$ 가 각각 단축과 단축의 방향을 결정함을 알 수 있다.[46] □

1.4.3 왼쪽 고유벡터와 오른쪽 고유벡터

지금까지 살펴본 고유벡터는 $\mathbf{A}\boldsymbol{v} = \lambda\boldsymbol{v}$ 와 같이 행렬의 오른쪽에 위치한다는 점에서 **오른쪽 고유벡터**라고 부른다.

[46] 독자의 이해를 돕기 위해 $\mathbf{A}\mathbf{A}^{\mathrm{t}}$ 가 대각행렬이 되는 예를 들었지만, 일반적으로 대칭행렬 $\mathbf{A}\mathbf{A}^{\mathrm{t}}$ 를 직교 대각화하여 얻는 고윳값과 고유벡터에 대해서도 동일한 결론을 얻는다.

$\mathbf{A}$의 고윳값 λ에 대해 $\mathbf{B} := \lambda\mathbf{I} - \mathbf{A}$라 하면, $\det(\mathbf{B}) = 0$이다. 이때, 행렬식의 성질에 의해 $\det(\mathbf{B}^*) = \overline{\det(\mathbf{B})}$이므로

$$\det(\mathbf{B}^*) = \det\big((\lambda\mathbf{I} - \mathbf{A})^*\big) = \det\big(\bar{\lambda}\mathbf{I} - \mathbf{A}^*\big) = 0$$

이 성립하고, $\bar{\lambda}$는 복소행렬 $\mathbf{A}^*$의 고윳값이 된다. 따라서 $\bar{\bar{\lambda}} = \lambda$이고 $(\mathbf{A}^*)^* = \mathbf{A}$임을 이용하면 다음 결과를 얻는다.

$$\lambda\text{가 복소행렬 } \mathbf{A}\text{의 고윳값} \iff \bar{\lambda}\text{가 복소행렬 } \mathbf{A}^*\text{의 고윳값}$$

따라서, $\boldsymbol{w}$가 $\mathbf{A}^*$의 고윳값 $\bar{\lambda}$에 대응되는 고유벡터라면, λ는 $\mathbf{A}$의 고윳값이고

$$\mathbf{A}^*\boldsymbol{w} = \bar{\lambda}\boldsymbol{w} \iff \boldsymbol{w}^*\mathbf{A} = \lambda\boldsymbol{w}^*$$

가 성립하는데, 이런 이유로 $\boldsymbol{w}^*$를 $\mathbf{A}$의 고윳값 λ에 대응되는 **왼쪽 고유벡터**라고 부른다.

오른쪽 고유벡터와 왼쪽 고유벡터에 대해 다음 중요한 성질이 성립한다.

예제 1.34 정사각행렬 $\mathbf{A}$의 서로 다른 고윳값 λ, μ에 대하여

- $\boldsymbol{v}$는 λ에 대응하는 오른쪽 고유벡터, 즉 $\mathbf{A}\boldsymbol{v} = \lambda\boldsymbol{v}$
- $\boldsymbol{w}^*$는 μ에 대응하는 왼쪽 고유벡터, 즉, $\boldsymbol{w}^*\mathbf{A} = \mu\boldsymbol{w}^*$

이면, 두 벡터 $\boldsymbol{v}$와 $\boldsymbol{w}$는 서로 수직임을 보이시오.

풀이 $(\mu\boldsymbol{w}^*)\boldsymbol{v} = (\boldsymbol{w}^*\mathbf{A})\boldsymbol{v} = \boldsymbol{w}^*(\lambda\boldsymbol{v})$가 성립하므로 $(\lambda - \mu)\boldsymbol{w}^*\boldsymbol{v} = 0$이다. $\lambda - \mu \neq 0$이므로 $\boldsymbol{w}^*\boldsymbol{v} = \langle\boldsymbol{v}, \boldsymbol{w}\rangle = 0$이 되어 두 벡터 $\boldsymbol{v}$와 $\boldsymbol{w}$는 수직이다. □

일반적으로 $\boldsymbol{v}$가 $\mathbf{A}$의 고윳값 λ에 대응하는 (오른쪽) 고유벡터라고 해서 $\boldsymbol{v}^*$가 λ에 대한 왼쪽 고유벡터가 되는 것은 아니지만, $\mathbf{A}$가 정규행렬이면 성립한다.

정리 1.43

$\mathbf{A}$가 정규행렬(특히, 에르미트, 유니타리, 실수 대칭행렬)일 때, 다음이 성립한다.

(1) $\mathbf{A}\boldsymbol{v} = \lambda\boldsymbol{v} \iff \boldsymbol{v}^*\mathbf{A} = \lambda\boldsymbol{v}^*$

(2) $\mathbf{A}$의 서로 다른 고윳값에 대응되는 고유벡터는 수직이다.

[증명] 정사각행렬 $\mathbf{A}$가 $\mathbf{A}\mathbf{A}^* = \mathbf{A}^*\mathbf{A}$를 만족하는 행렬이면 정리 1.42에 의해 $\mathbf{U}^*\mathbf{A}\mathbf{U} = \mathbf{D}$인 유니타리 행렬 $\mathbf{U}$와 대각행렬 $\mathbf{D} = \mathrm{diag}(\lambda_1, \cdots, \lambda_n)$이 존재하므로 $\mathbf{U}^*\mathbf{A} = \mathbf{D}\mathbf{U}^*$

와 $\mathbf{AU} = \mathbf{UD}$가 성립한다. 즉, $\mathbf{U}$의 i 번째 열벡터 $\boldsymbol{u}_i$는 고윳값 λ_i에 대응되는 $\mathbf{A}$의 오른쪽 고유벡터이고, $\boldsymbol{u}_i^*$는 동일한 고윳값 λ_i에 대응되는 $\mathbf{A}$의 왼쪽 고유벡터이다. 이때, 만약 $\boldsymbol{v}$가 λ_i에 대응되는 고유벡터라면, $\boldsymbol{u}_1, \cdots, \boldsymbol{u}_n$ 중 λ_i에 대응되는 모든 $\boldsymbol{u}_k$의 일차결합이 되므로, $\boldsymbol{v}^*$도 λ_i에 대응되는 $\mathbf{A}$의 왼쪽 고유벡터가 되어 (1)이 성립한다.

또, 성질 (1)이 성립하므로, 성질 (2)는 예제 1.34로부터 얻을 수 있다. □

1.4.4 양의 정부호 행렬과 양의 준정부호 행렬

에르미트 행렬 $\mathbf{A}$는 항상 실수인 고윳값을 가지므로 고윳값의 부호를 따질 수 있는데, 이를 이용하면 에르미트 행렬들 사이에 순서를 정할 수 있다.

정의 1.44

에르미트 행렬 $\mathbf{A}$의 모든 고윳값이 0 이상일 때, 행렬 $\mathbf{A}$를 **양의 준정부호 행렬**(positive semidefinite matrix)이라 부르고 $\mathbf{A} \succeq 0$으로 쓴다. 또, 모든 고윳값이 양수인 에르미트 행렬을 **양의 정부호 행렬**(positive definite matrix)이라 부르고 $\mathbf{A} \succ 0$으로 쓴다.

비슷하게 에르미트 행렬 $\mathbf{A}$의 모든 고윳값이 0 이하일 때 **음의 준정부호 행렬**, 모든 고윳값이 음수일 때 **음의 정부호 행렬**이라 하고, 각각 $\mathbf{A} \preceq 0$과 $\mathbf{A} \prec 0$으로 쓴다.

또, 양의 준정부호 행렬도 아니고 음의 준정부호 행렬도 아닌 행렬을 **부정부호 행렬**이라 부른다.

두 에르미트 행렬 $\mathbf{A}, \mathbf{B}$에 대해 $\mathbf{A} - \mathbf{B}$도 에르미트 행렬이 되므로 $\mathbf{A} - \mathbf{B} \succeq 0$일 때, $\mathbf{A} \succeq \mathbf{B}$ 또는 $\mathbf{B} \preceq \mathbf{A}$로 나타낸다. $\mathbf{A} \succ \mathbf{B}$도 같은 방법으로 정의한다.

다음 정리는 $\mathbf{A}$가 양의 (준)정부호 행렬이라는 것의 의미를 보여준다.

정리 1.45

$\mathbf{A}$가 에르미트 행렬일 때, 다음이 성립한다. (실수에서 생각하는 경우에는 대칭행렬에 대한 결과가 된다.)

- $\mathbf{A}$가 양의 정부호 행렬 $\Longleftrightarrow \langle \mathbf{A}\boldsymbol{x}, \boldsymbol{x} \rangle = \boldsymbol{x}^*\mathbf{A}\boldsymbol{x} > 0, \ \forall \boldsymbol{x} \neq \mathbf{0} \in \mathbb{C}^n$
- $\mathbf{A}$가 양의 준정부호 행렬 $\Longleftrightarrow \langle \mathbf{A}\boldsymbol{x}, \boldsymbol{x} \rangle = \boldsymbol{x}^*\mathbf{A}\boldsymbol{x} \geq 0, \ \forall \boldsymbol{x} \in \mathbb{C}^n$

[증명] $\mathbf{A}$ 가 에르미트 행렬이므로 정리 1.40에 의해 $\mathbf{A} = \mathbf{UDU}^*$ 와 같이 유니타리 대각화 가능하고 대각행렬 $\mathbf{D} = \mathrm{diag}(\lambda_1, \cdots, \lambda_n)$ 의 모든 성분은 실수이다. 또, $\mathbf{U}$ 의 열벡터 $\boldsymbol{u}_i$ $(1 \le i \le n)$ 를 $\mathbb{C}^n$ 의 정규직교기저로 잡으면, 임의의 벡터 $\boldsymbol{x}$ 를 $\boldsymbol{x} = \alpha_1\boldsymbol{u}_1 + \cdots + \alpha_n\boldsymbol{u}_n$ 로 쓸 수 있다. 이제 복소내적의 성질을 이용하면

$$\begin{aligned}\langle \mathbf{A}\boldsymbol{x}, \boldsymbol{x}\rangle = \left\langle \sum_{i=1}^n \alpha_i \mathbf{A}\boldsymbol{u}_i, \sum_{j=1}^n \alpha_j \boldsymbol{u}_j \right\rangle &= \sum_{i=1}^n\sum_{j=1}^n \alpha_i\overline{\alpha_j}\langle \mathbf{A}\boldsymbol{u}_i, \boldsymbol{u}_j\rangle \\ &= \sum_{i=1}^n\sum_{j=1}^n \alpha_i\overline{\alpha_j}\lambda_i\langle \boldsymbol{u}_i, \boldsymbol{u}_j\rangle = \sum_{i=1}^n |\alpha_i|^2\lambda_i \|\boldsymbol{u}_i\|^2\end{aligned}$$

가 성립한다. 따라서

$$\langle \mathbf{A}\boldsymbol{x}, \boldsymbol{x}\rangle \ge 0,\ \forall \boldsymbol{x} \iff \forall \lambda_i \ge 0$$

로부터 $\mathbf{A}$ 가 양의 준정부호 행렬이 될 필요충분조건을 구할 수 있다.

또, 위 식에서 $\boldsymbol{x} \ne 0$ 인 $\boldsymbol{x}$ 에 대해 $\langle \mathbf{A}\boldsymbol{x}, \boldsymbol{x}\rangle = 0$ 이 성립하는 경우는 적어도 한 고윳값이 $\lambda_k = 0$ 이고 $\boldsymbol{x} = \boldsymbol{u}_k$ 인 경우이므로, $\mathbf{A}$ 가 양의 정부호 행렬이 될 필요충분조건도 증명이 된다. □

예제 1.35 대칭행렬 $\mathbf{A} \in \mathbb{R}^{n\times n}$ 에 대하여 다음이 성립함을 보이시오.

$$\mathbf{A} \succeq 0 \iff \mathbf{A} = \mathbf{BB}^{\mathrm{t}} \text{ 인 행렬 } \mathbf{B} \in \mathbb{R}^{n\times n} \text{ 이 존재한다.}$$

풀이 $(\Longrightarrow)$ $\mathbf{A}$ 가 양의 준정부호 행렬이므로 직교 대각화 $\mathbf{A} = \mathbf{VDV}^{\mathrm{t}}$ 에서 대각행렬 $\mathbf{D} = \mathrm{diag}(\lambda_1, \cdots, \lambda_n)$ 의 고윳값이 모두 0 이상이다. 따라서 행렬 $\mathbf{D}^{1/2}$ 을

$$\mathbf{D}^{1/2} := \mathrm{diag}(\sqrt{\lambda_1}, \cdots, \sqrt{\lambda_n})$$

으로 정의하면 $\mathbf{D} = \mathbf{D}^{1/2}\mathbf{D}^{1/2}$ 이고 $\mathbf{A} = (\mathbf{VD}^{1/2})(\mathbf{VD}^{1/2})^{\mathrm{t}}$ 로 쓸 수 있다. 따라서 $\mathbf{B} = \mathbf{VD}^{1/2}$ 로 잡으면 증명이 끝난다.[47]

$(\Longleftarrow)$ $\mathbf{A} = \mathbf{BB}^{\mathrm{t}}$ 이면

$$\langle \mathbf{A}\boldsymbol{x}, \boldsymbol{x}\rangle = \boldsymbol{x}^{\mathrm{t}}\mathbf{A}\boldsymbol{x} = \boldsymbol{x}^{\mathrm{t}}\mathbf{BB}^{\mathrm{t}}\boldsymbol{x} = \langle \mathbf{B}^{\mathrm{t}}\boldsymbol{x}, \mathbf{B}^{\mathrm{t}}\boldsymbol{x}\rangle = \|\mathbf{B}^{\mathrm{t}}\boldsymbol{x}\| \ge 0,\ \forall \boldsymbol{x}$$

가 성립하므로 $\mathbf{A}$ 는 양의 준정부호 행렬이다. □

[47] 실제로는 $\mathbf{B} = \mathbf{VD}^{1/2}\mathbf{V}^{\mathrm{t}}$ 로 잡으면 $\mathbf{A} = \mathbf{BB}$ 인 대칭행렬 $\mathbf{B}$ 를 잡을수도 있다.

증명 과정의 주석에서 설명했듯이, 위 예제에서 행렬 $\mathbf{B}$는 $\mathbf{A} = \mathbf{B}^2$을 만족하는 대칭행렬로 잡을 수도 있다.

두 행렬의 곱 $\mathbf{AB}$를 $\mathbf{A}$의 열벡터와 $\mathbf{B}$의 행벡터의 곱으로 얻어지는 계수가 1인 행렬들의 합으로 이해하는 식 (1.5)의 마지막 등식을 이용하면, 예제 1.35는 행렬 $\mathbf{A} \in \mathbb{R}^{n\times n}$가 양의 준정부호 행렬이 될 필요충분조건이 다음 식을 만족하는 $k\,(k \leq n)$개의 벡터 $\boldsymbol{b} \in \mathbb{R}^n$이 존재하는 것과 동치임을 의미한다.[48]

$$\mathbf{A} = \sum_{i=1}^{k} \boldsymbol{b}_i \boldsymbol{b}_i^{\mathrm{t}} \tag{1.37}$$

다변수 함수의 극대, 극소를 판단하는 경우처럼[49], 어떤 대칭행렬이 양의 정부호인지 음의 정부호인지를 판단하는 것이 중요한 경우가 있다. 지금까지 살펴본 방법은 주어진 행렬 $\mathbf{A}$의 모든 고윳값을 구하거나, 모든 벡터 $\boldsymbol{x}$에 대해 $\boldsymbol{x}^*\mathbf{A}\boldsymbol{x} > 0$인지 확인하는 것인데, 지금부터 좀 더 간단한 방법에 대해 알아보자.

우선, $n \times n$ 행렬 $\mathbf{A}$의 처음 k개의 행과 열로 이루어진 $k \times k$ 부분행렬을 **선행 주요 소행렬**(leading principal minor matrix)이라 하고, $\mathbf{A}_k$로 나타내자. 즉, $\mathbf{A}_k$는 (i, j) 성분이

$$[\mathbf{A}_k]_{ij} = \mathbf{A}_{ij} \ (1 \leq i,\, j \leq k)$$

인 $k \times k$ 행렬을 의미한다.

이때, 에르미트 행렬 $\mathbf{A}$가 양의 정부호이면, $\mathbf{A}$의 선행 주요 소행렬 $\mathbf{A}_k$ $(1 \leq k \leq n)$과 임의의 벡터 $\boldsymbol{z}_k \in \mathbb{C}^k$에 대해

$$0 \leq [\boldsymbol{z}_k^* \ \mathbf{0}^*]\mathbf{A}\begin{bmatrix}\boldsymbol{z}_k\\ \mathbf{0}\end{bmatrix} = [\boldsymbol{z}_k^* \ \mathbf{0}^*]\left[\begin{array}{c|c}\mathbf{A}_k & *\\ \hline * & *\end{array}\right]\begin{bmatrix}\boldsymbol{z}_k\\ \mathbf{0}\end{bmatrix} = \boldsymbol{z}_k^*\mathbf{A}_k\boldsymbol{z}_k$$

가 성립하므로, 모든 선행 주요 소행렬 $\mathbf{A}_k$ $(1 \leq k \leq n)$도 양의 정부호 행렬이 됨을 알 수 있다. 또, 양의 정부호 행렬 $\mathbf{A}_k$의 고윳값은 모두 양수이므로 예제 1.30에 의해 $\det(\mathbf{A}_k) > 0$이 성립한다.

결론적으로 에르미트 행렬 $\mathbf{A}$가 양의 정부호이면 모든 선행 주요 소행렬 $\mathbf{A}_k$ $(1 \leq k \leq n)$에 대해 $\det(\mathbf{A}_k) > 0$이 성립하는데, 실제로는 다음 **실베스터 판정법**처럼 역도 성립한다.[50]

---

[48] 벡터 $\boldsymbol{b}_i$는 행렬 $\mathbf{B}$의 영벡터가 아닌 열벡터에 대응된다. 즉, 식 (1.32)에서 모든 고윳값이 0 이상인 경우에 해당한다.

[49] 2.1.4절에서 살펴볼 내용이다.

[50] 우드버리 등식과 관련된 식 (1.51)을 이용하지 않는 또 다른 증명은 참고도서 [3]를 확인하기 바란다.

양의 정부호, 음의 정부호행렬이 되기 위한 필요충분조건: 실베스터 판정법

$n \times n$ 에르미트 행렬 $\mathbf{A}$ 가 양의 정부호가 될 필요충분조건은 모든 선행 주요 소행렬 $\mathbf{A}_k$ 에 대해 다음 조건이 성립하는 것이다.

$$\det(\mathbf{A}_k) > 0 \quad (k = 1, 2, \cdots, n) \tag{1.38}$$

또, $\mathbf{A}$ 가 음의 정부호 행렬이 될 필요충분조건은 모든 선행 주요 소행렬 $\mathbf{A}_k$ 에 대해

$$(-1)^k \det(\mathbf{A}_k) > 0 \quad (k = 1, 2, \cdots, n) \tag{1.39}$$

이 성립하는 것이다.

[증명] 행렬 $\mathbf{A}$ 의 선행 주요 소행렬에 대해 식 (1.38)이 성립하면 $\mathbf{A}$ 가 양의 정부호가 됨을 귀납법으로 증명하자. 우선, 모든 $k = 1, \cdots, n-1$ 에 대해 선형 주요 소행렬 $\mathbf{A}_{k+1}$ 을 $\mathbf{A}_k$ 를 이용하여 블록행렬로 쓰면

$$\mathbf{A}_{k+1} = \begin{bmatrix} \mathbf{A}_k & \boldsymbol{v} \\ \boldsymbol{v}^* & d \end{bmatrix}$$

이고, $\det(\mathbf{A}_k) > 0$ 이므로 $\mathbf{A}_k$ 는 가역행렬이다. 따라서 다음 절에서 설명할 식 (1.51)을 이용하면 1×1 행렬 $d - \boldsymbol{v}^*\mathbf{A}_k^{-1}\boldsymbol{v}$ 와 $k \times k$ 행렬 $\mathbf{A}_k$ 에 대해

$$\det(\mathbf{A}_{k+1}) = \det\bigl(d - \boldsymbol{v}^*\mathbf{A}_k^{-1}\boldsymbol{v}\bigr)\det(\mathbf{A}_k) = \bigl(d - \boldsymbol{v}^*\mathbf{A}_k^{-1}\boldsymbol{v}\bigr)\det(\mathbf{A}_k)$$

가 되고, 조건 $\det(\mathbf{A}_{k+1}) > 0$, $\det(\mathbf{A}_k) > 0$ 으로부터

$$\det\bigl(d - \boldsymbol{v}^*\mathbf{A}_k^{-1}\boldsymbol{v}\bigr) = d - \boldsymbol{v}^*\mathbf{A}_k^{-1}\boldsymbol{v} > 0 \tag{1.40}$$

이 성립함을 알 수 있다. 이제 임의의 벡터 $\widetilde{\boldsymbol{x}} \in \mathbb{C}^k$ 에 대해 $\boldsymbol{x} = [\widetilde{\boldsymbol{x}}^{\mathrm{t}}, z]^{\mathrm{t}}$ 라 하면,

$$\boldsymbol{x}^*\mathbf{A}_{k+1}\boldsymbol{x} = [\widetilde{\boldsymbol{x}}^* \ \ \bar{z}] \begin{bmatrix} \mathbf{A}_k & \boldsymbol{v} \\ \boldsymbol{v}^* & d \end{bmatrix} \begin{bmatrix} \widetilde{\boldsymbol{x}} \\ z \end{bmatrix} = \widetilde{\boldsymbol{x}}^*\mathbf{A}_k\widetilde{\boldsymbol{x}} + z\widetilde{\boldsymbol{x}}^*\boldsymbol{v} + \bar{z}\boldsymbol{v}^*\widetilde{\boldsymbol{x}} + d|z|^2$$

이고, 위 식의 우변을 변형하면 다음이 성립한다.

$$\begin{aligned} \boldsymbol{x}^*\mathbf{A}_{k+1}\boldsymbol{x} &= \widetilde{\boldsymbol{x}}^*\mathbf{A}_k\widetilde{\boldsymbol{x}} + z\widetilde{\boldsymbol{x}}^*\boldsymbol{v} + \bar{z}\boldsymbol{v}^*\widetilde{\boldsymbol{x}} + d|z|^2 \\ &= \widetilde{\boldsymbol{x}}^*\mathbf{A}_k\widetilde{\boldsymbol{x}} + z\widetilde{\boldsymbol{x}}^*\mathbf{A}_k\mathbf{A}_k^{-1}\boldsymbol{v} + \bar{z}\boldsymbol{v}^*\mathbf{A}_k^{-1}\mathbf{A}_k\widetilde{\boldsymbol{x}} + d|z|^2 \\ &= \bigl(\widetilde{\boldsymbol{x}}^* + \bar{z}\boldsymbol{v}^*\mathbf{A}_k^{-1}\bigr)\mathbf{A}_k\bigl(\widetilde{\boldsymbol{x}} + z\mathbf{A}_k^{-1}\boldsymbol{v}\bigr) - |z|^2\boldsymbol{v}^*\mathbf{A}_k^{-1}\boldsymbol{v} + d|z|^2 \\ &= \bigl(\widetilde{\boldsymbol{x}}^* + \bar{z}\boldsymbol{v}^*\mathbf{A}_k^{-1}\bigr)\mathbf{A}_k\bigl(\widetilde{\boldsymbol{x}} + z\mathbf{A}_k^{-1}\boldsymbol{v}\bigr) + |z|^2\bigl(d - \boldsymbol{v}^*\mathbf{A}_k^{-1}\boldsymbol{v}\bigr) \end{aligned} \tag{1.41}$$

수학적 귀납법으로 증명하기 위해 $\det(\mathbf{A}_2) = a_{11}a_{22} - |a_{12}|^2 > 0$ 이고 $\det(\mathbf{A}_1) = a_{11} > 0$ 이면 $\mathbf{A}_2$ 가 양의 정부호 행렬이 됨을 확인하자. 식 (1.41)을 적용하면

$$\boldsymbol{x}^*\mathbf{A}_2\boldsymbol{x} = a_{11}\left|\widetilde{x} + \frac{z}{a_{11}}a_{12}\right|^2 + \frac{|z|^2}{a_{11}}(a_{11}a_{22} - |a_{12}|^2) > 0$$

이므로 $\mathbf{A}_2$ 는 양의 정부호 행렬이 된다.

또, $\mathbf{A}_k$ 가 양의 정부호 행렬이면 식 (1.41)의 마지막 식에서 첫 번째 항이 양수가 되고, 식 (1.40)에 의해 두 번째 항도 양수가 되므로 $\mathbf{A}_{k+1}$ 도 양의 정부호 행렬이 된다. 따라서 수학적 귀납법에 의해 식 (1.38)이 성립하면 $\mathbf{A}$ 는 양의 정부호가 행렬이 된다.

한편, $\det(-\mathbf{A}_k) = (-1)^k \det(\mathbf{A}_k)$ 이므로, $\mathbf{A}$ 가 음의 정부호인 것은 $-\mathbf{A}$ 가 양의 정부호인 것과 동치이고, 식 (1.39)가 성립하는 것과도 동치이다. □

1.5 여러 가지 행렬 분해

선형 대수학을 공부할 때 여러 증명을 좀 더 간결하게 하거나, 수치 계산의 불안정성을 피하면서 좀 더 빠른 계산을 할 때 행렬 분해가 많이 이용된다. 이 절에서는 가장 기본이 되는 (P)LU 분해, QR 분해, SVD 분해, 숄레스키 분해에 대해 공부하고, 다변량 정규분포의 조건부 분포, 주변분포 등을 공부할 때 유용하게 활용할 수 있는 우드버리 등식에 대해 살펴본다.

1.5.1 (P)LU 분해

모든 가역행렬 $\mathbf{A}$ 는 적당한 치환행렬 $\mathbf{P}$, 하삼각행렬 $\mathbf{L}$, 상삼각행렬 $\mathbf{U}$ 을 이용하여

$$\mathbf{A} = \mathbf{PLU} \tag{1.42}$$

과 같이 분해할 수 있는데, 이를 행렬의 **PLU 분해**(PLU decomposition)이라고 부른다.[51] 행렬식을 공부할 때 설명했듯이 치환행렬은 각 행과 각 열에 1이 한 번만 나오는 행렬로, $\mathbf{PA}$ 는 행렬 $\mathbf{A}$ 의 행을 재배열한 행렬이 되고 $\mathbf{AP}$ 는 $\mathbf{A}$ 의 열을 배열한 행렬이 된다. 치환행렬은 직교행렬이 되므로 식 (1.42)는 $\mathbf{P}^t\mathbf{A} = \mathbf{LU}$ 가 된다. 많은 경우에 $\mathbf{P} = \mathbf{I}$ 가 되는데, 이때 식 (1.42)를 **LU 분해**라고 한다.

[51] 행렬의 PLU 분해는 유일하지 않다.

[가역행렬의 PLU 분해를 구하는 알고리즘]

n차 가역행렬 $\mathbf{A}$의 PLU분해는 $\mathbf{A}_0 := \mathbf{A}$로부터 시작하여 귀납적으로 구할 수 있다.

(단계1) 행렬 $\mathbf{A}_0$의 1열에서 절댓값이 가장 큰 성분[52] a_{k1}이 $(1,1)$ 성분이 되도록 1행과 k행을 맞바꾸는 치환행렬 $\widetilde{\mathbf{P}}_0$를 곱한다.

$$\widetilde{\mathbf{P}}_0\mathbf{A}_0 := \begin{bmatrix} \alpha_1 & \boldsymbol{b}_1^{\mathrm{t}} \\ \boldsymbol{c}_1 & \mathbf{E}_1 \end{bmatrix}$$

(단계2) 행렬 $\widetilde{\mathbf{P}}_0\mathbf{A}_0$의 2행부터 n행까지로 이루어진 $(n-1)\times n$ 행렬에 $(n-1)\times n$ 행렬

$$-\boldsymbol{c}_1\left[1, \frac{1}{\alpha_1}\boldsymbol{b}_1^{\mathrm{t}}\right]$$

를 더하여 다음 행렬을 얻는다.

$$\begin{bmatrix} \alpha_1 & \boldsymbol{b}_1^{\mathrm{t}} \\ \mathbf{0} & \mathbf{E}_1 - \dfrac{1}{\alpha_1}\boldsymbol{c}_1\boldsymbol{b}_1^{\mathrm{t}} \end{bmatrix} =: \begin{bmatrix} \alpha_1 & \boldsymbol{b}_1^{\mathrm{t}} \\ \mathbf{0} & \mathbf{A}_1 \end{bmatrix}$$

(이 과정은 1행에 적당한 상수를 곱한 것을 i행에 더해서 $(i,1)$ 성분을 0으로 만드는 기본연산을 $i = 2, \cdots, n$에 대해 한꺼번에 하는 것과 동일하다.)

(단계3) n차 가역행렬 $\mathbf{A}_0$에 대해 (단계1), (단계2)에서 했던 것과 동일한 과정을 $(n-1)$차 가역행렬 $\mathbf{A}_1$에 적용하여 $(n-2)$차 $\mathbf{A}_2$를 얻고, 이를 반복하여 1차 가역행렬 $\mathbf{A}_{n-1}$을 구할 때까지 반복한다.[53]

(즉, 반복하는 과정에서 $\mathbf{A}_k$로부터

$$\widetilde{\mathbf{P}}_k\mathbf{A}_k = \begin{bmatrix} \alpha_{k+1} & \boldsymbol{b}_{k+1}^{\mathrm{t}} \\ \boldsymbol{c}_{k+1} & \mathbf{E}_{k+1} \end{bmatrix}, \quad \mathbf{A}_{k+1} = \mathbf{E}_{k+1} - \frac{1}{\alpha_{k+1}}\boldsymbol{c}_{k+1}\boldsymbol{b}_{k+1}^{\mathrm{t}} \tag{1.43}$$

을 만족하는 $\alpha_{k+1}, \boldsymbol{b}_{k+1}, \boldsymbol{c}_{k+1}, \mathbf{E}_{k+1}, \mathbf{A}_{k+1}$이 각각 결정된다.)

(단계4) (단계3)에서 얻은 $\mathbf{A}_0, \mathbf{A}_1, \cdots, \mathbf{A}_{n-1}$과 $\widetilde{\mathbf{P}}_0, \widetilde{\mathbf{P}}_1, \cdots, \widetilde{\mathbf{P}}_{n-2}$에 대해 $\mathbf{A}_k$의 PLU 분해가 $\mathbf{A}_k = \mathbf{P}_k\mathbf{L}_k\mathbf{U}_k$라면, $\mathbf{A}_{k-1}$의 PLU 분해는 다음과 같다.

$$\mathbf{A}_{k-1} = \underbrace{\widetilde{\mathbf{P}}_{k-1}^{\mathrm{t}}\begin{bmatrix} 1 & \mathbf{0}^{\mathrm{t}} \\ \mathbf{0} & \mathbf{P}_k \end{bmatrix}}_{\mathbf{P}_{k-1}} \underbrace{\begin{bmatrix} 1 & \mathbf{0}^{\mathrm{t}} \\ \dfrac{1}{\alpha_k}\mathbf{P}_k^{\mathrm{t}}\boldsymbol{c}_k & \mathbf{L}_k \end{bmatrix}}_{\mathbf{L}_{k-1}} \underbrace{\begin{bmatrix} \alpha_k & \boldsymbol{b}_k^{\mathrm{t}} \\ \mathbf{0} & \mathbf{U}_k \end{bmatrix}}_{\mathbf{U}_{k-1}} \tag{1.44}$$

---

[52] (단계2)에서 이 값을 이용하여 나눗셈을 하게 되는데, 컴퓨터로 계산할 때 수치 계산 상의 불안전성을 피하기 위해 절댓값이 큰 값을 선택하는 것이다.

[53] 행렬식의 성질 (2),(8)과 (11)에 의해 (단계2)에서 얻은 행렬의 행렬식은 $-\det(\mathbf{A}_0) = \alpha_1 \det(\mathbf{A}_1)$이 성립하므로 $\mathbf{A}_1$이 가역행렬임을 알 수 있다.

한편, $k = n-1$ 일 때, $\mathbf{P}_k = 1, \mathbf{L}_k = 1, \mathbf{U}_k = \mathbf{A}_k$ 로 두면 $\mathbf{P}_k\mathbf{L}_k\mathbf{U}_k$ 는 $\mathbf{A}_k$ 의 PLU 분해이므로 식 (1.44)를 이용하여 귀납적으로 계산을 반복하면 $\mathbf{A}_0$ 에 대한 PLU 분해를 구할 수 있다.

(독자의 편의를 위해 식 (1.44)의 우변을 계산하면

$$\widetilde{\mathbf{P}}_{k-1}^{\mathrm{t}} \begin{bmatrix} 1 & \mathbf{0}^{\mathrm{t}} \\ \mathbf{0} & \mathbf{P}_k \end{bmatrix} \begin{bmatrix} \alpha_k & \boldsymbol{b}_k^{\mathrm{t}} \\ \mathbf{P}_k^{\mathrm{t}}\boldsymbol{c}_k & \dfrac{1}{\alpha_k}\mathbf{P}_k^{\mathrm{t}}\boldsymbol{c}_k\boldsymbol{b}_k^{\mathrm{t}} + \mathbf{L}_k\mathbf{U}_k \end{bmatrix}$$
$$= \widetilde{\mathbf{P}}_{k-1}^{\mathrm{t}} \begin{bmatrix} \alpha_k & \boldsymbol{b}_k^{\mathrm{t}} \\ \boldsymbol{c}_k & \dfrac{1}{\alpha_k}\boldsymbol{c}_k\boldsymbol{b}_k^{\mathrm{t}} + \mathbf{P}_k\mathbf{L}_k\mathbf{U}_k \end{bmatrix} = \widetilde{\mathbf{P}}_{k-1}^{\mathrm{t}} \begin{bmatrix} \alpha_k & \boldsymbol{b}_k^{\mathrm{t}} \\ \boldsymbol{c}_k & \dfrac{1}{\alpha_k}\boldsymbol{c}_k\boldsymbol{b}_k^{\mathrm{t}} + \mathbf{A}_k \end{bmatrix} = \mathbf{A}_{k-1}$$

이다. 이때, 마지막 등식은 $\widetilde{\mathbf{P}}_{k-1}\widetilde{\mathbf{P}}_{k-1}^{\mathrm{t}} = \mathbf{I}$ 이므로 식 (1.43)에 의해 성립한다.)

앞에서 설명한 PLU 분해를 구하는 알고리즘을 간단한 예를 통해 확인해보자.

예제 1.36 다음 행렬 $\mathbf{A}$ 의 PLU 분해를 구하시오.

$$\mathbf{A} = \begin{bmatrix} 0 & -1 & 7 \\ 3 & 2 & 0 \\ 1 & 1 & 1 \end{bmatrix}$$

풀이 $\mathbf{A}_0 = \mathbf{A}$ 에서 시작하여 (단계1), (단계2)를 반복하여 $\mathbf{A}_2$ 까지 구하면,

$$\begin{bmatrix} 0 & -1 & 7 \\ 3 & 2 & 0 \\ 1 & 1 & 1 \end{bmatrix} : \quad \widetilde{\mathbf{P}}_0 = \begin{bmatrix} 0 & 1 & 0 \\ 1 & 0 & 0 \\ 0 & 0 & 1 \end{bmatrix}, \ \mathbf{A}_0 = \begin{bmatrix} 0 & -1 & 7 \\ 3 & 2 & 0 \\ 1 & 1 & 1 \end{bmatrix}$$
$$\xrightarrow{\mathbf{A}_0:(\text{단계1})} \begin{bmatrix} 3 & 2 & 0 \\ 0 & -1 & 7 \\ 1 & 1 & 1 \end{bmatrix} : \quad \alpha_1 = 3, \ \boldsymbol{c}_1 = \begin{bmatrix} 0 \\ 1 \end{bmatrix}$$
$$\xrightarrow{\mathbf{A}_0:(\text{단계2})} \begin{bmatrix} 3 & 2 & 0 \\ 0 & -1 & 7 \\ 0 & 1/3 & 1 \end{bmatrix} : \quad \widetilde{\mathbf{P}}_1 = \begin{bmatrix} 1 & 0 \\ 0 & 1 \end{bmatrix}, \ \alpha_2 = -1, \ \boldsymbol{c}_2 = 1/3, \ \mathbf{A}_1 = \begin{bmatrix} -1 & 7 \\ 1/3 & 1 \end{bmatrix}$$
$$\xrightarrow{\mathbf{A}_1:(\text{단계2})} \begin{bmatrix} 3 & 2 & 0 \\ 0 & -1 & 7 \\ 0 & 0 & 10/3 \end{bmatrix} : \quad \mathbf{A}_2 = 10/3$$

이 되고, 최종적으로 얻은 행렬이 $\mathbf{U}_0$ 이다.

이제 식 (1.44)를 이용하여 $\mathbf{A}_0$ 의 PLU 분해를 구할 수 있다. 우선 $\mathbf{P}_2 = 1, \mathbf{L}_2 = 1,$

$\mathbf{U}_2 = 10/3$ 이므로 위 계산의 결과를 이용하면

$$\mathbf{P}_1 = \begin{bmatrix} 1 & 0 \\ 0 & 1 \end{bmatrix}, \ \mathbf{L}_1 = \begin{bmatrix} 1 & 0 \\ -1/3 & 1 \end{bmatrix}, \ \mathbf{P}_0 = \begin{bmatrix} 0 & 1 & 0 \\ 1 & 0 & 0 \\ 0 & 0 & 1 \end{bmatrix}, \ \mathbf{L}_0 = \begin{bmatrix} 1 & 0 & 0 \\ 0 & 1 & 0 \\ 1/3 & -1/3 & 1 \end{bmatrix}$$

이다. 따라서, $\mathbf{A}$ 의 PLU분해 $\mathbf{P}_0\mathbf{L}_0\mathbf{U}_0$ 을 얻는다. □

하삼각행렬 $\mathbf{L}$ 에 대해 $\mathbf{L}\boldsymbol{x} = \boldsymbol{v}$ 를 만족하는 $\boldsymbol{x} = [x_1, \cdots, x_n]^{\mathrm{t}}$ 를 구할 때는, 두 행렬을 1 행부터 차례로 비교하여 1 행의 비교에서 구한 x_1 을 2 행을 비교할 때 대입하여 x_2 를 구하는 방식으로, 순차적으로 해를 구하는 것이 가능하다. 상삼각행렬로 주어지는 방정식의 경우에도 n 행에서 x_n 을 구한 후, 1 행까지 거슬러 올라가면 순차적으로 대입하면 변수가 1 개인 일차방정식을 푸는 것으로 해결할 수 있다. 따라서, 크기가 큰 가역행렬 $\mathbf{A}$ 가 고정된 상황에서 서로 다른 $\boldsymbol{b}$ 에 대해 $\mathbf{A}\boldsymbol{x} = \boldsymbol{b}$ 형태의 일차 선형 연립방정식을 풀 때는, 행렬의 PLU 분해를 이용하는 것이 효율적이다.

[행렬의 PLU 분해를 이용하여 일차 선형 연립방정식의 해 구하기]

$\mathbf{A} = \mathbf{PLU}$ 일 때, 다음과 같이 삼각행렬로 주어지는 두 개의 방정식을 차례로 풀면 $\mathbf{A}\boldsymbol{x} = \boldsymbol{b}$ 의 해를 구할 수 있다.

(단계1) 하삼각행렬 $\mathbf{L}$ 에 대해, $\mathbf{L}\boldsymbol{y} = \mathbf{P}^{\mathrm{t}}\boldsymbol{b}$ 를 만족하는 $\boldsymbol{y}$ 를 구한다.

(단계2) 상삼각행렬 $\mathbf{U}$ 에 대해, $\mathbf{U}\boldsymbol{x} = \boldsymbol{y}$ 를 만족하는 $\boldsymbol{x}$ 를 구한다.

예제 1.37 다음 식을 만족하는 $\boldsymbol{x} = [x_1, x_2, x_3]^{\mathrm{t}}$ 를 구하시오.

$$\begin{bmatrix} 0 & -1 & 7 \\ 3 & 2 & 0 \\ 1 & 1 & 1 \end{bmatrix} \boldsymbol{x} = \begin{bmatrix} 1 \\ 2 \\ 3 \end{bmatrix}$$

풀이 예제 1.36에서 구한 행렬의 PLU분해를 이용하여 $\mathbf{L}\boldsymbol{y} = \mathbf{P}^{\mathrm{t}}[1, 2, 3]^{\mathrm{t}}$ 를 풀면

$$\begin{bmatrix} 1 & 0 & 0 \\ 0 & 1 & 0 \\ 1/3 & -1/3 & 1 \end{bmatrix} \begin{bmatrix} y_1 \\ y_2 \\ y_3 \end{bmatrix} = \begin{bmatrix} 2 \\ 1 \\ 3 \end{bmatrix}$$

에서 $y_1 = 2, y_2 = 1, y_3 = 3 - (1/3)y_1 - (1/3)y_2 = 3 - 2/3 + 1/3 = 8/3$ 이다.

이제 이 값을 이용하여 상삼각행렬에 대한 방정식을 풀자.

다음 방정식에서 x_3 부터 x_2, x_1 순으로 앞선 계산 결과를 대입하면서 풀면

$$\begin{bmatrix} 3 & 2 & 0 \\ 0 & -1 & 7 \\ 0 & 0 & 10/3 \end{bmatrix} \begin{bmatrix} x_1 \\ x_2 \\ x_3 \end{bmatrix} = \begin{bmatrix} 2 \\ 1 \\ 8/3 \end{bmatrix}$$

$x_3 = 4/5, x_2 = 28/5 - 1 = 23/5, x_1 = (2 - 46/5)/3 = -12/5$ 이다. 따라서 $\boldsymbol{x} = 1/5[-12, 23, 4]^{\mathrm{t}}$ 이다. □

1.5.2 우드버리 등식과 셔먼-모리슨 공식

행렬에 대한 (P)LU 분해는 블록 행렬에 대해서도 유사하게 적용할 수 있다.[54] 우선 $a \neq 0$ 인 일반적인 2×2 행렬에 대해 아래 식

$$\begin{bmatrix} a & b \\ c & d \end{bmatrix} = \begin{bmatrix} a & 0 \\ c & d - bc/a \end{bmatrix} \begin{bmatrix} 1 & b/a \\ 0 & 1 \end{bmatrix}$$

과 같이 LU분해를 할 수 있다. 이 형태를 행렬 $\mathbf{A} \in \mathbb{R}^{n\times n}, \mathbf{B} \in \mathbb{R}^{n\times k}, \mathbf{C} \in \mathbb{R}^{k\times n}, \mathbf{D} \in \mathbb{R}^{k\times k}$ 로 이루어진 블록 행렬에 단순히 적용하면[55], 가역행렬 $\mathbf{A}$ 에 대해 다음 식이 성립함을 확인할 수 있다.

$$\Sigma := \begin{bmatrix} \mathbf{A} & \mathbf{B} \\ \mathbf{C} & \mathbf{D} \end{bmatrix} = \begin{bmatrix} \mathbf{A} & \mathbf{O}_{n\times k} \\ \mathbf{C} & \mathbf{D} - \mathbf{CA}^{-1}\mathbf{B} \end{bmatrix} \begin{bmatrix} \mathbf{I}_n & \mathbf{A}^{-1}\mathbf{B} \\ \mathbf{O}_{k\times n} & \mathbf{I}_k \end{bmatrix} \tag{1.45}$$

위 식 우변의 첫 번째 행렬을 좀 더 분해하면

$$\Sigma = \begin{bmatrix} \mathbf{I}_n & \mathbf{O}_{n\times k} \\ \mathbf{CA}^{-1} & \mathbf{I}_k \end{bmatrix} \begin{bmatrix} \mathbf{A} & \mathbf{O}_{n\times k} \\ \mathbf{O}_{k\times n} & \mathbf{D} - \mathbf{CA}^{-1}\mathbf{B} \end{bmatrix} \begin{bmatrix} \mathbf{I}_n & \mathbf{A}^{-1}\mathbf{B} \\ \mathbf{O}_{k\times n} & \mathbf{I}_k \end{bmatrix} \tag{1.46}$$

로 쓸 수 있으므로, $\mathbf{A}$ 가 가역일 때 Σ 가 가역행렬이 되는 것은 예제 1.16에 의해 $\mathbf{D} - \mathbf{CA}^{-1}\mathbf{B}$ 가 가역행렬이 되는 것이고, 예제 1.17에 의해 다음과 같이 역행렬을 구할 수 있다.

$$\begin{aligned} \Sigma^{-1} &= \begin{bmatrix} \mathbf{I}_n & \mathbf{A}^{-1}\mathbf{B} \\ \mathbf{O}_{k\times n} & \mathbf{I}_k \end{bmatrix}^{-1} \begin{bmatrix} \mathbf{A} & \mathbf{O}_{n\times k} \\ \mathbf{O}_{k\times n} & \mathbf{D} - \mathbf{CA}^{-1}\mathbf{B} \end{bmatrix}^{-1} \begin{bmatrix} \mathbf{I}_n & \mathbf{O}_{n\times k} \\ \mathbf{CA}^{-1} & \mathbf{I}_k \end{bmatrix}^{-1} \\ &= \begin{bmatrix} \mathbf{I}_n & -\mathbf{A}^{-1}\mathbf{B} \\ \mathbf{O}_{k\times n} & \mathbf{I}_k \end{bmatrix} \begin{bmatrix} \mathbf{A}^{-1} & \mathbf{O}_{n\times k} \\ \mathbf{O}_{k\times n} & (\mathbf{D} - \mathbf{CA}^{-1}\mathbf{B})^{-1} \end{bmatrix} \begin{bmatrix} \mathbf{I}_n & \mathbf{O}_{n\times k} \\ -\mathbf{CA}^{-1} & \mathbf{I}_k \end{bmatrix} \end{aligned} \tag{1.47}$$

[54] 블록 행렬에 대해서는 1.2.6 소절의 내용을 다시 한 번 확인하기 바란다.

[55] 2×2 행렬의 $(2, 2)$ 성분에 대응되는 블록 행렬의 $(2, 2)$ 부분 행렬에서 행렬의 곱이 가능한 형태를 생각하면 $\mathbf{CA}^{-1}\mathbf{B}$ 가 되어야 함을 쉽게 생각할 수 있다.

식 (1.45)의 블록 행렬 Σ에서 부분 행렬 $\mathbf{D}$가 가역행렬이면, 유사한 방법으로

$$\Sigma = \begin{bmatrix} \mathbf{I}_n & \mathbf{BD}^{-1} \\ \mathbf{O}_{k\times n} & \mathbf{I}_k \end{bmatrix} \begin{bmatrix} \mathbf{A}-\mathbf{BD}^{-1}\mathbf{C} & \mathbf{O}_{n\times k} \\ \mathbf{O}_{k\times n} & \mathbf{D} \end{bmatrix} \begin{bmatrix} \mathbf{I}_n & \mathbf{O}_{n\times k} \\ \mathbf{D}^{-1}\mathbf{C} & \mathbf{I}_k \end{bmatrix} \tag{1.48}$$

와 같이 분해할 수 있고, 이로부터 Σ의 역행렬을 다음과 같이 구할 수 있다.

$$\Sigma^{-1} = \begin{bmatrix} \mathbf{I}_n & \mathbf{O}_{n\times k} \\ -\mathbf{D}^{-1}\mathbf{C} & \mathbf{I}_k \end{bmatrix} \begin{bmatrix} (\mathbf{A}-\mathbf{BD}^{-1}\mathbf{C})^{-1} & \mathbf{O}_{n\times k} \\ \mathbf{O}_{k\times n} & \mathbf{D}^{-1} \end{bmatrix} \begin{bmatrix} \mathbf{I}_n & -\mathbf{BD}^{-1} \\ \mathbf{O}_{k\times n} & \mathbf{I}_k \end{bmatrix} \tag{1.49}$$

따라서 식 (1.47)과 (1.49)에서 Σ^{-1}의 $(1,1)$ 부분 행렬을 비교하면, 다음과 같이 **우드버리 등식**(Woodbury identity)을 얻을 수 있다.

우드버리 등식(Woodbury identity

가역행렬 $\mathbf{A} \in \mathbb{R}^{n\times n}$, $\mathbf{D} \in \mathbb{R}^{k\times k}$와 행렬 $\mathbf{B} \in \mathbb{R}^{n\times k}$, $\mathbf{C} \in \mathbb{R}^{k\times n}$에 대하여 다음 등식이 성립한다.

$$(\mathbf{A}-\mathbf{BD}^{-1}\mathbf{C})^{-1} = \mathbf{A}^{-1} + \mathbf{A}^{-1}\mathbf{B}(\mathbf{D}-\mathbf{CA}^{-1}\mathbf{B})^{-1}\mathbf{CA}^{-1} \tag{1.50}$$

우드버리 등식을 구하는 계산 과정의 식 (1.46), (1.48)에서 $\det(\Sigma)$를 각각 구하고[56] 비교하면 다음 관계식도 성립함을 알 수 있다.

$$\det\left(\begin{bmatrix} \mathbf{A} & \mathbf{B} \\ \mathbf{C} & \mathbf{D} \end{bmatrix}\right) = \det(\mathbf{A}-\mathbf{BD}^{-1}\mathbf{C})\det(\mathbf{D}) = \det(\mathbf{D}-\mathbf{CA}^{-1}\mathbf{B})\det(\mathbf{A}) \tag{1.51}$$

특히, 우드버리 등식과 행렬식에 대한 관계식 (1.51)을 이용하면 n차 행렬 $\mathbf{A}$에 계수가 1인 행렬 $\boldsymbol{x}\boldsymbol{y}^t$를 더해서 얻은 행렬의 행렬식이 어떻게 변하고, 역행렬은 어떻게 구할 수 있는지를 알려주는 **셔먼-모리슨 공식**(Sherman-Morrison formula)을 얻을 수 있다.

정리 1.46

가역행렬 $\mathbf{A} \in \mathbb{R}^{n\times n}$와 두 벡터 $\boldsymbol{x}, \boldsymbol{y} \in \mathbb{R}^n$에 대하여 다음이 성립한다.

$$\det(\mathbf{A}+\boldsymbol{x}\boldsymbol{y}^t) = \det(\mathbf{A})(1+\boldsymbol{y}^t\mathbf{A}^{-1}\boldsymbol{x})$$

특히, $\boldsymbol{y}^t\mathbf{A}^{-1}\boldsymbol{x} \neq -1$이면 셔먼-모리슨 공식이라고 부르는 다음 등식이 성립한다.

$$(\mathbf{A}+\boldsymbol{x}\boldsymbol{y}^t)^{-1} = \mathbf{A}^{-1} - \frac{1}{1+\boldsymbol{y}^t\mathbf{A}^{-1}\boldsymbol{x}}\mathbf{A}^{-1}\boldsymbol{x}\boldsymbol{y}^t\mathbf{A}^{-1}$$

[56] 예제 1.16을 이용하면 된다.

[증명] 식 (1.50)과 (1.51)에서 $\mathbf{B} = \boldsymbol{x}, \mathbf{C} = -\boldsymbol{y}^{\mathrm{t}}, \mathbf{D} = 1$을 대입하면 셔먼-모리슨 공식이 성립한다. □

일반적으로 n차 정사각행렬의 역행렬을 구하는 알고리즘의 계산 복잡도는 $O(n^3)$ 인데, 역행렬을 쉽게 구할 수 있는[57] 대칭행렬 $\mathbf{A}_0 \in \mathbb{R}^{n\times n}$과 k개의 벡터 $\boldsymbol{v} \in \mathbb{R}^n$에 대해 행렬 $\mathbf{A}$가

$$\mathbf{A} = \mathbf{A}_0 + \sum_{i=1}^{k} \boldsymbol{v}_i \boldsymbol{v}_i^{\mathrm{t}}$$

꼴로 주어지면, 셔먼-모리슨 공식을 이용하여 대칭행렬 $\mathbf{A}$의 역행렬을 좀 더 효율적으로 구할 수 있고, 결과적으로 $\mathbf{A}\boldsymbol{x} = \boldsymbol{b}$도 효율적으로 풀 수 있다. 그 이유를 살펴보자.

우선 $i = 1, \cdots, k$에 대해 $\mathbf{A}_i$를 아래 식과 같이 귀납적으로 정의하고,

$$\mathbf{A}_i = \mathbf{A}_{i-1} + \boldsymbol{v}_i \boldsymbol{v}_i^{\mathrm{t}}$$

정리 1.46을 적용하면

$$\begin{aligned} \mathbf{A}_i^{-1} &= \mathbf{A}_{i-1}^{-1} - \frac{1}{1 + \boldsymbol{v}_i^{\mathrm{t}} \mathbf{A}_{i-1}^{-1} \boldsymbol{v}_i} \mathbf{A}_{i-1}^{-1} \boldsymbol{v}_i \boldsymbol{v}_i^{\mathrm{t}} \mathbf{A}_{i-1}^{-1} \\ \det(\mathbf{A}_i) &= \det(\mathbf{A}_{i-1}) \big(1 + \boldsymbol{v}_i^{\mathrm{t}} \mathbf{A}_{i-1}^{-1} \boldsymbol{v}_i\big) \end{aligned} \tag{1.52}$$

이다. 따라서, 위 식을 $i = 1$부터 $i = k$가 될 때까지 반복하면 $\mathbf{A} = \mathbf{A}_k$에 대해

$$\begin{aligned} \mathbf{A}_k^{-1} &= \mathbf{A}_0^{-1} - \sum_{i=1}^{k} \frac{1}{1 + \boldsymbol{v}_i^{\mathrm{t}} \mathbf{A}_{i-1}^{-1} \boldsymbol{v}_i} \mathbf{A}_{i-1}^{-1} \boldsymbol{v}_i \boldsymbol{v}_i^{\mathrm{t}} \mathbf{A}_{i-1}^{-1} \\ \det(\mathbf{A}_k) &= \det(\mathbf{A}_0) \prod_{i=1}^{k} \big(1 + \boldsymbol{v}_i^{\mathrm{t}} \mathbf{A}_{i-1}^{-1} \boldsymbol{v}_i\big) \end{aligned} \tag{1.53}$$

가 성립한다.

이제, $1 \le i \le j \le k$를 만족하는 모든 i, j에 대하여 $\boldsymbol{w}_{i,j}$를

$$\boldsymbol{w}_{i,j} := \mathbf{A}_{i-1}^{-1} \boldsymbol{v}_j$$

로 정의하면, $\mathbf{A}_0$의 역행렬은 쉽게 구할 수 있다는 가정으로부터 $j = 1, \cdots, k$에 대해

$$\boldsymbol{w}_{1,j} = \mathbf{A}_0^{-1} \boldsymbol{v}_j \tag{1.54}$$

를 구할 수 있고, 각 $2 \le i \le k$에 대해 이전 단계에서 계산된 $\boldsymbol{w}_{i-1,j}$ $(i - 1 \le j \le k)$를 이용

[57] 예를 들어, 대각행렬이 대표적인다.

하면, 식 (1.52)로부터 다음과 같이 $\boldsymbol{w}_{i,j}$ 를 귀납적으로 구할 수 있다.

$$\begin{aligned}\boldsymbol{w}_{i,j} = \mathbf{A}_{i-1}^{-1}\boldsymbol{v}_j =& \mathbf{A}_{i-2}^{-1}\boldsymbol{v}_j - \frac{\boldsymbol{v}_{i-1}^{t}\mathbf{A}_{i-2}^{-1}\boldsymbol{v}_j}{1+\boldsymbol{v}_{i-1}^{t}\mathbf{A}_{i-2}^{-1}\boldsymbol{v}_{i-1}}\mathbf{A}_{i-2}^{-1}\boldsymbol{v}_{i-1} \\ =& \boldsymbol{w}_{i-1,j} - \frac{\boldsymbol{v}_{i-1}^{t}\boldsymbol{w}_{i-1,j}}{1+\boldsymbol{v}_{i-1}^{t}\boldsymbol{w}_{i-1,i-1}}\boldsymbol{w}_{i-1,i-1}\end{aligned} \tag{1.55}$$

이때, $O(nk^2)$ 의 계산 복잡도로 구한 $\boldsymbol{w}_{i,j}$ $(1 \le i \le j \le k)$ 를 식 (1.53)에 대입하면, 모든 $\mathbf{A}_i$ 가 대칭행렬이므로 아래 식에서 $\boldsymbol{v}_i^{t}\mathbf{A}_{i-1}^{-1} = \left(\mathbf{A}_{i-1}^{-1}\boldsymbol{v}_i\right)^{t} = \boldsymbol{w}_{i,i}^{t}$ 이고

$$\begin{aligned}\mathbf{A}^{-1} =& \mathbf{A}_0^{-1} - \sum_{i=1}^{k}\frac{1}{1+\boldsymbol{v}_i^{t}\mathbf{A}_{i-1}^{-1}\boldsymbol{v}_i}\mathbf{A}_{i-1}^{-1}\boldsymbol{v}_i\boldsymbol{v}_i^{t}\mathbf{A}_{i-1}^{-1} \\ =& \mathbf{A}_0^{-1} - \sum_{i=1}^{k}\frac{\boldsymbol{w}_{i,i}\boldsymbol{w}_{i,i}^{t}}{1+\boldsymbol{v}_i^{t}\boldsymbol{w}_{i,i}}, \\ \det(\mathbf{A}) =& \det(\mathbf{A}_0)\prod_{i=1}^{k}\left(1+\boldsymbol{v}_i^{t}\boldsymbol{w}_{i,i}\right)\end{aligned}$$

과 같이 $\mathbf{A}^{-1}$, $\det(\mathbf{A})$ 를 구할 수 있다. 이를 **셔먼-모리슨의 재귀적 알고리즘**이라고 부른다.

정리 1.47

[셔먼-모리슨 재귀적 알고리즘] 역행렬이 알려진 n 차 대칭행렬 $\mathbf{A}_0$ 와 k 개의 n 차원 벡터 $\boldsymbol{v}_i$ 에 대해 $\mathbf{A} = \mathbf{A}_0 + \sum_{i=1}^{k}\boldsymbol{v}_i\boldsymbol{v}_i^{t}$ 라 하자. 식 (1.54), (1.55)에 따라 귀납적으로 구한 $\boldsymbol{w}_{i,j}$ 에 대하여 행렬 $\mathbf{C} \in \mathbb{R}^{n\times k}$ 와 $\mathbf{D} \in \mathbb{R}^{k\times k}$ 를

$$\mathbf{C} := [\boldsymbol{w}_{1,1}, \cdots, \boldsymbol{w}_{k,k}], \qquad \mathbf{D} := \operatorname{diag}\left(1+\boldsymbol{v}_1^{t}\boldsymbol{w}_{1,1}, \cdots, 1+\boldsymbol{v}_k^{t}\boldsymbol{w}_{k,k}\right)$$

로 정의할 때, 행렬 $\mathbf{A}$ 의 역행렬과 행렬식은 $O(n^3)$ 의 계산 복잡도보다 훨씬 효율적인 $O(k^2n)$ 의 계산 복잡도로

$$\mathbf{A}^{-1} = \mathbf{A}_0^{-1} - \mathbf{C}\mathbf{D}^{-1}\mathbf{C}^{t}, \qquad \det(\mathbf{A}) = \det(\mathbf{A}_0)\det(\mathbf{D})$$

와 같이 구할 수 있다.

참고로 $k < n$ 일 때 셔먼-모리슨 재귀적 알고리즘을 이용하는 것은 역행렬이나 행렬식을 계산하는 할 때 더 효율적이라는 장점 외에도, 저장 용량 측면에서도 장점이 있음을 눈여겨 볼 만하다. 예를 들어, $\mathbf{A}_0$ 이 대각행렬일 때는 저장장치나 메모리에 $\mathbf{A}$ 를 저장하는 것$(O(n^2))$ 보다 $\mathbf{A}_0, \mathbf{C}, \mathbf{D}$ 를 저장$(O(kn))$하는 것이 더 효율적이다.

1.5.3 숄레스키 분해

다변량 통계분석에서 등장하는 공분산 행렬의 경우처럼, 행렬 $\mathbf{A} \in \mathbb{R}^{n \times n}$ 가 양의 정부호 행렬인 경우에는 행렬 $\mathbf{A}$ 의 LU 분해를 $\mathbf{A} = \mathbf{L}\mathbf{L}^t$ 가 되도록 구할 수 있는데, 이를 **숄레스키 분해**(Cholesky decomposition)라고 부른다. 예를 들어, $n = 3$ 일 때 $\mathbf{A} = [a_{ij}]$ 가 양의 정부호 행렬이면 대칭행렬이므로 $\mathbf{A} = \mathbf{L}\mathbf{L}^t$ 의 양변에서 (i, j) $(1 \le j \le i \le 3)$ 성분만 비교해보면, 하삼각행렬 $\mathbf{L} = [l_{ij}]$ 의 성분 l_{ij} 는

$$\begin{bmatrix} a_{11} & & \\ a_{21} & a_{22} & \\ a_{31} & a_{32} & a_{33} \end{bmatrix} = \begin{bmatrix} l_{11}^2 & & \\ l_{21}l_{11} & l_{21}^2 + l_{22}^2 & \\ l_{31}l_{11} & l_{31}l_{21} + l_{32}l_{22} & l_{31}^2 + l_{32}^2 + l_{33}^2 \end{bmatrix}$$

를 만족해야 하므로,

$$\mathbf{L} = \begin{bmatrix} \sqrt{a_{11}} & 0 & 0 \\ a_{21}/l_{11} & \sqrt{a_{22} - l_{21}^2} & 0 \\ a_{31}/l_{11} & (a_{32} - l_{31}l_{21})/l_{22} & \sqrt{a_{33} - l_{31}^2 - l_{32}^2} \end{bmatrix}$$

과 같이 귀납적으로(이전 단계에서 계산할 수 있는 성분은 l_{ij} 로 나타내었음에 유의) 계산하는 것이 가능하다.

일반적으로 양의 정부호 행렬에 대한 LU 분해는 위의 예와 같이 구하는 것이 보다 효율적이다.

정리 1.48

[숄레스키 분해] 양의 정부호 행렬 $\mathbf{A} = [a_{ij}] \in \mathbb{R}^{n \times n}$ 은 식 (1.56)과 같이 재귀적으로 정의된 하삼각행렬 $\mathbf{L} = [l_{ij}]$ 에 대해

$$\mathbf{A} = \mathbf{L}\mathbf{L}^t$$

와 같이 LU 분해할 수 있다.

[하삼각행렬 $\mathbf{L}$ 의 귀납적 정의] $i = 1$ 부터 $i = n$ 까지 순차적으로 다음 두 조건을 만족하는 l_{ij} $(1 \le j \le i)$ 를 계산한다.

$$l_{ij} = \frac{a_{ij} - \sum_{k=1}^{j-1} l_{jk}l_{ik}}{\sqrt{a_{jj} - \sum_{k=1}^{j-1} l_{jk}^2}}, \qquad (\text{단}, l_{ij} = 0,\ \forall 1 \le i < j \le n) \tag{1.56}$$

[증명] 행렬 $\mathbf{A}$ 의 a_{ij}, $(1 \le i, j \le k)$ 성분으로만 이루어진 부분 행렬을 $\mathbf{A}_k$ 라 하고, 행렬의 크기 k 에 대해 수학적 귀납법을 적용하여 증명하자. 우선 표준단위벡터 $\boldsymbol{e}_1$ 에 대해 $\mathbf{A}_1 = a_{11} = \boldsymbol{e}_1^{\mathrm{t}}\mathbf{A}\boldsymbol{e}_1 > 0$ 이므로 $\mathbf{L}_1 = [\sqrt{a_{11}}]$ 에 대해 $\mathbf{A}_1 = \mathbf{L}_1\mathbf{L}_1^{\mathrm{t}}$ 가 성립한다.

$\mathbf{A}_{k-1}$ 에 대해 숄레스키 분해 $\mathbf{A}_{k-1} = \mathbf{L}_{k-1}\mathbf{L}_{k-1}^{\mathrm{t}}$ 가 성립한다고 가정할 때, 행렬 $\mathbf{A}_k$ 를

$$\mathbf{A}_k = \begin{bmatrix} \mathbf{L}_{k-1}\mathbf{L}_{k-1}^{\mathrm{t}} & \widetilde{\boldsymbol{a}}_{k-1} \\ \widetilde{\boldsymbol{a}}_{k-1}^{\mathrm{t}} & a_{kk} \end{bmatrix}$$

로 나타낼 때, 미지의 $(k-1)$ 차원 벡터 $\boldsymbol{l}_{k-1}$ 과 미지수 l_{kk} 에 대한 방정식

$$\mathbf{A}_k = \begin{bmatrix} \mathbf{L}_{k-1}\mathbf{L}_{k-1}^{\mathrm{t}} & \widetilde{\boldsymbol{a}}_{k-1} \\ \widetilde{\boldsymbol{a}}_{k-1}^{\mathrm{t}} & a_{kk} \end{bmatrix} = \begin{bmatrix} \mathbf{L}_{k-1} & \mathbf{0} \\ \boldsymbol{l}_{k-1}^{\mathrm{t}} & l_{kk} \end{bmatrix} \begin{bmatrix} \mathbf{L}_{k-1}^{\mathrm{t}} & \boldsymbol{l}_{k-1} \\ \mathbf{0}^{\mathrm{t}} & l_{kk} \end{bmatrix} \tag{1.57}$$

를 푸는 것은

$$\mathbf{L}_{k-1}\boldsymbol{l}_{k-1} = \widetilde{\boldsymbol{a}}_{k-1}, \qquad \boldsymbol{l}_{k-1}^{\mathrm{t}}\boldsymbol{l}_{k-1} + l_{kk}^2 = a_{kk}$$

의 해 $\boldsymbol{l}_{k-1}$ 과 l_{kk} 를 구하는 것과 같다. 이때, 첫 번째 방정식은 $\mathbf{L}_{k-1}$ 이 하삼각행렬이므로 $\boldsymbol{l}_{k-1}$ 의 마지막 성분부터 첫 번째 성분까지 차례로 구할 수 있다. 또, 두 번째 방정식은 첫 번째 방정식에서 구한 $\boldsymbol{l}_{k-1}$ 에 대해 $a_{kk} - \|\boldsymbol{l}_{k-1}\|^2 > 0$ 이 성립하기만 하면, $l_{kk} = \sqrt{a_{kk} - \|\boldsymbol{l}_{k-1}\|^2}$ 와 같이 구할 수 있다.

이제, $a_{kk} - \|\boldsymbol{l}_{k-1}\|^2 > 0$ 이 성립하는 것을 보이기 위해 $\mathbf{A}$ 가 양의 정부호 행렬임을 이용하자. 임의의 $(k-1)$ 차원 벡터 $\widetilde{\boldsymbol{x}}_1$ 과 임의의 실수 x_2 에 대해 벡터 $\boldsymbol{x} \in \mathbb{R}^n$ 을 $\boldsymbol{x} = [\widetilde{\boldsymbol{x}}_1^{\mathrm{t}}, x_2, \mathbf{0}^{\mathrm{t}}]^{\mathrm{t}}$ 라 하면, $\mathbf{A}$ 가 양의 정부호 행렬이므로

$$0 < \boldsymbol{x}^{\mathrm{t}}\mathbf{A}\boldsymbol{x} = [\widetilde{\boldsymbol{x}}_1^{\mathrm{t}}, x_2] \begin{bmatrix} \mathbf{L}_{k-1}\mathbf{L}_{k-1}^{\mathrm{t}} & \widetilde{\boldsymbol{a}}_{k-1} \\ \widetilde{\boldsymbol{a}}_{k-1}^{\mathrm{t}} & a_{kk} \end{bmatrix} \begin{bmatrix} \widetilde{\boldsymbol{x}}_1 \\ x_2 \end{bmatrix} = \left\|\mathbf{L}_{k-1}^{\mathrm{t}}\widetilde{\boldsymbol{x}}_1\right\|^2 + 2\widetilde{\boldsymbol{x}}_1^{\mathrm{t}}\widetilde{\boldsymbol{a}}_{k-1}x_2 + a_{kk}x_2^2$$

이 성립한다. 특히, 첫 번째 방정식으로부터 $\boldsymbol{l}_{k-1} = \mathbf{L}_{k-1}^{-1}\widetilde{\boldsymbol{a}}_{k-1}$ 이 성립하므로, $\widetilde{\boldsymbol{x}}_1 = -x_2\mathbf{L}_{k-1}^{-\mathrm{t}}\boldsymbol{l}_{k-1}$ 로 잡으면 위 식은

$$0 < \boldsymbol{x}^{\mathrm{t}}\mathbf{A}\boldsymbol{x} = x_2^2\left(a_{kk} - \|\boldsymbol{l}_{k-1}\|^2\right)$$

이 되어 원하는 결과를 얻고, 식 (1.57)이 $\mathbf{A}_k$ 의 숄레스키 분해가 된다. 따라서 수학적 귀납법에 의해 $\mathbf{A} = \mathbf{A}_n$ 에 대한 숄레스키 분해 $\mathbf{A} = \mathbf{L}_n\mathbf{L}_n^{\mathrm{t}}$ 를 얻을 수 있다. □

참고 1.49 행렬 $\mathbf{A}$ 가 양의 정부호 행렬이 아닌 준정부호 행렬일 때도 숄레스키 분해가 가능하다는 것을 이론적으로 증명할 수 있다. 즉, $\mathbf{A}$ 에 단위행렬의 상수배를 더해 양의 정부호 행렬 $\mathbf{A}_k := \mathbf{A} + (1/k)\mathbf{I}_n$ 로 만들고, 이 행렬에 대한 숄레스키 분해 $\mathbf{A}_k = \mathbf{L}_k\mathbf{L}_k^t$ 를 먼저 구한다. 이때, $\mathbf{L} := \lim_{k\to\infty} \mathbf{L}_k$ 라 하면, $\mathbf{A} = \mathbf{L}\mathbf{L}^t$ 가 성립함을 보일 수 있다. (행렬에 대한 극한은 행렬의 각 성분에 극한을 취하는 것을 의미하며, 실제 양의 준정부호 행렬에 대한 숄레스키 분해를 찾는 방법을 제시하는 것은 아니다.)

1.5.4 QR 분해와 최소제곱법 문제

행렬 $\mathbf{A} \in \mathbb{R}^{n\times p}\,(p \le n)$ 의 열벡터 $\boldsymbol{a}_1, \cdots, \boldsymbol{a}_p$ 가 일차독립을 이루면, 1.3.3 소절에서 공부한 그람-슈미트 직교화 과정을 이용하여 정규직교집합을 이루는 벡터 $\boldsymbol{u}_1, \cdots, \boldsymbol{u}_p$ 를 구하고,

$$\boldsymbol{a}_i = \sum_{k=1}^{i} \langle \boldsymbol{a}_i, \boldsymbol{u}_k \rangle \boldsymbol{u}_k, \;\; \forall i = 1, \cdots, p$$

가 성립하도록 할 수 있다. 이때, $1 \le i \le j \le p$에 대해

$$r_{ij} := \langle \boldsymbol{a}_j, \boldsymbol{u}_i \rangle$$

를 (i, j) 성분으로 갖는 $p \times p$ 상삼각행렬을 $\mathbf{R}$, $\boldsymbol{u}_1, \cdots, \boldsymbol{u}_p$ 를 순서대로 열벡터로 갖는 $n \times p$ 행렬을 $\mathbf{Q}$ 라 하면

$$\mathbf{A} = [\boldsymbol{a}_1, \cdots, \boldsymbol{a}_p] = [\boldsymbol{u}_1, \cdots, \boldsymbol{u}_p] \begin{bmatrix} r_{11} & r_{12} & \cdots & r_{1p} \\ 0 & r_{22} & \cdots & r_{2p} \\ \vdots & \vdots & \ddots & \vdots \\ 0 & 0 & \cdots & r_{pp} \end{bmatrix} = \mathbf{QR}$$

이 성립한다.

이처럼 $\mathbf{Q}^t\mathbf{Q} = \mathbf{I}_p$ 를 만족하는 행렬 $\mathbf{Q} \in \mathbb{R}^{n\times p}$ 와 상삼각행렬 $\mathbf{R} \in \mathbb{R}^{p\times p}$ 의 곱 $\mathbf{A} = \mathbf{QR}$ 이 되도록 $n \times p$ 행렬 $\mathbf{A}$ 를 분해하는 것을 행렬 $\mathbf{A}$ 의 **QR 분해**라고 부른다. 특히, $\mathbf{A} \in \mathbb{R}^{n\times p}$ 의 열벡터들이 일차독립일 때, $\mathbf{R}$ 의 대각 성분은 모두 0 이 아니므로 $\mathbf{R}$ 은 가역행렬이 된다.

행렬 $\mathbf{A}$ 의 열벡터들이 일차독립이 아닐 때도, 일차독립인 열벡터에 대해 그람-슈미트 과정을 적용하여 대응되는 정규직교집합을 구하고, 전체 열벡터 개수만큼 $\boldsymbol{u}_i$ 를 추가하면 QR 분해가 가능하다는 것을 쉽게 확인할 수 있다.

예를 들어, 행렬 $\mathbf{A} = [\boldsymbol{a}_1, \cdots, \boldsymbol{a}_4] \in \mathbb{R}^{n\times 4}$ 의 열벡터 네 개 중 $\boldsymbol{a}_1, \boldsymbol{a}_2, \boldsymbol{a}_4$ 가 일차독립이고,

$\boldsymbol{a}_3 = \alpha_1\boldsymbol{a}_1 + \alpha_2\boldsymbol{a}_2$ 라 하자. $\boldsymbol{a}_1, \boldsymbol{a}_2, \boldsymbol{a}_4$ 에 대해 $\boldsymbol{u}_1, \boldsymbol{u}_2, \boldsymbol{u}_4$ 가 서로 수직이고 노름이 1 인 벡터가 되도록 그람-슈미트 직교화 과정을 통해 구하면, $\boldsymbol{a}_3 \in \text{span}\{\boldsymbol{a}_1, \boldsymbol{a}_2\} = \text{span}\{\boldsymbol{u}_1, \boldsymbol{u}_2\}$ 이므로 나머지 $\boldsymbol{u}_i$ 와 수직인 단위벡터 $\boldsymbol{u}_3$ 을 추가할 때, $\mathbf{Q} = [\boldsymbol{u}_1, \boldsymbol{u}_2, \boldsymbol{u}_3, \boldsymbol{u}_4]$ 와 상삼각행렬

$$\mathbf{R} = \begin{bmatrix} \langle \boldsymbol{a}_1, \boldsymbol{u}_1 \rangle & \langle \boldsymbol{a}_2, \boldsymbol{u}_1 \rangle & \langle \boldsymbol{a}_3, \boldsymbol{u}_1 \rangle & \langle \boldsymbol{a}_4, \boldsymbol{u}_1 \rangle \\ 0 & \langle \boldsymbol{a}_2, \boldsymbol{u}_2 \rangle & \langle \boldsymbol{a}_3, \boldsymbol{u}_2 \rangle & \langle \boldsymbol{a}_4, \boldsymbol{u}_2 \rangle \\ 0 & 0 & 0 & 0 \\ 0 & 0 & 0 & \langle \boldsymbol{a}_4, \boldsymbol{u}_4 \rangle \end{bmatrix}$$

에 대해 $\mathbf{A}$ 의 QR 분해는 $\mathbf{A} = \mathbf{QR}$ 가 된다.

참고 1.50 수치 계산 상의 안정성을 높이고, 열벡터들이 일차독립인 아닌 행렬에 대한 QR 분해를 할 수 있도록 그람-슈미트 직교화 과정을 개선한 알고리즘들이 있는데, 하우스홀더 변환(House-holder transformation) 등을 참고하기 바란다[12].

예제 1.38 행렬 $\mathbf{A} \in \mathbb{R}^{n\times p}$ 의 계수가 p 일 때, $\mathbf{A}$ 의 QR 분해가 $\mathbf{A} = \mathbf{QR}$ 이면 $\mathbf{A}$ 의 유사 역행렬은 $\mathbf{A}^+ = \mathbf{R}^{-1}\mathbf{Q}^t$ 임을 보이시오.

풀이 $\mathbf{Q}^t\mathbf{Q} = \mathbf{I}_p$ 를 만족하는 $\mathbf{Q} \in \mathbb{R}^{n\times p}$ 와 가역인 상삼각행렬 $\mathbf{R} \in \mathbb{R}^{p\times p}$ 이 존재해서 QR 분해 $\mathbf{A} = \mathbf{QR}$ 이 성립한다. 이때, 식 (1.16)에 의해 $\mathbf{Q}^+ = \mathbf{Q}^t$ 이고, $\mathbf{R}$ 은 가역행렬이므로 $\mathbf{R}^+ = \mathbf{R}^{-1}$ 이다. 이제 $\mathbf{X} = \mathbf{R}^{-1}\mathbf{Q}^t$ 라 두면, $\mathbf{A} = \mathbf{QR}$ 에 대해 유사 역행렬의 정의 1.27의 네 조건을 모두 만족함을 쉽게 확인할 수 있다. 따라서 예제 1.21의 유일성에 의해 $\mathbf{A}^+ = \mathbf{X} = \mathbf{R}^{-1}\mathbf{Q}^t$ 이다. (**주의**: 일반적으로는 $(\mathbf{AB})^+ \neq \mathbf{B}^+\mathbf{A}^+$ 이다.) □

통계학에서 선형 회귀문제를 푸는 것 또는 기계학습에서 선형모델을 학습시키는 것은 다음과 같이 $n \times p$ 행렬 $\mathbf{X}$ 와 $\boldsymbol{y} \in \mathbb{R}^n$ 이 주어질 때, $\|\mathbf{X}\boldsymbol{\beta} - \boldsymbol{y}\|^2$ 이 최소가 되도록 하는 $\boldsymbol{\beta} \in \mathbb{R}^p$ 를 찾는 문제로 귀결되는데, 이런 문제를 **최소제곱법**(least square method) 문제라고 부른다.

$$\arg\min_{\boldsymbol{\beta}\in\mathbb{R}^p} \|\mathbf{X}\boldsymbol{\beta} - \boldsymbol{y}\|^2$$

이 문제는 $\boldsymbol{\beta} = [\beta_1, \cdots, \beta_p]^t$ 라 할 때, β_i 에 대한 다변수 함수의 최솟값을 구하는 문제로 생각하여 미적분을 이용하여 풀 수도 있지만, $\mathbf{X}\boldsymbol{\beta}$ 는 $\mathbf{X}$ 의 열벡터들이 생성하는 부분공간 $\mathcal{V}$ 의 벡터이므로 $\mathcal{V}$ 의 벡터 중 $\boldsymbol{y}$ 와 가장 가까운 벡터를 구하는 문제로 바꾸어 생각할 수 있다. 이 때, 정리 1.34에 의해 부분공간 $\mathcal{V}$ 위로의 정사영 행렬 $\mathbf{P}$ 에 대해 $\mathbf{P}\boldsymbol{y}$ 가 $\boldsymbol{y}$ 와 가장 가까운 $\mathcal{V}$

의 벡터가 되고, 다시 정리 1.33에 의해 $\mathbf{P} = \mathbf{X}\mathbf{X}^+$ 이므로 $\mathbf{X}\mathbf{X}^+\boldsymbol{y}$ 가 $\boldsymbol{y}$ 와 가장 가까운 $\mathcal{V}$ 의 벡터가 된다. 즉, $\hat{\boldsymbol{\beta}} = \mathbf{X}^+\boldsymbol{y}$ 가 $\|\mathbf{X}\boldsymbol{\beta} - \boldsymbol{y}\|^2$ 가 최소가 되게 하는 $\boldsymbol{\beta}$ 이다.

구체적으로, $n \times p$ 행렬 $\mathbf{X}$ 에서 $n > p$ 이고 $\text{rank}(\mathbf{X}) = p$ 일 때는 식 (1.16)에 의해

$$\hat{\beta} = \mathbf{X}^+\boldsymbol{y} = (\mathbf{X}^{\mathrm{t}}\mathbf{X})^{-1}\mathbf{X}^{\mathrm{t}}\boldsymbol{y}$$

가 되고, $n < p$ 이고 $\text{rank}(\mathbf{X}) = n$ 일 때는 식 (1.17)에 의해

$$\hat{\beta} = \mathbf{X}^+\boldsymbol{y} = \mathbf{X}^{\mathrm{t}}(\mathbf{X}\mathbf{X}^{\mathrm{t}})^{-1}\boldsymbol{y}$$

가 된다. 후자의 경우에는 연립방정식의 개수가 미지수의 개수보다 작은 경우이므로 무수히 많은 해 $\boldsymbol{\beta}$ 가 존재하는데, 여기서 구한 $\hat{\boldsymbol{\beta}}$ 는 $\mathbf{X}\boldsymbol{\beta} = \boldsymbol{y}$ 를 만족하는 $\boldsymbol{\beta}$ 중 $\|\boldsymbol{\beta}\|$ 가 최소인 것을 구하는 것이 된다.[58] 또한, $n \times p$ 행렬 $\mathbf{X}$ 의 계수가 $\text{rank}(\mathbf{X}) < \min\{n, p\}$ 인 경우를 포함한 일반적인 경우에, 행렬의 특잇값 분해를 이용하면 예제 1.39와 같이 유사 역행렬을 쉽게 구할 수 있다. 특잇값 분해에 대해서는 다음 소절에서 다룬다.

실제로 회귀 문제나 선형모델의 학습 과정에서 주어진 데이터로부터 구성되는 행렬 $\mathbf{X}$ 는 열벡터가 일차독립이 되도록 구성할 수 있다. 이때, $\mathbf{X}$ 의 QR 분해에서 상삼각행렬 $\mathbf{R}$ 은 가역행렬이 되므로 예제 1.38에 의해 다음이 성립한다.

QR 분해를 이용한 최소제곱법 문제

행렬 $\mathbf{X} \in \mathbb{R}^{n\times p}$ 의 계수가 p 일 때, $\|\mathbf{X}\boldsymbol{\beta} - \boldsymbol{y}\|^2$ 이 최소가 되도록 하는 $\boldsymbol{\beta} = \hat{\boldsymbol{\beta}} \in \mathbb{R}^p$ 는 행렬 $\mathbf{X}$ 의 QR 분해 $\mathbf{X} = \mathbf{QR}$ 에 대해 $\hat{\boldsymbol{\beta}} = \mathbf{X}^+\boldsymbol{y} = \mathbf{R}^{-1}\mathbf{Q}^{\mathrm{t}}\boldsymbol{y}$ 이다.

참고 1.51 $\mathbf{X} \in \mathbb{R}^{n\times p}$ 의 계수가 p 일 때, $\mathbf{X}^+$ 는 식 (1.16)에 의해 $\mathbf{X}^+ = \left(\mathbf{X}^{\mathrm{t}}\mathbf{X}\right)^{-1}\mathbf{X}^{\mathrm{t}}$ 로 구할 수 있으므로 최소제곱법 문제의 해 $\hat{\boldsymbol{\beta}} = \mathbf{X}^+\boldsymbol{y}$ 를 구할 수 있다. 하지만, 상삼각행렬 $\mathbf{R}$ 의 역행렬을 구하는 것이 $\left(\mathbf{X}^{\mathrm{t}}\mathbf{X}\right)^{-1}$ 를 구하는 것보다 더 효율적이므로, $\mathbf{X}$ 의 QR 분해를 이용하는 것이 나은 방법이다.

참고 1.52 일반적인 회귀 문제를 최소제곱법으로 해결할 때는 앞서 설명한 것처럼 QR 분해를 이용할 수 있지만, 규제가 있는 회귀 문제(regularized regression)의 일종인 릿지 회귀 문제(ridge regression)의 경우에는 앞서 배운 셔먼-모리슨의 재귀적 알고리즘이 유용하다.

[58] 등식과 부등식 제한 조건하에서 함수의 최솟값을 구하는 방법은 2.3 절을 참고하기 바란다.

1.5.5 특잇값 분해와 주성분 분석

이 소절에서는 행렬에 대한 여러가지 분해 중 가장 중요한 분해의 하나인 **특잇값 분해**(Singular Value Decomposition, SVD)에 대해 설명한다. 일반적으로 행렬은 어떤 데이터를 모은 것으로 이해할 수도 있고, 벡터공간 사이에 정의된 선형사상을 나타내는 것으로 이해할 수도 있는데, 어느 경우이든 행렬의 특잇값 분해는 중요한 의미를 갖는다.

예를 들어, 기계학습에서 어떤 모델을 학습시키는데 n 가지 특성을 활용한다면, 학습에 활용할 샘플 하나는 n 가지 특성에 대한 값이 저장된 n 차원 행벡터로 표현할 수 있다. 이때, 학습에 사용할 샘플이 m 개라면, m 개의 n 차원 행벡터를 모아 $m \times n$ 행렬로 나타낼 수 있다. 즉, 행렬을 학습 데이터 모음으로 이해하는 것인데, 이 경우 행렬의 특잇값 분해는 학습에 큰 영향을 주는 새로운 특성을 찾아내는 **주성분 분석**(principal component analysis)으로 이해하고 활용할 수 있다.

또 한편으로는 행렬을 두 벡터공간 $\mathcal{V}$ 와 $\mathcal{W}$ 의 순서기저에 대하여 선형사상 $f : \mathcal{V} \to \mathcal{W}$ 를 표현한 것으로 이해할 수도 있는데, 이 관점에서 행렬의 특잇값 분해는 선형사상을 간단한 형태로 이해할 수 있는 $\mathcal{V}$ 와 $\mathcal{W}$ 의 정규직교기저를 구하는 것으로 이해할 수 있다.[59]

정리 1.53

[특잇값 분해] 임의의 $m \times n$ 복소행렬 $\mathbf{A}$ 에 대하여 다음 식을 만족하는 $m \times m$ 유니타리 행렬 $\mathbf{U}$, $n \times n$ 유니타리 행렬 $\mathbf{V}$, $m \times n$ 대각행렬[a] $\mathbf{\Sigma}$ 가 존재한다.

$$\mathbf{A} = \mathbf{U\Sigma V}^*$$

만약, $\mathbf{A}$ 가 실수 행렬이면 $\mathbf{U}$ 와 $\mathbf{V}$ 는 직교행렬로 존재한다.

[a] 정사각행렬이 아닌 경우에도 대각성분((i,i) 성분)을 제외한 모든 성분이 0 인 행렬을 대각행렬이라고 부른다.

[증명] 우선 $m \geq n$ 이라고 가정할 수 있다.[60] 이때, 임의의 벡터 $\boldsymbol{v} \in \mathbb{C}^n$ 에 대하여

$$\langle \mathbf{A}^*\mathbf{A}\boldsymbol{v}, \boldsymbol{v}\rangle = \boldsymbol{v}^*\mathbf{A}^*\mathbf{A}\boldsymbol{v} = \|\mathbf{A}\boldsymbol{v}\|^2 \geq 0$$

이므로 $\mathbf{A}^*\mathbf{A}$ 는 양의 준정부호 행렬이다. 따라서, $\mathbf{A}^*\mathbf{A}$ 의 고윳값은 음이 아닌 실수이

[59] 행렬의 대각화(행렬의 스펙트럼 분해)는 $\mathcal{V} = \mathcal{W}$ 일 때, 양쪽 공간의 기저를 동일하게 잡아서 선형사상을 간단한 형태(기저의 상수배)로 이해하는 것과 관련이 있다는 것을 예제 1.29에서 다루었다.

[60] 그렇지 않은 경우 $\mathbf{A}^*$ 에 대해 특잇값 분해 $\mathbf{A}^* = \mathbf{U\Sigma V}^*$ 를 구한 뒤, $\mathbf{A} = \mathbf{V\Sigma^* U}^*$ 를 보이면 된다.

고, $\lambda_1 \geq \lambda_2 \geq \cdots \geq \lambda_n \geq 0$ 이라 둘 수 있다. 특히, $\mathbf{A}^*\mathbf{A}$ 는 에르미트 행렬이므로 정리 1.42에 의해 각 고윳값 λ_i 에 대응되는 고유벡터 $\boldsymbol{v}_i$ 들은 $\mathbb{C}^n$ 의 정규직교기저를 이루므로

$$\mathbf{V} = [\boldsymbol{v}_1, \boldsymbol{v}_2, \cdots, \boldsymbol{v}_n]$$

은 유니타리 행렬이 된다.

이제 각 $i = 1, \cdots, n$ 에 대해, $\sigma_i = \sqrt{\lambda_i}$ 로 두고, 크기가 작아지는 순서대로 나열한 고윳값 λ_i 에서 $\lambda_i > 0$ 을 만족하는 가장 큰 자연수 i 를 r 이라 하자.[61] 이때, $1 \leq i \leq r$ 에 대해 벡터 $\boldsymbol{u}_i \in \mathbb{C}^m$ 을

$$\boldsymbol{u}_i = \frac{1}{\sigma_i}\mathbf{A}\boldsymbol{v}_i, \ (1 \leq i \leq r) \tag{1.58}$$

라 하면, $1 \leq i \leq r$, $1 \leq j \leq r$ 에 대하여

$$\langle \boldsymbol{u}_i, \boldsymbol{u}_j \rangle = \boldsymbol{u}_j^*\boldsymbol{u}_i = \frac{1}{\sigma_i\sigma_j}\boldsymbol{v}_j^*\mathbf{A}^*\mathbf{A}\boldsymbol{v}_i = \frac{\lambda_i\boldsymbol{v}_j^*\boldsymbol{v}_i}{\sigma_i\sigma_j} = \frac{\lambda_i\delta_{ij}}{\sigma_i\sigma_j} = \delta_{ij}$$

가 성립한다.[62] 즉, $\{\boldsymbol{u}_1, \cdots, \boldsymbol{u}_r\}$ 이 정규직교집합이므로 $\boldsymbol{u}_{r+1}, \cdots, \boldsymbol{u}_m$ 을 추가하여 $\mathbb{C}^m$ 의 정규직교기저를 만들 수 있고, 유니타리 행렬

$$\mathbf{U} = [\boldsymbol{u}_1, \cdots, \boldsymbol{u}_r, \boldsymbol{u}_{r+1}, \cdots, \boldsymbol{u}_m]$$

을 얻는다.

이때, 대각성분이 차례로 $\sigma_1, \cdots, \sigma_r, 0, \cdots, 0$ 인 $m \times n$ 대각행렬을 $\boldsymbol{\Sigma}$ 라 하면, 식 (1.58)에

$$\mathbf{U}\boldsymbol{\Sigma} = [\mathbf{A}\boldsymbol{v}_1, \cdots, \mathbf{A}\boldsymbol{v}_r, \mathbf{0}, \cdots, \mathbf{0}] = \mathbf{A}\mathbf{V}$$

이므로 $\mathbf{A} = \mathbf{U}\boldsymbol{\Sigma}\mathbf{V}^*$ 가 성립한다.

끝으로, 행렬 $\mathbf{A}$ 가 실수 행렬이면, $\mathbf{A}^*\mathbf{A} = \mathbf{A}^{\mathrm{t}}\mathbf{A}$ 는 직교 대각화 가능한 대칭행렬이고, 양의 준정부호 행렬이므로 직교행렬 $\mathbf{V}$ 에 대해 동일한 과정을 거칠 수 있다. □

정리 1.53과 같이 행렬 $\mathbf{A}$ 를 두 개의 유니타리 행렬과 대각행렬로 곱 $\mathbf{A} = \mathbf{U}\boldsymbol{\Sigma}\mathbf{V}^*$ 으로 분해하는 것을 **특잇값 분해**라고 부른다. 이때, 대각행렬 $\boldsymbol{\Sigma}$ 의 대각성분 σ_i 를 $\mathbf{A}$ 의 **특잇값**이라

[61] 즉, $1 \leq i \leq r$ 에 대해 $\lambda_i > 0$ 이고, $r + 1 \leq i \leq n$ 에 대해 $\lambda_i = 0$ 임을 의미한다.

[62] 크로네커의 델타함수라고 부르는 δ_{ij} 는 $i = j$ 일 때 1, $i \neq j$ 일 때 0 이 되는 함수이다.

하고, 특잇값 σ_i 에 대해 식 (1.58)

$$\mathbf{A}\boldsymbol{v}_i = \sigma_i \boldsymbol{u}_i \iff \boldsymbol{u}_i^* \mathbf{A}\boldsymbol{v}_i = \sigma_i \ (1 \le i \le \min\{n, m\})$$

를 만족하는 $\mathbf{V}$ 의 열벡터 $\boldsymbol{v}_i$ 를 σ_i 에 대한 **오른쪽 특이벡터**, $\mathbf{U}$ 의 열벡터 $\boldsymbol{u}_i$ 를 σ_i 에 대한 **왼쪽 특이벡터**라 부른다.[63]

앞서 설명하였듯이, 행렬 $\mathbf{A}$ 의 특잇값 분해는 선형사상을 간단하게 표현할 수 있는 정의역과 공역의 기저를 각각 구하는 것으로 이해할 수 있다. 즉, 선형사상 $\boldsymbol{f} : \mathbb{C}^n \to \mathbb{C}^m$ 가 $\boldsymbol{f}(\boldsymbol{x}) = \mathbf{A}\boldsymbol{x}$ 로 정의될 때, $\mathbb{C}^n$ 의 정규직교기저 $\{\boldsymbol{v}_1, \cdots, \boldsymbol{v}_n\}$ 와 $\mathbb{C}^m$ 의 정규직교기저 $\{\boldsymbol{u}_1, \cdots, \boldsymbol{u}_m\}$ 에 대한 $\boldsymbol{f}$ 의 행렬 표현을 식 (1.15)와 같이 구하면, $\mathbf{\Sigma}$ 가 된다는 뜻이다.

다른 한편으로 행렬 $\mathbf{A}$ 를 데이터들의 모음으로 생각할 때 특이값 분해는 이 데이터 모음의 중요 특성을 추출하는 용도로 활용할 수 있다. 우선 행렬의 곱을 계수가 1 인 행렬들의 합으로 이해하는 식 (1.5)를 이용하면, 행렬의 특잇값 분해로부터

$$\mathbf{A} = \mathbf{U\Sigma V}^* = [\sigma_1 \boldsymbol{u}_1, \cdots, \sigma_r \boldsymbol{u}_r, \mathbf{0}, \cdots, \mathbf{0}] \begin{bmatrix} \boldsymbol{v}_1^* \\ \boldsymbol{v}_2^* \\ \vdots \\ \boldsymbol{v}_n^* \end{bmatrix} = \sum_{i=1}^{r} \sigma_i \boldsymbol{u}_i \boldsymbol{v}_i^* \tag{1.59}$$

이 성립한다. 이때, 두 행렬 $\mathbf{A}$ 와 $\sum_{i=1}^{k} \sigma_i \boldsymbol{u}_i \boldsymbol{v}_i^*$ $(k \le r)$ 의 차이는 행렬 $\sum_{i=k+1}^{r} \sigma_i \boldsymbol{u}_i \boldsymbol{v}_i^*$ 이고, $\mathbb{C}^{m \times n}$ 의 복소내적 $\langle \mathbf{X}, \mathbf{Y} \rangle = \operatorname{tr}(\mathbf{Y}^*\mathbf{X})$ 으로 주어지는 $\mathbb{C}^{m \times n}$ 의 노름 $\|\mathbf{X}\| = \big(\operatorname{tr}(\mathbf{X}^*\mathbf{X})\big)^{1/2}$ 을 이용하면 이 차이가 어느 정도인지 따질 수 있다.

크로네커의 델타함수 δ_{ij} 에 대해 $\boldsymbol{u}_i^* \boldsymbol{u}_j = \delta_{ij}$, $\boldsymbol{v}_i^* \boldsymbol{v}_j = \delta_{ij}$ 이고, $\operatorname{tr}(\mathbf{XY}) = \operatorname{tr}(\mathbf{YX})$ 가 성립함을 이용하여 두 행렬의 차에 대한 노름을 계산하면,

$$\begin{aligned} \left\| \mathbf{A} - \sum_{i=1}^{k} \sigma_i \boldsymbol{u}_i \boldsymbol{v}_i^* \right\|^2 &= \left\| \sum_{i=k+1}^{r} \sigma_i \boldsymbol{u}_i \boldsymbol{v}_i^* \right\|^2 \\ &= \operatorname{tr}\left(\Big(\sum_{i=k+1}^{r} \sigma_i \boldsymbol{u}_i \boldsymbol{v}_i^* \Big)^* \Big(\sum_{i=k+1}^{r} \sigma_i \boldsymbol{u}_i \boldsymbol{v}_i^* \Big) \right) \\ &= \sum_{i=k+1}^{r} \sum_{j=k+1}^{r} \sigma_i \sigma_j \operatorname{tr}\big(\boldsymbol{v}_i \boldsymbol{u}_i^* \boldsymbol{u}_j \boldsymbol{v}_j^*\big) \\ &= \sum_{i=k+1}^{r} \sum_{j=k+1}^{r} \sigma_i \sigma_j \operatorname{tr}\big(\boldsymbol{u}_i^* \boldsymbol{u}_j \boldsymbol{v}_j^* \boldsymbol{v}_i\big) = \sum_{i=k+1}^{r} \sigma_i^2 \end{aligned} \tag{1.60}$$

[63] $\sigma_i = 0$ 인 경우에도 $\mathbf{A}\boldsymbol{v}_i = \mathbf{0}$ 이므로 식 (1.58)은 성립한다.

이다. 일반적으로 행렬 $\mathbf{X} = [x_{ij}] \in \mathbb{C}^{m\times n}$ 에 대해

$$\|\mathbf{X}\|^2 = \mathrm{tr}(\mathbf{X}^*\mathbf{X}) = \sum_{i=1}^{m}\sum_{j=1}^{n} |x_{ij}|^2$$

이므로 $\mathbf{X}$ 의 모든 성분 x_{ij} 에 대해 $|x_{ij}| \le \|\mathbf{X}\|$ 가 성립한다. 따라서, 0 이 아닌 $\mathbf{A}$ 의 특잇값이

$$\sigma_1 \ge \sigma_2 \ge \cdots \ge \sigma_r$$

와 같이 크기 순서로 배열된 상황에서, σ_i $(k+1 \le \sigma_i \le r)$ 의 값이 σ_i $(1 \le i \le k)$ 보다 상대적으로 충분히 작다면, 식 (1.60)에서 알 수 있는 사실은 $\mathbf{A}$ 를 $\sum_{i=1}^{k} \sigma_i \boldsymbol{u}_i \boldsymbol{v}_i^*$ 로 근사시킬 수 있고, 각 성분의 오차의 제곱의 합이 $\sigma_{k+1}^2 + \cdots + \sigma_r^2$ 보다 작다는 것이다.

예를 들어, 행렬 $\mathbf{A}$ 가 픽셀 단위로 저장된 이미지 파일이라면, 이러한 근사는 이미지의 질을 크게 떨어뜨리지 않으면서도 보다 적은 저장용량을 사용하여 저장하는 방법에 응용할 수 있다. 또, 행렬 $\mathbf{A}$ 의 열벡터가 어떤 특성에 대한 데이터 샘플들의 값을 모은 것으로 이해한다면, 이런 특성벡터($\mathbf{A}$ 의 열벡터)들의 일차결합으로 만들어진 새로운 특성벡터($\mathbf{A}$ 의 특이값 분해 $\mathbf{U\Sigma V}$ 에서 $\mathbf{U}$ 의 열벡터 $\boldsymbol{u}_i$) 중 데이터(행렬 $\mathbf{A}$)의 경향을 가장 잘 나타내는(σ_i 의 값이 큰) 특성벡터들을 고려하는 주성분분석에 응용할 수도 있다.

행렬의 특잇값 분해 구하는 방법

정리 1.53에 의해 행렬 $\mathbf{A}$ 의 특잇값 분해 $\mathbf{A} = \mathbf{U\Sigma V}^*$ 는 항상 가능하므로,

$$\begin{aligned}\mathbf{AA}^* &= \mathbf{U\Sigma V}^*\mathbf{V\Sigma}^*\mathbf{U}^* = \mathbf{U\Sigma\Sigma}^t\mathbf{U}^* \\ \mathbf{A}^*\mathbf{A} &= \mathbf{V\Sigma}^*\mathbf{U}^*\mathbf{U\Sigma V}^* = \mathbf{V\Sigma}^t\mathbf{\Sigma V}^*\end{aligned}$$

가 성립하고, $m \times m$ 대각행렬 $\mathbf{\Sigma\Sigma}^t$ 또는 $n \times n$ 대각행렬 $\mathbf{\Sigma}^t\mathbf{\Sigma}$ 의 대각성분 λ_i 와 특잇값 σ_i 의 관계가 $\sigma_i^2 = \lambda_i$ 라는 것을 이용하면 다양한 방법으로 구할 수 있다.[a]

[a] 정리 1.53 증명 과정의 식 (1.58)이 핵심적인 부분이다.

예제 1.39 임의의 $m \times n$ 행렬 $\mathbf{A}$ 에 대하여 유사 역행렬이 존재함을 보이시오.

풀이 임의의 행렬에 대해 특잇값 분해가 존재하므로 $\mathbf{A} = \mathbf{U\Sigma V}^*$ 를 만족하는 유니타리 행렬 $\mathbf{U}, \mathbf{V}$ 와 대각행렬 $\mathbf{\Sigma}$ 가 존재한다. 이때, 유니타리 행렬 $\mathbf{U}$ 에 대해 $\mathbf{U}^*$ 는 유사 역행렬의 정의 1.27의 네 조건을 모두 만족하므로 유사 역행렬의 유일성(예제 1.21)에 의해

$\mathbf{U}^+ = \mathbf{U}^*$ 이다. 동일한 이유로 $\mathbf{V}^*$ 의 유사 역행렬은 $\mathbf{V}$ 이다. 대각행렬 $\mathbf{\Sigma}$ 의 경우 $\mathbf{\Sigma}^+$ 는 $\mathbf{\Sigma}^{\mathrm{t}}$ 에서 0 이 아닌 대각성분을 모두 역수로 바꾼 행렬이 정의 1.27의 네 조건을 만족시키는 것을 확인할 수 있다. 예를 들어, 3×4 대각행렬의 유사 역행렬은 아래와 같은 형태의 4×3 대각행렬이 된다.

$$\mathbf{\Sigma} = \begin{bmatrix} \sigma_1 & 0 & 0 & 0 \\ 0 & \sigma_2 & 0 & 0 \\ 0 & 0 & 0 & 0 \end{bmatrix} \Longleftrightarrow \mathbf{\Sigma}^+ = \begin{bmatrix} 1/\sigma_1 & 0 & 0 \\ 0 & 1/\sigma_2 & 0 \\ 0 & 0 & 0 \\ 0 & 0 & 0 \end{bmatrix}$$

따라서, 임의의 행렬 $\mathbf{A} = \mathbf{U\Sigma V}^*$ 에 대해 $\mathbf{A}^+ = \mathbf{V\Sigma}^+\mathbf{U}^*$ 와 같이 유사 역행렬이 존재한다. □

위 예제 1.39에서 특잇값 분해를 이용하여 행렬 $\mathbf{A}$ 의 유사 역행렬을 구하는 과정을 이용하면, 유사 역행렬에 대해 다음 성질이 성립함을 쉽게 확인할 수 있다.

$$\left(\mathbf{A}^{\mathrm{t}}\right)^+ = \left(\mathbf{A}^+\right)^{\mathrm{t}}, \quad \left(\mathbf{A}^*\right)^+ = \left(\mathbf{A}^+\right)^* \tag{1.61}$$

1.5.6 행렬의 특잇값 분해와 스펙트럼 분해에 대한 수치적 알고리즘

(실수) 행렬의 특잇값 분해가 항상 가능하다는 것을 증명할 때, 대칭행렬이 직교 대각화 가능하다는 것을 이용하였다. 일반적으로 n 차 행렬의 고윳값을 구하기 위해서는 특성다항식으로 주어지는 방정식의 해를 구해야 하는데 n 이 클때는 수치적 접근을 피할 수 없다.

예제 1.34에서 살펴보았듯이, 정사각행렬의 서로 다른 고윳값에 대응되는 고유벡터는 항상 서로 수직이 되는데, 이 소절에서는 이 점에 착안하여 서로 다른 특잇값을 갖는 행렬에 대한 특잇값 분해를 파이썬(Python), 쥴리아(Julia) 등 다양한 프로그래밍 언어를 이용하여 수치적으로 손쉽게 구할 수 있는 방법을 소개한다.[64]

계수가 r 인 행렬 $\mathbf{A} \in \mathbb{R}^{m\times n}$ 의 특잇값 분해를 식 (1.59)와 같이 특잇값과 오른쪽, 왼쪽 특이벡터를 이용하여 계수가 1 인 행렬들의 합으로 표현한 것이

$$\mathbf{A} = \sum_{i=1}^{r} \sigma_i \boldsymbol{u}_i \boldsymbol{v}_i^{\mathrm{t}}, \quad (\sigma_1 \geq \sigma_2 \geq \cdots \geq \sigma_r > 0) \tag{1.62}$$

[64] 일반적으로는 여기서 소개하는 방법 외에 행렬의 왼쪽에 하우스 홀더 변환(Householder transform)을 적용하여 QR 분해하는 아이디어와 유사하게 행렬의 양쪽에서 하우스 홀더 변환을 적용하여 SVD를 구하는 방법을 많이 사용한다.

라 하자. 이때, $\mathbf{B} = \mathbf{A}^{\mathrm{t}}\mathbf{A}$ 라 하면, $\boldsymbol{u}_i\ (1 \le i \le r)$ 이 정규직교집합을 이루므로

$$\mathbf{B} = \sum_{i=1}^{r} \sigma_i^2 \boldsymbol{v}_i \boldsymbol{v}_i^{\mathrm{t}}$$

가 성립한다. 따라서, 각 $i = 1, \cdots, r$ 에 대해 $\mathbf{B}\boldsymbol{v}_i = \sigma_i^2 \boldsymbol{v}_i$ 이고, 모든 $k \ge 1$ 에 대해

$$\mathbf{B}^k \boldsymbol{v}_i = \sigma_i^{2k} \boldsymbol{v}_i$$

이다.

이제, 정규직교집합 $\boldsymbol{v}_i\ (1 \le i \le r)$ 을 포함하는 $\mathbb{R}^n$ 의 정규직교기저 $\{\boldsymbol{v}_i \,|\, 1 \le i \le n\}$ 를 잡으면 $\mathbf{B}\boldsymbol{v}_i = \mathbf{0}\ (r+1 \le i \le n)$ 이므로 임의의 벡터 $\boldsymbol{x} = \sum_{i=1}^{n} c_i \boldsymbol{v}_i$ 에 대하여

$$\mathbf{B}^k \boldsymbol{x} = \sum_{i=1}^{r} c_i \sigma_i^{2k} \boldsymbol{v}_i$$

가 된다. 이때, 모든 $2 \le i \le r$ 에 대해 $\sigma_1 \ne \sigma_i$ 가 성립한다면 $\sigma_i/\sigma_1 < 1$ 이므로, 아래 극한 계산식에서 분모와 분자를 σ_1^{2k} 로 나누고 극한을 구하면

$$\begin{aligned}
\lim_{k\to\infty} \frac{\mathbf{B}^k \boldsymbol{x}}{\left\|\mathbf{B}^k \boldsymbol{x}\right\|} &= \lim_{k\to\infty} \sum_{i=1}^{r} \frac{c_i \sigma_i^{2k}}{\sqrt{c_1^2 \sigma_1^{4k} + \cdots + c_r^2 \sigma_r^{4k}}} \boldsymbol{v}_i \\
&= \lim_{k\to\infty} \sum_{i=1}^{r} \frac{c_i (\sigma_i/\sigma_1)^{2k}}{\sqrt{c_1^2 + c_2^2 (\sigma_2/\sigma_1)^{4k} + \cdots + c_r^2 (\sigma_r/\sigma_1)^{4k}}} \boldsymbol{v}_i \\
&= \boldsymbol{v}_1
\end{aligned} \tag{1.63}$$

이다. 따라서 가장 큰 특잇값 σ_1 에 대응되는 오른쪽 특이벡터 $\boldsymbol{v}_1$ 을 구할 수 있다.

한편, 모든 i 에 대해 $\mathbf{A}\boldsymbol{v}_i = \sigma_i \boldsymbol{u}_i$ 가 성립하므로 $\boldsymbol{v}_i$ 를 알면 다음 관계식

$$\sigma_i = \|\mathbf{A}\boldsymbol{v}_i\|, \quad \boldsymbol{u}_i = \frac{\mathbf{A}\boldsymbol{v}_i}{\|\mathbf{A}\boldsymbol{v}_i\|}$$

으로부터 σ_1 과 $\boldsymbol{u}_1$ 을 구할 수 있다.

이제, 식 (1.62)에서

$$\mathbf{A}_1 := \mathbf{A} - \sigma_1 \boldsymbol{u}_1 \boldsymbol{v}_1^{\mathrm{t}} = \sum_{i=2}^{r} \sigma_i \boldsymbol{u}_i \boldsymbol{v}_i^{\mathrm{t}}$$

에 대해 앞에서 설명한 과정을 차례로 반복하면 다음과 같이 특잇값 분해에 대한 알고리즘을 얻을 수 있다.[65]

---

[65] 여기서 제시한 알고리즘은 $m \times n$ 행렬 $\mathbf{A}$ 에 대하여 $n < m$ 임을 가정한 알고리즘이다. $m < n$ 인 경우에는 제시한 알고리즘을 $\mathbf{A}^{\mathrm{t}}$ 에 적용하면 된다. 이처럼 n 과 m 의 크기를 따지는 이유는 크기가 작은 $\mathbf{B} = \mathbf{A}^{\mathrm{t}}\mathbf{A}$ 를 통해

수치적 특잇값 분해 알고리즘

$i = 1$부터 시작하여 다음 단계에 따라 행렬 $\mathbf{A}$의 특잇값 σ_i와 오른쪽, 왼쪽 특이벡터 $\boldsymbol{v}_i, \boldsymbol{u}_i$를 차례로 구한다.

단계1) $\widetilde{\mathbf{A}} := \mathbf{A}$로 두고, $\mathbf{B} := \widetilde{\mathbf{A}}^{t}\widetilde{\mathbf{A}}$를 계산한다.

단계2) 랜덤하게 생성한 $\mathbb{R}^n$의 단위벡터 $\boldsymbol{x}$에 대해, 식 (1.63)이 수렴할 때까지 k의 값을 1부터 차례로 증가시키면서

$$\frac{\mathbf{B}^k\boldsymbol{x}}{\left\|\mathbf{B}^k\boldsymbol{x}\right\|}$$

를 구한다. 이때, 수렴하는 벡터를 $\boldsymbol{v}_i$로 둔다. (이때, 수렴하는 벡터를 구한다는 의미는, 이미 식 (1.63)에서 극한이 존재함을 알고 있으므로, 미리 정한 기준 $\varepsilon > 0$에 대해

$$\left\|\frac{\mathbf{B}^k\boldsymbol{x}}{\left\|\mathbf{B}^k\boldsymbol{x}\right\|} - \frac{\mathbf{B}^{k-1}\boldsymbol{x}}{\left\|\mathbf{B}^{k-1}\boldsymbol{x}\right\|}\right\| < \varepsilon$$

을 만족할 때 $\boldsymbol{v}_i = \mathbf{B}^k\boldsymbol{x}/\left\|\mathbf{B}^k\boldsymbol{x}\right\|$으로 둔다는 뜻이다.)

단계3) $\sigma_i := \|\mathbf{A}\boldsymbol{v}_i\|$를 계산한다.

단계4) $\boldsymbol{u}_i := \dfrac{\mathbf{A}\boldsymbol{v}_i}{\|\mathbf{A}\boldsymbol{v}_i\|}$를 계산한다.

단계5) $\widetilde{\mathbf{A}} \longleftarrow \widetilde{\mathbf{A}} - \sigma_i\boldsymbol{u}_i\boldsymbol{v}_i^{t}$와 같이 $\widetilde{\mathbf{A}}$를 업데이트 한 후, $\widetilde{\mathbf{A}} \approx \mathbf{O}$이 성립하면 종료하고, 그렇지 않으면 다음과 같이 $\mathbf{B}$와 i를 업데이트하고 단계2)로 돌아간다.

$$\mathbf{B} \longleftarrow \widetilde{\mathbf{A}}^{t}\widetilde{\mathbf{A}}, \qquad i \longleftarrow i+1$$

참고 1.54 위 알고리즘에서 0이 아닌 특잇값이 서로 다르다는 것을 가정하였지만, 실제로는 동일한 특잇값이 있는 경우에도 조금만 수정하면 특잇값 분해를 그할 수 있다. 예를 들어, 식 (1.62)의 특잇값 분해에서 $\sigma_1 = \sigma_2 = \sigma_3$이 성립하는 경우, 식 (1.63)의 극한값은 단위벡터

$$\widetilde{\boldsymbol{v}}_1 := \frac{c_1}{\sqrt{c_1^2+c_2^2+c_3^2}}\boldsymbol{v}_1 + \frac{c_2}{\sqrt{c_1^2+c_2^2+c_3^2}}\boldsymbol{v}_2 + \frac{c_3}{\sqrt{c_1^2+c_2^2+c_3^2}}\boldsymbol{v}_3$$

가 되는데, 이 벡터는 $\mathbf{B}$의 고윳값 σ_1^2에 대응되는 고유벡터이므로 $\mathbf{A}$의 특잇값 σ_1에 대응되는 오른쪽 특이벡터이다.

계산을 줄이기 위함이다.

문제가 되는 것은 알고리즘의 단계5)에서 $\mathbf{B}$를 업데이트하고 단계2)에서 두 번째 특이벡터를 구할 때, 이 벡터와 $\widetilde{\boldsymbol{v}}_1$이 서로 수직이 된다는 보장이 없다는 것이다. 따라서, 위 알고리즘을 이용하여 특잇값과 특이벡터를 구한 후, 동일한 특잇값에 대응되는 특이벡터 $\boldsymbol{v}_i$ 들이 서로 수직인지를 확인하고, 수직이 아닌 경우 그람-슈미트 직교화 과정을 이용하여 서로 수직인 벡터로 만드는 과정과, 대응되는 $\boldsymbol{u}_i$를 수정하는 과정을 거치면 위 알고리즘을 활용하는 것이 가능하다.

행렬 $\mathbf{A}$의 특잇값을 구하는 위 알고리즘의 핵심은 대칭행렬 $\mathbf{B} = \mathbf{A}^{\mathrm{t}}\mathbf{A}$의 가장 큰 고윳값에 대한 식 (1.63)이므로, 대칭행렬의 고윳값과 고유벡터를 구하는 알고리즘도 조금만 수정하면 유사한 방법으로 구성할 수 있다.

1.6 이산 푸리에 변환

아날로그 신호를 샘플링하여 얻은 이산적 신호로부터 샘플링 전 아날로그 신호에 포함된 각 주파수 성분을 구하는 방법을 **이산 푸리에 변환**(DFT : Discrete Fourier Transform)이라 부르고, 이러한 이산 푸리에 변환과 그 역변환을 빠르게 계산할 수 있도록 고안된 알고리즘을 **고속 푸리에 변환**(FFT : Fast Fourier Transform)이라 부른다.

이 절에서는 이산 푸리에 변환의 역변환 계산도 이산 푸리에 변환의 계산을 이용하여 쉽게 할 수 있음을 확인하고, 이산 푸리에 변환을 빠르게 계산하는 고속 푸리에 변환에 대해 설명한다. 또, 그 응용으로 특별한 구조를 갖는 순환행렬 또는 퇴플리츠 행렬과 벡터의 곱은 고속 푸리에 변환을 이용하면 연산량을 크게 줄일 수 있음을 설명한다.

1.6.1 이산 푸리에 변환과 이산 푸리에 역변환

정의 1.55

벡터 $\boldsymbol{x} = [x_0, \cdots, x_{n-1}]^{\mathrm{t}} \in \mathbb{C}^n$ 의 **이산 푸리에 변환**(DFT: Discrete Fourier Transform)은 각 성분이 아래 식 (1.64)로 주어지는 벡터 $\widetilde{\boldsymbol{x}} = [\widetilde{x}_0, \cdots, \widetilde{x}_{n-1}]^{\mathrm{t}}$를 말한다.[a]

$$\widetilde{x}_t = \sum_{s=0}^{n-1} \omega^{st} x_s, \qquad t = 0, 1, \cdots, n-1 \tag{1.64}$$

(단, 복소수 ω는 $\omega = e^{-\mathrm{i}2\pi/n} = \cos(2\pi/n) - \mathrm{i}\sin(2\pi/n)$)

[a] 이산 푸리에 변환을 다룰 때는, 벡터와 행렬의 행과 열을 표시할 때 1이 아닌 0부터 시작하는 표현이 편리하다.

식 (1.64)에서 ω를 정의할 때 사용한 식 $e^{it} = \cos t + i\sin t$은 **오일러 공식**(Euler formula)이라 부르는 식으로 복소지수함수와 복소삼각함수의 관계를 정의하는 식으로 이해할 수 있다. ω는 방정식 $z^n = 1$의 한 근인데, 대수학의 기본정리에 따르면 방정식 $z^n = 1$은 n개의 근을 가져야 하고 실제로

$$\omega^1, \omega^2, \cdots, \omega^n (= 1)$$

이 된다. 특히, 임의의 $1 \leq k < n$에 대해 등비수열의 합을 이용하면

$$\sum_{i=0}^{n-1} \omega^{ki} = \frac{1 - \omega^{kn}}{1 - \omega^k} = 0 \tag{1.65}$$

이 성립하고, $\overline{\omega^k} = \omega^{-k}$이다.

벡터 $\boldsymbol{x}$의 이산 푸리에 변환 $\widetilde{\boldsymbol{x}}$는 아래와 같이 $\omega^k\,(0 \leq k \leq n-1)$에 의해 결정되는 **방데르몽드 행렬**(Vandermonde matrix) $\mathbf{F}$를 이용하면

$$\mathbf{F} = \begin{bmatrix} 1 & 1 & 1 & \cdots & 1 \\ 1 & \omega & \omega^2 & \cdots & \omega^{n-1} \\ 1 & \omega^2 & \omega^4 & \cdots & \omega^{2(n-1)} \\ \vdots & \vdots & \vdots & \ddots & \vdots \\ 1 & \omega^{n-1} & \omega^{2(n-1)} & \cdots & \omega^{(n-1)^2} \end{bmatrix}, \qquad \widetilde{\boldsymbol{x}} = \mathbf{F}\boldsymbol{x} \tag{1.66}$$

로 이해할 수 있다. 보통 행렬 $\mathbf{F}$를 **이산 푸리에 행렬**(discrete Fourier matrix)라고 부른다. 이때, 이산 푸리에 행렬 $\mathbf{F}$는 $\mathbf{F} = \mathbf{F}^{\mathrm{t}}$를 만족하는 복소 대칭행렬이고, $1/\sqrt{n}\,\mathbf{F}$는 유니타리 행렬이 된다. 이를 확인해보자. 각 $\alpha_i := \omega^i$이라 할 때, 행렬 $\mathbf{F}$의 i번째 열벡터는

$$\boldsymbol{f}_i = [1, \alpha_i, \alpha_i^2, \cdots, \alpha_i^{(n-1)}]^{\mathrm{t}}, \quad (0 \leq i \leq n-1)$$

이다. 또, $\alpha_i^n = 1$이므로 $\mathbb{C}^n$의 열벡터끼리의 복소내적을 계산하면 식 (1.65)에 의해

$$\langle \boldsymbol{f}_i, \boldsymbol{f}_j \rangle = \sum_{k=0}^{n-1} \overline{\alpha_j}^k \alpha_i^k = \sum_{k=0}^{n-1} \alpha_j^{-k} \alpha_i^k = \sum_{k=0}^{n-1} \omega^{-kj+ki} = \sum_{k=0}^{n-1} (\omega^{i-j})^k = \delta_{ij} n$$

이 된다. 따라서 $1/\sqrt{n}\boldsymbol{f}_i$, $(0 \leq i \leq n-1)$은 복소 벡터공간 $\mathbb{C}^n$의 복소내적에 대하여 정규직교기저를 이루고, $1/\sqrt{n}\,\mathbf{F}$는 복소 대칭행렬이면서 유니타리 행렬이 됨을 확인할 수 있다.

$$\frac{1}{n}\mathbf{F}\mathbf{F}^* = \frac{1}{n}\mathbf{F}^*\mathbf{F} = \mathbf{I}_n \Longleftrightarrow \mathbf{F}^{-1} = \frac{1}{n}\mathbf{F}^* = \frac{1}{n}\overline{\mathbf{F}} \tag{1.67}$$

이제, 이산 푸리에 변환의 역변환을 쉽게 구할 수 있다.

관계식 $\widetilde{\boldsymbol{x}} = \mathbf{F}\boldsymbol{x}$ 에서 $1/\sqrt{n}\,\mathbf{F}$ 가 유니타리 행렬이고 $\mathbf{F}$ 가 대칭행렬임을 이용하면, **이산 푸리에 역변환**(IDFT: Inverse Discrete Fourier Transform)은 다음 관계식

$$\boldsymbol{x} = \mathbf{F}^{-1}\widetilde{\boldsymbol{x}} = \frac{1}{n}\mathbf{F}^*\widetilde{\boldsymbol{x}} = \frac{1}{n}\overline{\mathbf{F}}\,\widetilde{\boldsymbol{x}} \tag{1.68}$$

로 주어진다.

이산 푸리에 역변환을 식 (1.64)와 같이 벡터의 성분으로 표현하면 다음과 같다.

$$x_t = \frac{1}{n}\sum_{s=0}^{n-1}\omega^{-st}\widetilde{x}_s, \qquad t = 0, 1, \cdots, n-1 \tag{1.69}$$

또, 식 (1.68) 또는 (1.69)에서 알 수 있듯이, 벡터 $\boldsymbol{y}$의 이산 푸리에 역변환은 $\bar{\boldsymbol{y}}$의 이산 푸리에 변환을 이용하여 다음과 같이 구할 수 있다.

$$\frac{1}{n}\overline{\mathbf{F}}\boldsymbol{y} = \frac{1}{n}\overline{\mathbf{F}\overline{\boldsymbol{y}}} \tag{1.70}$$

따라서, 이산 푸리에 변환을 빠르게 계산할 수 있는 알고리즘이 있으면, 이산 푸리에 역변환도 식 (1.70)을 이용하여 빠르게 계산할 수 있다.

1.6.2 고속 푸리에 변환

분할 정복(divide-and-conquer) 알고리즘을 이용하여 이산 푸리에 변환식 (1.64)와 이산 푸리에 역변환식 (1.69)를 좀 더 효율적으로 계산하는 알고리즘을 **고속 푸리에 변환**(FFT: Fast Fourier Transform)이라고 부른다.

일반적으로 n 차원 벡터에 대한 이산 푸리에 (역) 변환의 계산 복잡도는 $O(n^2)$ 이지만 분할 정복 알고리즘을 이용하는 고속 푸리에 변환의 계산 복잡도는 $O(n\log n)$ 으로 줄어든다.

이 알고리즘의 핵심은 $n = k_1k_2$ 일 때, 식 (1.64)에서 지표 t와 s를 다음 조건

$$\begin{aligned} t &= t_1k_1 + t_0, \quad t_0 \in \{0, 1, \cdots, k_1-1\},\ t_1 \in \{0, 1, \cdots, k_2-1\} \\ s &= s_1k_2 + s_0, \quad s_0 \in \{0, 1, \cdots, k_2-1\},\ s_1 \in \{0, 1, \cdots, k_1-1\} \end{aligned}$$

을 만족하는 지표 순서쌍 (t_0, t_1), (s_0, s_1) 으로 표현하고, $\widetilde{x}_t \equiv \widetilde{x}_{t_1,t_0}$ 와 $x_s \equiv x_{s_1,s_0}$ 에 대해 식 (1.64)를 계산하면, 계산 복잡도를 줄이는 방향으로 합을 나누어 구할 수 있다는 것이다. 즉,

지표 순서쌍에 대해 식 (1.64)를 다시 쓰면

$$\begin{aligned}\widetilde{x}_{t_1,t_0} &= \sum_{s_0=0}^{k_2-1}\sum_{s_1=0}^{k_1-1}\omega^{(s_1k_2+s_0)t}x_{s_1,s_0}\\ &= \sum_{s_0=0}^{k_2-1}\omega^{s_0t}\sum_{s_1=0}^{k_1-1}\omega^{s_1k_2t}x_{s_1,s_0}, \quad t_0=0,1,\cdots,k_1-1,\ t_1=0,1,\cdots,k_2-1\end{aligned} \tag{1.71}$$

이고, 마지막 식에서 $\omega^{k_1k_2}=\omega^n=1$을 이용하면 $\omega^{s_1k_2t}=\omega^{s_1k_2t_0}$이다.

따라서 식 (1.71)에서 s_1에 대한 합 부분을 t_0, s_0에만 의존하는 값 y_{t_0,s_0}으로 둘 때, 다음 식

$$y_{t_0,s_0} := \sum_{s_1=0}^{k_1-1}\omega^{s_1k_2t_0}x_{s_1,s_0}, \quad t_0=0,1,\cdots,k_1-1,\ s_0=0,1,\cdots,k_2-1$$

을 계산하는 복잡도는 $O(nk_1)$이고, 이때 식 (1.71)의 이산 푸리에 변환은

$$\widetilde{x}_{t_1,t_0} = \sum_{s_0=0}^{k_2-1}\omega^{s_0t}y_{t_0,s_0}, \quad t_1=0,1,\cdots,k_2-1,\ t_0=0,1,\cdots,k_1-1$$

이므로 $O(nk_2)$의 계산 복잡도로 계산할 수 있다. 결론적으로 $n=k_1k_2$를 이용하여 이산 푸리에 변환을 구하는 계산 복잡도는 $O(n^2)$보다 줄어든 $O\big(n(k_1+k_2)\big)$가 된다.

이제 $n=k_1k_2\cdots k_m$일 때, 앞서 설명한 분할 정복 알고리즘을 반복하여 적용하면

$$O\big(n(k_1+\cdots+k_m)\big)$$

의 계산 복잡도로 이산 푸리에 변환을 계산할 수 있고, $n=k^m$인 경우에 계산 복잡도는

$$O(nkm)=O(nk\log_k n)$$

가 된다. 특히, $k=2$일 때, 계산 복잡도는 $O(n\log_2 n)$이므로 $O(n^2)$보다 효율적으로 이산 푸리에 변환과 이산 푸리에 역변환[66]을 구할 수 있다.

1.6.3 퇴플리츠 행렬과 순환행렬의 성질

이 소절에서는 이산 푸리에 변환과 자연스럽게 연결이 되는 순환행렬과 순환행렬의 일반화된 특성을 갖는 퇴플리츠 행렬에 대해 소개한다.

[66] 식 (1.70)에 의해 이산 푸리에 역변환은 이산 푸리에 변환을 이용하여 구할 수 있다.

퇴플리츠 행렬(Toeplitz matrix)은 편미분방정식의 수치해, 신호처리, 시계열 분석 등 다양한 문제에서 자연스럽게 등장하는 행렬로 $2n-1$ 개의 값

$$\alpha_{-(n-1)}, \alpha_{-(n-2)}, \cdots, \alpha_{-1}, \alpha_0, \alpha_1, \cdots, \alpha_{n-2}, \alpha_{n-1}$$

이 주어질 때,

$$a_{ij} = \alpha_{i-j},\ i, j = 0, 1, \cdots, n-1$$

을 (i, j) 성분으로 갖는 $n \times n$ 행렬이다[67].

즉, n 차 퇴플리츠 행렬은 다음과 같은 형태

$$\begin{bmatrix} \alpha_0 & \alpha_{-1} & \cdots & \alpha_{-(n-2)} & \alpha_{-(n-1)} \\ \alpha_1 & \alpha_0 & \alpha_{-1} & \cdots & \alpha_{-(n-2)} \\ \vdots & \alpha_1 & \alpha_0 & \ddots & \vdots \\ \alpha_{n-2} & \vdots & \ddots & \ddots & \alpha_{-1} \\ \alpha_{n-1} & \alpha_{n-2} & \cdots & \alpha_1 & \alpha_0 \end{bmatrix}$$

를 갖고, 1 행과 1 열의 $2n-1$ 성분에 의해 완전히 결정된다. 특히, 퇴플리츠 행렬이 에르미트 행렬이면 n 개의 성분으로 결정된다.

실제로, 정사각행렬이 아닌 $m \times n$ 행렬의 경우에도 모든 $0 \le i \le m-1$, $0 \le j \le n-1$ 에 대해 $a_{ij} = a_{i+1,j+1}$ 을 만족하는 행렬을 퇴플리츠 행렬이라고 부르는데, 예를 들어, 벡터의 합성곱은 퇴플리츠 행렬을 이용하여 표현할 수 있다.

두 벡터 $\boldsymbol{v} = [v_1, \cdots, v_m]^{\mathrm{t}}$, $\boldsymbol{w} = [w_1, \cdots, w_n]^{\mathrm{t}}$ 에 대하여 각 벡터의 성분을 계수로 갖는 두 다항식을 각각

$$f(x) = v_1 + v_2 x + \cdots + v_m x^{m-1}, \quad g(x) = w_1 + w_2 x + \cdots + w_n x^{n-1}$$

이라 할 때, 두 다항식의 곱으로 얻어지는 $n+m-2$ 차 다항식의 계수에 대응되는 $n+m-1$ 차원 벡터를 두 벡터 $\boldsymbol{v}$ 와 $\boldsymbol{w}$ 의 **(이산) 합성곱**[68](discrete convolution) 이라 하고 $\boldsymbol{v} * \boldsymbol{w}$ 로 쓴다.

즉, $j \notin \{1, \cdots, n\}$ 인 모든 j 에 대해 $w_j := 0$ 으로 정의할 때, $\boldsymbol{v} * \boldsymbol{w}$ 의 i 번째 성분은

$$(\boldsymbol{v} * \boldsymbol{w})_i = \sum_{k=1}^{m} v_k w_{i-k+1}, \quad \forall i = 1, 2, \cdots, n+m-1$$

[67] 퇴플리츠 행렬과 순환행렬에서는 행과 열을 표시할 때 1 이 아닌 0 부터 시작하는 표현을 사용하는 것이 편리하다.

[68] 적분으로 정의되는 두 함수의 합성곱을 이산화한 것으로 이해할 수 있다.

이므로 다음과 같이 $\boldsymbol{v}$ 에 의해 결정되는 퇴플리츠 행렬을 이용하여 선형사상으로 이해할 수 있다.

$$\boldsymbol{v} * \boldsymbol{w} = \underbrace{\begin{bmatrix} v_1 & 0 & \cdots & 0 & 0 \\ v_2 & v_1 & \cdots & 0 & 0 \\ v_3 & v_2 & \ddots & \vdots & \vdots \\ \vdots & v_3 & \ddots & v_1 & 0 \\ \vdots & \vdots & \ddots & v_2 & v_1 \\ v_m & \vdots & \vdots & v_3 & v_2 \\ 0 & v_m & \vdots & \vdots & v_3 \\ 0 & 0 & \ddots & \vdots & \vdots \\ \vdots & \vdots & \ddots & v_m & \vdots \\ 0 & 0 & \cdots & 0 & v_m \end{bmatrix}}_{n \text{ 개}} \begin{bmatrix} w_1 \\ w_2 \\ \vdots \\ w_n \end{bmatrix}$$

퇴플리츠 행렬의 특별한 경우인 **순환행렬**(circulant matrix)은 아래와 같이 벡터 $\boldsymbol{c} = [c_0, c_1, \cdots, c_{n-1}]$ 의 성분을 순환시켜 만든 행렬 $\mathbf{C}$ 를 말하는데, 첫 번째 열벡터에 의해 완전히 결정되는 퇴플리츠 행렬이다. 즉, $\mathbf{C}$ 의 (i, j) 성분은 $c_{(i-j) \bmod n}$ $(0 \le i, j \le n-1)$ 이다.

$$\mathbf{C} = \begin{bmatrix} c_0 & c_{n-1} & \cdots & c_2 & c_1 \\ c_1 & c_0 & c_{n-1} & \cdots & c_2 \\ \vdots & c_1 & c_0 & \ddots & \vdots \\ c_{n-2} & \vdots & \ddots & \ddots & c_{n-1} \\ c_{n-1} & c_{n-2} & \cdots & c_1 & c_0 \end{bmatrix}$$

1.6.4 고속 푸리에 변환을 이용한 순환행렬(퇴플리츠 행렬)과 벡터의 곱 계산

이제 이산 푸리에 변환과 순환행렬의 관계를 알아보자. 벡터 $\boldsymbol{c} \in \mathbb{C}^n$ 에 의해 결정되는 순환행렬을 $\mathbf{C}$ 라 하고, 이산 푸리에 행렬 $\mathbf{F}$ 의 i 번째 열벡터 $\boldsymbol{f}_i$ $(i = 0, 1, \cdots, n-1)$ 에 대해 $\mathbf{C}\boldsymbol{f}_i$ 를 계산하면, 벡터 $\mathbf{C}\boldsymbol{f}_i$ 의 j 성분은 다음과 같다.

$$\sum_{k=0}^{n-1} c_{(j-k) \bmod n}\, \omega^{ik} = \sum_{\ell=0}^{n-1} c_\ell\, \omega^{i(j-\ell)} = \omega^{ij} \sum_{\ell=0}^{n-1} c_\ell\, \omega^{-i\ell}, \quad (\text{단}, 0 \le j \le n-1)$$

이때, ω^{ij} 는 $\boldsymbol{f}_i$ 의 j 번째 성분이고,

$$\sum_{\ell=0}^{n-1} c_\ell\,\omega^{-i\ell} = \langle \boldsymbol{c}, \boldsymbol{f}_i \rangle = \boldsymbol{f}_i^* \boldsymbol{c} = \boldsymbol{c}^{\mathrm{t}} \overline{\boldsymbol{f}}_i$$

이므로

$$\mathbf{C}\boldsymbol{f}_i = \langle \boldsymbol{c}, \boldsymbol{f}_i \rangle \boldsymbol{f}_i = \big(\boldsymbol{f}_i^* \boldsymbol{c}\big)\boldsymbol{f}_i, \quad (0 \le i \le n-1)$$

이 성립한다. 즉, $\boldsymbol{f}_i$ 는 순환행렬 $\mathbf{C}$의 고윳값 $\lambda_i := \langle \boldsymbol{c}, \boldsymbol{f}_i \rangle = \boldsymbol{f}_i^* \boldsymbol{c}$에 대응되는 고유벡터이다.

따라서, 순환행렬 $\mathbf{C}$의 모든 고윳값 λ_i, $(0 \le i \le n-1)$은 다음 식

$$\boldsymbol{\lambda} := \begin{bmatrix} \lambda_0 \\ \vdots \\ \lambda_{n-1} \end{bmatrix} = \begin{bmatrix} \boldsymbol{f}_0^* \\ \vdots \\ \boldsymbol{f}_{n-1}^* \end{bmatrix} \boldsymbol{c} = \mathbf{F}^* \boldsymbol{c} = \overline{\mathbf{F}} \boldsymbol{c} \tag{1.72}$$

과 같이 벡터 $\boldsymbol{c}$의 이산 푸리에 역변환을 이용하여 한꺼번에 구할 수 있다.[69]

또, 벡터 $\boldsymbol{\lambda}$를 대각성분으로 하는 대각행렬을 $\mathrm{diag}(\boldsymbol{\lambda})$ 라 하면, 식 (1.67)에 의해 순환행렬에 대한 유니타리 대각화를 다음과 같이 구할 수 있다.

$$\begin{aligned} \mathbf{CF} = \mathbf{C}[\boldsymbol{f}_0, \cdots, \boldsymbol{f}_{n-1}] &= [\boldsymbol{f}_0, \cdots, \boldsymbol{f}_{n-1}]\mathrm{diag}(\boldsymbol{\lambda}) \\ \Longleftrightarrow \mathbf{C} = \frac{1}{n}\mathbf{F}\,\mathrm{diag}(\boldsymbol{\lambda})\,\mathbf{F}^* &= \frac{1}{n}\mathbf{F}\,\mathrm{diag}(\boldsymbol{\lambda})\,\overline{\mathbf{F}} \end{aligned} \tag{1.73}$$

따라서, 임의의 벡터 $\boldsymbol{a}$에 대해 $\mathbf{C}\boldsymbol{a}$를 구하는 $\boldsymbol{c}$와 $\boldsymbol{a}$의 순환 합성곱은 다음과 같이 이산 푸리에 변환을 반복하여 적용하면 구할 수 있다.

이산 푸리에 변환을 이용한 순환 합성곱 계산 알고리즘

벡터 $\boldsymbol{c} = [c_0, \cdots, c_{n-1}]^{\mathrm{t}}$ 에 의해 결정되는 순환행렬을 $\mathbf{C}$ 라 할 때, 벡터 $\boldsymbol{c}$와 벡터 $\boldsymbol{a} = [a_1, \cdots, a_n]^{\mathrm{t}}$ 의 순환 합성곱 $\mathbf{C}\boldsymbol{a}$는 이산 푸리에 (역)변환을 이용하여 다음과 같이 계산할 수 있다.

단계1) $\boldsymbol{z} = 1/n\overline{\mathbf{F}}\boldsymbol{a}$를 계산

단계2) $\boldsymbol{\lambda} = \overline{\mathbf{F}}\boldsymbol{c}$를 계산

단계3) $\boldsymbol{p} = \boldsymbol{z} \circ \boldsymbol{\lambda} := [z_1\lambda_0, \cdots, z_n\lambda_{n-1}]^{\mathrm{t}}$ 를 계산

단계4) $\mathbf{F}\boldsymbol{p}$를 계산

[69] 이산 푸리에 행렬은 복소 대칭행렬이므로 $\mathbf{F}^* = \overline{\mathbf{F}}$ 이고, 식 (1.70)에 의해 이산 푸리에 역변환은 이산 푸리에 변환을 이용하여 구할 수 있다.

위 계산 알고리즘의 단계1), 단계2)는 이산 푸리에 역변환의 형태이고, 단계4)는 이산 푸리에 변환이므로 고속 푸리에 변환을 이용하여 $O(n \log n)$의 계산 복잡도로 구할 수 있다.

또, 단계3)의 성분 계산은 $O(n)$ 복잡도로 계산할 수 있으므로, 고속 푸리에 변환을 이용하여 순환 합성곱을 계산하는 전체 복잡도는 일반적인 계산 복잡도 $O(n^2)$보다 줄어든 $O(n \log n)$이 된다.

예제 1.40 벡터 $\boldsymbol{c} \in \mathbb{C}^n$으로 결정되는 순환행렬 $\mathbf{C}$가 가역행렬일 때, 고속 푸리에 변환을 이용하면 방정식 $\mathbf{C}\boldsymbol{x} = \boldsymbol{b}$의 해를 계산 복잡도 $O(n \log n)$으로 구할 수 있음을 설명하시오.

풀이 순환행렬의 유니타리 대각화에 관한 식 (1.73)에서 $1/\sqrt{n}\,\mathbf{F}$가 유니타리 행렬이고, $\mathbf{C}$가 가역행렬이므로 고윳값으로 이루어진 대각행렬 $\mathrm{diag}(\boldsymbol{\lambda})$의 각 성분은 $\lambda_i \neq 0$이다. 따라서, $\mathbf{C}\boldsymbol{x} = \boldsymbol{b}$에서

$$\boldsymbol{x} = \mathbf{C}^{-1}\boldsymbol{b} = \frac{1}{n}\mathbf{F}\mathrm{diag}\left(\frac{1}{\lambda_0}, \cdots, \frac{1}{\lambda_{n-1}}\right)\overline{\mathbf{F}}\boldsymbol{b}$$

가 된다. 따라서 아래의 단계

단계1) $\boldsymbol{z} = 1/n\,\overline{\mathbf{F}}\boldsymbol{b}$ (FFT로 IDFT 계산)

단계2) $\boldsymbol{\lambda} = \overline{\mathbf{F}}\boldsymbol{c}$ (FFT로 IDFT 계산)

단계3) $\boldsymbol{p} = \boldsymbol{z}/\boldsymbol{\lambda} := [z_1/\lambda_0, \cdots, z_n/\lambda_{n-1}]^{\mathrm{t}}$를 계산

단계4) $\boldsymbol{x} = \mathbf{F}\boldsymbol{p}$ (FFT로 DFT 계산)

에 따라 계산하면, 계산 복잡도 $O(n \log n)$으로 해를 구할 수 있다.[70] □

고속 푸리에 변환을 이용하여 순환행렬과 벡터의 곱을 계산하는 방법을 이용하면, n차 퇴플리츠 행렬 $\mathbf{T}$와 $n \times 1$ 벡터 $\boldsymbol{a}$의 곱 $\mathbf{T}\boldsymbol{a}$의 계산도 효율적으로 계산하는 것이 가능하다. 퇴플리츠 행렬

$$\mathbf{T} = \begin{bmatrix} t_0 & t_{-1} & \cdots & t_{-(n-2)} & t_{-(n-1)} \\ t_1 & t_0 & t_{-1} & \cdots & t_{-(n-2)} \\ \vdots & t_1 & t_0 & \ddots & \vdots \\ t_{n-2} & \vdots & \ddots & \ddots & t_{-1} \\ t_{n-1} & t_{n-2} & \cdots & t_1 & t_0 \end{bmatrix}$$

[70] 일반적으로 역행렬을 구하는 계산 복잡도는 $O(n^{2.4})$에서 $O(n^3)$ 사이이다.

에 대해 n 차 행렬 $\mathbf{B}$ 를

$$\mathbf{B} = \begin{bmatrix} 0 & t_{n-1} & \cdots & t_2 & t_1 \\ t_{-(n-1)} & 0 & t_{n-1} & \cdots & t_2 \\ \vdots & t_{-(n-1)} & 0 & \ddots & \vdots \\ t_{-2} & \vdots & \ddots & \ddots & t_{n-1} \\ t_{-1} & t_{-2} & \cdots & t_{-(n-1)} & 0 \end{bmatrix}$$

로 정의하면, $2n \times 2n$ 행렬

$$\mathbf{C} = \begin{bmatrix} \mathbf{T} & \mathbf{B} \\ \mathbf{B} & \mathbf{T} \end{bmatrix}$$

는 순환행렬이 된다. 따라서, $\boldsymbol{y} = \mathbf{T}\boldsymbol{a}$ 의 계산은

$$\mathbf{C}\begin{bmatrix} \boldsymbol{a} \\ \mathbf{0} \end{bmatrix} = \begin{bmatrix} \mathbf{T} & \mathbf{B} \\ \mathbf{B} & \mathbf{T} \end{bmatrix}\begin{bmatrix} \boldsymbol{a} \\ \mathbf{0} \end{bmatrix} = \begin{bmatrix} \mathbf{T}\boldsymbol{a} \\ \mathbf{B}\boldsymbol{a} \end{bmatrix}$$

로부터 얻을 수 있고, $\mathbf{C}$ 가 $2n \times 2n$ 순환행렬이므로 앞 소절의 결과에 의해 계산 복잡도는 $O(n \log n)$ 이다.

CHAPTER 2

다변수 함수의 미분과 최적화

기계학습이나 심층학습에서 주어진 데이터를 이용하여 학습한다는 것은 주어진 데이터를 잘 표현하는 예측 모델을 매개변수를 이용하여 구성하고, 주어진 데이터의 실제값과 예측모델로부터 얻은 예측값 사이의 평균 오차가 최소가 되게 하는 예측 모델의 매개변수를 최적화를 통해 구하는 과정을 의미한다.

이 장에서는 여러가지 최적화 알고리즘을 이해하는데 필요한 다변수 함수의 미분에 대해 기본적인 내용을 간략하게 정리하고, 기계학습에서 자주 활용되는 최적화 알고리즘에 대하여 소개한다.

2.1 다변수 (벡터) 함수의 미분

이 절에서는 대학 1학년 수준의 미적분학에서 배우는 다변수 (벡터) 함수의 연속성, 미분 가능성, 미분법에 대한 기본적인 내용은 가정하고, 통계학과 기계학습에서 자주 사용하는 핵심 내용을 1장에서 배운 벡터와 행렬 표현을 이용하여 간략하게 정리한다. 다만, 내용을 충실하게 이해하는데 어려움이 없도록, 몇 가지 기본적인 용어는 엄밀하게 정의하고 시작한다.

벡터 $\boldsymbol{a}(\in \mathbb{R}^n)$와 양수 ε에 대해 집합 $\mathcal{B}_{\boldsymbol{a}}(\varepsilon) := \{\boldsymbol{x} \in \mathbb{R}^n \mid \|\boldsymbol{x} - \boldsymbol{a}\| < \varepsilon\}$를 $\boldsymbol{a}$를 중심으로 하는 ε-**근방**(neighborhood)이라고 한다. 또, 집합 $\mathcal{S} \subset \mathbb{R}^n$에 속하는 한 벡터 $\boldsymbol{a}$에 대해 $\mathcal{B}_{\boldsymbol{a}}(\varepsilon) \subset \mathcal{S}$를 만족하는 $\varepsilon > 0$을 잡을 수 있을 때, $\boldsymbol{a}$를 집합 $\mathcal{S}$의 **내점**(interior point)이라고 부른다. 즉, $\boldsymbol{a}$가 $\mathcal{S}$의 내점이라는 것은 $\boldsymbol{a}$의 적당한 근방의 모든 점이 $\mathcal{S}$에 속한다는 것이다. 집합 $\mathcal{S}$의 **내부**(interior)란 집합 $\mathcal{S}$의 모든 내점들의 집합을 말하고, $\text{int}(\mathcal{S})$로 쓴다.

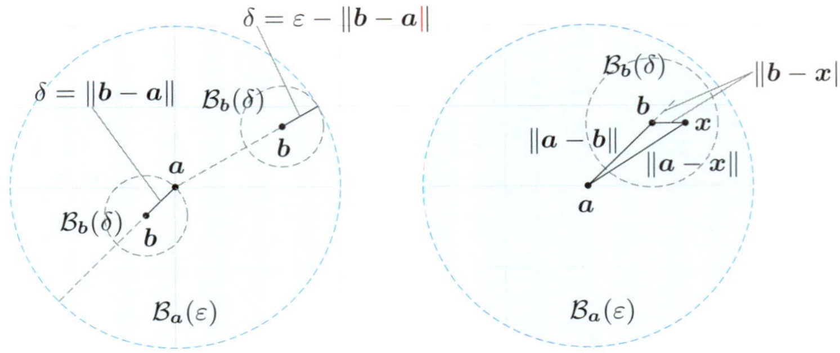

그림 2.1: $\mathcal{B}_{\boldsymbol{a}}(\varepsilon)$의 모든 점은 내점

예를 들어, 임의의 점 $\boldsymbol{b} \in \mathcal{B}_{\boldsymbol{a}}(\varepsilon)$는 $\mathcal{B}_{\boldsymbol{a}}(\varepsilon)$의 내점이 됨을 다음과 같이 보일 수 있다. ⟨그림 2.1⟩의 첫 번째 그림과 같이 두 수 $\|\boldsymbol{b} - \boldsymbol{a}\|$와 $\varepsilon - \|\boldsymbol{b} - \boldsymbol{a}\| > 0$ 중 작은 값을 δ로 잡으면, $\|\boldsymbol{b} - \boldsymbol{x}\| < \delta$를 만족하는 모든 $\boldsymbol{x}$에 대해 ⟨그림 2.1⟩의 두 번째 그림에서처럼

$$\|\boldsymbol{a} - \boldsymbol{x}\| = \|(\boldsymbol{a} - \boldsymbol{b}) + (\boldsymbol{b} - \boldsymbol{x})\| \le \|\boldsymbol{a} - \boldsymbol{b}\| + \|\boldsymbol{b} - \boldsymbol{x}\| < \|\boldsymbol{a} - \boldsymbol{b}\| + \big(\varepsilon - \|\boldsymbol{b} - \boldsymbol{a}\|\big) = \varepsilon$$

이 성립하므로 $\boldsymbol{x} \in \mathcal{B}_{\boldsymbol{a}}(\varepsilon)$이다.

즉, 모든 $\boldsymbol{x} \in \mathcal{B}_{\boldsymbol{b}}(\delta)$에 대해 $\boldsymbol{x} \in \mathcal{B}_{\boldsymbol{a}}(\varepsilon)$이 성립하므로 $\mathcal{B}_{\boldsymbol{b}}(\delta) \subset \mathcal{B}_{\boldsymbol{a}}(\varepsilon)$이다. 따라서 $\mathcal{B}_{\boldsymbol{a}}(\varepsilon)$에 속하는 임의의 점 $\boldsymbol{b}$는 집합 $\mathcal{B}_{\boldsymbol{a}}(\varepsilon)$의 내점이 되고, $\operatorname{int}\big(\mathcal{B}_{\boldsymbol{a}}(\varepsilon)\big) = \mathcal{B}_{\boldsymbol{a}}(\varepsilon)$를 얻는다.

집합 $\mathcal{B}_{\boldsymbol{a}}(\varepsilon)$의 경우처럼, 집합 $\mathcal{S}$에 대해 $\mathcal{S} = \operatorname{int}(\mathcal{S})$가 성립할 때, 집합 $\mathcal{S}$를 **열린집합**(open set)이라고 한다. 또, 집합 $\mathcal{S}$의 여집합 $\mathcal{S}^{\mathrm{C}} := \{\boldsymbol{x} \in \mathbb{R}^n | \boldsymbol{x} \notin \mathcal{S}\}$이 열린집합이 될 때, 집합 $\mathcal{S}$를 **닫힌집합**(closed set)이라 부른다.

간단한 예로, $\mathbb{R}^2$에서 중심이 원점이고 반지름의 길이가 r인 원판을 $\mathcal{D} = \{\boldsymbol{x} \mid \|\boldsymbol{x}\| \le r\}$라 하자. 이때, 앞의 예와 비슷한 방법으로

$$\operatorname{int}(\mathcal{D}^{\mathrm{C}}) = \{\boldsymbol{x} \mid \|\boldsymbol{x}\| > r\} = \mathcal{D}^{\mathrm{C}}$$

가 됨을 쉽게 확인할 수 있다. 따라서 $\mathcal{D}$의 여집합 $\mathcal{D}^{\mathrm{C}}$가 열린집합이므로 $\mathcal{D}$는 닫힌집합이 된다.

한편, 집합 $\mathcal{S}$에 속하는 점 $\boldsymbol{a}$가 $\mathcal{S}$의 내점이 아니고 $\mathcal{S}$의 여집합 $\mathcal{S}^{\mathrm{C}}$의 내점도 아닐 때, 점 $\boldsymbol{a}$

를 $\mathcal{S}$의 **경계점**[1] (boundary point) 이라 부르고, 집합 $\mathcal{S}$의 모든 경계점의 집합을 $\mathcal{S}$의 **경계**라 한다. 집합 $\mathcal{S}$의 경계는 $\mathrm{bd}(\mathcal{S})$ 또는 $\partial\mathcal{S}$로 쓴다.

앞서 예로 든 원판 $\mathcal{D}$에 대해

$$\mathrm{int}(\mathcal{D}) = \{\boldsymbol{x} \mid \|\boldsymbol{x}\| < r\}, \quad \mathrm{int}(\mathcal{D}^{\mathrm{C}}) = \{\boldsymbol{x} \mid \|\boldsymbol{x}\| > r\}$$

이므로 $\mathrm{bd}(\mathcal{D}) = \{\boldsymbol{x} \mid \|\boldsymbol{x}\| = r\}$ 이다.

함수 $\boldsymbol{f} : \mathcal{A} \subset \mathbb{R}^n \to \mathbb{R}^m$ 과 $\boldsymbol{a} \in \mathcal{A} \cup \mathrm{bd}(\mathcal{A})$ 에 대하여 $\lim_{\boldsymbol{x}\to\boldsymbol{a}} \boldsymbol{f}(\boldsymbol{x}) = \boldsymbol{c}$ 라는 것은 임의의 $\varepsilon > 0$ 에 대해 다음 조건을 만족하는 $\delta > 0$ 가 존재하는 것을 말한다.[2]

$$\boldsymbol{x} \in \mathcal{A},\ 0 < \|\boldsymbol{x} - \boldsymbol{a}\| < \delta \Longrightarrow \|\boldsymbol{f}(\boldsymbol{x}) - \boldsymbol{c}\| < \varepsilon$$

또, 함수 $\boldsymbol{f} : \mathcal{A} \subset \mathbb{R}^n \to \mathbb{R}^m$ 가 $\boldsymbol{x} = \boldsymbol{a}(\in \mathcal{A})$ 에서 연속이라는 것은 $\lim_{\boldsymbol{x}\to\boldsymbol{a}} \boldsymbol{f}(\boldsymbol{x}) = \boldsymbol{f}(\boldsymbol{a})$ 가 성립한다는 것이다. 즉, 임의의 $\varepsilon > 0$ 에 대해 다음 조건을 만족하는 $\delta > 0$ 가 존재하는 것을 의미한다.[3]

$$\boldsymbol{x} \in \mathcal{A},\ \|\boldsymbol{a} - \boldsymbol{x}\| < \delta \Longrightarrow \|\boldsymbol{f}(\boldsymbol{x}) - \boldsymbol{f}(\boldsymbol{a})\| < \varepsilon \tag{2.1}$$

함수 $\boldsymbol{f}$ 가 집합 $\mathcal{A}$의 모든 점에서 연속일 때, $\boldsymbol{f}$ 는 연속함수, 또는 $\mathcal{A}$에서 연속이라고 말한다.

$\mathbb{R}^m$ 의 벡터 $\boldsymbol{v} = [v_1, \cdots, v_m]^{\mathrm{t}}$ 의 유클리드 노름 $\|\boldsymbol{v}\| = \left(\sum_{i=1}^{m} v_i^2\right)^{1/2}$ 에 대해 다음이 성립한다.

- $|v_i| \le \|\boldsymbol{v}\|,\ \forall\, i = 1, \cdots, n$
- $\|\boldsymbol{v}\| \le \sqrt{m} \max_{1\le i\le m} |v_i|$

이제, 위의 두 부등식을 이용하면, $\boldsymbol{f}(\boldsymbol{x}) = [f_1(\boldsymbol{x}), \cdots, f_m(\boldsymbol{x})]^{\mathrm{t}}$ 와 $\boldsymbol{c} = [c_1, \cdots, c_m]^{\mathrm{t}}$ 에 대해

$$\lim_{\boldsymbol{x}\to\boldsymbol{a}} \boldsymbol{f}(\boldsymbol{x}) = \boldsymbol{c} \Longleftrightarrow \lim_{\boldsymbol{x}\to\boldsymbol{a}} f_i(\boldsymbol{x}) = c_i,\ (1 \le i \le m)$$

임을 보일 수 있다. 따라서 $\boldsymbol{x} = \boldsymbol{a}$ 에서 함수 $\boldsymbol{f}$ 가 연속일 필요충분조건은 모든 성분 함수 f_i 가 $\boldsymbol{x} = \boldsymbol{a}$ 에서 연속인 것이다.

---

[1] 즉, $\boldsymbol{a}$ 가 $\mathcal{S}$의 경계점이라는 것은 $\boldsymbol{a}$의 ε-근방 $\mathcal{B}_{\boldsymbol{a}}(\varepsilon)$ 에서 ε을 아무리 작게 잡더라도 $\mathcal{B}_{\boldsymbol{a}}(\varepsilon)$ 이 $\mathcal{S}$의 점도 포함하고 $\mathcal{S}^{\mathrm{C}}$ 의 점도 포함한다는 의미로, 직관적으로 생각하면 집합의 껍질에 해당한다.

[2] 함수 $f(x) = x$ (단, $-1 < x < 1$)는 $x = 1$ 에서 정의되지 않지만 $\lim_{x\to 1} f(x) = 1$ 로 극한이 존재한다. 이처럼 정의역의 경계에서 함숫값이 정의되지 않더라도 극한이 존재할 수 있다. 또, 극한값과 함숫값이 다를 수도 있으므로 극한의 정의에서 $\|\boldsymbol{x} - \boldsymbol{a}\| \ne 0$ 을 보장하기 위해 $0 < \|\boldsymbol{x} - \boldsymbol{a}\| < \delta$ 가 된다.

[3] δ 는 $\boldsymbol{a}$ 와 ε 에 따라 변하는 값이다.

2.1.1 다변수 (벡터) 함수의 미분

이 책에서는 행렬(벡터) 공간에서 정의된 다변수 (벡터) 함수에 대한 미분을 행렬을 이용하여 일관되게 표기하는 방법인 **행렬 미분** 표기법을 사용한다.

벡터 $\boldsymbol{x} = [x_1, \cdots, x_n]^{\mathrm{t}}$ 에 실수값 $f(\boldsymbol{x})$ 를 대응시키는 다변수 함수 $f : \mathbb{R}^n \to \mathbb{R}$ 의 각 변수에 대한 편도함수 $\dfrac{\partial f}{\partial x_i}$ 가 존재할 때, **그래디언트 벡터** 또는 **기울기 벡터**(gradient vector) $\nabla f(\boldsymbol{x})$ 는 모든 편도함수를 성분으로 갖는 벡터이다. 즉, f 의 기울기 벡터는

$$\frac{\partial f}{\partial \boldsymbol{x}}(\boldsymbol{x}) := \nabla f(\boldsymbol{x}) = \begin{bmatrix} \dfrac{\partial f}{\partial x_1}(\boldsymbol{x}) \\ \vdots \\ \dfrac{\partial f}{\partial x_n}(\boldsymbol{x}) \end{bmatrix}$$

로 주어진다.

함수 $f : \mathbb{R}^n \to \mathbb{R}$ 에 대해 $1 \times n$ 행렬 $\nabla f(\boldsymbol{x})^{\mathrm{t}}$ 는 임의의 벡터 $\boldsymbol{h} \in \mathbb{R}^n$ 에 대해 $\nabla f(\boldsymbol{x})^{\mathrm{t}} \boldsymbol{h} \in \mathbb{R}$ 을 대응시키는 선형사상 $\nabla f(\boldsymbol{x})^{\mathrm{t}} : \mathbb{R}^n \to \mathbb{R}$ 로 생각할 수 있고, 다음 식

$$\begin{aligned} &\lim_{\boldsymbol{h} \to \boldsymbol{0}} \frac{|f(\boldsymbol{a}+\boldsymbol{h}) - f(\boldsymbol{a}) - \langle \nabla f(\boldsymbol{a}), \boldsymbol{h} \rangle|}{\|\boldsymbol{h}\|} \\ &= \lim_{\boldsymbol{h} \to \boldsymbol{0}} \frac{|f(\boldsymbol{a}+\boldsymbol{h}) - f(\boldsymbol{a}) - \nabla f(\boldsymbol{a})^{\mathrm{t}} \boldsymbol{h}|}{\|\boldsymbol{h}\|} = 0 \end{aligned}$$

이 성립한다. 따라서 $\nabla f(\boldsymbol{a})^{\mathrm{t}}$ 는 함수 f 의 $\boldsymbol{x} = \boldsymbol{a}$ 에서의 **프레셰 미분**(Fréchet derivative)에 대응된다.

일반적으로 노름이 정의된 두 벡터공간 $\mathcal{V}$ 와 $\mathcal{W}$ 사이에 정의된 함수 $f : \mathcal{V} \to \mathcal{W}$ 에 대해 유계 선형사상[4] $\mathbf{A} : \mathcal{V} \to \mathcal{W}$ 가 존재해서

$$\lim_{\|\boldsymbol{h}\|_{\mathcal{V}} \to 0} \frac{\|f(\boldsymbol{x}+\boldsymbol{h}) - f(\boldsymbol{x}) - \mathbf{A}\boldsymbol{h}\|_{\mathcal{W}}}{\|\boldsymbol{h}\|_{\mathcal{V}}} = 0$$

을 만족하면 f 는 $\boldsymbol{x}$ 에서 **프레셰 미분가능**하다고 하고, $\mathbf{A}$ 를 f 의 $\boldsymbol{x}$ 에서의 **프레셰 미분**이라고 부른다.

함수 $g : \mathcal{V} \to \mathcal{W}$ 에 대해

$$\lim_{\|\boldsymbol{h}\| \to 0} \frac{\|g(\boldsymbol{h})\|_{\mathcal{W}}}{\|\boldsymbol{h}\|_{\mathcal{V}}^k} = \boldsymbol{0}$$

[4] 노름이 있는 두 벡터공간 사이에 정의된 선형사상 $\mathbf{A}$ 가 유계라는 것은 정의역의 모든 벡터 $\boldsymbol{x}$ 에 대하여 $\|\mathbf{A}\boldsymbol{x}\| \le K \|\boldsymbol{x}\|$ 를 만족하는 상수 K 가 존재한다는 의미이다.

이 성립할 때, g는 $o(\|\boldsymbol{h}\|_{\mathcal{V}}^k)$ 함수라 하는데, 이 표현을 이용하면 프레셰 미분에 대해 다음 근사식이 성립한다.

$$f(\boldsymbol{x}+\boldsymbol{h}) = f(\boldsymbol{x}) + \mathbf{A}\boldsymbol{h} + o(\|\boldsymbol{h}\|_{\mathcal{V}})$$

벡터를 함숫값으로 갖는 다변수 벡터함수 $\boldsymbol{f} : U \subset \mathbb{R}^n \to \mathbb{R}^m$

$$\boldsymbol{x} = \begin{bmatrix} x_1 \\ x_2 \\ \vdots \\ x_n \end{bmatrix} \xrightarrow{\boldsymbol{f}} \begin{bmatrix} f_1(\boldsymbol{x}) \\ f_2(\boldsymbol{x}) \\ \vdots \\ f_m(\boldsymbol{x}) \end{bmatrix} =: \boldsymbol{f}(\boldsymbol{x})$$

에 대해

$$\lim_{\|\boldsymbol{h}\|\to 0} \frac{\|\boldsymbol{f}(\boldsymbol{a}+\boldsymbol{h}) - \boldsymbol{f}(\boldsymbol{a}) - \mathbf{A}\boldsymbol{h}\|_{\mathbb{R}^m}}{\|\boldsymbol{h}\|_{\mathbb{R}^n}} = 0$$

을 만족하는 선형사상 $\mathbf{A} : \mathbb{R}^n \to \mathbb{R}^m$ 은 각 성분함수 f_i 에 대한 그래디언트 벡터가 존재할 때 다음과 같이 구할 수 있다.

각 성분함수 f_i 에 대한 그래디언트 벡터를 i 번째 열벡터로 갖는 행렬을

$$\frac{\partial \boldsymbol{f}}{\partial \boldsymbol{x}}(\boldsymbol{a}) := \begin{bmatrix} \frac{\partial f_1}{\partial x_1}(\boldsymbol{a}) & \frac{\partial f_2}{\partial x_1}(\boldsymbol{a}) & \cdots & \frac{\partial f_m}{\partial x_1}(\boldsymbol{a}) \\ \frac{\partial f_1}{\partial x_2}(\boldsymbol{a}) & \frac{\partial f_2}{\partial x_2}(\boldsymbol{a}) & \cdots & \frac{\partial f_m}{\partial x_2}(\boldsymbol{a}) \\ \vdots & \vdots & \cdots & \vdots \\ \frac{\partial f_1}{\partial x_n}(\boldsymbol{a}) & \frac{\partial f_2}{\partial x_n}(\boldsymbol{a}) & \cdots & \frac{\partial f_m}{\partial x_n}(\boldsymbol{a}) \end{bmatrix}$$

라 할 때, $\mathbf{A}$ 는

$$\mathbf{A} = \left[\frac{\partial \boldsymbol{f}}{\partial \boldsymbol{x}}(\boldsymbol{a})\right]^{\mathrm{t}}$$

가 된다. 이때, 다변수 벡터함수 $\boldsymbol{f}$ 의 $\boldsymbol{x} = \boldsymbol{a}$ 에서의 프레셰 미분 $\mathbf{A}$ 를 함수 $\boldsymbol{f}$ 의 $\boldsymbol{x} = \boldsymbol{a}$ 에서의 **야코비 행렬**(Jacobian matrix)이라고 부르고, $\mathbf{J}_{\boldsymbol{f}}(\boldsymbol{a})$ 로 쓴다.[5]

[5] 이 책에서 그래디언트 벡터나 야코비 행렬의 표현 외에 $\frac{\partial f}{\partial \boldsymbol{x}}$, $\frac{\partial \boldsymbol{f}}{\partial \boldsymbol{x}}$ 와 같은 표현을 사용하는 이유는 주어진 변수에 대한 함수의 미분을 일관된 벡터 표현 방식으로 나타내기 위해서이다. 실제로 통계학, 기계학습이나 데이터 사이언스 분야 등에서 많이 사용하는 이 표기법은 다변수 (벡터)함수의 최댓값, 최소값을 구하거나, 미분방정식을 풀 때 여러 작업을 크게 단순화 시키는 장점이 있고, 여러 프로그래밍 언어를 이용하여 벡터나 행렬을 배열로 구현하고 연산할 때도 장점이 있다. 이와 같은 표기법을 보통 **행렬 미분** 표기법(matrix calculus)이라 부른다.

예를 들어, 기계학습에서 학습 샘플로 주어지는 m 개의 n 차원 특성 벡터들은 각 특성 벡터를 행벡터 $\boldsymbol{x}_i^{\mathrm{t}}$ 로 하는

다변수 함수 $f : \mathbb{R}^n \to \mathbb{R}$의 이계 편도함수 $\frac{\partial^2 f}{\partial x_i \partial x_j} := \frac{\partial}{\partial x_i}\left(\frac{\partial f}{\partial x_j}\right)$가 존재할 때, 다변수 벡터함수 $\boldsymbol{g}(\boldsymbol{x})$를 $\boldsymbol{g}(\boldsymbol{x}) := \nabla f(\boldsymbol{x})$로 정의하면

$$\frac{\partial \boldsymbol{g}}{\partial \boldsymbol{x}}(\boldsymbol{a}) = \begin{bmatrix} \frac{\partial^2 f}{\partial x_1 \partial x_1}(\boldsymbol{a}) & \frac{\partial^2 f}{\partial x_1 \partial x_2}(\boldsymbol{a}) & \cdots & \frac{\partial^2 f}{\partial x_1 \partial x_n}(\boldsymbol{a}) \\ \frac{\partial^2 f}{\partial x_2 \partial x_1}(\boldsymbol{a}) & \frac{\partial^2 f}{\partial x_2 \partial x_2}(\boldsymbol{a}) & \cdots & \frac{\partial^2 f}{\partial x_2 \partial x_n}(\boldsymbol{a}) \\ \vdots & \vdots & \cdots & \vdots \\ \frac{\partial^2 f}{\partial x_n \partial x_1}(\boldsymbol{a}) & \frac{\partial^2 f}{\partial x_n \partial x_2}(\boldsymbol{a}) & \cdots & \frac{\partial^2 f}{\partial x_n \partial x_n}(\boldsymbol{a}) \end{bmatrix}$$

가 되는데, 이 행렬을 $\boldsymbol{x} = \boldsymbol{a}$에서 f의 **헤시안 행렬**(Hessian matrix)이라 부르고 $\mathbf{H}_f(\boldsymbol{a})$ 또는 $\nabla^2 f(\boldsymbol{a})$로 쓴다.

만약 f의 모든 이계 편도함수가 $\boldsymbol{x} = \boldsymbol{a}$ 근방에서 연속이면

$$\frac{\partial^2 f}{\partial x_i \partial x_j} = \frac{\partial^2 f}{\partial x_j \partial x_i}$$

가 성립하므로 헤시안 행렬 $\mathbf{H}_f(\boldsymbol{a})$는 대칭행렬이 된다. 함수 f의 이계 편도함수가 모두 연속일 때, 보통 f가 C^2 함수라고 말한다.

행렬 공간에서 실수로 가는 함수 $y : \mathbb{R}^{m \times n} \to \mathbb{R}$에 대해서도 변수 $\mathbf{X} = [x_{ij}]$에 대해 일관된 표현으로

$$\frac{\partial y}{\partial \mathbf{X}}(\mathbf{X}) := \begin{bmatrix} \frac{\partial y}{\partial x_{11}}(\mathbf{X}) & \frac{\partial y}{\partial x_{12}}(\mathbf{X}) & \cdots & \frac{\partial y}{\partial x_{1n}}(\mathbf{X}) \\ \frac{\partial y}{\partial x_{21}}(\mathbf{X}) & \frac{\partial y}{\partial x_{22}}(\mathbf{X}) & \cdots & \frac{\partial y}{\partial x_{2n}}(\mathbf{X}) \\ \vdots & \vdots & \cdots & \vdots \\ \frac{\partial y}{\partial x_{m1}}(\mathbf{X}) & \frac{\partial y}{\partial x_{m2}}(\mathbf{X}) & \cdots & \frac{\partial y}{\partial x_{mn}}(\mathbf{X}) \end{bmatrix}$$

라고 정의한다.

$m \times n$ 행렬(배열) $\mathbf{X}$로 구현하는데, 이 경우 각 벡터에 대한 $\mathbf{J}_{\boldsymbol{f}}(\boldsymbol{a})\boldsymbol{x}_i$의 계산은 $\mathbf{X}\frac{\partial \boldsymbol{f}}{\partial \boldsymbol{x}}(\boldsymbol{a})$를 계산하면 된다.

또, $\mathbb{R}$ 에서 $\mathbb{R}^{m\times n}$ 으로 가는 함수 $\mathbf{X}(y)$ 에 대해서도 아래와 같이 정의한다.

$$\frac{\partial \mathbf{X}}{\partial y}(y) := \begin{bmatrix} \frac{\partial x_{11}}{\partial y}(y) & \frac{\partial x_{12}}{\partial y}(y) & \cdots & \frac{\partial x_{1n}}{\partial y}(y) \\ \frac{\partial x_{21}}{\partial y}(y) & \frac{\partial x_{22}}{\partial y}(y) & \cdots & \frac{\partial x_{2n}}{\partial y}(y) \\ \vdots & \vdots & \cdots & \vdots \\ \frac{\partial x_{m1}}{\partial y}(y) & \frac{\partial x_{m2}}{\partial y}(y) & \cdots & \frac{\partial x_{mn}}{\partial y}(y) \end{bmatrix}$$

따라서 $\mathbf{X}$ 의 열벡터를 $\boldsymbol{x}_i$, $(1 \le i \le n)$ 이라 할 때, 행렬 미분 표기법에서

$$\frac{\partial y}{\partial \mathbf{X}} = \left[\frac{\partial y}{\partial \boldsymbol{x}_1}, \cdots, \frac{\partial y}{\partial \boldsymbol{x}_n}\right], \quad \frac{\partial \mathbf{X}}{\partial y} = \left[\frac{\partial \boldsymbol{x}_1}{\partial y}, \cdots, \frac{\partial \boldsymbol{x}_n}{\partial y}\right]$$

로 쓸 수 있다.

예제 2.1 벡터 $\boldsymbol{a} \in \mathbb{R}^m$ 과 $\boldsymbol{b} \in \mathbb{R}^n$ 에 대해 함수 $y : \mathbb{R}^{m\times n} \to \mathbb{R}$ 가 $y(\mathbf{X}) = \boldsymbol{a}^{\mathrm{t}}\mathbf{X}\boldsymbol{b}$ 로 주어질 때, $\dfrac{\partial y}{\partial \mathbf{X}}(\mathbf{X}) = \boldsymbol{a}\boldsymbol{b}^{\mathrm{t}}$ 임을 보이시오.

풀이 정리 1.23에 의해 $y(\mathbf{X}) = \mathrm{tr}\big(y(\mathbf{X})\big) = \mathrm{tr}(\mathbf{X}\boldsymbol{b}\boldsymbol{a}^{\mathrm{t}})$ 가 성립하므로 $\mathbf{C} := \boldsymbol{b}\boldsymbol{a}^{\mathrm{t}} \in \mathbb{R}^{n\times m}$ 이라 할 때,

$$y(\mathbf{X}) = \sum_{i=1}^{m} [\mathbf{X}\mathbf{C}]_{ii} = \sum_{i=1}^{m}\sum_{j=1}^{n} x_{ij}c_{ji} \implies \frac{\partial y}{\partial x_{ij}}(\mathbf{X}) = c_{ji}$$

이다. 따라서 $\dfrac{\partial y}{\partial \mathbf{X}}(\mathbf{X}) = \mathbf{C}^{\mathrm{t}} = \boldsymbol{a}\boldsymbol{b}^{\mathrm{t}}$ 가 성립한다. □

예제 2.2 행렬 $\mathbf{A} \in \mathbb{R}^{n\times n}$ 에 대하여 n 차 가역행렬의 집합에서 정의된 함수 $y(\mathbf{X}) = \mathrm{tr}(\mathbf{X}^{-1}\mathbf{A})$ 에 대하여 다음을 보이시오.

$$\frac{\partial y}{\partial \mathbf{X}}(\mathbf{X}) = -\mathbf{X}^{-\mathrm{t}}\mathbf{A}^{\mathrm{t}}\mathbf{X}^{-\mathrm{t}}$$

풀이 셔먼-모리슨 공식(정리 1.46)을 이용하여 $\dfrac{\partial y}{\partial x_{ij}}$ 를 구하자. $\mathbf{E}_{ij} := \boldsymbol{e}_i\boldsymbol{e}_j^{\mathrm{t}}$ 라 할 때,

$$\lim_{h\to 0} \frac{(\mathbf{X}+h\mathbf{E}_{ij})^{-1} - \mathbf{X}^{-1}}{h} = \lim_{h\to 0} \frac{-1}{1+h\boldsymbol{e}_j^{\mathrm{t}}\mathbf{X}^{-1}\boldsymbol{e}_i}\mathbf{X}^{-1}\mathbf{E}_{ij}\mathbf{X}^{-1} = -\mathbf{X}^{-1}\mathbf{E}_{ij}\mathbf{X}^{-1}$$

이 성립한다.

앞의 결과와 tr 가 연속함수임을 이용하면

$$\begin{aligned}
\frac{\partial y}{\partial x_{ij}}(\mathbf{X}) &= \lim_{h\to 0}\frac{y(\mathbf{X}+h\mathbf{E}_{ij})-y(\mathbf{X})}{h} \\
&= \lim_{h\to 0}\frac{\operatorname{tr}\big((\mathbf{X}+h\mathbf{E}_{ij})^{-1}\mathbf{A}\big)-\operatorname{tr}\big(\mathbf{X}^{-1}\mathbf{A}\big)}{h} \\
&= \lim_{h\to 0}\operatorname{tr}\left(\frac{\big((\mathbf{X}+h\mathbf{E}_{ij})^{-1}-\mathbf{X}^{-1}\big)\mathbf{A}}{h}\right) \\
&= -\operatorname{tr}\big(\mathbf{X}^{-1}\mathbf{E}_{ij}\mathbf{X}^{-1}\mathbf{A}\big) = -\operatorname{tr}\Big(\mathbf{E}_{ij}\big(\mathbf{X}^{-1}\mathbf{A}\mathbf{X}^{-1}\big)\Big) = -\big[\mathbf{X}^{-1}\mathbf{A}\mathbf{X}^{-1}\big]_{ji}
\end{aligned}$$

이고, 따라서 $\dfrac{\partial y}{\partial \mathbf{X}}(\mathbf{X}) = -\big(\mathbf{X}^{-1}\mathbf{A}\mathbf{X}^{-1}\big)^{\mathrm{t}} = -\mathbf{X}^{-\mathrm{t}}\mathbf{A}^{\mathrm{t}}\mathbf{X}^{-\mathrm{t}}$ 가 성립한다. □

예제 2.3 함수 $\boldsymbol{f}:\mathbb{R}^n\to\mathbb{R}^m$ 가 $\boldsymbol{f}(\boldsymbol{x})=\mathbf{A}\boldsymbol{x}$ 로 정의될 때, 다음을 보이시오.

$$\frac{\partial \boldsymbol{f}}{\partial \boldsymbol{x}} = \mathbf{A}^{\mathrm{t}}$$

풀이 $\mathbf{A}=[a_{ij}]$ 라 하고 함수 $\boldsymbol{f}(\boldsymbol{x}) = \big[f_1(\boldsymbol{x}),\cdots,f_m(\boldsymbol{x})\big]^{\mathrm{t}}$ 라 할 때, $f_i(\boldsymbol{x}) = \sum_{k=1}^n a_{ik}x_k$ 이므로

$$\frac{\partial f_i}{\partial x_j} = \frac{\partial}{\partial x_j}\left(\sum_{k=1}^n a_{ik}x_k\right) = a_{ij}$$

이다. $\dfrac{\partial \boldsymbol{f}}{\partial \boldsymbol{x}}$ 의 (i,j) 성분은 $\dfrac{\partial f_j}{\partial x_i}$ 이므로 $\dfrac{\partial \boldsymbol{f}}{\partial \boldsymbol{x}} = \mathbf{A}^{\mathrm{t}}$ 이다. □

예제 2.4 n 차 정사각행렬 $\mathbf{A}$ 에 대해 함수 $f:\mathbb{R}^n\to\mathbb{R}$ 를 $f(\boldsymbol{x}) = \boldsymbol{x}^{\mathrm{t}}\mathbf{A}\boldsymbol{x}$ 라 할 때, 다음을 보이시오.

$$\nabla f(\boldsymbol{x}) = \big(\mathbf{A}+\mathbf{A}^{\mathrm{t}}\big)\boldsymbol{x}, \qquad \mathbf{H}_f(\boldsymbol{x}) = \mathbf{A}+\mathbf{A}^{\mathrm{t}}$$

풀이 $\mathbf{A}=[a_{ij}]$ 의 i 번째 열벡터를 $\boldsymbol{a}_i$, i 번째 행벡터를 $\boldsymbol{\alpha}_i^{\mathrm{t}}$ 라 하고 $\boldsymbol{x}=[x_1,\cdots,x_n]^{\mathrm{t}}$ 라 할 때, $f(\boldsymbol{x}) = \sum_{i=1}^n\sum_{j=1}^n a_{ij}x_ix_j$ 이므로

$$\frac{\partial f}{\partial x_k}(\boldsymbol{x}) = \frac{\partial}{\partial x_k}\left(\sum_{i=1}^n\sum_{j=1}^n a_{ij}x_ix_j\right) = \sum_{j=1}^n a_{kj}x_j + \sum_{i=1}^n a_{ik}x_i = \boldsymbol{\alpha}_k\boldsymbol{x} + \boldsymbol{a}_k^{\mathrm{t}}\boldsymbol{x}$$

이고, $\dfrac{\partial f}{\partial \boldsymbol{x}}(\boldsymbol{x}) = \mathbf{A}\boldsymbol{x} + \mathbf{A}^{\mathrm{t}}\boldsymbol{x} = \big(\mathbf{A}+\mathbf{A}^{\mathrm{t}}\big)\boldsymbol{x}$ 이다.

함수 $\boldsymbol{g}$를 $\boldsymbol{g}(\boldsymbol{x}) = \nabla f(\boldsymbol{x}) = \left(\mathbf{A}+\mathbf{A}^{\mathrm{t}}\right)\boldsymbol{x}$라 하면, $\mathbf{H}_f(\boldsymbol{x}) = \dfrac{\partial \boldsymbol{g}}{\partial \boldsymbol{x}}(\boldsymbol{x})$이므로 예제 2.3에 의해 $\mathbf{H}_f(\boldsymbol{x}) = \left(\mathbf{A}+\mathbf{A}^{\mathrm{t}}\right)^{\mathrm{t}} = \mathbf{A}^{\mathrm{t}} + \mathbf{A}$이다. □

예제 2.4에서 행렬 $\mathbf{A}$가 대칭행렬이면 $f(\boldsymbol{x}) = \boldsymbol{x}^{\mathrm{t}}\mathbf{A}\boldsymbol{x}$에 대해

$$\nabla f(\boldsymbol{x}) = 2\mathbf{A}\boldsymbol{x}, \qquad \mathbf{H}_f(\boldsymbol{x}) = 2\mathbf{A} \tag{2.2}$$

가 성립함을 알 수 있다.

예제 2.5 행렬 $\mathbf{X} \in \mathbb{R}^{n\times p}$와 $\boldsymbol{y} \in \mathbb{R}^n$이 주어질 때, $f(\boldsymbol{\beta}) = \|\mathbf{X}\boldsymbol{\beta} - \boldsymbol{y}\|^2$에 대하여 $\nabla f(\boldsymbol{\beta})$를 구하시오. 또, $\operatorname{rank}(\mathbf{X}) = p$일 때 $\nabla f(\boldsymbol{\beta}) = \mathbf{0}$를 만족하는 $\boldsymbol{\beta}$를 구하시오.

풀이 $f(\boldsymbol{\beta}) = (\mathbf{X}\boldsymbol{\beta}-\boldsymbol{y})^{\mathrm{t}}(\mathbf{X}\boldsymbol{\beta}-\boldsymbol{y}) = \boldsymbol{\beta}^{\mathrm{t}}\mathbf{X}^{\mathrm{t}}\mathbf{X}\boldsymbol{\beta} - \boldsymbol{\beta}^{\mathrm{t}}\mathbf{X}^{\mathrm{t}}\boldsymbol{y} - \boldsymbol{y}^{\mathrm{t}}\mathbf{X}\boldsymbol{\beta} + \boldsymbol{y}^{\mathrm{t}}\boldsymbol{y}$이므로 예제 2.4에 의해

$$\nabla f(\boldsymbol{\beta}) = \frac{\partial f}{\partial \boldsymbol{\beta}}(\boldsymbol{\beta}) = 2\mathbf{X}^{\mathrm{t}}\mathbf{X}\boldsymbol{\beta} - \mathbf{X}^{\mathrm{t}}\boldsymbol{y} - \left(\boldsymbol{y}^{\mathrm{t}}\mathbf{X}^{\mathrm{t}}\right)^{\mathrm{t}} = 2\mathbf{X}^{\mathrm{t}}\mathbf{X}\boldsymbol{\beta} - 2\mathbf{X}^{\mathrm{t}}\boldsymbol{y}$$

가 된다.

만약 $\operatorname{rank}(\mathbf{X}) = p$이면 예제 1.20에 의해 $\mathbf{X}^{\mathrm{t}}\mathbf{X}$는 가역행렬이 되므로

$$2\mathbf{X}^{\mathrm{t}}\mathbf{X}\boldsymbol{\beta} - 2\mathbf{X}^{\mathrm{t}}\boldsymbol{y} = \mathbf{0} \Longleftrightarrow \boldsymbol{\beta} = \left(\mathbf{X}^{\mathrm{t}}\mathbf{X}\right)^{-1}\mathbf{X}^{\mathrm{t}}\boldsymbol{y}$$

로부터 $\nabla f(\boldsymbol{\beta}) = \mathbf{0}$를 만족하는 $\boldsymbol{\beta}$는 $\hat{\boldsymbol{\beta}} = \left(\mathbf{X}^{\mathrm{t}}\mathbf{X}\right)^{-1}\mathbf{X}^{\mathrm{t}}\boldsymbol{y} = \mathbf{X}^{+}\boldsymbol{y}$가 된다. □

예제 2.6 $\mathbf{X} = \mathbf{X}(t) = [x_{ij}(t)] \in \mathbb{R}^{m\times n}$와 $\mathbf{Y} = \mathbf{Y}(t) = [y_{ij}(t)] \in \mathbb{R}^{n\times p}$에 대하여 다음을 보이시오.

$$\frac{\partial \mathbf{X}(t)\mathbf{Y}(t)}{\partial t} = \frac{\partial \mathbf{X}(t)}{\partial t}\mathbf{Y}(t) + \mathbf{X}(t)\frac{\partial \mathbf{Y}(t)}{\partial t} \tag{2.3}$$

풀이 $\mathbf{XY}$의 (i,j) 성분은 $[\mathbf{XY}]_{ij} = \sum_{k=1}^{n} x_{ik}(t)y_{kj}(t)$이므로 일변수 함수에 대한 곱의 미분법에 의해

$$\begin{aligned}\frac{\partial[\mathbf{X}(t)\mathbf{Y}(t)]_{ij}}{\partial t} &= \sum_{k=1}^{n}\frac{\partial x_{ik}(t)}{\partial t}y_{kj}(t) + \sum_{k=1}^{n}x_{ik}(t)\frac{\partial y_{kj}(t)}{\partial t}\\ &= \left[\frac{\partial \mathbf{X}(t)}{\partial t}\mathbf{Y}(t)\right]_{ij} + \left[\mathbf{X}(t)\frac{\partial \mathbf{Y}(t)}{\partial t}\right]_{ij}\end{aligned}$$

이므로 식 (2.3)이 성립한다. □

예제 2.7 $\mathbf{X} = \mathbf{X}(t) \in \mathbb{R}^{n\times n}$ 가 실수 t 에 대해 가역행렬이 될 때 다음을 보이시오.

$$\frac{\partial \mathbf{X}(t)^{-1}}{\partial t} = -\mathbf{X}(t)^{-1}\frac{\partial \mathbf{X}(t)}{\partial t}\mathbf{X}(t)^{-1}$$

풀이 $\mathbf{X}(t)\mathbf{X}(t)^{-1} = \mathbf{I}_n$ 이고 $\dfrac{\partial \mathbf{I}_n}{\partial t}$ 는 영행렬 $\mathbf{O}$ 이므로 식 (2.3)에 의해

$$\mathbf{O} = \frac{\partial \mathbf{X}(t)}{\partial t}\mathbf{X}(t)^{-1} + \mathbf{X}(t)\frac{\partial \mathbf{X}(t)^{-1}}{\partial t} \iff \frac{\partial \mathbf{X}(t)^{-1}}{\partial t} = -\mathbf{X}(t)^{-1}\frac{\partial \mathbf{X}(t)}{\partial t}\mathbf{X}(t)^{-1}$$

이 성립한다. □

2.1.2 연쇄법칙

이 소절에서는 미적분학에서 배운 다변수 벡터함수의 합성에 대한 미분을 정리한다. 다변수 벡터함수 $\boldsymbol{f} : \mathbb{R}^k \to \mathbb{R}^m$ 과 $\boldsymbol{g} : \mathbb{R}^m \to \mathbb{R}^n$ 에 대해 $\boldsymbol{x} \to \boldsymbol{g}(\boldsymbol{f}(\boldsymbol{x}))$ 를 대응시키는 함수를 $\boldsymbol{g}$ 와 $\boldsymbol{f}$ 의 **합성함수**(composition)라 하고, $\boldsymbol{g} \circ \boldsymbol{f} : \mathbb{R}^k \to \mathbb{R}^n$ 으로 쓴다.

$\boldsymbol{y} = \boldsymbol{f}(\boldsymbol{x})$, $\boldsymbol{z} = \boldsymbol{g}(\boldsymbol{y})$ 라 할 때, $\boldsymbol{x}$ 에서의 $\boldsymbol{f}$ 의 야코비 행렬 $\mathbf{J}_{\boldsymbol{f}}(\boldsymbol{x})$ 와 $\boldsymbol{y}$ 에서의 $\boldsymbol{g}$ 의 야코비 행렬 $\mathbf{J}_{\boldsymbol{f}}(\boldsymbol{y})$ 에 대해 $g \circ f$ 의 프레셰 미분은 두 야코비 행렬의 곱

$$\mathbf{J}_{\boldsymbol{g}\circ\boldsymbol{f}}(\boldsymbol{x}) = \mathbf{J}_{\boldsymbol{g}}(\boldsymbol{y})\mathbf{J}_{\boldsymbol{f}}(\boldsymbol{x}) \tag{2.4}$$

가 되는데, 이를 미분의 **연쇄법칙**(chain rule)이라 부른다. 합성함수에 대한 미분을 행렬 미분 표기법으로 쓰면

$$\left[\frac{\partial(\boldsymbol{g}\circ\boldsymbol{f})}{\partial \boldsymbol{x}}(\boldsymbol{x})\right]^{\mathrm{t}} = \left[\frac{\partial \boldsymbol{g}}{\partial \boldsymbol{y}}(\boldsymbol{y})\right]^{\mathrm{t}}\left[\frac{\partial \boldsymbol{f}}{\partial \boldsymbol{x}}(\boldsymbol{x})\right]^{\mathrm{t}} \iff \left[\frac{\partial \boldsymbol{z}}{\partial \boldsymbol{x}}\right]^{\mathrm{t}} = \left[\frac{\partial \boldsymbol{z}}{\partial \boldsymbol{y}}\right]^{\mathrm{t}}\left[\frac{\partial \boldsymbol{y}}{\partial \boldsymbol{x}}\right]^{\mathrm{t}}$$

이고, 간단히 쓰면 다음과 같다.

$$\frac{\partial \boldsymbol{z}}{\partial \boldsymbol{x}} = \frac{\partial \boldsymbol{y}}{\partial \boldsymbol{x}}\frac{\partial \boldsymbol{z}}{\partial \boldsymbol{y}} \tag{2.5}$$

다변수 벡터함수의 합성에 대한 연쇄법칙은 함수의 정의역이 행렬들의 집합인 경우에도 적용된다. 예를 들어, 고정된 벡터 $\boldsymbol{a} \in \mathbb{R}^n$ 에 대해 $\mathbb{R}^{m\times n}$ 에서 $\mathbb{R}^m$ 으로 가는 함수 $\boldsymbol{f}(\mathbf{X}) = \mathbf{X}\boldsymbol{a}$ 와 다변수 함수 $g : \mathbb{R}^m \to \mathbb{R}$ 에 대해 $\boldsymbol{y} := \boldsymbol{f}(\mathbf{X})$, $z = \boldsymbol{g}(\boldsymbol{y})$ 라 할 때,

$$\boldsymbol{y} = [y_1, \cdots, y_m]^{\mathrm{t}} = \mathbf{X}\boldsymbol{a} = \sum_{i=1}^{n} a_i\boldsymbol{x}_i$$

이므로

$$\frac{\partial \boldsymbol{y}}{\partial \boldsymbol{x}_i} = \left[\frac{\partial y_1}{\partial \boldsymbol{x}_i}, \cdots, \frac{\partial y_m}{\partial \boldsymbol{x}_i}\right] = [a_i \boldsymbol{e}_1, \cdots, a_i \boldsymbol{e}_m] = a_i \mathbf{I}_m$$

이다. 또 연쇄법칙 (2.5)에 의해

$$\frac{\partial z}{\partial \boldsymbol{x}_i} = \frac{\partial \boldsymbol{y}}{\partial \boldsymbol{x}_i}\frac{\partial z}{\partial \boldsymbol{y}} = a_i \mathbf{I}_m \frac{\partial z}{\partial \boldsymbol{y}} = a_i \frac{\partial z}{\partial \boldsymbol{y}}$$

이므로

$$\frac{\partial z}{\partial \mathbf{X}} = \left[\frac{\partial z}{\partial \boldsymbol{x}_1}, \cdots, \frac{\partial z}{\partial \boldsymbol{x}_n}\right] = \left[a_1 \frac{\partial z}{\partial \boldsymbol{y}}, \cdots, a_n \frac{\partial z}{\partial \boldsymbol{y}}\right] = \frac{\partial z}{\partial \boldsymbol{y}} \boldsymbol{a}^{\mathrm{t}} \tag{2.6}$$

가 된다.

예제 2.8 n차 양의 정부호 행렬들의 집합에서 정의된 함수 $f(\mathbf{X}) = |\mathbf{X}|$와 $g(\mathbf{X}) = \ln|\mathbf{X}|$에 대하여 다음을 보이시오. ($\mathbf{X}$는 양의 정부호 행렬이므로 대칭행렬이다.)

$$\frac{\partial f}{\partial \mathbf{X}}(\mathbf{X}) = \frac{\partial|\mathbf{X}|}{\partial \mathbf{X}} = |\mathbf{X}|\mathbf{X}^{-\mathrm{t}} = |\mathbf{X}|\mathbf{X}^{-1}, \qquad \frac{\partial g}{\partial \mathbf{X}}(\mathbf{X}) = \frac{\partial \ln|\mathbf{X}|}{\partial \mathbf{X}} = \mathbf{X}^{-1}$$

풀이 행렬 $\mathbf{X}$를 $\mathbf{X} = [x_{ij}]$라 할 때, 식 (1.9)에 의해 임의의 $j \in \{1, \cdots, n\}$에 대해

$$|\mathbf{X}| = \sum_{i=1}^{n} (-1)^{i+j} x_{ij} \left|\mathbf{X}_{\backslash i, \backslash j}\right|$$

가 성립한다. 따라서 행렬 $\mathbf{X}_{\backslash i, \backslash \ell}$ $(1 \le i \le n)$ 중 $x_{k\ell}$을 성분으로 포함하는 행렬은 없다는 점을 이용하면

$$\frac{\partial}{\partial x_{k\ell}}|\mathbf{X}| = \frac{\partial}{\partial x_{k\ell}} \sum_{i=1}^{n} (-1)^{i+\ell} x_{i\ell} \left|\mathbf{X}_{\backslash i, \backslash \ell}\right| = (-1)^{k+\ell} \left|\mathbf{X}_{\backslash k, \backslash \ell}\right| = \left[\operatorname{adj}(\mathbf{X})\right]_{\ell k}$$

가 된다. 따라서 수반행렬과 역행렬의 관계식 (1.10)에 의해 미분에 대한 첫 번째 식이

$$\frac{\partial f}{\partial \mathbf{X}}(\mathbf{X}) = \frac{\partial|\mathbf{X}|}{\partial \mathbf{X}} = \left(\operatorname{adj}(\mathbf{X})\right)^{\mathrm{t}} = |\mathbf{X}|\mathbf{X}^{-\mathrm{t}} = |\mathbf{X}|\mathbf{X}^{-1} \tag{2.7}$$

와 같이 증명된다. 두 번째 식을 보이기 위해 $y = f(\mathbf{X}) = |\mathbf{X}|$, $z = \ln(y)$로 두면, $z = \ln\left(|\mathbf{X}|\right) = g(\mathbf{X})$이므로 연쇄법칙 (2.5)에 의해

$$\frac{\partial \ln|\mathbf{X}|}{\partial \mathbf{X}} = \frac{\partial g}{\partial \mathbf{X}}(\mathbf{X}) = \frac{\partial y}{\partial \mathbf{X}}\frac{\partial z}{\partial y} = |\mathbf{X}|\mathbf{X}^{-1}\frac{1}{|\mathbf{X}|} = \mathbf{X}^{-1} \tag{2.8}$$

가 성립한다. □

예제 2.8의 식 (2.8)은 대칭행렬의 직교 대각화를 이용하여 증명할 수도 있다.

예제 2.9 대칭행렬 $\mathbf{X}$의 행렬식은 $\mathbf{X}$의 고윳값 $\lambda_1, \cdots, \lambda_n$에 대해 $|\mathbf{A}| = \prod_{i=1}^n \lambda_i$ 임을 이용하여 양의 정부호 행렬 $\mathbf{X}$에 대해 다음을 보이시오.

$$\frac{\partial \ln |\mathbf{X}|}{\partial \mathbf{X}} = \mathbf{X}^{-1}$$

풀이 식 (1.36)과 같이 대칭행렬 $\mathbf{X}$의 스펙트럼 분해를 구하면, 고유벡터로 이루어진 정규직교기저 $\boldsymbol{v}_i$ $(1 \leq i \leq n)$에 대하여 $\mathbf{X} = \sum_{i=1}^n \lambda_i \boldsymbol{v}_i \boldsymbol{v}_i^{\mathrm{t}}$ 이다. 따라서, $\lambda_i = \boldsymbol{v}_i^{\mathrm{t}} \mathbf{X} \boldsymbol{v}_i$ 이고, 예제 2.5에 의해

$$\frac{\partial \lambda_i}{\partial \mathbf{X}} = \boldsymbol{v}_i \boldsymbol{v}_i^{\mathrm{t}} \tag{2.9}$$

가 성립한다.

한편 $|\mathbf{X}| = \prod_{i=1}^n \lambda_i$ 이므로 연쇄법칙 (2.5)를 이용하면

$$\frac{\partial \ln(|\mathbf{X}|)}{\partial \mathbf{X}} = \sum_{i=1}^n \frac{\partial \ln \lambda_i}{\partial \mathbf{X}} = \sum_{i=1}^n \frac{\partial \lambda_i}{\partial \mathbf{X}} \frac{\partial \ln \lambda_i}{\partial \lambda_i} = \sum_{i=1}^n \frac{\partial \lambda_i}{\partial \mathbf{X}} \frac{1}{\lambda_i} = \sum_{i=1}^n \frac{1}{\lambda_i} \boldsymbol{v}_i \boldsymbol{v}_i^{\mathrm{t}} = \mathbf{X}^{-1}$$

이다. □

예제 2.10 행렬 $\mathbf{A} \in \mathbb{R}^{n \times n}$와 함수 $f : \mathbb{R}^n \to \mathbb{R}$에 대하여 함수 g는 $g(\boldsymbol{y}) = f(\mathbf{A}\boldsymbol{y})$로 정의된다. f의 기울기 벡터를 $\nabla f(\boldsymbol{x})$, 헤시안 행렬을 $\nabla^2 f(\boldsymbol{x})$라 할 때, 다음을 보이시오.

$$\nabla g(\boldsymbol{y}) = \mathbf{A}^{\mathrm{t}} \nabla f(\boldsymbol{x}), \quad \nabla^2 g(\boldsymbol{y}) = \mathbf{A}^{\mathrm{t}} \nabla^2 f(\boldsymbol{x}) \mathbf{A}, \quad (\text{단}, \boldsymbol{x} = \mathbf{A}\boldsymbol{y})$$

풀이 $\boldsymbol{x} = \mathbf{A}\boldsymbol{y}$라 할 때, 식 (2.5)와 예제 2.3에 의해

$$\frac{\partial g}{\partial \boldsymbol{y}} = \frac{\partial \boldsymbol{x}}{\partial \boldsymbol{y}} \frac{\partial f}{\partial \boldsymbol{x}} = \mathbf{A}^{\mathrm{t}} \nabla f(\boldsymbol{x})$$

가 성립한다. 또, 행렬 $\mathbf{A} = [a_{ij}]$에 대해

$$\mathbf{A}^{\mathrm{t}} \nabla f(\boldsymbol{x}) = \left[\sum_{k=1}^n a_{k1} \frac{\partial f}{\partial x_k}(\boldsymbol{x}), \cdots, \sum_{k=1}^n a_{kn} \frac{\partial f}{\partial x_k}(\boldsymbol{x}) \right]^{\mathrm{t}} =: [h_1(\boldsymbol{x}), \cdots, h_n(\boldsymbol{x})]$$

라 할 때, 다음이 성립한다.

$$\nabla^2 g(\boldsymbol{y}) = \left[\frac{\partial h_1}{\partial \boldsymbol{y}}(\boldsymbol{x}), \cdots, \frac{\partial h_n}{\partial \boldsymbol{y}}(\boldsymbol{x}) \right], \quad (\text{단}, \boldsymbol{x} = \mathbf{A}\boldsymbol{y})$$

한편, 각 $i = 1, \cdots, n$ 에 대해

$$\begin{aligned}\frac{\partial h_i}{\partial \boldsymbol{y}}(\mathbf{A}\boldsymbol{y}) &= \frac{\partial}{\partial \boldsymbol{y}}\left(\sum_{k=1}^{n} a_{ki}\frac{\partial f}{\partial x_k}(\boldsymbol{x})\right) \\ &= \sum_{k=1}^{n} a_{ki}\frac{\partial \boldsymbol{x}}{\partial \boldsymbol{y}}\frac{\partial}{\partial \boldsymbol{x}}\left(\frac{\partial f}{\partial x_k}(\boldsymbol{x})\right) = \sum_{k=1}^{n} a_{ki}\mathbf{A}^{\mathrm{t}}\left[\frac{\partial^2 f}{\partial x_1 \partial x_k}(\boldsymbol{x}), \cdots, \frac{\partial^2 f}{\partial x_n \partial x_k}(\boldsymbol{x})\right]^{\mathrm{t}}\end{aligned} \tag{2.10}$$

이고, 위 식에서 f 에 대한 이계 편도함수로 구성된 벡터는 f 의 헤시안 행렬 $\nabla^2 f(\boldsymbol{x})$ 의 k 번째 열벡터이므로, 행렬의 곱에 관한 식 (1.5)를 이용하면

$$\sum_{k=1}^{n} a_{ki}\left[\frac{\partial^2 f}{\partial x_1 \partial x_k}(\boldsymbol{x}), \cdots, \frac{\partial^2 f}{\partial x_n \partial x_k}(\boldsymbol{x})\right]^{\mathrm{t}} = \nabla^2 f(\boldsymbol{x})[a_{1i}, \cdots, a_{ni}]^{\mathrm{t}}$$

가 성립한다. 즉, 위의 벡터는 행렬의 곱 $\nabla^2 f(\boldsymbol{x})\mathbf{A}$ 의 i 번째 열벡터이다. 따라서 식 (2.10)은 $\mathbf{A}^{\mathrm{t}}\nabla^2 f(\boldsymbol{x})\mathbf{A}$ 의 i 번째 열벡터가 되고, 다음 결론을 얻는다.

$$\nabla^2 g(\boldsymbol{y}) = \left[\frac{\partial h_1}{\partial \boldsymbol{y}}(\boldsymbol{x}), \cdots, \frac{\partial h_n}{\partial \boldsymbol{y}}(\boldsymbol{x})\right] = \mathbf{A}^{\mathrm{t}}\nabla^2 f(\boldsymbol{x})\mathbf{A}$$ □

2.1.3 테일러 전개

사인함수와 같은 초월함수를 n 차 테일러 다항식으로 근사시키는 것처럼, 다변수 함수도 주어진 벡터 근처에서 간단한 다변수 다항함수로 근사시키는 것이 가능하다. 다변수 함수의 테일러 전개에 대한 테일러 정리의 자세한 내용은 미적분학 교과서 [2]를 참고하기 바라며, 이 책에서는 여러 최적화 알고리즘에 자주 사용되는 2 차 테일러 근사 다항식을 다시 한 번 간략하게 정리한다.

정리 2.1

벡터 $\boldsymbol{a}$ 의 ε-근방 $\mathcal{B}_{\boldsymbol{a}}(\varepsilon) = \{\boldsymbol{x} \in \mathbb{R}^n \mid \|\boldsymbol{x} - \boldsymbol{a}\| < \varepsilon\}$ 에서 다변수 함수 $f : \mathcal{U} \to \mathbb{R}$ 가 연속인 이계 편도함수를 갖는다고 하자. 이때, 모든 $\boldsymbol{x} \in \mathcal{B}_{\boldsymbol{a}}(\varepsilon)$ 에 대하여

$$f(\boldsymbol{x}) = f(\boldsymbol{a}) + \nabla f(\boldsymbol{a})^{\mathrm{t}}(\boldsymbol{x} - \boldsymbol{a}) + o(\|\boldsymbol{x} - \boldsymbol{a}\|), \tag{2.11}$$

$$f(\boldsymbol{x}) = f(\boldsymbol{a}) + \nabla f(\boldsymbol{a})^{\mathrm{t}}(\boldsymbol{x} - \boldsymbol{a}) + \frac{1}{2}(\boldsymbol{x} - \boldsymbol{a})^{\mathrm{t}}\mathbf{H}_f(\boldsymbol{a})(\boldsymbol{x} - \boldsymbol{a}) + o(\|\boldsymbol{x} - \boldsymbol{a}\|^2) \tag{2.12}$$

이 성립한다. (단, 식 (2.11)는 모든 편도함수가 연속이면 성립한다.)

식 (2.11)의 등호 왼쪽 식에서 나머지 항(오차 항) $o(\|\boldsymbol{x}-\boldsymbol{a}\|)$를 제외한 부분을 $\boldsymbol{x}=\boldsymbol{a}$를 중심으로 하는 f의 1차 **테일러 다항식**이라고 부른다. 이 책에서는 f의 테일러 전개의 중심 $\boldsymbol{a}$가 분명한 경우에 k차 테일러 다항식을 차수만 표시하여 간단히 $p_k(\boldsymbol{x})$로 쓴다.

식 (2.11)의 의미는 다음 극한식이 성립한다는 것으로

$$\lim_{\|\boldsymbol{x}-\boldsymbol{a}\|\to 0} \frac{f(\boldsymbol{x})-\big(f(\boldsymbol{a})+\nabla f(\boldsymbol{a})^{\mathrm{t}}(\boldsymbol{x}-\boldsymbol{a})\big)}{\|\boldsymbol{x}-\boldsymbol{a}\|}=0$$

$\|\boldsymbol{x}-\boldsymbol{a}\|$ 충분히 작으면 1차 테일러 다항식 $p_1(\boldsymbol{x})$가 $f(\boldsymbol{x})$의 좋은 근사식이 된다는 의미이다.

식 (2.12)에서 2차 테일러 다항식은

$$p_2(\boldsymbol{x})=f(\boldsymbol{a})+\nabla f(\boldsymbol{a})^{\mathrm{t}}(\boldsymbol{x}-\boldsymbol{a})+\frac{1}{2}(\boldsymbol{x}-\boldsymbol{a})^{\mathrm{t}}\mathbf{H}_f(\boldsymbol{a})(\boldsymbol{x}-\boldsymbol{a})$$

이고, 다음이 성립한다.

$$\lim_{\|\boldsymbol{x}-\boldsymbol{a}\|\to 0} \frac{f(\boldsymbol{x})-p_2(\boldsymbol{x})}{\|\boldsymbol{x}-\boldsymbol{a}\|^2}=0$$

다변수 함수의 테일러 전개에 대한 정리 2.1은 다음과 같이 다르게 표현할 수도 있다.

정리 2.2

벡터 $\boldsymbol{a}$의 ε-근방 $\mathcal{B}_{\boldsymbol{a}}(\varepsilon)=\{\boldsymbol{x}\in\mathbb{R}^n \mid \|\boldsymbol{x}-\boldsymbol{a}\|<\varepsilon\}$에서 다변수 함수 $f:\mathcal{B}_{\boldsymbol{a}}(\varepsilon)\to\mathbb{R}$가 연속인 이계 편도함수를 갖는다고 하자. 이때, $\|\boldsymbol{v}\|<\varepsilon$을 만족하는 임의의 $\boldsymbol{v}$에 대하여 아래 식을 만족하는 $0<\theta_1<1, 0<\theta_2<1$이 존재한다.[a]

$$f(\boldsymbol{a}+\boldsymbol{v})=f(\boldsymbol{a})+\nabla f(\boldsymbol{a}+\theta_1\boldsymbol{v})^{\mathrm{t}}\boldsymbol{v} \tag{2.13}$$

$$f(\boldsymbol{a}+\boldsymbol{v})=f(\boldsymbol{a})+\nabla f(\boldsymbol{a})^{\mathrm{t}}\boldsymbol{v}+\frac{1}{2}\boldsymbol{v}^{\mathrm{t}}\mathbf{H}_f(\boldsymbol{a}+\theta_2\boldsymbol{v})\boldsymbol{v} \tag{2.14}$$

[a] 식에서 $0<\theta<1$인 θ에 대해 $\boldsymbol{a}+\theta\boldsymbol{v}$가 의미하는 것은 두 벡터 $\boldsymbol{a}$와 $\boldsymbol{a}+\boldsymbol{v}$를 잇는 선분 위에 $\boldsymbol{a}+\theta\boldsymbol{v}$가 있다는 의미이다. 또, θ는 $\boldsymbol{v}$에 따라 변한다.

좀 더 간단한 표현을 위해 한 가지 용어를 정의하자. 열린집합 $\mathcal{U}(\subset\mathbb{R}^n)$에서 정의된 다변수 함수 f의 k계 편도함수는 편미분을 k번 반복해서 얻어지는 함수

$$\frac{\partial^k f}{\partial x_{m_1}\partial x_{m_2}\cdots\partial x_{m_k}}(\boldsymbol{x}):=\frac{\partial}{\partial x_{m_1}}\cdots\frac{\partial f}{\partial x_{m_k}}(\boldsymbol{x}),\ \forall m_i\in\{1,\cdots,n\}$$

를 말하고, $\mathcal{U}$에서 f의 모든 k계 편도함수가 존재하고 연속일 때 f를 C^k 함수라고 한다.

테일러 다항식에 대한 예를 살펴보자.

예제 2.11 이변수 함수 $f(\boldsymbol{x}) = x_1^2 + 2x_1x_2 + x_2^3$에 대하여 $\boldsymbol{a} = [1, 2]^{\mathrm{t}}$를 중심으로 하는 2차 테일러 다항식을 구하고, 식 (2.12)가 성립함을 확인하시오.

풀이 우선 $f(\boldsymbol{a}) = 1 + 4 + 8 = 13$이다. f의 기울기 벡터를 구하면

$$\nabla f(\boldsymbol{x})^{\mathrm{t}} = \left[\frac{\partial f}{\partial \boldsymbol{x}}\right]^{\mathrm{t}} = [2x_1 + 2x_2, 2x_1 + 3x_2^2]$$

이므로 $\nabla f(\boldsymbol{a})^{\mathrm{t}} = [6, 14]$이다.

$\mathbf{H}_f(\boldsymbol{x}) = \dfrac{\partial}{\partial \boldsymbol{x}} \nabla f(\boldsymbol{x})$이므로

$$\mathbf{H}_f(\boldsymbol{x}) = \begin{bmatrix} \dfrac{\partial^2 f}{\partial x_1 \partial x_1}(\boldsymbol{x}) & \dfrac{\partial^2 f}{\partial x_1 \partial x_2}(\boldsymbol{x}) \\ \dfrac{\partial^2 f}{\partial x_2 \partial x_1}(\boldsymbol{x}) & \dfrac{\partial^2 f}{\partial x_2 \partial x_2}(\boldsymbol{x}) \end{bmatrix} = \begin{bmatrix} 2 & 2 \\ 2 & 6x_2 \end{bmatrix}$$

$$\Longrightarrow \mathbf{H}_f(\boldsymbol{a}) = \begin{bmatrix} 2 & 2 \\ 2 & 12 \end{bmatrix}$$

이다. 따라서 2차 테일러 다항식을 구하면 다음과 같다.

$$\begin{aligned} p_2(\boldsymbol{x}) =& 13 + [6, 14] \begin{bmatrix} x_1 - 1 \\ x_2 - 2 \end{bmatrix} + \frac{1}{2}[x_1 - 1, x_2 - 2] \begin{bmatrix} 2 & 2 \\ 2 & 12 \end{bmatrix} \begin{bmatrix} x_1 - 1 \\ x_2 - 2 \end{bmatrix} \\ =& 13 + 6(x_1 - 1) + 14(x_2 - 2) + (x_1 - 1)^2 + 2(x_1 - 1)(x_2 - 2) + 6(x_2 - 2)^2 \end{aligned}$$

이제 나머지 항을 구하면

$$f(\boldsymbol{x}) - p_2(\boldsymbol{x}) = -8 + 12x_2 - 6x_2^2 + x_2^3 = (x_2 - 2)^3$$

이고, $\|\boldsymbol{x} - \boldsymbol{a}\| = \sqrt{(x_1 - 1)^2 + (x_2 - 2)^2}$이므로

$$\begin{aligned} \lim_{\|\boldsymbol{x}-\boldsymbol{a}\| \to 0} \frac{f(\boldsymbol{x}) - p_2(\boldsymbol{x})}{\|\boldsymbol{x} - \boldsymbol{a}\|^2} &= \lim_{\|\boldsymbol{x}-\boldsymbol{a}\| \to 0} \frac{(x_2 - 2)^3}{(x_1 - 1)^2 + (x_2 - 2)^2} \\ &\leq \lim_{\|\boldsymbol{x}-\boldsymbol{a}\| \to 0} \frac{(x_2 - 2)^3}{(x_2 - 2)^2} \\ &= \lim_{\|\boldsymbol{x}-\boldsymbol{a}\| \to 0} (x_2 - 2) \\ &\leq \lim_{\|\boldsymbol{x}-\boldsymbol{a}\| \to 0} \|\boldsymbol{x} - \boldsymbol{a}\| = 0 \end{aligned}$$

이다. 따라서 식 (2.12)가 성립한다. □

예제 2.12 열린집합 $\mathcal{U} \subset \mathbb{R}^n$ 에서 정의된 미분가능한 함수 f 와 $\boldsymbol{a} \in \mathcal{U}$ 에 대하여 다음 물음에 답하시오.

(1) $\boldsymbol{x} = \boldsymbol{a}$ 에서 함숫값이 가장 빨리 감소하는 방향은 $-\nabla f(\boldsymbol{a})$ 임을 보이시오.

(2) $\boldsymbol{a}$ 의 근방에서 함수 f 가 C^1 함수라 하자. 이때, $\|\boldsymbol{v}\| = 1$ 인 벡터 $\boldsymbol{v}$ 가 조건 $\nabla f(\boldsymbol{a})^{\mathrm{t}}\boldsymbol{v} < 0$ 을 만족하면, 충분히 작은 $\delta > 0$ 에 대해

$$f(\boldsymbol{a} + t\boldsymbol{v}) < f(\boldsymbol{a}), \ \forall 0 < t < \delta$$

가 성립함을 보이시오.

풀이 (1) 집합 $\mathcal{U}$ 가 열린집합이므로 $\mathcal{B}_{\boldsymbol{a}}(\varepsilon) \subset \mathcal{U}$ 인 $\boldsymbol{a}$ 의 ε-근방을 잡을 수 있다. 이때, $\|\boldsymbol{v}\| = 1$ 인 임의의 벡터 $\boldsymbol{v}$ 와 $-\varepsilon < t < \varepsilon$ 에 대해 $\boldsymbol{a} + t\boldsymbol{v} \in \mathcal{B}_{\boldsymbol{a}}(\varepsilon)$ 이다. 따라서 미분가능한 함수 $g_{\boldsymbol{v}}(t) = f(\boldsymbol{a} + t\boldsymbol{v})$, $(|t| < \varepsilon)$ 를 생각할 수 있고, $\boldsymbol{x} = \boldsymbol{a}$ 에서 함숫값이 가장 빨리 감소하는 방향을 나타내는 벡터 $\boldsymbol{v}$ 는 $g'_{\boldsymbol{v}}(0)$ 가 최소가 되는 $\boldsymbol{v}$ 이다.

한편, $g'_{\boldsymbol{v}}(0) = \nabla f(\boldsymbol{a})^{\mathrm{t}}\boldsymbol{v} = \langle \nabla f(\boldsymbol{a}), \boldsymbol{v} \rangle$ 이므로, 두 벡터 $\nabla f(\boldsymbol{a})$ 와 $\boldsymbol{v}$ 사이의 각을 θ 라 할 때

$$g'_{\boldsymbol{v}}(0) = \langle \nabla f(\boldsymbol{a}), \boldsymbol{v} \rangle = \|\nabla f(\boldsymbol{a})\| \cos(\theta)$$

이다. 따라서 $g'_{\boldsymbol{v}}(0)$ 가 최소가 되는 방향은 $\boldsymbol{v} = -\nabla f(\boldsymbol{a}) / \|\nabla f(\boldsymbol{a})\|$ 이다.

(2) 식 (2.11)에 의해

$$\lim_{t \to 0} \frac{f(\boldsymbol{a} + t\boldsymbol{v}) - f(\boldsymbol{a}) - t\,\nabla f(\boldsymbol{a})^{\mathrm{t}}\boldsymbol{v}}{t} = 0$$

이고, $\nabla f(\boldsymbol{a})^{\mathrm{t}}\boldsymbol{v} < 0$ 이므로 $\varepsilon = -\frac{1}{2}\nabla f(\boldsymbol{a})^{\mathrm{t}}\boldsymbol{v} > 0$ 에 대해 다음 조건을 만족하는 $\delta > 0$ 을 잡을 수 있다.[6]

$$|t| < \delta \implies \left| \frac{f(\boldsymbol{a} + t\boldsymbol{v}) - f(\boldsymbol{a}) - t\,\nabla f(\boldsymbol{a})^{\mathrm{t}}\boldsymbol{v}}{t} \right| < \varepsilon$$

따라서 $0 < t < \delta$ 이면

$$f(\boldsymbol{a} + t\boldsymbol{v}) < f(\boldsymbol{a}) + t\,\nabla f(\boldsymbol{a})^{\mathrm{t}}\boldsymbol{v} + t\,\varepsilon = f(\boldsymbol{a}) + \frac{1}{2}\,t\,\nabla f(\boldsymbol{a})^{\mathrm{t}}\boldsymbol{v} < f(\boldsymbol{a})$$

가 성립한다. □

[6] 극한의 정의를 다시 한 번 확인하라.

2.1.4 다변수 함수의 극값에 대한 이계도함수 판정법

함수 $f : \mathbb{R}^n \to \mathbb{R}$ 가 $\boldsymbol{x} = \boldsymbol{a}$ 에서 **극소**라는 것은 $\boldsymbol{a}$ 의 적절한 근방 $\mathcal{B}_{\boldsymbol{a}}(\varepsilon) = \{\boldsymbol{x} |\, \|\boldsymbol{x} - \boldsymbol{a}\| < \varepsilon\}$ 을 잡으면[7], 근방에 속하는 모든 $\boldsymbol{x}$ 에 대하여 다음 조건

$$f(\boldsymbol{a}) \leq f(\boldsymbol{x}), \quad \forall\, \boldsymbol{x} \in \mathcal{B}_{\boldsymbol{a}}(\varepsilon) \tag{2.15}$$

이 성립한다는 것이다. 이때, $f(\boldsymbol{a})$ 를 f 의 **극솟값**(local minimum) 이라 부른다. 또,

$$f(\boldsymbol{a}) \geq f(\boldsymbol{x}), \quad \forall\, \boldsymbol{x} \in \mathcal{B}_{\boldsymbol{a}}(\varepsilon)$$

가 성립하도록 $\boldsymbol{a}$ 의 근방을 잡을 수 있을 때, 함수 f 는 $\boldsymbol{x} = \boldsymbol{a}$ 에서 **극대**라 하고, $f(\boldsymbol{a})$ 를 **극댓값**(local maximum) 이라고 부른다. 또, 극댓값과 극솟값을 통칭해서 **극값**이라고 부른다.

함수 $f : \mathbb{R} \to \mathbb{R}$ 에 대해 $f'(a) = 0$ 이고 $f''(a) > 0$ 이면 f 가 $x = a$ 에서 극소가 됨을 알고 있는데, 이 소절에서는 다변수 함수의 경우에도 기울기 벡터와 헤시안 행렬을 이용하여 함수의 극대, 극소를 판단하는 방법에 대해 공부한다.

모든 이계 편도함수가 연속인 다변수 C^2 함수에 대한 **이계도함수 판정법**(second derivative test) 은 $\nabla f(\boldsymbol{a}) = \mathbf{0}$ 일 때, f 의 헤시안행렬 $\mathbf{H}_f(\boldsymbol{a})$ 가 양의 정부호인지, 음의 정부호인지에 따라 극값 여부를 판단하는 방법이다. 우선 필요한 성질부터 살펴보자.

헤시안 행렬 $\mathbf{H}_f(\boldsymbol{a})$ 는 대칭행렬이므로 직교행렬 $\mathbf{P}$ 에 의해

$$\mathbf{H}_f(\boldsymbol{a}) = \mathbf{P}\,\mathrm{diag}(\lambda_1, \cdots, \lambda_n)\,\mathbf{P}^{\mathrm{t}}$$

와 같이 직교 대각화 가능하다.[8] 따라서, $\boldsymbol{w} = \mathbf{P}^{\mathrm{t}}\boldsymbol{v}$ 로 두면 $\mathbf{P}$ 가 직교행렬이므로 $\|\boldsymbol{w}\| = \|\mathbf{P}^{\mathrm{t}}\boldsymbol{v}\| = \|\boldsymbol{v}\|$ 가 되고[9], $\boldsymbol{w}$ 의 성분을 $\boldsymbol{w} = [w_1, \cdots, w_n]^{\mathrm{t}}$ 라 둘 때

$$\boldsymbol{v}^{\mathrm{t}}\mathbf{H}_f(\boldsymbol{a})\boldsymbol{v} = \left(\mathbf{P}^{\mathrm{t}}\boldsymbol{v}\right)^{\mathrm{t}}\mathrm{diag}(\lambda_1, \cdots, \lambda_n)\left(\mathbf{P}^{\mathrm{t}}\boldsymbol{v}\right) = \lambda_1 w_1^2 + \lambda_2 w_2^2 + \cdots + \lambda_n w_n^2$$

를 얻는다. 이때, 고윳값 중 최솟값을 $\lambda_{\min}$, 최댓값을 $\lambda_{\max}$ 라 하면 위 식으로부터

$$\lambda_{\min}\|\boldsymbol{v}\|^2 = \lambda_{\min}(w_1^2 + \cdots + w_n^2) \leq \boldsymbol{v}^{\mathrm{t}}\mathbf{H}_f(\boldsymbol{a})\boldsymbol{v} \leq \lambda_{\max}(w_1^2 + \cdots + w_n^2) = \lambda_{\max}\|\boldsymbol{v}\|^2 \tag{2.16}$$

이 성립한다.

---

[7] 여기서 적절한 근방이라는 의미는 양수 ε 을 적절하게 잘 잡는다는 의미이다.

[8] 헤시안 행렬은 $\boldsymbol{a}$ 에 따라 달라지는 행렬이므로 고윳값 λ_i 는 실제로는 $\boldsymbol{a}$ 에 따라 달라지는 값이다.

[9] $\|\boldsymbol{w}\|^2 = \langle \boldsymbol{w}, \boldsymbol{w} \rangle = \boldsymbol{w}^{\mathrm{t}}\boldsymbol{w} = \boldsymbol{v}^{\mathrm{t}}\mathbf{P}\mathbf{P}^{\mathrm{t}}\boldsymbol{v} = \boldsymbol{v}^{\mathrm{t}}\boldsymbol{v} = \|\boldsymbol{v}\|^2$ 이 성립한다.

한편, 식 (2.14)의

$$\begin{aligned} f(\boldsymbol{a}+\boldsymbol{v}) &= f(\boldsymbol{a}) + \nabla f(\boldsymbol{a})^{\mathrm{t}}\boldsymbol{v} + \frac{1}{2}\boldsymbol{v}^{\mathrm{t}}\mathbf{H}_f(\boldsymbol{a}+\theta\boldsymbol{v})\boldsymbol{v} \\ &= f(\boldsymbol{a}) + \nabla f(\boldsymbol{a})\boldsymbol{v} + \frac{1}{2}\boldsymbol{v}^{\mathrm{t}}\mathbf{H}_f(\boldsymbol{a})\boldsymbol{v} + \frac{1}{2}\boldsymbol{v}^{\mathrm{t}}\Big(\mathbf{H}_f(\boldsymbol{a}+\theta\boldsymbol{v}) - \mathbf{H}_f(\boldsymbol{a})\Big)\boldsymbol{v} \end{aligned} \tag{2.17}$$

에서, f의 모든 이계 편도함수가 연속이므로, $\boldsymbol{a}+\theta\boldsymbol{v}$와 $\boldsymbol{a}$를 충분히 가깝게 잡으면 대응되는 이계 편도함수들의 차이를 충분히 작게 할 수 있다. 즉, 임의로 주어진 $\varepsilon > 0$에 대해 적절한 $\delta > 0$를 잡아서, $\|(\boldsymbol{a}+\theta\boldsymbol{v}) - \boldsymbol{a}\| = \|\theta\boldsymbol{v}\| \le \|\boldsymbol{v}\| < \delta$를 만족하는 모든 $\boldsymbol{v}$에 대해

$$\left|\frac{\partial^2 f}{\partial x_i \partial x_j}(\boldsymbol{a}+\theta\boldsymbol{v}) - \frac{\partial^2 f}{\partial x_i \partial x_j}(\boldsymbol{a})\right| < \frac{\varepsilon}{n^2}, \quad \forall 1 \le i, j \le n \tag{2.18}$$

가 성립하게 할 수 있다.[10]

다시 말해서, 주어진 $\varepsilon > 0$에 대해 적절한 $\delta > 0$를 잡아서 $\|\boldsymbol{v}\| < \delta$인 모든 $\boldsymbol{v}$에 대해

$$\begin{aligned} &\left|\boldsymbol{v}^{\mathrm{t}}\Big(\mathbf{H}_f(\boldsymbol{a}+\theta\boldsymbol{v}) - \mathbf{H}_f(\boldsymbol{a})\Big)\boldsymbol{v}\right| \\ &\le \sum_{1\le i,j\le n}\left|\frac{\partial^2 f}{\partial x_i \partial x_j}(\boldsymbol{a}+\theta\boldsymbol{v}) - \frac{\partial^2 f}{\partial x_i \partial x_j}(\boldsymbol{a})\right| |v_i v_j| \\ &< \sum_{1\le i,j\le n}\frac{\varepsilon}{n^2}\|\boldsymbol{v}\|^2 = \varepsilon\|\boldsymbol{v}\|^2 \end{aligned} \tag{2.19}$$

가 성립하도록 할 수 있다.

이제 다변수 함수의 극대, 극소에 대한 이계 도함수 판정법을 설명할 수 있다.

다변수 함수의 극대, 극소에 대한 이계 도함수 판정법

$\mathbb{R}^n$의 열린집합 $\mathcal{U}$에서 정의된 다변수 함수 f에 대해 모든 이계 편도함수가 존재하고, 모든 이계 편도함수가 연속이라 하자.

$\mathcal{U}$의 한 점 $\boldsymbol{a}$에서 $\nabla f(\boldsymbol{a}) = \mathbf{0}$일 때, 헤시안 행렬 $\mathbf{H}_f(\boldsymbol{a})$로부터 다음과 같이 $f(\boldsymbol{a})$가 극값이 되는지 여부를 판단할 수 있다.

(1) $\nabla f(\boldsymbol{a}) = \mathbf{0}$이고 헤시안 행렬 $\mathbf{H}_f(\boldsymbol{a})$가 양의 정부호 행렬 $\Longrightarrow$ $f(\boldsymbol{a})$는 극솟값

(2) $\nabla f(\boldsymbol{a}) = \mathbf{0}$이고 헤시안 행렬 $\mathbf{H}_f(\boldsymbol{a})$가 음의 정부호 행렬 $\Longrightarrow$ $f(\boldsymbol{a})$는 극댓값

(3) $\nabla f(\boldsymbol{a}) = \mathbf{0}$이고 헤시안 행렬 $\mathbf{H}_f(\boldsymbol{a})$가 부정부호 행렬 $\Longrightarrow$ $\big(\boldsymbol{a},\ f(\boldsymbol{a})\big)$는 **안장점**

[10] 노름이 주어진 벡터공간에서 정의된 함수가 정의역의 한 벡터 $\boldsymbol{a}$에서 연속이라는 것은 모든 양수 ε에 대해 "$\|\boldsymbol{x}-\boldsymbol{a}\| < \delta \Longrightarrow |f(\boldsymbol{x}) - f(\boldsymbol{a})| < \varepsilon$"를 만족시키는 양수 δ가 존재하는 것이다. 식 (2.18)에서 주어진 $\varepsilon > 0$에 대해 모든 이계 편도함수에 대해 하나의 δ를 잡을 수 있는 이유는 고려해야 할 모든 이계 편도함수에 대해 구한 δ 중 가장 작은 δ를 택할 수 있기 때문이다.

[증명] (1) 다음 단계에 따라 $f(\boldsymbol{a})$가 극솟값이 됨을 보일 수 있다.

(i) $\lambda_{\min} > 0$이므로 식 (2.16)에서 모든 $\boldsymbol{v}$에 대해 $\boldsymbol{v}^{\mathrm{t}}\mathbf{H}_f(\boldsymbol{a})\boldsymbol{v} \geq \lambda_{\min}\|\boldsymbol{v}\|^2$가 성립한다.

(ii) 또, 식 (2.19)에서 $\varepsilon = \frac{1}{2}\lambda_{\min}$로 잡으면, δ가 정해지고 $\|\boldsymbol{v}\| < \delta$인 모든 $\mathbf{v}$에 대해 다음 식이 성립한다.

$$\boldsymbol{v}^{\mathrm{t}}\Big(\mathbf{H}_f(\boldsymbol{a}+\theta\boldsymbol{v}) - \mathbf{H}_f(\boldsymbol{a})\Big)\boldsymbol{v} > -\frac{1}{2}\lambda_{\min}\|\boldsymbol{v}\|^2$$

(iii) (i), (ii)의 결과를 합치면, 식 (2.17)로부터

$$\|\boldsymbol{v}\| < \delta \implies f(\boldsymbol{a}+\boldsymbol{v}) - f(\boldsymbol{a}) \geq \frac{1}{2}\lambda_{\min}\|\boldsymbol{v}\|^2 - \frac{1}{4}\lambda_{\min}\|\boldsymbol{v}\|^2 = \frac{1}{4}\lambda_{\min}\|\boldsymbol{v}\|^2 \geq 0$$

을 얻는다. 즉, $\|\boldsymbol{x}-\boldsymbol{a}\| < \delta$를 만족하는 도든 $\boldsymbol{x}$에 대해 $f(\boldsymbol{x}) \geq f(\boldsymbol{a})$가 성립하므로 $f(\boldsymbol{a})$는 극솟값이 된다.

(2) 주어진 조건에서 $f(\boldsymbol{a})$가 극댓값임을 보이자.

(i) 주어진 조건에서 $\lambda_{\max} < 0$이고 식 (2.16)에서 모든 $\boldsymbol{v}$에 대해 $\boldsymbol{v}^{\mathrm{t}}\mathbf{H}_f(\boldsymbol{a})\boldsymbol{v} \leq \lambda_{\max}\|\boldsymbol{v}\|^2$가 성립한다.

(ii) 또, 식 (2.19)에서 $\varepsilon = -\frac{1}{2}\lambda_{\max}$로 잡으면, δ가 정해지고 $\|\mathbf{v}\| < \delta$인 모든 $\mathbf{v}$에 대해 다음 식이 성립한다.

$$\boldsymbol{v}^{\mathrm{t}}\Big(\mathbf{H}_f(\boldsymbol{a}+\theta\boldsymbol{v}) - \mathbf{H}_f(\boldsymbol{a})\Big)\boldsymbol{v} < -\frac{1}{2}\lambda_{\max}\|\boldsymbol{v}\|^2$$

(iii) (i), (ii)의 결과를 종합하면, 식 (2.17)로부터

$$\|\boldsymbol{v}\| < \delta \implies f(\boldsymbol{a}+\boldsymbol{v}) - f(\boldsymbol{a}) \leq \frac{1}{2}\lambda_{\max}\|\boldsymbol{v}\|^2 - \frac{1}{4}\lambda_{\max}\|\boldsymbol{v}\|^2 = \frac{1}{4}\lambda_{\max}\|\boldsymbol{v}\|^2 \leq 0$$

을 얻는다. 즉, $\|\boldsymbol{x}-\boldsymbol{a}\| < \delta$를 만족하는 모든 $\boldsymbol{x}$에 대해 $f(\boldsymbol{x}) \leq f(\boldsymbol{a})$가 성립하므로 $f(\boldsymbol{a})$는 극댓값이 된다.

(3) $\mathbf{H}_f(\boldsymbol{a})$가 부정부호이므로 양수인 고윳값 λ_+와 음수인 고윳값 λ_-가 각각 존재한다. λ_+에 대응되는 고유벡터 $\boldsymbol{v}_+$에 대해 함수 $g(s) = f(\boldsymbol{a}+s\boldsymbol{v}_+)$를 생각하면 식 (2.17)에서

$$\begin{aligned} g(s) &= f(\boldsymbol{a}+s\,\boldsymbol{v}_+) \\ &= f(\boldsymbol{a}) + \frac{1}{2}s^2\,\boldsymbol{v}_+^{\mathrm{t}}\mathbf{H}_f(\boldsymbol{a})\boldsymbol{v}_+ + \frac{1}{2}s^2\,\Big(\boldsymbol{v}_+^{\mathrm{t}}\Big(\mathbf{H}_f(\boldsymbol{a}+s\,\theta\boldsymbol{v}_+) - \mathbf{H}_f(\boldsymbol{a})\Big)\boldsymbol{v}_+\Big) \end{aligned}$$

이다. 한편, 식 (2.19)에서 $\varepsilon = \frac{1}{2}\lambda_+$로 잡으면 $\delta > 0$가 정해지고, λ_+에 대한 고유벡

터의 상수배도 고유벡터가 되므로 $\|\boldsymbol{v}_+\| < \delta$ 인 고유벡터 $\boldsymbol{v}_+$ 에 대해

$$\boldsymbol{v}_+^{\mathrm{t}}\big(\mathbf{H}_f(\boldsymbol{a}+s\,\theta\,\boldsymbol{v}_+) - \mathbf{H}_f(\boldsymbol{a})\big)\boldsymbol{v}_+ > -\frac{1}{2}\lambda_+\|\boldsymbol{v}_+\|^2$$

이 성립한다. 따라서, 아래와 같이 $f(\boldsymbol{a})$ 가 $g(s)$ 의 극솟값이 됨을 알 수 있다.

$$\begin{aligned} g(s) =& f(\boldsymbol{a}+s\,\boldsymbol{v}_+) \\ \geq& f(\boldsymbol{a}) + \frac{1}{2}s^2\,\lambda_+\|\boldsymbol{v}_+\|^2 - \frac{1}{4}s^2\,\lambda_+\|\boldsymbol{v}_+\|^2 \geq f(\boldsymbol{a}) + \frac{1}{4}s^2\lambda_+\|\boldsymbol{v}_+\|^2 \geq f(\boldsymbol{a}) \end{aligned}$$

또, 음수인 고윳값 λ_- 에 대응되는 고유벡터 $\boldsymbol{v}_-$ 에 대해서도 $h(s) = f(\boldsymbol{a}+s\boldsymbol{v}_-)$ 로 정의하면 비슷한 방법으로 $f(\boldsymbol{a})$ 가 $h(s)$ 의 극댓값이 됨을 보일 수 있다. 따라서, $f(\boldsymbol{a}+\boldsymbol{v})$ 에서 $\boldsymbol{v}$ 의 방향에 따라 $f(\boldsymbol{a})$ 가 극댓값이 되기도 하고, 극솟값이 되기도 하므로 $\big(\boldsymbol{a},\ f(\boldsymbol{a})\big)$ 는 안장점이다. □

참고 2.3 극대, 극소에 대한 이계 도함수 판정법에서 헤시안 행렬 $\mathbf{H}_f(\boldsymbol{a})$ 가 부정부호 행렬인 경우에는, $f(\boldsymbol{a})$ 가 안장점이 된다는 결과보다 그 증명 과정을 이해하는 것이 중요하다.

결론적으로 다변수함수 f 의 극값을 구할 때는, $\nabla f(\boldsymbol{a}) = \mathbf{0}$ 을 만족하는 $\boldsymbol{a}$ 를 구하고, 헤시안 행렬 $\mathbf{H}_f(\boldsymbol{a})$ 가 양의 정부호인지, 음의 정부호인지, 부정부호인지를 판단하면 된다.

예제 2.13 함수 $f(\boldsymbol{x}) = -2x_1^2 - 3x_2^2 + 4x_1x_2 + 4x_1 + 1$ 의 극값을 구하시오.

풀이 함수 f 의 편도함수와 이계 편도함수를 각각 구하면,

$$\frac{\partial f}{\partial x_1}(\boldsymbol{x}) = -4x_1 + 4x_2 + 4, \quad \frac{\partial f}{\partial x_2}(\boldsymbol{x}) = -6x_2 + 4x_1$$

$$\frac{\partial^2 f}{\partial x_1 \partial x_1}(\boldsymbol{x}) = -4, \quad \frac{\partial^2 f}{\partial x_2 \partial x_1}(\boldsymbol{x}) = \frac{\partial^2 f}{\partial x_1 \partial x_2}(\boldsymbol{x}) = 4, \quad \frac{\partial^2 f}{\partial x_2 \partial x_2}(\boldsymbol{x}) = -6$$

이다. 이때 $\nabla f(\boldsymbol{a}) = \mathbf{0}$ 인 $\boldsymbol{x} = \boldsymbol{a}$ 를 구하면, $\boldsymbol{a} = [3, 2]^{\mathrm{t}}$ 이다. 또, 헤시안 행렬 $\mathbf{H}_f(\boldsymbol{a})$ 의 특성다항식을 구하면

$$\mathbf{H}_f(\boldsymbol{a}) = \begin{bmatrix} -4 & 4 \\ 4 & -6 \end{bmatrix}, \quad \big|\lambda\mathbf{I}_2 - \mathbf{H}_f(\boldsymbol{a})\big| = \lambda^2 + 10\lambda + 8 = 0$$

이 되어, 두 고윳값의 합이 -10 이고, 곱이 8 이므로 두 고윳값은 모두 음수임을 알 수 있다. 따라서 $f(\boldsymbol{x})$ 는 $\boldsymbol{a} = [3, 2]^{\mathrm{t}}$ 에서 극댓값 $f(\boldsymbol{a}) = 7$ 을 갖는다.[11] □

[11] 앞서 76쪽에서 배운 실베스터 판정법을 이용하면 보다 쉽게 판단할 수 있다. 즉 $\det\big(\mathbf{H}_f(\boldsymbol{a})_1\big) = -4 < 0$

2.2 최적화 기본 이론

$\mathbb{R}^n$ 의 부분집합 $\mathcal{X}$ 에서 $\mathbb{R}$ 로 가는 함수의 최댓값과 최솟값을 구하는 것과 관련된 최적화 이론은 과학과 공학 기술 전반에 걸쳐 적용되고 발전해 온 만큼, 특수한 상황인 볼록함수에 대한 최적화 이론만해도 책 한권으로는 부족할 정도이다. 이 절에서는 기계학습을 이해하는데 필요한 최소한의 필수적인 내용을 소개한다.

특히, 기계학습의 회귀 (regression) 문제에서 기본적으로 다루는 릿지 회귀 (ridge regression) 문제, 라쏘 회귀 (LASSO) 문제와 분류 (classification) 문제에서 나오는 로지스틱 회귀 (logistic regression) 문제, 그리고 서포트 벡터 머신 (SVM: Support Vector Machine) 문제 등에서 다루는 최적화는 모두 볼록함수의 최적화와 관련이 있는 만큼 집합의 볼록성과 볼록함수에 대한 기본적인 내용을 소개하고 관련된 최적화에 대해 소개한다.

최적화 이론과 볼록함수의 최적화에 대해 좀 더 공부하길 원하는 독자는 각각 [6]과 [10]을 참고하길 권한다.

2.2.1 최적화의 의미

대략적으로 말해서, **최적화**(optimization)는 허용된 집합 $\mathcal{X} \subset \mathbb{R}^n$ 내에서 입력 값 $\boldsymbol{x}$를 체계적으로 선택하고 함숫값 $f(\boldsymbol{x})$를 계산하여 함수 f를 최대화하는 (또는 최소화하는) 최적해 $\boldsymbol{x} = \boldsymbol{x}_*$를 구하는 과정을 의미한다. 이때, 최적화의 대상이 되는 함수 f를 **목적 함수**(objective function)라고 부르는데, 기계학습에서는 주로 실제값과 예측값의 오차에 대한 함수가 목적 함수가 되고, 이 목적 함수를 최소화하는 최적의 파라미터를 구하는 문제가 최적화 문제가 된다. 최적화 문제를 좀 더 엄밀하게 정의하기 위해 우선 상한과 하한의 개념을 이해할 필요가 있다.

집합 $\mathcal{S} \subset \mathbb{R}$에 대해 어떤 실수 α가 다음 조건

$$x \geq \alpha, \ \forall x \in \mathcal{S}$$

를 만족할 때, α를 집합 $\mathcal{S}$의 **하계**(lower bound)라 부르고 집합 $\mathcal{S}$는 **아래로 유계**(bounded below)라고 말한다.

이고 $\det\left(\mathbf{H}_f(\boldsymbol{a})_2\right) = 8 > 0$이므로 음의 정부호이다.

집합 $\mathbb{R}$ 이 갖는 중요한 성질 중 하나인 **완비성**공리[12] (completeness)가 말하는 것은 아래로 유계인 집합 $\mathcal{S}(\neq \varnothing)$의 모든 하계들의 집합이 어떤 실수 a에 대해 구간 $(-\infty, a] \subset \mathbb{R}$ 즉, $\{x \in \mathbb{R} \,|\, x \leq a\}$가 된다는 것이다. 이때, $\mathcal{S}$의 하계 중 가장 큰 하계인 a를 $\mathcal{S}$의 **최대 하계**(greatest lower bound) 또는 **하한** (infimum)이라 부르고 $\inf \mathcal{S}$로 쓴다. 만약 $\inf \mathcal{S} \in \mathcal{S}$이면 하한 $\inf \mathcal{S}$는 $\mathcal{S}$의 최솟값 $\min \mathcal{S}$가 된다.[13]

집합 $\mathcal{S}$가 아래로 유계가 아닐 때는 $\inf(\mathcal{S}) = -\infty$로 정의하고, $\mathcal{S} = \varnothing$일 때는 $\inf(\mathcal{S}) = \infty$로 정의하는 것이 자연스럽다.[14]

집합 $\mathcal{S}$에 대해 집합 $-\mathcal{S}$를 $-\mathcal{S} := \{-x \,|\, x \in \mathcal{S}\}$로 정의할 때, 집합 $-\mathcal{S}$가 아래로 유계라는 것은 어떤 실수 α에 대해 다음 조건이 성립함을 의미한다.

$$x \geq \alpha, \quad \forall x \in -\mathcal{S} \iff x \leq -\alpha, \quad \forall x \in \mathcal{S}$$

이때, 집합 $\mathcal{S}$는 **위로 유계**(bounded above)라 하고, $-\alpha$를 집합 $\mathcal{S}$의 **상계** (upper bound)라 부른다. 따라서 위로 유계인 집합 $\mathcal{S}(\neq \varnothing)$에 대해 **최소 상계**(least upper bound) 또는 **상한**(supremum) $\sup \mathcal{S}$는 $-\mathcal{S}$의 최대 하계를 이용하여 다음과 같이 정의한다.

$$\sup \mathcal{S} = -\inf(-\mathcal{S}) \tag{2.20}$$

따라서 위로 유계가 아닌 집합에 대한 상한은 ∞로 정의하고, $\sup(\varnothing) = -\infty$로 정의한다. 물론, $\sup \mathcal{S} \in \mathcal{S}$이면 $\sup \mathcal{S} = \max \mathcal{S}$이다.

예제 2.14 $\mathcal{S} = \{1/n \,|\, n = 1, 2, \cdots\}$의 하한, 상한, 최솟값, 최댓값을 각각 구하시오.

풀이 자연수 n에 대해 $1/n > 0$이므로 0은 집합 $\mathcal{S}$의 하계이다. 또, 임의의 $\alpha > 0$에 대해 $1/\alpha < m$을 만족하는 자연수 m이 존재하므로 $n \geq m$을 만족하는 모든 자연수 n에 대해

$$\frac{1}{\alpha} < m \leq n \iff \frac{1}{n} < \alpha$$

가 성립한다. 즉, $\alpha(> 0)$는 $\mathcal{S}$의 하계가 될 수 없다. 따라서 $\inf \mathcal{S} = 0$이다. 하지만,

[12] 실수의 완비성은 $\mathbb{R}$이 갖는 가장 중요한 성질 중의 하나인데, 집합 $\mathbb{R}$을 직선과 대응시키는 근거가 되는 성질이며 극한과 관련한 논의를 가능하게 해주는 중요한 성질이다. 완비성과 동치인 여러 가지 성질에 대해서는 해석개론 교과서 [1]을 참고하기 바란다.

[13] 예를 들어, 집합 $\mathcal{S}$가 열린구간 (a, b)이면, $\mathcal{S}$의 최솟값은 없지만, $\inf \mathcal{S} = a$가 된다.

[14] 가정이 거짓인 명제는 항상 참인 명제이므로 $\mathcal{S} = \varnothing$이면 모든 실수가 $\mathcal{S}$의 하계라고 생각하는 것이 논리적으로 자연스럽다.

$0 \notin \mathcal{S}$ 이므로 $\mathcal{S}$ 의 최솟값은 존재하지 않는다.

$\mathcal{S}$ 의 모든 x 에 대해 $x \le 1$ 이 성립하고, $1 \in \mathcal{S}$ 이므로 $\mathcal{S}$ 의 상한과 최댓값은 모두 1 이다. □

이제 최적화를 설명할 수 있다. 목적 함수 f 와 **제한조건**(constraints) 함수 $h_1, \cdots, h_k$, $g_1, \cdots, g_\ell$ 의 정의역이 각각 $\mathbb{R}^n$ 의 부분집합이고, 모든 정의역의 교집합이 $\widetilde{\mathcal{D}}$ 라 하자. 이때, 모든 함수가 정의되는 $\boldsymbol{x} \in \widetilde{\mathcal{D}}$ 중 등식 제한조건

$$h_i(\boldsymbol{x}) = 0, \ \forall\, i = 1, \cdots, k \tag{2.21}$$

과 부등식 제한조건

$$g_i(\boldsymbol{x}) \le 0, \ \forall\, i = 1, \cdots, \ell \tag{2.22}$$

을 모두 만족시키는 $\boldsymbol{x} \in \widetilde{\mathcal{D}}$ 들의 집합을 (최적화에 대한) **후보집합** 또는 **허용집합**(feasible set) 이라 하고 $\mathcal{F}$ 로 쓴다. 즉,

$$\mathcal{F} := \{\boldsymbol{x} \in \widetilde{\mathcal{D}} \,|\, h_i(\boldsymbol{x}) = 0 \ (\forall\, i = 1, \cdots, k), \ g_i(\boldsymbol{x}) \le 0, \ (\forall\, i = 1, \cdots, \ell)\,\}$$

이다. 이때, $p_* := \inf\{f(\boldsymbol{x}) \,|\, \boldsymbol{x} \in \mathcal{F}\}$ 와 $f(\boldsymbol{x}_*) = p_*$ 를 만족하는 $\boldsymbol{x}_* \in \mathcal{F}$ 를 구하는 것을 제한조건 (2.21), (2.22) 가 있는 f 의 **최소화**(minimize) 라 한다. 또, 동일한 상황에서 inf 대신 sup 을 고려하는 경우를 제한조건이 있는 f 의 **최대화**(maximize) 라 하고, 제한조건이 있는 최소화, 최대화를 통칭하여 **제한조건이 있는 최적화**(constrained optimization) 라 부른다.

일반적으로 $\sup \mathcal{S} = -\inf(-\mathcal{S})$ 이므로 최대화 문제는 최소화 문제로 바꿀 수 있다. 따라서, 지금부터는 최소화로 한정지어 설명하기로 한다. 또, **제한조건이 없는 최적화**란 제한조건과 관련된 함수 h_i, g_j 가 없는 경우를 말한다.[15]

후보집합 $\mathcal{F}$ 에 대한 f 의 최소화에서 구한 $p_* = \inf\{f(\boldsymbol{x}) \,|\, \boldsymbol{x} \in \mathcal{F}\}$ 가 실수가 아닌 경우는

- $\mathcal{F}$ 가 공집합일 때, $p_* = \infty$
- $\mathcal{F} \neq \varnothing$ 이더라도 $\{f(\boldsymbol{x}) \,|\, \boldsymbol{x} \in \mathcal{F}\}$ 가 아래로 유계가 아닐 때, $p_* = -\infty$

이다. 위 두 경우가 아닐 때, 즉 후보집합이 공집합이 아니고 집합 $\{f(\boldsymbol{x}) \,|\, \boldsymbol{x} \in \mathcal{F}\}$ 가 아래로 유계인 집합이 될 때, 실숫값 p_* 를 **최적값**(optimal value) 이라 부른다. 이때, 만약 $f(\boldsymbol{x}_*) = p_*$

[15] 함수 f 의 정의역 $\mathcal{D}$ 가 $\mathbb{R}^n$ 전체가 아닌 경우, 정의역을 결정하는 제한조건을 다른 함수를 이용하여 표현하고, $\mathcal{D}^{\mathrm{C}}$ 에서 f 의 함숫값을 임의로 주면, 제한조건이 없는 최적화도 제한조건이 있는 최적화로 생각할 수 있다.

를 만족하는 후보집합 $\mathcal{F}$의 벡터 $\boldsymbol{x}_*$ 존재하면, 최적값 p_*는 후보집합 $\mathcal{F}$에서 f의 최솟값이 되고 x_*를 **최적해**(optimal solution)라 부른다. 이때, 모든 최적해의 집합을 $\mathcal{F}_{\text{opt}}$라 쓰고, 최소화에 대한 최적해의 집합임을 강조할 때는 $\operatorname*{arg\,min}_{\boldsymbol{x}\in\mathcal{F}} f(\boldsymbol{x})$, 최대화에 대한 최적해의 집합임을 강조할 때는 $\operatorname*{arg\,max}_{\boldsymbol{x}\in\mathcal{F}} f(\boldsymbol{x})$로 쓴다.[16]

실수 최적값 p_*에 대한 최적해가 없는 경우를 살펴보자. 최적화에 대한 후보집합 $\mathcal{F}$에 대해 집합 $\mathcal{S}$를 $\mathcal{S} := \{f(\boldsymbol{x}) \,|\, \boldsymbol{x} \in \mathcal{F}\}$라 할 때, 최적값 $p_* = \inf \mathcal{S} \in \mathbb{R}$은 존재하지만 $f(\boldsymbol{x}_*) = p_*$를 만족하는 최적해는 존재하지 않는다고 하자. 이때, 하한의 정의로부터 임의의 양수 ε에 대해 $p_* + \varepsilon$은 집합 $\mathcal{S}$에 대한 하계가 될 수 없으므로

$$f(\boldsymbol{x}_\varepsilon) < p_* + \varepsilon$$

을 만족하는 후보집합 $\mathcal{F}$의 원소 $\boldsymbol{x}_\varepsilon$이 반드시 존재한다. 이때, $\boldsymbol{x}_\varepsilon$을 주어진 최적화 문제에 대한 ε-**버금 최적해**(suboptimal solution)라 부르고, $f(\boldsymbol{x}_\varepsilon)$을 ε-**버금 최적값**(suboptimal value)이라 부른다. 최적해가 존재하지 않는 경우에, 버금 최적해를 구하는 것 또한 최적화이다.

지금까지 설명한 제한조건이 있는 f의 최소화를 다음과 같이 표현한다.

$$\begin{aligned} &\operatorname*{minimize}_{\boldsymbol{x}\in\widetilde{\mathcal{D}}} f(\boldsymbol{x}) \\ &\text{제한조건}: g_i(\boldsymbol{x}) \le 0,\ i = 1, \cdots, \ell, \\ &\qquad\qquad h_i(\boldsymbol{x}) = 0,\ i = 1, \cdots, k. \end{aligned} \tag{2.23}$$

한편, 함수들의 정의역과 제한조건으로부터 결정되는 후보집합 $\mathcal{F}$가 분명하게 제시된 경우에는, 위의 최소화 표현을 간단하게 $\operatorname*{minimize}_{\boldsymbol{x}\in\mathcal{F}} f(\boldsymbol{x})$로 표현하기도 한다.

제한조건이 없는 최적화 문제에서 후보집합 $\mathcal{F}$는 $\mathbb{R}^n$ 또는 $\mathbb{R}^n$의 열린 부분집합으로 주어지고, 목적 함수 f에 대해 C^k를 가정하는 경우가 많다.[17] 예를 들어, f가 C^1 함수인 경우에 $f(\boldsymbol{x})$를 최소화하는 일반적인 방법은 $\nabla f(\boldsymbol{x}) = \mathbf{0}$가 되는 $\boldsymbol{x}$를 모두 구하고, 이 중에서 함수값이 최소가 되는 $\boldsymbol{x}$를 구하는 것이다. 만약 f가 C^2이면, 2.1.4절에서 공부한 이계도함수 판정법을 이용할 수 있다. 즉, $\nabla f(\boldsymbol{x}) = \mathbf{0}$가 되는 $\boldsymbol{x}$ 중 헤시안 행렬 $\nabla^2 f(\boldsymbol{x})$가 양의 정부호 행렬이 되는 $\boldsymbol{x}$를 모두 구하면, 각각의 $f(\boldsymbol{x})$는 극솟값이 되고 이 중에서 가장 작은 값이 최솟값

---

[16] 열린구간 $(0, 1)$의 하한은 존재하지만, 최솟값은 없는 것처럼 최적값(하한)이 존재하더라도 최적해는 존재하지 않을 수 있고, 후보집합의 서로 다른 두 벡터 $\boldsymbol{x}_*, \boldsymbol{y}_*$에 대해 $f(\boldsymbol{x}_*) = f(\boldsymbol{y}_*) = p_*$가 성립할 수도 있다.

[17] 함수 f에 대해 모든 $\dfrac{\partial^k f}{\partial x_{i_1} \cdots \partial x_{i_k}}$ 함수가 연속함수인 것을 의미한다.

이 된다. 따라서, f 가 C^1 이나 C^2 인 경우, 제한조건이 없는 최적화(최소화) 문제는 방정식 $\nabla f(\boldsymbol{x}) = \mathbf{0}$ 의 해를 구하는 것과 깊은 관련이 있는데, 해의 개수가 많은 경우에는 최소화의 어려움이 커질 수 있다.[18] 다음 소절에서는 가장 간단한 경우인 볼록함수의 최적화에 대해 살펴본다.

2.2.2 볼록성과 볼록 최적화의 뜻과 예

최적화 문제의 중요한 부류 중 하나는 볼록성의 개념과 연결된 **볼록 최적화**이다. 볼록 최적화를 설명하기 전에, 우선 집합과 함수의 볼록성을 정의하자. 벡터공간 $\mathbb{R}^n$ 의 부분집합이 **볼록**(convex)하다는 것은 주어진 집합의 임의의 두 점에 대하여, 그 두 점을 잇는 선분이 그 집합에 포함되는 것을 의미한다. 즉, 집합 $\mathcal{X}$ 의 임의의 두 벡터 $\boldsymbol{x}_1, \boldsymbol{x}_2$ 에 대하여

$$(1-t)\,\boldsymbol{x}_1 + t\,\boldsymbol{x}_2 \in \mathcal{X}, \quad \forall\, 0 \le t \le 1$$

이 만족될 때, 집합 $\mathcal{X}$ 를 **볼록집합**(convex set) 이라고 부른다.

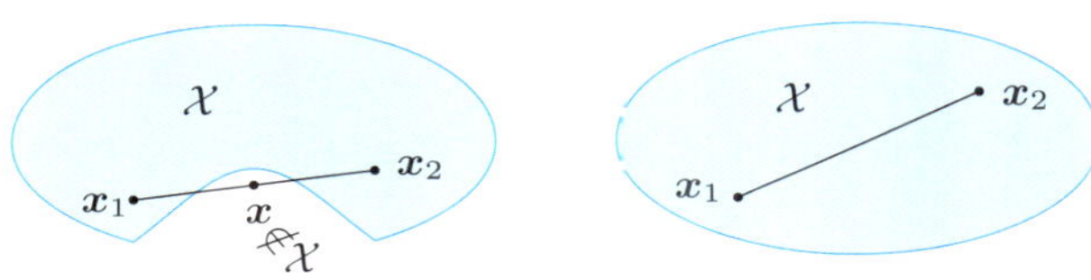

(a) (b)

그림 2.2: 볼록집합이 아닌 예 (a)와 볼록집합인 예 (b)

또, 함수 $f : \mathcal{X}(\subset \mathbb{R}^n) \to \mathbb{R}$ 가 **볼록함수**라는 것은 함수의 정의역 $\mathcal{X}$ 가 볼록집합이고, 모든 $\boldsymbol{x}_1, \boldsymbol{x}_2 \in \mathcal{X}$(단, $\boldsymbol{x}_1 \neq \boldsymbol{x}_2$)와 $0 \le t \le 1$ 에 대하여

$$f\big((1-t)\,\boldsymbol{x}_1 + t\,\boldsymbol{x}_2\big) \le (1-t)f(\boldsymbol{x}_1) + tf(\boldsymbol{x}_2)$$

를 만족하는 것을 말하고, 부등식에서 등호가 성립하는 경우가 없을 때 **순볼록함수**라고 부른다. 이때, 볼록 후보집합에서 정의된 볼록 목적 함수에 대한 최적화를 **볼록 최적화**(convex optimization) 라고 부른다.[19]

[18] $\nabla f(\boldsymbol{x}) = \mathbf{0}$ 의 해 $\boldsymbol{x} = \boldsymbol{x}^*$ 에 대해 $f(\boldsymbol{x}^*)$ 가 극값이 아닌 경우도 있을 수 있고, 극솟값이 너무 많을 수도 있다. 목적 함수가 C^2 라 하더라도 심층학습의 경우처럼 $\boldsymbol{x} \in \mathbb{R}^n$ 에서 n 이 아주 큰 경우에는 헤시안 행렬을 계산하고 부호

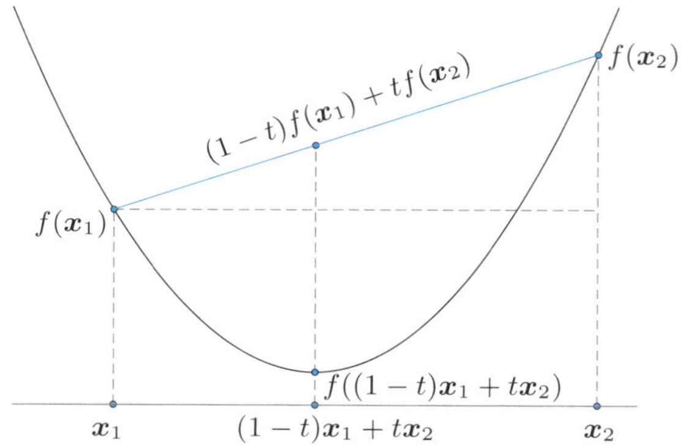

그림 2.3: 볼록함수

또, 볼록함수를 정의하는 부등식에서 부등호의 방향이 반대인 부등식을 만족하는 함수를 **오목함수**(concave function)라고 부르는데, f가 오목함수이면 $-f$는 볼록함수가 된다. 따라서, 볼록 후보집합에서 정의된 오목 목적 함수에 대한 최대화는 볼록 후보집합에서 정의된 볼록 목적 함수의 최소화가 되므로, 오목 목적 함수에 대한 최대화도 볼록 최적화라고 부른다.

볼록집합의 정의로부터 $\mathcal{X}, \mathcal{Y}$가 $\mathbb{R}^n$의 볼록집합이면 $\mathcal{X} \cap \mathcal{Y}$도 볼록집합이 된다. 따라서 두 함수 f와 g가 각각 볼록함수이면 두 함수의 정의역의 교집합도 볼록집합이 되고, 정의역의 교집합에서 정의된 $f+g$도 볼록함수가 됨을 정의로부터 쉽게 확인할 수 있다. 또, 함수 f가 볼록함수이면 양수 $\alpha > 0$에 대해 αf도 볼록함수가 되는 것도 볼록함수의 정의로부터 나온다.

$\mathbb{R}$의 볼록 부분집합은 볼록집합의 정의로부터 구간이 된다.[20] 또, $\mathbb{R}$의 부분집합에서 정의된 함수 f는 다양한 방법으로 볼록함수인지 판단할 수 있다. 우선 함수 f의 그래프가 아래로 볼록한 개형을 가지면 볼록함수이다. 따라서 $f(x) = |x|$는 $\mathbb{R}$에서 볼록함수이다. 만약 함수 f가 미분가능한 함수이면, 그래프가 아래로 볼록한지 판단하기 위해 접선과 비교할 수 있다. 즉, 그래프 위의 임의의 점에서 접선을 그릴 때, 정의역의 모든 점에서 함수의 그래프가 접선보다 위쪽에 위치하면 볼록함수가 된다.

를 판단하는데 시간이 많이 걸려 효율성이 떨어진다.

[19]볼록 최적화를 좀 더 엄격한 경우로 제한하여 말하기도 한다.([6]을 참고) 즉, 식 (2.23)에서 모든 등식 제한조건 함수 $h_i(\boldsymbol{x})$가 $h_i(x) = \boldsymbol{a}_i^t\boldsymbol{x} + b_i$ 꼴의 아핀 함수로만 주어지고, 부등식 제한조건 함수 $g_i(\boldsymbol{x})$와 목적 함수 f가 볼록함수이면 후보집합 $\mathcal{F}$가 볼록집합이 되는데, 이 경우를 볼록 최적화라 부르기도 한다.

[20]$(-\infty, a), (-\infty, a], (a, b), [a, b), (a, b], [a, b], (a, \infty), [a, \infty), \mathbb{R}$ 꼴 중 하나가 된다는 의미이다.

또, 함수 f의 이계도함수가 존재하면 좀 더 쉽게 판단할 수 있다. 즉, 정의역의 모든 x에 대해 $f''(x) \geq 0$을 만족하면 f는 볼록함수이다. 예를 들어 $f(x) = x^{2k}$, $f(x) = e^{x}$, $f(x) = e^{-x}$는 $\mathbb{R}$에서 볼록함수이고, $f(x) = -\log x$, $f(x) = x\ln x$는 $(0, \infty)$에서 정의된 볼록함수이다.

$\mathbb{R}$에서 정의된 함수와 유사하게, $\mathbb{R}^n$에서 정의된 함수 f에 대해서도 f가 미분가능한 경우에 $\nabla f(\boldsymbol{x})$를 이용하여 볼록성을 판별하는 방법과 이계도함수에 대응되는 헤시안을 이용하여 볼록성을 판별하는 방법이 있다. 이것에 대해서는 뒤에 정리 2.6과 예제 2.22에서 각각 알아보기로 하고, 우선 볼록함수의 정의만을 이용하여 볼록성을 판별할 수 있는 몇 가지 예를 살펴보자.

예제 2.15 임의의 노름 $\|\cdot\| : \mathbb{R}^n \to \mathbb{R}$은 볼록함수임을 보이시오(46쪽 노름의 정의 참고).

풀이 임의의 실수 $0 \leq t \leq 1$에 대하여 노름의 성질 (1),(2)를 적용하면

$$\|(1-t)\,\boldsymbol{x} + t\,\boldsymbol{y}\| \leq \|(1-t)\,\boldsymbol{x}\| + \|t\,\boldsymbol{y}\| = (1-t)\ \|\boldsymbol{x}\| + t\ \|\boldsymbol{y}\|$$

가 성립하므로 볼록함수이다. □

예제 2.16 볼록함수 $f_i\ (1 \leq i \leq m)$의 정의역을 $\mathcal{D}_i$라 할 때, $\widetilde{\mathcal{D}} = \mathcal{D}_1 \cap \cdots \cap \mathcal{D}_m$이라 하자. $\widetilde{\mathcal{D}}$에서 정의된 함수 $f(\boldsymbol{x}) = \max\{f_1(\boldsymbol{x}), \cdots, f_m(\boldsymbol{x})\}$가 볼록함수임을 보이시오.

풀이 $\widetilde{\mathcal{D}}$는 볼록집합들의 교집합이므로 볼록집합이다. $\boldsymbol{x}, \boldsymbol{y} \in \widetilde{\mathcal{D}}$와 $0 \leq \theta \leq 1$에 대해

$$\begin{aligned} f\big((1-\theta)\boldsymbol{x} + \theta\boldsymbol{y}\big) &= \max\left\{f_1\big((1-\theta)\boldsymbol{x} + \theta\boldsymbol{y}\big), \cdots, f_m\big((1-\theta)\boldsymbol{x} + \theta\boldsymbol{y}\big)\right\} \\ &\leq \max\left\{(1-\theta)f_1(\boldsymbol{x}) + \theta f_1(\boldsymbol{x}), \cdots, (1-\theta)f_m(\boldsymbol{x}) + \theta f_m(\boldsymbol{x})\right\} \\ &\leq \max\left\{(1-\theta)f(\boldsymbol{x}) + \theta f(\boldsymbol{x}), \cdots, (1-\theta)f(\boldsymbol{x}) + \theta f(\boldsymbol{x})\right\} \\ &= (1-\theta)f(\boldsymbol{x}) + \theta f(\boldsymbol{x}) \end{aligned}$$

이므로 f는 볼록함수이다. □

벡터 $\boldsymbol{x} = [x_1, \cdots, x_n]^{\mathrm{t}}$의 i 번째 성분을 주는 함수 $f_i(\boldsymbol{x}) = x_i$는 볼록함수이므로, 위 예제로부터 함수 $f(\boldsymbol{x}) = \max\limits_{1 \leq i \leq n} x_i$도 볼록함수가 됨을 알 수 있다.

예제 2.17 함수 $\boldsymbol{f} : \mathbb{R}^n \to \mathbb{R}^m$에 대해 집합 $\{\|\boldsymbol{f}(\boldsymbol{x})\| \mid \boldsymbol{x} \in \mathbb{R}^n\}$이 위로 유계인 $\mathbb{R}$의 부분집합일 때, 아래와 같이 정의된 함수 $g : \mathbb{R}^m \to \mathbb{R}$가 볼록함수임을 보이시오.

$$g(\boldsymbol{y}) = \sup_{\boldsymbol{x} \in \mathbb{R}^n} \boldsymbol{y}^{\mathrm{t}} \boldsymbol{f}(\boldsymbol{x})$$

풀이 우선 함수 g가 잘 정의됨을 보이자. $\mathbb{R}^m$의 유클리드 내적에 대한 코시-슈바르츠 부등식에 의해

$$|\boldsymbol{y}^{\mathrm{t}}\boldsymbol{f}(\boldsymbol{x})| \le \|\boldsymbol{y}\|\,\|f(\boldsymbol{x})\|$$

가 성립하므로, $\boldsymbol{f}$에 대한 가정으로부터 임의로 고정한 $\boldsymbol{y}$에 대해 $\{\boldsymbol{y}^{\mathrm{t}}\boldsymbol{f}(\boldsymbol{x}) \mid \boldsymbol{x} \in \mathbb{R}^n\}$은 위로 유계인 $\mathbb{R}$의 부분집합이 된다. 따라서 실수의 완비성에 의해 상한이 실숫값으로 존재하므로 함수 g는 잘 정의된다.

한편, 임의의 $\boldsymbol{x} \in \mathbb{R}^n$에 대해 $\boldsymbol{y}^{\mathrm{t}}\boldsymbol{f}(\boldsymbol{x}) \le \sup_{\boldsymbol{x}\in\mathbb{R}^n} \boldsymbol{y}^{\mathrm{t}}\boldsymbol{f}(\boldsymbol{x}) = g(\boldsymbol{y})$가 성립하므로, 임의로 고정한 두 벡터 $\boldsymbol{y}, \boldsymbol{z} \in \mathbb{R}^m$과 $0 \le \theta \le 1$에 대해

$$(1-\theta)\boldsymbol{y}^{\mathrm{t}}\boldsymbol{f}(\boldsymbol{x}) + \theta\boldsymbol{z}^{\mathrm{t}}\boldsymbol{f}(\boldsymbol{x}) \le (1-\theta)g(\boldsymbol{y}) + \theta g(\boldsymbol{z}), \quad \forall \boldsymbol{x} \in \mathbb{R}^n$$

이 성립한다. 즉, $(1-\theta)g(\boldsymbol{y}) + \theta g(\boldsymbol{z})$는 집합 $\{(1-\theta)\boldsymbol{y}^{\mathrm{t}}\boldsymbol{f}(\boldsymbol{x}) + \theta\boldsymbol{z}^{\mathrm{t}}\boldsymbol{f}(\boldsymbol{x}) \mid \boldsymbol{x} \in \mathbb{R}^n\}$의 상계가 되므로

$$\begin{aligned} g\big((1-\theta)\boldsymbol{y} + \theta\boldsymbol{z}\big) &= \sup_{\boldsymbol{x}\in\mathbb{R}^n} \big((1-\theta)\boldsymbol{y}^{\mathrm{t}}\boldsymbol{f}(\boldsymbol{x}) + \theta\boldsymbol{z}^{\mathrm{t}}\boldsymbol{f}(\boldsymbol{x})\big) \\ &\le (1-\theta)g(\boldsymbol{y}) + \theta g(\boldsymbol{z}) \end{aligned}$$

가 성립하고 g는 볼록함수이다. □

예제 2.18 함수 $f : \mathbb{R}^n \to \mathbb{R}$이 볼록함수이고, $g : \mathbb{R} \to \mathbb{R}$이 증가하는 볼록함수이면 합성함수 $(g \circ f)(\boldsymbol{x}) = g\big(f(\boldsymbol{x})\big)$도 볼록함수임을 보이시오.

풀이 임의의 실수 $0 \le t \le 1$에 대하여 함수 f가 볼록함수이므로

$$f\big((1-t)\,\boldsymbol{x} + t\,\boldsymbol{y}\big) \le (1-t)\,f(\boldsymbol{x}) + t\,f(\boldsymbol{y})$$

가 성립하고, 위 식에 g가 증가함수이고 볼록함수인 것을 차례로 적용하면

$$(g \circ f)\big((1-t)\,\boldsymbol{x} + t\,\boldsymbol{y}\big) \le g\big((1-t)\,f(\boldsymbol{x}) + t\,f(\boldsymbol{y})\big) \le (1-t)(g \circ f)(\boldsymbol{x}) + t(g \circ f)(\boldsymbol{y})$$

가 성립한다. 따라서, $g \circ f$는 볼록함수이다. □

예제 2.19 볼록함수 $f : \mathbb{R}^m \to \mathbb{R}$와 행렬 $\mathbf{A} \in \mathbb{R}^{m\times n}$에 대해 $g(\boldsymbol{x}) = f(\mathbf{A}\boldsymbol{x})$로 정의되는 함수 $g : \mathbb{R}^n \to \mathbb{R}$이 볼록함수임을 보이시오.

풀이 임의의 실수 $0 \le t \le 1$ 에 대하여 함수 f 가 볼록함수이므로

$$g\big((1-t)\,\boldsymbol{x}+t\,\boldsymbol{y}\big) = f\big((1-t)\mathbf{A}\boldsymbol{x}+t\mathbf{A}\boldsymbol{y}\big) \le (1-t)f(\mathbf{A}\boldsymbol{x})+tf(\mathbf{A}\boldsymbol{y}) = (1-t)g(\boldsymbol{x})+tg(\boldsymbol{y})$$

가 성립하므로 g 는 볼록함수이다. □

예제 2.20 벡터 $\boldsymbol{w} \in \mathbb{R}^n$ 에 대하여 함수 $f : \mathbb{R}^n \to \mathbb{R}$ 를 $f(\boldsymbol{x}) = \ln\big(1+\exp(-\boldsymbol{w}^{\mathrm{t}}\boldsymbol{x})\big)$ 로 정의할 때, f 는 볼록함수임을 보이시오. 또, $g(\boldsymbol{x}) = (\boldsymbol{w}^{\mathrm{t}}\boldsymbol{x}-\alpha)^2$ 도 볼록함수임을 보이시오.

풀이 우선 $h(x) = \ln(1+e^{-x})$ 라 할 때, 모든 실수 x 에 대하여

$$h'(x) = \frac{-e^{-x}}{1+e^{-x}}, \quad h''(x) = \frac{e^{-x}}{\left(1+e^{-x}\right)^2} > 0$$

이므로 h 는 볼록함수이고, 예제 2.19에 의해 $f(\boldsymbol{x}) = h(\boldsymbol{w}^{\mathrm{t}}\boldsymbol{x})$ 는 볼록함수이다.

함수 $\tilde{h}(x) = (x-\alpha)^2$ 에 대해 $\tilde{h}''(x) = 2 > 0$ 이므로 $\tilde{h}$ 도 볼록함수이다. 따라서 비슷한 방법으로 g 도 볼록함수가 됨을 확인할 수 있다. □

기계학습의 지도학습(supervised learning)에서 훈련 자료를 이용하여 학습시킨다는 의미는 각 예제에 대한 실제값과 예측값의 오차를 함수로 표현한 식에 대한 최적화(최소화)를 의미하는데, 많은 경우에 기본적인 형태가 고정된 파라미터 $\lambda \ge 0$ 에 대해

$$\underset{\boldsymbol{x}\in\mathbb{R}^n}{\text{minimize}} \sum_{i=1}^{m} f_i(\boldsymbol{x}) + \lambda\mathcal{R}(\boldsymbol{x}) \tag{2.24}$$

꼴로 주어지고, 모든 함수 f_i 와 $\mathcal{R}$ 이 볼록함수인 볼록 최적화 문제가 된다. 식 (2.24)에서 m 은 **훈련 자료**(training data) $(\boldsymbol{w}_i, y_i) \in \mathbb{R}^n \times \mathcal{Y}$, $(1 \le i \le m)$ 의 개수를 나타내고, **비용 함수**(cost function) 또는 **손실 함수**(loss function)라고도 부르는 함수 f_i 는 각 훈련 자료 $(\boldsymbol{w}_i, y_i)$ 에 따라 결정되는 모델 파라미터 $\boldsymbol{x}$ 에 대한 함수이다. 또 $\mathcal{R}$ 은 과접합[21]을 방지하기 위해 $\boldsymbol{x}$ 에 규제를 가하는 함수이다. 기계학습에 대한 자세한 내용은 [13]을 참고하고, 여기서는 식 (2.24)의 구체적인 예를 몇 가지 소개한다.

우선 지도학습에서 $\mathcal{Y} = \{-1, 1\}$ 인 경우를 두 부류에 대한 **분류** 문제(classification)라고 하는데, 두 부류에 대한 분류 문제를 **서포트 벡터 머신**(SVM:Support Vector Machine) 모델

[21] 기계학습에서 주어진 훈련 자료를 이용하여 예측 함수를 만들 때, 훈련 자료에 대해서는 예측이 잘 들어맞지만 학습에서 이용하지 않은 일반적인 경우에 대해서는 예측값의 오차가 커지는 현상을 과적합(overfit)이라고 한다.

로 학습시킬 때 대응되는 식 (2.24)의 $f_i, \mathcal{R}$ 은

$$f_i(\boldsymbol{x}) = \max\left(0, 1 - y_i \boldsymbol{w}_i^{\mathrm{t}} \boldsymbol{x}\right) \ (1 \le i \le m), \quad \mathcal{R}(\boldsymbol{x}) = \|\boldsymbol{x}\|_2^2 = \sum_{i=1}^{n} x_i^2$$

가 되고, (규제가 있는) **로지스틱 회귀**((regularized) logistic regression) 모델로 학습시킬 때는

$$f_i(\boldsymbol{x}) = \ln\left(1 + \exp(-y_i \boldsymbol{w}_i^{\mathrm{t}} \boldsymbol{x})\right) (1 \le i \le m), \quad \mathcal{R}(\boldsymbol{x}) = \|\boldsymbol{x}\|_2^2$$

가 된다. 두 경우 모두 f_i 와 $\mathcal{R}$ 이 볼록함수인 볼록 최적화의 예이다.

식 (2.24)에서 $\mathcal{Y} = \mathbb{R}$ 인 경우는 지도학습 중 **회귀**(regression) 문제의 최적화에 대응된다. 이때, 최적화의 볼록함수가 $f_i(\boldsymbol{x}) = (\boldsymbol{w}_i^{\mathrm{t}} \boldsymbol{x} - y_i)^2$ 이고 $\mathcal{R}(\boldsymbol{x}) = 0$ 인 경우는 앞에서 다룬 최소 제곱법 문제가 된다. 즉, 훈련 자료 $\boldsymbol{w}_i$ 를 i 번째 행으로 갖는 행렬을 $\mathbf{W} \in \mathbb{R}^{m \times n}$ 라 하고 벡터 $\boldsymbol{y}$ 를 $\boldsymbol{y} = [y_1, \cdots, y_m]^{\mathrm{t}}$ 라 하면, 식 (2.24)는

$$\min_{\boldsymbol{x} \in \mathbb{R}^n} \|\mathbf{W}\boldsymbol{x} - \boldsymbol{y}\|^2$$

가 되므로, 대응되는 볼록 최적화 문제가 최소 제곱법 문제임을 알 수 있다. 회귀 문제에서 규제 함수가 볼록함수 $\mathcal{R}(\boldsymbol{x}) = \|\boldsymbol{x}\|_2^2$ 인 경우의 볼록 최적화를 **릿지 회귀**(ridge regression) 라 부르고, $\mathcal{R}(\boldsymbol{x}) = \|\boldsymbol{x}\|_1 = \sum_{i=1}^{n} |x_i|$ 인 경우의 볼록 최적화를 **라쏘 회귀**(lasso regression) 라 한다.

2.2.3 볼록집합의 기본 성질

이 소절에서는 볼록집합이 갖는 중요한 성질에 대해 설명한다. 원판 $\mathcal{D} = \{\boldsymbol{x} \in \mathbb{R}^2 \mid \|\boldsymbol{x}\| \le r\}$ 은 볼록집합인데, 경계 $\mathrm{bd}(\mathcal{D})$ 위의 임의의 점 $\boldsymbol{a}$ 에서 경계, 즉 원에 접하는 직선 ℓ 을 생각하면, ℓ 에 의해 평면은 두 영역으로 나뉘어지고 원판은 그 중 한 영역에 속하게 된다. 이 때, 직선 ℓ 은 $\{\boldsymbol{x} | \langle \boldsymbol{x} - \boldsymbol{a}, \boldsymbol{a} \rangle = 0\}$ 로 주어진다. 일반적으로 $\mathbb{R}^n$ 의 임의의 볼록집합의 경계점에 대해 유사한 성질이 성립하는데, 이를 **받침 초평면 정리**(supporing hyperplane theorem) 라고 한다. 이 정리를 설명하기 전에 초평면의 의미부터 살펴보자.

두 벡터 $\boldsymbol{a}, \boldsymbol{x}_0 \in \mathbb{R}^n$ 에 대하여 다음과 같은 형태의 집합

$$\{\boldsymbol{x} \in \mathbb{R}^n | \langle \boldsymbol{x} - \boldsymbol{x}_0, \boldsymbol{a} \rangle = 0\} \subset \mathbb{R}^n \tag{2.25}$$

을 점 $\boldsymbol{x}_0$ 을 지나고 벡터 $\boldsymbol{a}$ 에 수직인 **초평면**(hyper plane)이라 부른다. 식 (2.25)를 다시 쓰면

$$\langle \boldsymbol{x}, \boldsymbol{a} \rangle = \langle \boldsymbol{x}_0, \boldsymbol{a} \rangle \iff \boldsymbol{a}^{\mathrm{t}}\boldsymbol{x} = \boldsymbol{a}^{\mathrm{t}}\boldsymbol{x}_0$$

를 만족하는 모든 $\boldsymbol{x}$ 들의 집합이다.

예를 들어, $n = 2$ 일 때, $\boldsymbol{a} = [a, b]^{\mathrm{t}}, \boldsymbol{x} = [x, y]^{\mathrm{t}}, \boldsymbol{a}^{\mathrm{t}}\boldsymbol{x}_0 = k$ 라 하면 초평면은 $\boldsymbol{x}_0$ 을 지나고 방향벡터가 $\boldsymbol{a}$ 와 수직인 직선 $ax + by = k$ 가 되고, $n = 3$ 일 때는 비슷한 방법으로 쓸 때 $\boldsymbol{x}_0$ 을 지나고 $\boldsymbol{a}$ 에 수직인 평면 $ax + by + cz = k$ 가 된다.

또, 집합 $\mathcal{X}$ 의 한 경계점 $\boldsymbol{x}_0 \in \mathrm{bd}(\mathcal{X})$ 를 지나고 $\boldsymbol{a}$ 에 수직인 초평면 $\{\boldsymbol{x} \mid \boldsymbol{a}^{\mathrm{t}}\boldsymbol{x} = \boldsymbol{a}^{\mathrm{t}}\boldsymbol{x}_0\}$ 에 대해, 집합 $\mathcal{X}$ 가 초평면으로 나뉘어지는 $\mathbb{R}^n$ 의 두 영역 중 한쪽에만 위치할 때, 이 초평면을 $\mathcal{X}$ 의 **받침 초평면**(supporting hyperplane)이라 부른다.

즉, $\mathcal{X}$ 의 경계점 $\boldsymbol{x}_0$ 을 지나는 받침 초평면 $\{\boldsymbol{x} \in \mathbb{R}^n | \langle \boldsymbol{x} - \boldsymbol{x}_0, \boldsymbol{a} \rangle = 0\}$ 에 대해 $\mathcal{X}$ 가 $\boldsymbol{a}$ 와 같은 쪽 영역에 위치하면

$$\langle \boldsymbol{x} - \boldsymbol{x}_0, \boldsymbol{a} \rangle \geq 0, \ \forall \boldsymbol{x} \in \mathcal{X}$$

가 성립하고, $\boldsymbol{a}$ 와 반대쪽 영역에 위치하면

$$\langle \boldsymbol{x} - \boldsymbol{x}_0, \boldsymbol{a} \rangle \leq 0, \ \forall \boldsymbol{x} \in \mathcal{X}$$

가 성립한다.

⟨그림 2.4⟩의 첫 번째 그림은 볼록집합 $\mathcal{X}$ 가 받침 초평면에 수직인 벡터 $\boldsymbol{a}$ 와 반대쪽 영역에 위치하는 상황을 보여주는 그림이다. 또, 두 번째 그림에서 보듯이 $\mathcal{X}$ 의 경계점 $\boldsymbol{x}_0$ 에서 받침 초평면은 유일하게 결정되지 않을 수 있다. 실제로는 경계점 주변이 얼마나 매끄러운지에 따라 받침 초평면의 유일성이 달라진다.

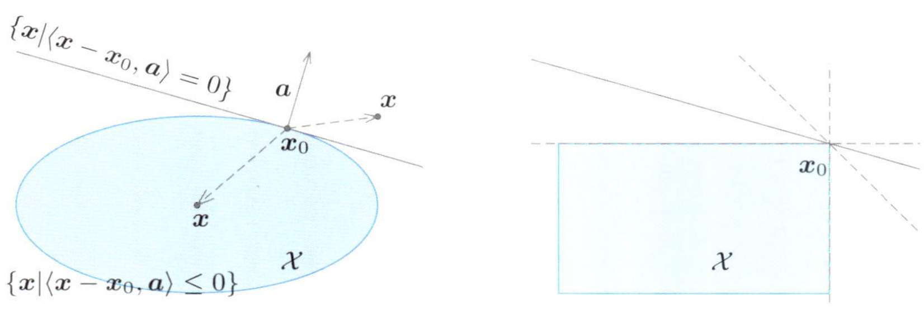

그림 2.4: 받침 초평면의 예

다음 정리는 볼록집합의 경계점에서 항상 받침 초평면을 잡을 수 있음을 알려준다.

정리 2.4

[받침 초평면 정리] 집합 $\mathcal{X} \subset \mathbb{R}^n$ 가 볼록집합이고, $\boldsymbol{x}_0 \in \mathrm{bd}(\mathcal{X})$ 라 하자. 이때, 다음 조건을 만족하는 영벡터가 아닌 벡터 $\boldsymbol{w} \in \mathbb{R}^n$ 가 존재한다.

$$\langle \boldsymbol{x} - \boldsymbol{x}_0, \boldsymbol{w} \rangle \geq 0, \ \forall \boldsymbol{x} \in \mathcal{X} \tag{2.26}$$

[증명] 이 정리의 증명은 참고문헌 [6]의 2.5절을 참고하도록 하고, 증명의 기본적인 아이디어만 설명한다.

정리의 조건은 $\langle \boldsymbol{x}, \boldsymbol{w} \rangle \geq \langle \boldsymbol{x}_0, \boldsymbol{w} \rangle, \forall \boldsymbol{x} \in \mathcal{X}$ 와 동일하므로, 이 정리의 증명은 두 볼록집합 $\mathcal{X}$ 와 $\{\boldsymbol{x}_0\}$ 을 분리할 수 있는지와 관련이 있다. 일반적으로 $\mathbb{R}^n$ 에서 교집합이 공집합인 두 볼록집합이 주어지면, 이 두 볼록집합을 분리하는 초평편이 존재한다는 것을 **분리 초평면 정리**(separating hyperplane theorem)라 하는데, 받침 초평면 정리는 $\mathcal{X}$ 의 내부 $\mathbf{int}(\mathcal{X})$ 가 공집합이 되는 경우와 그렇지 않은 경우로 나누어 분리 초평면 정리를 적용하면 증명할 수 있다. □

볼록집합의 경계점을 지나는 받침 초평면은 유일하지 않을 수 있다. 예를 들어, $\mathbb{R}^2$ 에서 원판의 임의의 경계점에서 받침 초평면은 유일하게 결정된다. 하지만, 삼각형과 그 내부로 이루어진 볼록집합의 경우에, 경계점이 꼭짓점이 아닌 변 위의 점이면 받침 초평면은 유일하지만, 꼭짓점에서의 받침 초평면은 무수히 많다. 즉, 경계점 주변이 얼마나 매끄러운지에 따라 받침 초평면의 유일성이 달라진다.

2.2.4 볼록함수의 기본 성질: 버금미분과 볼록성, 미분과 볼록성

함수 $f : \mathcal{X}(\subset \mathbb{R}^n) \to \mathbb{R}$ 의 그래프는 집합

$$\{(\boldsymbol{x}, f(\boldsymbol{x}))|\boldsymbol{x} \in \mathcal{X}\} \subset \mathcal{X} \times \mathbb{R}$$

을 의미하는데, 함수 f 의 **그래프 위쪽 영역**(epigraph)을 $\mathrm{epi}(f)$ 라고 정의한다. 즉,

$$\mathrm{epi}(f) := \{(\boldsymbol{x}, t) \in \mathcal{X} \times \mathbb{R} \,|\, t \geq f(\boldsymbol{x})\}$$

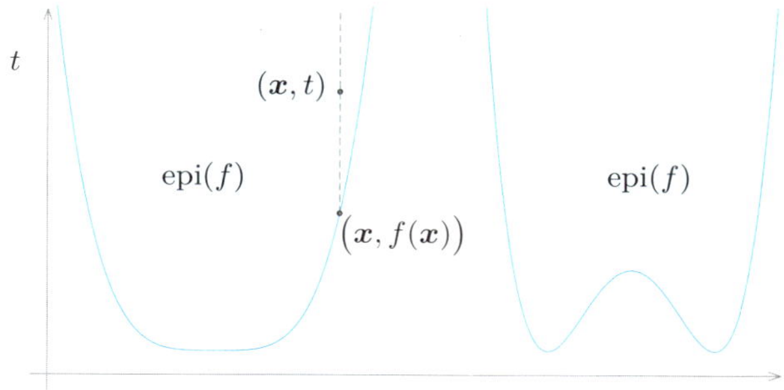

그림 2.5: 그래프 위쪽 영역 epi(f)

이때, 함수 f 가 볼록함수라는 것과 epi(f) 가 볼록집합이라는 것이 동치이고, epi(f) 의 경계는 f 의 그래프라는 것을 쉽게 확인할 수 있다.

앞 소절에서 소개한 받침 초평면 정리를 이용하면, 함수의 그래프 위쪽 영역을 통해 볼록함수에 대한 중요한 성질을 보일 수 있다.

예를 들어, $a \neq 0$ 일 때, 볼록함수 $f(x) = |x|$ 는 $x = a$ 에서 미분가능하고, 그래프 위의 점 $(a, f(a))$ 에서의 접선이 epi(f) 의 경계점 $(a, f(a))$ 에서의 받침 초평면이 된다. 즉, 미분을 이용하여 받침 초평면을 구할 수 있다. $x = 0$ 에서는 미분가능하지 않으므로 접선은 존재하지 않지만, $(0, 0)$ 을 지나고 기울기가 $-1 \leq m \leq 1$ 인 임의의 직선이 epi(f) 의 경계점 $(0, 0)$ 에서의 받침 초평면이 된다. 이때, 받침 초평면을 결정하는 기울기 m 은 $x = 0$ 에서의 미분계수는 아니지만 버금가는 의미를 갖는데, 이를 일반화한 것이 **버금미분**(subgradient) 이다.

실제로 $\boldsymbol{x} = \boldsymbol{a}$ 에서의 미분 $\nabla f(\boldsymbol{a})$ 는 함수 f 의 $\boldsymbol{x} = \boldsymbol{a}$ 근방에서의 국소적인 정보를 알려주지만, 아래 정의에서 알 수 있듯이 버금미분 $\partial f(\boldsymbol{a})$ 는 정의역 전체에서 함수 f 가 일차식보다 위쪽에 있다는 대역적인 성질을 알려준다.

정의 2.5

집합 $\mathcal{X} \subset \mathbb{R}^n$ 과 함수 $f : \mathcal{X} \to \mathbb{R}$ 에 대하여, $\boldsymbol{v}(\in \mathbb{R}^n)$ 가 f 의 $\boldsymbol{a} \in \mathcal{X}$ 에서의 **버금미분**(subgradient) 이라는 것은 모든 벡터 $\boldsymbol{x} \in \mathcal{X}$ 에 대해 다음 식을 만족시키는 것이다.

$$f(\boldsymbol{x}) \geq f(\boldsymbol{a}) + \boldsymbol{v}^{\mathrm{t}}(\boldsymbol{x} - \boldsymbol{a}) \tag{2.27}$$

$\boldsymbol{x} \in \mathcal{X}$ 에서의 f 의 버금미분들의 집합을 $\partial f(\boldsymbol{x})$ 르 쓴다.

예제 2.21 $f(x) = |x|$의 버금미분을 구하시오.

풀이 $f(x) = |x|$의 그래프를 그려보면 f의 버금미분이 다음과 같음을 쉽게 확인할 수 있다.

$$\partial f(x) = \begin{cases} -1 & (x < 0) \\ \{m \mid -1 \le m \le 1\} & (x = 0) \\ 1 & (x > 1) \end{cases}$$ □

다음 정리는 모든 점에서 버금미분이 존재하는 함수가 볼록함수라는 것을 보여준다[14].

정리 2.6

볼록집합 $\mathcal{X} \subset \mathbb{R}^n$에서 정의된 함수 $f : \mathcal{X} \to \mathbb{R}$에 대하여 다음이 성립한다.

(1) 모든 $\boldsymbol{x} \in \mathcal{X}$에 대하여 $\partial f(\boldsymbol{x}) \neq \varnothing$이면, f는 볼록함수이다.

(2) 함수 f가 볼록함수이면, 모든 $\boldsymbol{x} \in \operatorname{int}(\mathcal{X})$에 대하여 $\partial f(\boldsymbol{x}) \neq \varnothing$이다.

(3) 함수 f가 볼록함수이고 $\boldsymbol{x} \in \mathcal{X}$에서 미분가능하면, $\nabla f(\boldsymbol{x}) \in \partial f(\boldsymbol{x})$이다.

풀이 (1) 임의로 고정한 $0 \le t \le 1$에 대해 $\boldsymbol{v} \in \partial f\big((1-t)\,\boldsymbol{x} + t\,\boldsymbol{y}\big)$이라 하자. 이때, 식 (2.27)에서 $\boldsymbol{a} = (1-t)\,\boldsymbol{x} + t\,\boldsymbol{y}$로 두면

$$\begin{aligned} \boldsymbol{x} - \boldsymbol{a} &= \boldsymbol{x} - \big((1-t)\,\boldsymbol{x} + t\,\boldsymbol{y}\big) = t\,(\boldsymbol{x} - \boldsymbol{y}) \\ \boldsymbol{y} - \boldsymbol{a} &= \boldsymbol{y} - \big((1-t)\,\boldsymbol{x} + t\,\boldsymbol{y}\big) = -(1-t)\,(\boldsymbol{x} - \boldsymbol{y}) \end{aligned}$$

이므로

$$\begin{aligned} f(\boldsymbol{x}) &\ge f\big((1-t)\,\boldsymbol{x} + t\,\boldsymbol{y}\big) + t\boldsymbol{v}^{\mathrm{t}}(\boldsymbol{x} - \boldsymbol{y}) \\ f(\boldsymbol{y}) &\ge f\big((1-t)\,\boldsymbol{x} + t\,\boldsymbol{y}\big) - (1-t)\boldsymbol{v}^{\mathrm{t}}(\boldsymbol{x} - \boldsymbol{y}) \end{aligned}$$

이다. 이때, 첫 번째 부등식의 양변에 양수 $(1-t)$, 두 번째 부등식의 양변에 양수 t를 곱한 후 두 부등식을 더하면

$$(1-t)f(\boldsymbol{x}) + tf(\boldsymbol{y}) \ge f\big((1-t)\,\boldsymbol{x} + t\,\boldsymbol{y}\big)$$

가 성립하므로 f는 볼록함수가 된다.

(2) 볼록함수 f에 대해 $\operatorname{epi}(f)$가 볼록집합이고, 임의의 $\boldsymbol{x} \in \mathcal{X}$에 대해 $(\boldsymbol{x}, f(\boldsymbol{x}))$는 $\operatorname{epi}(f)$의 경계점이므로 받침 초평면 정리에 의해 다음 식 (2.28)을 만족하는 $(\boldsymbol{a}, b) \in$

$\mathbb{R}^n \times \mathbb{R}$이 존재한다.

$$\boldsymbol{a}^{\mathrm{t}}\boldsymbol{x} + b\,f(\boldsymbol{x}) \geq \boldsymbol{a}^{\mathrm{t}}\boldsymbol{y} + b\,t, \quad \forall\,(\boldsymbol{y}, t) \in \operatorname{epi}(f) \tag{2.28}$$

이때, $\boldsymbol{y} = \boldsymbol{x}$인 경우를 생각하면 $t \geq f(\boldsymbol{x})$이므로 $b \leq 0$임을 알 수 있다. 실제로는 $b < 0$임을 보이자.

조건에서 $\boldsymbol{x} \in \operatorname{int}(\mathcal{X})$이므로 $B(\boldsymbol{x}, \varepsilon) \subset \mathcal{X}$가 성립하는 ε이 존재하고, 이 ε에 대해 $\boldsymbol{y} := \boldsymbol{x} + \dfrac{\varepsilon}{2\,\|\boldsymbol{a}\|}\boldsymbol{a}$로 두면 $\boldsymbol{y} \in \mathcal{X}$이다. 이때, 식 (2.28)로부터

$$\boldsymbol{a}^{\mathrm{t}}\boldsymbol{x} + b\,f(\boldsymbol{x}) \geq \boldsymbol{a}^{\mathrm{t}}\boldsymbol{y} + b\,t = \boldsymbol{a}^{\mathrm{t}}\boldsymbol{x} + \frac{\varepsilon}{2\,\|\boldsymbol{a}\|}\boldsymbol{a}^{\mathrm{t}}\boldsymbol{a} + b\,t = \boldsymbol{a}^{\mathrm{t}}\boldsymbol{x} + \frac{\varepsilon}{2}\,\|\boldsymbol{a}\| + b\,t$$

가 성립하는데, $b = 0$이면 모순이 생긴다. 따라서 $b < 0$이어야 함을 알 수 있다.

이제 $b < 0$임을 염두에 두고 $\big(\boldsymbol{y}, f(\boldsymbol{y})\big) \in \operatorname{epi}(f)$에 대해 식 (2.28)을 다시 쓰면

$$\boldsymbol{a}^{\mathrm{t}}(\boldsymbol{x} - \boldsymbol{y}) + b\,f(\boldsymbol{x}) \geq b\,f(\boldsymbol{y}) \iff f(\boldsymbol{y}) \geq f(\boldsymbol{x}) - \frac{1}{b}\boldsymbol{a}^{\mathrm{t}}(\boldsymbol{y} - \boldsymbol{x}), \quad \forall \boldsymbol{y} \in \mathcal{X}$$

이므로 식 (2.27)이 성립하고, $-\dfrac{1}{b}\boldsymbol{a} \in \partial f(\boldsymbol{x})$가 된다.

(3) 함수 f가 볼록함수이므로 임의의 $0 \leq t \leq 1$과 $\boldsymbol{x}, \boldsymbol{y} \in \mathcal{X}$에 대하여

$$(1 - t)\,f(\boldsymbol{x}) + t\,f(\boldsymbol{y}) \geq f\big((1 - t)\,\boldsymbol{x} + t\,\boldsymbol{y}\big)$$

가 성립하고, 위 식을 변형하면

$$f(\boldsymbol{y}) \geq f(\boldsymbol{x}) + \frac{f\big((1 - t)\,\boldsymbol{x} + t\,\boldsymbol{y}\big) - f(\boldsymbol{x})}{t} = f(\boldsymbol{x}) + \frac{f\big(\boldsymbol{x} + t\,(\boldsymbol{y} - \boldsymbol{x})\big) - f(\boldsymbol{x})}{t}$$

이다. 이제 $\boldsymbol{x}$에서 f의 기울기 벡터 $\nabla f(\boldsymbol{x})$가 존재하므로 위 식의 양변에 극한 $t \to 0+$을 취하면

$$f(\boldsymbol{y}) \geq f(\boldsymbol{x}) + \nabla f(\boldsymbol{x})^{\mathrm{t}}(\boldsymbol{y} - \boldsymbol{x})$$

가 성립하고, $\nabla f(\boldsymbol{x}) \in \partial f(\boldsymbol{x})$임이 증명된다. □

정리 2.6을 이용하면 C^2 함수의 헤시안 행렬을 이용하여 함수가 볼록함수인지 판별할 수 있다. 다음 예제를 살펴보자.

예제 2.22 **[헤시안 행렬을 이용한 함수의 볼록성 판별]** 볼록집합 $\mathcal{X}(\subset \mathbb{R}^n)$를 포함하는 열린 집합 $\mathcal{U}$에서 정의된 C^2 함수 f에 대해 다음이 성립함을 보이시오.

(1) 모든 $\boldsymbol{x} \in \mathcal{X}$에 대해 $\nabla^2 f(\boldsymbol{x})$가 양의 준정부호 행렬이면, f는 $\mathcal{X}$에서 볼록함수이다.

(2) 볼록집합 $\mathcal{X}$가 열린집합이고 f가 $\mathcal{X}$에서 볼록함수이면, 모든 $\boldsymbol{x} \in \mathcal{X}$에 대해 $\nabla^2 f(\boldsymbol{x})$는 양의 준정부호 행렬이다.

풀이 (1) 식 (2.14)에 의해 임의의 $\boldsymbol{x}, \boldsymbol{y} \in \mathcal{X}$에 대해

$$f(\boldsymbol{y}) = f(\boldsymbol{x}) + \nabla f(\boldsymbol{x})^{\mathrm{t}}(\boldsymbol{y}-\boldsymbol{x}) + \frac{1}{2}(\boldsymbol{y}-\boldsymbol{x})^{\mathrm{t}}\nabla^2 f\big(\boldsymbol{x}+\theta(\boldsymbol{y}-\boldsymbol{x})\big)(\boldsymbol{y}-\boldsymbol{x})$$

를 만족하는 $0 \le \theta \le 1$가 존재한다. 이때, $\boldsymbol{v} := \boldsymbol{x} + \theta(\boldsymbol{y}-\boldsymbol{x}) = (1-\theta)\boldsymbol{x} + \theta\boldsymbol{y} \in \mathcal{X}$이고 가정에 의해 $\mathcal{X}$에 속하는 $\boldsymbol{v}$에 대해 $\nabla^2 f(\boldsymbol{v})$는 양의 준정부호 행렬이므로 위 식은

$$f(\boldsymbol{y}) \ge f(\boldsymbol{x}) + \nabla f(\boldsymbol{x})^{\mathrm{t}}(\boldsymbol{y}-\boldsymbol{x}), \quad \forall \boldsymbol{x}, \boldsymbol{y} \in \mathcal{X}$$

이 된다. 즉, 모든 $\boldsymbol{x} \in \mathcal{X}$에 대해 $\nabla f(\boldsymbol{x}) \in \partial f(\boldsymbol{x})$이므로 정리 2.6의 (1)에 의해 f는 볼록함수이다.

(2) 임의의 $\boldsymbol{x} \in \mathcal{X}$에 대해 $B(\boldsymbol{x}_0, \varepsilon) \subset \mathcal{X}$이 성립하도록 양수 ε을 잡자. 또, f가 C^2 함수이므로 (2.12)를 이용하면 임의의 벡터 $\boldsymbol{v} \in \mathbb{R}^n$에 대해

$$f(\boldsymbol{x}+t\,\boldsymbol{v}) = f(\boldsymbol{x}) + \nabla f(\boldsymbol{x})^{\mathrm{t}}(t\,\boldsymbol{v}) + \frac{1}{2}(t\,\boldsymbol{v})^{\mathrm{t}}\nabla^2 f(\boldsymbol{x})(t\,\boldsymbol{v}) + o\big(\|t\boldsymbol{v}\|^2\big)$$

이 성립한다. 이때, $0 \le t < \varepsilon / \|\boldsymbol{v}\|$인 모든 t에 대해 $\boldsymbol{x} + t\boldsymbol{v} \in B(\boldsymbol{x}, \varepsilon) \subset \mathcal{X}$이고, f는 볼록함수이므로 정리 2.6의 (3)에 의해 다음 식이 성립한다.

$$f(\boldsymbol{x}+t\boldsymbol{v}) \ge f(\boldsymbol{x}) + \nabla f(\boldsymbol{x})^{\mathrm{t}}(t\,\boldsymbol{v})$$

따라서 앞의 두 식으로부터, $0 \le t < \varepsilon / \|\boldsymbol{v}\|$인 모든 t에 대해

$$\begin{aligned} &\frac{1}{2}t^2\, \boldsymbol{v}^{\mathrm{t}}\nabla^2 f(\boldsymbol{x})\boldsymbol{v} + o\big(\|t\boldsymbol{v}\|^2\big) \ge 0 \\ \Longrightarrow\ &\frac{1}{2}\boldsymbol{v}^{\mathrm{t}}\nabla^2 f(\boldsymbol{x})\boldsymbol{v} = \lim_{t\to 0+}\left(\frac{1}{2}\boldsymbol{v}^{\mathrm{t}}\nabla^2 f(\boldsymbol{x})\boldsymbol{v} + \frac{o\big(\|t\boldsymbol{v}\|^2\big)}{t^2}\right) \ge 0 \end{aligned}$$

이 성립한다. 결론적으로 모든 $\boldsymbol{v}$에 대해 $\boldsymbol{v}^{\mathrm{t}}\nabla^2 f(\boldsymbol{x})\boldsymbol{v} \ge 0$이 성립하므로 $\nabla^2 f(\boldsymbol{x})$는 양의 준정부호 행렬이다. □

앞서 언급했듯이, 미분과 달리 버금미분은 함수에 대한 대역적 정보를 알려주는데, 함수가 볼록함수인 경우에는 극솟값이 실제로는 최솟값이 된다는 것을 알려준다.

정리 2.7

열린집합 $\mathcal{U} \subset \mathbb{R}^n$ 에서 정의된 볼록함수 $f : \mathcal{U} \to \mathbb{R}$ 에 대해 다음이 성립한다.

$\mathbf{0} \in \partial f(\boldsymbol{a})$

$\Longleftrightarrow$ $\boldsymbol{x} = \boldsymbol{a}$ 에서 f 는 최소가 된다.

$\Longleftrightarrow$ $\boldsymbol{x} = \boldsymbol{a}$ 에서 f 는 극소가 된다.[a]

[a] $\boldsymbol{x} = \boldsymbol{a}$ 에서 f 가 극소가 된다는 것과 $f(\boldsymbol{a})$ 가 극솟값이라는 것은 다른 의미임에 주의해야 한다. 예를 들어, $f(x) = -(x-1)^2(x+1)^2$ 은 $x = 0$ 에서 극소이고 극솟값 $f(0) = -1$ 을 갖는데, $f(\sqrt{2}) = -1$ 은 극솟값과 같지만 $x = \sqrt{2}$ 에서 f 는 극소가 아니다.

[증명] 버금미분의 정의로부터, $\mathbf{0} \in \partial f(\boldsymbol{a})$ 와 $f(\boldsymbol{a})$ 가 최솟값이 되는 것이 동치인 것은 쉽게 알 수 있다. $\boldsymbol{x} = \boldsymbol{a}$ 에서 함수 f 가 극소라고 가정하자. 이때, 극솟값의 정의 (2.15)에 의해 적당한 $\varepsilon > 0$ 을 잡으면, 모든 $\boldsymbol{x} \in B(\boldsymbol{a}, \varepsilon) \subset \mathcal{U}$ 에 대해 $f(\boldsymbol{a}) \leq f(\boldsymbol{x})$ 가 성립한다.

이제, 임의의 $\boldsymbol{y} \in \mathbb{R}^n$ 에 대해 $f(\boldsymbol{a}) \leq f(\boldsymbol{y})$ 가 성립함을 두 가지 경우로 나누어 생각하자. 우선, $\|\boldsymbol{y} - \boldsymbol{a}\| < \varepsilon$ 인 경우에는 $\boldsymbol{y} \in B(\boldsymbol{a}, \varepsilon)$ 이므로 $f(\boldsymbol{a}) \leq f(\boldsymbol{y})$ 가 성립한다.

만약 $\|\boldsymbol{y} - \boldsymbol{a}\| \geq \varepsilon$ 이면 상수 $\gamma > 0$ 와 벡터 $\boldsymbol{x}$ 를 다음 식

$$\gamma := \frac{\varepsilon}{2\|\boldsymbol{y} - \boldsymbol{a}\|} < 1, \quad \boldsymbol{x} := (1-\gamma)\,\boldsymbol{a} + \gamma\,\boldsymbol{y}$$

로 정의할 때, $\|\boldsymbol{x} - \boldsymbol{a}\| = \gamma\|\boldsymbol{y} - \boldsymbol{a}\| < \varepsilon/2$ 이므로 $\boldsymbol{x} \in B(\boldsymbol{a}, \varepsilon)$ 이 된다. 따라서 $f(\boldsymbol{a}) \leq f(\boldsymbol{x}) = f\big((1-\gamma)\,\boldsymbol{a} + \gamma\,\boldsymbol{y}\big)$ 이 성립하고, f 가 볼록함수임을 이용하면

$$f(\boldsymbol{a}) \leq f(\boldsymbol{x}) \leq (1-\gamma)\,f(\boldsymbol{a}) + \gamma\,f(\boldsymbol{y}) \implies \gamma f(\boldsymbol{a}) \leq \gamma f(\boldsymbol{y})$$

가 된다. 이때, $\gamma > 0$ 이므로 $f(\boldsymbol{a}) \leq f(\boldsymbol{y})$ 가 성립한다. 따라서 $f(\boldsymbol{a})$ 는 최솟값이 된다.

$f(\boldsymbol{a})$ 가 최솟값이면 극솟값인 것은 자명하므로 증명이 끝난다. □

위 정리를 이용하면 $\mathbb{R}^n$ 에서 미분가능한 함수가 볼록함수인 경우에는 $\nabla f(\boldsymbol{x}) = \mathbf{0}$ 의 해 $\boldsymbol{x} = \boldsymbol{a}$ 에 대해 $f(\boldsymbol{a})$ 가 최솟값이 된다는 것을 알 수 있는데, 이것을 볼록함수의 최솟값에 대한 **1차 최적조건**(the first order optimality condition)이라고 부른다.

예제 2.23 양의 준정부호 행렬 $\mathbf{P} \in \mathbb{R}^{n\times n}$ 과 벡터 $\boldsymbol{q} \in \mathbb{R}^n$ 에 의해 주어지는 다음 함수

$$f(\boldsymbol{x}) = \frac{1}{2}\boldsymbol{x}^{\mathrm{t}}\mathbf{P}\boldsymbol{x} + \boldsymbol{q}^{\mathrm{t}}\boldsymbol{x}$$

에 대해 최적해 $\operatorname*{arg\,min}_{\boldsymbol{x}\in\mathbb{R}^n} f(\boldsymbol{x})$ 를 구하시오.

풀이 예제 2.3과 예제 2.4에 의해,

$$\nabla f(\boldsymbol{x}) = \mathbf{P}\boldsymbol{x} + \boldsymbol{q}, \quad \nabla^2 f(\boldsymbol{x}) = \mathbf{P}$$

이다. 모든 $\boldsymbol{x}$ 에 대해 헤시안 행렬이 양의 준정부호 행렬이므로 예제 2.22에 의해 f 는 볼록함수가 되고, 정리 2.7에 의해 $\nabla f(\boldsymbol{x}) = \mathbf{P}\boldsymbol{x} + \boldsymbol{q} = \mathbf{0}$ 의 해를 구하면 된다.

우선 $\mathbf{P}$ 의 열벡터들로 생성되는 $\mathbb{R}^n$ 의 부분공간을 $\mathcal{R}(\mathbf{P}) := \operatorname{span}(\{\boldsymbol{p}_1, \cdots, \boldsymbol{p}_n\})$ 이라 하자.

(경우 1) 만약 $\boldsymbol{q} \notin \mathcal{R}(\mathbf{P})$ 이면, 해가 존재하지 않으므로 f 는 최솟값을 갖지 않는다.

(경우 2) 만약 $\mathbf{P}$ 가 양의 정부호 행렬이면 $\operatorname*{arg\,min}_{\boldsymbol{x}\in\mathbb{R}^n} f(\boldsymbol{x}) = \{-\mathbf{P}^{-1}\boldsymbol{q}\}$ 이다.

(경우 3) 만약 $|\mathbf{P}| = 0$ 이고 $\boldsymbol{q} \in \mathcal{R}(\mathbf{P})$ 이면 $\boldsymbol{x}_* = -\mathbf{P}^{+}\boldsymbol{q}$ 가 $\nabla f(\boldsymbol{x}) = \mathbf{0}$ 의 해이다. 만약 $\boldsymbol{y}$ 가 또 다른 해라면 $\mathbf{P}\boldsymbol{x}_* + \boldsymbol{q} = \mathbf{0} = \mathbf{P}\boldsymbol{y} + \boldsymbol{q}$ 에서 $\mathbf{P}(\boldsymbol{x}_* - \boldsymbol{y}) = \mathbf{0}$ 가 되므로 $\boldsymbol{x}_* - \boldsymbol{y} \in \ker(\mathbf{P})$ 가 된다. 따라서 구하는 최적해는 다음과 같다.

$$\operatorname*{arg\,min}_{\boldsymbol{x}\in\mathbb{R}^n} f(\boldsymbol{x}) = \{-\mathbf{P}^{+}\boldsymbol{q} + \boldsymbol{z} | \boldsymbol{z} \in \ker \mathbf{P}\}$$

□

제한 조건이 있는 볼록 최적화 문제에서 함수 f 가 미분가능한 볼록함수이면 $\nabla f(\boldsymbol{x})$ 를 이용하여 주어진 $\boldsymbol{x}_* \in \mathcal{X}$ 가 $\operatorname*{arg\,min}_{\boldsymbol{x}\in\mathcal{X}} f(\boldsymbol{x})$ 인지를 판단하는 방법이 있다.

정리 2.8

후보집합 $\mathcal{X} \subset \mathbb{R}^n$ 가 닫힌 볼록집합이고, 볼록함수 f 가 $\mathcal{X}$ 의 각 점에서 미분가능할 때, $\boldsymbol{x}_* \in \operatorname{arg\,min}_{\boldsymbol{x}\in\mathcal{X}} f(\boldsymbol{x})$ 이 성립할 필요충분조건은 다음과 같다.

$$\nabla f(\boldsymbol{x}_*)^{\mathrm{t}}(\boldsymbol{x} - \boldsymbol{x}_*) \geq 0, \quad \forall \boldsymbol{x} \in \mathcal{X} \tag{2.29}$$

[증명] 정리 2.6에 의해 $\nabla f(\boldsymbol{x}_*) \in \partial f(\boldsymbol{x}_*)$ 이므로, 식 (2.29)가 성립한다고 가정하면

$$f(\boldsymbol{x}) \geq f(\boldsymbol{x}_*) + \nabla f(\boldsymbol{x}_*)^{\mathrm{t}}(\boldsymbol{x} - \boldsymbol{x}_*) \geq f(\boldsymbol{x}_*), \quad \forall \boldsymbol{x} \in \mathcal{X}$$

이 성립하고, $\boldsymbol{x}_* \in \operatorname*{arg\,min}_{\boldsymbol{x}\in\mathcal{X}} f(\boldsymbol{x})$ 이다.

이제 역이 성립함을 보이기 위해 $\boldsymbol{x}_* \in \underset{\boldsymbol{x}\in\mathcal{X}}{\arg\min} f(\boldsymbol{x})$ 라 하고 귀류법으로 식 (2.29)가 성립함을 보이자. 만약, 식 (2.29)가 성립하지 않는다면, 어떤 $\boldsymbol{y} \in \mathcal{X}$ 에 대해

$$\nabla f(\boldsymbol{x}_*)^{\mathrm{t}}(\boldsymbol{y} - \boldsymbol{x}_*) < 0 \tag{2.30}$$

이 성립한다.

한편, 모든 $0 \le t \le 1$ 에 대해 $\boldsymbol{z}(t) := (1-t)\boldsymbol{x}_* + t\boldsymbol{y} \in \mathcal{X}$ 이므로[22], $h(t) := f(\boldsymbol{z}(t))$ 로 정의하면

$$h'(t) = \frac{d}{dt} f(\boldsymbol{z}(t)) = \nabla f(\boldsymbol{z}(t))^{\mathrm{t}}(\boldsymbol{y} - \boldsymbol{x}_*)$$

이다. 특히, 식 (2.30)에 의해 $h'(0) = \nabla f(\boldsymbol{x}_*)^{\mathrm{t}}(\boldsymbol{y} - \boldsymbol{x}_*) < 0$ 이 성립한다. 따라서 충분히 작은 $0 < t_0 < 1$ 에 대해 $h(0) > h(t_0)$ 가 성립하고, 이로부터 $f(\boldsymbol{x}_*) > f(\boldsymbol{z}(t_0))$ 를 만족하는 $\boldsymbol{z}(t_0) \in \mathcal{X}$ 가 존재하므로 $\boldsymbol{x}_* \in \underset{\boldsymbol{x}\in\mathcal{X}}{\arg\min} f(\boldsymbol{x})$ 라는 가정에 모순이다. □

실제로는 식 (2.29)에서 $\nabla f(\boldsymbol{x}_*)$ 를 $\boldsymbol{v} \in \partial f(\boldsymbol{x}_*)$ 로 바꾸어도 정리 2.8이 성립한다[16]. 예제 2.12로부터 식 (2.29)가 의미하는 것은, $\boldsymbol{x}_*$ 주변의 어떤 방향으로 이동해도 함숫값이 커진다는 것이므로 $f(\boldsymbol{x}_*)$ 가 극솟값임을 알 수 있고, 정리 2.7에 의해 최솟값이 된다.

예제 2.24 아래의 행렬 $\mathbf{P}$ 와 벡터 $\boldsymbol{q}$

$$\mathbf{P} = \begin{bmatrix} 2 & 1 & -1 \\ 1 & 2 & 1 \\ -1 & 1 & 3 \end{bmatrix}, \quad \boldsymbol{q} = \begin{bmatrix} -1 \\ 0.5 \\ -0.5 \end{bmatrix}$$

에 대해 함수 $f : \mathbb{R}^3 \to \mathbb{R}$ 를 $f(\boldsymbol{x}) = \frac{1}{2}\boldsymbol{x}^{\mathrm{t}}\mathbf{P}\boldsymbol{x} + \boldsymbol{q}^{\mathrm{t}}\boldsymbol{x} + 1$ 로 정의하자.
$\mathcal{X} := \{[x_1, x_2, x_3]^{\mathrm{t}} \mid -1 \le x_i \le 1, \forall i = 1, 2, 3\}$ 라 할 때, $\boldsymbol{x}_* = \left[1, -1, \frac{5}{6}\right]^{\mathrm{t}} \in \underset{\boldsymbol{x}\in\mathcal{X}}{\arg\min} f(\boldsymbol{x})$ 임을 보이시오. (최적해를 직접 구하는 방법은 예제 2.33에서 다룬다.)

풀이 우선 $\nabla f(\boldsymbol{x}) = \mathbf{P}\boldsymbol{x} + \boldsymbol{q}$, $\nabla^2 f(\boldsymbol{x}) = \mathbf{P}$ 이고, $\mathbf{P}$ 의 선행 주요 소행렬[23]의 행렬식을 구하면

$$|\mathbf{P}_1| = 2, \ |\mathbf{P}_2| = 3, \ |\mathbf{P}_3| = 3$$

이므로 실베스터 판정법에 의해 $\mathbf{P}$ 는 양의 정부호 행렬이 된다.

---

[22] 후보집합 $\mathcal{X}$ 가 볼록집합이고, $\boldsymbol{x}_*, \boldsymbol{y} \in \mathcal{X}$ 이므로 모든 $0 \le t \le 1$ 에 대해 $\boldsymbol{z}(t) \in \mathcal{X}$ 이 된다.

[23] 76쪽 실베스터 판정법을 참고하기 바란다.

따라서 예제 2.22에 의해 f 는 볼록함수이다.

이제 $\boldsymbol{x}_*$ 가 최적해가 됨을 보이기 위해 정리 2.8을 적용하자. $\nabla f(\boldsymbol{x}_*)$ 를 계산하면

$$\nabla f(\boldsymbol{x}_*) = \begin{bmatrix} 2 & 1 & -1 \\ 1 & 2 & 1 \\ -1 & 1 & 3 \end{bmatrix} \begin{bmatrix} 1 \\ -1 \\ \frac{5}{6} \end{bmatrix} + \begin{bmatrix} -1 \\ \frac{1}{2} \\ -\frac{1}{2} \end{bmatrix} = \begin{bmatrix} -\frac{5}{6} \\ \frac{1}{3} \\ 0 \end{bmatrix}$$

이므로

$$\nabla f(\boldsymbol{x}_*)^{\mathrm{t}}(\boldsymbol{x} - \boldsymbol{x}^*) = -\frac{5}{6}(x_1 - 1) + \frac{1}{3}(x_2 + 1) \geq 0,\ \forall \boldsymbol{x} \in \mathcal{X}$$

가 성립한다. 따라서 $\boldsymbol{x}_* \in \underset{\boldsymbol{x} \in \mathcal{X}}{\arg\min}\, f(\boldsymbol{x})$ 이고, 최적화 문제의 최솟값은 $f(\boldsymbol{x}_*) = -\dfrac{13}{24}$ 이다. □

2.2.5 옌센 부등식

이 소절에서는 볼록함수가 만족하는 절대부등식인 **옌센 부등식**(Jensen inequality)을 소개한다. 옌센 부등식은 많은 절대부등식을 만들어 내는 강력한 부등식으로 뒤에 공부할 확률측도를 이용하면 두 확률분포의 엔트로피 차이를 나타내는 쿨백-라이블러 발산(KL:Kullback-Leibler divergence)에 대한 부등식을 증명할 때도 유용하다.

이 절에서 언급하는 적분에 대한 내용은 주어진 측도(measure)에 대한 르베그(Lebesque) 적분으로 바꾸어도 성립하는 것이지만, 미적분에서 배운 다중적분(리만 적분)으로 제한하여 설명한다. 리만 적분은 부록의 4.1절을 참고하고, 르베그 측도와 르베그 적분에 대해서는 부록의 4.2절을 참고하기 바란다.[24]

$\mathbb{R}^n$ 의 부분집합 $\mathcal{A}$ 에서 적분가능한 다변수 함수 f 의 다중적분을 $\int_{\mathcal{A}} f(\boldsymbol{x})\, d\boldsymbol{x}$ 로 쓴다. 즉, $\mathcal{R} = \{(x_1, x_2) | a \leq x_1 \leq b,\ c \leq x_2 \leq d\}$ 일 때,

$$\int_{\mathcal{R}} f(\boldsymbol{x})\, d\boldsymbol{x} = \int_c^d \int_a^b f(x_1, x_2)\, dx_1 dx_2$$

이다. 또, 다변수 벡터 함수 $\boldsymbol{f} : \mathcal{A}(\subset \mathbb{R}^n) \to \mathbb{R}^m$ 가 $\boldsymbol{f}(\boldsymbol{x}) = [f_1(\boldsymbol{x}), \cdots, f_m(\boldsymbol{x})]^{\mathrm{t}}$ 로 정의될 때, 모든 f_i 가 $\mathcal{A}$ 에서 적분가능하면 $\boldsymbol{f}$ 는 $\mathcal{A}$ 에서 적분가능하다고 하고, 그 적분을

$$\int_{\mathcal{A}} \boldsymbol{f}(\boldsymbol{x})\, d\boldsymbol{x} = \left[\int_{\mathcal{A}} f_1(\boldsymbol{x})\, d\boldsymbol{x}, \cdots, \int_{\mathcal{A}} f_m(\boldsymbol{x})\, d\boldsymbol{x} \right]^{\mathrm{t}}$$

[24] 리만 적분 및 측도와 르베그 적분에 대한 자세한 내용은 [1, 11]을 참고하기 바란다.

로 정의한다. 또, $\int_{\mathbb{R}^n} f(\boldsymbol{x})\,d\boldsymbol{x}$ 는 특이적분을 의미한다.

예제 2.25 적분가능한 $\boldsymbol{f} : \mathcal{A}(\subset \mathbb{R}^n) \to \mathbb{R}^m$ 과 벡터 $\boldsymbol{w} \in \mathbb{R}^m$ 에 대하여 다음을 보이시오.

$$\int_{\mathcal{A}} \boldsymbol{w}^{\mathrm{t}} \boldsymbol{f}(\boldsymbol{x})\,d\boldsymbol{x} = \boldsymbol{w}^{\mathrm{t}} \int_{\mathcal{A}} \boldsymbol{f}(\boldsymbol{x})\,d\boldsymbol{x}$$

풀이 $\boldsymbol{f}(\boldsymbol{x}) = [f_1(\boldsymbol{x}), \cdots, f_m(\boldsymbol{x})]^{\mathrm{t}}$, $\boldsymbol{w} = [w_1, \cdots, w_m]^{\mathrm{t}}$ 라 할 때,

$$\int_{\mathcal{A}} \boldsymbol{w}^{\mathrm{t}} \boldsymbol{f}(\boldsymbol{x})\,d\boldsymbol{x} = \int_{\mathcal{A}} \sum_{i=1}^{m} w_i f_i(\boldsymbol{x})\,d\boldsymbol{x} = \sum_{i=1}^{m} w_i \int_{\mathcal{A}} f_i(\boldsymbol{x})\,d\boldsymbol{x} = \boldsymbol{w}^{\mathrm{t}} \int_{\mathcal{A}} \boldsymbol{f}(\boldsymbol{x})\,d\boldsymbol{x}$$

와 같이 성립한다. □

정리 2.9 (옌센 부등식)

$\Omega \subset \mathbb{R}^n$ 에서 정의된 적분가능한 함수 p 가 모든 $\boldsymbol{x} \in \Omega$ 에 대해 $p(\boldsymbol{x}) \geq 0$, $\int_{\Omega} p(\boldsymbol{x})\,d\boldsymbol{x} = 1$ 이라고 하자. 이때 다음이 성립한다.

(1) Ω 에서 정의된 볼록함수 f 에 대해

$$f\left(\int_{\Omega} \boldsymbol{x} p(\boldsymbol{x})\,d\boldsymbol{x}\right) \leq \int_{\Omega} p(\boldsymbol{x}) f(\boldsymbol{x})\,d\boldsymbol{x} \tag{2.31}$$

가 성립한다.[a]

좀 더 일반적으로, 함수 $\boldsymbol{g} : \Omega \to \Omega$ 가 $\int_{\Omega} \boldsymbol{g}(\boldsymbol{x}) p(\boldsymbol{x})\,d\boldsymbol{x} \in \mathrm{int}(\Omega)$ 를 만족하면

$$f\left(\int_{\Omega} \boldsymbol{g}(\boldsymbol{x}) p(\boldsymbol{x})\,d\boldsymbol{x}\right) \leq \int_{\Omega} p(\boldsymbol{x}) f\big(\boldsymbol{g}(\boldsymbol{x})\big)\,d\boldsymbol{x} \tag{2.32}$$

가 성립한다.

(2) 함수 $f : \mathcal{I} \subset \mathbb{R} \to \mathbb{R}$ 이 볼록함수이고, 함수 $g : \Omega \to \mathcal{I}$ 가 $\int_{\Omega} g(\boldsymbol{x}) p(\boldsymbol{x})\,d\boldsymbol{x} \in \mathrm{int}(\mathcal{I})$ 를 만족하면

$$f\left(\int_{\Omega} g(\boldsymbol{x}) p(\boldsymbol{x})\,d\boldsymbol{x}\right) \leq \int_{\Omega} p(\boldsymbol{x}) f\big(g(\boldsymbol{x})\big)\,d\boldsymbol{x} \tag{2.33}$$

가 성립한다.

[a] 뒤에 공부할 확률변수에 대한 기댓값을 이용하면, 식 (2.31)은 $f(\mathbb{E}[\boldsymbol{X}]) \leq \mathbb{E}[f(\boldsymbol{X})]$ 로 쓸 수 있다.

[증명] (1) 식 (2.31)은 식 (2.32)에서 $g(\boldsymbol{x}) = \boldsymbol{x}$ 인 경우이다.

따라서 식 (2.32)를 증명하면 충분하다. 함수 f가 Ω에서 볼록함수이므로 정리 2.6에 의해 모든 $\boldsymbol{x} \in \mathrm{int}(\Omega)$에 대해 버금미분이 존재한다. $\boldsymbol{g}(\boldsymbol{x}) = [g_1(\boldsymbol{x}), \cdots, g_n(\boldsymbol{x})]^{\mathrm{t}}$라 할 때,

$$\boldsymbol{c} := \int_\Omega \boldsymbol{g}(\boldsymbol{x})p(\boldsymbol{x})\,d\boldsymbol{x} = \left(\int_\Omega g_1(\boldsymbol{x})p(\boldsymbol{x})\,d\boldsymbol{x}, \cdots, \int_\Omega g_n(\boldsymbol{x})p(\boldsymbol{x})\,d\boldsymbol{x}\right) \in \mathrm{int}(\Omega)$$

이므로 $\boldsymbol{x} = \boldsymbol{c}$에서의 버금미분 $\boldsymbol{v}$가 존재한다. 또, 모든 $\boldsymbol{x} \in \Omega$에 대해 $\boldsymbol{g}(\boldsymbol{x}) \in \Omega$이므로 식 (2.27)에 의해 다음이 성립한다.

$$f\big(\boldsymbol{g}(\boldsymbol{x})\big) \geq f(\boldsymbol{c}) + \boldsymbol{v}^{\mathrm{t}}\big(\boldsymbol{g}(\boldsymbol{x}) - \boldsymbol{c}\big),\ \forall\, \boldsymbol{x} \in \Omega$$

함수 p는 Ω에서 음이 아닌 함숫값을 가지고 $\displaystyle\int_\Omega p(\boldsymbol{x})\,d\boldsymbol{x} = 1$이므로, 위 식의 양변에 $p(\boldsymbol{x})$를 곱한 후 적분하면

$$\begin{aligned}
\int_\Omega f\big(\boldsymbol{g}(\boldsymbol{x})\big)p(\boldsymbol{x})\,d\boldsymbol{x} &\geq f(\boldsymbol{c})\int_\Omega p(\boldsymbol{x})\,d\boldsymbol{x} + \boldsymbol{v}^{\mathrm{t}}\int_\Omega \big(\boldsymbol{g}(\boldsymbol{x}) - \boldsymbol{c}\big)p(\boldsymbol{x})\,d\boldsymbol{x} \\
&= f(\boldsymbol{c}) + \boldsymbol{v}^{\mathrm{t}}\left(\int_\Omega \boldsymbol{g}(\boldsymbol{x})p(\boldsymbol{x})\,d\boldsymbol{x} - \int_\Omega \boldsymbol{c}p(\boldsymbol{x})\,d\boldsymbol{x}\right) \\
&= f(\boldsymbol{c}) + \boldsymbol{v}^{\mathrm{t}}\left(\boldsymbol{c} - \boldsymbol{c}\int_\Omega p(\boldsymbol{x})\,d\boldsymbol{x}\right) \\
&= f\left(\int_\Omega \boldsymbol{g}(\boldsymbol{x})p(\boldsymbol{x})\,d\boldsymbol{x}\right)
\end{aligned}$$

과 같이 부등식이 증명된다.

(2) $c := \displaystyle\int_\Omega g(x)p(x)\,d\boldsymbol{x} \in \mathrm{int}(\mathcal{I})$에서 f의 버금미분 $v \in \mathbb{R}$이 존재하고

$$f\big(g(\boldsymbol{x})\big) \geq f(c) + v(g(\boldsymbol{x}) - c),\ \ \forall\, \boldsymbol{x} \in \Omega$$

가 성립하므로, (1)의 증명과 유사한 방법으로 식 (2.33)을 보일 수 있다. □

옌센 부등식에서 함수 $p(\boldsymbol{x})$를 각 항이 양수이고 합이 1인 (유한)수열로 바꾸고, 적분을 합으로 바꾸어도 동일한 증명이 성립함을 쉽게 확인할 수 있다. 즉, $\Omega \subset \mathbb{R}^n$에 정의된 볼록함수 f에 대해 다음이 성립한다.

- $t_k > 0\,(1 \leq k \leq m)$이고 $\displaystyle\sum_{k=1}^{m} t_k = 1$일 때, Ω에 속하는 임의의 $\boldsymbol{x}_k\,(1 \leq k \leq m)$에 대하여 다음 옌센 부등식이 성립한다.

$$f\left(\sum_{k=1}^{m} t_k\boldsymbol{x}_k\right) \leq \sum_{k=1}^{m} t_k f(\boldsymbol{x}_k) \tag{2.34}$$

- $t_n > 0\,(n \geq 1)$ 이고 $\displaystyle\sum_{n=1}^{\infty} t_n = 1$ 일 때, Ω 에 속하는 임의의 $\boldsymbol{x}_n\,(n \geq 1)$ 에 대하여 다음 옌센 부등식이 성립한다.

$$f\left(\sum_{k=1}^{\infty} t_k \boldsymbol{x}_k\right) \leq \sum_{k=1}^{\infty} t_k f(\boldsymbol{x}_k) \tag{2.35}$$

옌센 부등식 (2.34)의 예로 일반화된 **산술-기하평균 부등식**(arithmetic-geometric mean inequality)과 **횔더 부등식**(Hölder inequality)을 증명해보자.

예제 2.26 **[횔더 부등식]** 음이 아닌 두 실수 a, b 와 $0 \leq \theta \leq 1$ 에 대해 다음 산술-기하평균 부등식이 성립함을 보이시오.

$$a^{\theta} b^{1-\theta} \leq \theta a + (1-\theta) b \tag{2.36}$$

또, $\mathbb{R}^n$ 의 벡터 $\boldsymbol{x} = [x_1, \cdots, x_n]^{\mathrm{t}}$ 에 대해

$$\|\boldsymbol{x}\|_p = \left(\sum_{k=1}^{n} |x_k|^p\right)^{\frac{1}{p}} \tag{2.37}$$

라 정의할 때, $p > 1$, $\dfrac{1}{p} + \dfrac{1}{q} = 1$ 을 만족하는 p, q 와 임의의 벡터 $\boldsymbol{x}, \boldsymbol{y}$ 에 대해 횔더 부등식이 성립함을 보이시오.

$$\sum_{k=1}^{n} \left|x_i y_i\right| \leq \|\boldsymbol{x}\|_p \|\boldsymbol{y}\|_q \tag{2.38}$$

풀이 $a = 0$ 또는 $b = 0$ 일 때는 $0 \leq \theta \leq 1$ 에 관계없이 식 (2.36)이 성립하므로 a, b 가 양수라고 가정해도 된다. 이때, $x > 0$ 에서 정의된 함수 $y = -\ln x$ 는 볼록함수이므로 양수 a, b 에 대해 옌센 부등식 (2.34)를 적용하면

$$\begin{aligned} & -\ln\big(\theta a + (1-\theta) b\big) \leq -\theta \ln a - (1-\theta) \ln b \\ \Longleftrightarrow\ & \ln\big(\theta a + (1-\theta) b\big) \geq \theta \ln a + (1-\theta) \ln b \\ \Longleftrightarrow\ & \ln\big(\theta a + (1-\theta) b\big) \geq \ln\big(a^{\theta} b^{1-\theta}\big) \end{aligned}$$

가 성립한다. 이때, $y = \ln x$ 는 증가함수이므로 위 식으로부터 식 (2.36)이 성립한다.

이제, 위 산술-기하평균 부등식에서 a, b 와 θ 를 다음과 같이 두면

$$a = \frac{|x_i|^p}{\sum_{k=1}^{n} |x_k|^p}, \quad b = \frac{|y_i|^p}{\sum_{k=1}^{n} |y_k|^p}, \qquad \theta = \frac{1}{p}$$

모든 $1 \le i \le n$에 대해 다음이 성립한다.

$$\left(\frac{|x_i|^p}{\sum_{k=1}^n |x_k|^p}\right)^{\frac{1}{p}} \left(\frac{|y_i|^p}{\sum_{k=1}^n |y_k|^p}\right)^{\frac{1}{q}} \le \frac{1}{p}\left(\frac{|x_i|^p}{\sum_{k=1}^n |x_k|^p}\right) + \frac{1}{q}\left(\frac{|y_i|^p}{\sum_{k=1}^n |y_k|^p}\right)$$

따라서 위 식을 모든 $1 \le i \le n$에 대해 더한 다음 식으로부터 식 (2.38)이 증명된다.

$$\frac{\sum_{i=1}^n |x_i y_i|}{\|\boldsymbol{x}\|_p \|\boldsymbol{y}\|_q} \le \frac{1}{p} + \frac{1}{q} = 1$$

□

기계학습의 방법 중 비지도 학습(unsupervised learning)의 손실함수로 사용되는 **쿨백-라이블러 발산**(KL:Kullback-Leibler divergence)은 두 확률분포가 얼마나 비슷한지를 재는 방법이다.

예제 2.27 $\Omega(\subset \mathbb{R}^n)$의 모든 $\boldsymbol{x}$에 대해 $p(\boldsymbol{x}) > 0$, $q(\boldsymbol{x}) > 0$이고,

$$\int_\Omega p(\boldsymbol{x})\, d\boldsymbol{x} = 1 = \int_\Omega q(\boldsymbol{x})\, d\boldsymbol{x}$$

가 성립할 때, 두 (확률밀도) 함수 p와 q 사이의 쿨백-라이블러 발산 $D_{\mathrm{KL}}(p||q)$는

$$D_{\mathrm{KL}}(p\,||\,q) := \int_\Omega p(\boldsymbol{x}) \ln\left(\frac{p(\boldsymbol{x})}{q(\boldsymbol{x})}\right) d\boldsymbol{x}$$

로 정의된다. $D_{\mathrm{KL}}(p\,||\,q) \ge 0$임을 보이시오.

풀이 $x > 0$에서 볼록함수 f를 $f(x) = -\ln x$라 하고, Ω에서 정의된 함수 g를 $g(\boldsymbol{x}) = \dfrac{q(\boldsymbol{x})}{p(\boldsymbol{x})}$라 두면,

$$\int_\Omega g(\boldsymbol{x})p(\boldsymbol{x})\, d\boldsymbol{x} = \int_\Omega q(\boldsymbol{x}) = 1 > 0$$

이다. 따라서, 옌센 부등식 (2.33)에 의해

$$0 = -\ln\left(\int_\Omega g(\boldsymbol{x})p(\boldsymbol{x})\, d\boldsymbol{x}\right) \le \int_\Omega -\ln\left(\frac{q(\boldsymbol{x})}{p(\boldsymbol{x})}\right) p(\boldsymbol{x})\, d\boldsymbol{x} = \int_\Omega \ln\left(\frac{p(\boldsymbol{x})}{q(\boldsymbol{x})}\right) p(\boldsymbol{x})\, d\boldsymbol{x}$$

가 성립한다.

□

2.3 최적화의 쌍대성 이론

이 절에서는 식 (2.23)과 같이 등식, 부등식 제한조건이 있는 최소화 문제의 목적 함수에 제한조건을 결정하는 함수들의 가중치 합을 더하여 새로운 함수를 구성하고, 이 함수를 이용하여

원래 최소화 문제의 쌍대 문제라고 부르는 최대화 문제를 구성하는 방법에 대해 소개한다. 또, 원래 문제가 제한 조건이 있는 볼록 최소화 문제인 경우에는 쌍대 문제를 이용하여 원래 문제를 해결하는 방법에 대해 설명한다.

쌍대 문제를 생각하는 몇 가지 이유는 다음과 같다.

- 원래 최소화 문제가 볼록 최적화 문제가 아니었다 하더라도, 쌍대문제는 비교적 쉽게 해결할 수 있는 (제한조건이 없는) 볼록 최대화 문제가 된다.
- 쌍대 문제에 대한 최적값 d_* 는 원래 문제의 최적값 p_* 보다 작거나 같으므로, 원래 문제를 해결하기 어려울 때 ε-최적값, 최적해를 구하는 기준을 제시한다.
- 특히, 원래 최적화 문제가 엄격한 기준의 볼록 최소화 문제이고 슬레이터(Slater) 조건이라는 비교적 간단한 조건을 만족하면, 원래 문제의 최적값 p_* 와 쌍대 문제의 최적값 d_* 이 같아진다. 여기에 덧붙여서 원래 문제의 목적 함수와 제한조건 함수들이 모두 미분가능한 경우에는, 각각의 문제에 대한 최적해를 구할 수 있는 KKT 조건이라고 부르는 필요충분조건을 얻을 수 있다.

쌍대성에 대한 설명을 시작하기 전에 **아핀 함수**(affine function)를 정의하고, 131쪽의 주석에서 언급하였던 **엄격한 의미의 볼록 최적화**(stricter definition of convex optimization) 문제를 구체적으로 표현해보자 (아핀 함수는 **아핀 변환**이라고도 부른다).

$\mathbb{R}^n$ 에서 정의된 아핀 함수는 어떤 벡터 $\boldsymbol{a} \in \mathbb{R}^n$ 과 $b \in \mathbb{R}$ 에 대해 $h(\boldsymbol{x}) = \boldsymbol{a}^{\rm t}\boldsymbol{x} - b$ 꼴로 주어지는 함수를 말한다. 따라서 식 (2.23)과 같은 최소화 문제에서 모든 등식 제한조건 함수 $h_i(\boldsymbol{x})$ 가 아핀 함수 $h_i(\boldsymbol{x}) = \boldsymbol{a}_i^{\rm t}\boldsymbol{x} - b_i$, $(i = 1, \cdots, k)$ 라면, $\boldsymbol{a}_i^{\rm t}$ 를 i 번째 행벡터로 갖는 $k \times n$ 행렬 $\mathbf{A}$ 와 벡터 $\boldsymbol{b} = [b_1, \cdots, b_k]^{\rm t}$ 에 대해 등식 제한조건을 $\mathbf{A}\boldsymbol{x} = \boldsymbol{b}$ 로 쓸 수 있다.

만약, 부등식 제한조건 함수의 일부도 아핀 함수 $\tilde{g}_i(\boldsymbol{x}) = \widetilde{\boldsymbol{g}}_i^{\rm t}\boldsymbol{x}$, $(i = 1, \cdots, m)$ 로 주어진다면, 각 $\widetilde{\boldsymbol{g}}_i^{\rm t}$ 를 i 번째 행벡터로 갖는 $m \times n$ 행렬 $\mathbf{G}$ 에 대해 기호로 다음과 같이 나타낸다.[25]

$$\begin{cases} \tilde{g}_1(\boldsymbol{x}) = \widetilde{\boldsymbol{g}}_1^{\rm t}\boldsymbol{x} \le 0 \\ \qquad\vdots \\ \tilde{g}_m(\boldsymbol{x}) = \widetilde{\boldsymbol{g}}_m^{\rm t}\boldsymbol{x} \le 0 \end{cases} \iff \mathbf{G}\boldsymbol{x} \preceq \mathbf{0}$$

이제 엄격한 의미의 볼록 최적화를 표현할 수 있다.

[25]여기서 사용하는 기호 $\preceq$ 는 양의 준정부호 행렬을 나타내는 기호와 동일한 기호이지만 다른 의미이다. 하지만, 오해없이 상황에 맞게 해석할 수 있다.

목적 함수 f와 부등식 제한조건 함수 $g_i,\ i=1,\cdots,\ell$이 모두 볼록함수일 때, **엄격한 의미의 볼록 최소화**는 다음과 같이 쓸 수 있다. (단, $\widetilde{\mathcal{D}}$는 모든 함수의 정의역의 교집합)

$$\begin{aligned} &\underset{\boldsymbol{x}\in\widetilde{\mathcal{D}}}{\text{minimize}}\, f(\boldsymbol{x}) \\ &\text{제한조건} : g_i(\boldsymbol{x}) \le 0,\ i=1,\cdots,\ell \\ &\qquad \mathbf{G}\boldsymbol{x} \preceq \mathbf{0} \\ &\qquad \mathbf{A}\boldsymbol{x} = \boldsymbol{b} \end{aligned} \tag{2.39}$$

이때, 이때, 볼록함수로 주어진 부등식 조건을 $\boldsymbol{g}(\boldsymbol{x}) = [g_1(\boldsymbol{x}),\cdots,g_\ell(\boldsymbol{x})]^{\mathrm{t}}$에 대해 $\boldsymbol{g}(\boldsymbol{x}) \preceq \mathbf{0}$로 쓰기도 한다.

2.3.1 라그랑주 함수와 라그랑주 쌍대 함수

식 (2.23) 형태의 일반적인 최소화 문제에 대해, 목적 함수 f에 제한조건으로 주어진 함수 h_i와 g_i의 가중치 합을 더해 얻어지는 함수를 **라그랑주 함수**(Lagrange function) 또는 **라그랑지안**(Lagrangian)이라 부른다.

$$\begin{aligned} &\underset{\boldsymbol{x}\in\widetilde{\mathcal{D}}}{\text{minimize}}\, f(\boldsymbol{x}) \\ &\text{제한조건} : g_i(\boldsymbol{x}) \le 0,\ i=1,\cdots,\ell, \\ &\qquad h_i(\boldsymbol{x}) = 0,\ i=1,\cdots,k \end{aligned} \tag{2.40}$$

즉, 위의 최소화 문제에 대해, 라그랑주 함수 $L:\widetilde{\mathcal{D}}\times\mathbb{R}^\ell\times\mathbb{R}^k\to\mathbb{R}$는

$$L(\boldsymbol{x},\boldsymbol{\lambda},\boldsymbol{\nu}) = f(\boldsymbol{x}) + \sum_{i=1}^{\ell}\lambda_i g_i(\boldsymbol{x}) + \sum_{i=1}^{k}\nu_i h_i(\boldsymbol{x})$$

로 정의한다. 이때, λ_i를 i 번째 부등식 제한조건 $g_i(\boldsymbol{x}) \le 0$과 관련된 **라그랑주 곱수** (Lagrange multiplier) 또는 **라그랑주 승수**라 하고, ν_i를 등식 제한조건 $h_i(\boldsymbol{x})=0$과 관련된 라그랑주 곱수라 부른다. 또, 벡터 $\boldsymbol{\lambda}=[\lambda_1,\cdots,\lambda_\ell]^{\mathrm{t}}$와 $\boldsymbol{\nu}=[\nu_1,\cdots,\nu_k]^{\mathrm{t}}$를 라그랑주 곱수 벡터 또는 **쌍대 변수**(dual variable)라고 부른다.

또, 각각의 $\boldsymbol{\lambda},\boldsymbol{\nu}$를 고정할 때 라그랑주 함수 $L(\boldsymbol{x},\boldsymbol{\lambda},\boldsymbol{\nu})$의 $\boldsymbol{x}\in\widetilde{\mathcal{D}}$에 대한 하한

$$L_*(\boldsymbol{\lambda},\boldsymbol{\nu}) := \inf_{\boldsymbol{x}\in\widetilde{\mathcal{D}}} L(\boldsymbol{x},\boldsymbol{\lambda},\boldsymbol{\nu}) = \inf_{\boldsymbol{x}\in\widetilde{\mathcal{D}}}\left(f(\boldsymbol{x}) + \sum_{i=1}^{\ell}\lambda_i g_i(\boldsymbol{x}) + \sum_{i=1}^{k}\nu_i h_i(\boldsymbol{x})\right) \tag{2.41}$$

으로 정의되는 함수 L_*를 **라그랑주 쌍대 함수**(Lagrange dual function) 또는 **쌍대 함수**라고

부른다. 라그랑주 쌍대 함수 L_* 의 정의역은 집합 $\{L(\boldsymbol{x},\boldsymbol{\lambda},\boldsymbol{\nu}) \mid \boldsymbol{x}\in\widetilde{\mathcal{D}}\}$ 가 아래로 유계가 되는 $(\boldsymbol{\lambda},\boldsymbol{\nu})$ 들의 집합이다. 쌍대 함수 L_* 의 정의역을 $\mathrm{dom}\,L_*$ 로 쓰자.

이제, 원래 최소화 문제 (2.40)에 대해 라그랑주 쌍대 함수가 갖는 중요한 의미를 살펴보자.

- 우선, $\inf_{\boldsymbol{x}\in\widetilde{\mathcal{D}}} L(\boldsymbol{x},\boldsymbol{\lambda},\boldsymbol{\nu}) = -\sup_{\boldsymbol{x}\in\widetilde{\mathcal{D}}}\big(-L(\boldsymbol{x},\boldsymbol{\lambda},\boldsymbol{\nu})\big)$ 이므로 예제 2.17에 의해 라그랑주 쌍대 함수는 항상 오목함수가 된다.

이 성질은 목적 함수 f 와 제한조건 함수 h_i, g_i 가 볼록함수가 아니더라도 성립하는 성질이다.

- $\boldsymbol{\lambda}\succeq\mathbf{0}$, 즉 모든 $\lambda_i\geq 0$ 일 때, 라그랑주 쌍대 함수의 값 $L_*(\boldsymbol{\lambda},\boldsymbol{\nu})$ 는 항상 원래 최소화 문제의 최적값 p_* 에 대한 하계가 된다.

위 성질이 성립하는 이유를 살펴보자. 벡터 $\widetilde{\boldsymbol{x}}$ 가 최소화 문제 (2.40)의 후보집합 $\mathcal{F}$ 에 속한다는 것은

$$g_i(\widetilde{\boldsymbol{x}})\leq 0,\ (1\leq i\leq\ell)\quad h_i(\widetilde{\boldsymbol{x}})=0,\ (1\leq i\leq k)$$

를 의미하므로, $\boldsymbol{\lambda}\succeq\mathbf{0}$ 이고 $\widetilde{\boldsymbol{x}}\in\mathcal{F}$ 이기만 하면

$$L(\widetilde{\boldsymbol{x}},\boldsymbol{\lambda},\boldsymbol{\nu}) = f(\widetilde{\boldsymbol{x}}) + \left(\sum_{i=1}^{\ell}\lambda_i g_i(\widetilde{\boldsymbol{x}}) + \sum_{i=1}^{k}\nu_i h_i(\widetilde{\boldsymbol{x}})\right) \leq f(\widetilde{\boldsymbol{x}})+0$$

이 성립한다. 따라서, 동일한 상황에서

$$L_*(\boldsymbol{\lambda},\boldsymbol{\nu}) = \inf_{\boldsymbol{x}\in\widetilde{\mathcal{D}}} L(\boldsymbol{x},\boldsymbol{\lambda},\boldsymbol{\nu}) \leq L(\widetilde{\boldsymbol{x}},\boldsymbol{\lambda},\boldsymbol{\nu}) \leq f(\widetilde{\boldsymbol{x}})$$

가 성립하므로, $L_*(\boldsymbol{\lambda},\boldsymbol{\nu})$ 는 집합 $\{f(\widetilde{\boldsymbol{x}}) \mid \widetilde{\boldsymbol{x}}\in\mathcal{F}\}$ 에 대한 하계가 된다.

결론적으로 $\boldsymbol{\lambda}\succeq\mathbf{0}$ 인 임의의 $(\boldsymbol{\lambda},\boldsymbol{\nu})$ 와 임의의 벡터 $\boldsymbol{x}\in\mathcal{F}$ 에 대해

$$L_*(\boldsymbol{\lambda},\boldsymbol{\nu}) \leq p_* \leq f(\boldsymbol{x}) \tag{2.42}$$

가 성립한다.

예제 2.28 다음 최소화에 대한 라그랑주 쌍대 함수를 구하시오. (단, $\mathbf{A}\in\mathbb{R}^{k\times n}$, $\boldsymbol{b}\in\mathbb{R}^{k}$)

$$\underset{\boldsymbol{x}\in\mathbb{R}^n}{\text{minimize}}\ \boldsymbol{x}^{\mathrm{t}}\boldsymbol{x}$$

$$\text{제한조건} : \mathbf{A}\boldsymbol{x}=\boldsymbol{b}$$

풀이 주어진 문제는 식 (2.40)에서 부등식 제한조건이 없는 경우 볼록 최소화 문제이다. 먼저, 대응되는 라그랑주 함수를 구하면

$$L(\boldsymbol{x},\boldsymbol{\nu}) = \boldsymbol{x}^{\mathrm{t}}\boldsymbol{x} + \boldsymbol{\nu}^{\mathrm{t}}(\mathbf{A}\boldsymbol{x} - \boldsymbol{b})$$

이다. 이때, $L(\boldsymbol{x},\boldsymbol{\nu})$는 $\boldsymbol{x}$에 대한 이차 볼록함수이므로 $\inf_{\boldsymbol{x}} L(\boldsymbol{x},\boldsymbol{\nu})$의 최적해를 구하면

$$\frac{\partial L(\boldsymbol{x},\boldsymbol{\nu})}{\partial \boldsymbol{x}} = 2\boldsymbol{x} + \mathbf{A}^{\mathrm{t}}\boldsymbol{\nu} = \mathbf{0} \implies \boldsymbol{x}_* = -\frac{1}{2}\mathbf{A}^{\mathrm{t}}\boldsymbol{\nu}$$

가 되고, $\boldsymbol{x}_*$로부터 구한 쌍대 함수 $L_*(\boldsymbol{\nu})$는 모든 $\boldsymbol{\nu} \in \mathbb{R}^k$에 대해

$$L_*(\boldsymbol{\nu}) = L(\boldsymbol{x}_*,\boldsymbol{\nu}) = -\frac{1}{4}\boldsymbol{\nu}^{\mathrm{t}}\mathbf{A}\mathbf{A}^{\mathrm{t}}\boldsymbol{\nu} - \boldsymbol{\nu}^{\mathrm{t}}\boldsymbol{b} \ \le \inf_{\boldsymbol{x}\in\mathbb{R}^n}\{\boldsymbol{x}^{\mathrm{t}}\boldsymbol{x} \mid \mathbf{A}\boldsymbol{x} = \boldsymbol{b}\}$$

를 만족한다. □

예제 2.29 다음 최소화의 라그랑주 쌍대 함수를 구하시오. (단, $\mathbf{A} \in \mathbb{R}^{k\times n}, \boldsymbol{c} \in \mathbb{R}^n, \boldsymbol{b} \in \mathbb{R}^k$)

$$\begin{aligned} &\underset{\boldsymbol{x}\in\mathbb{R}^n}{\text{minimize}} \ \boldsymbol{c}^{\mathrm{t}}\boldsymbol{x} \\ &\text{제한조건} : \mathbf{A}\boldsymbol{x} = \boldsymbol{b} \\ &\qquad\qquad \boldsymbol{x} \succeq \mathbf{0} \end{aligned}$$

풀이 부등식 제한조건 $\boldsymbol{x} \succeq \mathbf{0}$은 식 (2.40)에서 $g_i(\boldsymbol{x}) = -x_i,\ i = 1,\cdots,n$에 대응하므로 위 문제에 대한 라그랑주 함수를 구하면

$$L(\boldsymbol{x},\boldsymbol{\lambda},\boldsymbol{\nu}) = \boldsymbol{c}^{\mathrm{t}}\boldsymbol{x} - \boldsymbol{\lambda}^{\mathrm{t}}\boldsymbol{x} + \boldsymbol{\nu}^{\mathrm{t}}(\mathbf{A}\boldsymbol{x} - \boldsymbol{b}) = \left(\boldsymbol{c} + \mathbf{A}^{\mathrm{t}}\boldsymbol{\nu} - \boldsymbol{\lambda}\right)^{\mathrm{t}}\boldsymbol{x} - \boldsymbol{b}^{\mathrm{t}}\boldsymbol{\nu}$$

이다. 이때, $\boldsymbol{\alpha} := \boldsymbol{c} + \mathbf{A}^{\mathrm{t}}\boldsymbol{\nu} - \boldsymbol{\lambda} \neq \mathbf{0}$인 $\boldsymbol{\lambda},\boldsymbol{\nu}$에 대해 $\widetilde{\boldsymbol{x}} := t\boldsymbol{\alpha}$라 하면, $t \to -\infty$일 때

$$L(\widetilde{\boldsymbol{x}},\boldsymbol{\lambda},\boldsymbol{\nu}) = t\left\|\boldsymbol{c} + \mathbf{A}^{\mathrm{t}}\boldsymbol{\nu} - \boldsymbol{\lambda}\right\|^2 - \boldsymbol{b}^{\mathrm{t}}\boldsymbol{\nu} \to -\infty$$

이다. 따라서 $\boldsymbol{\lambda} \succeq \mathbf{0}$이고 초평면 식 $\boldsymbol{c} + \mathbf{A}^{\mathrm{t}}\boldsymbol{\nu} - \boldsymbol{\lambda} = \mathbf{0}$을 만족하는 $(\boldsymbol{\lambda},\boldsymbol{\nu}) \in \mathbb{R}^n \times \mathbb{R}^k$에서 정의되는 쌍대 함수는

$$L_*(\boldsymbol{\lambda},\boldsymbol{\nu}) = -\boldsymbol{b}^{\mathrm{t}}\boldsymbol{\nu}$$

가 된다. ($\boldsymbol{c} + \mathbf{A}^{\mathrm{t}}\boldsymbol{\nu} - \boldsymbol{\lambda} \neq \mathbf{0}$인 $\boldsymbol{\lambda},\boldsymbol{\nu}$에 대해서는 $L_*(\boldsymbol{\lambda},\boldsymbol{\nu}) = -\infty$이다.)

이때, 식 (2.42)의 의미는 $\boldsymbol{c} + \mathbf{A}^{\mathrm{t}}\boldsymbol{\nu} \succeq \mathbf{0}$인 임의의 $\boldsymbol{\nu}$에 대해 다음이 성립하는 것이다.

$$-\boldsymbol{b}^{\mathrm{t}}\boldsymbol{\nu} \le \inf_{\boldsymbol{x}\in\mathbb{R}^n}\{\boldsymbol{c}^{\mathrm{t}}\boldsymbol{x} \mid \mathbf{A}\boldsymbol{a} = \boldsymbol{b},\ \boldsymbol{x} \succeq \mathbf{0}\}$$ □

2.3.2 최적화 문제에 대한 라그랑주 쌍대 문제

최적화 문제 (2.40)의 최적값 $p_* \in \mathbb{R}$ 이 존재하면, 식 (2.42)로부터 라그랑주 쌍대 함수의 함숫값들이 위로 유계가 된다. 따라서 다음 최대화 문제의 최적값

$$d_* := \sup\{L_*(\boldsymbol{\lambda}, \boldsymbol{u}) \mid \forall \boldsymbol{\lambda} \succeq \mathbf{0}. \ (\boldsymbol{\lambda}, \boldsymbol{\nu}) \in \mathbb{R}^{\ell} \times \mathbb{R}^k\} \tag{2.43}$$

이 존재하고,

$$d_* \le p_* \tag{2.44}$$

가 성립한다.

이때, 제한조건이 있는 최소화 문제 (2.40)을 **원래 문제**(primal problem)라 하고, 대응되는 라그랑주 쌍대함수의 최대화 문제 (2.43)을 **쌍대 문제**(dual problem)라고 한다.[26] 보통 쌍대 문제는 다음과 같이 나타낸다.

$$\begin{aligned} &\underset{\boldsymbol{\lambda},\boldsymbol{\nu}}{\text{maximize}}\ L_*(\boldsymbol{\lambda}, \boldsymbol{\nu}) \\ &\text{제한조건}: \boldsymbol{\lambda} \succeq \mathbf{0} \end{aligned} \qquad \text{단, } L_*(\boldsymbol{\lambda}, \boldsymbol{\nu}) = \inf_{\boldsymbol{x} \in \widetilde{\mathcal{D}}} L(\boldsymbol{x}, \boldsymbol{\lambda}, \boldsymbol{\nu})$$

앞서 153쪽에서 언급한대로, 원래 문제의 볼록성에 관계없이 쌍대 문제는 항상 볼록 최적화 문제가 된다. 또, 실제로는 d_* 와 p_* 가 실숫값이 아닌 경우에도 식 (2.44)의 $d_* \le p_*$ 는 성립하는데[27], 원래 문제와 쌍대 문제의 최적값 사이의 이 부등식을 **약한 쌍대성**(weak duality)이라고 말한다. 특히, 최적화에 대한 약한 쌍대성에서 $p_* - d_*$ 가 음이 아닌 실수값이 될 때 (즉, 원래 문제와 쌍대 문제 둘 중 적어도 하나의 최적값이 존재할 때), $p_* - d_*$ 를 원래 문제에 대한 **최적 쌍대차이**(optimal duality gap)라고 부른다.

만약 원래 문제의 후보집합에 속하는 $\widetilde{\boldsymbol{x}} \in \mathcal{F}$ 에 대해

$$L_*(\widetilde{\boldsymbol{\lambda}}, \widetilde{\boldsymbol{\nu}}) \le f(\widetilde{x})$$

를 만족하는 쌍대 변수 $\widetilde{\boldsymbol{\lambda}}, \widetilde{\boldsymbol{\nu}}$ 가 존재한다면, 식 (2.42)에 의해 원래 문제의 최적값 p_* 와 쌍대 문제의 최적값 d_* 가 존재하고, 다음 부등식이 성립한다.

$$f(\widetilde{\boldsymbol{x}}) - p_* \le f(\widetilde{\boldsymbol{x}}) - L_*(\widetilde{\boldsymbol{\lambda}}, \widetilde{\boldsymbol{\nu}}) =: \varepsilon$$

[26] 각 문제의 이름을 따라, 원래 문제의 최적값을 p_*, 쌍대 믄제의 최적값을 d_* 라고 쓴다.

[27] 만약 $p_* = -\infty$ 이면 라그랑주 쌍대 함수의 정의 (2.41)에서 쌍대 함수의 정의역이 공집합이 되므로 $d_* = \sup(\varnothing) = -\infty$ 가 되어 $d_* = p_*$ 가 성립하는 것으로 생각할 수 있다. 또, $d_* = \infty$ 인 경우에는 f 의 정의역이 공집합이 되므로 $p_* = \inf(\varnothing) = \infty$ 가 되어 $d_* = p_*$ 이 성립하는 것으로 이해할 수 있다.

이때, 원래 문제의 후보 벡터 $\widetilde{\boldsymbol{x}}$와 쌍대 문제의 후보 벡터 $(\widetilde{\boldsymbol{\lambda}}, \widetilde{\boldsymbol{\nu}})$ 사이의 **쌍대차이**(duality gap)라고 부르는 $\varepsilon = f(\widetilde{\boldsymbol{x}}) - L_*(\widetilde{\boldsymbol{\lambda}}, \widetilde{\boldsymbol{\nu}})$에 대해, $\widetilde{\boldsymbol{x}}$는 ε-버금 최적해가 된다.

특히, 원래 문제와 쌍대 문제의 후보 벡터열 $\boldsymbol{x}^{(k)}$, $\left(\boldsymbol{\lambda}^{(k)}, \boldsymbol{\nu}^{(k)}\right)$ $(k = 1, 2, \cdots)$를 반복적으로 생성하여 최적화를 푸는 알고리즘에서는, 이 쌍대차이를 알고리즘의 반복을 종료하는 정확한 정지기준(stopping creterion)으로 이용하기도 한다. 즉, 미리 정해놓은 ε_{a}에 대해 $f\left(\boldsymbol{x}^{(k)}\right) - L_*\left(\boldsymbol{\lambda}^{(k)}, \boldsymbol{\nu}^{(k)}\right) \le \varepsilon_{\mathrm{a}}$가 성립할 때 알고리즘의 반복을 종료하면 $\boldsymbol{x}^{(k)}$가 ε_{a}-버금 최적해가 된다.

원래 문제에 대한 최적 쌍대차이가 0이 될 때, 즉,

$$d_* = p_*$$

가 성립할 때, 이를 **강한 쌍대성**(strong duality)라 부른다. 즉, 강한 쌍대성이 있다는 말은 원래 문제의 최적값을 라그랑주 쌍대 함수의 최대화를 통해 구할 수 있다는 뜻이다. 일반적으로는 원래 문제와 쌍대 문제 사이에 강한 쌍대성이 없지만, 원래 문제가 (2.39)와 같은 볼록 최적화 문제일 때는 (항상 성립하는 것은 아니지만) 많은 경우 강한 쌍대성이 성립함이 알려져 있다.

쌍대차이가 0인 두 후보 벡터 쌍이 존재하는 것은 최적 쌍대차이가 0이라는 것보다 더 강한 조건이다. 다음 예제에서 확인해보자.

예제 2.30 원래 문제의 후보 벡터 $\widetilde{\boldsymbol{x}}$와 쌍대 문제의 후보 벡터 $(\widetilde{\boldsymbol{\lambda}}, \widetilde{\boldsymbol{\nu}})$ 사이의 쌍대차이가 0이면, $\widetilde{\boldsymbol{x}}$는 원래 문제의 최적해가 되고, $(\widetilde{\boldsymbol{\lambda}}, \widetilde{\boldsymbol{\nu}})$는 대응되는 쌍대 문제의 최적해가 됨을 보이시오.

풀이 식 (2.42)와 식 (2.44)에 의해 다음 부등식

$$L_*\left(\widetilde{\boldsymbol{\lambda}}, \widetilde{\boldsymbol{\nu}}\right) \le d_* \le p_* \le f\left(\widetilde{\boldsymbol{x}}\right)$$

이 성립하고, 두 후보 벡터 사이의 쌍대차이가 0이므로 $L_*\left(\widetilde{\boldsymbol{\lambda}}, \widetilde{\boldsymbol{\nu}}\right) = f\left(\widetilde{\boldsymbol{x}}\right)$가 성립한다. 따라서, 위 부등식의 모든 항이 같아지므로 강한 쌍대성이 성립하고, $\widetilde{\boldsymbol{x}}$와 $(\widetilde{\boldsymbol{\lambda}}, \widetilde{\boldsymbol{\nu}})$는 각각 원래 문제와 쌍대 문제의 최적해가 된다. □

다음 소절에서는 원래 문제가 볼록 최적화 문제일 때, 강한 쌍대성을 보장해주는 **슬레이터의 조건**(Slater's condition)을 소개한다.

2.3.3 강한 쌍대성과 슬레이터의 조건

원래 문제가 아래와 같은 형태의 엄격한 의미의 볼록 최소화 문제라고 하자.

$$\begin{aligned} &\underset{\boldsymbol{x}\in\widetilde{\mathcal{D}}}{\text{minimize}}\, f(\boldsymbol{x}) \\ &\text{제한조건} : g_i(\boldsymbol{x}) \le 0,\ i = 1, \cdots, \ell \\ &\qquad\mathbf{G}\boldsymbol{x} \preceq \mathbf{0} \\ &\qquad\mathbf{A}\boldsymbol{x} = \boldsymbol{b} \end{aligned} \tag{2.45}$$

앞의 최소화 문제에서 모든 제한조건을 만족시키는 후보집합을 $\mathcal{F}$라 할 때, 강한 쌍대성에 대해 다음 **슬레이터의 정리**가 성립한다. 이 정리는 **분리 초평면 정리**[28]를 이용하여 증명할 수 있는데, 여기서는 다루지 않고 [6]의 5.3.2절을 참고하기 바란다.

정리 2.10

[슬레이터의 정리] 식 (2.45) 형태의 엄격한 의미의 볼록 최소화 문제에서 아핀 함수로 주어지지 않은 모든 부등식 제한조건에 대해

$$g_i(\boldsymbol{x}) < 0,\ i = 1, \cdots, \ell \tag{2.46}$$

을 만족시키는 후보 벡터 $\boldsymbol{x} \in \mathcal{F} \cap \text{int}\widetilde{\mathcal{D}}$가 존재하면, 주어진 볼록 최소화에 대한 최적값 p_*와 쌍대 문제에 대한 최적값 d_*가 같아진다. 즉, 강한 쌍대성이 성립한다.

위 정리가 성립할 조건, 즉 엄격한 의미의 최소화 문제 (2.45)의 모든 제한조건을 만족시키는 후보 벡터 $\boldsymbol{x} \in \mathcal{F}$ 중에서 부등식 (2.46)을 만족하는 후보 벡터가 $\mathcal{F} \cap \text{int}\widetilde{\mathcal{D}}$에 존재한다는 조건을 **슬레이터의 조건**(Slater's condition)이라고 부른다.

따라서, 엄격한 의미의 볼록 최적화 문제에서 모든 등식 제한조건과 부등식 제한조건이 아핀 함수로 주어지고, 목적 함수의 정의역이 열린집합이면 슬레이터의 조건이 저절로 만족되므로 항상 강한 쌍대성이 성립한다.

예제 2.31 다음 최소화 문제의 최적값을 구하시오.(단, $\mathbf{A} \in \mathbb{R}^{k\times n}$, $\boldsymbol{b} \in \mathbb{R}^k$)

$$\begin{aligned} &\underset{\boldsymbol{x}\in\mathbb{R}^n}{\text{minimize}}\ \boldsymbol{x}^{\text{t}}\boldsymbol{x} \\ &\text{제한조건} : \mathbf{A}\boldsymbol{x} = \boldsymbol{b} \end{aligned}$$

[28] $\mathbb{R}^m$에서 교집합이 공집합인 두 볼록집합이 주어지면, 이 두 볼록집합을 분리하는 초평편이 존재한다는 것을 분리 초평면 정리라고 한다.

풀이 예제 2.28에 의해 대응되는 쌍대 문제는

$$\underset{\boldsymbol{v}\in\mathbb{R}^k}{\text{maximize}}\ -\frac{1}{4}\boldsymbol{\nu}^{\mathrm{t}}\mathbf{A}\mathbf{A}^{\mathrm{t}}\boldsymbol{\nu}-\boldsymbol{\nu}^{\mathrm{t}}\boldsymbol{b}$$

가 되고, 원래 문제에서 주어진 제한조건이 아핀 함수에 대한 등식 제한조건 밖에 없으므로 $\boldsymbol{b}$가 $\mathbf{A}$의 열공간에 속하면, 즉 $\boldsymbol{b}\in\mathcal{R}(\mathbf{A})$[29] 이기만 하면 슬레이터의 조건이 만족된다. 따라서 $\boldsymbol{b}\in\mathcal{R}(\mathbf{A})$ 일 때, 주어진 최소화 문제의 최적값 p_* 는 쌍대 문제의 최적값 d_* 와 같아지고, 쌍대 문제의 최적해 $\boldsymbol{\nu}_*$ 는

$$\frac{\partial}{\partial\boldsymbol{\nu}}\left(-\frac{1}{4}\boldsymbol{\nu}^{\mathrm{t}}\mathbf{A}\mathbf{A}^{\mathrm{t}}\boldsymbol{\nu}-\boldsymbol{\nu}^{\mathrm{t}}\boldsymbol{b}\right)=-\frac{1}{2}\mathbf{A}\mathbf{A}^{\mathrm{t}}\boldsymbol{\nu}-\boldsymbol{b}=\mathbf{0}\implies\boldsymbol{\nu}_*=-2\big(\mathbf{A}\mathbf{A}^{\mathrm{t}}\big)^{+}\boldsymbol{b}$$

이다. 한편, 유사 역행렬의 성질 (1.61)에 의해 임의의 대칭행렬 $\mathbf{S}(=\mathbf{A}\mathbf{A}^{\mathrm{t}})$ 에 대해

$$\big(\mathbf{S}^{+}\big)^{\mathrm{t}}=\big(\mathbf{S}^{\mathrm{t}}\big)^{+}=\mathbf{S}^{+}$$

이므로, 이 성질을 이용하면 다음과 같이 최적해 $\boldsymbol{\nu}_*$ 에 대한 최적값을 구할 수 있다.

$$\begin{aligned}p_*=d_*&=-\,\boldsymbol{b}^{\mathrm{t}}\big(\mathbf{A}\mathbf{A}^{\mathrm{t}}\big)^{+}\mathbf{A}\mathbf{A}^{\mathrm{t}}\big(\mathbf{A}\mathbf{A}^{\mathrm{t}}\big)^{+}\boldsymbol{b}+2\boldsymbol{b}^{\mathrm{t}}\big(\mathbf{A}\mathbf{A}^{\mathrm{t}}\big)^{+}\boldsymbol{b}\\&=-\,\boldsymbol{b}^{\mathrm{t}}\big(\mathbf{A}\mathbf{A}^{\mathrm{t}}\big)^{+}\boldsymbol{b}+2\boldsymbol{b}^{\mathrm{t}}\big(\mathbf{A}\mathbf{A}^{\mathrm{t}}\big)^{+}\boldsymbol{b}=\boldsymbol{b}^{\mathrm{t}}\big(\mathbf{A}\mathbf{A}^{\mathrm{t}}\big)^{+}\boldsymbol{b}\end{aligned}$$

□

2.3.4 원래 문제와 쌍대 문제의 최적값이 같아질 필요조건: 상보적 느슨함

다시 (엄격한 볼록 최적화로 제한하지 않는) 일반적인 최소화 문제 (2.40)으로 돌아가서, 원래 문제의 최적해 $\boldsymbol{x}_*$ 와 대응되는 쌍대 문제의 최적해 $(\boldsymbol{\lambda}_*,\boldsymbol{\nu}_*)$ 가 존재하고, 둘 사이의 쌍대차이가 0 (즉 $d_*=p_*$) 이 될 필요조건을 구해보자. $(\boldsymbol{\lambda}_*,\boldsymbol{\nu}_*)$ 가 쌍대 문제의 최적해이므로 $\boldsymbol{\lambda}_*\succeq\mathbf{0}$ 이고 $f(\boldsymbol{x}_*)=L_*(\boldsymbol{\lambda}_*,\boldsymbol{\nu}_*)$ 가 성립하므로 다음 부등식이 성립한다.[30]

$$\begin{aligned}f(\boldsymbol{x}_*)\ &=\ L_*(\boldsymbol{\lambda}_*,\boldsymbol{\nu}_*)\\&=\inf_{\boldsymbol{x}\in\widetilde{\mathcal{D}}}\left(f(\boldsymbol{x})+\sum_{i=1}^{\ell}\lambda_{*i}g_i(\boldsymbol{x})+\sum_{i=1}^{k}\nu_{*i}h_i(\boldsymbol{x})\right)\\&\le f(\boldsymbol{x}_*)+\sum_{i=1}^{\ell}\lambda_{*i}g_i(\boldsymbol{x}_*)+\sum_{i=1}^{k}\nu_{*i}h_i(\boldsymbol{x}_*)\le f(\boldsymbol{x}_*)\end{aligned}$$

---

[29] 54쪽에서 정의했듯이, 행렬 $\mathbf{A}\in\mathbb{R}^{k\times n}$ 의 열벡터들로 생성되는 $\mathbb{R}^k$ 의 부분공간을 행렬의 열공간이라 하고 $\mathcal{R}(\mathbf{A})$ 로 쓴다.

[30] 부등식의 첫 줄은 가정, 두 번째 줄은 쌍대 함수의 정의에 의해 성립한다. 세 번째 줄은 $\boldsymbol{x}_*\in\mathcal{F}\subset\widetilde{\mathcal{D}}$ 이므로 성립하고, 마지막 줄은 $\boldsymbol{x}_*\in\mathcal{F}$ 일 때, 모든 $h_i(\boldsymbol{x}_*)=0$, $g_i(\boldsymbol{x}_*)\le 0$ 이고 $\lambda_i\ge 0$ 이므로 성립한다.

결과적으로 위 부등식의 모든 줄에서 등호가 성립하므로,

- 원래 문제의 최적해 $\boldsymbol{x}_*$에 대해 함수 $L(\boldsymbol{x}, \boldsymbol{\lambda}_*, \boldsymbol{\nu}*)$는 $\boldsymbol{x} = \boldsymbol{x}_*$에서 최솟값을 가진다.

또, 모든 $i = 1, \cdots, k$에 대해 $h_i(\boldsymbol{x}_*) = 0$이므로 원래 문제의 부등식 제한조건 함수 g_i에 대해 다음이 성립한다.

$$\sum_{i=1}^{\ell} \lambda_{*i} g_i(\boldsymbol{x}_*) = 0$$

이때, 모든 $i = 1, \cdots, \ell$에 대해 $\lambda_{*i} \geq 0$이고 $g_i(\boldsymbol{x}_*) \leq 0$이므로 위 식의 각 항에 대해 다음 조건

$$\lambda_{*i} g_i(\boldsymbol{x}_*) = 0, \ \forall i = 1, \cdots, \ell \tag{2.47}$$

을 얻고, 이를 **상보적 느슨함**(complementary slackness)이라고 부른다.

- 즉, $f(\boldsymbol{x}_*) = p_* = d_* = L_*(\boldsymbol{\lambda}_*, \boldsymbol{\nu}_*)$를 만족하는 원래 문제의 최적해 $\boldsymbol{x}_*$, 쌍대 문제의 최적해 $(\boldsymbol{\lambda}_*, \boldsymbol{\nu}_*)$가 존재하면, 식 (2.47)의 상보적 느슨함이 성립한다.

이는 원래 문제의 부등식 제한조건과 관련된 모든 함수 g_i와 최적 라그랑주 곱수 λ_{*i}에 대해

$$\lambda_{*i} > 0 \implies g_i(\boldsymbol{x}_*) = 0$$

와

$$g_i(\boldsymbol{x}_*) < 0 \implies \lambda_{*i} = 0$$

가 상호 보완적으로 성립한다는 의미이다.

2.3.5 최적화에 대한 KKT 최적 조건

이 소절에서는 앞 소절에서 다루었던 원래 문제의 최적해와 쌍대 문제의 최적해(즉, 최적 라그랑주 곱수) 사이의 쌍대차이가 0이 되는 상황에 덧붙여서, 원래 문제의 목적 함수와 모든 제한조건 함수들이 미분가능한 경우에 성립하는 필요조건을 알아본다. 또 어떤 경우에 실제로 필요충분조건이 되는지에 대해 소개한다. 따라서 이 소절에서 생각하는 원래 문제의 정의역 $\widetilde{\mathcal{D}}$은 열린집합이고, 특별한 언급이 없는 한 볼록성을 가정하지 않는 일반적인 최적화 문제를 생각한다.

다음 최소화 문제

$$\underset{\boldsymbol{x}\in\widetilde{\mathcal{D}}}{\text{minimize}}\, f(\boldsymbol{x})$$
$$\text{제한조건}: g_i(\boldsymbol{x}) \le 0,\ i = 1, \cdots, \ell$$
$$h_i(\boldsymbol{x}) = 0,\ i = 1, \cdots, k,$$

에 대한 최적해 $\boldsymbol{x}_*$ 와 대응되는 쌍대 문제의 최적해 $(\boldsymbol{\lambda}_*, \boldsymbol{\nu}_*)$ 사이의 쌍대차이가 0 이라 하자. 이때, 앞 소절에서 살펴본 바와 같이 $L(\boldsymbol{x}, \boldsymbol{\lambda}_*, \boldsymbol{\nu}_*)$ 는 $\boldsymbol{x} = \boldsymbol{x}_*$ 에서 최소가 되므로 $\boldsymbol{x} = \boldsymbol{x}_*$ 에서 $\boldsymbol{x}$ 에 대한 기울기 벡터가 $\mathbf{0}$ 가 되어야 한다. 이로부터 다음이 성립한다.

$$\nabla f(\boldsymbol{x}_0) + \sum_{i=1}^{\ell} \lambda_{*i} \nabla g_i(\boldsymbol{x}_*) + \sum_{i=1}^{k} \nu_{*i} \nabla h_i(\boldsymbol{x}_*) = \mathbf{0}$$

또, 상보적 느슨함이 성립하므로 모든 $i = 1, \cdots, \ell$ 에 대해

$$\lambda_{*i} g_i(\boldsymbol{x}) = 0$$

도 성립한다.

결론적으로 위 상황에서 원래 문제에 대한 최적해 $\boldsymbol{x}^*$ 와 쌍대 문제에 대한 최적해 $(\boldsymbol{\lambda}_*, \boldsymbol{\nu}_*)$ 는 **KKT** (Karush-Kuhn-Tucker) **조건**(KKT conditions) 이라 부르는 다음 조건을 만족시킨다.

정의 2.11 (KKT 조건)

원래 문제의 목적 함수 f 와 모든 제한조건 함수 g_i, h_i 에 대해,
$\widetilde{\boldsymbol{x}}$ 와 대응되는 라그랑주 곱수 벡터 $\widetilde{\boldsymbol{\lambda}}, \widetilde{\boldsymbol{\nu}}$ 가 다음 조건을 모두 만족시킬 때, KKT 조건을 만족시킨다고 말한다.

$$\begin{aligned} g_i(\widetilde{\boldsymbol{x}}) &\le 0,\ i = 1, \cdots, \ell \\ h_i(\widetilde{\boldsymbol{x}}) &= 0,\ i = 1, \cdots, k \\ \widetilde{\lambda}_i &\ge 0,\ i = 1, \cdots, \ell \\ \widetilde{\lambda}_i g_i(\widetilde{\boldsymbol{x}}) &= 0,\ i = 1, \cdots, \ell \\ \nabla f(\widetilde{\boldsymbol{x}}) + \sum_{i=1}^{\ell} \widetilde{\lambda}_i \nabla g_i(\widetilde{\boldsymbol{x}}) + \sum_{i=1}^{k} \widetilde{\nu}_i \nabla h_i(\widetilde{\boldsymbol{x}}) &= \mathbf{0} \end{aligned} \tag{2.48}$$

위의 설명을 종합하면 미분가능한 함수로 이루어진 엄격한 의미의 볼록 최적화에 대해 다음 정리를 얻는다.

정리 2.12

목적 함수와 모든 제한조건 함수가 미분가능한 최적화(최소화) 문제에서 다음 두 조건

- 원래 문제와 대응되는 쌍대 문제 사이에 강한 쌍대성이 성립한다.
- 원래 문제에 대한 최적해 $\boldsymbol{x}_*$ 와 쌍대 문제에 대한 최적해 $(\boldsymbol{\lambda}_*, \boldsymbol{\nu}_*)$ 가 존재한다

이 성립하면, $\boldsymbol{x}_*, \boldsymbol{\lambda}_*, \boldsymbol{\nu}_*$ 는 KKT 조건을 만족시킨다.

즉, KKT 조건은 위 정리의 전제 조건 하에서 원래 문제와 쌍대 문제의 최적해가 만족해야 하는 필요조건이다.

특히, 엄격한 의미의 볼록 최적화(최소화) 문제가 157쪽의 슬레이터의 조건을 만족하면, 정리 2.12의 전제 조건이 성립한다.[31] 따라서, 다음 결과를 얻는다.

따름정리 2.13

등식 제한조건 함수가 모두 아핀 함수이고 목적 함수와 부등식 제한조건 함수가 모두 미분가능한 볼록 최소화 문제를 P 라 하자. 문제 F 가 슬레이터의 조건을 만족하면, 원래 문제 P 의 최적해 $\boldsymbol{x}_*$ 와 대응되는 쌍대 문제의 최적해 $\boldsymbol{\lambda}_*, \boldsymbol{\nu}_*$ 가 존재하고, KKT 조건을 만족시킨다.

뿐만 아니라, 미분가능한 함수로 이루어진 엄격한 의미의 볼록 최적화에 대해, KKT 조건은 $\boldsymbol{x}_*$ 와 $(\boldsymbol{\lambda}_*, \boldsymbol{\nu}_*)$ 가 각각 원래 문제의 최적해와 쌍대 문제의 최적해가 될 충분조건도 된다.

정리 2.14

목적 함수와 부등식 제한조건 함수 g_i 가 모두 미분가능한 볼록함수이고, 등식 제한조건 함수 h_i 가 모두 아핀 함수인 최소화 문제에서, $\widetilde{\boldsymbol{x}}, \widetilde{\boldsymbol{\lambda}}, \widetilde{\boldsymbol{\nu}}$ 가 KKT 조건 (2.48)을 만족하면

$$f(\widetilde{\boldsymbol{x}}) = p_* = d_* = L_*(\widetilde{\boldsymbol{\lambda}}, \widetilde{\boldsymbol{\nu}})$$

가 성립한다. 즉, $\widetilde{\boldsymbol{x}}$ 는 원래 문제에 대한 최적해, $(\widetilde{\boldsymbol{\lambda}}, \widetilde{\boldsymbol{\nu}})$ 는 쌍대 문제에 대한 최적해가 되고 강한 쌍대성 $p_* = d_*$ 가 성립한다.

[31] 슬레이터의 정리 2.10을 다시 확인하기 바란다.

[증명] KKT 조건의 처음 두 조건으로부터 $\widetilde{\boldsymbol{x}}$는 원래 문제의 후보집합에 속하고, 모든 $i = 1, \cdots, \ell$에 대해 $\widetilde{\lambda}_i \geq 0$이므로 $\boldsymbol{x}$에 관한 함수 $L(\boldsymbol{x}, \widetilde{\boldsymbol{\lambda}}, \widetilde{\boldsymbol{\nu}})$는 볼록함수가 된다.[32] 이때, KKT 조건의 마지막 조건을 이용하면, 정리 2.7에 의해 $\boldsymbol{x} = \widetilde{\boldsymbol{x}}$에서 함수 $L(\widetilde{\boldsymbol{x}}, \widetilde{\boldsymbol{\lambda}}, \widetilde{\boldsymbol{\nu}})$는 최솟값을 갖는다. 즉, 쌍대함수 L_*에 대해 $L_*(\widetilde{\boldsymbol{\lambda}}, \widetilde{\boldsymbol{\nu}}) = L(\widetilde{\boldsymbol{x}}, \widetilde{\boldsymbol{\lambda}}, \widetilde{\boldsymbol{\nu}})$이다. 따라서

$$\begin{aligned} L_*(\widetilde{\boldsymbol{\lambda}}, \widetilde{\boldsymbol{\nu}}) &= L(\widetilde{\boldsymbol{x}}, \widetilde{\boldsymbol{\lambda}}, \widetilde{\boldsymbol{\nu}}) \\ &= f(\widetilde{\boldsymbol{x}}) + \sum_{i=1}^{\ell} \widetilde{\lambda}_i g_i(\widetilde{\boldsymbol{x}}) + \sum_{i=1}^{k} \widetilde{\nu}_i h_i(\widetilde{\boldsymbol{x}}) \\ &= f(\widetilde{\boldsymbol{x}}) \end{aligned}$$

가 성립한다.[33]

따라서 $\widetilde{\boldsymbol{x}}$와 $(\widetilde{\boldsymbol{\lambda}}, \widetilde{\boldsymbol{\nu}})$ 사이의 쌍대차이가 0이 되므로 예제 2.30에 의해 $\widetilde{\boldsymbol{x}}$와 $(\widetilde{\boldsymbol{\lambda}}, \widetilde{\boldsymbol{\nu}})$는 각각 원래 문제와 쌍대 문제의 최적해가 된다. □

특히, 엄격한 의미의 볼록 최적화 문제 (2.45)에서 아핀 함수가 아닌 함수 g_i로 주어진 부등식 제한조건이 없으면, KKT 조건에 의해 슬레이터의 조건이 저절로 만족되고 슬레이터의 정리가 성립한다. 즉, 모든 등식 제한조건과 부등식 제한조건이 아핀 함수로만 주어진 볼록 최적화 문제의 경우에는 KKT 조건이 최적해를 구하는 필요충분조건이 된다.

따름정리 2.15

목적 함수가 미분가능한 볼록함수이고, 모든 부등식 제한조건과 등식 제한조건이 아핀 함수로만 이루어진 볼록 최소화 문제에 대해,
$\widetilde{\boldsymbol{x}}$와 $(\widetilde{\boldsymbol{\lambda}_*}, \widetilde{\boldsymbol{\nu}_*})$가 각각 원래 문제와 대응되는 쌍대 문제의 최적해가 될 필요충분조건은 $\widetilde{\boldsymbol{x}}, (\widetilde{\boldsymbol{\lambda}_*}, \widetilde{\boldsymbol{\nu}_*})$가 KKT 조건을 만족하는 것이다.

예제 2.32 양의 준정부호 행렬 $\mathbf{P} \in \mathbb{R}^{n \times n}$, 행렬 $\mathbf{A} = \mathbb{R}^{k \times n}$, 벡터 $\boldsymbol{q} \in \mathbb{R}^n$, $\boldsymbol{b} \in \mathbb{R}^k$와 실수 r에 대해 다음 최소화 문제의 최적해 $\boldsymbol{x}_*$를 구하시오.

$$\begin{aligned} &\underset{\boldsymbol{x} \in \mathbb{R}^n}{\text{minimize}} \ \frac{1}{2}\boldsymbol{x}^{\mathrm{t}}\mathbf{P}\boldsymbol{x} + \boldsymbol{q}^{\mathrm{t}}\boldsymbol{x} + r \\ &\text{제한조건} : \mathbf{A}\boldsymbol{x} = \boldsymbol{b} \end{aligned}$$

[32] 볼록함수 g_i에 양수 $\widetilde{\lambda}_i$를 곱한 $\widetilde{\lambda}_i g_i$도 볼록함수이고, 볼록함수끼리 더한 함수도 볼록함수이다.

[33] 위 등식의 마지막 등호는 KKT 조건의 두 번째 조건과 네 번째 조건에 의해 성립한다.

풀이 주어진 목적 함수는 예제 2.22에 의해 볼록함수이고, 아핀 함수로 주어진 등식 제한조건만 있는 엄격한 의미의 볼록 최적화 문제이므로 슬레이터의 조건이 만족된다. 따라서 따름정리 2.15에 의해 KKT 조건을 만족하는 $\widetilde{\boldsymbol{x}}$와 라그랑주 곱수 벡터 $\widetilde{\boldsymbol{\nu}}$가 각 문제의 최적해가 된다.

라그랑주 함수 $L(\boldsymbol{x}, \boldsymbol{\lambda}, \boldsymbol{\nu})$에서 등식 제한조건에 해당되는 항 $\sum_{i=1}^{k} \nu_i h_i(\boldsymbol{x})$을 벡터로 쓰면 $\boldsymbol{\nu}^{\mathrm{t}}(\mathbf{A}\boldsymbol{x} - \boldsymbol{b})$이므로 $\boldsymbol{x}$에 대한 기울기 벡터는 $\mathbf{A}^{\mathrm{t}}\boldsymbol{\nu}$가 되고, KKT 조건을 구하면 다음과 같다.

$$\mathbf{A}\widetilde{\boldsymbol{x}} = \boldsymbol{b}, \quad \mathbf{P}\widetilde{\boldsymbol{x}} + \boldsymbol{q} + \mathbf{A}^{\mathrm{t}}\widetilde{\boldsymbol{\nu}} = \mathbf{0}$$

따라서, 영행렬 $\mathbf{O} \in \mathbb{R}^{k \times k}$에 대해 선형 연립방정식

$$\begin{bmatrix} \mathbf{P} & \mathbf{A}^{\mathrm{t}} \\ \mathbf{A} & \mathbf{O} \end{bmatrix} \begin{bmatrix} \widetilde{\boldsymbol{x}} \\ \widetilde{\boldsymbol{\nu}} \end{bmatrix} = \begin{bmatrix} -\boldsymbol{q} \\ \boldsymbol{b} \end{bmatrix}$$

를 만족하는 $\widetilde{\boldsymbol{x}}, \widetilde{\boldsymbol{\nu}}$를 구하면 $\boldsymbol{x}_* = \widetilde{\boldsymbol{x}}$가 된다. □

이제 예제 2.24의 최적해를 직접 구해보자.

예제 2.33 행렬 $\mathbf{I} \in \mathbb{R}^{3\times 3}$가 단위행렬이고, 행렬 $\mathbf{P}$와 벡터 $\boldsymbol{q}, \mathbf{1}$이 다음과 같을 때,

$$\mathbf{P} = \begin{bmatrix} 2 & 1 & -1 \\ 1 & 2 & 1 \\ -1 & 1 & 3 \end{bmatrix}, \quad \boldsymbol{q} = \begin{bmatrix} -1 \\ 0.5 \\ -0.5 \end{bmatrix}, \quad \mathbf{1} = \begin{bmatrix} 1 \\ 1 \\ 1 \end{bmatrix}$$

아래 최소화 문제의 최적해를 구하시오.

$$\begin{aligned} &\underset{\boldsymbol{x} \in \mathbb{R}^3}{\text{minimize}} \ \frac{1}{2}\boldsymbol{x}^{\mathrm{t}}\mathbf{P}\boldsymbol{x} + \boldsymbol{q}^{\mathrm{t}}\boldsymbol{x} + 1 \\ &\text{제한조건 :} \begin{bmatrix} \mathbf{I} \\ -\mathbf{I} \end{bmatrix} \boldsymbol{x} - \begin{bmatrix} \mathbf{1} \\ \mathbf{1} \end{bmatrix} \preceq \mathbf{0} \end{aligned}$$

풀이 예제 2.24에 의해 $\mathbf{P}$는 양의 정부호 행렬이고, 부등식 제한조건이 아핀 함수로만 주어졌으므로 슬레이터 조건을 만족하는 엄격한 의기의 볼록 최소화 문제이다. 따라서 따름정리 2.15에 의해 KKT 조건을 만족하는 $\widetilde{\boldsymbol{x}} = [\widetilde{x}_1, \widetilde{x}_2, \widetilde{x}_3]^{\mathrm{t}}, \boldsymbol{\lambda} = [\widetilde{\lambda}_1, \widetilde{\lambda}_2, \widetilde{\lambda}_3, \widetilde{\lambda}_4, \widetilde{\lambda}_5, \widetilde{\lambda}_6]^{\mathrm{t}}$를 구하면 된다. KKT 조건에서 $\widetilde{\boldsymbol{x}}$와 $\widetilde{\boldsymbol{\lambda}}$가 각 문제의 후보집합에 속할 조건은

$$-1 \le \widetilde{x}_1 \le 1, \ -1 \le \widetilde{x}_2 \le 1, \ -1 \le \widetilde{x}_3 \le 1, \qquad \widetilde{\lambda}_i \ge 0, \ \forall i = 1, \cdots, 6 \tag{2.49}$$

이고, 상보적 느슨함에 관한 조건은

$$\begin{aligned} \widetilde{\lambda}_1(\widetilde{x}_1 - 1) = 0, \quad & \widetilde{\lambda}_4(\widetilde{x}_1 + 1) = 0, \\ \widetilde{\lambda}_2(\widetilde{x}_2 - 1) = 0, \quad & \widetilde{\lambda}_5(\widetilde{x}_2 + 1) = 0, \\ \widetilde{\lambda}_3(\widetilde{x}_3 - 1) = 0, \quad & \widetilde{\lambda}_6(\widetilde{x}_3 + 1) = 0 \end{aligned} \tag{2.50}$$

이다. 따라서 $\widetilde{\lambda}_1\widetilde{\lambda}_4 = 0$, $\widetilde{\lambda}_2\widetilde{\lambda}_5 = 0$, $\widetilde{\lambda}_3\widetilde{\lambda}_6 = 0$이 성립해야 한다.

마지막 조건으로, 라그랑주 함수 $L(\boldsymbol{x}, \boldsymbol{\lambda})$의 $\boldsymbol{x} = \widetilde{\boldsymbol{x}}$에서의 기울기 벡터가 $\mathbf{0}$이 되는 조건에서 $\mathbf{P}$의 역행렬을 이용하면

$$\mathbf{P}\widetilde{\boldsymbol{x}} + \boldsymbol{q} + [\mathbf{I}, -\mathbf{I}]\widetilde{\boldsymbol{\lambda}} = \mathbf{0} \implies \begin{bmatrix} x_1 \\ x_2 \\ x_3 \end{bmatrix} = \frac{1}{3} \begin{bmatrix} 5 & -4 & 3 \\ -4 & 5 & -3 \\ 3 & -3 & 3 \end{bmatrix} \begin{bmatrix} 1 - \widetilde{\lambda_1} + \widetilde{\lambda}_4 \\ -0.5 - \widetilde{\lambda}_2 + \widetilde{\lambda}_5 \\ 0.5 - \widetilde{\lambda_3} + \widetilde{\lambda_6} \end{bmatrix} \tag{2.51}$$

가 성립해야 한다.

이제 주어진 조건을 모두 만족하는 $\widetilde{\boldsymbol{x}}, \widetilde{\boldsymbol{\lambda}}$를 구하는 방법을 살펴보자. 식 (2.50)에서 각 $i = 1, 2, 3$에 대해 $\widetilde{\lambda}_i\widetilde{\lambda}_{i+3} = 0$이므로 다음과 같이 각 $i = 1, 2, 3$에 대해 세 가지 경우가 가능하고, 어느 경우든지 $\widetilde{\lambda}_i, \widetilde{\lambda}_{i+3}, \widetilde{x}_i$ 중 미지수의 개수는 1개가 된다.

- $\widetilde{\lambda}_i = 0$이고 $\widetilde{\lambda}_{i+3}(\neq 0)$이 미정인 경우에는 $\widetilde{x}_i = -1$
- $\widetilde{\lambda}_{i+3} = 0$이고 $\widetilde{\lambda}_i(\neq 0)$가 미정인 경우에는 $\widetilde{x}_i = 1$
- $\widetilde{\lambda}_i = 0 = \widetilde{\lambda}_{i+3}$인 경우에는 $\widetilde{x}_i$가 미정

따라서, 총 27가지의 경우로 나누어서 세 개의 미지수에 대한 식 (2.51)을 풀고, 식 (2.49)를 만족하는 값을 결정하면 된다.

예를 들어, $\widetilde{\lambda}_1 \neq 0, \widetilde{\lambda}_5 \neq 0$이고 나머지 $\widetilde{\lambda}_i$는 모두 0인 경우에, $\widetilde{x}_1 = 1, \widetilde{x}_2 = -1$이 되므로, 미지수 $\widetilde{\lambda}_1, \widetilde{\lambda}_5, \widetilde{x}_3$에 대해 식 (2.51)은

$$\begin{bmatrix} 1 \\ -1 \\ \widetilde{x}_3 \end{bmatrix} = \frac{1}{6} \begin{bmatrix} 17 - 10\widetilde{\lambda}_1 - 8\widetilde{\lambda}_5 \\ -16 + 8\widetilde{\lambda}_1 + 10\widetilde{\lambda}_5 \\ 12 - 6\widetilde{\lambda}_1 - 6\widetilde{\lambda}_5 \end{bmatrix}$$

가 되고, 처음 두 식으로부터 $\widetilde{\lambda}_1 = 5/6, \widetilde{\lambda}_5 = 1/3$이 되고, 이 값을 마지막 식에 대입하면 $\widetilde{x}_3 = 5/6$을 얻는다. 따라서 $\widetilde{\boldsymbol{x}} = [1, -1, 5/6]^{\mathrm{t}}$가 원래 문제의 최적해가 된다.

나머지 26가지의 경우에는 모든 조건을 만족하는 해가 없음을 확인할 수 있다.[34] □

[34] 간단한 코드를 작성하면 쉽게 확인할 수 있다.

2.3.6 KKT 최적 조건 활용 예: 서포트 벡터 머신

랜덤 포레스트(random forest)나 심층학습(deep learning)과 같이 그 결과를 이론적으로 분석하기 어려운 모델을 제외하면, **서포트 벡터 머신**(SVM: Support Vector Machine)은 분류 문제에 대해 분석 가능한 좋은 결과를 제공하는 학습 모델 중 하나이다.

대략적으로 두 클래스에 대한 분류 문제는 **훈련 자료**(training data set)

$$\mathcal{T} = \left\{(\boldsymbol{x}_i, y_i) \in \mathbb{R}^n \times \{-1, 1\} \,\middle|\, 1 \le i \le m\right\}$$

가 주어질 때, 이를 활용하여 새로운 자료 $\boldsymbol{x}$가 두 클래스 중 어느 곳에 속하는지 그 라벨 $y \in \{-1, 1\}$을 결정하는 문제이다. 분류 문제에 대한 여러 기계학습 모델 중, (선형) 서포트 벡터 머신은 두 클래스를 가장 분명하게 구분짓는 다음 형태의 초평면

$$\mathcal{H} := \{\boldsymbol{x} \,|\, \boldsymbol{x}^{\mathrm{t}}\boldsymbol{\beta} + \beta_0 = 0\} = \{\boldsymbol{x} \,|\, \langle \boldsymbol{x} - \boldsymbol{a}, \boldsymbol{\beta}\rangle = 0\} \quad (\text{단}, \beta_0 = -\boldsymbol{a}^{\mathrm{t}}\boldsymbol{\beta})$$

을 찾는 방법이다.[35] 여기서 가장 분명하게 구분짓는다는 의미는 초평면을 기준으로 두 클래스 사이에 가장 폭이 넓은 여백이 생기도록 초평면을 잡는다는 뜻인데, 이를 좀 더 분명하게 설명하기 위해 한 점에서 초평면까지의 거리를 정의하자.

일반적으로 $\mathbb{R}^n$ 에서 초평면 $\mathcal{H} = \{\boldsymbol{x} \,|\, \boldsymbol{x}^{\mathrm{t}}\boldsymbol{\beta} + \beta_0 = 0\}$을 제외하면 $\mathbb{R}^n$ 은 다음 두 영역

$$\mathcal{A}_+ := \{\boldsymbol{x} \,|\, \boldsymbol{x}^{\mathrm{t}}\boldsymbol{\beta} + \beta_0 > 0\},\ \mathcal{A}_1 := \{\boldsymbol{x} \,|\, \boldsymbol{x}^{\mathrm{t}}\boldsymbol{\beta} + \beta_0 < 0\} \tag{2.52}$$

으로 나뉜다. 이때, $\mathcal{A}_+$ 는 초평면을 기준으로 $\boldsymbol{\beta}$와 같은 방향에 있는 점의 집합이고, $\mathcal{A}_-$ 는 반대 방향에 있는 점의 집합이다. 또, 임의의 벡터 $\boldsymbol{x} \in \mathbb{R}^n$ 에 대해 다음 조건

$$\boldsymbol{x} = \widetilde{\boldsymbol{x}} + r\frac{\boldsymbol{\beta}}{\|\boldsymbol{\beta}\|},\ \widetilde{\boldsymbol{x}} \in \mathcal{H}$$

을 만족하는 $\widetilde{\boldsymbol{x}} \in \mathcal{H}$와 실수 r이 유일하게 결정되고[36], 이때 $|r|$을 $\boldsymbol{x}$에서 **초평면 $\mathcal{H}$까지의 (수직) 거리**라고 말한다. 따라서, 초평면 $\mathcal{H}$로부터 거리가 r인 점들의 집합은 다음

$$\begin{aligned} \mathcal{H}_r^+ &:= \{\boldsymbol{x} \in \mathcal{A}_+ \,|\, \boldsymbol{x}^{\mathrm{t}}\boldsymbol{\beta} + \beta_0 = r\,\|\boldsymbol{\beta}\|\} \\ \mathcal{H}_r^- &:= \{\boldsymbol{x} \in \mathcal{A}_- \,|\, \boldsymbol{x}^{\mathrm{t}}\boldsymbol{\beta} + \beta_0 = -r\,\|\boldsymbol{\beta}\|\} \end{aligned} \tag{2.53}$$

[35] 초평면의 정의에서 유클리드 내적을 일반적인 내적 또는 커널(kernel)이라고 부르는 함수로 대체하면, 두 클래스를 구분짓는 선형이 아닌 경계를 구하는 일반적인 서포트 벡터 머신을 생각할 수 있고, 이를 커널 트릭을 이용한 서포트 벡터 머신이라 부른다.

[36] 실수 r을 구하면 $\widetilde{\boldsymbol{x}}$가 결정된다. $\widetilde{\boldsymbol{x}} \in \mathcal{H}$이므로 $\widetilde{\boldsymbol{x}}^{\mathrm{t}}\boldsymbol{\beta} = -\beta_0$이고, $\boldsymbol{x}^{\mathrm{t}}\boldsymbol{\beta} = -\beta_0 + r\,\|\boldsymbol{\beta}\|$로부터 r을 구할 수 있다.

과 같이 각각 $\mathcal{A}_+$ 와 $\mathcal{A}_-$ 에 위치한 두 개의 초평면이 된다.

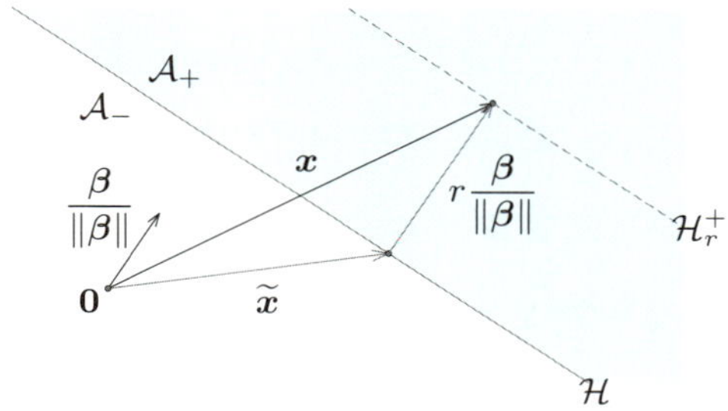

그림 2.6: 초평면까지의 거리

이제 앞서 언급한 여백을 설명하자. 한 초평면 $\mathcal{H}$ 에 대해, 훈련 자료로 주어진 $\boldsymbol{x}_1, \cdots, \boldsymbol{x}_m$ 중 대응되는 라벨 y_i 가 1 인 $\boldsymbol{x}_i$ 들은 모두 $\mathcal{A}_+$ 에 속하고, y_i 가 -1 인 $\boldsymbol{x}_i$ 들은 모두 $\mathcal{A}_-$ 에 속한다고 하자. 이때, 각 $\boldsymbol{x}_i$ 에서 $\mathcal{H}$ 까지의 거리 $|r_i|$ 에 대해 **마진**(margin) d 를

$$d := \min\{|r_i| \mid i = 1, \cdots, m\}$$

로 정의한다.

따라서 $\mathcal{H}$ 까지의 거리가 d 인 두 초평면[37] $\mathcal{H}_d^+$ 와 $\mathcal{H}_d^-$ 사이에는 $\boldsymbol{x}_i$ 들이 존재하지 않는 일종의 여백이 생기게 되는데, 폭이 $2d$ 인 이 여백을 두 클래스에 대한 훈련 자료 사이의 **여백**이라고 부른다. 즉, 여백의 폭이 $2d$ 라는 것은 모든 훈련 자료 $(\boldsymbol{x}_i, y_i)$ 에 대해 $\boldsymbol{x}_i$ 로부터 $\mathcal{H}$ 까지의 거리가 d 이상이라는 것을 의미하므로 식 (2.53)으로부터 다음 식이 성립한다.

$$y_i\big(\boldsymbol{x}_i^{\mathrm{t}}\boldsymbol{\beta} + \beta_0\big) \geq d\,\|\boldsymbol{\beta}\|, \ \forall i = 1, \cdots, m \tag{2.54}$$

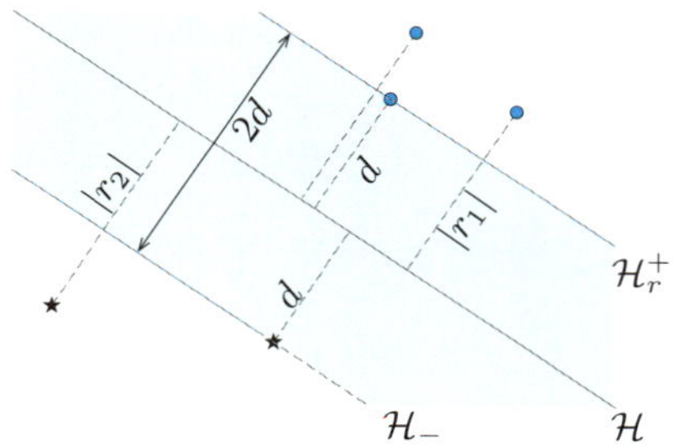

그림 2.7: 마진 d

[37] 식 (2.53)에서 $r = d$ 인 두 초평면이 생긴다.

결론적으로 서포트 벡터 머신에서 훈련 자료로 학습한다는 것의 의미는, 초평면으로 나뉘어지는 두 영역에 모든 훈련 자료의 $\boldsymbol{x}_i$ 들이 클래스 별로 올바르게 분리되어 위치하고, 초평면에서 가장 가까운 훈련 자료와의 거리 d가 최대가 되도록(즉 최대 마진을 갖도록) 초평면을 찾는 것을 말하고, 다음과 같은 최적화 문제로 쓸 수 있다.[38]

$$\begin{aligned} &\underset{\boldsymbol{\beta}\in\mathbb{R}^n,\beta_0}{\text{maximize}}\ d \\ &\text{제한조건} : y_i\big(\boldsymbol{x}_i^{\mathrm{t}}\boldsymbol{\beta}+\beta_0\big) \ge d,\ i=1,\cdots m \\ &\qquad\qquad \|\boldsymbol{\beta}\| = 1 \end{aligned} \tag{2.55}$$

위의 최대화 문제를 좀 더 풀기 쉬운 형태로 바꾸기 위해 식 (2.55)의 양변을 d로 나누고 $\widetilde{\boldsymbol{\beta}} := \boldsymbol{\beta}/d$, $\widetilde{\beta}_0 := \beta_0/d$로 두면

$$y_i\big(\boldsymbol{x}_i^{\mathrm{t}}\widetilde{\boldsymbol{\beta}}+\widetilde{\beta}_0\big) \ge 1$$

이 되고,

$$\|\widetilde{\boldsymbol{\beta}}\| = \frac{1}{d} \iff d = \frac{1}{\|\widetilde{\boldsymbol{\beta}}\|}$$

이므로 아래의 최소화 문제를 푸는 것과 동일함을 알 수 있다.

$$\begin{aligned} &\underset{\boldsymbol{\beta}\in\mathbb{R}^n,\beta_0}{\text{minimize}}\ \|\boldsymbol{\beta}\| \\ &\text{제한조건} : y_i\big(\boldsymbol{x}_i^{\mathrm{t}}\boldsymbol{\beta}+\beta_0\big) \ge 1,\ i=1,\cdots m \end{aligned} \tag{2.56}$$

많은 경우에 두 클래스의 훈련 자료를 완벽하게 분리하는 초평면을 찾는 것이 불가능한데, 이런 경우에는 일부 훈련 자료에 대해서는 식 (2.56)의 제한조건보다 완화된 조건을 적용하고, 나머지 훈련 자료에 대해서만 최대 마진을 갖는 초평면을 찾게 된다. 이를 **소프트 마진 서포트 벡터 머신**(soft margin SVM)이라고 부른다. 이와 구별하여 모든 훈련 자료에 대해 식 (2.56)의 제한조건을 적용하는 서포트 벡터 머신을 **하드 마진 서포트 벡터 머신**이라고 부르기도 한다.

훈련 자료 집합 $\mathcal{T} = \{(\boldsymbol{x}_i, y_i)\,|\, i=1,\cdots,m\}$에 대한 소프트 마진 서포트 벡터 머신에서 완화된 제한조건을 설명하기 위해, $\mathcal{T}$의 부분집합 $\mathcal{T}_0$를 제외한 훈련 자료로부터 마진이 d인 초평면을 $\mathcal{H}$를 식 (2.55)와 같이 구한다고 가정하자. 이때 $\mathcal{T}_0$에 속하는 훈련 자료 $(\boldsymbol{x}_i, y_i)$에 대해 다음 두 종류의 예외를 최소한으로 허용하는 조건을 찾으려고 한다.

[38] 여기서 $\boldsymbol{\beta}$와 β_0는 식 (2.54)의 $\boldsymbol{\beta}, \beta_0$에 대해 $\widetilde{\boldsymbol{\beta}} = \boldsymbol{\beta}/\|\boldsymbol{\beta}\|$, $\widetilde{\beta}_0 = \beta_0/\|\boldsymbol{\beta}\|$를 쓴 것이다.

- $\boldsymbol{x}_i$ 는 초평면으로 나뉜 두 영역 중 라벨 y_i 와 맞는 영역에 위치하지만, 초평면까지의 거리가 d 보다 가깝다.
- $\boldsymbol{x}_i$ 는 초평면으로 나뉜 두 영역 중 라벨 y_i 와 맞지 않는 영역에 위치한다.

우선, 위의 첫 번째 예외를 허용하는 조건으로

$$y_i(\boldsymbol{x}_i^{\mathrm{t}}\boldsymbol{\beta} + \beta_0) \geq d - \xi_i, \ \ (0 < \xi_i < d) \tag{2.57}$$

를 생각할 수 있다.

두 번째 예외 상황은 $y_i = 1$ 이면서 $\boldsymbol{x}_i \in \mathcal{A}_-$ 이거나 $y_i = -1$ 이고 $\boldsymbol{x}_i \in \mathcal{A}_+$ 인 경우이므로, 식 (2.57)의 좌변이 음수가 된다. 따라서, 식 (2.57)에서 ξ_i 에 대한 조건을 $\xi_i \geq d$ 로 바꾸면 두 번째 예외를 허용하는 조건이 된다. 또, 식 (2.57)에서 $\xi_i = 0$ 인 경우는 $\mathcal{T}_0$ 에 속하지 않는 훈련 예제에 대해 d 가 마진이 될 조건을 나타낸다.

결론적으로 식 (2.57)을 아래 조건

$$y_i(\boldsymbol{x}_i^{\mathrm{t}}\boldsymbol{\beta} + \beta_0) \geq d - \xi_i, \ \ (\xi_i \geq 0) \tag{2.58}$$

으로 바꾸고, 예외를 최소로 하기 위해 $\mathcal{T}_0$ 에 속하는 훈련 예제의 개수와 예외의 정도가 되는 $\sum_{i=1}^{m} \xi_i$ 를 최소화하면서 마진 d 를 최대화하는 것을 소프트 마진 서포트 벡터 머신이라 할 수 있다. 하지만, 이 경우에는 식 (2.55)의 양변을 d 로 나누어 식 (2.56)의 최소화 문제로 만드는 것처럼, 식 (2.58)의 양변을 $d - \xi_i$ 로 나누면 볼록 최적화 문제가 되지 않는다. 따라서 식 (2.58)과 동등한 조건으로

$$y_i(\boldsymbol{x}_i^{\mathrm{t}}\boldsymbol{\beta} + \beta_0) \geq d(1 - \xi_i), \ \ (\xi_i \geq 0)$$

을 사용하고, 양변을 d 로 나누어서 식 (2.56)과 같이 목적 함수 $\|\boldsymbol{\beta}\|$ 를 최소화하는 문제로 바꾼다. 여기에 덧붙여서 예외 상황의 최소화를 반영할 수 있도록 적절한 C 에 대해 $C\sum_{i=1}^{m} \xi_i$ 를 목적 함수 $\|\boldsymbol{\beta}\|$ 에 더하면, 소프트 마진 서포트 벡터 머신에서의 학습을 다음과 같은 볼록 최소화 문제로 표현할 수 있다.

$$\begin{aligned} &\underset{\boldsymbol{\beta}, \beta_0, \boldsymbol{\xi}}{\text{minimize}} \ \frac{1}{2}\|\boldsymbol{\beta}\|^2 + C\sum_{i=1}^{m} \xi_i \\ &\text{제한조건} : \xi_i \geq 0, \ \ i = 1, \cdots m \\ &\qquad\qquad y_i(\boldsymbol{x}_i^{\mathrm{t}}\boldsymbol{\beta} + \beta_0) \geq 1 - \xi_i, \ \ i = 1, \cdots m \end{aligned} \tag{2.59}$$

이때, 임의로 고정된 라그랑주 곱수 벡터 $\boldsymbol{\lambda} \succeq \mathbf{0}$, $\boldsymbol{\mu} \succeq \mathbf{0}$에 대해 라그랑주 함수

$$L(\boldsymbol{\beta}, \beta_0, \boldsymbol{\xi}, \boldsymbol{\lambda}, \boldsymbol{\mu}) = \frac{1}{2}\|\boldsymbol{\beta}\|^2 + C\sum_{i=1}^{m}\xi_i + \sum_{i=1}^{m}\lambda_i\big(1 - \xi_i - y_i(\boldsymbol{x}_i^{\mathrm{t}}\boldsymbol{\beta} + \beta_0)\big) + \sum_{i=1}^{m}\mu_i(-\xi_i)$$

는 $\boldsymbol{\beta}, \beta_0, \boldsymbol{\xi}$에 대한 볼록함수이다. 따라서 L은 기울기 벡터가 $\mathbf{0}$이 되는 아래 $\widetilde{\boldsymbol{\beta}}, \widetilde{\beta}_0, \widetilde{\boldsymbol{\xi}}$

$$\frac{\partial L}{\partial \boldsymbol{\beta}} = \boldsymbol{\beta} - \sum_{i=1}^{m}\lambda_i y_i \boldsymbol{x}_i = 0 \implies \widetilde{\boldsymbol{\beta}} = \sum_{i=1}^{m}\lambda_i y_i \boldsymbol{x}_i \tag{2.60a}$$

$$\frac{\partial L}{\partial \beta_0} = -\sum_{i=1}^{m}\lambda_i y_i = 0 \implies 0 = \sum_{i=1}^{m}\lambda_i y_i \tag{2.60b}$$

$$\frac{\partial L}{\partial \boldsymbol{\xi}} = C\mathbf{1} - \boldsymbol{\lambda} - \boldsymbol{\mu} = 0 \implies \boldsymbol{\lambda} = C\mathbf{1} - \boldsymbol{\mu} \tag{2.60c}$$

에서 최솟값을 갖고, 식 (2.60a)에 의해 다음이 성립한다.

$$\left\|\widetilde{\boldsymbol{\beta}}\right\|^2 = \sum_{i=1}^{m}\sum_{j=1}^{m}\lambda_i\lambda_j y_i y_j \boldsymbol{x}_i^{\mathrm{t}}\boldsymbol{x}_j$$

$$\sum_{i=1}^{m}\lambda_i y_i(\boldsymbol{x}_i^{\mathrm{t}}\widetilde{\boldsymbol{\beta}} + \widetilde{\beta}_0) = \sum_{i=1}^{m}\sum_{j=1}^{m}\lambda_i\lambda_j y_i y_j \boldsymbol{x}_i^{\mathrm{t}}\boldsymbol{x}_j + \sum_{i=1}^{m}\lambda_i y_i \widetilde{\beta}_0$$

이제, 라그랑주 쌍대 함수를 구하기 위해 식 (2.60)의 세 조건을 라그랑주 함수에 대입하면

$$\begin{aligned} L_*(\boldsymbol{\lambda}) &= L_*(\widetilde{\boldsymbol{\beta}}, \widetilde{\beta}_0, \widetilde{\boldsymbol{\xi}}, \boldsymbol{\lambda}, \boldsymbol{\mu}) \\ &= -\frac{1}{2}\sum_{i=1}^{m}\sum_{j=1}^{m}\lambda_i\lambda_j y_i y_j \boldsymbol{x}_i^{\mathrm{t}}\boldsymbol{x}_j + \sum_{i=1}^{m}(C - \mu_i)\widetilde{\xi}_i + \sum_{i=1}^{m}\lambda_i(1 - \widetilde{\xi}_i) \\ &= -\frac{1}{2}\sum_{i=1}^{m}\sum_{j=1}^{m}\lambda_i\lambda_j y_i y_j \boldsymbol{x}_i^{\mathrm{t}}\boldsymbol{x}_j + \sum_{i=1}^{m}\lambda_i \end{aligned} \tag{2.61}$$

와 같이 라그랑주 쌍대 함수를 구할 수 있다. (단, 모든 $i = 1, \cdots, m$에 대해 $0 \le \lambda_i \le C$이고 $\boldsymbol{\mu} = C\mathbf{1} - \boldsymbol{\lambda}$)

따라서, 식 (2.59)에 대응되는 쌍대 문제를 아래와 같이 구할 수 있고[39], 식 (2.59)의 최소화 문제를 푸는 것보다는 쌍대 문제의 최적해를 구하는 것이 더 쉽다는 것을 알 수 있다.[40]

$$\begin{aligned} &\underset{\boldsymbol{\lambda}}{\text{maximize}} \ \sum_{i=1}^{m}\lambda_i - \frac{1}{2}\sum_{i=1}^{m}\sum_{j=1}^{m}\lambda_i\lambda_j y_i y_j \boldsymbol{x}_i^{\mathrm{t}}\boldsymbol{x}_j \\ &\text{제한조건}: 0 \le \lambda_i \le C, \ i = 1, \cdots m \end{aligned} \tag{2.62}$$

[39] 두 번째 등식에서 식 (2.60b), 세 번째 등식에서 식 (2.60c)를 이용하여 정리하면 된다.

[40] 제한조건이 박스형태로 주어진 이차 볼록 최적화 문제이므로 최적해를 구하는 표준적인 알고리즘들이 많이 있다[6, 10].

한편, 원래 문제 (2.59)에서 모든 제한조건 함수는 아핀 함수이고, 목적 함수가 미분가능한 볼록함수이므로 정리 2.14에 의해 KKT 조건이 최적해에 대한 충분조건을 제공한다.

소프트 마진 서포트 벡터 머신의 최적해가 될 충분조건

$\widetilde{\boldsymbol{\beta}}, \widetilde{\beta}_0, \widetilde{\boldsymbol{\xi}}$와 $\widetilde{\boldsymbol{\lambda}}, \widetilde{\boldsymbol{\mu}}$가 다음과 같이 KKT 조건을 만족하면 각각 원래 문제 (2.59)와 쌍대문제 (2.62)의 최적해가 된다.

- 원래 문제와 쌍대 문제의 후보집합에 속할 조건

$$\widetilde{\xi}_i \geq 0, \ \forall i = 1, \cdots, m \tag{2.63a}$$

$$y_i(\boldsymbol{x}_i^{\mathrm{t}}\widetilde{\boldsymbol{\beta}} + \widetilde{\beta}_0) \geq 1 - \widetilde{\xi}_i, \ \forall i = 1, \cdots, m \tag{2.63b}$$

$$\widetilde{\lambda}_i \geq 0, \ \forall i = 1, \cdots, m \tag{2.63c}$$

$$\widetilde{\mu}_i \geq 0, \ \forall i = 1, \cdots, m \tag{2.63d}$$

- 상보적 느슨함 조건

$$\widetilde{\lambda}_i\big(1 - \widetilde{\xi}_i - y_i(\boldsymbol{x}_i^{\mathrm{t}}\widetilde{\boldsymbol{\beta}} + \widetilde{\beta}_0)\big) = 0, \ \forall i = 1, \cdots, m \tag{2.64a}$$

$$\widetilde{\mu}_i\widetilde{\xi}_i = 0, \ \forall i = 1, \cdots, m \tag{2.64b}$$

- 라그랑주 함수 L의 $\boldsymbol{\beta}, \beta_0, \boldsymbol{\xi}$에 대한 기울기 벡터가 $\mathbf{0}$가 될 조건

$$\widetilde{\boldsymbol{\beta}} = \sum_{i=1}^{m} \widetilde{\lambda}_i y_i \boldsymbol{x}_i \tag{2.65a}$$

$$\sum_{i=1}^{m} \widetilde{\lambda}_i y_i = 0 \tag{2.65b}$$

$$\widetilde{\boldsymbol{\lambda}} = C\mathbf{1} - \widetilde{\boldsymbol{\mu}} \tag{2.65c}$$

따라서 쌍대 문제의 최적해 $\widetilde{\boldsymbol{\lambda}}$를 구하고 나면, 식 (2.63)과 (2.64a)로부터 원래 문제의 최적해 $\widetilde{\boldsymbol{\beta}}$를 첨자집합 $\mathcal{S} = \{i \,|\, \widetilde{\lambda}_i \neq 0, \ 1 \leq i \leq m\} = \{i \,|\, \widetilde{\lambda}_i > 0, \ 1 \leq i \leq m\}$에 대해

$$\widetilde{\boldsymbol{\beta}} = \sum_{i=1}^{m} \widetilde{\lambda}_i y_i \boldsymbol{x}_i = \sum_{i \in \mathcal{S}} \widetilde{\lambda}_i y_i \boldsymbol{x}_i$$

와 같이 구할 수 있다.

이때, 훈련 자료 벡터 $\boldsymbol{x}_i \, (1 \leq i \leq m)$ 중 $\widetilde{\boldsymbol{\beta}}$를 구성하는데 이용되는 벡터 $\boldsymbol{x}_i \, (i \in \mathcal{S})$를 **서포트 벡터**(support vector)라 부른다.

- 즉, $\widetilde{\lambda}_i > 0$ 인 $1 \le i \le m$ 에 대해 훈련 자료 벡터 $\boldsymbol{x}_i$ 를 서포트 벡터라 한다.

또, $\widetilde{\boldsymbol{\beta}}$ 를 구하고 나면, 식 (2.64a)로부터 원래 문제의 최적해 $\widetilde{\beta_0}$ 를 다음

$$\widetilde{\beta}_0 = y_i - \boldsymbol{x}_i^{\mathrm{t}}\widetilde{\boldsymbol{\beta}} \qquad (\text{단}, 0 < \widetilde{\lambda}_i < C \text{ 인 } i \in \mathcal{S})$$

과 같이 구할 수 있다. 그 이유를 살펴보자. $\widetilde{\lambda}_i$ 에 대한 제한조건이 $0 \le \widetilde{\lambda}_i \le C$, $(1 \le i \le m)$ 이고, 식 (2.63a),(2.64b)와 (2.65c)에 의해 $\widetilde{\xi}_i > 0$ 이면 $\widetilde{\lambda}_i = C$ 가 성립한다. 즉, $0 \le \widetilde{\lambda}_i < C$ 이면 $\widetilde{\xi}_i = 0$ 이다. 따라서 (2.64a)에서 $y_i\big(\boldsymbol{x}_i^{\mathrm{t}}\widetilde{\boldsymbol{\beta}} + \widetilde{\beta}_0\big) = 1$ 이 성립하므로 $\widetilde{\beta}_0 = y_i - \boldsymbol{x}_i^{\mathrm{t}}\widetilde{\boldsymbol{\beta}}$ 이다.

실제로 반복 최적화 알고리즘을 이용하여 최적해를 구할 때는, 좀더 안정적으로 $\widetilde{\beta}_0$ 의 값을 계산하기 위해서 $0 < \widetilde{\lambda}_i < C$ 를 만족하는 모든 i 에 대해 각각 구한 $\widetilde{\beta}_0$ 값의 평균을 $\widetilde{\beta}_0$ 으로 사용한다.

끝으로 원래 문제의 최적해 $\widetilde{\xi}_i$ 를 구하는 방법을 살펴보자. 앞서 설명했듯이 $0 \le \widetilde{\lambda}_i < C$ 이면 $\widetilde{\xi}_i = 0$ 이다. 따라서 0 이 아닌 $\widetilde{\xi}_i$ 는 $\widetilde{\lambda}_i = C$ 일 때 식 (2.64a)에서

$$1 - y_i\big(\boldsymbol{x}_i^{\mathrm{t}}\widetilde{\boldsymbol{\beta}} + \widetilde{\beta}_0\big) = \widetilde{\xi}_i$$

를 만족해야 하고, $\widetilde{\boldsymbol{\beta}}, \widetilde{\beta}_0$ 의 값을 알고 있으므로 $\widetilde{\xi}_i$ 의 값을 구할 수 있다.

결론적으로 서포트 벡터는 다음과 같이 정리할 수 있다.

- $1 \le i \le m$ 에 대해 $0 < \widetilde{\lambda}_i < C$ 이면, $\boldsymbol{x}_i$ 는 정확하게 최대마진 경계에 위치하고 옳게 분류된 서포트 벡터이다.
  (즉, 초평면까지의 거리가 최대마진과 같아지는 서포트 벡터이다.)
- $1 \le i \le m$ 에 대해 $\widetilde{\lambda}_i = C$ 이고 $0 < \widetilde{\xi}_i < 1$ 이면, $\boldsymbol{x}_i$ 는 최대마진 경계 사이에 위치하고 옳게 분류된 서포트 벡터이다.
- $1 \le i \le m$ 에 대해 $\widetilde{\lambda}_i = C$ 이고 $\widetilde{\xi}_i > 1$ 이면, $\boldsymbol{x}_i$ 는 틀리게 분류된 서포트 벡터이다.

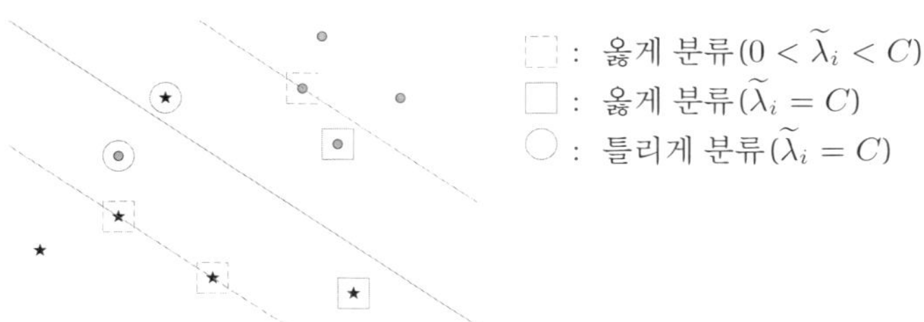

그림 2.8: 소프트 마진 서포트 벡터 머신에서 서포트 벡터의 종류

2.4 최적화를 위한 반복 알고리즘

앞서 2.2.2절에서 소개했듯이 기계학습에서 많이 사용되는 기본적인 최적화 문제들은 볼록 최적화 문제인 경우가 많고, 이런 경우에 최적해를 구하는 이론적 배경에 대해 공부했다. 또, 주어진 최적화 문제가 볼록 최적화가 아닌 경우거나, 소프트 마진 서포트 벡터 머신과 같이 제한조건이 있는 최적화 문제의 경우에도, 쌍대 문제를 고려하면 좀 더 간단한 볼록 최적화 문제로 바꿀 수 있고, 여기에 KKT 조건을 고려할 수 있는 상황에서는 최적해 또는 버금 최적해를 구할 수 있음도 알았다.

하지만, 최적해를 구하는 방법에 대해 이런 이론적 배경을 갖고 있다 하더라도, 실제로 최적해를 계산하는 것은 또 다른 문제이다. 가장 간단한 경우로 제한조건이 없는 경우에 미분가능한 볼록함수 f의 최솟값을 구하는 문제를 따져보자. 이 경우 정리 (2.7)에 의해 $\nabla f(\boldsymbol{x}_*) = \mathbf{0}$ 인 $\boldsymbol{x}_*$ 를 구하면 되지만, 다음 두 예에서 보듯이 실제 최적해를 구하는 것에는 차이가 있다.

첫 번째 예로, 89 쪽에서 다루었던 최소제곱법 문제는, p 개의 특성을 갖는 훈련 자료 벡터 n 개로 구성된 행렬 $\mathbf{X} \in \mathbb{R}^{n\times p}$ 과 각 라벨 y_i 로 이루어진 벡터 $\boldsymbol{y} \in \mathbb{R}^n$ 에 대해

$$f(\boldsymbol{\beta}) = \|\mathbf{X}\boldsymbol{\beta} - \boldsymbol{y}\|^2$$

가 최소가 되는 최적해 $\boldsymbol{\beta}_* \in \mathbb{R}^p$ 를 찾는 회귀 모델에 대한 최소화이고, 이 경우에 $\nabla f(\boldsymbol{\beta}_*) = \mathbf{0}$ 를 풀면

$$\boldsymbol{\beta}_* = \mathbf{X}^+\boldsymbol{y} = (\mathbf{X}^{\mathrm{t}}\mathbf{X})^{-1}\mathbf{X}^{\mathrm{t}}\boldsymbol{y} \tag{2.66}$$

와 같이 최적해를 직접 해석적 표현으로 구할 수 있다. 하지만, 이 경우에도 n, p 가 너무 크면 행렬에 대한 연산($O(np)$)과 역행렬($O(p^3)$)을 구하는데 시간이 걸릴 수 있다.

두 번째 예로 $f(\boldsymbol{x}) = \log\left(\sum_{i=1}^m \exp(\boldsymbol{a}_i^{\mathrm{t}}\boldsymbol{x} + b_i)\right)$ 를 최소화하는 최적해 $\boldsymbol{x}_*$ 를 구하는 문제를 생각하면, 볼록 최적화 문제이므로

$$\nabla f(\boldsymbol{x}_*) = \frac{1}{\sum_{k=1}^m \exp(\boldsymbol{a}_k^{\mathrm{t}}\boldsymbol{x}_* + b_k)} \sum_{i=1}^m \exp(\boldsymbol{a}_i^{\mathrm{t}}\boldsymbol{x}_* + b_i)\boldsymbol{a}_i = \mathbf{0}$$

를 만족하는 $\boldsymbol{x}_*$ 가 최적해가 되는데, 위 문제처럼 $\boldsymbol{x}_*$ 를 해석적 표현으로 나타낼 수 없다.

위의 두 번째 예처럼, 해석적인 해를 구하기 어려운 경우나, 해석적인 해를 구할 수 있더라도 좀 더 빠른 계산이 필요한 경우에는 반복적으로 최적해로 근사시켜가는 **반복 최적화 방법**(iterative optimization method)을 이용하게 된다.

즉, 설정한 오차 허용치 ε에 대해, 미지의 최적값 p_*를 근사시키는 적절한 방법을 통해

$$f(\boldsymbol{x}^{(n)}) - p_* < \varepsilon \tag{2.67}$$

이 될 때까지 후보 집합의 벡터열 $\boldsymbol{x}^{(0)}, \boldsymbol{x}^{(1)}, \cdots$ 을 반복적으로 찾아가는 것을 **반복 최적화 방법**이라 하고, 이 때 벡터열 $\boldsymbol{x}^{(n)}$을 **최소화하는 벡터열**이라고 부른다. 물론 최적값 p_*를 모르는 상황에서 식 (2.67)이 성립하는지를 직접 판단할 수 없으므로, 각각의 반복 최적화 알고리즘마다 다양한 이론적 근거를 통해 이를 보장할 수 있도록 구현하거나, 경우에 따라서는 발견적(heuristic) 방법을 이용하기도 한다.

이 절에서는 기계학습이나 심층학습에서 기본적으로 사용되는 반복 최적화 방법인 경사하강법과 이를 포함하는 최대급하강법, 뉴턴 방법을 소개하고, 이들 방법에서 식 (2.67)을 어떻게 보장할 수 있는지에 대해 참고문헌 [6]의 내용을 토대로 설명한다.

실제로 많은 훈련 자료를 이용하는 기계학습이나 심층학습에서는 목적 함수가 정의역 전체에서 볼록함수가 아니고, 여러 개의 극솟값을 갖는 경우가 많다. 이런 경우에도 이 절에서 소개하는 반복 최적화 방법을 적용하면 극솟값을 찾을 수 있는데, 좀 더 최솟값에 가까운 극솟값을 빠르게 찾기 위해 다양한 반복 최적화 방법들이 개발되었고, 현재도 활발히 연구되고 있다. 가장 대표적인 방법의 원형은 식 (2.24)형태로 주어진 최소화 문제에서, m 개의 훈련 자료 각각과 관련된 m 개의 함수에 대한 기울기 벡터를 매번 모두 구하지 않고, 확률적으로 일부 함수에 대한 기울기 벡터만 구하여 적용하는 확률적 경사하강법(stochastic gradient descent method)이다. 이 방법은 매 단계의 계산량을 줄이면서 최솟값에 가까운 극솟값을 구할 기회를 높인다는 장점이 있지만, 일반적으로 수렴 속도가 느려지는 단점이 있다. 확률적 경사하강법의 장점은 살리면서, 수렴 속도를 고속화하기 위한 방법으로 모멘텀을 추가하는 방식의 알고리즘, AdaGrad 알고리즘, RMSProp 알고리즘, AdaDelta 알고리즘, Adam 알고리즘 등 다양한 방법들이 개발되어 적용되고 있다. 또, 뉴턴 방법과 같이 2차 미분을 이용하는 반복 최적화 방법의 계산 효율성을 높이기 위한 방법으로, conjugate gradient 방법, 헤시안 행렬을 가장 유사한 대각행렬을 이용함으로써 계산 효율성을 높이는 준-뉴턴 방법(quasi-Newton method)과 BFGS 알고리즘과 그 변형 등 다양한 최적화 방법들이 개발되었다.

이 절에서 소개하는 기본적인 내용들을 바탕으로 이런 최신 반복 최적화 방법에 대해 좀 더 공부하길 원하는 독자는 해당 논문을 참고하거나 참고문헌 [4]를 읽어보기 바란다.

2.4.1 헤시안 행렬과 반복 최적화 알고리즘: 수렴 조건 및 조건수

미분가능한 목적함수에 대해 반복 최적화 방법을 이용하여 최소화하는 벡터열 $\boldsymbol{x}^{(0)}, \boldsymbol{x}^{(1)}, \cdots$ 을 구성할 때, 목적 함수의 헤시안 행렬은 벡터열 수렴성과 수렴 속도에 직간접적으로 영향을 미친다. 이 소절에서는 목적 함수 f의 헤시안 행렬 $\nabla^2 f$가 양의 정부호 행렬이라 가정할 때, 이로부터 최소화에 대해 어떤 정보를 얻을 수 있는지 알아본다.

참고 2.16 우선 2.4절의 모든 소절에서, 최소화의 목적 함수 f는 정의역 $\mathrm{dom}\, f$에서 C^2 이고, 최소화하는 벡터열의 첫 번째 항 $\boldsymbol{x}^{(0)}$에 대해 집합 $\mathcal{S} = \{\boldsymbol{x} \in \mathrm{dom}\, f \mid f(\boldsymbol{x}) \le f(\boldsymbol{x}^{(0)})\}$가 닫힌집합이라고 가정한다.[41] 이때, f가 볼록함수이면 $\mathcal{S}$는 볼록집합이 되고, f를 최소화하는 문제는 $\mathcal{S}$에서 f를 최소화하는 문제로 생각할 수 있다.

닫힌 볼록집합 $\mathcal{S}$에 속하는 모든 $\boldsymbol{x}$에 대해 헤시안 행렬 $\nabla^2 f(\boldsymbol{x})$이 양의 정부호 행렬이면, 단위행렬 $\mathbf{I}$에 대해 다음 조건을 만족하는 두 양수 m, M이 존재한다.[42]

$$m\,\mathbf{I} \preceq \nabla^2 f(\boldsymbol{x}) \preceq M\,\mathbf{I}, \quad \forall \boldsymbol{x} \in \mathcal{S} \tag{2.68}$$

즉, 두 행렬 $M\,\mathbf{I} - \nabla^2 f(\boldsymbol{x})$와 $\nabla^2 f(\boldsymbol{x}) - m\,\mathbf{I}$가 모든 $\boldsymbol{x} \in \mathcal{S}$에 대해 양의 정부호 행렬이 된다.

이때, 조건 $m\,\mathbf{I} \preceq \nabla^2 f(\boldsymbol{x})$이 반복 최적화 알고리즘의 수렴성을 보장함을 살펴보자. 정리 2.2로부터, 임의의 $\boldsymbol{x}, \boldsymbol{y} \in \mathcal{F}$에 대해 다음 식을 만족하는 $\boldsymbol{z}$가 $\boldsymbol{x}$와 $\boldsymbol{y}$를 잇는 선분 위에 존재한다. (식 (2.27)보다 강한 조건이므로 정리 2.6에 의해 f는 볼록함수가 된다.)

$$\begin{aligned} f(\boldsymbol{y}) =& f(\boldsymbol{x}) + \nabla f(\boldsymbol{x})^{\mathrm{t}}(\boldsymbol{y}-\boldsymbol{x}) + \frac{1}{2}(\boldsymbol{y}-\boldsymbol{x})^{\mathrm{t}}\nabla^2 f(\boldsymbol{z})(\boldsymbol{y}-\boldsymbol{x}) \\ \ge& f(\boldsymbol{x}) + \nabla f(\boldsymbol{x})^{\mathrm{t}}(\boldsymbol{y}-\boldsymbol{x}) + \frac{m}{2}\|\boldsymbol{y}-\boldsymbol{x}\|^2 \end{aligned} \tag{2.69}$$

또, 부등식의 오른쪽 식은 $\boldsymbol{y}$에 대한 이차식이므로 기울기 벡터가 $\mathbf{0}$가 되는 $\widetilde{\boldsymbol{y}} = \boldsymbol{x} - \dfrac{1}{m}\nabla f(\boldsymbol{x})$에서 다음과 같이 최솟값을 갖는다.

$$f(\boldsymbol{y}) \ge f(\boldsymbol{x}) - \frac{1}{2m}\|\nabla f(\boldsymbol{x})\|^2, \ \forall \boldsymbol{y}, \boldsymbol{x} \in \mathcal{S}$$

---

[41] 함수 f가 연속함수이므로, $\mathrm{dom}\, f = \mathbb{R}^n$이면 항상 성립하는 조건이다. 또, $\mathrm{dom}\, f \subset \mathbb{R}^n$이 열린집합인 경우라 하더라도, $\boldsymbol{x}$가 $\mathrm{bd}(\mathrm{dom}\, f)$로 가까이 갈 때 $f(\boldsymbol{x})$가 발산하는 경우라면 항상 성립하는 조건이다.

[42] f가 C^2 함수이므로 헤시안 행렬 $\nabla^2 f(\boldsymbol{x})$의 모든 성분은 $\boldsymbol{x}$에 대한 연속함수이다. 따라서 각 $\boldsymbol{x}$에 대해 $\nabla^2 f(\boldsymbol{x})$의 가장 작은 고윳값을 $\lambda_{\mathrm{m}}(\boldsymbol{x})$라 하면, $\lambda_{\mathrm{m}}(\boldsymbol{x}) > 0$인 연속함수이므로 닫힌집합 S에서 최솟값 $m > 0$을 갖는다. 비슷한 방법으로 M이 존재함도 보일 수 있다.

따라서, $\mathcal{S}$ 에서 f 의 최소화에 대한 최솟값을 p_* 라 할 때, 임의의 $\boldsymbol{x}, \boldsymbol{y} \in \mathcal{F}$ 에 대해

$$p_* \geq f(\boldsymbol{x}) - \frac{1}{2m} \|\nabla f(\boldsymbol{x})\|^2, \ \forall \boldsymbol{x} \in \mathcal{S}$$

가 성립하고, 최적값에 대해 다음 결론을 얻는다.

$$f(\boldsymbol{x}) - p_* \leq \frac{1}{2m} \|\nabla f(\boldsymbol{x})\|^2, \ \forall \boldsymbol{x} \in \mathcal{S} \tag{2.70a}$$

$$\|\nabla f(\boldsymbol{x})\| \leq (2m\varepsilon)^{1/2} \implies f(\boldsymbol{x}) - p_* \leq \varepsilon \tag{2.70b}$$

또, 최적해 $\boldsymbol{x}_*$ 에 대해 성립하는 다음 조건은 반복 최적화 알고리즘에서 반복을 끝내는 기준을 설정할 때 도움이 된다.

$$\|\boldsymbol{x} - \boldsymbol{x}_*\| \leq \frac{2}{m} \|\nabla f(\boldsymbol{x})\|, \ \forall \boldsymbol{x} \in \mathcal{S} \tag{2.71}$$

위 조건이 성립하는 이유를 살펴보자. $\boldsymbol{y} = \boldsymbol{x}_*$ 일 때 부등식 (2.69)의 오른쪽 식에서 $\nabla f(\boldsymbol{x})^{\rm t}(\boldsymbol{y} - \boldsymbol{x})$ 에 코시-슈바르츠 부등식을 적용하면[43]

$$p_* = f(\boldsymbol{x}_*) \geq f(\boldsymbol{x}) - \|\nabla f(\boldsymbol{x})\| \|\boldsymbol{x}_* - \boldsymbol{x}\| + \frac{m}{2} \|\boldsymbol{x}_* - \boldsymbol{x}\|^2$$

이 성립하고, 여기서 $f(\boldsymbol{x}_*) - f(\boldsymbol{x}) \leq 0$ 임을 이용하면 식 (2.71)이 성립한다.

반복 최적화 알고리즘에서 반복을 끝내는 기준

실제로 식 (2.70b)에서 m 을 알고 있는 경우는 흔치 않으므로 앞으로 소개할 반복 알고리즘에서는 식 (2.70b) 또는 (2.71)을 개념적으로 적용하여 반복을 끝내는 기준으로 삼는다.

즉, 충분히 작은 $\eta > 0$ 를 잡으면 $\eta < (m\varepsilon)^{1/2}$ 가 성립한다고 기대하고, 최소화하는 벡터열을 갱신하다가 $\|\nabla f(\boldsymbol{x}^{(k)})\| < \eta$ 가 만족될 때 반복을 끝낸다. 물론 이것은 $f(\boldsymbol{x}^{(k)}) - p_* \leq \varepsilon$ 이 성립하는 것을 기대하는 것이고, 실제로 잘 동작한다.

조건 $\nabla^2 f(\boldsymbol{x}) \preceq M\,\mathbf{I}$ 의 경우에도 정리 2.2로부터 식 (2.69)와 비슷한 계산을 하면, 임의의 $\boldsymbol{x}, \boldsymbol{y} \in \mathcal{S}$ 에 대해

$$p_* \leq f(\boldsymbol{y}) \leq f(\boldsymbol{x}) + \nabla f(\boldsymbol{x})^{\rm t}(\boldsymbol{y} - \boldsymbol{x}) + \frac{M}{2} \|\boldsymbol{y} - \boldsymbol{x}\|^2 \tag{2.72}$$

가 성립하고, 부등식의 오른쪽 식에서 $\boldsymbol{y} \in \mathcal{S}$ 에 대한 최솟값을 구하면 식 (2.70a)에 대응되는

[43] 코시-슈바르츠 부등식을 쓰면 $-\|\boldsymbol{a}\| \|\boldsymbol{b}\| \leq \boldsymbol{a}^{\rm t}\boldsymbol{b} \leq \|\boldsymbol{a}\| \|\boldsymbol{b}\|$ 가 성립한다.

다음 결과를 얻는다.

$$p_* \le f(\boldsymbol{x}) - \frac{1}{2M} \|\nabla f(\boldsymbol{x})\|^2$$

한편, 양의 정부호 행렬 $\mathbf{A}$의 고윳값 중 가장 작은 고윳값을 λ_{min}, 가장 큰 고윳값을 λ_{max} 라 할 때, 행렬 $\mathbf{A}$의 **조건수**(condition number)를

$$\kappa(\mathbf{A}) = \frac{\lambda_{\text{max}}}{\lambda_{\text{min}}}$$

로 정의한다.[44] 따라서 헤시안 행렬에 대한 조건 (2.68)은 $\kappa_0 := M/m$ 이라 할 때

$$\kappa\big(\nabla^2 f(\boldsymbol{x})\big) \le \frac{M}{m} = \kappa_0, \ \forall \boldsymbol{x} \in \mathcal{S} \tag{2.73}$$

가 성립함을 의미한다. 이때, κ_0이 집합 $\mathcal{S}$에서 헤시안 행렬 $\nabla^2 f(\boldsymbol{x})$의 조건수에 대한 상계가 된다는 것의 의미를 살펴보자.

집합 $\mathcal{S}$에서 f의 최솟값을 $p_* = f(\boldsymbol{x}_*)$, 벡터열의 k 번째 항을 $\boldsymbol{x}^{(k)}$ 라 할 때, 집합 $\mathcal{C}_\alpha$를

$$\mathcal{C}_\alpha := \{\boldsymbol{x} \in \operatorname{dom} f \mid f(\boldsymbol{x}) \le \alpha\}, \ \big(p_* < \alpha \le f(\boldsymbol{x}^{(k)})\big)$$

라 하면, $\mathcal{C}_\alpha$는 $\boldsymbol{x}^{(k+1)}$를 탐색할 집합이 된다. 이때, 식 (2.69)와 (2.72)로부터

$$f(\boldsymbol{x}) + \nabla f(\boldsymbol{x})^{\mathrm{t}}(\boldsymbol{y} - \boldsymbol{x}) + \frac{m}{2}\|\boldsymbol{y} - \boldsymbol{x}\|^2 \le f(\boldsymbol{y}) \le f(\boldsymbol{x}) + \nabla f(\boldsymbol{x})^{\mathrm{t}}(\boldsymbol{y} - \boldsymbol{x}) + \frac{M}{2}\|\boldsymbol{y} - \boldsymbol{x}\|^2$$

가 모든 $\boldsymbol{x}, \boldsymbol{y} \in \mathcal{S}$에 대해 성립하고, $\boldsymbol{x} = \boldsymbol{x}_*$ 인 경우를 생각하면 $\nabla f(\boldsymbol{x}_*) = \mathbf{0}$ 이므로

$$p_* + \frac{m}{2}\|\boldsymbol{y} - \boldsymbol{x}_*\|^2 \le f(\boldsymbol{y}) \le p_* + \frac{M}{2}\|\boldsymbol{y} - \boldsymbol{x}_*\|^2, \ \forall \boldsymbol{y} \in \mathcal{S}$$

가 성립한다. 따라서, 다음 두 닫힌집합

$$\begin{aligned} \mathcal{D}_{\text{inner}} &:= \{\boldsymbol{y} \in \operatorname{dom} f \mid \|\boldsymbol{y} - \boldsymbol{x}_*\| \le r_{\mathrm{i}}\} \\ \mathcal{D}_{\text{outer}} &:= \{\boldsymbol{y} \in \operatorname{dom} f \mid \|\boldsymbol{y} - \boldsymbol{x}_*\| \le r_{\mathrm{o}}\} \end{aligned}, \ r_{\mathrm{i}} = \sqrt{\frac{2(\alpha - p_*)}{M}}, \ r_{\mathrm{o}} = \sqrt{\frac{2(\alpha - p_*)}{m}}$$

에 대해

$$\mathcal{D}_{\text{inner}} \subseteq \mathcal{C}_\alpha \subseteq \mathcal{D}_{\text{outer}} \tag{2.74}$$

가 성립한다.

---

[44] 일반적으로 수치 계산에서 함수 f의 입력값이 조금 변할 때 결괏값이 어느 정도 변하는지 따지는 측도로 **조건수**(condition number)라는 것을 사용하는데, 행렬을 선형사상으로 이해하고, $\|\mathbf{A}\|^2 = \langle \mathbf{A}, \mathbf{A} \rangle = \operatorname{tr}(\mathbf{A}^{\mathrm{t}}\mathbf{A})$ 에 대해 일반적으로 정의되는 조건수를 계산하면, 가장 큰 특잇값을 가장 작은 특잇값으로 나눈 값이 된다. 일반적으로 조건수가 1에 가까울수록 좋다.

이 식의 의미를 직관적으로 이해하기 위해 $n = 2$ 인 경우를 생각해보자. 집합 $\mathcal{C}_\alpha$ 는 한 등위선(등고선) 내부를 나타내는 집합이고, 식 (2.74)가 의미하는 것은 최적해 $\boldsymbol{x}_*$ 를 중심으로 $\mathcal{C}_\alpha$ 의 내부에 포함되는 원판의 반지름의 길이는 M 에 의존하고, $\mathcal{C}_\alpha$ 를 포함하는 원판의 반지름의 길이는 m 에 의존한다는 뜻이다. 따라서, 조건수의 상계 κ_0 이 1에 가까울수록 $\mathcal{C}_\alpha$ 는 원판에 가까운 형태가 된다.[45]

따라서, 집합 $\mathcal{S}$ 에서 헤시안 행렬의 조건수의 상계 $\kappa_0 = M/m$ 이 1에 가까울수록 최적해로 빠르게 수렴하는 벡터열을 찾을 수 있다.[46] 그 이유의 핵심적인 내용만 대략 설명하면, κ_0 이 1에 가까울수록 $\mathcal{C}_\alpha$ 가 n 차원 공에 가까운 형태가 되고, 따라서 뒤에 공부할 반복 최적화 방법의 벡터열을 갱신하는 과정

$$\boldsymbol{x}^{(k+1)} = \boldsymbol{x}^{(k)} + t^{(k)}\boldsymbol{v}^{(k)}$$

에서 단계 k 와 $\boldsymbol{v}^{(k)}$ 의 방향에 관계없이 $t^{(k)}$ 를 일정하게 잡을 수 있다. 반면에 κ_0 이 1보다 커질수록 $\mathcal{C}_\alpha$ 의 형태는 중심이 $\boldsymbol{x}_*$ 인 n 차원 럭비공과 같은 형태가 되므로, $t^{(k)}$ 의 크기는 $\boldsymbol{v}^{(k)}$ 의 방향에 크게 의존한다.

2.4.2 하강법의 일반적인 형태

이 소절에서는 2.4절에서 다루는 여러 하강법의 일반적인 형태와 용어를 소개한다. 반복 최적화 알고리즘은 다음과 같이 초기 추측값 $\boldsymbol{x}^{(0)}$ 에서 시작하여 $k = 0, 1, \cdots,$ 에 대해 적절한 벡터 $\boldsymbol{d}^{(k)}$ 와 $t^{(k)} > 0$ 를 찾고, 이로부터

$$\boldsymbol{x}^{(k+1)} = \boldsymbol{x}^{(k)} + t^{(k)}\boldsymbol{d}^{(k)}$$

를 구하는 방식으로 점진적으로 최적해 $\boldsymbol{x}_*$ 에 접근하는 방법을 취한다. 이때 **반복 횟수** (iteration number)를 나타내는 각 $k = 0, 1, \cdots$ 에 대해, $\boldsymbol{d}^{(k)}$ 를 (노름이 1이 아니라 하더라도) **탐색 방향** (serach direction) 또는 **탐색 걸음**이라 하고, $t^{(k)}$ 를 **학습률**(learning rate) 또는 **보폭**(step size)이라고 한다.

이 절에서 다루는 경사하강법, 최대급하강법, 뉴턴 방법은 모두 **하강법**(descent method)

---

[45] 식 (2.74)에서 $(r_o/r_i)^2 = M/m$ 이 되는데, 일반적으로 볼록집합의 최대너비와 최소너비를 이용하여 그 형태와 관련된 볼록집합의 조건수를 정의하기도 한다.

[46] 181쪽의 설명을 참고하라.

의 일종인데, 생성하는 벡터열 $\boldsymbol{x}^{(k)}$ 가 $\boldsymbol{x}_*$ 가 아닌 경우에는 항상

$$f(\boldsymbol{x}^{(k+1)}) < f(\boldsymbol{x}^{(k)})$$

를 만족해야 함을 의미한다. 이 경우에 정의역 $\mathrm{dom}\, f$ 에서 C^2 인 목적 함수 f 와 초기 추측값 $\boldsymbol{x}^{(0)}$ 에 대하여 집합 $\mathcal{S}$ 를 $\mathcal{S} = \{\boldsymbol{x} \in \mathrm{dom}\, f \mid f(\boldsymbol{x}) \leq f(\boldsymbol{x}^{(0)})\}$ 라 하면, 모든 $k = 0, 1, \cdots$ 에 대해 $\boldsymbol{x}^{(k)} \in \mathcal{S} \subset \mathrm{dom}\, f$ 가 성립한다. 특히, 함수 f 가 식 (2.68)을 만족하는 볼록함수라면 하강법에 있어서 탐색 걸음 $\boldsymbol{d}^{(k)}$ 는 항상

$$\nabla f(\boldsymbol{x}^{(k)})^{\mathrm{t}} \boldsymbol{d}^{(k)} < 0 \tag{2.75}$$

을 만족해야 하고[47], 조건을 만족하는 탐색 걸음을 **하강 방향**(descent direction)이라고 부른다.

하강법에서 탐색 걸음이 식 (2.75)를 만족해야 하는 이유는 f 가 볼록함수이므로 정리 2.6에 의해 기울기 벡터 $\nabla f(\boldsymbol{x}^{(k)})$ 는 식 (2.27)을 만족해야 하고, 만약 $\nabla f(\boldsymbol{x}^{(k)})^{\mathrm{t}} \boldsymbol{d}^{(k)} \geq 0$ 이라면,

$$f(\boldsymbol{x}^{(k+1)}) \geq f(\boldsymbol{x}^{(k)}) + \nabla f(\boldsymbol{x}^{(k)})^{\mathrm{t}} \boldsymbol{d}^{(k)} \geq f(\boldsymbol{x}^{(k)})$$

가 성립하여 함숫값이 증가하기 때문이다.

실제로, 경사하강법(gradient descent)에서는 탐색 걸음 $\boldsymbol{d}^{(k)}$ 로 목적함수 $f(\boldsymbol{x}^{(k)})$ 의 기울기 벡터의 반대 방향인 $\boldsymbol{d}^{(k)} = -\nabla f(\boldsymbol{x}^{(k)})$ 를, 뉴턴 방법에서는 목적함수의 헤시안이 포함된 $\boldsymbol{d}^{(k)} = -\nabla^2 f(\boldsymbol{x}^{(k)})^{-1} \nabla f(\boldsymbol{x}^{(k)})$ 를 사용하고, 두 경우 모두 식 (2.75)를 만족시킨다.

보폭 $t^{(k)}$ 는 크지도 않고 작지도 않은 적당한 값으로 정해야 한다. 너무 크면 발산할 수 있고 너무 작으면 수렴 속도가 매우 느릴 수 있기 때문이다. 보폭을 결정하는 방법으로는 크게 두 가지 방식이 있다. 먼저 **직선 탐색 방식**(line search type)은 하강 방향 $\boldsymbol{d}^{(k)}$ 를 먼저 결정하고 $\boldsymbol{d}^{(k)}$ 에 따라 적절한 $t^{(k)}$ 를 결정하는 방식이다. 또 다른 방식은 먼저 매 반복 단계에서 $\boldsymbol{x}^{(k)}$ 에 따라 $t^{(k)}$ 를 먼저 정하고, $\|\boldsymbol{x} - \boldsymbol{x}^{(k)}\| < t^{(k)}$ 를 만족하는 $\boldsymbol{x}$ 중에서 적절한 $\boldsymbol{d}^{(k)}$ 를 찾는 방식인데, 이를 **신뢰영역 방식**(trust region type)이라고 부른다. 신뢰영역 방식은 목적 함수의 헤시안 행렬이 가역이 아니거나(즉, 조건수가 ∞), 1보다 아주 큰 조건수를 가지는 상황에서 주로 사용한다.

이제, 하강법의 일반적인 형태를 알고리즘으로 표현하면 다음과 같다.

---

[47] 즉, 기울기 벡터의 반대방향 $-\nabla f(\boldsymbol{x}^{(k)})$ 과 이루는 사잇각이 예각이어야 한다.

일반적인 하강법 알고리즘

- **입력:** 초기 추측값 $\boldsymbol{x}^{(0)} \in \operatorname{dom} f$
- **종료 기준이 만족될 때까지 다음을 반복 실행**

  (1) 하강 방향 $\boldsymbol{d}^{(k)}$ 를 선택

  (2) 직선 탐색 방식을 통해 보폭 $t^{(k)} > 0$ 선택

  (3) 감소하는 벡터열의 다음 항 계산: $\boldsymbol{x}^{(k+1)} = \boldsymbol{x}^{(k)} + t^{(k)}\boldsymbol{d}^{(k)}$

하강 방향을 선택하는 방법은 구체적인 반복 최적화 알고리즘마다 차이가 있으므로, 여기서는 모든 알고리즘에 공통으로 적용할 수 있는 직선 탐색을 통한 보폭 결정 방법에 대해 구체적으로 설명한다. 직선 탐색 방식 중 최적의 보폭을 찾는 방법은 다음과 같이 t 에 관한 함수가 최소가 되는 $t = t^{(k)}$ 를 구하는 것이고,

$$t^{(k)} = \underset{t \geq 0}{\arg\min}\, f\big(\boldsymbol{x}^{(k)} + t\boldsymbol{d}^{(k)}\big)$$

이것을 **정밀 직선 탐색**(exact line search) 방식이라고 부른다. 정밀 직선 탐색 방식은 그 계산량이 하강 방향을 구하는 계산량보다 상대적으로 작을 때 사용하는 방법이다.

실제로는 정밀 직선 탐색 방식 대신 발견적(heuristic) 방법을 많이 사용하는데, 상당히 효율적이면서도 간단한 방법 중 하나인 **역추적 직선 탐색**(backtracking line search) 방식을 소개하면 다음과 같다.

역추적 직선 탐색 알고리즘

- **입력:** $\boldsymbol{x} \in \operatorname{dom} f$ 에서의 하강 방향의 $\boldsymbol{d}$, $\alpha \in (0, 0.5)$, $\beta \in (0, 1)$
- 초깃값 $t := 1$ 에서 시작하여 종료 기준 $f(\boldsymbol{x}+t\boldsymbol{d}) \leq f(\boldsymbol{x}) + \alpha\, t\, \nabla f(\boldsymbol{x})^{\mathrm{t}}\boldsymbol{d}$ 가 만족될 때까지 $t := \beta\, t$ 로 반복하여 갱신:

  $t \longleftarrow 1$

  while $f(\boldsymbol{x}+t\boldsymbol{d}) > f(\boldsymbol{x}) + \alpha\, t\, \nabla f(\boldsymbol{x})^{\mathrm{t}}\boldsymbol{d}$:

  $\quad t \longleftarrow \beta\, t$

역추적 직선 탐색이라 부르는 이유는, 우선 하강 방향으로 일정한 보폭(보통 t 의 초깃값 1) 만큼 이동한 후, 종료 기준이 만족될 때까지 t 에 1 보다 작은 β 를 곱하여 보폭이 점점 더 작은 값이 되도록 t 를 반복하여 갱신하기 때문이다.

이때, 갱신된 t 값(실제로는 β^k 꼴)이 충분히 작아지면, 하강 방향 $\boldsymbol{d}$에 대해 $\nabla f(\boldsymbol{x})^{\mathrm{t}}\boldsymbol{d} < 0$이므로

$$f(\boldsymbol{x}+t\boldsymbol{d}) \approx f(\boldsymbol{x}) + t\nabla f(\boldsymbol{x})^{\mathrm{t}}\boldsymbol{d} < f(\boldsymbol{x}) + \alpha\, t\, \nabla f(\boldsymbol{x})^{\mathrm{t}}\boldsymbol{d} < f(\boldsymbol{x}) \tag{2.76}$$

가 성립하여 종료 기준을 만족시키게 된다. 위의 식 (2.76)에서 $0 < \alpha < 0.5$의 역할을 직관적으로 살펴보자. 실수 t에 대해 $g(t) = f(\boldsymbol{x}+t\boldsymbol{d})$라 하면 $g'(0) = \nabla f(\boldsymbol{x})^{\mathrm{t}}\boldsymbol{d} < 0$이고, 아래 그림에서 보듯이 너무 큰 t(예를 들어, 그림에서 $t = s_0$)를 잡으면 $f(\boldsymbol{x}+t\boldsymbol{d}) > f(\boldsymbol{x})$가 된다. 반면에 $(0, g(0))$을 지나는 접선에서 기울기를 $\alpha\nabla f(\boldsymbol{x})^{\mathrm{t}}\boldsymbol{d}$로 바꾸면 $t = t_0$에서 $g(t)$와 만나게 된다. 이때, $0 < t < t_0$에 대해 식 (2.76)이 성립하므로 적절한 보폭을 효율적으로 구할 수 있다. ($\alpha < 0.5$의 엄밀한 역할은 식 (2.80)에서 확인할 수 있다.)

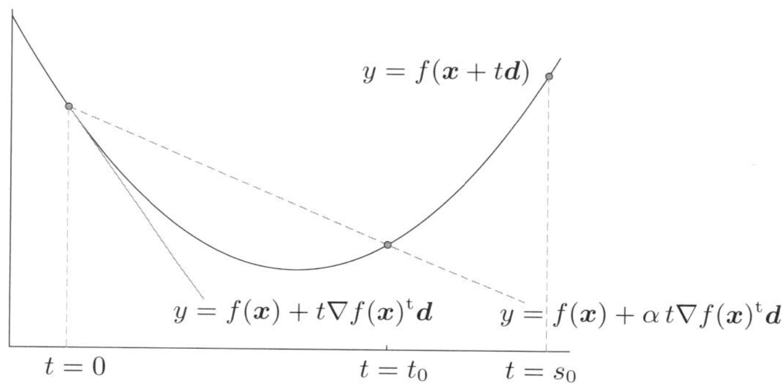

그림 2.9: 역추적 직선 탐색에서 $0 < \alpha < 0.5$의 역할

따라서 역추적 직선 탐색 알고리즘을 통해, 보폭의 초깃값 $t = 1$과 실제로는 값을 모르는 t_0을 비교하여, $t_0 \geq 1$인 경우에는 $t = 1$을 보폭으로 잡고, $t_0 < 1$인 경우에는 $\beta t_0 < \beta^k \leq t_0$을 만족하는 $t = \beta^k$를 보폭으로 잡는 것과 동일한 효과를 얻는다.

2.4.3 경사하강법

앞 소절에서 설명한 하강법의 일반적인 형태에서 하강 방향을 $\boldsymbol{d}^{(k)} = -\nabla f(\boldsymbol{x}^{(k)})$로 잡는 방법을 **경사하강법**(gradient descent method)이라고 부른다. 예제 2.12에서 보았듯이, $-\nabla f(\boldsymbol{x}^{(k)})$는 $\boldsymbol{x} = \boldsymbol{x}^{(k)}$에서 함숫값이 가장 빨리 감소하는 방향이므로, 일반적인 하강법 알고리즘의 단계 (2)에서 직선 탐색 방식을 통해 적절한 보폭을 찾으면, 감소하는 벡터열로 빠르게 수렴할 것을 기대할 수 있다. 또한, 175 쪽에서 설명하여듯이, 충분히 작은 기준값 $\eta > 0$에 대해 $\|\nabla f(\boldsymbol{x}^{(k)})\| \leq \eta$이 성립하는지를 알고리즘의 종료 기준으로 사용한다.

이제 최적화의 목적 함수 f에 대해 $m\mathbf{I} \preceq \nabla^2 f(\boldsymbol{x}^{(k)}) \preceq M\mathbf{I}$ (단, $m > 0$)를 가정할 때, 경사하강법의 수렴성을 정밀 직선 탐색방식과 역추적 직선 탐색 방식으로 나누어 살펴보자. 우선 식 (2.72)에서 $\boldsymbol{y} = \boldsymbol{x}^{(k)} - t\nabla f(\boldsymbol{x}^{(k)})$ 인 경우를 생각하면

$$f(\boldsymbol{y}) \le f(\boldsymbol{x}^{(k)}) - t\left\|\nabla f(\boldsymbol{x}^{(k)})\right\|^2 + \frac{M}{2}t^2\left\|\nabla f(\boldsymbol{x}^{(k)})\right\|^2 \tag{2.77}$$

이 성립한다.

- **[정밀 직선 탐색 방식의 경우]**

정밀 직선 탐색 방식에서 부등식 (2.77)의 오른쪽 식이 최소가 되는 $t = 1/M$을 보폭 $t^{(k)}$로 잡으면

$$\begin{aligned} & f(\boldsymbol{x}^{(k+1)}) \le f(\boldsymbol{x}^{(k)}) - \frac{1}{2M}\left\|\nabla f(\boldsymbol{x}^{(k)})\right\|^2 \\ \Longleftrightarrow\ & f(\boldsymbol{x}^{(k+1)}) - p_* \le f(\boldsymbol{x}^{(k)}) - p_* - \frac{1}{2M}\left\|\nabla f(\boldsymbol{x}^{(k)})\right\|^2 \end{aligned}$$

가 성립하고, 식 (2.70a)의 $\|\nabla f(\boldsymbol{x})\|^2 \ge 2m\big(f(\boldsymbol{x}) - p_*\big)$와 결합하면

$$f(\boldsymbol{x}^{(k+1)}) - p_* \le \left(1 - \frac{m}{M}\right)\left(f(\boldsymbol{x}^{(k)}) - p_*\right)$$

를 얻는다. 이때, 위 부등식을 반복하여 적용하면

$$\big(f(\boldsymbol{x}^{(k)}) - p_*\big) \le c^k\big(f(\boldsymbol{x}^{(0)}) - p_*\big), \quad c = 1 - m/M \tag{2.78}$$

이므로 $\lim_{k\to\infty} f(\boldsymbol{x}^{(k)}) = p_*$ 가 성립함을 알 수 있다. 특히, ε-버금 최적해[48] $\boldsymbol{x}^{(k)}$에 도달하기 위해 필요한 반복 횟수를 다음과 같이 정리할 수 있다.

$$\frac{\log\big((f(\boldsymbol{x}^{(0)}) - p_*)/\varepsilon\big)}{\log(1/c)}, \quad (\text{단}, c = 1 - m/M) \tag{2.79}$$

위 식 (2.79)의 분자에서 초깃값에 따라 수렴 속도가 달라질 수 있으므로 알고리즘을 구현하여 실행시킬 때는 초깃값 $\boldsymbol{x}^{(0)}$를 바꾸어가며 최적해를 구한다. 또, 식 (2.73)에 의해 $\boldsymbol{x}_*$ 근방에서 헤시안 행렬의 조건수 $\kappa\big(\nabla^2 f(\boldsymbol{x})\big)$는 $\kappa_0 = M/m$보다 작거나 같으므로, 조건수 $\kappa\big(\nabla^2 f(\boldsymbol{x})\big)$가 커질수록 식 (2.79)의 분모에서 $0 < c \le 1$가 1에 가까워지고 반복 횟수가 늘어남을 알 수 있다. 역으로 식 (2.74)에 의해 집합 $\{\boldsymbol{x} \mid f(\boldsymbol{x}) \le \alpha\}$의 형태가 n차원 공에 가까울수록 $M/m \approx 1$이 성립하고, 식 (2.79)의 분모가 커져서 반복 횟수는 작아지게 된다.

[48] 버금 최적해의 정의는 130쪽을 확인하기 바란다.

따라서 176쪽의 식 (2.73),(2.74)의 의미를 이용하면 경사하강법의 수렴성에 대해 다음과 같은 결론을 얻을 수 있다.

- 초기 추측값 $\boldsymbol{x}^{(0)}$의 선택에 따라 수렴 속도가 달라진다.
- 최적해 $\boldsymbol{x}_*$ 근방의 $\boldsymbol{x}$에 대해 $\nabla^2 f(\boldsymbol{x})$의 조건수가 크면 수렴 속도가 느리다.
- 집합 $\{\boldsymbol{x} \mid f(\boldsymbol{x}) \le \alpha\}$의 형태가 n차원 공에 가까울수록 수렴 속도가 빠르다.

- **[역추적 직선 탐색 방식의 경우]**

경사하강법의 경우에 역추적 직선 탐색 알고리즘의 종료 기준인 식 (2.76)은

$$f(\boldsymbol{x} + t\boldsymbol{d}) \le f(\boldsymbol{x}) - \alpha\, t\, \|\nabla f(\boldsymbol{x})\|^2$$

가 되는데, 우선 감소하는 벡터열을 구하는 매 단계에서 위 조건을 만족시키는 보폭의 범위를 따져보자. 일반적으로

$$0 \le t \le \frac{1}{M} \implies -t + \frac{Mt^2}{2} \le -\frac{t}{2}$$

가 성립하므로, $\boldsymbol{y} = \boldsymbol{x}^{(k)} - t\nabla f(\boldsymbol{x}^{(k)})\ (0 \le t \le 1/M)$에 관한 식 (2.77)을 정리하면

$$\begin{aligned} f(\boldsymbol{y}) \le & f(\boldsymbol{x}^{(k)}) + \left(-t + \frac{M}{2}t^2\right) \left\|\nabla f(\boldsymbol{x}^{(k)})\right\|^2 \\ \le & f(\boldsymbol{x}^{(k)}) - \frac{t}{2} \left\|\nabla f(\boldsymbol{x}^{(k)})\right\|^2 \\ \le & f(\boldsymbol{x}^{(k)}) - \alpha\, t \left\|\nabla f(\boldsymbol{x}^{(k)})\right\|^2 \end{aligned} \tag{2.80}$$

와 같이 보폭 결정을 위한 알고리즘의 종료 기준이 성립한다.(위 식의 계산에서 $\alpha < 0.5$를 이용했음에 주목하자.)

위 식의 의미는 ⟨그림 2.9⟩에서 $1/M \le t_0$가 성립함을 의미하고, 따라서 역추적 직선 탐색을 통해 결정되는 보폭 $t^{(k)}$는 1이거나 $\beta/M \le t^{(k)}$인 값으로 결정된다. 즉, 식 (2.76)에서 $\boldsymbol{x}^{(k)}$와 결정된 보폭 $t^{(k)}$에 대해 $\boldsymbol{x}^{(k+1)}$은 다음을 만족시킨다.

$$f(\boldsymbol{x}^{(k+1)}) \le f(\boldsymbol{x}) - \min\{\alpha, \alpha\beta/M\} \left\|\nabla f(\boldsymbol{x}^{(k)})\right\|^2$$

따라서 위 식과 식 (2.70a)의 $\|\nabla f(\boldsymbol{x})\|^2 \ge 2m\big(f(\boldsymbol{x}) - p_*\big)$를 결합하여, 정밀 직선 탐색의 경우에 식 (2.78)을 얻은 것과 같은 방법으로 정리하면 다음 결과를 얻는다.

$$f(\boldsymbol{x}^{(k)}) - p_* \le c^k\big(f(\boldsymbol{x}^{(0)}) - p_*\big), \quad (\text{단}, c = 1 - \min\{2m\alpha, 2m\alpha\beta/M\} < 1)$$

이로부터 $\lim_{k\to\infty} f(\boldsymbol{x}^{(k)}) = p_*$ 가 성립하고, 반복 횟수나 수렴 속도에 대해 직선 탐색 방식의 경우와 유사한 결론을 도출할 수 있다.

종합하면, 보폭을 결정하는 방식에 관계없이 경사하강법의 가장 큰 장점은 간단한 알고리즘이라 점이다. 반면에 경사하강법의 단점은 그 수렴 속도가 헤시안 행렬의 조건수 또는 집합 $\mathcal{S} := \{\boldsymbol{x} \mid f(\boldsymbol{x}) \leq f(\boldsymbol{x}^{(k)})\}$, $(k = 0, 1, \cdots)$의 형태에 크게 의존한다는 점이다. 헤시안 행렬의 조건수가 너무 크거나, 집합 $\mathcal{S}$의 형태가 특정 방향으로 폭이 길쭉한 형태일수록 수렴 속도가 크게 느려진다.

2.4.4 최대급하강법 준비 학습: 여러가지 노름과 쌍대노름

이 소절과 다음 소절에서는 경사하강법을 좀 더 일반화시킨 **최대급하강법**(steepest descent method)을 소개한다. 최대급하강법은 경사하강법은 물론이고, 변수치환을 이용하여 최솟값을 구하는 방법과 목적 함수의 최솟값을 구하기 위해 변수 벡터 $\boldsymbol{x}$의 각 성분별 최소값을 반복하여 구하는 방법 등을 포괄하는 방법이다.

기본적인 아이디어는 $\boldsymbol{x}$ 근방에서 미분가능한 목적 함수 f를 1차 테일러 다항식으로 다음

$$f(\boldsymbol{x} + \boldsymbol{d}) \approx p_1(\boldsymbol{x} + \boldsymbol{d}) = f(\boldsymbol{x}) + \nabla f(\boldsymbol{x})^{\mathrm{t}} \boldsymbol{d}$$

과 같이 근사시킬 때, $f(\boldsymbol{x} + \boldsymbol{d})$가 $f(\boldsymbol{x})$보다 빠르게 작아지는 방향 $\boldsymbol{d}$를 찾기 위해, $\nabla f(\boldsymbol{x})^{\mathrm{t}} \boldsymbol{d}$의 값이 최소가 되는 방향 $\boldsymbol{d}$를 찾는 것이다. 이때, $\nabla f(\boldsymbol{x})^{\mathrm{t}} \boldsymbol{d} < 0$을 만족하는 임의의 벡터 $\boldsymbol{d}$에 대해, 양수 c의 값을 크게 잡을수록 $\nabla f(\boldsymbol{x})^{\mathrm{t}} (c\boldsymbol{d}) = c \nabla f(\boldsymbol{x}) \boldsymbol{d}$의 값은 점점 더 작아진다. 따라서 $\boldsymbol{d}$의 노름을 일정하게 유지하면서 방향을 선택해야 한다.

즉, 179쪽 일반적인 하강법 알고리즘의 단계 (1)에서, $\mathbb{R}^n$에 정의된 임의의 노름 $\|\cdot\|$에 대해 다음과 같이 하강 방향 $\boldsymbol{d}_{\mathrm{nsd}}$를 잡는 방법을 **최대급하강법**이라고 부른다.

$$\boldsymbol{d}_{\mathrm{nsd}} := \arg\min_{\boldsymbol{d} \in \mathbb{R}^n} \{\nabla f(\boldsymbol{x})^{\mathrm{t}} \boldsymbol{d} \mid \|\boldsymbol{d}\| = 1\} \tag{2.81}$$

또, 위와 같이 구한 하강 방향 $\boldsymbol{d}_{\mathrm{nsd}}$를 주어진 노름 $\|\cdot\|$에 대한 **정규 최대급하강 방향** (normalized steepest descent direction)이라고 부른다.

지금까지 특별한 언급 없이 벡터공간 $\mathbb{R}^n$의 노름을 말할 때, 유클리드 내적으로부터 얻어지는 유클리드 노름 $\|\boldsymbol{x}\| = \sqrt{x_1^2 + \cdots + x_2^2} (=: \|\boldsymbol{x}\|_2)$을 의미했다.

하지만, 정규 최대급하강 방향은 주어진 노름[49]에 따라 달라지므로, 다른 노름과 구별하기 위해 유클리드 노름을 ℓ_2-**노름**이라 하고 $\|\cdot\|_2$ 로 쓴다. 한편, 식 (2.81)의 의미를 잘 이해하기 위해서는 일반적인 노름 사이의 관계와 쌍대 노름에 대한 이해가 필요하다. 따라서, 최대급하강법의 자세한 내용은 다음 소절에서 다루고, 이 소절에서는 노름에 대해 필요한 내용을 먼저 정리하기로 한다.

우선, $\mathbb{R}^n$ 에서 정의된 가장 기본적인 노름은 유클리드 내적으로부터 얻어지는 유클리드 노름 $\|\cdot\|_2$ 이다. 이와 유사하게 함수 $\|\cdot\| : \mathbb{R}^n \to \mathbb{R}_+$ 를 다음

$$\|\boldsymbol{x}\|_p = \left(\sum_{k=1}^{n} |x_k|^p \right)^{\frac{1}{p}} \quad (2 \leq p)$$

과 같이 정의하면 46쪽 노름의 네 가지 성질을 모두 만족하고, 이를 ℓ_p-**노름**이라고 부른다. 또, 아래 식과 같이 정의된 함수 $\|\cdot\|_1$ 과 $\|\cdot\|_\infty$ 도 노름이 되고, 각각 벡터에 대한 ℓ_1-**노름**과 ℓ_∞-**노름**이라고 부른다.

$$\|\boldsymbol{x}\|_1 := |x_1| + \cdots + |x_n|, \quad \|\boldsymbol{x}\|_\infty := \max\{|x_1|, \cdots, |x_n|\}$$

이 외에도 $\mathbb{R}^n$ 에서 무수히 많은 노름을 정의할 수 있다. 그 대표적인 예로, 양의 정부호 행렬 $\mathbf{P}$ 가 주어질 때 $\mathbf{P}$ 로 결정되는 내적을

$$\langle \boldsymbol{x}, \boldsymbol{y} \rangle_{\mathbf{P}} := \boldsymbol{x}^{\mathrm{t}} \mathbf{P} \boldsymbol{y}$$

로 정의하면, 46쪽에서 내적이 되기 위한 성질 네 가지를 모두 만족시킨다. 따라서 이 내적으로부터 노름 $\|\cdot\|_{\mathbf{P}}$ 를 다음과 얻게 되고, 이 노름을 **P-이차노름**이라고 부른다.

$$\|\boldsymbol{x}\|_{\mathbf{P}} := \sqrt{\langle \boldsymbol{x}, \boldsymbol{x} \rangle_{\mathbf{P}}} = \left(\boldsymbol{x}^{\mathrm{t}} \mathbf{P} \boldsymbol{x} \right)^{1/2}$$

따라서, $\mathbf{P}$-이차노름에 대해 길이가 1 인 벡터들의 집합은 타원체 $\{\boldsymbol{x} \mid \boldsymbol{x}^{\mathrm{t}} \mathbf{P} \boldsymbol{x} = 1\}$ 가 된다. 한편, 예제 1.35에서 보았듯이, 양의 정부호 행렬 $\mathbf{P}$ 에 대해 $\mathbf{P} = \mathbf{Q}^2$ 를 만족시키는 양의 정부호 행렬 $\mathbf{Q}$ 가 존재한다.[50] 따라서 $\mathbf{P}^{1/2} := \mathbf{Q}$ 로 정의하면 다음이 성립한다.

$$\|\boldsymbol{x}\|_{\mathbf{P}} = \left\| \mathbf{P}^{1/2} \boldsymbol{x} \right\|_2 \tag{2.82}$$

[49] $\mathbb{R}^n$ 에서 일반적인 노름은 46쪽의 네 가지 성질을 만족하는 함수 $\|\cdot\| : \mathbb{R}^n \to \mathbb{R}$ 을 의미한다.

[50] $\mathbf{P}$ 의 직교 대각화 $\mathbf{P} = \mathbf{V} \operatorname{diag}(\lambda_1, \cdots, \lambda_n) \mathbf{V}^{\mathrm{t}}$ 에서 모든 고윳값이 양수이고, $\mathbf{V}$ 가 $\mathbf{V}^{\mathrm{t}} \mathbf{V} = \mathbf{I}$ 인 직교행렬이므로, $\mathbf{Q} = \mathbf{V} \operatorname{diag}(\sqrt{\lambda_1}, \cdots, \sqrt{\lambda_n}) \mathbf{V}^{\mathrm{t}}$ 로 잡으면 된다.

무한차원 벡터공간과 달리, $\mathbb{R}^n$ 에서 정의된 노름 사이에는 다음 성질이 성립한다.

예제 2.34 $\mathbb{R}^n$ 에서 정의된 두 노름 $\|\cdot\|_\alpha$, $\|\cdot\|_\beta$ 가 주어질 때, 모든 $\boldsymbol{x} \in \mathbb{R}^n$ 에 대해 다음 조건을 만족시키는 양수 γ_1, γ_2 가 존재함을 보이시오.

$$\gamma_1 \|\boldsymbol{x}\|_\alpha \le \|\boldsymbol{x}\|_\beta \le \gamma_2 \|\boldsymbol{x}\|_\alpha \tag{2.83}$$

풀이 우선 $\|\cdot\|_\alpha$ 가 유클리드 노름 $\|\cdot\|_2$ 일 때 식 (2.83)이 성립함을 보이자.

$\mathbb{R}^n$ 의 표준기저 $\boldsymbol{e}_i$, $(1 \le i \le n)$ 에 대해 $\gamma := \max\limits_{1\le i\le n} \|\boldsymbol{e}_i\|_\beta$ 라 할 때, 46쪽 노름의 성질 (1)과 (2)를 이용하고 두 벡터 $[|x_1|, \cdots, |x_n|]^{\mathrm{t}}$ 와 $[\gamma, \cdots, \gamma]^{\mathrm{t}}$ 의 유클리드 내적에 대해 코시-슈바르츠 부등식을 적용하면

$$\|\boldsymbol{x}\|_\beta = \|x_1\boldsymbol{e}_1 + \cdots + x_n\boldsymbol{e}_n\|_\beta \le \sum_{i=1}^{n} |x_i| \, \|\boldsymbol{e}_i\|_\beta \le \sum_{i=1}^{n} \gamma |x_i| \le \sqrt{n}\gamma \|\boldsymbol{x}\|_2 \tag{2.84}$$

가 성립한다. 따라서 $\gamma_2 = \sqrt{n}\gamma$ 로 잡을 수 있다. 또, $\|\cdot\|_\beta$ 에 대한 삼각 부등식으로부터

$$\|\boldsymbol{x}\|_\beta = \|\boldsymbol{y} + (\boldsymbol{x} - \boldsymbol{y})\|_\beta \le \|\boldsymbol{y}\|_\beta + \|\boldsymbol{x} - \boldsymbol{y}\|_\beta,$$
$$\|\boldsymbol{y}\|_\beta = \|\boldsymbol{x} + (\boldsymbol{y} - \boldsymbol{x})\|_\beta \le \|\boldsymbol{x}\|_\beta + \|\boldsymbol{x} - \boldsymbol{y}\|_\beta$$

이므로, 위의 두 부등식을 결합하고 식 (2.84)의 결과를 적용하면

$$\big|\, \|\boldsymbol{x}\|_\beta - \|\boldsymbol{y}\|_\beta \,\big| \le \|\boldsymbol{x} - \boldsymbol{y}\|_\beta \le \gamma_2 \|\boldsymbol{x} - \boldsymbol{y}\|_2$$

가 성립한다. 이때, 식 (2.1)에 의해 $\mathbb{R}^n$ 에서 정의된 함수 $\|\cdot\|_\beta$ 는 연속함수가 되고, 유계 닫힌집합 $S = \{\boldsymbol{x} \mid \|\boldsymbol{x}\|_2 = 1\}$ 에서 최솟값을 갖는다.[51] 즉, $\|\boldsymbol{x}_0\|_\beta = m$ 인 $\boldsymbol{x}_0 \in S$ 가 존재하고, $m > 0$ 이다.[52] 따라서 임의의 $\boldsymbol{x}$ 에 대해 $\widetilde{\boldsymbol{x}} = \boldsymbol{x}/\|\boldsymbol{x}\|_2$ 로 두면 $\widetilde{\boldsymbol{x}} \in S$ 이고,

$$m \le \|\widetilde{\boldsymbol{x}}\|_\beta = \|\boldsymbol{x}/\|\boldsymbol{x}\|_2\|_\beta \iff m\|\boldsymbol{x}\|_2 \le \|\boldsymbol{x}\|_\beta$$

가 성립한다. 즉, $\gamma_1 = m$ 으로 잡을 수 있다.

위 결과를 임의의 두 노름 $\|\cdot\|_\alpha$, $\|\cdot\|_\beta$ 에 각각 적용하면 다음이 성립한다.

$$\widetilde{\gamma}_1 \|\boldsymbol{x}\|_2 \le \|\boldsymbol{x}\|_\alpha \le \widetilde{\gamma}_2 \|\boldsymbol{x}\|_2, \quad \gamma_1 \|\boldsymbol{x}\|_2 \le \|\boldsymbol{x}\|_\beta \le \gamma_2 \|\boldsymbol{x}\|_2 \quad (\text{단}, \gamma_1 > 0, \widetilde{\gamma}_1 > 0)$$

---

[51] 유계 닫힌구간에서 정의된 연속함수가 최솟값과 최댓값을 갖는 것처럼, $\mathbb{R}^n$ 의 유계 닫힌집합에서 정의된 연속함수도 반드시 최솟값 m 을 갖는다. [1]을 참고하라.

[52] 만약 $m = 0$ 이면 노름 $\|\cdot\|_\beta$ 의 성질에 의해 $\boldsymbol{x}_0 = \mathbf{0}$ 가 되어야 하므로 $\boldsymbol{x}_0$ 는 S 에 속할 수 없다.

따라서 임의의 두 노름 $\|\cdot\|_\alpha$, $\|\cdot\|_\beta$ 에 대해 다음 부등식

$$\frac{\gamma_1}{\widetilde{\gamma}_2}\|\boldsymbol{x}\|_\alpha \le \|\boldsymbol{x}\|_\beta \le \frac{\gamma_2}{\widetilde{\gamma}_1}\|\boldsymbol{x}\|_\alpha$$

을 만족하는 두 양수 $\gamma_1/\widetilde{\gamma}_2$ 과 $\gamma_2/\widetilde{\gamma}_1$ 를 잡을 수 있고, 식 (2.83)이 성립한다. □

노름이 주어진 벡터공간에서 두 벡터 $\boldsymbol{x}, \boldsymbol{y}$ 사이의 거리는 주어진 노름을 이용하여 $\|\boldsymbol{x}-\boldsymbol{y}\|$ 로 정의할 수 있다. 따라서 위의 예제 2.34가 의미하는 것은, $\mathbb{R}^n$ 에서 수렴성을 따질 때 어떤 노름을 사용하든지 그 결과가 동등하다는 것이다.

이제 내적과 관계없이 $\mathbb{R}^n$ 에 노름을 정의하는 방법을 한 가지 더 살펴보자.

예제 2.35 $\mathbb{R}^n$ 에서 주어진 한 노름 $\|\cdot\|$ 에 대해 함수 $\|\cdot\|_* : \mathbb{R}^n \to \mathbb{R}$ 을

$$\|\boldsymbol{v}\|_* := \sup\{\boldsymbol{v}^{\mathrm{t}}\boldsymbol{x} \mid \|\boldsymbol{x}\| \le 1\} \tag{2.85}$$

로 정의하면, $\|\cdot\|_*$ 는 노름이 됨을 보이시오.[53]

풀이 우선 코시-슈바르츠 부등식과 예제 2.34를 이용하면, 적당한 상수 γ 에 대해

$$|\boldsymbol{v}^{\mathrm{t}}\boldsymbol{x}| \le \|\boldsymbol{v}\|_2\|\boldsymbol{x}\|_2 \le \gamma\|\boldsymbol{v}\|_2\|\boldsymbol{x}\|$$

가 성립하므로, $\|\boldsymbol{x}\| \le 1$ 에서 $\boldsymbol{v}^{\mathrm{t}}\boldsymbol{x}$ 는 위로 유계가 되고 상한이 존재한다. 따라서 $\|\boldsymbol{v}\|_*$ 는 잘 정의된다.

또, $\|\boldsymbol{x}\| \le 1$ 인 모든 $\boldsymbol{x}$ 에 대해

$$(\boldsymbol{v}+\boldsymbol{w})^{\mathrm{t}}\boldsymbol{x} = \boldsymbol{v}^{\mathrm{t}}\boldsymbol{x} + \boldsymbol{w}^{\mathrm{t}}\boldsymbol{x} \le \|\boldsymbol{v}\|_* + \|\boldsymbol{w}\|_*$$

이므로 $\|\boldsymbol{v}\|_* + \|\boldsymbol{w}\|_*$ 는 집합 $\{(\boldsymbol{v}+\boldsymbol{w})^{\mathrm{t}}\boldsymbol{x} \mid \|\boldsymbol{x}\| \le 1\}$ 에 대한 상계가 된다. 따라서 상한의 정의에 의해

$$\|\boldsymbol{v}+\boldsymbol{w}\|_* \le \|\boldsymbol{v}\|_* + \|\boldsymbol{w}\|_*$$

가 성립하고, 내적의 성질 (1)을 만족한다.

$\|\boldsymbol{x}\| = \|-\boldsymbol{x}\|$ 이고 $\boldsymbol{v}^{\mathrm{t}}(-\boldsymbol{x}) = -\boldsymbol{v}^{\mathrm{t}}\boldsymbol{x}$ 임을 이용하면, 내적의 성질 (2)와 (3)이 성립함을 쉽게 확인할 수 있다. 끝으로 내적의 성질 (4)가 성립함을 보이기 위해 $\|\boldsymbol{v}\|_* = 0$ 이라 가정하자. 이때, 예제 2.34에 의해 $\|\boldsymbol{v}\|_2 = 0$ 이므로 $\boldsymbol{v} = \boldsymbol{0}$ 이 된다. □

[53] 실제로는 $\boldsymbol{v}^{\mathrm{t}}\boldsymbol{x}$ 가 닫힌 집합에서 정의된 연속함수이므로 최댓값을 갖는다.

예제 2.35에서 정의한 노름 $\|\cdot\|_*$ 을 주어진 노름 $\|\cdot\|$ 에 대한 **쌍대 노름**(dual norm)이라고 부른다.[54] 이때, 쌍대노름의 정의로부터 모든 $\boldsymbol{v}, \boldsymbol{x} \in \mathbb{R}^n$ 에 대해

$$\boldsymbol{v}^{\mathrm{t}}\boldsymbol{x} \leq \|\boldsymbol{v}\|_* \|\boldsymbol{x}\|$$

가 성립한다.

앞서 살펴본 노름들에 대한 쌍대노름을 따져보자. 우선 유클리드 내적에 대해 코시-슈바르츠 부등식이 성립하므로

$$\boldsymbol{v}^{\mathrm{t}}\boldsymbol{x} = \langle \boldsymbol{v}, \boldsymbol{x} \rangle \leq \|\boldsymbol{v}\|_2 \|\boldsymbol{x}\|_2$$

이고, 이로부터 $\sup\{\boldsymbol{v}^{\mathrm{t}}\boldsymbol{x} \mid \|\boldsymbol{x}\|_2 \leq 1\} \leq \|\boldsymbol{v}\|_2$ 가 성립한다. 또, 주어진 $\boldsymbol{v}$ 에 대해 $\boldsymbol{x} = \boldsymbol{v}/\|\boldsymbol{v}\|_2$ 로 잡으면 등식이 성립하므로 다음과 같이 쌍대노름을 구할 수 있다.

$$\|\boldsymbol{v}\|_{2*} = \|\boldsymbol{v}\|_2 \tag{2.86}$$

또, 식 (2.38)의 횔더 부등식을 이용하면 ℓ_p-노름에 대한 쌍대노름은 $1/p + 1/q = 1$ 을 만족하는 q, 즉 $q = p/(p-1)$ 에 대해 다음이 성립함을 확인할 수 있다.

$$\|\boldsymbol{v}\|_{p*} = \|\boldsymbol{v}\|_q \tag{2.87}$$

예제 2.36 ℓ_1-노름의 쌍대노름은 ℓ_∞-노름이고, ℓ_∞-노름의 쌍대노름은 ℓ_1-노름임을 보이시오.

$$\|\boldsymbol{v}\|_{1*} = \|\boldsymbol{v}\|_\infty, \quad \|\boldsymbol{v}\|_{\infty*} = \|\boldsymbol{v}\|_1 \tag{2.88}$$

풀이 $\boldsymbol{v} = [v_1, \cdots, v_n]$의 각 성분 v_i 에 대해 $|v_i| \leq \|\boldsymbol{v}\|_\infty$ 이므로, $\|\boldsymbol{x}\|_1 = |x_1| + \cdots + |x_n| \leq 1$ 인 임의의 $\boldsymbol{x}$ 에 대해

$$\boldsymbol{v}^{\mathrm{t}}\boldsymbol{x} = \sum_{i=1}^{n} v_i x_i \leq \sum_{i=1}^{n} |v_i||x_i| \leq \|\boldsymbol{v}\|_\infty \sum_{i=1}^{n} |x_i| = \|\boldsymbol{v}\|_\infty \|\boldsymbol{x}\|_1$$

이 성립하고, $\|\boldsymbol{v}\|_{1*} \leq \|\boldsymbol{v}\|_\infty$ 이다. 특히, $\|\boldsymbol{v}\|_\infty = v_{i_0}$ 라 할 때 $\boldsymbol{x} = \boldsymbol{e}_{i_0}$ 로 잡으면[55], $\|\boldsymbol{x}\| = 1$ 이고 $\boldsymbol{v}^{\mathrm{t}}\boldsymbol{x} = v_{i_0} = \|\boldsymbol{v}\|_\infty$ 가 성립한다.

---

[54] 쌍대 노름 $\|\boldsymbol{v}\|_*$ 의 정의에서 $\boldsymbol{v}$ 는 $\mathbb{R}^n$ 의 임의의 벡터 $\boldsymbol{x}$ 에 실숫값 $\boldsymbol{v}^{\mathrm{t}}\boldsymbol{x}$ 를 대응시키는 선형사상으로 생각할 수 있다. 일반적으로 노름이 주어진 벡터공간 $\mathcal{V}$ 에서 $\mathbb{R}$ 로 가는 모든 선형사상들의 집합은 벡터공간이 되고, 이를 $\mathcal{V}$ 의 쌍대공간이라고 부른다. 이때, $\mathcal{V}$ 의 쌍대공간은 보통 $\mathcal{V}^*$ 로 쓰고, 쌍대공간의 벡터 $\boldsymbol{f} \in \mathcal{V}^*$ 에 대해 식 (2.85)와 같이 노름을 정의할 수 있는데, 이런 의미로 쌍대노름이라고 부른다.

[55] $\mathbb{R}^n$ 에서 $\boldsymbol{e}_i$ 는 i 번째 성분만 1 이고 나머지 성분은 모두 0 인 벡터를 나타낸다.

따라서 ℓ_1-노름의 쌍대노름은 ℓ_∞-노름임이 증명된다.

이제 ℓ_∞-노름의 쌍대노름을 구하자. 벡터 $\boldsymbol{x}$의 모든 성분에 대해 $x_i \le 1$이면

$$\boldsymbol{v}^{\mathrm{t}}\boldsymbol{x} = \sum_{i=1}^{n} v_i x_i \le \sum_{i=1}^{n} |v_i||x_i| \le \sum_{i=1}^{n} |v_i| = \|\boldsymbol{v}\|_1$$

이므로 $\|\boldsymbol{v}\|_{\infty *} \le \|\boldsymbol{v}\|_1$이 성립한다. 이때, 부호를 나타내는 함수 $\mathrm{sign} : \mathbb{R} \to \mathbb{R}$을

$$\mathrm{sign}(x) = \begin{cases} 1 & (x \ge 0) \\ -1 & (x < 0) \end{cases} \tag{2.89}$$

라 하고, $x_i := \mathrm{sign}(v_i)$, $(1 \le i \le n)$을 성분으로 갖는 벡터를 $\boldsymbol{x}$라 하면

$$\boldsymbol{v}^{\mathrm{t}}\boldsymbol{x} = \sum_{i=1}^{n} v_i \,\mathrm{sign}(v_i) = \sum_{i=1}^{n} |v_i| = \|\boldsymbol{v}\|_1$$

이 성립한다. 따라서 $\|\boldsymbol{v}\|_{\infty *} = \|\boldsymbol{v}\|_1$을 얻는다. □

예제 2.37 양의 정부호 행렬 $\mathbf{P}$로 주어지는 $\mathbf{P}$-이차노름의 쌍대노름에 대해 다음이 성립함을 보이시오.

$$\|\boldsymbol{v}\|_{\mathbf{P}*} = \left\|\mathbf{P}^{-1/2}\boldsymbol{v}\right\|_2 \tag{2.90}$$

풀이 식 (2.82)에서 $\|\boldsymbol{x}\|_{\mathbf{P}} = \left\|\mathbf{P}^{1/2}\boldsymbol{x}\right\|_2 \le 1$일 때, 유클리드 내적에 대한 코시-슈바르츠 부등식을 이용하면

$$\boldsymbol{v}^{\mathrm{t}}\boldsymbol{x} = \boldsymbol{v}^{\mathrm{t}}\mathbf{P}^{-1/2}\mathbf{P}^{1/2}\boldsymbol{x} = (\mathbf{P}^{-1/2}\boldsymbol{v})^{\mathrm{t}}(\mathbf{P}^{1/2}\boldsymbol{x}) \le \left\|\mathbf{P}^{-1/2}\boldsymbol{v}\right\|_2 \left\|\mathbf{P}^{1/2}\boldsymbol{x}\right\|_2 \le \left\|\mathbf{P}^{-1/2}\boldsymbol{v}\right\|_2$$

이 성립한다. 따라서 $\|\boldsymbol{v}\|_{\mathbf{P}*} \le \left\|\mathbf{P}^{-1/2}\boldsymbol{v}\right\|_2$이다.

한편 양수 $c := 1/\left\|\mathbf{P}^{-1/2}\boldsymbol{v}\right\|_2$에 대해 $\boldsymbol{x} := c\,\mathbf{P}^{-1}\boldsymbol{v}$로 잡으면

$$\|\boldsymbol{x}\|_{\mathbf{P}} = c\left\|\mathbf{P}^{1/2}\mathbf{P}^{-1}\boldsymbol{v}\right\|_2 = 1$$

이고

$$\boldsymbol{v}^{\mathrm{t}}\boldsymbol{x} = c\,\boldsymbol{v}^{\mathrm{t}}\mathbf{P}^{-1}\boldsymbol{v} = c\left\|\mathbf{P}^{-1/2}\boldsymbol{v}\right\|_2^2 = \left\|\mathbf{P}^{-1/2}\boldsymbol{v}\right\|_2$$

가 성립하므로 $\|\boldsymbol{v}\|_{\mathbf{P}*} = \left\|\mathbf{P}^{-1/2}\boldsymbol{v}\right\|_2$이 증명된다. □

2.4.5 최대급하강법과 수렴성

앞 소절에서 소개했듯이, 최대급하강법은 $\mathbb{R}^n$ 에 정의된 임의의 노름 $\|\cdot\|$ 에 대해, 하강 방향 $\boldsymbol{d}_{\mathrm{nsd}}$ 를

$$\boldsymbol{d}_{\mathrm{nsd}} := \underset{\boldsymbol{d}\in\mathbb{R}^n}{\arg\min}\{\nabla f(\boldsymbol{x})^{\mathrm{t}}\boldsymbol{d} \mid \|\boldsymbol{d}\| = 1\}$$

로 잡는 하강법의 일종이고, 주어진 노름에 대해 길이가 1 인 벡터라는 의미로 $\boldsymbol{d}_{\mathrm{nsd}}$ 를 정규 최대급하강 방향이라고 불렀다. 이때, $\boldsymbol{d}_{\mathrm{nsd}}$ 에 대해

$$\boldsymbol{d}_{\mathrm{nsd}} = \underset{\boldsymbol{d}\in\mathbb{R}^n}{\arg\min}\{\nabla f(\boldsymbol{x})^{\mathrm{t}}\boldsymbol{d} \mid \|\boldsymbol{d}\| \le 1\}$$

가 성립한다. 한편, $\|\cdot\|$ 의 쌍대노름의 정의 (2.85)를 생각하면

$$\min_{\boldsymbol{d}\in\mathbb{R}^n}\{\nabla f(\boldsymbol{x})^{\mathrm{t}}\boldsymbol{d} \mid \|\boldsymbol{d}\| \le 1\} = -\|\nabla f(\boldsymbol{x})\|_*$$

이므로, $\boldsymbol{d}_{\mathrm{nsd}}$ 는 $\|\boldsymbol{d}_{\mathrm{nsd}}\| = 1$ 이면서 $\nabla f(\boldsymbol{x})^{\mathrm{t}}\boldsymbol{d}_{\mathrm{nsd}} = -\|\nabla f(\boldsymbol{x})\|_*$ 인 벡터이다.

보통 최대급하강법에서 하강 방향은 정규 최대급하강 방향 벡터에 다음과 같이 크기를 조정한 벡터 $\boldsymbol{d}_{\mathrm{sd}}$

$$\boldsymbol{d}_{\mathrm{sd}} := \|\nabla f(\boldsymbol{x})\|_*\, \boldsymbol{d}_{\mathrm{nsd}} \tag{2.91}$$

를 주로 사용하고, 이를 **최대급하강 방향**(steepest descent direction)이라고 부른다. 이때, 다음이 성립한다.

$$\|\boldsymbol{d}_{\mathrm{sd}}\| = \|\nabla f(\boldsymbol{x})\|_*, \quad \nabla f(\boldsymbol{x})^{\mathrm{t}}\boldsymbol{d}_{\mathrm{sd}} = -\|\nabla f(\boldsymbol{x})\|_*^2 \tag{2.92}$$

만약 179쪽의 일반적인 하강법 알고리즘의 단계 (2)에서 직선 탐색을 위해 정밀 직선 탐색을 사용하는 경우에는 크기를 조정하는 것이 의미가 없으므로 단계 (1)에서 $\boldsymbol{d}_{\mathrm{nsd}}$ 를 사용할 수 있고, 역추적 직선 탐색 알고리즘을 사용하는 경우에는 보통 $\boldsymbol{d}_{\mathrm{sd}}$ 를 사용한다.

이제, 초기 추측값 $\boldsymbol{x}_0$ 에 의해 결정되는 집합 $\{\boldsymbol{x} \mid f(\boldsymbol{x}) \le f(\boldsymbol{x}^{(0)})\}$ 에서 목적 함수 f 의 헤시안 행렬이

$$m\mathbf{I} \preceq \nabla^2 f(\boldsymbol{x}) \preceq M\mathbf{I}$$

를 만족시킨다고 가정할 때, 주어진 노름 $\|\cdot\|$ 에 대한 하강 방향으로 $\boldsymbol{d}_{\mathrm{sd}}$ 를 찾고 역추적 직선 탐색을 이용하는 최대급하강법의 수렴성에 대해 살펴보자.

예제 2.34에 의해 $\|\cdot\|$와 $\|\cdot\|_*$에 대해 다음 조건을 만족하는 양수 γ와 $\widetilde{\gamma}$가 존재한다.

$$\|\boldsymbol{x}\|_2 \le \gamma \|\boldsymbol{x}\|, \quad \|\boldsymbol{x}\|_2 \le \widetilde{\gamma} \|\boldsymbol{x}\|_*$$

이때, 함수 $f(\boldsymbol{x}+t\boldsymbol{d}_{\rm sd})$에 대한 식 (2.72)를 식 (2.92)를 이용하여 계산하면

$$\begin{aligned} f(\boldsymbol{x}+t\boldsymbol{d}_{\rm sd}) \le& f(\boldsymbol{x}) + t\nabla f(\boldsymbol{x})^{\rm t}\boldsymbol{d}_{\rm sd} + \frac{M}{2}\|\boldsymbol{d}_{\rm sd}\|_2^2 t^2 \\ \le& f(\boldsymbol{x}) + t\nabla f(\boldsymbol{x})^{\rm t}\boldsymbol{d}_{\rm sd} + \frac{M}{2}\|\boldsymbol{d}_{\rm sd}\|^2 \gamma^2 t^2 \\ =& f(\boldsymbol{x}) - t\|\nabla f(\boldsymbol{x})\|_*^2 + \frac{M}{2}\gamma^2 t^2 \|\nabla f(\boldsymbol{x})\|_*^2 \end{aligned}$$

이다. 이때, 위 식의 오른쪽 식이 최소가 되는 $\hat{t} = 1/(M\gamma^2)$과 $0 < \alpha < 1/2$에 대해

$$f(\boldsymbol{x}+\hat{t}\boldsymbol{d}_{\rm sd}) \le f(\boldsymbol{x}) - \frac{1}{2M\gamma^2}\|\nabla f(\boldsymbol{x})\|_*^2 \le f(\boldsymbol{x}) + \alpha\hat{t}\nabla f(\boldsymbol{x})^{\rm t}\boldsymbol{d}_{\rm sd}$$

가 성립하므로, 역추적 직선 탐색 알고리즘의 종료 기준이 충족된다. 따라서, 최대급하강법의 k 단계에서 역추적 직선 탐색 알고리즘에서 반환되는 보폭 $t^{(k)}$는 $t^{(k)} \ge \min\{1, \beta/(M\gamma^2)\}$를 만족하고, 이로부터 다음이 성립한다.

$$\begin{aligned} f(\boldsymbol{x}^{(k+1)}) = f\big(\boldsymbol{x}^{(k)} + t^{(k)}\boldsymbol{d}_{\rm sd}^{(k)}\big) \le& f\big(\boldsymbol{x}^{(k)}\big) - \alpha\min\{1, \beta/(M\gamma^2)\}\left\|\nabla f\big(\boldsymbol{x}^{(k)}\big)\right\|_*^2 \\ \le& f\big(\boldsymbol{x}^{(k)}\big) - \frac{\alpha}{\widetilde{\gamma}^2}\min\{1, \beta/(M\gamma^2)\}\left\|\nabla f\big(\boldsymbol{x}^{(k)}\big)\right\|_2^2 \end{aligned} \tag{2.93}$$

따라서, 경사하강법의 수렴성을 보일 때와 같은 방법으로, 앞의 식 (2.93)과 식 (2.70a)의 $\|\nabla f(\boldsymbol{x}^{(k)})\|_2^2 \ge 2m\big(f(\boldsymbol{x}^{(k)}) - p_*\big)$를 결합하여 정리하면, 다음 결과를 얻는다.

$$f(\boldsymbol{x}^{(k)}) - p_* \le c^k\big(f(\boldsymbol{x}^{(0)}) - p_*\big), \quad (\text{단}, c = 1 - \frac{2m\alpha}{\widetilde{\gamma}^2}\min\{1, \beta/(M\gamma^2)\} < 1) \tag{2.94}$$

최대급하강법은 주어진 노름에 따라 최대급하강 방향 $\boldsymbol{d}_{\rm sd}$가 달라진다. 예를 들어, 주어진 노름이 ℓ_2-노름이면 식 (2.92)에서 $\boldsymbol{d}_{\rm sd} = -\nabla f(\boldsymbol{x})$가 되므로, 경사하강법과 같아짐을 알 수 있다. 다른 노름의 경우에 $\boldsymbol{d}_{\rm sd}$가 어떻게 변하는지 몇 가지 예를 살펴보자.

예제 2.38 양의 정부호 행렬 $\mathbf{P}$에 의해 결정되는 $\mathbf{P}$-이차노름에 대해 최대급하강 방향은

$$\boldsymbol{d}_{\rm sd} = -\mathbf{P}^{-1}\nabla f(\boldsymbol{x}) \tag{2.95}$$

임을 보이시오. 또, $\|\cdot\|_{\mathbf{P}}$에 대한 최대급하강법은 적절한 변수치환을 한 후 경사하강법을 적용하는 것과 동일함을 설명하시오.

풀이 우선 식 (2.92)에서 쌍대노름에 대해 식 (2.90)을 이용하면

$$\nabla f(\boldsymbol{x})^{\mathrm{t}}\boldsymbol{d}_{\mathrm{sd}} = -\left\|\nabla f(\boldsymbol{x})\right\|_*^2 = -\left\|\mathbf{P}^{-1/2}\nabla f(\boldsymbol{x})\right\|_2^2 = -\nabla f(\boldsymbol{x})^{\mathrm{t}}\mathbf{P}^{-1}\nabla f(\boldsymbol{x})$$

이므로, $\boldsymbol{d}_{\mathrm{sd}} = -\mathbf{P}^{-1}\nabla f(\boldsymbol{x})$ 임을 알 수 있다. 이때, $\mathbf{P}$-이차노름에 대해 (2.82)를 이용하면 $\|\boldsymbol{d}_{\mathrm{sd}}\|_{\mathbf{P}} = \left\|\mathbf{P}^{1/2}\boldsymbol{d}_{\mathrm{sd}}\right\|_2 = \left\|\mathbf{P}^{-1/2}\nabla f(\boldsymbol{x})\right\|_2$ 이므로 정규 최대급하강 방향은

$$\boldsymbol{d}_{\mathrm{nsd}} = -\big(\nabla f(\boldsymbol{x})\mathbf{P}^{-1}\nabla f(\boldsymbol{x})\big)^{-1/2}\mathbf{P}^{-1}\nabla f(\boldsymbol{x})$$

가 된다. 따라서, 최대급하강법에서 $\boldsymbol{d}_{\mathrm{nsd}}$ 보다 $\boldsymbol{d}_{\mathrm{sd}}$ 를 사용하는 이유를 알 수 있다.

이제 목적 함수 $f(\boldsymbol{x})$ 에서 $\boldsymbol{y} := \mathbf{P}^{1/2}\boldsymbol{x}$ 로 변수 치환을 하면

$$\begin{aligned} g(\boldsymbol{y}) &:= f(\mathbf{P}^{-1/2}\boldsymbol{y}) = f(\boldsymbol{x}) \\ \Longrightarrow \nabla g(\boldsymbol{y}) &= \mathbf{P}^{-1/2}\nabla f(\mathbf{P}^{-1/2}\boldsymbol{y}) = \mathbf{P}^{-1/2}\nabla f(\boldsymbol{x}) \end{aligned}$$

이다. 이때, 함수 $g(\boldsymbol{y})$ 를 경사하강법으로 최소화하기 위해 하강 방향 $-\nabla g(\boldsymbol{y})$ 에 대해 $\boldsymbol{y}^{(k+1)} = \boldsymbol{y}^{(k)} - t^{(k)}\nabla g(\boldsymbol{y}^{(k)})$ 로 갱신하는 과정을 $\boldsymbol{x}$ 에 대해 나타내면

$$\begin{aligned} \mathbf{P}^{1/2}\boldsymbol{x}^{(k+1)} &= \mathbf{P}^{1/2}\boldsymbol{x}^{(k)} - t^{(k)}\mathbf{P}^{-1/2}\nabla f(\boldsymbol{x}^{(k)}) \\ \Longleftrightarrow \boldsymbol{x}^{(k+1)} &= \boldsymbol{x}^{(k)} - t^{(k)}\mathbf{P}^{-1}\nabla f(\boldsymbol{x}^{(k)}) \end{aligned}$$

가 되고, $\boldsymbol{x}^{(k)}$ 에서 하강 방향은 $-\mathbf{P}^{-1}\nabla f(\boldsymbol{x}^{(k)})$ 이다. 또, 식 (2.82)에 의해

$$\|\boldsymbol{x}\|_{\mathbf{P}} \leq 1 \iff \|\boldsymbol{y}\|_2 \leq 1$$

이므로 $f(\boldsymbol{x})$ 에 최대급하강법을 적용하는 것은 $\boldsymbol{y} = \mathbf{P}^{1/2}\boldsymbol{x}$ 로 변수 치환한 후 $g(\boldsymbol{y})$ 에 경사하강법을 적용하는 것과 같음을 알 수 있다. □

$\mathbf{P}$-이차노름에 대해 최대급하강법을 적용할 때는 양의 정부호 행렬 $\mathbf{P}$ 의 선택에 따라 수렴 속도에 차이가 생긴다. 이론적으로 최선의 $\mathbf{P}$ 가 존재하는 것을 살펴보자. 예제 2.38에 의해 목적 함수 $f(\boldsymbol{x})$ 에 $\mathbf{P}$-이차노름에 대한 최대급하강법을 적용하는 것은 $\boldsymbol{y} = \mathbf{P}^{1/2}\boldsymbol{x}$ 로 변수 치환한 후 $g(\boldsymbol{y}) = f(\mathbf{P}^{-1/2}\boldsymbol{y})$ 에 경사하강법으로 적용하는 것과 동일하다. 따라서 f 의 최적해 $\boldsymbol{x}_*$ 에 대응되는 $\boldsymbol{y}_* = \mathbf{P}^{1/2}\boldsymbol{x}_*$ 에서 $g(\boldsymbol{y})$ 의 헤시안 행렬 $\nabla^2 g(\boldsymbol{y}_*)$ 의 조건수가 1에 가까운 행렬 $\mathbf{P}$ 를 선택하는 것이 최선이다.[56] 한편, 예제 2.10에 의해 g 의 헤시안 행렬은 다음과 같다.

$$\nabla^2 g(\boldsymbol{y}) = \mathbf{P}^{-1/2}\nabla^2 f(\mathbf{P}^{-1/2}\boldsymbol{y})\mathbf{P}^{-1/2}$$

[56] 경사하강법에서 헤시안 행렬의 조건수와 수렴 속도의 관계에 대한 182쪽의 설명을 참고하라.

또, $\boldsymbol{x}_*$ 근방에서 f 의 헤시안 행렬 $\nabla^2 f(\boldsymbol{x})$ 에 대해 $\nabla^2 f(\boldsymbol{x}) \approx \nabla^2 f(\boldsymbol{x}_*)$ 가 성립한다. 따라서, $\mathbf{P} \approx \nabla^2 f(\boldsymbol{x}_*)$ 가 되게 잡으면 $\boldsymbol{y}_* = \mathbf{P}^{1/2}\boldsymbol{x}_*$ 근방에서 $g(\boldsymbol{y})$ 의 헤시안 행렬은

$$\begin{aligned}\nabla^2 g(\boldsymbol{y}) &= \mathbf{P}^{-1/2}\nabla^2 f(\mathbf{P}^{-1/2}\boldsymbol{y})\mathbf{P}^{-1/2}\\ &\approx \left(\nabla^2 f(\boldsymbol{x}_*)^{-1/2}\right)\nabla^2 f(\boldsymbol{x})\left(\nabla^2 f(\boldsymbol{x}_*)^{-1/2}\right)\\ &\approx \left(\nabla^2 f(\boldsymbol{x}_*)^{-1/2}\right)\nabla^2 f(\boldsymbol{x}_*)\left(\nabla^2 f(\boldsymbol{x}_*)^{-1/2}\right) = \mathbf{I}\end{aligned}$$

를 만족시키고, 헤시안 행렬의 조건수가 1 에 가까운 값이 되므로 $g(\boldsymbol{y})$ 에 대한 경사하강법은 빠르게 수렴한다.[57] 즉, $f(\boldsymbol{x})$ 의 $\mathbf{P}$-이차노름에 대한 최대급하강법이 빠르게 수렴한다.

또 다른 예로, ℓ_1-노름에 대한 최대급하강법을 살펴보자.

예제 2.39 ℓ_1-노름에 대한 최대급하강법에서 하강 방향은 다음과 같음을 보이시오.

$$\boldsymbol{d}_{\text{sd}} = -\frac{\partial f}{\partial x_{i_0}}(\boldsymbol{x})\,\boldsymbol{e}_{i_0}, \quad \left(\text{단, } \max\left\{\left|\frac{\partial f}{\partial x_1}(\boldsymbol{x})\right|, \cdots, \left|\frac{\partial f}{\partial x_n}(\boldsymbol{x})\right|\right\} = \left|\frac{\partial f}{\partial x_{i_0}}(\boldsymbol{x})\right|\right)$$

풀이 최대급하강 방향에 대한 식 (2.92)와 식 (2.88)에 의해 $\boldsymbol{d}_{\text{sd}}$ 는

$$\nabla f(\boldsymbol{x})^{\text{t}}\boldsymbol{d}_{\text{sd}} = -\|\nabla f(\boldsymbol{x})\|_{1*}^2 = -\|\nabla f(\boldsymbol{x})\|_\infty^2$$

를 만족해야 한다. 따라서, $\mathbb{R}^n$ 의 표준기저를 $\{\boldsymbol{e}_1, \cdots, \boldsymbol{e}_n\}$ 이라 하고

$$\|\nabla f(\boldsymbol{x})\|_\infty = \left|\frac{\partial f}{\partial x_{i_0}}(\boldsymbol{x})\right|$$

일 때,

$$\boldsymbol{d}_{\text{sd}} = -\frac{\partial f}{\partial x_{i_0}}(\boldsymbol{x})\boldsymbol{e}_{i_0}, \quad \boldsymbol{d}_{\text{nsd}} = -\text{sign}\left(\frac{\partial f}{\partial x_{i_0}}(\boldsymbol{x})\right)\boldsymbol{e}_{i_0}$$

가 된다. □

위 예제에서 살펴본 ℓ_1-노름에 대한 최대급하강법은 알고리즘의 매 반복 단계에서 $\nabla f(\boldsymbol{x}^{(k)})$ 의 절댓값이 가장 큰 성분 i_0 를 찾고, $\nabla f(\boldsymbol{x}^{(k)})$ 의 i_0 성분의 부호에 따라 $\boldsymbol{x}^{(k)}$ 의 i_0 성분을 증가시키거나 감소시키는 아주 간단한 방법으로 $\boldsymbol{x}^{(k+1)}$ 을 구하게 된다. 이런 이유로 ℓ_1-노름에 대한 최대급하강법을 **좌표별 하강법** (coordinate-descent algorithm) 이라고 부르기도 한다.

---

[57] $\mathbf{P}$-이차노름에 대한 최대급하강법에서 $\mathbf{P}$ 를 선택하는 방법은 집합 $\mathcal{S}_\alpha = \{\boldsymbol{x} \mid f(\boldsymbol{x}) \le \alpha\}$ 의 형태를 보고 결정할 수도 있다. 만약 $\mathcal{S}_\alpha$ 의 형태가 n 차원 타원체에 가까운 형태이면, 적절한 양의 정부호 행렬 $\mathbf{P}$ 를 이용하여 변수치환 $\boldsymbol{y} = \mathbf{P}^{1/2}\boldsymbol{x}$ 을 하면, 이 변환에 대한 $\mathcal{S}$ 의 형태가 n 차원 구에 가까운 형태가 된다. 따라서 $f(\mathbf{P}^{-1/2}\boldsymbol{x})$ 에 대한 경사하강법의 수렴 속도가 빨라지게 되고, 이것은 $f(\boldsymbol{x})$ 의 $\mathbf{P}$-이차노름에 대한 최대급하강법의 수렴 속도가 빨라짐을 의미한다.

2.4.6 뉴턴 방법

헤시안 행렬이 양의 정부호 행렬일 때, 헤시안 행렬을 이용한 방향

$$\boldsymbol{d}_{\rm nt} := -\big(\nabla^2 f(\boldsymbol{x})\big)^{-1}\nabla f(\boldsymbol{x}) \tag{2.96}$$

을 사용하는 하강법을 **뉴턴 방법**(Newton's method) 이라고 부른다. 실제로 $\boldsymbol{x}$가 최적해가 아닌 경우에 $\nabla f(\boldsymbol{x}) \neq \mathbf{0}$ 이고, $\nabla^2 f(\boldsymbol{x})$가 양의 정부호 행렬이므로

$$\nabla f(\boldsymbol{x})^{\rm t}\boldsymbol{d}_{\rm nt} = -\nabla f(\boldsymbol{x})^{\rm t}\nabla^2 f(\boldsymbol{x})^{-1}\nabla f(\boldsymbol{x}) < 0$$

가 성립한다. 즉, $\boldsymbol{d}_{\rm nt}$는 하강 방향이 되는데, 이를 뉴턴 걸음(Newton step) 이라고 부르기도 한다.

뉴턴 방법은 예제 2.38에서 살펴본 $\mathbf{P}$-이차노름에 대한 최대급하강법에서 매 단계마다 $\mathbf{P}$를 헤시안 행렬 $\nabla^2 f(\boldsymbol{x})$로 바꾸어 적용하는 것으로 이해할 수 있다. 하강 방향으로 뉴턴 걸음을 선택하는 뉴턴 방법은, 앞서 191쪽에서 살펴보았듯이, 최적해 $\boldsymbol{x}_*$ 근처에서 아주 빠르게 수렴하는 하강법이다. 하지만, 매 단계마다 헤시안 행렬을 계산하고, 저장하는 것은 뉴턴 방법의 큰 단점이라고 할 수 있다.

뉴턴 방법에서 하강 방향으로 뉴턴 걸음 $\boldsymbol{d}_{\rm nt}$를 선택하는 것은 다른 측면에서 생각해 볼 수도 있다. 즉, $\boldsymbol{x}$를 중심으로 하는 목적 함수 f의 2차 테일러 근사 다항식 p_2을 생각하면, $\|\boldsymbol{d}\|$가 충분히 작은 $\boldsymbol{d}$에 대해

$$f(\boldsymbol{x}+\boldsymbol{d}) \approx p_2(\boldsymbol{x}+\boldsymbol{d}) = f(\boldsymbol{x}) + \nabla f(\boldsymbol{x})^{\rm t}\boldsymbol{d} + \frac{1}{2}\boldsymbol{d}^{\rm t}\nabla^2 f(\boldsymbol{x})\boldsymbol{d} \tag{2.97}$$

가 성립한다. 이때, 2차 테일러 근사 다항식을 $\boldsymbol{d}$에 관한 이차식으로 이해하고, 함숫값이 최소가 되는 $\boldsymbol{d}$를 구하면

$$\frac{\partial p_2}{\partial \boldsymbol{d}}(\boldsymbol{x}+\boldsymbol{d}) = \nabla f(\boldsymbol{x}) + \nabla^2 f(\boldsymbol{x})\,\boldsymbol{d} = \mathbf{0} \implies \boldsymbol{d} = -\big(\nabla^2 f(\boldsymbol{x})\big)^{-1}\nabla f(\boldsymbol{x})$$

가 된다. 이때, 구한 $\boldsymbol{d}$가 뉴턴 걸음 $\boldsymbol{d}_{\rm nt}$이다. 따라서 목적 함수 f가 이차식이면 $\boldsymbol{x}_* = \boldsymbol{x}+\boldsymbol{d}_{\rm nt}$가 되고, f가 이차식에 가까울수록 $\boldsymbol{x}+\boldsymbol{d}_{\rm nt}$는 $\boldsymbol{x}_*$의 좋은 근사해가 됨을 예상할 수 있다.

다음 예제는 뉴턴 걸음이 갖는 유용한 특성 중 하나이다.

예제 2.40 행렬 $\mathbf{A}$가 가역행렬일 때, 목적 함수 $f(\boldsymbol{x})$에서 $\boldsymbol{y} = \mathbf{A}^{-1}\boldsymbol{x}$와 같이 변수를 치환하

여 얻어지는 함수를 $g(\boldsymbol{y}) = f(\mathbf{A}\boldsymbol{y})$ 라 하자. 이때, $\boldsymbol{x}^{(k)}$ 에서의 뉴턴 걸음 $\boldsymbol{d}_{\rm nt}^{(k)}$ 와 $\boldsymbol{y}^{(k)}$ 에서의 뉴턴 걸음 $\widetilde{\boldsymbol{d}}_{\rm nt}^{(k)}$ 사이에 다음 관계가 성립함을 보이시오.

$$\mathbf{A}^{-1}\big(\boldsymbol{x}^{(k)} + \boldsymbol{d}_{\rm nt}^{(k)}\big) = \boldsymbol{y}^{(k)} + \widetilde{\boldsymbol{d}}_{\rm nt}^{(k)}$$

풀이 우선, 예제 2.10에 의해 다음이 성립한다.

$$\nabla g(\boldsymbol{y}) = \mathbf{A}^{\rm t}\nabla f(\boldsymbol{x}), \quad \nabla^2 g(\boldsymbol{y}) = \mathbf{A}^{\rm t}\nabla^2 f(\boldsymbol{x})\mathbf{A}$$

따라서, $\boldsymbol{y}^{(k)}$ 에서 $g(\boldsymbol{y})$ 에 대한 뉴턴 걸음은

$$\begin{aligned}\widetilde{\boldsymbol{d}}_{\rm nt}^{(k)} &= -\Big(\nabla^2 g(\boldsymbol{y}^{(k)})\Big)^{-1}\nabla g(\boldsymbol{y}^{(k)})\\ &= -\Big(\mathbf{A}^{\rm t}\nabla^2 f(\boldsymbol{x}^{(k)})\mathbf{A}\Big)^{-1}\Big(\mathbf{A}^{\rm t}\nabla f(\boldsymbol{x})\Big)\\ &= -\,\mathbf{A}^{-1}\nabla^2 f(\boldsymbol{x}^{(k)})^{-1}\nabla f(\boldsymbol{x})\\ &= \mathbf{A}^{-1}\boldsymbol{d}_{\rm nt}^{(k)}\end{aligned}$$

가 되고, 주어진 식이 성립한다. □

일반적인 하강법 알고리즘에서는 175 쪽에서 설명한 것처럼, 충분히 작은 기준값 $\eta > 0$ 에 대해 $\|\nabla f(\boldsymbol{x}^{(k)})\| \le \eta$ 이 성립하는지를 하강법 알고리즘의 종료 기준으로 사용한다. 뉴턴 걸음을 하강 방향으로 선택하는 뉴턴 방법에서도 동일한 종료 기준을 사용할 수 있다.

하지만, 뉴턴 방법에서는 매 반복 단계에서 뉴턴 걸음 $\boldsymbol{d}_{\rm nt}^{(k)}$ 를 이용하여 **뉴턴 감소율** (Newton decrement) 이라고 부르는 다음 값

$$\begin{aligned}\lambda(\boldsymbol{x}^{(k)}) &:= \big(-\nabla f(\boldsymbol{x}^{(k)})^{\rm t}\boldsymbol{d}_{\rm nt}^{(k)}\big)^{1/2} &\text{(2.98a)}\\ &= \Big(\nabla f(\boldsymbol{x}^{(k)})^{\rm t}\nabla^2 f(\boldsymbol{x}^{(k)})^{-1}\nabla f(\boldsymbol{x}^{(k)})\Big)^{1/2} &\text{(2.98b)}\\ &= \Big\|\nabla f(\boldsymbol{x}^{(k)})\Big\|_{\nabla^2 f(\boldsymbol{x}^{(k)})} &\text{(2.98c)}\end{aligned}$$

을 계산하고, 미리 정한 값 $\varepsilon > 0$ 에 대해 $\lambda(\boldsymbol{x}^{(k)})^2/2 < \varepsilon$ 을 만족하면 반복 알고리즘을 종료한다. 이처럼 종료 기준으로 사용할 수 있는 이유는 뉴턴 감소율 $\lambda(\boldsymbol{x}^{(k)})$ 가 식 (2.98c)에서 보듯이 $\nabla f(\boldsymbol{x}^{(k)})$ 의 $\nabla^2 f(\boldsymbol{x}^{(k)})$-이차노름이기 때문이다.[58]

종료 기준으로 사용할 수 있는 근거를 또 다른 측면에서 생각할 수도 있다. 뉴턴 걸음을

[58] 예제 2.34에 의해 $\mathbb{R}^n$ 의 두 노름은 수렴성에 있어서 동등한 역할을 한다.

선택할 때 사용했던 식 (2.97)에서 뉴턴 걸음 $\boldsymbol{d}_{\mathrm{nt}}$ 를 이용하면

$$\begin{aligned} f(\boldsymbol{x}) - \inf_{\boldsymbol{y}} p_2(\boldsymbol{y}) &= f(\boldsymbol{x}) - p_2(\boldsymbol{x} + \boldsymbol{d}_{\mathrm{nt}}) \\ &= \frac{1}{2} \nabla f(\boldsymbol{x})^{\mathrm{t}} \big(\nabla^2 f(\boldsymbol{x})\big)^{-1} \nabla f(\boldsymbol{x}) = \frac{1}{2} \lambda(\boldsymbol{x})^2 \end{aligned} \tag{2.99}$$

이 성립한다. 이때, $f(\boldsymbol{x}) - \inf_{\boldsymbol{y}} p_2(\boldsymbol{y})$ 를 $f(\boldsymbol{x}) - p_*$ 의 추정값으로 사용할 수 있는데, 이 의미는 $1/2\lambda(\boldsymbol{x}^{(k)})^2$ 을 $f(\boldsymbol{x}^{(k)}) - p_*$ 에 대한 추정값으로 사용할 수 있다는 의미이다.

한편, 뉴턴 감소율 $\lambda(\boldsymbol{x})$ 은 역추적 직선 탐색 알고리즘에서도 사용된다. 역추적 직선 탐색 알고리즘의 종료 기준을 판단하기 위해서는

$$f\big(\boldsymbol{x}^{(k)} + t\boldsymbol{d}_{\mathrm{nt}}\big) \le f\big(\boldsymbol{x}^{(k)}\big) + \alpha\, t\, \nabla f\big(\boldsymbol{x}^{(k)}\big)^{\mathrm{t}} \boldsymbol{d}_{\mathrm{nt}}$$

가 성립하는지 판단해야 하는데, 이때 오른쪽 식은 (2.98a)에 의해 $f\big(\boldsymbol{x}^{(k)}\big) - \alpha t \lambda\big(\boldsymbol{x}^{(k)}\big)^2$ 이 된다.

따라서 뉴턴 방법은 뉴턴 감소율을 이용하여 종료 기준을 미리 확인한다는 측면에서 앞서 살펴본 하강법 알고리즘들과는 사소한 차이가 있다. 이를 정리하면 다음과 같다.

뉴턴 방법

- **입력:** 초기 추측값 $\boldsymbol{x}^{(0)} \in \mathrm{dom}\, f$ 과 반복 종료 기준값 $\varepsilon > 0$
- **다음을 반복 실행**

  (1) 뉴턴 걸음 $\boldsymbol{d}_{\mathrm{nt}}^{(k)}$ 와 뉴턴 감소율 λ_k 를 다음과 같이 계산

  $$\boldsymbol{d}_{\mathrm{nt}}^{(k)} := -\nabla^2 f\big(\boldsymbol{x}^{(k)}\big)^{-1} \nabla f\big(\boldsymbol{x}^{(k)}\big), \quad \lambda_k^2 := -\nabla f\big(\boldsymbol{x}^{(k)}\big)^{\mathrm{t}} \boldsymbol{d}_{\mathrm{nt}}^{(k)}$$

  (2) 종료 기준 확인 : 조건 $\lambda_k^2/2 \le \varepsilon$ 이 만족되면 **반복 종료**

  (3) 역추적 직선 탐색 방식을 통해 보폭 $t^{(k)} > 0$ 선택

  (3) 감소하는 벡터열의 다음 항 계산: $\boldsymbol{x}^{(k+1)} = \boldsymbol{x}^{(k)} + t^{(k)} \boldsymbol{d}^{(k)}$

이제 뉴턴 방법의 수렴성에 대해 살펴보자. 여기서는 수렴성을 증명하는 과정에서 사용되는 핵심 내용이 무엇인지만 제시하고, 이를 바탕으로 뉴턴 방법의 수렴성이 갖는 특징을 살펴본다. 수렴성에 대한 자세한 증명은 참고문헌 [6]의 9.5.3절을 참고하면 된다.

우선, 앞서 다른 하강법의 수렴성을 증명할 때와 마찬가지로 목적 함수 f 는 C^2 이고, 닫힌 집합 $\mathcal{S} = \{\boldsymbol{x} \in \mathrm{dom}\, f \mid f(x) \le f(\boldsymbol{x}^{(0)})\}$ 의 모든 $\boldsymbol{x}$ 에 대해 $m\,\mathbf{I} \preceq \nabla^2 f(\boldsymbol{x}) \preceq M\,\mathbf{I}$ (단, $m > 0$)

를 만족한다고 가정하자.

뉴턴 방법은 목적 함수의 2 차 테일러 근사 다항식이 최소가 되는 방향을 뉴턴 걸음으로 사용하는 알고리즘이므로 주어진 함수가 이차함수로 얼마나 잘 근사될 수 있는지가 수렴성에 영향을 미친다. 이런 측면을 고려하기 위해 목적 함수의 헤시안 행렬 함수가 $\mathcal{S}$ 에서 **립쉬츠 연속**(Lipschitz continuous) 이라는 것을 가정한다. 즉, 다음 조건을 만족하는 어떤 상수 L 이 존재한다고 가정한다.[59]

$$\left\|\nabla^2 f(\boldsymbol{x}) - \nabla^2 f(\boldsymbol{y})\right\|_2 \le L \left\|\boldsymbol{x} - \boldsymbol{y}\right\|_2, \ \forall \boldsymbol{x}, \boldsymbol{y} \in \mathcal{S}$$

이때, 뉴턴 방법의 수렴성에 대한 증명의 핵심은 두 수 $\eta\,(0 < \eta \le m^2/L)$ 과 $\gamma > 0$ 가 존재해서, 알고리즘의 매 반복 단계마다 아래 두 가지 경우 중 한 가지가 성립한다는 것이다.

- $\left\|\nabla f\big(\boldsymbol{x}^{(k)}\big)\right\|_2 \ge \eta$ 인 경우에는 다음이 성립하고 역추적 직선 탐색으로 보폭 선택

$$f\big(\boldsymbol{x}^{(k+1)}\big) - f\big(\boldsymbol{x}^{(k)}\big) \le -\gamma \tag{2.100}$$

- $\left\|\nabla f\big(\boldsymbol{x}^{(k)}\big)\right\|_2 < \eta$ 인 경우에는 다음이 성립하고, 보폭은 $t^{(k)} = 1$ 선택

$$\frac{L}{2m^2}\left\|\nabla f\big(\boldsymbol{x}^{(k+1)}\big)\right\|_2 \le \left(\frac{L}{2m^2}\left\|\nabla f\big(\boldsymbol{x}^{(k)}\big)\right\|_2\right)^2 \tag{2.101}$$

위의 내용을 증명([6] 의 9.5.3 절) 하고 나면, 뉴턴 방법에서 종료까지의 반복 횟수에 대한 정보를 얻을 수 있다.

우선, 뉴턴 방법에서 k 번째 반복 단계에서 $\left\|\nabla f\big(\boldsymbol{x}^{(k)}\big)\right\|_2 < \eta$ 가 만족된다면, 그 이후의 모든 $\ell\,(\ell \ge k)$ 번째 반복 단계에서도 $\left\|\nabla f\big(\boldsymbol{x}^{(\ell)}\big)\right\|_2 < \eta$ 이 성립하고[60], 보폭도 $t^{(\ell)} = 1$ 이 된다.[61] 이때, $\ell \ge k$ 에 대해 식 (2.101)을 반복하여 적용하면

$$\frac{L}{2m^2}\left\|\nabla f\big(\boldsymbol{x}^{(\ell)}\big)\right\|_2 \le \left(\frac{L}{2m^2}\left\|\nabla f\big(\boldsymbol{x}^{(k)}\big)\right\|_2\right)^{2^{\ell-k}} < \left(\frac{L\eta}{2m^2}\right)^{2^{\ell-k}} = \left(\frac{1}{2}\right)^{2^{\ell-k}}$$

가 성립한다.

[59] f 가 C^2 이므로 $\nabla^2 f(\boldsymbol{x})$ 는 연속함수이지만, $\nabla^2 f(\boldsymbol{x})$ 가 립쉬츠 연속이라는 것은 좀 더 강한 조건이다. 만약 f 가 C^3 함수라면 이 조건은 성립한다. f 가 이차 함수이면 $L = 0$ 이고, f 가 이차 함수에 가까울수록 L 은 작은 값이 된다.

[60] 식 (2.101)의 오른쪽 식에서 $\left\|\nabla f(\boldsymbol{x}^{(k)})\right\|_2 < \eta < m^2/L$ 이므로 $\left\|\nabla f(\boldsymbol{x}^{(k+1)})\right\|_2 < \eta$ 가 성립한다. 즉, $n = k$ 일 때 $\left\|\nabla f(\boldsymbol{x}^{(n)})\right\|_2 < \eta$ 가 성립하면 $n = k + 1$ 일 때도 성립하므로 이를 반복하면 된다.

[61] 즉, 역추적 직선 탐색 알고리즘에서 보폭을 결정하기 위해 반복하여 계산할 필요가 없다.

따라서, 식 (2.70a)에 의해 다음 결과를 얻는다.

$$f(\boldsymbol{x}^{(\ell)}) - p_* \le \frac{1}{2m} \left\| \nabla f(\boldsymbol{x}^{(\ell)}) \right\|_2^2 \le \frac{2m^3}{L^2} \left(\frac{1}{2} \right)^{2^{\ell-k+1}} \tag{2.102}$$

위 식은 뉴턴 방법의 어떤 반복 단계에서 $\|\nabla f(\boldsymbol{x}^{(k)})\|_2 < \eta$가 성립하기만 하면, 그 이후로는 아주 빠르게 수렴함을 의미한다.

즉, k 번째 단계부터 식 (2.101)이 성립했다면, 종료 기준 ε에 대해 $f(\boldsymbol{x}_\ell) - p_* < \varepsilon$을 만족시키기 위해 추가로 반복해야 할 최소한의 횟수 $N_1 = \ell - k$는 다음과 같이 구할 수 있다.

식 (2.102)에서 $\varepsilon_0 := 2m^3/L^2$라 할 때

$$\varepsilon_0 \left(\frac{1}{2} \right)^{2^{N_1+1}} \le \varepsilon \iff N_1 + 1 \ge \log_2 \log_2(\varepsilon_0/\varepsilon)$$

이므로, N_1은 다음을 만족한다.

$$\log_2 \log_2(\varepsilon_0/\varepsilon) - 1 \le N_1 < \log_2 \log_2(\varepsilon_0/\varepsilon), \ (\text{단}, \varepsilon_0 = 2m^3/L^2)$$

실제로 $N_1 = 6$이면 $\varepsilon < 10^{-38}\varepsilon_0$을 충족시킨다.

따라서, 뉴턴 방법의 총 반복횟수는 $\|\nabla f(\boldsymbol{x}^{(k)})\|_2 \ge \eta$가 성립하는 k의 최댓값을 N_2라 할 때, $N_1 + N_2 + 1$이 된다. 이제 N_2의 범위를 따져보자.

식 (2.100)에 의해

$$\frac{f(\boldsymbol{x}^{(k)}) - f(\boldsymbol{x}^{(k+1)})}{\gamma} \ge 1, \ (0 \le k \le N_2)$$

이고, $f(\boldsymbol{x}^{(N_2+1)}) \ge p_*$이므로

$$\begin{aligned} N_2 + 1 &\le \frac{f(\boldsymbol{x}^{(0)}) - f(\boldsymbol{x}^{(1)})}{\gamma} + \frac{f(\boldsymbol{x}^{(1)}) - f(\boldsymbol{x}^{(2)})}{\gamma} + \cdots + \frac{f(\boldsymbol{x}^{(N_2)}) - f(\boldsymbol{x}^{(N_2+1)})}{\gamma} \\ &= \frac{f(\boldsymbol{x}^{(0)}) - f(\boldsymbol{x}^{(N_2+1)})}{\gamma} \\ &\le \frac{f(\boldsymbol{x}^{(0)}) - p_*}{\gamma} \end{aligned}$$

이 성립한다. 따라서 뉴턴 방법의 총 반복 횟수는 허용 오차가 ε이고, $\varepsilon_0 = 2m^3/L^2$일 때,

$$\frac{f(\boldsymbol{x}^{(0)}) - p_*}{\gamma} + \log_2 \log_2(\varepsilon_0/\varepsilon) \quad \left(\frac{f(\boldsymbol{x}^{(0)}) - p_*}{\gamma} + 6 \, (\text{단}, \varepsilon < 10^{-38}\varepsilon_0) \right)$$

를 넘지 않는다.

2.4.7 뉴턴 방법에서 뉴턴 걸음의 계산

뉴턴 방법을 적용하려면 매 단계마다 헤시안 행렬 $\nabla^2 f\big(\boldsymbol{x}^{(k)}\big)$ 을 계산하고, 이를 이용하여 뉴턴 걸음 $-\nabla^2 f\big(\boldsymbol{x}^{(k)}\big)^{-1}\nabla f\big(\boldsymbol{x}^{(k)}\big)$ 을 구해야 하는데, 변수의 개수 n 이 아주 커지면 계산량이 많아지므로 큰 단점으로 작용한다. 이 소절에서는 뉴턴 걸음과 뉴턴 감소율을 계산할 때, 계산량을 줄일 수 있는 방법에 대해 살펴본다.

우선 다른 계산 방법의 복잡도를 좀 더 엄밀하게 비교하기 위해 부동소수점 연산(flops: floating-point operations)의 수를 이용할 수 있다. 컴퓨터에서 실수는 정해진 비트 수(보통은 64비트)에 맞는 부동소수점 표현으로 저장되는데, 부동소수점으로 표현된 두 실수에 대해 이루어지는 한 번의 연산(덧셈, 뺄셈, 곱셈, 나눗셈)을 1 **flop**이라 정의한다.[62]

이때, 행렬이나 벡터에 대한 계산을 수행하는데 필요한 flops수는 행렬이나 벡터의 크기에 대한 함수 꼴로 표현할 수 있고, 서로 다른 계산 방법을 비교하는 한 기준으로 flops 수를 사용할 수 있다.[63]

실제로 flops 수를 비교할 때는 전체 flops 수 중 가장 영향이 큰 값을 기준으로 비교한다. 예를 들어, 어떤 계산을 수행하는데 필요한 flops 수가 n, m 에 관한 함수

$$3n^3 + 4n^2m + 10nm + nm^2 + 4m^3 + 100n + m$$

로 주어질 때, n, m 이 커질 때 가장 큰 영향을 주는 항 (즉, 각 m, n 에 대한 차수가 가장 높은 항)을 이용하여 계산량을 $3n^3 + 4n^2m + nm^2 + 4m^3$ flops로 나타낸다.

만약, $n \gg m$ 이라면 이 값은 $3n^3$ flops로 나타낼 수 있다. 이 경우, 두 알고리즘의 큰 차이만을 비교할 때는 $O(n^3)$ 과 같이 상수배를 무시하고 가장 큰 차수만을 고려하는 계산 복잡도를 사용하기도 한다.

예제 2.41 하삼각행렬 $\mathbf{L} \in \mathbb{R}^{n\times n}$ 과 벡터 $\boldsymbol{v} \in \mathbb{R}^n$ 에 대해 선형 연립방정식 $\mathbf{L}\boldsymbol{x} = \boldsymbol{v}$ 의 해를 81쪽의 설명과 같이 구할 때, 연산량은 n^2 flops 임을 보이시오.

---

[62] 1 번의 곱셈(나눗셈)과 1 번의 덧셈(뺄셈)을 묶어서 1 flop으로 정의하고 비교하기도 한다.

[63] 한 가지 언급할 점은 두 알고리즘의 계산 속도를 비교하는 기준으로써 flops 수가 절대적인 것은 아니라는 점이다. 기본적으로 flops 수를 이용하여 계산량을 비교하는 것은 컴퓨터로 부동소수점 연산을 하는데 걸리는 시간이 상대적으로 길었던 시기에 시작되었고, 컴퓨터 하드웨어가 발전함에 따라 단순히 flops 수로 두 알고리즘의 실행 속도를 단순 비교하는 것에는 한계가 있다.

풀이 주어진 선형 연립방정식

$$\begin{bmatrix} \ell_{11} & 0 & \cdots & 0 \\ \ell_{21} & \ell_{22} & \cdots & 0 \\ \vdots & \vdots & \ddots & \vdots \\ \ell_{n1} & \ell_{n2} & \cdots & \ell_{nn} \end{bmatrix} \begin{bmatrix} x_1 \\ x_2 \\ \vdots \\ x_n \end{bmatrix} = \begin{bmatrix} v_1 \\ v_2 \\ \vdots \\ v_n \end{bmatrix}$$

에서, 1 행부터 차례로 n 행까지 방정식의 해 $x_1, \cdots, x_n$ 을 차례로 구하자.

$$\begin{aligned} x_1 &:= v_1/\ell_{11} \quad (\text{나눗셈 1 번}) \\ x_2 &:= (v_2 - \ell_{21}x_1)/\ell_{22} \quad (\text{곱셈 1 번, 뺄셈 1 번, 나눗셈 1 번}) \\ &\vdots \\ x_n &:= (v_n - \sum_{k=1}^{n-1} \ell_{nk}x_k)/\ell_{nn} \quad (\text{곱셈 } n-1 \text{ 번, 덧셈 } n-2 \text{ 번, 뺄셈 1 번, 나눗셈 1 번}) \end{aligned}$$

따라서 총 연산수는 $1 + 3 + 5 + \cdots + (2n - 1) = n^2$ flops이다. □

헤시안 행렬 $\mathbf{H} := \nabla^2 f(\boldsymbol{x})$ 와 기울기 벡터 $\boldsymbol{g} := \nabla f(\boldsymbol{x})$ 에 대한 뉴턴 걸음 $\boldsymbol{d}_{\text{nt}} = -\mathbf{H}^{-1}\boldsymbol{g}$ 를 구할 때, 역행렬 $\mathbf{H}^{-1}$ 를 계산하여 구하는 것보다 $\boldsymbol{d}_{\text{nt}}$ 에 대한 선형 연립방정식 $\mathbf{H}\boldsymbol{d}_{\text{nt}} = -\boldsymbol{g}$ 의 해를 구하기 위해 $\mathbf{H}$ 의 LU 분해를 이용하는 81쪽의 방법이 더 효율적이다. 좀 더 정확하게 flops의 우세항으로 비교하면, LU 분해를 이용하여 해를 구하는 연산량은 $(2/3)n^3$ flops 이고[64], 역행렬을 이용하여 해를 구하는 연산량은 $(8/3)n^3$ flops이다.

특히 고려하는 헤시안 행렬 $\mathbf{H}$ 는 양의 정부호 행렬이므로 1.5.3에서 공부한 숄레스키 분해를 이용하면, $\mathbf{H} = \mathbf{L}\mathbf{L}^{\text{t}}$ 인 하삼각행렬 $\mathbf{L}$ 을 구할 수 있다. 이때, 숄레스키 분해를 이용하여 81쪽의 방법처럼 다음 두 단계

- 먼저 $\mathbf{L}\boldsymbol{w} = -\boldsymbol{g}$ 인 $\boldsymbol{w}$ 를 계산
- $\boldsymbol{w}$ 에 대해 $\mathbf{L}^{\text{T}}\boldsymbol{d}_{\text{nt}} = \boldsymbol{w}$ 인 $\boldsymbol{d}_{\text{nt}}$ 를 계산

를 통해 뉴턴 걸음을 구하면, 그 연산량은 일반적인 LU 분해를 이용한 연산량의 절반인 $(1/3)n^3$ flops이 된다. 또, 숄레스키 분해 $\mathbf{H} = \mathbf{L}\mathbf{L}^{\text{t}}$ 로부터 뉴턴 감소율 λ 의 제곱값을 구하면

$$\lambda^2 = -\boldsymbol{g}^{\text{t}}\boldsymbol{d}_{\text{nt}} = \boldsymbol{g}^{\text{t}}\mathbf{H}^{-1}\boldsymbol{g} = \boldsymbol{g}^{\text{t}}\left(\mathbf{L}\mathbf{L}^{\text{t}}\right)^{-1}\boldsymbol{g} = \left\|\mathbf{L}^{-1}\boldsymbol{g}\right\|_2^2 = \|\boldsymbol{w}\|_2^2$$

이다.

[64] LU 분해를 구하는 연산량이 $(2/3)n^3$ flops이고, 예제 2.41과 같이 하삼각행렬과 상삼각행렬 각각에 대해서 방정식을 푸는데 필요한 연산량은 각각 n^2 flops 이다. 따라서 총 연산량의 $(2/3)n^3 + 2n^2$ flops이고, 우세항은 $(2/3)n^3$ flops이다.

따라서 뉴턴 방법의 종료 기준을 확인하고 보폭을 결정하는 역추적 직선 탐색에서 필요한 뉴턴 감소율의 제곱값 $\lambda^2 = -\boldsymbol{g}^{\mathrm{t}}\boldsymbol{d}_{\mathrm{nt}}$ 은 $\boldsymbol{d}_{\mathrm{nt}}$ 를 구하는 과정에서 계산한 $\boldsymbol{w}$ 를 이용하여 구할 수도 있다.

역행렬을 알고 있거나 또는 쉽게 역행렬을 구할 수 있는 n 차 대칭행렬 $\mathbf{A}_0$ 과 $k\,(k \ll n)$ 개의 n 차원 벡터 $\boldsymbol{v}_i$ 로 만들어진 행렬 $\mathbf{A} = \mathbf{A}_0 + \sum_{i=1}^{k} \boldsymbol{v}_i\boldsymbol{v}_i^{\mathrm{t}}$ 의 역행렬을 구하는 계산 복잡도는, 셔먼-모리슨 재귀적 알고리즘(정리 1.47)을 적용할 때, 일반적인 계산 복잡도 $O(n^3)$ 보다 훨씬 효율적인 $O(k^2n)$ 이 된다는 것을 공부한 바 있다.

이와 유사하게 헤시안 행렬이 특별한 구조를 갖는 경우에는 숄레스키 분해를 이용하여 뉴턴 걸음을 구하는데 필요한 연산량을 $(1/3)n^3$ 보다 크게 줄일 수 있다.

한 예로 계수가 p 이하인 행렬 $\mathbf{A} \in \mathbb{R}^{p\times n}$ 과 함수 $f_0 : \mathbb{R}^p \to \mathbb{R}$, $f_i : \mathbb{R} \to \mathbb{R}\ (1 \le i \le n)$ 에 대해, 목적 함수가 f 가

$$f(\boldsymbol{x}) = \sum_{i=1}^{n} f_i(x_i) + f_0(\mathbf{A}\boldsymbol{x} + \boldsymbol{b}), \qquad \boldsymbol{x} \in \mathbb{R}^n$$

꼴로 주어지는 경우를 살펴보자. 이때, $\tilde{f}_0(\boldsymbol{x}) := f_0(\mathbf{A}\boldsymbol{x} + \boldsymbol{b})$ 라 하면, 예제 2.10에 의해

$$\mathbf{H}_0 := \nabla^2 \tilde{f}_0(\boldsymbol{x}) = \mathbf{A}^{\mathrm{t}}\nabla^2 f_0(\mathbf{A}\boldsymbol{x} + \boldsymbol{b})\mathbf{A}$$

이다. 따라서 목적 함수 f 의 헤시안 행렬 $\mathbf{H} := \nabla^2 f(\boldsymbol{x})$ 는 다음

$$\mathbf{H} = \mathbf{D} + \mathbf{A}^{\mathrm{t}}\mathbf{H}_0\mathbf{A}, \quad (\text{단}, \mathbf{D} := \operatorname{diag}\big(f_1''(x_1), \cdots, f_n''(x_n)\big))$$

과 같이 대각행렬과 계수가 p 이하인 행렬의 합으로 표현되는 특수한 구조를 갖는다.

두 행렬 $\mathbf{D}$ 와 $\mathbf{H}_0$ 가 모두 양의 정부호 행렬일 때, $\mathbf{H}$ 의 이런 구조를 이용하면 다음과 같이 치환을 이용하여 $\boldsymbol{d}_{\mathrm{nt}}$ 를 구할 수 있다. 우선 기울기 벡터를 $\boldsymbol{g} = \nabla f(\boldsymbol{x})$ 라 하고, 헤시안 행렬 $\mathbf{H}_0$ 의 숄레스키 분해를 $\mathbf{H}_0 = \mathbf{L}_0\mathbf{L}_0^{\mathrm{t}}$ 라 하면, 뉴턴 걸음 $\boldsymbol{d}_{\mathrm{nt}}$ 를 구하는 선형 연립방정식은

$$\mathbf{H}\boldsymbol{d}_{\mathrm{nt}} = -\boldsymbol{g} \iff \mathbf{D}\boldsymbol{d}_{\mathrm{nt}} + \mathbf{A}^{\mathrm{t}}\mathbf{L}_0\mathbf{L}_0^{\mathrm{t}}\mathbf{A}\boldsymbol{d}_{\mathrm{nt}} = -\boldsymbol{g}$$

이다. 이때 $\boldsymbol{w} := \mathbf{L}_0^{\mathrm{t}}\mathbf{A}\boldsymbol{d}_{\mathrm{nt}} \in \mathbb{R}^p$ 로 치환하면, $\boldsymbol{d}_{\mathrm{nt}} = -\mathbf{D}^{-1}\big(\mathbf{A}^{\mathrm{t}}\mathbf{L}_0\boldsymbol{w} + \boldsymbol{g}\big)$ 가 되고, 이로부터 $\boldsymbol{w}$ 에 관한 선형 연립방정식

$$\boldsymbol{w} = -\mathbf{L}_0^{\mathrm{t}}\mathbf{A}\mathbf{D}^{-1}\big(\mathbf{A}^{\mathrm{t}}\mathbf{L}_0\boldsymbol{w} + \boldsymbol{g}\big) \tag{2.103a}$$

$$\iff \big(\mathbf{I}_p + \mathbf{L}_0^{\mathrm{t}}\mathbf{A}\mathbf{D}^{-1}\mathbf{A}^{\mathrm{t}}\mathbf{L}_0\big)\boldsymbol{w} = -\mathbf{L}_0^{\mathrm{t}}\mathbf{A}\mathbf{D}^{-1}\boldsymbol{g} \tag{2.103b}$$

를 풀면 $\boldsymbol{d}_{\mathrm{nt}}$ 를 구할 수 있다.

이제 $\mathbf{H}$의 구조를 이용하여 위에서 설명한 방법으로 $\boldsymbol{d}_{\mathrm{nt}}$ 를 구할 때의 연산량을 따져보자.

- 우선 $\mathbf{H}_0$ 에 숄레스키 분해를 적용하여 $\mathbf{L}_0$ 계산하는 연산량 $(1/3)p^3$ flops
- 식 (2.103b)에서 양의 정부호 행렬 $\mathbf{I}_p + \mathbf{L}_0^{\mathrm{t}}\mathbf{A}\mathbf{D}^{-1}\mathbf{A}^{\mathrm{t}}\mathbf{L}_0$ 과 벡터 $-\mathbf{L}_0^{\mathrm{t}}\mathbf{A}\mathbf{D}^{-1}\boldsymbol{g}$ 를 계산하는 행렬의 곱셈의 연산량 $2p^2n$ flops
- 양의 정부호 행렬의 숄레스키 분해를 이용하여 식 (2.103b)에서 $\boldsymbol{w}$ 를 계산하는 연산량 $(1/3)p^3$ flops
- $\boldsymbol{d}_{\mathrm{nt}} = -\mathbf{D}^{-1}\left(\mathbf{A}^{\mathrm{t}}\mathbf{L}_0\boldsymbol{w} + \boldsymbol{g}\right)$ 를 계산하는 연산량 $2np$ flops

따라서 $p < n$ 일 때, $\mathbf{H}$의 구조를 이용하여 뉴턴 걸음을 구하는 방법의 연산량은 $2p^2n$ flops 이고, $p \ll n$ 일 때 숄레스키 분해를 이용하는 일반적인 연산량 $(1/3)n^3$ 보다 훨씬 효율적이다.

CHAPTER 3

확률과 통계

잘 알려진 통계 이론을 이용하여 심층학습의 결과를 이해하고 분석하는 것은 아직 힘들지만, 기계학습에서 훈련 자료로부터 예측 모델을 구성하는 것은 적절한 확률분포를 선택하는 것과 관련이 있고, 예측모델로부터 얻은 예측값이 얼마나 신뢰할 수 있는지를 평가하는 것은 통계적 분석과 깊은 관련이 있다. 또, 최근에는 이런 분석에 계산 통계학(computational statistics)의 방법들도 많이 이용되고 있다.

이 장에서는 기계학습의 여러 모델을 이해하고 적절한 학습(최적화)을 수행하기 위해서 알아야 할 확률과 통계의 필수적인 내용들을 정리한다. 특히, 앞서 학습한 선형대수학을 이용하여 다변량 정규 분포를 좀 더 깊게 다루고, 최대우도추정법을 비롯한 여러 추정방법에 대해서도 핵심적인 내용들을 소개한다.

이 장의 내용은 미적분학에서 다루는 다중적분(리만 적분)을 가정하고 설명하지만, 임의의 확률측도에 대한 르베그 적분으로 바꾸어도 성립하는 내용이다. 이 장의 내용을 이해하기 위해 반드시 필요한 것은 아니지만, 유한집합이 아닌 표본공간의 사건에 대한 (콜모고로프의 공리적) 확률 정의를 제대로 이해하기를 원하는 독자는 부록 4.3절에 소개되어 있는 일반적인 측도와 확률 측도에 대한 기본적인 내용을 먼저 읽어보길 권한다.

3.1 확률의 기본 개념

기본적으로 확률은 어떤 일이 일어날 가능성을 수로 나타낸 것이다. 이 절에서는 측도공간에 대응되는 확률공간을 구성하고 공리적 확률론을 정립한 콜모고로프의 이론을 토대로 확률을 정의하고, 확률변수와 확률분포에 대해 설명한다.

3.1.1 확률실험과 확률공간

확률 이론에서 가장 기본적인 개념은 **확률실험**(random experiement)이다. **시행**이라고도 부르는 확률실험은 사전에 그 결과가 미리 결정될 수 없는 관찰이나 실험을 의미하는데, 수학적으로는 다음 조건을 만족하는 세 짝 $(\Omega, \mathcal{H}, \mathbb{P})$로 구조화하여 나타낸다.

- **표본공간**(sample space)이라고 부르는 Ω는 실험에서 나올 수 있는 모든 결과들의 집합이다.
- $\mathcal{H}$는 표본공간 Ω의 부분집합들의 모임으로 다음 세 조건을 만족한다.[1] 이때, $\mathcal{H}$에 속하는 Ω의 부분집합을 **사건**(event)이라 부른다.

  (H1) $\mathcal{H}$는 표본공간 Ω를 포함한다.

  (H2) $\mathcal{H}$는 **여사건**에 대해 닫혀있다. 즉, $A \in \mathcal{H}$이면 $A^c \in \mathcal{H}$이다.

  (H3) $\mathcal{H}$는 사건들의 셀 수 있는 합집합에 대해 닫혀있다. 즉, $A_n \in \mathcal{H}$, $n \in \mathbb{N}$이면 $\displaystyle\bigcup_{i=1}^{\infty} A_n \in \mathcal{H}$이고, 이를 **합사건**이라 부른다.
- 함수 $\mathbb{P} : \mathcal{H} \to [0,1]$가 **콜모고로프의 공리**라고 부르는 다음 세 조건을 만족할 때, 임의의 $A \in \mathcal{H}$에 대한 $\mathbb{P}[A]$를 사건 A가 일어날 **확률**(probability)이라고 한다. 이때, $\mathbb{P}(A)$는 실험의 결과가 사건 $A \in \mathcal{H}$에 속할 가능성을 나타내는 수로 해석한다.[2]

  [콜모고로프의 공리](Kolmogorov axioms)

  (P1) 임의의 사건 $A \in \mathcal{H}$에 대해 $\mathbb{P}[A] \geq 0$

  (P2) $\mathbb{P}[\Omega] = 1$

  (P3) 임의의 사건 A_n $(n \in \mathbb{N})$에 대하여

$$\mathbb{P}\left[\bigcup_{i=1}^{\infty} A_n\right] \leq \sum_{n=1}^{\infty} \mathbb{P}[A_n] \tag{3.1}$$

  이 성립한다. 만약 주어진 사건 A_n $(n \in \mathbb{N})$들이 서로 **배반사건**(mutually exclusive events)이면, 즉 '$i \neq j \implies A_i \cap A_j = \varnothing$'이면 다음이 성립한다.

$$\mathbb{P}\left[\bigcup_{i=1}^{\infty} A_n\right] = \sum_{n=1}^{\infty} \mathbb{P}[A_n] \tag{3.2}$$

---

[1] 정확하게 말하면 $\mathcal{H}$는 Ω에 기반한 σ-대수이다. 좀 더 자세한 내용을 알기 원하는 독자는 부록의 4.3절을 참고하면 된다.

[2] 정확하게는 $\mathbb{P}$가 σ-대수 $\mathcal{H}$에서 정의된 확률측도가 된다. 부록의 4.3절을 참고하기 바란다.

배반사건에 대한 식 (3.2)를 **확률의 덧셈법칙**(sum rule of probability)라고 부른다. $\mathcal{H}$는 여사건에 대해 닫혀있으므로 $\varnothing$도 사건이 되고, 확률의 공리 (P1)과 덧셈법칙을 이용하면 $\mathbb{P}[\varnothing]=0$이 성립한다.

식 (3.2)에서 유한개의 배반사건 $A_1,\cdots,A_n$을 제외한 나머지 사건을 모두 공집합으로 둘 때, 조건 (H3)에 의해 $A_1\cup\cdots\cup A_n$도 **합사건**이 되고, $\mathbb{P}[\varnothing]=0$임을 이용하면 다음이 성립한다.

$$\mathbb{P}[A_1\cup\cdots\cup A_n]=\mathbb{P}[A_1]+\cdots+\mathbb{P}[A_n]\quad (\text{단}, i\neq j\text{이면 } A_i\cap A_j=\varnothing)$$

특히, 임의의 사건 A과 여사건 A^c는 서로 배반사건이고 $\Omega=A\cup A^c$이므로 덧셈법칙에 의해 여사건의 확률을 다음과 같이 구할 수 있다.

$$\mathbb{P}[A^c]=1-\mathbb{P}[A]$$

사건들의 모임 $\mathcal{H}$의 조건 (H2)와 (H3)에 의해 유한개 사건의 교집합 $A_1\cap\cdots\cap A_n$도 사건이 되고, 사건 A_n $(n\in\mathbb{N})$의 셀 수 있는 교집합 $\bigcap_{n=1}^{\infty}A_n$도 사건이 되는데, 이를 **곱사건**이라고 부른다.

따라서 임의의 합사건은 적절한 여사건, 합사건, 곱사건을 이용하면 배반사건들의 합사건으로 분할할 수 있고, (3.2)의 덧셈법칙을 이용하여 확률을 구할 수 있다. 예를 들어, 두 사건 A와 B에 대해, $A\cap B^c$, $A\cap B$, $B\cap A^c$은 배반사건이므로 다음과 같이 일반적인 합사건 $A\cup B$의 확률을 구할 수 있다.

$$\begin{aligned}
A&=\big(A\cap B\big)\cup\big(A\cap B^c\big) &&\Longrightarrow \mathbb{P}[A]=\mathbb{P}[A\cap B^c]+\mathbb{P}[A\cap B]\\
B&=\big(B\cap A\big)\cup\big(B\cap A^c\big) &&\Longrightarrow \mathbb{P}[B]=\mathbb{P}[B\cap A]+\mathbb{P}[B\cap A^c]\\
A\cup B&=\big(A\cap B^c\big)\cup\big(A\cap B\big)\cup\big(A^c\cap B\big) &&\Longrightarrow \mathbb{P}[A\cup B]=\mathbb{P}[A]+\mathbb{P}[B]-\mathbb{P}[A\cap B]
\end{aligned}$$

많은 경우에 표본공간 Ω는 셀 수 있는 집합 $\Omega=\{a_n\,|\,n\in\mathbb{N}\}$이 되는데, 이 경우에는 $\mathcal{H}$를 Ω의 모든 부분집합의 모임 $\mathcal{P}(\Omega)$로 두고, **근원사건**이라고 부르는 각 사건 $\{a_n\}$에 대응되는 확률 $\mathbb{P}[\{a_n\}]=p_n$를 $\sum_{n=1}^{\infty}p_n=1$이 되도록 부여하면 확률공간이 된다. 이런 확률공간 $(\Omega,\mathcal{H},\mathbb{P})$를 **이산확률공간**(discrete probability space)라고 부른다. 이때, 임의의 사건 $A\subset\Omega$에 대한 확률은 아래와 같이 구할 수 있다.

$$\mathbb{P}[A]=\sum_{a_n\in A}\mathbb{P}[\{a_n\}]=\sum_{n:a_n\in A}p_n$$

예제 3.1 이산확률공간의 특별한 경우는 확률실험에서 나올 수 있는 결과가 유한개 뿐이고, 각 결과가 나올 가능성이 동등한 경우이다. 이때, 임의의 사건 A에 대한 확률을 구하시오.

풀이 유한집합 A의 원소의 개수를 $|A|$로 나타내고, $|\Omega| = n$이라 하자. 표본공간이 $\Omega = \{a_1, \cdots, a_n\}$이라 할 때, 각 근원사건 $A_k = \{a_k\}$가 일어날 가능성이 동등하므로 대응되는 확률은 $\mathbb{P}[A_k] = p\,(k = 1, \cdots, n)$이고, $\sum_{k=1}^{n} \mathbb{P}[A_k] = 1$이 되어야 하므로 $\mathbb{P}[A_k] = 1/n$이 된다. 따라서 임의의 사건 $A \subset \Omega$에 대한 확률은

$$\mathbb{P}[A] = \frac{|A|}{|\Omega|}$$

이다. □

3.1.2 확률변수와 확률분포

확률실험은 실험의 결과를 수치적으로 표현하는 확률변수를 이용하여 나타내는 것이 편리하다. 확률변수는 보통 X, Y, Z와 같이 알파벳 뒷부분의 문자를 대문자로 표기하여 나타낸다. **확률변수**(random variable)를 수학적으로 엄밀하게 정의하면, 표본공간에서 정의된 함수 $X : \Omega \to \mathbb{R}$가 다음 조건을 만족할 때 확률변수라고 한다.[3]

$$\{\omega \in \Omega \,|\, a < X(\omega) \leq b\} \in \mathcal{H}, \ \forall\, a, b \in \mathbb{R}$$

이때, 사건 $\{\omega \,|\, a < X(\omega) \leq b\}$를 보통 $\{a < X \leq b\}$로 쓰고, 대응되는 확률 $\mathbb{P}\big[\{a < X \leq b\}\big]$를 간단히 $\mathbb{P}[a < X \leq b]$로 쓴다.

주어진 확률공간 $(\Omega, \mathcal{H}, \mathbb{P})$에서 모든 사건에 대한 확률은 아래와 같이 정의되는 **누적분포함수**(cdf:cumulative distribution function) F로부터 구할 수 있다.

$$F(x) := \mathbb{P}[X \leq x], \quad x \in \mathbb{R}$$

예를 들어, 사건 $\{a < X \leq b\}$에 대한 확률은 다음과 같이 계산할 수 있다.

$$\mathbb{P}[a < X \leq b] = \mathbb{P}[X \leq b] - \mathbb{P}[X \leq a] = F(b) - F(a)$$

[3]좀 더 엄밀하게 말하면, 임의의 실수 α에 대해 $\{x \in \Omega \,|\, X(x) \leq \alpha\}$가 $\mathcal{H}$에 속하는 사건이 되는 함수 $X : \Omega \to \mathbb{R}$을 의미하고, 측도론에서는 이런 함수를 잴 수 있는 함수라 부른다. 좀 더 자세한 내용은 부록의 4.3절을 참고하기 바란다.

일반적으로 두 사건 $A \subset B$ 에 대해 $\mathbb{P}[A] \le \mathbb{P}[B]$ 가 성립하므로[4] 누적분포함수 F 는

$$x_1 < x_2 \implies F(x_1) \le F(x_2)$$

를 만족하는 증가함수가 된다. 또, 임의의 $a \in \mathbb{R}$ 에 대해 $\lim_{x \to a+} F(x) = F(a)$ 를 만족하므로, 일반적인 누적분포함수의 그래프는 다음과 같은 형태가 된다.

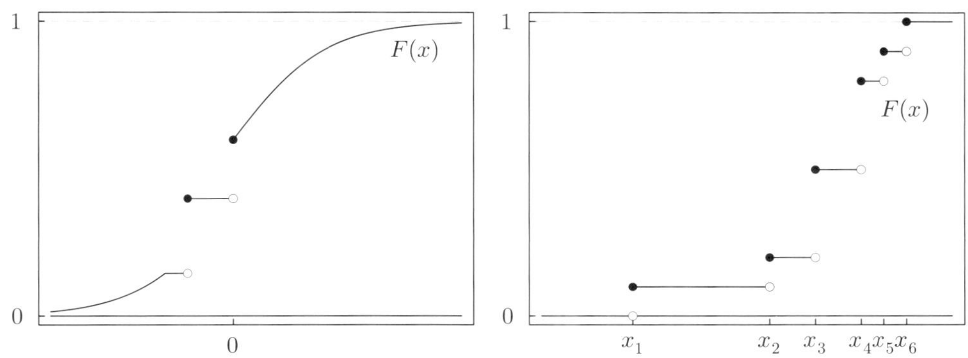

그림 3.1: 누적분포함수의 그래프 개형

표본공간이 $\Omega = \{x_n \mid n \in \mathbb{N}\}$ 인 이산확률공간의 근원사건 $A_n = \{x_n\}$ 에 대한 확률이 $f(x_n) := \mathbb{P}[A_n]$ 이라 할 때, 대응되는 누적분포함수 F_d 를 **이산 누적분포함수**라고 부르고 다음과 같이 계산된다.

$$F_d(x) = \sum_{x_n \le x} f(x_n)$$

이산 누적분포함수의 그래프는 ⟨그림 3.1⟩의 오른쪽 그림에서 보듯이 구간에서 상수인 계단함수 형태가 된다.

이때, 함수 f 를 **확률질량함수**(probability mass function) 또는 **이산 확률밀도함수**(discrete density function)라 하고[5], 확률변수 X 를 **이산 확률변수**라고 한다. 특정 사건에 대한 확률을 구할 때는

$$\mathbb{P}[X \in A] = \sum_{x \in A} f(x)$$

와 같이 확률질량함수를 이용하여 구하는 것이 더 편리할 수 있다.

만약 확률공간 $(\Omega, \mathcal{H}, \mathbb{P})$ 에 대응되는 누적분포함수가 음이 아닌 연속함수 $f : \mathbb{R} \to [0, \infty)$

[4] A 와 $B \cap A^c$ 은 배반사건이므로 $\mathbb{P}[B] = \mathbb{P}[A] + \mathbb{P}[B \cap A^c] \ge \mathbb{P}[A]$ 가 성립한다.

[5] 부록 4.3절의 확률측도로 이해하면 함수 f 는 셈측도에 대한 확률측도의 밀도함수가 되므로 이산 확률밀도함수라고 부르기도 한다.

에 대해

$$F_c(x) = \int_{-\infty}^{x} f(t)dt \tag{3.3}$$

꼴로 주어지면, 미적분학의 기본정리에 의해 F_c는 미분가능한 함수가 되고

$$F_c'(x) = f(x), \qquad \mathbb{P}[a < X \le b] = F_c(b) - F_c(a) = \int_a^b f(x)\ dx \tag{3.4}$$

가 성립한다. 이때, 주어진 확률공간에 대한 확률변수 X를 **연속 확률변수**라 하고, f를 **연속 확률밀도함수**라고 부른다. 물론, $\mathbb{P}[\Omega] = 1$이므로 $\int_{-\infty}^{\infty} f(x)\,dx = 1$이 성립한다.

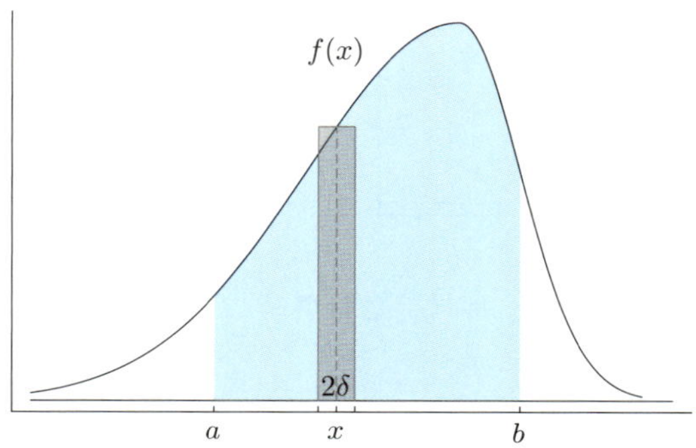

그림 3.2: 연속 확률밀도함수 f를 이용한 확률 계산

확률밀도함수가 f인 연속 확률변수에 대한 확률 $\mathbb{P}[a < X \le b]$는 ⟨그림 3.2⟩에서 보듯이 음이 아닌 함수 f의 그래프로 주어지는 영역의 넓이를 해당된다. 여기서 한 가지 언급할 점은 $\mathbb{P}[X = x]$가 될 확률은 0이지만, 충분히 작은 양수 δ에 대하여

$$\mathbb{P}[x - \delta, x + \delta] \approx f(x)2\delta \tag{3.5}$$

이므로, 확률밀도함수 $f(x)$를 $X = x$가 될 가능성을 나타내는 값으로 이해할 수 있다는 점이다. 예를 들어, $X = a$가 될 가능성과 $X = b$가 될 가능성을 비교하는 상황에서는 확률밀도함수의 값을 비교하면 된다.

위 정의에서는 주어진 연속 확률밀도함수로부터 얻어지는 누적분포함수로 제한하여 설명하였다. 일반적으로 확률공간이 주어지면 누적분포함수가 결정되므로, 이로부터 식 (3.3)을 만족하는 함수 f의 존재성을 묻는 것이 자연스럽다. 누적분포함수와 확률밀도함수의 관계에 대해 좀 더 자세히 알고 싶은 독자는 참고 3.1을 토대로 측도에 관한 부록의 내용을 읽어보길 권한다.

참고 3.1 이 책에서는 독자들이 실해석학(real analysis)이나 측도론(measure theory)에 대한 지식이 없다는 것을 가정하고 있으므로 연속함수 f에 대해 식 (3.3)으로 주어지는 누적분포함수로 제한하여 설명하였지만, 일반적으로 누적분포함수가 절대연속함수가 되면, 르베그 적분에 대해 식 (3.3)과 (3.4)를 만족하는 음이 아닌 함수 f가 존재함을 보일 수 있고, 이를 **확률밀도함수**라고 부른다.

일반적으로 함수 $F : \mathbb{R} \to \mathbb{R}$가 **절대연속**(absolutely continuous) 함수라는 것은, 임의의 $\varepsilon > 0$과 겹치지 않는 임의의 유한개 구간 $(a_1, b_1), \cdots, (a_n, b_n)$에 대해 다음을 만족시키는 $\delta > 0$가 존재하는 것을 의미한다.

$$\sum_{k=1}^{n}(b_k - a_k) < \delta \implies \sum_{k=1}^{n}|F(b_k) - F(a_k)| < \varepsilon$$

만약 누적분포함수 F가 절대연속함수이면, 르베그 적분가능한 음이 아닌 함수 f가 존재해서 식 (3.3)을 만족한다는 것이 잘 알려져 있다[11, 1]. 이때 f는 부록의 식 (4.12)와 예제 4.3에서 다루는 르베그 측도에 대한 밀도함수가 된다.

확률실험의 표본공간에 대하여 **확률분포**(probability distribution)를 안다는 것은 모든 사건에 대한 확률을 구할 수 있다는 뜻이다. 따라서, 확률변수에 대한 누적분포함수를 안다는 것은 확률분포를 아는 것과 같다. 또, 이산 확률변수나 연속 확률변수에 대한 (이산, 연속) 확률밀도함수를 아는 것도 확률분포를 아는 것과 같은 의미이다.

특히, 구체적인 확률질량함수나 확률밀도함수 f에 대응되는 확률분포에 특별한 이름을 붙이게 되는데, 확률변수 X가 Dist란 이름의 확률분포를 따른다는 것을 $X \sim \text{Dist}$로 나타낸다. 이것은 확률분포의 확률밀도함수 f에 대해 $X \sim f$, 또는 누적분포함수 F에 대해 $X \sim F$로 표현하는 것과 동일한 의미이다. 중요한 이산 확률분포를 정리하면 다음 표와 같다.

확률분포	표기	$f(x)$	x	모수
베르누이 분포	$\text{Ber}(p)$	$p^x(1-p)^{1-x}$	$\{0, 1\}$	$0 \le p \le 1$
이항 분포	$\text{B}(n, p)$	$\binom{n}{k} p^x (1-p)^{n-x}$	$\{0\} \cup \mathbb{N}$	$0 \le p \le 1$, $n \in \{0\} \cup \mathbb{N}$
이산 균등 분포	$\text{U}\big(\{1, \cdots, n\}\big)$	$\frac{1}{n}$	$\{1, \cdots, n\}$	$n \in \{1, 2, \cdots\}$
기하 분포	$\text{Geom}(p)$	$p(1-p)^{x-1}$	$\mathbb{N}$	$0 \le p \le 1$
푸아송 분포[6]	$\text{Poi}(\lambda)$	$e^{-\lambda}\frac{\lambda^x}{x!}$	$\{0\} \cup \mathbb{N}$	$\lambda > 0$

표 3.1: 이산 확률분포의 예

[6] 베르누이 분포(Bernoulli distribution), 이항 분포(Binomial distribution), 이산 균등 분포(Discrete uniform distribution), 기하 분포(Geometric distribution), 푸아송 분포(Poisson distribution)

아래의 연속 확률분포 [표 3.2]에서 감마함수 Γ는 (특이) 적분으로 정의된

$$\Gamma(\alpha) = \int_0^\infty e^{-x} x^{\alpha-1}\,dx,\ \ (\alpha > 0)$$

함수이다. $\Gamma(1) = 1$, $\Gamma(1/2) = \sqrt{\pi}$ 임을 쉽게 확인할 수 있고, 감마함수는 다음 함수 방정식

$$\Gamma(x+1) = x\Gamma(x)$$

을 만족시키므로, 자연수 n에 대하여 $\Gamma(n) = (n-1)!$ 이 성립한다.

확률분포	표기	$f(x)$	x	모수
균등 분포	$\mathrm{U}\big([\alpha,\beta]\big)$	$\frac{1}{\beta-\alpha}$	$[\alpha,\beta]$	$\alpha<\beta$
정규 분포	$\mathrm{N}(\mu,\sigma^2)$	$\frac{1}{\sqrt{2\pi}\sigma}e^{-\frac{1}{2}(\frac{x-\mu}{\sigma})^2}$	$\mathbb{R}$	$\sigma>0$, $\mu\in\mathbb{R}$
감마 분포	$\mathrm{Gamma}(\alpha,\lambda)$	$\frac{\lambda^\alpha x^{\alpha-1}e^{-\lambda x}}{\Gamma(\alpha)}$	$\mathbb{R}_+$	$\alpha,\lambda>0$
역감마 분포	$\mathrm{InvGamma}(\alpha,\lambda)$	$\frac{\lambda^\alpha x^{-\alpha-1}e^{-\lambda x^{-1}}}{\Gamma(\alpha)}$	$\mathbb{R}_+$	$\alpha,\lambda>0$
지수 분포	$\mathrm{Exp}(\lambda)$	$\lambda e^{-\lambda x}$	$\mathbb{R}_+$	$\lambda>0$
베타 분포	$\mathrm{Beta}(\alpha,\beta)$	$\frac{\Gamma(\alpha+\beta)}{\Gamma(\alpha)\Gamma(\beta)}x^{\alpha-1}(1-x)^{\beta-1}$	$[0,1]$	$\alpha,\beta>0$
와이블 분포	$\mathrm{Weib}(\alpha,\lambda)$	$\alpha\lambda(\lambda x)^{\alpha-1}e^{-(\lambda x)^\alpha}$	$\mathbb{R}_+$	$\alpha,\lambda>0$
파레토 분포	$\mathrm{Pareto}(\alpha,\lambda)$	$\alpha\lambda(1+\lambda x)^{-(\alpha+1)}$	$\mathbb{R}_+$	$\alpha,\lambda>0$
t-분포	t_ν	$\frac{\Gamma(\frac{\nu+1}{2})}{\sqrt{\nu\pi}\Gamma(\frac{\nu}{2})}\left(1+\frac{x^2}{\nu}\right)^{-(\nu+1)/2}$	$\mathbb{R}$	$\nu>0$
F-분포[7]	$\mathrm{F}(m,n)$	$\frac{\Gamma(\frac{m+n}{2})(m/n)^{m/2}x^{(m-2)/2}}{\Gamma(\frac{m}{2})\Gamma(\frac{n}{2})\big[1+(m/n)x\big]^{(m+n)/2}}$	$\mathbb{R}_+$	$m\in\mathbb{N}$, $n\in\mathbb{N}$

표 3.2: 연속 확률분포의 예

위의 감마 분포에서 $\alpha = n/2, \lambda = 1/2$ 인 경우의 $\mathrm{Gamma}(n/2, 1/2)$를 자유도(degree of freedom)가 n 인 **카이제곱 분포**(chi-squared distribution)이라 부르고 χ^2_n 으로 나타낸다. 즉,

$$X \sim \chi^2_n \iff f(x) = \frac{x^{\frac{n}{2}-1}e^{-\frac{1}{2}x}}{2^{\frac{n}{2}}\Gamma(\frac{n}{2})},\ x \ge 0$$

[7] 균등 분포(Uniform distribution), 정규 분포(Normal distribution), 감마 분포(Gamma distribution), 역감마 분포(Inverse Gamma distribution), 지수 분포(Exponential distribution), 베타 분포(Beta distribution), 와이블 분포(Weibull distribution), 파레토 분포(Pareto distribution), t-분포(Student distribution), F-분포(F distribution)

또, t_1 분포를 **코시 분포**라고 부른다. 각 확률밀도함수의 개형과 대응되는 확률변수가 가리키는 사건의 의미에 대해서는 확률론에 관한 기본적인 교재 [15] 또는 [8]을 참고하기 바란다.

3.1.3 기댓값과 분산

이 소절에서는 확률분포의 중심과 퍼져있는 정도를 각각 나타내는 기댓값과 분산에 대해 설명한다.

표본공간의 임의의 사건은 확률변수 X를 통해 표현되고, 그 확률은 (이산) 확률밀도함수를 이용하여 구할 수 있다.[8] 따라서 확률변수 X에 대해 다음과 같이 정의되는 값

$$\mathbb{E}[X] = \begin{cases} \displaystyle\sum_x xf(x) & (X\text{가 이산확률변수}) \\ \displaystyle\int_{-\infty}^{\infty} xf(x)\,dx & (X\text{가 연속확률변수}) \end{cases}$$

는 확률분포의 중심적 경향을 나타내는 값이 되는데, 이를 확률밀도함수가 f인 확률분포를 따르는 확률변수 X의 **기댓값**(expectation) 또는 **평균**(mean)이라 부른다. 오해의 소지가 없는 경우 $\mathbb{E}[X]$를 $\mathbb{E}X$, μ_X로 쓰기도 한다.[9]

X가 확률변수이면, X^2이나 $\sin(X)$와 같이 X에 관한 함수도 다시 확률변수가 된다.[10] 따라서, 아래의 식 (3.6)과 같이 합이나 적분이 잘 정의되는 함수 h에 대해 확률변수 $h(X)$의 기댓값은

$$\mathbb{E}[h(X)] = \begin{cases} \displaystyle\sum_x h(x)f(x) & (X\text{가 이산확률변수}) \\ \displaystyle\int_{-\infty}^{\infty} h(x)f(x)\,dx & (X\text{가 연속확률변수}) \end{cases} \tag{3.6}$$

과 같이 구한다.

확률변수가 취하는 값이 기댓값으로부터 평균적으로 어느 정도 퍼져 있는지를 알려주는 확률변수 $\big(X - \mathbb{E}[X]\big)^2$의 기댓값을 확률변수 X의 **분산**(variance)이라 하고 $\mathbb{V}\mathrm{ar}[X]$, $\mathbb{V}\mathrm{ar}X$ 또는 σ_X^2로 나타낸다. 또, 확률변수가 분명할 때는 σ^2으로 나타내기도 한다.

$$\mathbb{V}\mathrm{ar}[X] := \mathbb{E}\big(X - \mathbb{E}[X]\big)^2 = \mathbb{E}X^2 - \big(\mathbb{E}X\big)^2 \tag{3.7}$$

---

[8] 확률질량함수도 확률측도 관점에서는 확률밀도함수라고 말할 수 있고, 이 책에서는 이산 확률밀도함수 또는 오해의 소지가 없는 경우 확률밀도함수로 부르기도 한다.

[9] 보통 기댓값을 $\mathrm{E}[X]$, $\mathbf{E}[X]$로 쓰기도 하지만, 이 책에서는 행렬 $\mathbf{E}$와 구분하기 위해 $\mathbb{E}[X]$로 쓴다.

[10] X는 표본공간에서 정의된 함수이므로 함수 h에 대해 $h(X)$는 표본공간의 ω에 $h(X(\omega))$를 대응시키는 합성함수이므로 확률변수가 된다.

분산의 정의로부터 $\mathbb{V}\mathrm{ar}[X] = \mathbb{E}X^2 - \left(\mathbb{E}X\right)^2$ 이 되는 것은 합 또는 적분의 성질을 이용하면 쉽게 확인할 수 있다. 예를 들어, X 가 연속확률변수이면

$$\begin{aligned}\mathbb{V}\mathrm{ar}[X] &= \int_{-\infty}^{\infty} \left(x^2 - 2\mathbb{E}[X]x + \mathbb{E}[X]^2\right) f(x)\,dx \\ &= \int_{-\infty}^{\infty} x^2 f(x)\,dx - 2\mathbb{E}[X] \int_{-\infty}^{\infty} x f(x)\,dx + \mathbb{E}[X]^2 \int_{-\infty}^{\infty} f(x)\,dx \\ &= \mathbb{E}[X^2] - 2\mathbb{E}[X]^2 + \left(\mathbb{E}[X]\right)^2 = \mathbb{E}[X^2] - \left(\mathbb{E}[X]\right)^2\end{aligned}$$

과 같이 보일 수 있다. 또, 분산의 제곱근을 **표준편차**(standard derviation) 라 하고, 보통 σ 로 쓴다. 표준편차는 분산과 달리 확률변수가 취하는 값과 동일한 단위가 된다.

예제 3.2 $\int_{-\infty}^{\infty} e^{-ax^2}\,dx = \sqrt{\frac{\pi}{a}}$ 임을 이용하여[11] 정규 분포 $\mathbf{N}(\mu, \sigma^2)$ 을 따르는 확률변수 X 에 대해 $\mathbb{E}[X] = \mu$, $\mathbb{V}\mathrm{ar}[X] = \sigma^2$ 임을 보이시오.

풀이 정규 분포의 확률밀도함수에서 $z = (x-\mu)/\sigma$ 로 치환하면 $x = \sigma z + \mu$, $dx = \sigma dz$ 이므로

$$\begin{aligned}\mathbb{E}[X] &= \frac{1}{\sqrt{2\pi}\sigma} \int_{-\infty}^{\infty} x e^{-\frac{1}{2}\left(\frac{x-\mu}{\sigma}\right)^2}\,dx \\ &= \frac{1}{\sqrt{2\pi}} \int_{-\infty}^{\infty} (\mu + \sigma z) e^{-\frac{z^2}{2}}\,dz \\ &= \frac{\mu}{\sqrt{2\pi}} \int_{-\infty}^{\infty} e^{-\frac{z^2}{2}}\,dz + \frac{\sigma}{\sqrt{2\pi}} \int_{-\infty}^{\infty} z e^{-\frac{z^2}{2}}\,dz\end{aligned}$$

이다. 이때

$$\begin{aligned}\int_{-\infty}^{\infty} z e^{-\frac{z^2}{2}}\,dz &= \lim_{a\to-\infty} \int_a^0 z e^{-\frac{z^2}{2}}\,dx + \lim_{b\to\infty} \int_0^b z e^{-\frac{z^2}{2}}\,dx \\ &= \lim_{a\to-\infty} \left[-e^{-\frac{z^2}{2}}\right]_a^0 + \lim_{b\to\infty} \left[-e^{-\frac{z^2}{2}}\right]_0^b \\ &= \lim_{a\to-\infty} \left(-1 + e^{-\frac{a^2}{2}}\right) + \lim_{b\to\infty} \left(-e^{-\frac{b^2}{2}} + 1\right) = -1 + 1 = 0\end{aligned}$$

이고, $\int_{-\infty}^{\infty} e^{-\frac{z^2}{2}}\,dz = \sqrt{2\pi}$ 이므로 $\mathbb{E}[X] = \mu$ 가 된다.

분산을 계산하기 전에 먼저 로피탈 법칙을 이용하여 다음 극한부터 계산하자. (주어진 식은 ∞/∞ 꼴이므로 로피탈 법칙을 적용할 수 있다.)

$$\lim_{x\to\infty} x e^{-\frac{x^2}{2}} = \lim_{x\to\infty} \frac{x}{e^{\frac{x^2}{2}}} = \lim_{x\to\infty} \frac{1}{x e^{\frac{x^2}{2}}} = 0$$

[11] $S = \int_{-\infty}^{\infty} e^{-ax^2}\,dx$ 라 할 때, S^2 에 대해 극좌표를 이용한 치환적분을 이용하면 (특이) 적분값 S 를 구할 수 있음을 미적분학에서 배운다.

이제, 기댓값을 구할 때와 같은 방법으로 치환한 후, z와 $ze^{-\frac{z^2}{2}}$의 곱에 대해 부분적분을 적용하면 아래와 같이 분산을 계산할 수 있다.

$$\begin{aligned}\mathbb{V}\mathrm{ar}[X] &= \frac{1}{\sqrt{2\pi}\sigma}\int_{-\infty}^{\infty}(x-\mu)^2 e^{-\frac{1}{2}\left(\frac{x-\mu}{\sigma}\right)^2}dx \\ &= \frac{\sigma^2}{\sqrt{2\pi}}\int_{-\infty}^{\infty} z^2 e^{-\frac{z^2}{2}}dz \\ &= \frac{\sigma^2}{\sqrt{2\pi}}\left(\lim_{b\to\infty}\left(-be^{-\frac{b^2}{2}}\right) - \lim_{a\to-\infty} -ae^{-\frac{a^2}{2}} + \int_{-\infty}^{\infty} e^{-\frac{z^2}{2}}dz\right) = \sigma^2\end{aligned}$$

□

평균이 0 이고 분산이 1 인 정규 분포를 **표준 정규 분포**라 하고, 표준 정규 분포를 따르는 확률변수를 보통 $Z \sim \mathrm{N}(0,1)$로 쓴다. 또, 표준 정규 분포에 대한 누적분포함수를 보통 $\Phi(x)$로 쓴다. 즉,

$$\Phi(x) = \frac{1}{\sqrt{2\pi}}\int_{-\infty}^{x} e^{-t^2/2}\,dt \tag{3.8}$$

이고, 아래 그림에서 보듯이 임의의 양수 z에 대해 $\Phi(z) = 1 - \Phi(-z)$가 성립한다.

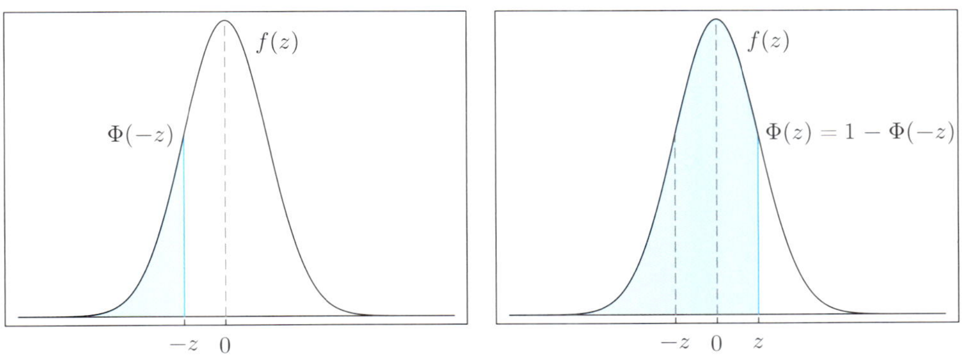

그림 3.3: 표준 정규 분포에 대한 확률밀도함수 f와 Φ의 성질

표준 정규 분포에 대한 누적분포함수 Φ와

$$\mathrm{erf}(x) = \frac{2}{\sqrt{\pi}}\int_{0}^{x} e^{-t^2/2}\,dt$$

로 정의되는 오차함수(error function) $\mathrm{erf}(x)$ 사이에는 다음 관계식이 성립한다.

$$\Phi(x) = \frac{1}{2}\left[1 + \mathrm{erf}\left(\frac{x}{\sqrt{2}}\right)\right] \iff \mathrm{erf}(x) = 2\Phi(\sqrt{2}x) - 1 \tag{3.9}$$

정규 분포 $\mathrm{N}(\mu, \sigma^2)$ 을 따르는 확률변수 X 에 대한 누적분포함수 $F(x)$ 에 치환적분을 적용하면

$$\begin{aligned} F(x) &= \frac{1}{\sqrt{2\pi}\sigma} \int_{-\infty}^{x} e^{-\frac{1}{2}\left(\frac{t-\mu}{\sigma}\right)^2} dt \\ &= \frac{1}{\sqrt{2\pi}} \int_{-\infty}^{\frac{x-\mu}{\sigma}} e^{-s^2/2} ds = \Phi\left(\frac{x-\mu}{\sigma}\right) \end{aligned} \tag{3.10}$$

가 성립한다. 따라서 확률변수 $X \sim \mathrm{N}(\mu, \sigma^2)$ 에 대하여 다음이 성립한다.

$$\mathbb{P}[a < X \le b] = \Phi\left(\frac{b-\mu}{\sigma}\right) - \Phi\left(\frac{a-\mu}{\sigma}\right) \tag{3.11}$$

일반적으로 Z 가 표준 정규 분포 $\mathrm{N}(0,1)$ 를 따르는 확률변수일 때, 확률변수 $X = \sigma Z + \mu$ 는 평균이 μ 이고 분산이 σ^2 인 정규 분포 $\mathrm{N}(\mu, \sigma^2)$ 을 따른다 (245쪽 정리 3.7을 참고).

앞서 소개한 주요 확률분포의 기댓값과 분산을 정리하면 다음 표와 같다.

확률분포	$\mathbb{E}[X]$	$\mathbb{V}\mathrm{ar}[X]$
$\mathrm{B}(n,p)$	np	$np(1-p)$
$\mathrm{Geom}(p)$	$\frac{1}{p}$	$\frac{1-p}{p^2}$
$\mathrm{Poi}(\lambda)$	λ	λ
$\mathrm{U}\big([\alpha,\beta]\big)$	$\frac{\alpha+\beta}{2}$	$\frac{(\beta-\alpha)^2}{12}$
$\mathrm{N}(\mu,\sigma^2)$	μ	σ^2
$\mathrm{Gamma}(\alpha,\lambda)$	$\frac{\alpha}{\lambda}$	$\frac{\alpha}{\lambda^2}$
$\mathrm{Exp}(\lambda)$	$\frac{1}{\lambda}$	$\frac{1}{\lambda^2}$
$\mathrm{Beta}(\alpha,\beta)$	$\frac{\alpha}{\alpha+\beta}$	$\frac{\alpha\beta}{(\alpha+\beta)^2(1+\alpha+\beta)}$
$\mathrm{Weib}(\alpha,\lambda)$	$\frac{\Gamma(1.\alpha)}{\alpha\lambda}$	$\frac{2\Gamma(2/\alpha)}{\alpha} - \left(\frac{\Gamma(1/\alpha)}{\alpha\lambda}\right)^2$
t_ν	$0 \ (\nu > 1)$	$\frac{\nu}{\nu-2} \ (\nu > 2)$
$\mathrm{F}(m,n)$	$\frac{n}{n-2} \ (n > 2)$	$\frac{2n^2(m+n-2)}{m(n-2)^2(n-4)} \ (n > 4)$

표 3.3: 여러 가지 확률분포에 대한 기댓값과 분산

예제 3.3 확률변수 X 와 상수 a, b 에 대하여 다음이 성립함을 보이시오.

$$\mathbb{E}[aX+b] = a\mathbb{E}[X]+b, \quad \mathbb{V}\mathrm{ar}[aX+b] = a^2\mathbb{V}\mathrm{ar}[X]$$

풀이 연속 확률변수 X 의 확률밀도함수가 f 라 하자. $aX+b$ 의 기댓값을 먼저 구하면

$$\begin{aligned}\mathbb{E}[aX+b] &= \int_{-\infty}^{\infty}(ax+b)f(x)\,dx \\ &= a\int_{-\infty}^{\infty}xf(x)\,dx + b\int_{-\infty}^{\infty}f(x)\,dx = a\mathbb{E}[X]+b\end{aligned}$$

이므로 다음과 같이 분산을 구할 수 있다.

$$\mathbb{V}\mathrm{ar}[aX+b] = \mathbb{E}\left[\big(aX+b-\mathbb{E}(aX+b)\big)^2\right] = \mathbb{E}\left[a^2(X-\mathbb{E}[x])^2\right] = a^2\mathbb{V}\mathrm{ar}[X]$$

이산 확률변수 X 의 경우에도 확률질량함수를 f 라 하고, 위의 $\mathbb{E}[aX+b]$ 계산에서 적분을 급수로 바꾸면 유사하게 보일 수 있다. 즉, 수렴하는 급수에 대한 성질로부터 $\mathbb{E}[aX+b] = a\mathbb{E}[X]+b$ 가 성립함을 확인할 수 있고, 이로부터 분산에 대한 식을 보일 수 있다. □

때로는 확률변수 X 의 **적률생성함수**(moment generating function)를 생각하는 것이 편리하다. 확률변수 X 의 적률생성함수 M_X 는, 0을 포함하는 어떤 열린구간 $(-\varepsilon, \varepsilon)$ 에 속하는 모든 s 에 대해 $\mathbb{E}[e^{sX}]$ 가 실숫값으로 존재할 때,

$$M_X(s) = \mathbb{E}[e^{sX}], \ s \in (-\varepsilon, \varepsilon)$$

로 정의한다.[12]

확률변수 X 의 n 차 **적률**(moment)이란 확률변수 X^n 의 기댓값 $\mathbb{E}[X^n]$ 을 말하는데,

$$\frac{d}{ds}\mathbb{E}[e^{sX}] = \mathbb{E}\left[\frac{d}{ds}e^{sX}\right] = \mathbb{E}[Xe^{sX}]$$

가 성립함을 이용하면[13], X 의 적률생성함수로부터 X 의 모든 적률을 구할 수 있다.

$$\mathbb{E}[X^n] = \frac{d^n}{ds^n}\bigg|_{s=0} M_X(s) = M_X^{(n)}(0)$$

[12] 이산 확률변수 X 의 경우에 급수가 수렴하지 않거나, 연속 확률변수 X 의 경우에 (특이)적분이 발산하는 경우가 있을 수 있으므로, 확률변수 X 에 따라 적률생성함수가 존재하지 않을 수 있다. 이와 비교하여 식 (3.59)에서 정의하는 확률변수 X 의 특성함수는 항상 존재한다.

[13] 적절한 조건이 만족될 때만 미분과 적분의 순서를 바꿀 수 있다. 일반적인 이론에 대해서는 [1]을 참고하고, 앞에서 소개한 확률분포에 대한 구체적인 증명은 [7]의 2.4절을 참고하면 된다.

즉, $M_X(s)$의 테일러 급수에 대해

$$M_X(s) = \sum_{n=0}^{\infty} \mathbb{E}[X^n]\frac{s^n}{n!}, \ \forall s \in (-\varepsilon, \varepsilon) \tag{3.12}$$

이 성립한다. 또, 다음 정리에서 알 수 있듯이 적률생성함수는 확률분포를 특징짓는다.

정리 3.2

두 확률변수 X와 Y의 누적분포함수를 각각 F_X, F_Y라 하고, 적률생성함수를 M_X, M_Y라 할 때, 다음이 성립한다.

$$F_X(x) = F_Y(x), \ \forall x \in \mathbb{R}$$
$$\Longleftrightarrow M_X(s) = M_Y(s), \ \forall s \in (-\varepsilon, \varepsilon)$$

위 정리는 라플라스 변환의 유일성으로부터 증명되는데, 이 책의 수준을 벗어나므로 증명은 생략한다. 다만, 한 가지 언급할 것은 두 확률변수에 대한 모든 n차 적률이 일치한다 하더라도 식 (3.12)가 수렴하지 않을 수 있으므로 위 정리를 적용할 수 없다는 점이다. 즉, 모든 적률이 일치해도 두 확률분포가 다를 수 있다.

만약 확률변수 X가 유계이면 즉, 표본공간의 모든 ω에 대해 $|X(\omega)| \le M$인 M이 존재하면, 식 (3.12)가 (절대)수렴한다.[14] 따라서 두 확률변수가 유계이고 모든 적률이 일치할 때는, 대응되는 두 적률생성함수가 일치하고, 이로부터 두 확률분포가 일치함을 알 수 있다.

적률생성함수를 활용하는 예를 살펴보자.

예제 3.4 감마 분포 Gamma(α, λ)를 따르는 확률변수 X의 적률생성함수를 구하고, 이를 이용하여 $\mathbb{E}[X] = \dfrac{\alpha}{\lambda}$, $\mathbb{V}\mathrm{ar}[X] = \dfrac{\alpha}{\lambda^2}$ 임을 보이시오.

풀이 X의 확률밀도함수는 $x < 0$에서 0이므로, $\mathbb{E}[e^{sX}]$를 계산하면

$$\begin{aligned}\mathbb{E}[e^{sX}] &= \int_0^{\infty} e^{sx}\frac{e^{-\lambda x}\lambda^{\alpha}x^{\alpha-1}}{\Gamma(\alpha)}\,dx \\ &= \left(\frac{\lambda}{\lambda - s}\right)^{\alpha}\int_0^{\infty}\frac{e^{-(\lambda-s)x}(\lambda-s)^{\alpha}x^{\alpha-1}}{\Gamma(\alpha)}\,dx\end{aligned}$$

이다. 이때, 위 식에서

$$g(x) := \frac{e^{-(\lambda-s)x}(\lambda-s)^{\alpha}x^{\alpha-1}}{\Gamma(\alpha)}$$

[14] 미적분학에서 배우는 (멱)급수의 수렴 판정법을 참고하라.

라 하면, $\lambda - s > 0$ 인 경우에는 g 는 $\text{Gamma}(\alpha, \lambda - s)$ 의 확률밀도함수가 되므로 $\int_0^\infty g(x)\,dx = 1$ 이 성립한다. 또, $\lambda - s \le 0$ 인 경우에는 $\lim_{x\to\infty} |g(x)| = \infty$ 이므로 그 적분값이 존재하지 않음을 알 수 있다.

따라서 X 의 적률생성함수는 $s < \lambda$ 일 때,

$$M_X(s) = \left(\frac{\lambda}{\lambda - s}\right)^\alpha \tag{3.13}$$

이다. 또, $M_X(s)$ 가 0을 포함하는 열린구간에서 정의되므로

$$\mathbb{E}[X] = M_X'(0),\ \mathbb{V}\text{ar}[X] = M_X''(0) - \left(M_X'(0)\right)^2$$

이 성립한다.

기댓값과 분산을 계산하기 위해 $M_X(s)$ 를 미분하면

$$\begin{aligned} M_X'(s) =& \alpha\left(\frac{\lambda}{\lambda - s}\right)^{\alpha-1} \frac{\lambda}{(\lambda - s)^2} = \alpha\left(\frac{\lambda}{\lambda - s}\right)^{\alpha} \frac{1}{\lambda - s} \implies M_X'(0) = \frac{\alpha}{\lambda} \\ M_X''(s) =& \alpha^2\left(\frac{\lambda}{\lambda - s}\right)^{\alpha} \frac{1}{(\lambda - s)^2} + \alpha\left(\frac{\lambda}{\lambda - s}\right)^{\alpha} \frac{1}{(\lambda - s)^2} \implies M_X''(0) = \frac{\alpha^2 + \alpha}{\lambda^2} \end{aligned}$$

이므로 $\mathbb{E}[X] = \dfrac{\alpha}{\lambda}$, $\mathbb{V}\text{ar}[X] = \dfrac{\alpha}{\lambda^2}$ 이다. □

3.1.4 결합분포

이 소절에서는 표본공간에서 정의된 확률변수를 확장한 개념인 확률벡터와 확률과정을 소개하고, 대응되는 확률분포에 대해 알아본다.

확률공간 $(\Omega, \mathcal{H}, \mathbb{P})$ 의 표본공간 Ω 에서 정의된 확률변수 X 를 벡터함수 $\boldsymbol{X} : \Omega \to \mathbb{R}^n$ 으로 확장한 것을 **확률벡터**(random vector) 라 하고

$$\boldsymbol{X}(\omega) = [X_1(\omega), \cdots, X_n(\omega)]^{\mathrm{t}}$$

또는 간단히 $\boldsymbol{X} = [X_1, \cdots, X_n]$ 으로 쓴다.[15] 이때, 확률벡터의 확률분포는 아래와 같이 정의되는 **결합 누적분포함수**(joint cdf) F 로 완전히 결정된다.

$$F(x_1, \cdots, x_n) = \mathbb{P}[X_1 \le x, \cdots, X_n \le x_n], \quad x_i \in \mathbb{R},\ i = 1, \cdots, n$$

[15] 이 책에서는 행렬 $\mathbf{X}$ 와 구분하기 위해 글자체로 $\boldsymbol{X}$ 를 사용한다.

연속 확률변수의 경우와 유사하게, 임의의 n 차원 상자 B 에 대해 아래 조건을 만족하는 함수 f 가 존재할 때,

$$\mathbb{P}[\boldsymbol{X} \in B] = \int_B f(\boldsymbol{x})\, d\boldsymbol{x} = \int_{a_n}^{b_n} \cdots \int_{a_1}^{b_1} f(x_1, \cdots, x_n)\, dx_1 \cdots dx_n$$
$$\left(\text{단}, B = \{\boldsymbol{x} = (x_1, \cdots, x_n) \in \mathbb{R}^n \mid a_i < x_i \le b_i, \forall i = 1, \cdots, n\}\right)$$

함수 f 를 확률벡터 $\boldsymbol{X}$ 의 **확률밀도함수**, 또는 $X_1, \cdots, X_n$ 의 **결합 확률밀도함수**라고 부른다. 이때, 확률벡터 $\boldsymbol{X}$ 의 각 성분 확률변수 X_i 에 대한 확률밀도함수 f_{X_i} 를 **주변 확률밀도 함수**(marginal pdf) 라 하고, 다음 예와 같이 결합 확률밀도함수 f 를 나머지 변수에 대해 적분함으로써 구할 수 있다.

$$\begin{aligned} f_{X_1}(x_1) &= \int_{-\infty}^{\infty} \cdots \int_{-\infty}^{\infty} f(x_1, \cdots, x_n)\, dx_2 \cdots dx_n \\ &\vdots \\ f_{X_n}(x_n) &= \int_{-\infty}^{\infty} \cdots \int_{-\infty}^{\infty} f(x_1, \cdots, x_n)\, dx_1 \cdots dx_{n-1} \end{aligned} \tag{3.14}$$

확률변수 $X_1, \cdots, X_n$ 이 이산 확률변수일 때도, 위 정의에서 적분을 합으로 바꾸고 비슷한 방법으로 $X_1, \cdots, X_n$ 의 **결합 확률질량함수** f 와 X_i 의 **주변 확률질량함수** f_{X_i} 를 정의한다. 예를 들어, 예제 3.10을 참고하라.

예제 3.5 2차원 상자 $B = \{(x_1, x_2) \in \mathbb{R}^2 \mid 0 \le x_1 \le 2,\ 0 \le x_2 \le 1\}$ 에 대해, 연속 확률변수 X_1, X_2 의 결합 확률밀도함수가

$$f(x_1, x_2) = \begin{cases} \frac{1}{3}(x_1 + x_2), & (x_1, x_2) \in B \\ 0, & (x_1, x_2) \notin B \end{cases}$$

로 주어질 때, X_1 와 X_2 의 주변 확률밀도함수 f_{X_1}, f_{X_2} 를 각각 구하시오.

풀이 $\mathbb{R}^2$ 의 임의의 벡터 $\boldsymbol{x}$ 에 대해 $f(\boldsymbol{x}) \ge 0$ 이고 $\int_{\mathbb{R}^2} f(\boldsymbol{x}) d\boldsymbol{x} = 1$ 이므로 f 는 결합 확률밀도 함수이다. 이때, 각 확률변수에 대한 주변 확률밀도함수를 구하면

$$f_{X_1}(x_1) = \int_{-\infty}^{\infty} f(x_1, x_2)\, dx_2 = \frac{1}{3}\int_0^1 (x_1 + x_2)\, dx_2 = \frac{1}{3}x_1 + \frac{1}{6}, \ (0 \le x_1 \le 2)$$
$$f_{X_2}(x_2) = \int_{-\infty}^{\infty} f(x_1, x_2)\, dx_1 = \frac{1}{3}\int_0^2 (x_1 + x_2)\, dx_1 = \frac{2}{3}x_2 + \frac{2}{3}, \ (0 \le x_2 \le 1)$$

이다. □

첨자집합 $\mathcal{T}$ 에 대해 표본공간 Ω 에서 정의된 확률변수의 집합 $\{X_t \,|\, t \in \mathcal{T}\}$ 을 **확률과정**(stochastic process)이라 하는데, 확률과정의 확률분포는 임의로 선택한 n 과 $t_1, \cdots, t_n \in \mathcal{T}$ 에 대한 확률벡터 $\boldsymbol{X} = [X_{t_1}, \cdots, X_{t_n}]$ 의 분포에 의해 결정된다.

확률과정은 $\{X(t) \,|\, t \in \mathcal{T}\}$ 와 같이 나타내기도 하는데, $\omega \in \Omega$ 에 대해, $X(t)$ 는 $X(t,\omega)$ 를 의미하고 X_t 는 $X_t(\omega)$ 를 뜻한다. 특히 첨자집합이 시간을 나타낼 때 확률과정은, 박테리아의 개체수나 주식가격과 같이 시간의 흐름에 따라 비결정적으로 변하는 실험이나 관찰에 대해, 각 시점에서 나타나는 수치적 양을 확률변수로 기술하고, 시간 흐름에 따른 확률변수를 집합으로 모형화한 것이라 생각할 수 있다.

또, 확률변수들이 취할 수 있는 값들의 집합을 **상태 공간**(state space)이라 하고, 상태 공간이 이산집합인 확률과정을 **이산 확률과정**, 구간이 되는 확률과정을 **연속 확률과정**이라 부른다. 마르코프 연쇄(Markov chain)는 미래의 사건이 과거에 의존하지 않고 오직 현재의 상태에만 의존하는 확률과정의 한 예이다.

3.2 조건화와 독립성

확률공간 $(\Omega, \mathcal{H}, \mathbb{P})$ 로 표현되는 확률실험에 대한 추가 정보를 모델링하기 위해 조건부 확률과 조건부 분포를 사용하는데, 독립성은 그런 추가 정보가 확률실험에 미치는 영향이 없음을 개념화한 것이다. 이 절에서는 이와 관련된 기본적인 내용들을 정리한다. 이 절에서는 별다른 언급이 없으면 확률공간 $(\Omega, \mathcal{H}, \mathbb{P})$ 가 주어졌다고 생각한다.

3.2.1 조건부 확률

어떤 사건 $B \subset \Omega$ 가 일어난다고 가정할 때(단, $\mathbb{P}[B] > 0$), 사건 A 가 일어나는 것은 사건 $A \cap B$ 가 일어나는 것과 같고, A 가 일어날 상대적 가능성은 $\mathbb{P}[A \cap B]/\mathbb{P}[B]$ 라고 생각하는 것이 자연스럽다. 따라서 $\mathbb{P}[B] > 0$ 일 때, B 가 일어난 조건 하에서 A 가 일어날 **조건부 확률**(conditional probability)을 다음과 같이 정의한다.

$$\mathbb{P}[A|B] := \frac{\mathbb{P}[A \cap B]}{\mathbb{P}[B]} \tag{3.15}$$

이때, 임의의 사건 $A \in \mathcal{H}$ 에 대해 $\mathbb{P}[A|B] \geq 0$ 이고 $\mathbb{P}[\Omega|B] = \mathbb{P}[\Omega \cap B]/\mathbb{P}[B] = 1$ 이 성립한다. 또, A_i 와 A_j 가 배반사건일 때, $(A_i \cap B) \cap (A_j \cap B) = (A_i \cap A_j) \cap B = \varnothing$ 로부터 $A_i \cap B$ 와 $A_j \cap B$ 도 배반사건이 되므로, 사건 A_n $(n \in \mathbb{N})$ 이 서로 배반사건일 때

$$\begin{aligned}\mathbb{P}\left[\bigcup_{n=1}^{\infty} A_n \Big| B\right] &= \mathbb{P}\left[\left(\bigcup_{n=1}^{\infty} A_n\right) \cap B\right] \Big/ \mathbb{P}[B] \\ &= \mathbb{P}\left[\bigcup_{n=1}^{\infty} \left(A_n \cap B\right)\right] \Big/ \mathbb{P}[B] = \sum_{n=1}^{\infty} \frac{\mathbb{P}[A_n \cap B]}{\mathbb{P}[B]} = \sum_{n=1}^{\infty} \mathbb{P}[A_n|B]\end{aligned}$$

가 성립한다. 즉, 함수 $\mathbb{P}[\cdot|B] : \mathcal{H} \to [0,1]$ 가 콜모고로프의 세 가지 공리를 모두 만족시키므로, 실제로 $\mathcal{H}$ 에서 정의된 확률이 되고, 그 의미는 사건 B 가 일어난다는 가정하에서 사건 $A \in \mathcal{H}$ 가 일어날 확률이 된다. 따라서 $\mathbb{P}[A^c|B] = 1 - \mathbb{P}[A|B]$ 가 성립한다.

이제 조건부 확률의 중요한 성질을 살펴보기 전에 몇 가지 용어와 기호를 약속하자. 우선 사건 $A_1, \cdots, A_k$ 에 대해 사건 $A_1 \cap A_2 \cap \cdots \cap A_k$ 를 간단히 $A_1 A_2 \cdots A_k$ 로 쓴다. 또, 셀 수 있는 첨자집합 $\mathcal{I}$ 에 대해, 서로 배반사건인 $\{B_i \,|\, i \in \mathcal{I}\}$ 가 $B = \bigcup_{i \in \mathcal{I}} B_i$ 를 만족할 때, 집합 $B = \bigcup_{i \in \mathcal{I}} B_i$ 를 B 의 **분할**(partition)이라고 말한다.

조건부 확률의 성질

(1) [**확률의 곱셈법칙**] 임의의 사건 $A_1, \cdots, A_n$ 에 대하여 $\mathbb{P}[A_1 \cdots A_n] > 0$ 일 때, 다음이 성립한다.

$$\mathbb{P}[A_1 \cdots A_n] = \mathbb{P}[A_1]\,\mathbb{P}[A_2|A_1]\,\mathbb{P}[A_3|A_1A_2] \cdots \mathbb{P}[A_n|A_1 \cdots A_{n-1}] \qquad (3.16)$$

(2) [**전체 확률의 법칙**] $\{B_i \,|\, i \in \mathcal{I}\}$ 가 표본공간 Ω 의 분할일 때, 임의의 사건 A 에 대해 다음이 성립한다.

$$\mathbb{P}[A] = \sum_{i=1}^{n} \mathbb{P}[A|B_i]\,\mathbb{P}[B_i] \qquad (3.17)$$

(3) [**베이즈의 법칙**] $\{B_i \,|\, i \in \mathcal{I}\}$ 가 표본공간 Ω 의 분할일 때, $\mathbb{P}[A] > 0$ 인 임의의 사건 A 에 대하여 다음이 성립한다.

$$\mathbb{P}[B_i|A] = \frac{\mathbb{P}[A|B_i]\,\mathbb{P}[B_i]}{\sum_{i \in \mathcal{I}} \mathbb{P}[A|B_i]\,\mathbb{P}[B_i]} \qquad (3.18)$$

위의 성질 (1)은 임의의 두 사건 A, B에 대해 $\mathbb{P}[B] > 0$이면

$$\mathbb{P}[A|B] = \frac{\mathbb{P}[A \cap B]}{\mathbb{P}[B]} \iff \mathbb{P}[A \cap B] = \mathbb{P}[A|B]\,\mathbb{P}[B] \tag{3.19}$$

가 성립한다는 것으로부터 증명된다. 즉, 모든 $1 \leq k \leq n$에 대해 $A_1 \cdots A_n \subset A_1 \cdots A_k$로부터 $0 < \mathbb{P}[A_1 \cdots A_n] \leq \mathbb{P}[A_1 \cdots A_k]$가 성립하고, 식 (3.19)에 의해

$$\mathbb{P}[A_1 \cdots A_{k-1}]\,\mathbb{P}[A_k|A_1 \cdots A_{k-1}] = \mathbb{P}[A_1 \cdots A_k]$$

이 성립하므로 수학적 귀납법에 의해 식 (3.16)이 성립한다.

성질 (2)는 $\{B_i \,|\, i \in \mathcal{I}\}$가 표본공간 Ω의 분할이므로

$$A = A \cap \Omega = A \cap \Big(\bigcup_{i \in \mathcal{I}} B_i\Big) = \bigcup_{i \in \mathcal{I}} (A \cap B_i)$$

가 되고, $i \neq j$이면 $A \cap B_i$와 $A \cap B_j$가 배반사건이 된다. 따라서 콜모고로프의 공리 (P3)과 식 (3.19)를 차례로 적용하면

$$\mathbb{P}[A] = \sum_{i \in \mathcal{I}} \mathbb{P}[A \cap B_i] = \sum_{i \in \mathcal{I}} \mathbb{P}[A|B_i]\,\mathbb{P}[B_i]$$

를 얻는다. 이때, 성질 (3)은 식 (3.19)와 성질 (2)로부터 나온다.

예제 3.6 신장암을 진단할 수 있는 어떤 검사가 있다. 이 검사는 암에 걸린 사람의 90%를 양성으로 판별하고, 암에 걸리지 않은 사람의 99.9%를 음성으로 판별한다. 이 검사 결과 양성이 나왔을 때, 실제로 암에 걸렸을 확률을 구하시오. 단, 신장암에 걸릴 확률은 10^{-4}이다.

풀이 전체 사람들의 집합을 표본공간 Ω로 하고 암에 걸리는 사건을 C, 검사 결과 양성이 나오는 사건을 $P \subset \Omega$라 할 때, $\mathbb{P}[C|P] = \mathbb{P}[C \cap P]/\mathbb{P}[P]$를 구하면 된다. 문제의 조건으로부터

$$\mathbb{P}[P|C] = 0.9,\ \ \mathbb{P}[P^c|C^c] = 0.999,\ \ \mathbb{P}[C] = 10^{-4}$$

이므로, 전체 확률의 법칙을 이용하여 $\mathbb{P}[P]$를 구하면

$$\begin{aligned}\mathbb{P}[P] &= \mathbb{P}[C]\,\mathbb{P}[P|C] + \mathbb{P}[C^c]\,\mathbb{P}[P|C^c] \\ &= \mathbb{P}[C]\,\mathbb{P}[P|C] + \mathbb{P}[C^c]\,(1 - \mathbb{P}[P^c|C^c]) \\ &= (0.0001)(0.9) + (0.9999)(1 - 0.999) = 0.0010899\end{aligned}$$

이다. 또,

$$\mathbb{P}[C \cap P] = \mathbb{P}[C]\,\mathbb{P}[P|C] = (0.0001)(0.9) = 0.00009$$

이므로 구하는 확률은 $\mathbb{P}[C|P] = 0.00009/0.0010899 \approx 0.083$ 이 된다. 즉, 검사 결과 양성이 나온 환자의 8% 정도만 실제로 암을 갖고 있다는 의미이다. □

3.2.2 독립성

사건 B가 일어났는지에 대한 정보가 A가 일어날 확률에 영향을 주지 않는다는 것을 확률의 곱셈법칙을 이용하여 식으로 표현하면 다음과 같다.

$$\mathbb{P}[A|B] = \mathbb{P}[A]\ (\text{단}, \mathbb{P}[B] > 0) \iff \mathbb{P}[A \cap B] = \mathbb{P}[A]\,\mathbb{P}[B]\ (\text{단}, \mathbb{P}[B] > 0)$$

이때, 위 동치조건의 왼쪽 식은 $\mathbb{P}[B] > 0$ 인 경우에만 의미가 있는 식이지만, 오른쪽 식은 $\mathbb{P}[B] = 0$ 인 경우에 항상 성립하는 식이다.[16]

따라서, 두 사건 A와 B가 아래 식(3.20)을 만족할 때, 서로 **독립**(mutually independent)이라고 정의한다.

$$\mathbb{P}[A \cap B] = \mathbb{P}[A]\,\mathbb{P}[B] \tag{3.20}$$

일반적으로 임의의 사건들의 모임 $\{A_i \mid i \in \mathcal{I}\}$ 가 주어질 때, 임의의 유한 부분집합 $\mathcal{J} := \{i_1, \cdots, i_k\} \subset \mathcal{I}$에 대해

$$\mathbb{P}\Big[\bigcap_{j \in \mathcal{J}} A_j\Big] = \mathbb{P}[A_{i_1}]\,\mathbb{P}[A_{i_2}] \cdots \mathbb{P}[A_{i_k}] =: \prod_{j \in \mathcal{J}} \mathbb{P}[A_j]$$

가 성립할 때, $\{A_i \mid i \in \mathcal{I}\}$ 은 (서로)**독립**이라고 정의한다. 또, 독립이 아닌 경우를 **종속**이라고 한다. 이와 달리 임의의 두 사건 A_i 와 A_j 이 독립인 경우를 **쌍으로 독립**(pairwise independent)이라고 한다. (독립성에 대한 두 개념의 차이는 예제 3.8에서 설명한다.)

예제 3.7 다음이 동치임을 보이시오.

$$A\text{와 } B\text{가 독립} \iff A^c\text{와 } B\text{가 독립} \iff A\text{와 } B^c\text{가 독립} \iff A^c\text{와 } B^c\text{가 독립}$$

풀이 $(A \cup A^c) \cap B = \Omega \cap B = B$ 이고, $A \cap B$와 $A^c \cap B$는 배반사건이므로

$$\mathbb{P}[B] = \mathbb{P}[A \cap B] + \mathbb{P}[A^c \cap B]$$

---

[16] $\mathbb{P}[B] = 0$ 인 경우에, $A \cap B \subset B$ 이므로 $0 \le \mathbb{P}[A \cap B] \le \mathbb{P}[B] = 0$ 이 성립하고, 따라서 $\mathbb{P}[A \cap B] = 0$ 이 성립한다.

가 성립하고, $\mathbb{P}[A^c \cap B] = \mathbb{P}[B] - \mathbb{P}[A \cap B]$ 이다.

따라서 A 와 B 가 독립이면,

$$\mathbb{P}[A^c \cap B] = \mathbb{P}[B] - \mathbb{P}[A]\,\mathbb{P}[B] = \big(1 - \mathbb{P}[A]\big)\mathbb{P}[B] = \mathbb{P}[A^c]\,\mathbb{P}[B]$$

로부터 A^c 와 B 는 독립이다. 이로부터 나머지 경우도 동치임을 알 수 있다. □

예제 3.7의 결과는 서로 독립인 사건들의 모임 $\{A_i \,|\, i \in \mathcal{I}\}$ 에 대해서도 성립함을 쉽게 확인할 수 있다. 예를 들어, $A_1, \cdots, A_n$ 이 서로 독립인 사건이면 $A_1^c, A_2, \cdots, A_n$ 도 독립이고, $A_1^c, A_2^c, \cdots, A_n$ 도 독립이다.

사건의 독립성에 대해 한 가지 유의할 점을 알아보자.

예제 3.8 사건들의 모임 $\{A_i \,|\, i \in \mathcal{I}\}$ 에서 임의의 두 사건이 독립일 때, 즉, 임의의 $i \neq j$ 에 대해 A_i 와 A_j 가 독립인 경우를 **쌍으로 독립**이라고 부른다. $\{A_i \,|\, i \in \mathcal{I}\}$ 가 독립인 것과 쌍으로 독립인 것은 동치가 아님을 예를 들어 보이시오.

풀이 정의로부터 독립이면 쌍으로 독립은 항상 성립한다. 역이 성립하지 않음을 예를 들어 보이자.

두 개의 동전1, 동전2를 던지는 시행에서 동전1의 앞면이 나오는 사건을 A, 동전2의 앞면이 나오는 사건을 B, 두 동전이 모두 앞면이 나오는 사건을 C 라 하자. 이때, 각 동전의 앞면을 H, 뒷면을 T라 하고, 동전 1, 동전2의 결과순으로 근원사건을 (H,T) 꼴로 나타내면, 표본공간은 $\Omega = \{(\mathrm{H,H}),(\mathrm{H,T}),(\mathrm{T,H}),(\mathrm{T,T})\}$ 이다.

이때, $\mathbb{P}[A] = \mathbb{P}[B] = \mathbb{P}[C] = 1/2$ 이고,

$$\begin{aligned}
A \cap B &= \{(\mathrm{H,H})\}, \ \ \mathbb{P}[A \cap B] = 1/4 = \mathbb{P}[A]\,\mathbb{P}[B], \\
A \cap C &= \{(\mathrm{H,H})\}, \ \ \mathbb{P}[A \cap C] = 1/4 = \mathbb{P}[A]\,\mathbb{P}[C], \\
B \cap C &= \{(\mathrm{H,H})\}, \ \ \mathbb{P}[B \cap C] = 1/4 = \mathbb{P}[B]\,\mathbb{P}[C]
\end{aligned}$$

이므로 $\{A, B, C\}$ 는 쌍으로 독립이다.

한편, $A \cap B \cap C = \{(\mathrm{H,H})\}$ 이므로 $\mathbb{P}[A \cap B \cap C] = 1/4$ 이고, $\mathbb{P}[A]\,\mathbb{P}[B]\,\mathbb{P}[C] = 1/8$ 이므로 $\{A, B, C\}$ 는 독립이 아니다. □

확률변수 $X_1, X_2, \cdots$ 에 대한 확률분포를 안다는 것은 임의의 사건에 대한 확률을 안다는 것이고, 임의의 사건에 대한 확률은 누적분포함수로부터 구할 수 있다. 따라서 임의로 선택한

유한개의 첨자 $i_1, \cdots, i_k$ 와 값 $x_{i_1}, \cdots, x_{i_k}$ 에 대해 사건 $\{X_{i_1} \le x_{i_1}\}, \cdots, \{X_{i_k} \le x_{i_k}\}$ 가 독립일 때, 확률변수 $X_1, X_2, \cdots$ 가 **독립**이라고 정의한다.

만약 확률변수 $X_1, \cdots, X_n$ 의 결합 확률밀도함수 f 와 주변 확률밀도함수 $f_{X_1}, \cdots, f_{X_n}$ 에 대해

$$f(x_1, \cdots, x_n) = f_{X_1}(x_1) \cdots f_{X_n}(x_n), \quad \forall x_1, \cdots, x_n$$

이 성립하면, 임의의 사건 $\{X_1 \le x_1\}, \cdots, \{X_n \le x_n\}$ 에 대해

$$\begin{aligned}\mathbb{P}[X_1 \le x_1, \cdots, X_n \le x_n] &= \int_{-\infty}^{x_n} \cdots \int_{-\infty}^{x_1} f(x_1, \cdots, x_n)\, dx_1 \cdots dx_n \\ &= \int_{-\infty}^{x_n} \cdots \int_{-\infty}^{x_1} f_{X_1}(x_1) \cdots f_{X_n}(x_n)\, dx_1 \cdots dx_n \\ &= \Big(\int_{-\infty}^{x_1} f_{X_1}(x_1)\, dx_1\Big) \cdots \Big(\int_{-\infty}^{x_n} f_{X_n}(x_n)\, dx_n\Big) \\ &= \mathbb{P}[X_1 \le x_1] \cdots \mathbb{P}[X_n \le x_n]\end{aligned}$$

이 성립하므로, 확률변수 $X_1, \cdots, X_n$ 은 독립이다. 실제로는 그 역도 성립한다.

정리 3.3

확률변수 $X_1, \cdots, X_n$ 가 독립이 될 필요충분조건은 결합 확률밀도함수 f 와 주변 확률밀도함수 $f_{X_1}, \cdots, f_{X_n}$ 에 대하여 다음이 성립하는 것이다.

$$f(x_1, \cdots, x_n) = f_{X_1}(x_1) \cdots f_{X_n}(x_n), \quad \forall x_1, \cdots, x_n \tag{3.21}$$

풀이 엄밀한 증명은 이 책의 수준을 벗어나므로 핵심적인 아이디어만 설명하기로 한다. 확률변수 $X_1, \cdots, X_n$ 이 독립일 때, 식 (3.21)이 성립함을 보이면 된다. 확률변수가 독립이라는 정의와 예제 3.7을 이용하면, 임의의 고정한 $a_1, \cdots, a_n$ 과 $\varepsilon > 0$ 에 대해

$$\{a_1 - \varepsilon \le X_1 \le a_1 + \varepsilon\}, \cdots, \{a_n - \varepsilon \le X_n \le a_n + \varepsilon\}$$

은 서로 독립인 사건이다. 따라서 구간 $I_i = [a_i - \varepsilon, a_i + \varepsilon]\ (1 \le i \le n)$ 에 대해 n 차원 상자 B_ε 을 $B_\varepsilon := I_1 \times \cdots \times I_n$ 이라 하면,

$$\mathbb{P}[\boldsymbol{X} \in B_\varepsilon] = \int_{B_\varepsilon} f(\boldsymbol{x})\, d\boldsymbol{x} = \int_{a_n-\varepsilon}^{a_n+\varepsilon} \cdots \int_{a_1-\varepsilon}^{a_1+\varepsilon} f(x_1, \cdots, x_n) dx_1 \cdots dx_n$$

$$\prod_{k=1}^{n} \mathbb{P}[X_k \in I_k] = \Big(\int_{a_1-\varepsilon}^{a_1+\varepsilon} f_{X_1}(x_1)\, dx_1\Big) \cdots \Big(\int_{a_n-\varepsilon}^{a_n+\varepsilon} f_{X_n}(x_n)\, dx_n\Big)$$

에 대해 $\mathbb{P}[\boldsymbol{X} \in B_\varepsilon] = \prod_{k=1}^{n} \mathbb{P}[X_k \in I_k]$ 이 성립한다.

한편 충분히 작은 $\varepsilon > 0$ 에 대해 다음이 성립한다.

$$\int_{B_\varepsilon} f(\boldsymbol{x})\, d\boldsymbol{x} \approx f(a_1, \cdots, a_n)(2\varepsilon)^n,$$
$$\int_{a_i-\varepsilon}^{a_i+\varepsilon} f_{X_i}(x_i)\, dx_i \approx f_{X_i}(a_i)(2\varepsilon),\ \forall i = 1, \cdots, n$$

따라서, ε 을 0 으로 보내는 극한을 취하면, 임의의 $a_1, \cdots, a_n$ 에 대해

$$f(a_1, \cdots, a_n) = f_{X_1}(a_1) \cdots f_{X_n}(a_n)$$

이 성립함을 보일 수 있다. □

확률적 모델은 각각이 **동일한 확률분포**를 따르면서 서로 **독립**인 확률변수 $X_1, \cdots, X_n$ 로 기술되는 경우가 많이 있다. 따라서 이런 경우에 특별히 이름을 붙여 확률변수 $X_1, \cdots, X_n$ 이 **독립동일분포**(independent and identically distributed)를 따른다고 하고, i.i.d 또는 iid 로 나타낸다.

3.2.3 기댓값과 공분산

확률변수의 경우와 유사하게 확률벡터 $\boldsymbol{X} \sim f$ 의 함수 h 에 대한 기댓값도 $h(\boldsymbol{X})$ 의 가중치 평균으로 구한다. 즉, $\boldsymbol{X}$ 가 연속 확률벡터인 경우에는

$$\mathbb{E}[h(\boldsymbol{X})] = \int h(\boldsymbol{x}) f(\boldsymbol{x})\, d\boldsymbol{x}$$

로 정의한다. $\boldsymbol{X}$ 가 이산 확률벡터인 경우에는 위의 정의에서 적분을 합으로 바꾸면 된다.

위의 정의로부터 확률변수 $X_1, \cdots, X_n$ 와 상수 $a, b_1, \cdots, b_n$ 에 대해 $h(\boldsymbol{X}) = a + \sum_{k=1}^{n} b_k X_k$ 라 두고, 반복적분의 순서를 바꾸어 적분하면서 주변 확률밀도함수의 정의 (3.14)를 이용하면

$$\begin{aligned}
\mathbb{E}[a + b_1X_1 + \cdots + b_nX_n] &= \int (a + b_1x_1 + \cdots + b_nx_n) f(\boldsymbol{x})\, d\boldsymbol{x} \\
&= a\int f(\boldsymbol{x})\, d\boldsymbol{x} + \sum_{k=1}^{n} b_k \int \cdots \int x_k f(x_1, \cdots, x_n)\, dx_1 \cdots dx_n \\
&= a + \sum_{k=1}^{n} b_k \int x_k f_{X_k}(x_k)\, dx_k \\
&= a + b_1\mathbb{E}[X_1] + \cdots + b_n\mathbb{E}[X_n]
\end{aligned}$$

이 성립한다. 따라서 $X_1, \cdots, X_n$ 의 독립성과 관계없이 다음 결과를 얻는다.

$$\mathbb{E}[a + b_1 X_1 + \cdots + b_n X_n] = a + b_1 \mathbb{E}[X_1] + \cdots + b_n \mathbb{E}[X_n] \tag{3.22}$$

다음 예에서 보듯이 서로 독립인 확률변수의 곱으로 이루어진 함수의 기댓값은 결합 확률밀도함수가 주변 확률밀도함수의 곱으로 분해됨을 이용하면 쉽게 구할 수 있다.

예제 3.9 확률변수 $X_1, \cdots, X_n$ 이 독립일 때, 다음이 성립함을 보이시오.

$$\mathbb{E}[X_1 X_2 \cdots X_n] = \mathbb{E}X_1 \, \mathbb{E}X_2 \, \cdots \, \mathbb{E}X_n \tag{3.23}$$

풀이 정리 3.3에 의해 결합 확률밀도함수가 주변 확률밀도함수의 곱으로 표현되므로

$$\begin{aligned}
\mathbb{E}[X_1 X_2 \cdots X_n] &= \int (x_1 x_2 \cdots x_n) f(\boldsymbol{x}) \, \boldsymbol{x} \\
&= \int (x_1 x_2 \cdots x_n) f_{X_1}(x_1) \cdots f_{X_n}(x_n) \, dx_1 \cdots dx_n \\
&= \left(\int x_1 f_{X_1}(x_1) \, dx_1 \right) \cdots \left(\int x_n f_{X_n}(x_n) \, dx_n \right) \\
&= \mathbb{E}[X_1] \, \cdots \, \mathbb{E}[X_n]
\end{aligned}$$

이 성립한다. □

기댓값이 각각 μ_X, μ_Y 인 두 확률변수 X, Y 사이의 선형 관계 정도를 파악할 목적으로 아래와 같이 정의되는 **공분산**(covariance)을 사용한다.

$$\mathbb{C}\text{ov}(X, Y) := \mathbb{E}\big[(X - \mu_X)(Y - \mu_Y)\big]$$

공분산은 두 확률변수의 측정 단위에 따라 값이 달라지므로, 두 확률변수의 선형 관계를 판단하는 수치로는 공분산을 표준화한 상관계수를 사용하는 것이 일반적이다.

상관계수(correlation coefficient) $\varrho(X, Y)$ 는

$$\sigma_X^2 = \mathbb{V}\text{ar}[X], \; \sigma_Y^2 = \mathbb{V}\text{ar}[Y]$$

라 할 때, 다음과 같이 정의한다.

$$\varrho(X, Y) = \frac{\mathbb{C}\text{ov}(X, Y)}{\sigma_X \sigma_Y}$$

분산과 공분산에 대해 성립하는 주요 성질을 정리하면 다음과 같다.

분산과 공분산의 성질

(1) $\mathbb{V}\text{ar}[X] = \mathbb{E}[X^2] - \mathbb{E}[X]^2, \quad \mathbb{V}\text{ar}[aX+b] = a^2\mathbb{V}\text{ar}[X]$

(2) $\mathbb{C}\text{ov}(X,Y) = \mathbb{E}[XY] - \mathbb{E}[X]\,\mathbb{E}[Y]$

(3) $\mathbb{C}\text{ov}(X,Y) = \mathbb{C}\text{ov}(Y,X)$

(4) $-\sigma_X\sigma_Y \le \mathbb{C}\text{ov}(X,Y) \le \sigma_X\sigma_Y$ (단, $\sigma_X^2 = \mathbb{V}\text{ar}[X]$, $\sigma_Y^2 = \mathbb{V}\text{ar}[Y]$)

(5) $\mathbb{C}\text{ov}(aX+bY,Z) = a\,\mathbb{C}\text{ov}(X,Z) + b\,\mathbb{C}\text{ov}(Y,Z)$

(6) $\mathbb{C}\text{ov}(X,X) = \mathbb{V}\text{ar}[X]$

(7) $\mathbb{V}\text{ar}[X+Y] = \mathbb{V}\text{ar}[X] + \mathbb{V}\text{ar}[Y] + 2\,\mathbb{C}\text{ov}(X,Y)$

(8) 만약 X, Y 가 독립이면, $\mathbb{C}\text{ov}(X,Y) = 0$

위 성질이 성립함을 연속 확률변수의 경우에 대해 알아보자.

식 (3.7)과 예제 3.3으로부터 성질 (1)은 성립한다. 또, 식 (3.22)를 적용하면

$$\begin{aligned}\mathbb{C}\text{ov}(X,Y) &= \mathbb{E}\big[(X-\mu_X)(Y-\mu_Y)\big]\\ &= \mathbb{E}[XY - \mu_X Y - \mu_Y X + \mu_X\mu_Y]\\ &= \mathbb{E}[XY] - \mu_X\mathbb{E}[Y] - \mu_Y\mathbb{E}[X] + \mu_X\mu_Y = \mathbb{E}[XY] - \mu_X\mu_Y\end{aligned}$$

가 되어 성질 (2)가 성립한다. 성질 (3),(5)와 (6)은 정의로부터 쉽게 확인할 수 있다.

성질 (4)를 보이기 위해 적분에 대한 **코시-슈바르츠 부등식**을 먼저 증명하자. 다변수 함수 $f(x_1,\cdots,x_n)$와 $g(x_1,\cdots,x_n)$에 대해 $\int f(\boldsymbol{x})\,d\boldsymbol{x}$, $\int g(\boldsymbol{x})\,d\boldsymbol{x}$, $\int f(\boldsymbol{x})g(\boldsymbol{x})\,d\boldsymbol{x}$가 각각 존재할 때, 이차함수 $h:\mathbb{R}\to\mathbb{R}$을

$$\begin{aligned}h(t) &= \int (f(\boldsymbol{x})t + g(\boldsymbol{x}))^2\,dx\\ &= \Big(\int f(\boldsymbol{x})^2\,d\boldsymbol{x}\Big)t^2 + 2\Big(\int f(\boldsymbol{x})g(x)\,d\boldsymbol{x}\Big)t + \Big(\int g(\boldsymbol{x})^2\,d\boldsymbol{x}\Big)\end{aligned}$$

로 정의하면, 모든 $t\in\mathbb{R}$에 대해 $h(t)\ge 0$이므로 판별식 $D\le 0$이 성립해야 한다. 따라서 다음 코시-슈바르츠 부등식을 얻는다.

$$\begin{aligned}&\Big(\int f(\boldsymbol{x})g(\boldsymbol{x})\,d\boldsymbol{x}\Big)^2 - \int f(\boldsymbol{x})^2\,d\boldsymbol{x}\int g(\boldsymbol{x})^2\,d\boldsymbol{x} \le 0\\ \Longleftrightarrow &\Big|\int f(\boldsymbol{x})g(\boldsymbol{x})\,d\boldsymbol{x}\Big| \le \sqrt{\int f(x)^2\,d\boldsymbol{x}}\sqrt{\int g(\boldsymbol{x})\,d\boldsymbol{x}}\end{aligned} \tag{3.24}$$

이제, $\mathbb{C}\text{ov}(X,Y)$에서 결합 확률밀도함수가 음이 아닌 함수이므로, 코시-슈바르츠 부등식

을 적용하면 성질 (4) 가 성립함을 다음과 같이 보일 수 있다.

$$\begin{aligned}|\mathbb{C}\mathrm{ov}(X,Y)| &= \left|\int (x-\mu_X)(y-\mu_Y)f(x,y)\,d\boldsymbol{x}\right| \\ &= \left|\int \Big((x-\mu_X)f(x,y)^{1/2}\Big)\Big((y-\mu_Y)f(x,y)^{1/2}\Big)\,d\boldsymbol{x}\right| \\ &\le \left(\iint (x-\mu_X)^2 f(x,y)\,dxdy\right)^{1/2}\left(\iint (y-\mu_Y)^2 f(x,y)\,dxdy\right)^{1/2} \\ &= \left(\int (x-\mu_X)^2 f_X(x)\,dx\right)^{1/2}\left(\int (y-\mu_Y)^2 f_Y(y)\,dy\right)^{1/2} = \sigma_X\sigma_Y\end{aligned} \tag{3.25}$$

다시 식 (3.22)를 이용하면,

$$\begin{aligned}\mathbb{V}\mathrm{ar}[X+Y] &= \mathbb{E}\Big[\big((X+Y)-(\mu_X+\mu_Y)\big)^2\Big] \\ &= \mathbb{E}\Big[(X-\mu_X)^2+2(X-\mu_X)(Y-\mu_Y)+(Y-\mu_Y)^2\Big] \\ &= \mathbb{V}\mathrm{ar}[X]+2\,\mathbb{C}\mathrm{ov}(X,Y)+\mathbb{V}\mathrm{ar}[Y]\end{aligned}$$

과 같이 분산의 성질 (7) 이 성립함을 보일 수 있다.

만약 X, Y 가 독립이면 식 (3.23)으로부터

$$\mathbb{C}\mathrm{ov}(X,Y) = \mathbb{E}\big[(X-\mu_X)(Y-\mu_Y)\big] = \mathbb{E}[X-\mu_X]\,\mathbb{E}[Y-\mu_Y] = (\mu_X-\mu_X)(\mu_Y-\mu_Y) = 0$$

이 성립한다. 따라서 공분산의 성질 (8) 이 성립하고, 이 경우 $\mathbb{V}\mathrm{ar}[X+Y] = \mathbb{V}\mathrm{ar}[X]+\mathbb{V}\mathrm{ar}[Y]$ 가 된다.

특히, 성질 (4) 로부터 상관계수는 항상

$$-1 \le \varrho(X,Y) \le 1$$

을 만족함을 알 수 있고, 공분산의 성질 (8) 로부터 확률변수 $X_1, \cdots, X_n$ 이 독립이면 다음이 성립함을 알 수 있다.

$$\mathbb{V}\mathrm{ar}[a_1X_1+a_2X_2+\cdots+a_nX_n] = a_1^2\mathbb{V}\mathrm{ar}[X_1]+a_2\mathbb{V}\mathrm{ar}[X_2]+\cdots+a_n^2\mathbb{V}\mathrm{ar}[X_n] \tag{3.26}$$

성질 (8) 로부터 두 확률변수가 독립이면 상관계수가 0 이 되지만, 상관계수가 0 인 것이 독립을 보장하지는 않는다. 다음 예를 살펴보자.

예제 3.10 $\varrho(X,Y)=0$ 이 X, Y 의 독립을 보장하지 않음을 예를 들어 보이시오.

풀이 $0, 1, 2, 3$ 의 값을 취하는 이산 확률변수 Z 의 확률질량함수가 $f_Z(z) = 1/4,\ (z = 0, 1, 2, 3)$ 일 때, 두 확률변수 X, Y 를 각각 $X = \cos(\pi Z/2)$, $Y = \sin(\pi Z/2)$ 라 하자.

이때 $\varrho(X,Y)=0$ 이지만 $f\neq f_Xf_Y$ 임을 보이자.[17] 우선, X 와 Y 가 취할 수 있는 값은 각각 $-1,0,1$ 이므로, 결합 확률질량함수 $f(x,y)$ 의 값을 구하면

$$\begin{aligned} f(-1,-1)&=0, & f(-1,0)&=1/4, & f(-1,1)&=0\\ f(0,-1)&=1/4, & f(0,0)&=0, & f(0,1)&=1/4\\ f(1,-1)&=0, & f(1,0)&=1/4, & f(1,1)&=0 \end{aligned}$$

이고, X 의 주변 확률질량함수와 Y 의 주변 확률질량함수는 각각

$$f_X(-1)=\frac{1}{4},\ f_X(0)=\frac{1}{2},\ f_X(1)=\frac{1}{4}, \qquad f_Y(-1)=\frac{1}{4},\ f_Y(0)=\frac{1}{2},\ f_Y(1)=\frac{1}{4}$$

이다. 따라서 $f\neq f_Xf_Y$ 임을 알 수 있다.

(예를 들어, $f(1,1)=0$ 이지만, $f_X(1)f_Y(1)=1/16$ 이다.)

이제 공분산이 0 이 됨을 보이자.

주변 확률질량함수로부터 $\mathbb{E}[X]=0$ 이고 $\mathbb{E}[Y]=0$ 임을 쉽게 확인할 수 있으므로

$$\mathbb{C}\mathrm{ov}(X,Y)=\mathbb{E}[(X-0)(Y-0)]=\mathbb{E}[\sin(\pi Z/2)\cos(\pi Z/2)]=\mathbb{E}[1/2\sin(\pi Z)]=0$$

을 얻는다. 한편, $\mathbb{V}\mathrm{ar}[X]=1/2=\mathbb{V}\mathrm{ar}[Y]$ 이므로 $\varrho(X,Y)=0$ 이 된다. 즉, 상관계수가 0 이라는 것이 독립을 보장하지는 않는다. □

열벡터 형태의 확률벡터 $\boldsymbol{X}=[X_1,\cdots,X_n]^{\mathrm{t}}$ 에 대하여 각 확률변수 X_i 에 대한 기댓값과 공분산 $\mathbb{C}\mathrm{ov}[X_i,X_j]$ 는 각각 벡터와 행렬 형태로 표현하는 것이 편리하다. 즉, 확률벡터 $\boldsymbol{X}$ 에 대하여 **기대벡터**(expectation vector)는 다음과 같이 확률벡터의 각 성분에 기댓값을 취한 벡터로 정의하고, $\mathbb{E}[\boldsymbol{X}]$, $\boldsymbol{\mu}_{\boldsymbol{X}}$ 또는 $\boldsymbol{\mu}$ 로 쓴다.

$$\mathbb{E}[\boldsymbol{X}]=[\mathbb{E}X_1,\cdots,\mathbb{E}X_n]^{\mathrm{t}}$$

확률벡터의 정의와 식 (3.22)에 의해 다음 성질이 성립한다.

예제 3.11 확률벡터 $\boldsymbol{X}\in\mathbb{R}^n$ 과 임의의 벡터 $\boldsymbol{a}\in\mathbb{R}^n$, 행렬 $\mathbf{A}=[a_{ij}]\in\mathbb{R}^{m\times n}$ 에 대해 다음이 성립함을 보이시오.

$$\mathbb{E}[\boldsymbol{X}^{\mathrm{t}}\boldsymbol{a}]=\mathbb{E}[\boldsymbol{X}]^{\mathrm{t}}\boldsymbol{a},\quad \mathbb{E}[\boldsymbol{a}^{\mathrm{t}}\boldsymbol{X}]=\boldsymbol{a}^{\mathrm{t}}\mathbb{E}[\boldsymbol{X}],\quad \mathbb{E}[\mathbf{A}\boldsymbol{X}]=\mathbf{A}\mathbb{E}[\boldsymbol{X}]$$

[17] X,Y 를 Z 에 관한 함수로 정의하여 독립이 되지 않도록 정의하였음에 주목하자.

풀이 식 (3.22)를 이용하면 모두 동일한 방법으로 확인할 수 있다. 예를 들어, 마지막 등식은

$$\begin{aligned}\mathbb{E}[\mathbf{A}\boldsymbol{X}] &= \mathbb{E}\Big[\sum_{j=1}^{n} a_{1j}X_j, \cdots, \sum_{j=1}^{n} a_{mj}X_j\Big]^{\mathrm{t}} \\ &= \Big[\mathbb{E}\Big[\sum_{j=1}^{n} a_{1j}X_j\Big], \cdots, \mathbb{E}\Big[\sum_{j=1}^{n} a_{mj}X_j\Big]\Big]^{\mathrm{t}} \\ &= \Big[\sum_{j=1}^{n} a_{1j}\mathbb{E}[X_j], \cdots, \sum_{j=1}^{n} a_{mj}\mathbb{E}[X_j]\Big]^{\mathrm{t}} = \mathbf{A}\mathbb{E}[\boldsymbol{X}]\end{aligned}$$

과 같이 보일 수 있다. □

비슷하게 확률변수로 이루어진 행렬의 기댓값을 각 성분의 기댓값으로 이루진 행렬로 정의하면, 두 확률벡터 $\boldsymbol{X} \in \mathbb{R}^n$ 과 $\boldsymbol{Y} \in \mathbb{R}^m$ 에 대한 **공분산 행렬**(covariance matrix) $\mathbb{C}\mathrm{ov}(\boldsymbol{X}, \boldsymbol{Y})$ 를 다음과 같이 $n \times m$ 행렬로 정의한다.

$$\mathbb{C}\mathrm{ov}(\boldsymbol{X}, \boldsymbol{Y}) = \mathbb{E}\big[(\boldsymbol{X} - \mathbb{E}\boldsymbol{X})(\boldsymbol{Y} - \mathbb{E}\boldsymbol{Y})^{\mathrm{t}}\big]$$

즉, 공분산 행렬 $\mathbb{C}\mathrm{ov}(\boldsymbol{X}, \boldsymbol{Y})$ 의 (i, j) 성분은 $n \times m$ 행렬 $(\boldsymbol{X} - \mathbb{E}X)(\boldsymbol{Y} - \mathbb{E}\boldsymbol{Y})^{\mathrm{t}}$ 의 (i, j) 성분의 기댓값인 $\mathbb{C}\mathrm{ov}(X_i, Y_j) = \mathbb{E}\big[(X_i - \mathbb{E}X_i)(Y_j - \mathbb{E}Y_j)\big]$ 가 된다.

특히, 확률벡터 $\boldsymbol{X} \in \mathbb{R}^n$ 에 대해 $n \times n$ 행렬 $\mathbb{C}\mathrm{ov}(\boldsymbol{X}, \boldsymbol{X})$ 를 $\boldsymbol{X}$ 의 **공분산 행렬**이라 하고, 간단히 $\mathbb{V}\mathrm{ar}[\boldsymbol{X}]$ 로 쓴다.

예제 3.11과 유사하게 행렬의 각 성분에 기댓값을 취하면서 식 (3.22)를 적용하면,

$$\begin{aligned}\mathbb{C}\mathrm{ov}(\boldsymbol{X}, \boldsymbol{Y}) &= \mathbb{E}[\boldsymbol{X}\boldsymbol{Y}^{\mathrm{t}}] - \mathbb{E}[\boldsymbol{X}\boldsymbol{\mu}_{\boldsymbol{Y}}^{\mathrm{t}}] - \mathbb{E}[\boldsymbol{\mu}_{\boldsymbol{X}}\boldsymbol{Y}^{\mathrm{t}}] + \boldsymbol{\mu}_{\boldsymbol{X}}\boldsymbol{\mu}_{\boldsymbol{Y}}^{\mathrm{t}} \\ &= \mathbb{E}[\boldsymbol{X}\boldsymbol{Y}^{\mathrm{t}}] - \mathbb{E}[\boldsymbol{X}]\boldsymbol{\mu}_{\boldsymbol{Y}}^{\mathrm{t}} - \boldsymbol{\mu}_{\boldsymbol{X}}\mathbb{E}[\boldsymbol{Y}^{\mathrm{t}}] + \boldsymbol{\mu}_{\boldsymbol{X}}\boldsymbol{\mu}_{\boldsymbol{Y}}^{\mathrm{t}} \\ &= \mathbb{E}[\boldsymbol{X}\boldsymbol{Y}^{\mathrm{t}}] - \mathbb{E}[\boldsymbol{X}]\,\mathbb{E}[\boldsymbol{Y}]^{\mathrm{t}}\end{aligned}$$

가 되어 확률변수에 대한 공분산의 성질 (2)와 유사한 다음 결론을 얻는다.

$$\begin{aligned}\mathbb{C}\mathrm{ov}(\boldsymbol{X}, \boldsymbol{Y}) &= \mathbb{E}[\boldsymbol{X}\boldsymbol{Y}^{\mathrm{t}}] - \mathbb{E}[\boldsymbol{X}]\,\mathbb{E}[\boldsymbol{Y}]^{\mathrm{t}}, \\ \mathbb{V}\mathrm{ar}[\boldsymbol{X}] &= \mathbb{E}[\boldsymbol{X}\boldsymbol{X}^{\mathrm{t}}] - \mathbb{E}[\boldsymbol{X}]\,\mathbb{E}[\boldsymbol{X}]^{\mathrm{t}}\end{aligned} \tag{3.27}$$

위 결과를 활용하는 예를 살펴보자.

예제 3.12 열의 개수가 n 인 행렬 $\mathbf{A}$ 와 열의 개수가 m 인 행렬 $\mathbf{B}$, 벡터 $\boldsymbol{a} \in \mathbb{R}^n$ 에 대하여 다음 식이 성립함을 보이시오.

$$\mathbb{C}\mathrm{ov}(\mathbf{A}\boldsymbol{X}, \mathbf{B}\boldsymbol{Y}) = \mathbf{A}\mathbb{C}\mathrm{ov}(\boldsymbol{X}, \boldsymbol{Y})\mathbf{B}^{\mathrm{t}}, \quad \mathbb{C}\mathrm{ov}(\boldsymbol{X} + \boldsymbol{a}, \boldsymbol{Y}) = \mathbb{C}\mathrm{ov}(\boldsymbol{X}, \boldsymbol{Y}) \tag{3.28}$$

풀이 식 (3.27)과 예제 3.11에 의해

$$\begin{aligned}\mathbb{C}\mathrm{ov}(\mathbf{A}\boldsymbol{X}, \mathbf{B}\boldsymbol{Y}) &= \mathbb{E}\left[(\mathbf{A}\boldsymbol{X})(\mathbf{B}\boldsymbol{Y})^{\mathrm{t}}\right] - \mathbb{E}[\mathbf{A}\boldsymbol{X}]\,\mathbb{E}[\mathbf{B}\boldsymbol{Y}]^{\mathrm{t}} \\ &= \mathbb{E}\left[\mathbf{A}(\boldsymbol{X}\boldsymbol{Y}^{\mathrm{t}})\mathbf{B}^{\mathrm{t}}\right] - \mathbf{A}\mathbb{E}[\boldsymbol{X}]\left(\mathbf{B}\mathbb{E}[\boldsymbol{Y}]\right)^{\mathrm{t}} \\ &= \mathbf{A}\,\mathbb{E}[\boldsymbol{X}\boldsymbol{Y}^{\mathrm{t}}]\,\mathbf{B}^{\mathrm{t}} - \mathbf{A}\,\mathbb{E}[\boldsymbol{X}]\,\mathbb{E}[\boldsymbol{Y}]^{\mathrm{t}}\mathbf{B}^{\mathrm{t}} \\ &= \mathbf{A}\left(\mathbb{E}[\boldsymbol{X}\boldsymbol{Y}^{\mathrm{t}}] - \mathbb{E}[\boldsymbol{X}]\,\mathbb{E}[\boldsymbol{Y}]^{\mathrm{t}}\right)\mathbf{B}^{\mathrm{t}} = \mathbf{A}\,\mathbb{C}\mathrm{ov}(\boldsymbol{X}, \boldsymbol{Y})\,\mathbf{B}^{\mathrm{t}}\end{aligned}$$

가 성립한다. 또, $\mathbb{E}[\boldsymbol{X} + \boldsymbol{a}] = \mathbb{E}[\boldsymbol{X}] + \boldsymbol{a}$ 이므로

$$\begin{aligned}\mathbb{C}\mathrm{ov}(\boldsymbol{X} + \boldsymbol{a}, \boldsymbol{Y}) &= \mathbb{E}\left[(\boldsymbol{X} + \boldsymbol{a} - \mathbb{E}[\boldsymbol{X} + \boldsymbol{a}])(\boldsymbol{Y} - \mathbb{E}[\boldsymbol{Y}])\right] \\ &= \mathbb{E}\Big[(\boldsymbol{X} - \mathbb{E}[\boldsymbol{X}])(\boldsymbol{Y} - \mathbb{E}[\boldsymbol{Y}])\Big] = \mathbb{C}\mathrm{ov}(\boldsymbol{X}, \boldsymbol{Y})\end{aligned}$$

가 되어 두 번째 식도 성립한다. □

기계학습에서 자주 나오는, 확률변수 X 에 대한 이차형식 $\boldsymbol{X}^{\mathrm{t}}\mathbf{A}\boldsymbol{X}$ 의 기댓값을 구해보자.

정리 3.4

행렬 $\mathbf{A} \in \mathbb{R}^{n \times n}$ 과 확률벡터 $\boldsymbol{X} \in \mathbb{R}^n$ 에 대하여 확률변수 $Y := \boldsymbol{X}^{\mathrm{t}}\mathbf{A}\boldsymbol{X}$ 의 기댓값은

$$\mathbb{E}[Y] = \mathbb{E}[\boldsymbol{X}^{\mathrm{t}}\mathbf{A}\boldsymbol{X}] = \mathrm{tr}(\mathbf{A}\boldsymbol{\Sigma}) + \boldsymbol{\mu}^{\mathrm{t}}\mathbf{A}\boldsymbol{\mu} \quad \left(\text{단}, \boldsymbol{\mu} = \mathbb{E}[\boldsymbol{X}],\ \boldsymbol{\Sigma} = \mathbb{C}\mathrm{ov}(\boldsymbol{X}, \boldsymbol{X})\right)$$

임을 보이시오.

풀이 $Y \in \mathbb{R}$ 이므로 $Y = \mathrm{tr}(Y)$ 이다. 대각합의 성질에 대한 정리 1.23을 이용하면,

$$\mathbb{E}[Y] = \mathbb{E}[\mathrm{tr}(Y)] = \mathbb{E}\left[\mathrm{tr}(\boldsymbol{X}^{\mathrm{t}}\mathbf{A}\boldsymbol{X})\right] = \mathbb{E}\left[\mathrm{tr}(\mathbf{A}\boldsymbol{X}\boldsymbol{X}^{\mathrm{t}})\right]$$

이다. 또, 행렬에 대한 기댓값은 각 성분에 기댓값을 취하는 것과 같으므로 식 (3.22)를 적용하면

$$\mathbb{E}\left[\mathrm{tr}(\mathbf{A}\boldsymbol{X}\boldsymbol{X}^{\mathrm{t}})\right] = \mathrm{tr}\left(\mathbb{E}[\mathbf{A}\boldsymbol{X}\boldsymbol{X}^{\mathrm{t}}]\right) = \mathrm{tr}\left(\mathbf{A}\mathbb{E}[\boldsymbol{X}\boldsymbol{X}^{\mathrm{t}}]\right)$$

이 성립하고, 식 (3.27)을 적용하면

$$\mathrm{tr}\left(\mathbf{A}\mathbb{E}[\boldsymbol{X}\boldsymbol{X}^{\mathrm{t}}]\right) = \mathrm{tr}\left(\mathbf{A}(\boldsymbol{\Sigma} + \boldsymbol{\mu}\boldsymbol{\mu}^{\mathrm{t}})\right) = \mathrm{tr}(\mathbf{A}\boldsymbol{\Sigma}) + \mathrm{tr}(\mathbf{A}\boldsymbol{\mu}\boldsymbol{\mu}^{\mathrm{t}}) = \mathrm{tr}(\mathbf{A}\boldsymbol{\Sigma}) + \boldsymbol{\mu}^{\mathrm{t}}\mathbf{A}\boldsymbol{\mu}$$

가 성립한다. 따라서 이 결과를 종합하면 증명이 끝난다. □

3.2.4 조건부 확률밀도함수와 조건부 기댓값

확률변수 X, Y 에 대한 결합 (이산) 확률밀도함수 f 가 주어질 때, 조건부 확률을 결정하는 (이산) 확률밀도함수를 구해보자. $Y = y$ 가 주어질 때 조건부 확률 $\mathbb{P}[X \le x|Y = y]$ 를 $Y = y$ 가 주어질 때 X 의 **조건부 누적분포함수**로 정의하고 $F_{X|Y}(x\,|\,y)$ 또는 $F_{X|Y=y}(x)$ 로 쓴다. 즉

$$F_{X|Y}(x\,|\,y) = \mathbb{P}[X \le x|Y = y] \tag{3.29}$$

확률변수 X 와 Y 가 모두 이산 확률변수인 경우, 결합 확률질량함수 $f(x, y)$ 와 주변 확률질량함수 $f_Y(y)$ 에 대해

$$\mathbb{P}[X = x\,|\,Y = y] = \frac{\mathbb{P}[X = x, Y = y]}{\mathbb{P}[Y = y]} = \frac{f(x, y)}{f_Y(y)}$$

이 성립한다. 따라서 조건부 누적분포함수는

$$F_{X|Y}(x\,|\,y) = \frac{\mathbb{P}[X \le x, Y = y]}{\mathbb{P}[Y = y]} = \sum_{t \le x} \frac{f(t, y)}{f_Y(y)}$$

가 되고, 이로부터 $Y = y$ 가 주어질 때 X 의 **조건부 확률질량함수**(conditional pmf) $f_{X|Y}$ 를 다음과 같이 정의한다.

$$f_{X|Y}(x\,|\,y) := \frac{f(x, y)}{f_Y(y)}$$

이때, 조건부 확률에 대해 $\mathbb{P}[X \in A\,|\,Y = y] = \sum_{x \in A} f_{X|Y}(x\,|\,y)$ 가 성립한다.

X, Y 가 연속확률변수인 경우, 결합 확률밀도함수 $f(x, y)$ 와 주변 확률밀도함수 $f_Y(y)$ 에 대해 조건부 누적분포함수 $F_{X|Y}$ 는

$$F_{X|Y}(x\,|\,y) = \frac{\int_{-\infty}^{x} f(x, y)dx}{f_Y(y)} \tag{3.30}$$

가 된다. 위 식이 성립하는 핵심만 간략하게 따져보자. 충분히 작은 양수 h 에 대해

$$\begin{aligned}\mathbb{P}[\,X \le t\,|\,\tilde{y} - h \le Y \le \tilde{y} + h\,] &= \frac{\mathbb{P}[\,X \le t,\, \tilde{y} - h \le Y \le \tilde{y} + h\,]}{\mathbb{P}[\,\tilde{y} - h \le Y \le \tilde{y} + h\,]} \\ &= \frac{\int_{-\infty}^{t} \int_{\tilde{y}-h}^{\tilde{y}+h} f(x, y)\,dydx}{\int_{\tilde{y}-h}^{\tilde{y}+h} f_Y(y)\,dy} \\ &\approx \frac{\int_{-\infty}^{t} f(x, \tilde{y})2h\,dx}{f_Y(\tilde{y})2h} = \frac{\int_{-\infty}^{t} f(x, \tilde{y})\,dx}{f_Y(\tilde{y})}\end{aligned}$$

이므로

$$F_{X|Y}(x\,|\,y) = \mathbb{P}[X \le x\,|\,y] = \lim_{h\to 0}\mathbb{P}[\,X \le x\,|\,y-h \le Y \le y+h\,] = \frac{\int_{-\infty}^{x} f(x,y)\,dx}{f_Y(y)}$$

가 성립한다.

이때, $F_{X|Y}(x\,|\,y)$를 x에 대해 미분하면 **조건부 확률밀도함수** $f_{X|Y}(x\,|\,y)$를 얻는다.

$$f_{X|Y}(x\,|\,y) := \frac{\partial}{\partial x}F_{X|Y}(x\,|\,y) = \frac{f(x,y)}{f_Y(y)}$$

결론적으로 확률변수의 결합 확률질량함수 또는 결합 확률밀도함수 f가 주어지면, 조건부 확률분포를 결정하는 조건부 확률밀도함수(확률질량함수)는 다음을 만족한다.[18]

$$f(x,y) = f_Y(y)f_{X|Y}(x\,|\,y) = f_X(x)f_{Y|X}(y\,|\,x) \tag{3.31}$$

예를 들어, 조건부 확률밀도함수 $f_{X|Y}(x|y)$와 주변 확률밀도함수 $f_Y(y)$가 주어질 때, 확률 $\mathbb{P}[a \le X \le b]$는 아래와 같이 구할 수 있다.

$$\begin{aligned}\int_a^b f_X(x)\,dx &= \int_a^b\int_{-\infty}^{\infty} f(x,y)\,dydx \\ &= \int_{-\infty}^{\infty}\Big(\int_a^b f_{X|Y}(x\,|\,y)\,dx\Big)f_Y(y)\,dy = \int_{-\infty}^{\infty}\Big(\mathbb{P}[a \le X \le b\,|\,Y=y]\Big)f_Y(y)\,dy\end{aligned}$$

일반적으로 확률변수 $X_1,\cdots,X_n$에 대해 결합 확률밀도함수, 주변 확률밀도함수, 조건부 확률밀도함수 사이에 다음 식이 성립한다.[19]

$$f(x_1,\cdots,x_n) = f_{X_1}(x_1)f_{X_2|X_1}(x_2\,|\,x_1)\cdots f_{X_n|X_1,\cdots,X_{n-1}}(x_n\,|\,x_1,\cdots,x_{n-1})$$

예제 3.13 랜덤하게 생성하는 비트를 나타내는 확률변수 X는 각각 $1/2$의 확률로 1 또는 -1을 값으로 취한다. 잡음이 있는 채널을 통해 전달되는 X를 관측하는 비트에 대응되는 확률변수 Y는 표준 정규 분포를 따르는 (노이즈) 확률변수 N에 대해

$$Y = X + N$$

으로 주어진다. X와 N이 독립이라고 할 때, 확률 $\mathbb{P}[X=1\,|\,Y>0]$과 $\mathbb{P}[X=-1\,|\,Y>0]$을 각각 구하시오. (단, 표준 정규 분포의 누적분포함수 Φ에 대해 $\Phi(-1) = 0.1587$로 계산한다.)

[18] 식 (3.19)에 대응되는 식이다.

[19] 조건부 확률에 관한 식 (3.16)에 대응되는 식이다. 확률변수가 독립일 때 성립하는 (3.21)과도 비교해보자.

풀이 $X = 1$ 이 주어질 때 $Y = N + 1$ 은 정규 분포 $\mathrm{N}(1, 1^2)$ 를 따르고, $X = -1$ 이 주어질 때 $Y = N - 1$ 은 정규 분포 $\mathrm{N}(-1, 1^2)$ 을 따르므로, 조건부 확률밀도함수는 다음과 같다.

$$f_{Y|X}(y\,|\,1) = \frac{1}{\sqrt{2\pi}}e^{-\frac{(y-1)^2}{2}}, \qquad f_{Y|X}(y\,|-1) = \frac{1}{\sqrt{2\pi}}e^{-\frac{(y+1)^2}{2}}$$

베이즈의 법칙(3.18)을 적용하기 위해 먼저 $\mathbb{P}[Y > 0\,|\,X = 1]$ 와 $\mathbb{P}[Y > 0\,|\,X = -1]$ 를 구하자. 표준 정규 분포의 누적분포함수에 관한 식 (3.10)을 이용하면

$$\begin{aligned}\mathbb{P}[Y > 0\,|\,X = 1] &= \int_0^\infty f_{Y|X}(y|1)\,dy \\ &= \int_0^\infty \frac{1}{\sqrt{2\pi}}e^{-\frac{(y-1)^2}{2}}\,dy = 1 - \int_{-\infty}^0 \frac{1}{\sqrt{2\pi}}e^{-\frac{(y-1)^2}{2}}\,dy = 1 - \Phi(-1)\end{aligned}$$

이고, 같은 방법으로 $\mathbb{P}[Y > 0\,|\,X = -1] = 1 - \Phi(1)$ 을 보일 수 있다.

이때, 식 (3.17)의 전체 확률의 법칙을 이용하면,

$$\begin{aligned}\mathbb{P}[Y > 0] =& \mathbb{P}[Y > 0\,|\,X = 1]\,\mathbb{P}[X = 1] + \mathbb{P}[Y > 0\,|\,X = -1]\,\mathbb{P}[X = -1] \\ =& 1 - \frac{1}{2}\big(\Phi(1) + \Phi(-1)\big) \\ =& 1 - \frac{1}{2}\big(\Phi(1) + 1 - \Phi(1)\big) = \frac{1}{2}\end{aligned}$$

이다.[20]

따라서, 베이즈의 법칙에 따라

$$\mathbb{P}[X = 1\,|\,Y > 0] = \frac{\mathbb{P}[Y > 0\,|\,X = 1]\,\mathbb{P}[X = 1]}{\mathbb{P}[Y > 0]} = \frac{\big(1 - \Phi(-1)\big)1/2}{1/2} = 0.8413$$

이고, 여사건의 확률로부터 $\mathbb{P}[X = -1\,|\,Y > 0] = 1 - 0.8413 = 0.1587$ 이다. □

$X = x$ 가 주어질 때 Y 의 조건부 확률밀도함수 $f_{Y|X}(y|x)$ 를 이용하여, $X = x$ 가 주어질 때 Y 의 **조건부 기댓값**(conditional expectation)을 다음과 같이 정의한다.

$$\mathbb{E}[Y|X = x] := \begin{cases} \sum_y y\, f_{Y|X}(y\,|\,x) & (Y:\ \text{이산 확률변수}) \\ \int y\, f_{Y|X}(y\,|\,x)\,dy & (Y:\ \text{연속 확률변수}) \end{cases}$$

조건부 기댓값이라는 것을 좀 더 분명하게 표현하기 위해 $\mathbb{E}[Y|X = x]$ 를 $\mathbb{E}_{Y|X}[Y|X = x]$ 로 쓰고, $\mathbb{E}[Y]$ 를 $\mathbb{E}_Y[Y]$ 로 쓰기도 한다.

[20] 표준 정규 분포에 대한 확률밀도함수는 y 축에 대칭인 함수이므로, 누적분포함수 Φ 는 양수 z 에 대해 $\Phi(-z) = 1 - \Phi(z)$ 를 만족한다.

이때, $\mathbb{E}[Y|X=x]$ **는** x **에 관한 함수가 되고, 대응되는 확률변수를** $\mathbb{E}[Y|X]$ **로 쓴다.** 조건부 기댓값은 일반적인 기댓값이 갖는 성질 외에 다음 성질도 만족한다. 아래 두 성질은 확률변수 $X_1, \cdots, X_n$ 에 대해서도 자연스럽게 확장시킬 수 있고, 특히, 기계학습에서 자주 사용하는 성질이므로 꼭 익혀두기 바란다.

조건부 기댓값의 성질

(1) $\mathbb{E}[Y]$ 가 유한 값으로 존재할 때, $\mathbb{E}\,\mathbb{E}[Y \mid X] = \mathbb{E}[Y]$

(2) $\mathbb{E}[Y]$ 가 유한 값으로 존재할 때, $\mathbb{E}[XY \mid X] = X\mathbb{E}[Y \mid X]$

위의 성질 (1) 에서 $\mathbb{E}\,\mathbb{E}[Y \mid X]$ 의 의미는, 조건부 기댓값 $\mathbb{E}_{Y|X}[Y \mid X = x]$ 로부터 얻어지는 확률변수 $\mathbb{E}[Y \mid X]$ 의 기댓값 $\mathbb{E}_X\big[\mathbb{E}[Y \mid X]\big]$ 이 $\mathbb{E}_Y[Y]$ 와 같아진다는 의미이다.

성질 (1)은 다음과 같이 증명할 수 있다.

$$\begin{aligned}
\mathbb{E}[Y] &= \int y f_Y(y)\,dy \\
&= \iint y f(x,y)\,dxdy \\
&= \iint y f_X(x) f_{Y|X}(y \mid x)\,dxdy \\
&= \int f_X(x)\Big(\int y f_{Y|X}(y \mid x)\,dy\Big)dx \\
&= \int f_X(x)\mathbb{E}[Y|X=x]\,dx = \mathbb{E}\big[\mathbb{E}[Y|X]\big]
\end{aligned}$$

이제 성질 (2) 가 성립함을 보이자.

$$\mathbb{E}[XY|X=x] = \int xy f_{Y|X}(y \mid x)\,dy = x\int y f_{Y|X}(y \mid x)\,dy = x\,\mathbb{E}[Y|X=x]$$

이므로 대응되는 확률변수는 $X\,\mathbb{E}[Y|X]$ 이다.

조건부 확률은 기계학습에서 많이 활용되는데, 다음 예제의 두 번째 문제는 분류 문제에서 분류기를 구성하는 한 가지 예를 보여준다.

예제 3.14 품종이 다른 두 종류의 개를 표본공간으로 하고, 확률변수 X 는 개의 키, C 는 개의 품종을 나타낸다고 하자.

$$\text{품종이 } C = k \text{ 인 개의 키 } X \text{ 는 정규 분포 } \mathrm{N}(\mu_k, \sigma_k^2), \quad (k = 1, 2)$$

을 따르고, $\mathbb{P}[C = 1] = p$ 이고 $\mathbb{P}[C = 2] = 1 - p$ 라 할 때, 다음 물음에 답하시오.

(1) 이 두 품종의 개 중 한 마리를 우연히 마주칠 때, 개의 평균키를 구하시오.

(2) 키가 $X = x_0$ 인 개가 어느 품종의 개인지 판별하는 기준에 대해 설명하시오.

풀이 (1) 문제의 조건에서

$$f_{X|C}(x\,|\,1)\text{은 } \mathrm{N}(\mu_1, \sigma_1^2)\text{의 확률밀도함수, } f_{X|C}(x\,|\,2)\text{는 } \mathrm{N}(\mu_2, \sigma_2^2)\text{의 확률밀도함수}$$

이므로 $\mathbb{E}[X|C = 1] = \mu_1$ 이고 $\mathbb{E}[X|C = 2] = \mu_2$ 이다. 따라서 구하는 기댓값 $\mathbb{E}[X]$ 는 조건부 기댓값의 성질 (1)에 의해 다음과 같이 구할 수 있다.

$$\mathbb{E}[X] = \mathbb{E}\big[\mathbb{E}[X|C]\big] = \mathbb{E}[X|C = 1]\,\mathbb{P}[C = 1] + \mathbb{E}[X|C = 2]\,\mathbb{P}[C = 2] = p\mu_1 + (1-p)\mu_2$$

(2) $X = x_0$ 가 주어질 때, $C = 1$ 이 될 확률 $\mathbb{P}[C = 1|X = x_0]$ 과 $C = 2$ 가 될 확률 $\mathbb{P}[C = 2|X = x_0]$ 중 확률이 더 높은 품종을 선택하는 것을 기준으로 생각할 수 있다. 하지만,

$$\mathbb{P}[C = k|X = x_0] = \frac{\mathbb{P}[C = k,\ X = x_0]}{\mathbb{P}[X = x_0]} = \frac{\mathbb{P}[C = k]\,\mathbb{P}[X = x_0\,|\,C = k]}{\mathbb{P}[X = x_0]}$$

에서 X 는 연속 확률변수이므로 $\mathbb{P}[X = x_0] = 0$, $\mathbb{P}[X = x_0|C = k] = 0$ 이므로 위 방법을 이용할 수 없다.

중요한 것은 가능성을 비교하는 것이고, 208쪽의 식 (3.5)에서 설명했듯이, 확률밀도함수를 통해 가능성을 비교하는 것이 가능하다. 즉, $C = 1$ 이 될 가능성으로 $f_{C|X}(1\,|\,x_0)$, $C = 2$ 가 될 가능성으로 $f_{C|X}(2\,|\,x_0)$ 를 비교하여 판별하면 된다. 이때, $f_{C|X}(k\,|\,x_0)$ 는 식 (3.31)로부터 다음

$$f_{C|X}(k\,|\,x_0) = \frac{\mathbb{P}[C = k]\,f_{X|C}(x\,|\,k)}{f_X(x_0)}, \quad (k = 1, 2)$$

가 되고, $f_{C|X}(1\,|\,x_0)$ 와 $f_{C|X}(2\,|\,x_0)$ 를 비교할 때, 위 식의 오른쪽에서 분모 $f_X(x_0)$ 는 동일하므로 분자만 비교하면 된다. 즉, 아래와 같이 품종을 분류하면 된다.

$$\arg\max_k \big\{\mathbb{P}[C = k]\,f_{X|C}(x\,|\,k)\,|\,k = 1, 2\big\} \tag{3.32}$$

□

위 예제의 식 (3.32)와 같이 베이즈 법칙을 이용하여 두 부류(품종)를 분류하는 것을 기계학습에서는 **베이즈 분류기**(Bayes classifier)라고 부른다. 또, 훈련예제로부터 $f_{X|C}(x\,|, 1)$ 과 $f_{X|C}(x\,|\,2)$ 를 추정해내는 과정을 학습이라고 말한다.

3.3 확률변수(벡터)의 함수

이 절에서는 연속 확률변수 X를 함수 g와 합성하여 얻어지는 새로운 확률변수 $Y = g(X)$와 연속 확률벡터 $\boldsymbol{X}$로부터 정의되는 확률벡터 $\boldsymbol{Z} = \boldsymbol{g}(\boldsymbol{X})$의 확률분포에 대해 설명한다. 먼저 확률변수의 경우부터 살펴보자.

3.3.1 확률변수의 변환

확률밀도함수가 $f_X(x)$인 연속 확률변수 X와 함수 g에 대해 확률변수 Y를 $Y = g(X)$로 정의하자. 이때, Y의 확률분포를 알기 위해서 Y의 누적분포함수 F_Y를 구하면

$$F_Y(y) = \mathbb{P}[Y \leq y] = \mathbb{P}[g(X) \leq y] \tag{3.33}$$

이다.

만약 함수 g가 순증가하는 연속함수이면, $g'(x) \neq 0$이고 역함수 g^{-1}가 존재해서

$$x_1 < x_2 \iff g(x_1) < g(x_2), \qquad y_1 < y_2 \iff g^{-1}(y_1) < g^{-1}(y_2)$$

가 성립한다. 이때, 식 (3.33)은

$$F_Y(y) = \mathbb{P}[Y \leq y] = \mathbb{P}[g(X) \leq y] = \mathbb{P}[X \leq g^{-1}(y)] = F_X\big(g^{-1}(y)\big)$$

가 된다. 따라서 $y = g(x)$일 때, 누적분포함수와 확률밀도함수 사이의 관계 (3.4)를 이용하면

$$\begin{aligned} f_Y(y) = \frac{d}{dy}F_Y(y) =& \frac{d}{dy}F_X\big(g^{-1}(y)\big) \\ =& f_X\big(g^{-1}(y)\big)\frac{d}{dy}g^{-1}(y) \\ =& f_X\big(g^{-1}(y)\big)\frac{1}{g'(x)} = f_X\big(g^{-1}(y)\big)\frac{1}{g'\big(g^{-1}(y)\big)} \end{aligned} \tag{3.34}$$

과 같이 Y의 확률밀도함수 f_y를 구할 수 있다.

함수 g가 순증가함수가 아니더라도 식 (3.33)을 이용하여 직접 $F_Y(y)$를 계산하고, $F_Y(y)$를 y에 대해 미분하여 f_Y를 구할 수도 있다. 다음 예를 통해 연습해 보자.

예제 3.15 확률변수 X의 확률밀도함수가 f_X이고 누적분포함수가 F_X일 때, 확률변수 $Y = X^2$의 누적분포함수 F_Y와 확률밀도함수 f_Y를 f_X, F_X를 이용하여 나타내시오.

풀이 누적분포함수의 정의로부터

$$F_Y(y) = \mathbb{P}[Y \le y] = \mathbb{P}[X^2 \le y] = \mathbb{P}[-\sqrt{y} \le X \le \sqrt{y}] = F_X(\sqrt{y}) - F_X(-\sqrt{y})$$

이다. 따라서 연쇄법칙을 이용하여 Y 의 확률밀도함수를 구하면

$$\begin{aligned} f_Y(y) = \frac{d}{dy}F_Y(y) =& \frac{d}{dy}\big(F_X(\sqrt{y}) - F_X(-\sqrt{y})\big) \\ =& f_X(\sqrt{y})\,\frac{1}{2\sqrt{y}} - f_X(-\sqrt{y})\,\frac{-1}{2\sqrt{y}} = \frac{1}{2\sqrt{y}}\Big(f_X(\sqrt{y}) + f_X(-\sqrt{y})\Big) \end{aligned}$$

가 된다. □

3.3.2 확률벡터의 변환

앞서 $\mathbb{R}^n$ 의 벡터 $\boldsymbol{x} = [x_1, \cdots, x_n]^{\mathrm{t}}$ 와 $m \times n$ 행렬 $\mathbf{A}$ 에 대해, $\boldsymbol{x}$ 에 $\mathbb{R}^m$ 의 벡터 $\boldsymbol{z} = \mathbf{A}\boldsymbol{x}$ 를 대응시키는 함수는 선형사상이 됨을 배웠다. 행렬과 벡터의 곱셈을 하는 것과 동일한 방법으로, 확률벡터 $\boldsymbol{X} = [X_1, \cdots, X_n]^{\mathrm{t}}$ 에 대해 $\boldsymbol{Z} := \mathbf{A}\boldsymbol{X}$ 를 생각하면, $\boldsymbol{Z} \in \mathbb{R}^m$ 도 확률벡터가 된다. 이때, 확률벡터 $\boldsymbol{Z}$ 의 확률분포에 대해 다음이 성립한다.

정리 3.5 (확률벡터의 선형변환)

확률벡터 $\boldsymbol{X}$ 의 기대벡터가 $\boldsymbol{\mu_X}$ 이고 공분산 행렬이 $\boldsymbol{\Sigma_X}$ 라 할 때, $\boldsymbol{Z} = \mathbf{A}\boldsymbol{X}$ 의 기대벡터 $\boldsymbol{\mu_Z}$ 와 공분산 행렬 $\boldsymbol{\Sigma_Z}$ 는 다음과 같다.

$$\boldsymbol{\mu_Z} = \mathbf{A}\boldsymbol{\mu_X}, \qquad \boldsymbol{\Sigma_Z} = \mathbf{A}\boldsymbol{\Sigma_X}\mathbf{A}^{\mathrm{t}} \tag{3.35}$$

특히, $\mathbf{A}$ 가 $n \times n$ 가역행렬이고 $\boldsymbol{X}$ 가 확률밀도함수 $f_{\boldsymbol{X}}$ 를 갖는 연속 확률벡터인 경우에, $\boldsymbol{Z}$ 도 연속 확률벡터가 되고 확률밀도함수 $f_{\boldsymbol{Z}}$ 는

$$f_{\boldsymbol{Z}}(\boldsymbol{z}) = \frac{1}{|\det(\mathbf{A})|} f_{\boldsymbol{X}}\big(\mathbf{A}^{-1}\boldsymbol{z}\big), \quad \boldsymbol{z} \in \mathbb{R}^n \tag{3.36}$$

이 된다.

[증명] 예제 3.11의 결과를 이용하면

$$\boldsymbol{\mu_Z} = \mathbb{E}[\boldsymbol{Z}] = \mathbb{E}[\mathbf{A}\boldsymbol{X}] = \mathbf{A}\mathbb{E}[\boldsymbol{X}] = \mathbf{A}\boldsymbol{\mu_X}$$

이고, 공분산 행렬도 다음과 같이 구할 수 있다.

$$\begin{aligned}\mathbf{\Sigma}_{\boldsymbol{Z}} &= \mathbb{E}\big[(\boldsymbol{Z}-\boldsymbol{\mu}_{\boldsymbol{Z}})(\boldsymbol{Z}-\boldsymbol{\mu}_{\boldsymbol{Z}})^{\mathrm{t}}\big] \\ &= \mathbb{E}\Big[\mathbf{A}\big(\boldsymbol{X}-\boldsymbol{\mu}_{\boldsymbol{X}}\big)\big(\mathbf{A}(\boldsymbol{X}-\boldsymbol{\mu}_{\boldsymbol{X}})\big)^{\mathrm{t}}\Big] \\ &= \mathbf{A}\mathbb{E}\big[(\boldsymbol{X}-\boldsymbol{\mu}_{\boldsymbol{X}})(\boldsymbol{X}-\boldsymbol{\mu}_{\boldsymbol{X}})^{\mathrm{t}}\big]\mathbf{A}^{\mathrm{t}} = \mathbf{A}\mathbf{\Sigma}_{\boldsymbol{X}}\mathbf{A}^{\mathrm{t}}\end{aligned}$$

식 (3.36)에 대해서는 엄밀한 증명대신, 이 식을 증명하는 핵심적인 아이디어만 설명한다.[21] $\mathbf{A}$가 $n \times n$ 가역행렬이고 $\boldsymbol{X}$가 연속 확률변수인 경우에, $\boldsymbol{z} = \mathbf{A}\boldsymbol{x}$이고 $\boldsymbol{x} = \mathbf{A}^{-1}\boldsymbol{z}$라 하자. 이때, n차원 상자

$$B = [z_1, z_1 + h] \times \cdots \times [z_n, z_n + h] \tag{3.37}$$

에 대해, $h > 0$가 충분히 작으면

$$\mathbb{P}[\boldsymbol{Z} \in B] = \int_B f_{\boldsymbol{Z}}(\boldsymbol{z})\, d\boldsymbol{z} \approx h^n f_{\boldsymbol{Z}}(\boldsymbol{z})$$

이다. 한편, $\widetilde{B} := \{\boldsymbol{x} \mid \mathbf{A}\boldsymbol{x} \in B\}$로 두면, $\widetilde{B}$는 n 차원 상자 B를 선형사상 $\mathbf{A}^{-1}$로 옮겨서 생기는 n차원 평행체(parallelepiped)

$$\begin{aligned}\widetilde{B} = \{\mathbf{A}^{-1}(\boldsymbol{z}) \mid \boldsymbol{z} \in B\} &= \{\mathbf{A}^{-1}(\boldsymbol{z} + h\boldsymbol{u}) \mid \boldsymbol{u} = (u_1, \cdots, u_n),\ 0 \le u_i \le 1\,\} \\ &= \{\mathbf{A}^{-1}(\boldsymbol{z}) + h\mathbf{A}^{-1}(\boldsymbol{u}) \mid \boldsymbol{u} = (u_1, \cdots, u_n),\ 0 \le u_i \le 1\,\}\end{aligned}$$

가 된다. 평행체의 부피는 평행이동을 해도 변하지 않으므로, 부피 $\mathrm{vol}(\widetilde{B})$는 n차원 평행체 $\{h\mathbf{A}^{-1}(\boldsymbol{u}) \mid \boldsymbol{u} = (u_1, \cdots, u_n),\ 0 \le u_i \le 1\,\}$의 부피와 같고, 평행체의 부피와 행렬식의 관계식을 이용하면 $|\det\big(h\mathbf{A}^{-1}\big)| = h^n|\det(\mathbf{A}^{-1})|$가 된다 (1.2.5소절 참고).

따라서, 충분히 작은 $h > 0$에 대해

$$h^n f_{\boldsymbol{Z}}(\boldsymbol{z}) \approx \mathbb{P}[\boldsymbol{Z} \in B] = \mathbb{P}[\mathbf{A}\boldsymbol{X} \in B] = \mathbb{P}[\boldsymbol{X} \in \widetilde{B}] \approx h^n|\det(\mathbf{A}^{-1})|f_{\boldsymbol{X}}(\boldsymbol{x})$$

가 성립하고, $h \to 0$인 극한을 생각하면 다음 결론을 보일 수 있다.

$$f_{\boldsymbol{Z}}(\boldsymbol{z}) = |\det\big(\mathbf{A}^{-1}\big)|f_{\boldsymbol{X}}(\boldsymbol{x}) = \frac{1}{|\det(\mathbf{A})|} f_{\boldsymbol{X}}\big(\mathbf{A}^{-1}\boldsymbol{z}\big)$$

□

선형변환에 대한 식 (3.36)과 유사한 식을 선형변환이 아닌 일반적인 변환

$$\boldsymbol{x} \to \boldsymbol{g}(\boldsymbol{x}) = [g_1(\boldsymbol{x}), \cdots, g_n(\boldsymbol{x})]^{\mathrm{t}}$$

[21] 기본적으로 미적분에서 다루는 다변수 함수에 대한 치환적분법이다.

에 대해서도 얻을 수 있다.

우선, $\boldsymbol{g}$가 C^1 벡터함수이고 $\boldsymbol{x}$에서의 $\boldsymbol{g}$의 야코비 행렬 $\mathbf{J}_{\boldsymbol{g}}(\boldsymbol{x})$가 가역행렬이면, 국소적으로 $\boldsymbol{z} = \boldsymbol{g}(\boldsymbol{x})$ 근방에서 미분가능한 $\boldsymbol{g}^{-1}$가 존재하고, 연쇄법칙 (2.4)에 의해

$$\mathbf{I}_n = \mathbf{J}_{\boldsymbol{g}^{-1}\circ\boldsymbol{g}}(\boldsymbol{x}) = \mathbf{J}_{\boldsymbol{g}^{-1}}(\boldsymbol{z})\mathbf{J}_{\boldsymbol{g}}(\boldsymbol{x})$$

가 성립한다.[22] 따라서 정의역의 모든 점 $\boldsymbol{x}$에서 $\boldsymbol{g}$의 야코비 행렬 $\mathbf{J}_{\boldsymbol{g}}(\boldsymbol{x})$가 가역이면, 미분가능한 역함수 $\boldsymbol{g}^{-1}$가 존재하고

$$\mathbf{J}_{\boldsymbol{g}^{-1}}(\boldsymbol{z}) = \big(\mathbf{J}_{\boldsymbol{g}}(\boldsymbol{x})\big)^{-1} = \big(\mathbf{J}_{\boldsymbol{g}}(\boldsymbol{g}^{-1}(\boldsymbol{z}))\big)^{-1} \tag{3.38}$$

가 성립한다. 이를 이용하면 확률변수 $\boldsymbol{Z} = \boldsymbol{g}(\boldsymbol{X})$의 확률밀도함수를 구할 수 있다.

정리 3.6 (확률벡터의 변환 규칙)

확률변수 $\boldsymbol{X}$가 확률밀도함수가 $f_{\boldsymbol{X}}$인 n차원 연속 확률벡터이고, 역함수가 존재하는 미분가능한 벡터함수 $\boldsymbol{g} : \mathbb{R}^n \to \mathbb{R}^n$의 야코비 행렬을 $\mathbf{J}_{\boldsymbol{g}}$라 하자. 이때, 확률벡터 $\boldsymbol{Z}$를 $\boldsymbol{Z} = \boldsymbol{g}(\boldsymbol{X})$로 정의하면, $\boldsymbol{Z}$의 확률밀도함수 $f_{\boldsymbol{Z}}$는 $\boldsymbol{z} = \boldsymbol{g}(\boldsymbol{x})$에서

$$f_{\boldsymbol{Z}}(\boldsymbol{z}) = \frac{1}{|\det\big(\mathbf{J}_{\boldsymbol{g}}(\boldsymbol{x})\big)|} f_{\boldsymbol{X}}(\boldsymbol{x}) = |\det\big(\mathbf{J}_{\boldsymbol{g}^{-1}}(\boldsymbol{z})\big)| f_{\boldsymbol{X}}\big(\boldsymbol{g}^{-1}(\boldsymbol{z})\big), \quad \boldsymbol{z} \in \mathbb{R}^n \tag{3.39}$$

가 된다.

[증명] 정리 3.5의 경우처럼, 엄밀한 증명 대신 핵심적인 아이디어만 설명하자.

임의로 고정한 $\boldsymbol{z}$에 대해 $\boldsymbol{x} = \boldsymbol{g}^{-1}(\boldsymbol{z})$(즉, $\boldsymbol{g}(\boldsymbol{x}) = \boldsymbol{z}$)로 두면, $\boldsymbol{z}$의 근방에서 함수 $\boldsymbol{g}^{-1}$는 테일러 정리에 의해

$$\boldsymbol{g}^{-1}(\boldsymbol{z}+\boldsymbol{\delta}) \approx \boldsymbol{g}^{-1}(\boldsymbol{z}) + \mathbf{J}_{\boldsymbol{g}^{-1}}(\boldsymbol{z})\boldsymbol{\delta}$$

로 근사시킬 수 있다.

따라서, 정리 3.5의 경우처럼 $\boldsymbol{z}$를 한 꼭짓점으로 하는 n차원 상자 B를 식 (3.37)처럼 둘 때, B의 각 점은 고정된 $\boldsymbol{z}$와 $0 \le \delta_i \le h$인 $\boldsymbol{\delta} = [\delta_1, \cdots, \delta_n]^{\mathrm{t}}$에 대해 $\boldsymbol{z}+\boldsymbol{\delta}$가 된다. 또 B를 $\boldsymbol{g}^{-1}$로 옮긴 집합을 $\boldsymbol{g}^{-1}(B)$라 하면, 다음과 같이 $\boldsymbol{x}$를 한 꼭짓점으로

[22] 이를 역함수 정리(inverse function theorem)라고 한다.

하는 n 차원 평행체로 근사된다.

$$\begin{aligned} \boldsymbol{g}^{-1}(B) &\approx \{\boldsymbol{g}^{-1}(\boldsymbol{z}) + \mathbf{J}_{\boldsymbol{g}^{-1}}(\boldsymbol{z})\boldsymbol{\delta} \mid \boldsymbol{\delta} = (\delta_1, \cdots, \delta_n),\ 0 \le \delta_i \le h\} \\ &= \{\boldsymbol{x} + h\,\mathbf{J}_{\boldsymbol{g}^{-1}}(\boldsymbol{z})\boldsymbol{u} \mid \boldsymbol{u} = (u_1, \cdots, u_n),\ 0 \le u_i \le 1\} \end{aligned}$$

이때, 위 식의 n 차원 평행체 부피는 정리 3.5의 증명에서 설명했듯이 $h^n\left|\det\left(\mathbf{J}_{\boldsymbol{g}^{-1}}(\boldsymbol{z})\right)\right|$ 이므로, 충분히 작은 $h > 0$ 에 대해

$$h^n f_{\boldsymbol{Z}}(\boldsymbol{z}) \approx \mathbb{P}[\boldsymbol{Z} \in B] = \mathbb{P}[\boldsymbol{X} \in \boldsymbol{g}^{-1}(B)] \approx h^n\left|\det\left(\mathbf{J}_{\boldsymbol{g}^{-1}}(\boldsymbol{z})\right)\right| f_{\boldsymbol{X}}(\boldsymbol{x})$$

가 성립한다. 한편, $\left|\det\left(\mathbf{J}_{\boldsymbol{g}^{-1}}(\boldsymbol{z})\right)\right| = 1/\left|\det\left(\mathbf{J}_{\boldsymbol{g}}(\boldsymbol{x})\right)\right|$ 이므로 위 관계식에서 h 를 0으로 보내는 극한을 취하면 식 (3.39)를 얻게 된다. □

많은 경우 실제로 사용되는 확률변수의 변환은 정리 3.6에서 $\boldsymbol{g}^{-1}$ 가 주어지는 형태이다. 다음 예제를 살펴보자.

예제 3.16 두 확률변수 X, Y 는 독립이고, 각각 표준 정규 분포 $\mathrm{N}(0, 1^2)$ 을 따른다고 하자. 함수 $\boldsymbol{h} : (0, \infty) \times [0, 2\pi) \to \mathbb{R}^2 \setminus \{(0,0)\}$ 가 $\boldsymbol{h}(r, \theta) = (r\cos\theta, r\sin\theta)$ 일 때,

$$[R, \Theta]^{\mathrm{t}} = \boldsymbol{h}^{-1}[X, Y] \qquad (\text{즉, } X = R\cos\Theta,\ Y = R\sin\Theta)$$

로 정의되는 확률변수 R, Θ 의 (주변) 확률밀도함수 f_R 과 f_Θ 를 각각 구하시오. 또, R, Θ 가 독립인 확률변수임을 보이시오.

풀이 두 확률변수 X, Y 가 독립이므로 결합 확률밀도함수 $f_{X,Y}$ 는 각 f_X 와 f_Y 의 곱이다. 즉,

$$f_{X,Y}(x, y) = \frac{1}{2\pi}e^{-\frac{1}{2}(x^2+y^2)}, \quad (x, y) \in \mathbb{R}^2$$

확률밀도함수 $f_{X,Y}$ 의 대칭성을 고려하면, Θ 는 균등 분포 $\mathrm{U}\big((0, 2\pi]\big)$ 를 따른다고 예측할 수 있지만, R 의 확률분포를 예측하는 것은 쉽지 않다.

$\boldsymbol{g} = \boldsymbol{h}^{-1}$ 에 대해 정리 3.6을 적용하면

$$f_{R,\Theta}(r, \theta) = \left|\det\left(\mathbf{J}_{\boldsymbol{h}}(r, \theta)\right)\right| f_{X,Y}\left(\boldsymbol{h}(r, \theta)\right)$$

이고,

$$f_{X,Y}\left(\boldsymbol{h}(r, \theta)\right) = f_{X,Y}(r\cos\theta, r\sin\theta) = \frac{1}{2\pi}e^{-\frac{1}{2}r^2},$$

$$\mathbf{J}_{\boldsymbol{h}}(r,\theta) = \begin{bmatrix} \cos\theta & -r\sin\theta \\ \sin\theta & r\cos\theta \end{bmatrix} \implies \left|\det\big(\mathbf{J}_{\boldsymbol{h}}(r,\theta)\big)\right| = r(\cos^2\theta + \sin^2\theta) = r$$

이므로

$$f_{R,\Theta}(r,\theta) = \frac{1}{2\pi} e^{-\frac{1}{2}r^2} r,\ \ \theta \in (0, 2\pi],\ r > 0$$

이 된다. 따라서, R 과 Θ 의 주변 확률밀도함수를 구하면 다음과 같다.

$$\begin{aligned} f_R(r) &= \int_0^{2\pi} f_{R,\Theta}(r,\theta)\,d\theta = re^{-\frac{1}{2}r^2} \\ f_\Theta(\theta) &= \int_0^{\infty} f_{R,\Theta}(r,\theta)\,dr = \lim_{a\to\infty} \frac{1}{2\pi} \int_0^a e^{-\frac{1}{2}r^2} r\,dr \\ &= \lim_{a\to\infty} \frac{1}{2\pi} \int_0^{\frac{1}{2}a^2} e^{-t}\,dt = \frac{1}{2\pi} \lim_{a\to\infty} (1 - e^{-\frac{1}{2}a^2}) = \frac{1}{2\pi} \end{aligned}$$

이때, $f_{R,\Theta}(r,\theta) = f_R(r)\, f_\Theta(\theta)$ 이므로, 두 확률변수 R, Θ 는 독립임을 알 수 있다. □

3.3.3 특정 확률분포를 따르는 난수를 생성하는 법

이 소절에서는 특정 확률분포를 따르는 **난수**(random number), 즉 특정 분포로부터 무작위로 추출된 표본을 생성하는 방법에 대해 설명한다. 특정 확률분포를 따르는 난수를 생성하는 것은 **몬테카를로 실험**의 바탕이 되는 작업이다 (282쪽 참고).

가장 기본이 되는 난수는 균등 분포 $\mathrm{U}\big([0,1]\big)$ 을 따르는 난수인데, 이 난수는 생성할 수 있다고 가정하고, 이를 이용하여 특정 확률분포를 따르는 난수를 생성하는 방법에 대해 설명한다.[23]

특정 확률분포를 따르는 확률변수 X 가 연속 확률변수이면 누적분포함수 F_X 는 증가함수가 되므로 적절한 범위에서 역함수 F_X^{-1} 를 갖는다. 이때 균등 분포 $\mathrm{U}\big([0,1]\big)$ 을 따르는 확률변수 U 에 대해 확률변수 Y 를 $Y = F_X^{-1}(U)$ 로 정의하면, Y 는 X 와 동일한 확률분포를 따른다. 즉, Y 의 누적분포함수와 X 의 누적분포함수는 같아진다. 이를 확인하기 위해 $F_Y(y)$ 를 계산하면,

$$F_Y(y) = \mathbb{P}[Y \le y] = \mathbb{P}[F_X^{-1}(U) \le y]$$

[23] 거의 모든 프로그래밍 언어에 기본적으로 균등 분포를 따르는 난수처럼 보이는 의사난수(pseudo-random number)를 생성하는 함수들이 구현되어 있다.

에서 F 가 증가함수이므로

$$\mathbb{P}[F_X^{-1}(U) \le y] = \mathbb{P}[U \le F_X(y)]$$

가 되고, U 의 확률밀도함수 f_U 는

$$f_U(u) = \begin{cases} 1 & u \in [0,1] \\ 0 & u \notin [0,1] \end{cases}$$

이므로 $\mathbb{P}[U \le F_X(y)] = F_X(y)$ 가 된다. 즉,

$$F_Y(y) = F_X(y), \ \forall y$$

가 성립한다.

따라서 누적분포함수가 F 인 확률분포를 따르는 난수 n 개를 생성하려면, 균등 분포를 따르는 난수 $u_1, \cdots, u_n$ 을 생성한 후 이를 이용하여 $F^{-1}(u_1), \cdots, F^{-1}(u_n)$ 를 계산하면 된다.

예제 3.17 균등 분포 $\mathrm{U}\big([0,1]\big)$ 을 따르는 난수 $u_1. \cdots, u_n$ 를 이용하여, 지수 분포 $\mathrm{Exp}(\lambda)$ 를 따르는 난수를 생성하는 방법을 설명하시오.

풀이 지수 분포를 따르는 확률변수 X 의 확률밀도함수가 $f_X(x) = \lambda e^{-\lambda x}$ $(x \ge 0)$ 이므로 누적분포함수 F_X 는

$$F_X(x) = \int_0^x \lambda e^{-\lambda x} = \left[-e^{-\lambda x}\right]_0^x = 1 - e^{-\lambda x}$$

이다. 이때, $y = F_X(x) = 1 - e^{-\lambda x}$ 로부터 $x = -(1/\lambda)\ \ln(1-y)$ 이므로

$$F^{-1}(x) = -\frac{1}{\lambda}\ln(1-x)$$

가 된다. 따라서 $(1/\lambda)\ln(1-u_i)$ $(1 \le i \le n)$ 은 지수 분포를 따르는 난수가 된다. □

$x_1, x_2, \cdots$ 값을 취하는 이산 확률변수 X 의 경우에 누적분포함수는 확률질량함수를 f_X 라 할 때,

$$F_X(x) = \mathbb{P}(X \le x) = \sum_{x_i \le x} f_X(x_i)$$

가 되므로 구간 $[x_i, x_{i+1})$ 에서 상수인 계단함수가 된다. 따라서 연속 확률변수의 경우와 달리 역함수를 갖지 않는다. 하지만, 누적분포함수의 역함수를 일반화한 **분위수 함수**(quantile function) Q를 다음 식[24]

$$Q(u) = \inf\{x \in \mathbb{R} \,|\, u \le F_X(x)\}, \ (0 \le u \le 1) \tag{3.40}$$

과 같이 정의하면, 분위수 함수 Q는

$$Q(u) \le x \iff u \le F_X(x)$$

를 만족하는 유일한 함수가 되고, 연속 확률변수 X의 경우에 $Q = F_X^{-1}$가 되므로 역누적분포 함수를 일반화한 함수라는 것을 알 수 있다.

예제 3.18 균등 분포를 따르는 난수를 이용하여 이항 분포 $\mathrm{B}(4, p)$를 따르는 난수를 생성하는 방법을 설명하시오.

풀이 이항 분포 $\mathrm{B}(4, 1/3)$을 확률밀도함수

$$f_X(k) = \binom{4}{k}\left(\frac{1}{3}\right)^k\left(\frac{2}{3}\right)^{4-k}$$

를 계산하면

X	0	1	2	3	4
f_X	$\frac{16}{81}$	$\frac{32}{81}$	$\frac{24}{81}$	$\frac{8}{81}$	$\frac{1}{81}$

이다. 따라서 누적분포함수 F_X와 분위수 함수 Q를 구하면 다음과 같다.

$$F(x) = \begin{cases} \frac{16}{81} & (0 \le x < 1) \\ \frac{48}{81} & (1 \le x < 2) \\ \frac{72}{81} & (2 \le x < 3) \\ \frac{80}{81} & (3 \le x < 4) \\ 1 & (4 \le x) \end{cases} \implies \qquad Q(u) = \begin{cases} 0 & (0 \le u \le \frac{16}{81}) \\ 1 & (\frac{16}{81} < u \le \frac{48}{81}) \\ 2 & (\frac{48}{81} < u \le \frac{72}{81}) \\ 3 & (\frac{72}{81} < u \le \frac{80}{81}) \\ 4 & (\frac{80}{81} < u \le 1) \end{cases}$$

따라서 균등 분포를 따르는 난수 u로부터 이항 분포 $\mathrm{B}(4, 1/3)$을 따르는 나숫 $Q(u)$를 생성할 수 있다. □

[24] 집합의 하한을 뜻하는 inf에 대해서는 128쪽을 복습하면 된다.

3.4 다변량 정규 분포

가우스 분포(Gaussian distribution)라고도 부르는 정규 분포는 데이타 과학과 기계학습에서 중요한 역할을 하는 분포이다. 특히, 다변량 정규 분포가 많이 이용되는데, 이 절에서는 (다변량) 정규 분포의 표준화와 중요한 성질에 대해 정리한다.

3.4.1 정규 분포의 표준화

일반적으로 확률변수 X 의 기댓값이 μ 이고 분산이 σ^2 일 때, 확률변수 Z 를

$$Z = \frac{X - \mu}{\sigma} \tag{3.41}$$

로 정의하면, 예제 3.3에 의해 $\mathbb{E}[Z] = 0$, $\mathbb{V}\text{ar}[Z] = 1$ 이 성립하는데, 식 (3.41)의 과정을 확률변수 X 의 **표준화**(standardization)라고 부른다.

다음 정리는 확률변수 X 가 정규 분포를 따르면, 표준화한 Z 도 정규 분포를 따른다는 것을 보여준다. 식 (3.8)에서 언급했듯이 표준 정규 분포의 누적분포함수는 보통 Φ 로 쓰고, 표준 정규 분포의 확률밀도함수는 보통 ϕ 로 쓴다.

정리 3.7 (정규 분포의 표준화)

확률변수 X 가 정규 분포 $\mathrm{N}(\mu, \sigma^2)$ 을 따를 때, X 를 표준화한 확률변수 Z 는 표준 정규 분포 $\mathrm{N}(0, 1^2)$ 을 따른다.

[증명] 확률변수 Z 의 누적분포함수를 구하는 과정에서 치환적분을 이용하면

$$\begin{aligned} F_Z(z) &= \mathbb{P}[Z \le z] \\ &= \mathbb{P}[(X - \mu)/\sigma \le z] \\ &= \mathbb{P}[X \le \mu + \sigma z] \\ &= \int_{-\infty}^{\mu+\sigma z} \frac{1}{\sqrt{2\pi}\sigma} e^{-\frac{1}{2}\left(\frac{x-\mu}{\sigma}\right)^2} dx = \int_{-\infty}^{z} \frac{1}{\sqrt{2\pi}} e^{-y^2/2} dy = \Phi(z) \end{aligned}$$

이다. 따라서 $Z \sim \mathrm{N}(0, 1^2)$ 이다. □

위 증명과정을 보면, 표준 정규 분포를 따르는 확률변수 Z 에 대해 확률변수 X 를 $X = \mu + \sigma Z$ 로 정의하면, X 는 정규 분포 $\mathrm{N}(\mu, \sigma^2)$ 을 따른다는 것을 알 수 있다. 즉, X 는 표준 정규 분포를 따르는 확률변수 Z 에 대한 **아핀 변환**으로 얻어진다.

이 과정을 n 차원으로 확장하기 위해, $Z_1, \cdots, Z_n$ 이 독립동일분포 $\mathrm{N}(0, 1^2)$ 을 따르는 확률변수라 하자. 이때, $\boldsymbol{Z} = [Z_1, \cdots, Z_n]^{\mathrm{t}}$ 의 결합 확률밀도함수 $f_{\boldsymbol{Z}}$ 는 $\exp(x) := e^x$ 표현을 사용할 때, 다음

$$f_{\boldsymbol{Z}}(\boldsymbol{z}) = \prod_{i=1}^{n} \left(\frac{1}{\sqrt{2\pi}} e^{-\frac{1}{2} z_i^2} \right) = \frac{1}{\sqrt{(2\pi)^n}} \exp\Big(-\frac{1}{2} \boldsymbol{z}^{\mathrm{t}} \boldsymbol{z} \Big), \quad \boldsymbol{z} \in \mathbb{R}^n \tag{3.42}$$

과 같고, 확률벡터 $\boldsymbol{Z}$ 에 대한 기대벡터와 공분산 행렬은

$$\mathbb{E}[\boldsymbol{Z}] = \mathbf{0} \quad \mathbb{C}\mathrm{ov}(\boldsymbol{Z}, \boldsymbol{Z}) = \mathbb{V}\mathrm{ar}[\boldsymbol{Z}] = \mathbf{I}_n$$

이 된다. 이때, $\boldsymbol{Z}$ 는 기대벡터가 $\mathbf{0}$ 이고 공분산 행렬이 $\mathbf{I}_n$ 인 **다변량 정규 분포**(multivariate normal) 또는 **다변량 가우스 분포**(multivariate Gaussian)를 따른다고 하고, $\boldsymbol{Z} \sim \mathrm{N}(\mathbf{0}, \mathbf{I})$ 로 쓴다.

이제, $m \times n$ 행렬 $\mathbf{B}$ 와 벡터 $\boldsymbol{\mu} \in \mathbb{R}^m$ 에 대해, 확률벡터 $\boldsymbol{Z}$ 의 아핀 변환으로 정의되는 확률벡터 $\boldsymbol{X}$ 를

$$\boldsymbol{X} = \mathbf{B}\boldsymbol{Z} + \boldsymbol{\mu} \tag{3.43}$$

라 하면, 예제 3.12에 의해

$$\mathbb{E}[\boldsymbol{X}] = \boldsymbol{\mu}, \quad \mathbb{V}\mathrm{ar}[\boldsymbol{X}] = \mathbb{C}\mathrm{ov}(\boldsymbol{X}, \boldsymbol{X}) = \mathbf{B}\, \mathbb{C}\mathrm{ov}(\boldsymbol{Z}, \boldsymbol{Z})\, \mathbf{B}^{\mathrm{t}} = \mathbf{B}\mathbf{B}^{\mathrm{t}} \tag{3.44}$$

가 성립한다. 이때, 확률벡터 $\boldsymbol{X}$ 는 기대벡터가 $\boldsymbol{\mu}$ 이고 공분산 행렬이 $\boldsymbol{\Sigma} = \mathbf{B}\mathbf{B}^{\mathrm{t}}$ 인 **다변량 정규 분포**를 따른다고 하고, $\boldsymbol{X} \sim \mathrm{N}(\boldsymbol{\mu}, \boldsymbol{\Sigma})$ 라고 쓴다. 확률벡터 $\boldsymbol{X}$ 의 공분산 행렬 $\boldsymbol{\Sigma} = \mathbf{B}\mathbf{B}^{\mathrm{t}}$ 는 예제 1.35에 의해 항상 양의 준정부호 행렬이 된다.

확률벡터 $\boldsymbol{X}$ 의 공분산 행렬이 양의 정부호 행렬인 경우, 즉 $\mathbf{B}$ 가 가역행렬인 경우에 $\boldsymbol{Z}$ 의 확률밀도함수 식 (3.42)에 정리 3.5 또는 정리 3.6을 적용하면 $\boldsymbol{X}$ 의 확률밀도함수를 다음과 같이 구할 수 있다. (단, 절댓값과 구분이 되는 경우에는 행렬식 $\det(\mathbf{B})$ 을 간단히 $|\mathbf{B}|$ 로 쓴다.)

$$\begin{aligned} f_{\boldsymbol{X}}(\boldsymbol{x}) &= \frac{1}{|\det(\mathbf{B})|} f_{\boldsymbol{Z}}\big(\mathbf{B}^{-1}(\boldsymbol{x} - \boldsymbol{\mu})\big) \\ &= \frac{1}{\sqrt{\det(\boldsymbol{\Sigma})}} \frac{1}{\sqrt{(2\pi)^n}} \exp\Big(-\frac{1}{2} \big(\mathbf{B}^{-1}(\boldsymbol{x} - \boldsymbol{\mu})\big)^{\mathrm{t}} \big(\mathbf{B}^{-1}(\boldsymbol{x} - \boldsymbol{\mu})\big) \Big) \\ &= \frac{1}{\sqrt{(2\pi)^n |\boldsymbol{\Sigma}|}} \exp\Big(-\frac{1}{2} (\boldsymbol{x} - \boldsymbol{\mu})^{\mathrm{t}} (\mathbf{B}\mathbf{B}^{\mathrm{t}})^{-1} (\boldsymbol{x} - \boldsymbol{\mu}) \Big) \\ &= \frac{1}{\sqrt{(2\pi)^n |\boldsymbol{\Sigma}|}} \exp\Big(-\frac{1}{2} (\boldsymbol{x} - \boldsymbol{\mu})^{\mathrm{t}} \boldsymbol{\Sigma}^{-1} (\boldsymbol{x} - \boldsymbol{\mu}) \Big) \end{aligned} \tag{3.45}$$

위 계산에서 $\mathbf{\Sigma}$는 양의 정부호 행렬이므로 행렬식이 양수가 되어 $|\det(\mathbf{\Sigma})| = \det(\mathbf{\Sigma})$이 성립한다.

역으로 공분산 행렬이 가역인 다변량 정규 분포를 따르는 확률벡터가 주어지면, 독립동일 분포를 따르는 확률벡터 $\boldsymbol{Z} = [Z_1, \cdots, Z_n]^{\mathrm{t}} \sim \mathrm{N}(\mathbf{0}, \mathbf{I}_n)$와 아핀 변환으로 연결지을 수 있다.

예제 3.19 양의 정부호 행렬 $\mathbf{\Sigma} \in \mathbb{R}^{n\times n}$에 대해 확률밀도함수 $f_X(\boldsymbol{x})$가

$$f_{\boldsymbol{X}}(\boldsymbol{x}) = \frac{1}{\sqrt{(2\pi)^n|\mathbf{\Sigma}|}} \exp\Big(-\frac{1}{2}(\boldsymbol{x}-\boldsymbol{\mu})^{\mathrm{t}}\mathbf{\Sigma}^{-1}(\boldsymbol{x}-\boldsymbol{\mu})\Big) \tag{3.46}$$

인 확률벡터 $\boldsymbol{X}$가 주어지면, 확률벡터 $\boldsymbol{X}$는 표준 정규 분포를 따르고 서로 독립인 확률변수 $Z_1, \cdots, Z_n$에 대한 확률벡터 $\boldsymbol{Z} = [Z_1, \cdots, Z_n]^{\mathrm{t}}$의 아핀 변환 $\mathbf{B}\boldsymbol{Z} + \boldsymbol{\mu}$이 됨을 보이시오.

풀이 $\mathbf{\Sigma}$가 양의 정부호 행렬이므로 양수인 고윳값 $\lambda_1, \cdots, \lambda_n$을 대각성분으로 갖는 대각행렬 $\mathbf{D} = \mathrm{diag}(\lambda_1, \cdots, \lambda_n)$과 직교행렬 $\mathbf{V}$에 대해

$$\mathbf{\Sigma} = \mathbf{V}\mathbf{D}\mathbf{V}^{\mathrm{t}}$$

이다. 이때, $\mathbf{D}^{1/2} := \mathrm{diag}(\sqrt{\lambda_1}, \cdots, \sqrt{\lambda_n})$에 대해 $\mathbf{B} = \mathbf{V}\mathbf{D}^{1/2}$로 두면, $\mathbf{\Sigma} = \mathbf{B}\mathbf{B}^{\mathrm{t}}$이므로 $|\det(\mathbf{B})| = \det(\mathbf{B}) = \sqrt{|\mathbf{\Sigma}|}$이다.[25]

이제, 확률벡터 $\boldsymbol{Z}$를 $\boldsymbol{Z} = \mathbf{B}^{-1}(\boldsymbol{X}-\boldsymbol{\mu})$르 정의하면, 정리 3.6(본질적으로 정리 3.5)에 의해

$$\begin{aligned}
f_{\boldsymbol{Z}}(\boldsymbol{z}) &= \frac{1}{|\det(\mathbf{B}^{-1})|} f_{\boldsymbol{X}}(\mathbf{B}\boldsymbol{z}+\boldsymbol{\mu}) \\
&= \frac{\det(\mathbf{B})}{\sqrt{(2\pi)^n|\mathbf{\Sigma}|}} \exp\Big(-\frac{1}{2}(\mathbf{B}\boldsymbol{z}+\boldsymbol{\mu}-\boldsymbol{\mu})^{\mathrm{t}}\mathbf{\Sigma}^{-1}(\mathbf{B}\boldsymbol{z}+\boldsymbol{\mu}-\boldsymbol{\mu})\Big) \\
&= \frac{1}{\sqrt{(2\pi)^n}} \exp\Big(-\frac{1}{2}\boldsymbol{z}^{\mathrm{t}}\mathbf{B}^{\mathrm{t}}(\mathbf{B}\mathbf{B}^{\mathrm{t}})^{-1}\mathbf{B}\boldsymbol{z}\Big) \\
&= \frac{1}{\sqrt{(2\pi)^n}} \exp\Big(-\frac{1}{2}\boldsymbol{z}^{\mathrm{t}}\boldsymbol{z}\Big) \\
&= \prod_{i=1}^{n} \frac{1}{\sqrt{2\pi}} \exp\Big(-\frac{1}{2}z_i^2\Big)
\end{aligned}$$

가 되므로, $\boldsymbol{Z} = [Z_1, \cdots, Z_n]$는 각 Z_i가 표준 정규 분포를 따르고 서로 독립인 확률벡터가 된다. □

[25] 실제로는 정리 1.48의 숄레스키 분해를 이용하는 것이 더 효율적이다.

다음 정리는 다변량 정규 분포를 따르는 확률벡터 $\boldsymbol{X}_1, \cdots, \boldsymbol{X}_r$ 이 독립이면, 이들 확률벡터의 아핀 결합, 즉 선형결합에 상수 벡터를 더해도 다시 다변량 정규 분포를 따른다는 것을 보여준다.

정리 3.8 (다변량 정규 분포를 따르는 확률벡터의 아핀 결합)

각 $i = 1, \cdots, k$ 에 대해 확률벡터 $\boldsymbol{X}_i$ 는 m_i 차원 다변량 정규 분포 $\mathrm{N}(\boldsymbol{\mu}_i, \boldsymbol{\Sigma}_i)$ 를 따른다. 이때, $n \times 1$ 벡터 $\boldsymbol{a}$ 와 $n \times m_i$ 행렬 $\mathbf{B}_1, \cdots, \mathbf{B}_k$ 로 정의되는 확률벡터 $\boldsymbol{Y} = \boldsymbol{a} + \sum_{i=1}^k \mathbf{B}_i \boldsymbol{X}_i$ 는 다음과 같이 정규 분포를 따른다.

$$\boldsymbol{Y} = \boldsymbol{a} + \sum_{i=1}^{k} \mathbf{B}_i \boldsymbol{X}_i \sim \mathrm{N}\left(\boldsymbol{a} + \sum_{i=1}^{k} \mathbf{B}_i \boldsymbol{\mu}_i, \sum_{i=1}^{k} \mathbf{B}_i \boldsymbol{\Sigma}_i \mathbf{B}_i^{\mathrm{t}}\right) \tag{3.47}$$

[증명] 다변량 정규 분포 $\mathrm{N}(\boldsymbol{\mu}_i, \boldsymbol{\Sigma}_i)$ 를 따르는 확률벡터 $\boldsymbol{X}_i$ 의 정의로부터 $\mathbf{A}_i \mathbf{A}_i^{\mathrm{t}} = \boldsymbol{\Sigma}_i$ 인 행렬 $\mathbf{A}_i$ 와 $\boldsymbol{Z}_i \sim \mathrm{N}(\mathbf{0}, \mathbf{I}_{m_i})$ 에 대해 $\boldsymbol{X}_i = \boldsymbol{\mu}_i + \mathbf{A}_i \boldsymbol{Z}_i$ 로 쓸 수 있다. 이때, 가정에서 $\boldsymbol{X}_1, \cdots, \boldsymbol{X}_k$ 가 독립이므로 $\boldsymbol{Z}_1, \cdots, \boldsymbol{Z}_k$ 도 독립이다. 따라서 각 확률벡터 $\boldsymbol{Z}_i$ 를 $\boldsymbol{Z}_i = [Z_{i1}, \cdots, Z_{im_i}]$ 라 할 때, 확률벡터 $\boldsymbol{Z} := [Z_{11}, \cdots, Z_{1m_1}, \cdots, Z_{k1}, \cdots, Z_{km_k}]^{\mathrm{t}}$ 는 표준 정규 분포를 따르고 독립인 확률변수들로 이루어진 확률벡터가 된다.[26]

벡터 $\boldsymbol{\mu}$ 와 블록 행렬 $\mathbf{B}$ 를[27]

$$\boldsymbol{\mu} := \boldsymbol{a} + \sum_{i=1}^{k} \mathbf{B}_i \boldsymbol{\mu}_i \in \mathbb{R}^n, \quad \mathbf{B} := \left[\mathbf{B}_1 \mathbf{A}_1, \cdots, \mathbf{B}_k \mathbf{A}_k\right] \in \mathbb{R}^{n \times (m_1 + \cdots + m_k)}$$

로 정의할 때, 확률벡터 $\boldsymbol{Y}$ 는

$$\begin{aligned}\boldsymbol{Y} = \boldsymbol{a} + \sum_{i=1}^{k} \mathbf{B}_i (\boldsymbol{\mu}_i + \mathbf{A}_i \boldsymbol{Z}_i) &= \left(\boldsymbol{a} + \sum_{i=1}^{k} \mathbf{B}_i \boldsymbol{\mu}_i\right) + \sum_{i=1}^{k} (\mathbf{B}_i \mathbf{A}_i) \boldsymbol{Z}_i \\ &= \boldsymbol{\mu} + \mathbf{B}\boldsymbol{Z}\end{aligned}$$

가 된다. 즉 확률벡터 $\boldsymbol{Y}$ 는 식 (3.43)에서처럼 표준 정규 분포를 따르고 독립인 확률변수들의 아핀 변환으로 정의되므로 다변량 정규 분포를 따른다.

따라서 (3.43)에 의해 $\boldsymbol{Y}$ 의 기대벡터는 $\mathbb{E}[\boldsymbol{Y}] = \boldsymbol{a} + \sum_{i=1}^{k} \mathbf{B}_i \boldsymbol{\mu}_i$ 이다.

---

[26] 결합 확률밀도함수가 주변 확률밀도함수의 곱이 되는 것을 확인하면 된다. 즉, $\boldsymbol{Z}_i$ 의 정의로부터 $f_{\boldsymbol{Z}_i} = \prod_{j=1}^{m_i} f_{Z_{ij}}$ 이고, $\boldsymbol{Z}_1, \cdots, \boldsymbol{Z}_k$ 가 독립이므로 $f_{\boldsymbol{Z}} = \prod_{i=1}^{k} f_{\boldsymbol{Z}_i}$ 가 성립한다. 따라서 $f_{\boldsymbol{Z}} = \prod_{i=1}^{k} \prod_{j=1}^{m_i} f_{Z_{ij}}$ 가 성립하므로 $\boldsymbol{Z}$ 의 성분 확률변수들은 서로 독립이다.

[27] 블록 행렬에 대해서 1.2.6 소절을 참고하면 된다.

또, 공분산 행렬 $\mathbb{C}\text{ov}(\boldsymbol{Y}, \boldsymbol{Y})$는

$$\begin{aligned}\mathbb{V}\text{ar}[\boldsymbol{Y}] = \mathbb{C}\text{ov}(\boldsymbol{Y}, \boldsymbol{Y}) &= \mathbf{B}\mathbf{B}^{\mathrm{t}} \\ &= \left[\mathbf{B}_1\mathbf{A}_1, \cdots, \mathbf{B}_k\mathbf{A}_k\right]\left[\mathbf{B}_1\mathbf{A}_1, \cdots, \mathbf{B}_k\mathbf{A}_k\right]^{\mathrm{t}} \\ &= \sum_{i=1}^{k} \mathbf{B}_i\mathbf{A}_i\mathbf{A}_i^{\mathrm{t}}\mathbf{B}_i^{\mathrm{t}} = \sum_{i=1}^{k} \mathbf{B}_i\boldsymbol{\Sigma}_i\mathbf{B}_i^{\mathrm{t}}\end{aligned}$$

와 같이 계산할 수 있다. 따라서 식 (3.47)이 증명된다. □

3.4.2 다변량 정규 분포의 주변 확률분포와 조건부 확률분포

다변량 정규 분포를 따르는 확률벡터 $\boldsymbol{X} = [X_1, \cdots, X_n]$의 부분 벡터 $\boldsymbol{X}_p := [X_1, \cdots, X_p]$ $(1 \le p < n)$의 주변 확률분포도 다음 정리에서 보듯이 다변량 정규 분포가 된다.

정리 3.9 (다변량 정규 분포를 따르는 확률벡터의 주변 확률분포)

다변량 정규 분포를 따르는 n 차원 확률벡터 $\boldsymbol{X} \sim \mathrm{N}(\boldsymbol{\mu}, \boldsymbol{\Sigma})$에 대하여, $\boldsymbol{X}, \boldsymbol{\mu}, \boldsymbol{\Sigma}$를 다음과 같이 분해하자.

$$\boldsymbol{X} = \begin{bmatrix}\boldsymbol{X}_p \\ \boldsymbol{X}_q\end{bmatrix}, \ \boldsymbol{\mu} = \begin{bmatrix}\boldsymbol{\mu}_p \\ \boldsymbol{\mu}_q\end{bmatrix}, \ \boldsymbol{\Sigma} = \begin{bmatrix}\boldsymbol{\Sigma}_p & \boldsymbol{\Sigma}_r \\ \boldsymbol{\Sigma}_r^{\mathrm{t}} & \boldsymbol{\Sigma}_q\end{bmatrix} \tag{3.48}$$

(단, $\boldsymbol{X}_p$는 p 차원 확률벡터, $\boldsymbol{X}_q$는 $q = n - p$ 차원 확률벡터, $\boldsymbol{\mu} \in \mathbb{R}^n, \boldsymbol{\Sigma}_p \in \mathbb{R}^{n \times n}$)

이때, $\boldsymbol{X}_p$는 기대벡터가 μ_p이고 공분산 행렬이 $\boldsymbol{\Sigma}_p$인 다변량 정규 분포 $\mathrm{N}(\boldsymbol{\mu}_p, \boldsymbol{\Sigma}_p)$를 따른다. 즉, $\boldsymbol{X}_p \sim \mathrm{N}(\boldsymbol{\mu}_p, \boldsymbol{\Sigma}_p)$이다.

[증명] 일반적인 경우의 증명은 이 책의 수준을 벗어나므로 $\boldsymbol{\Sigma}$가 양의 정부호 행렬인 경우에 대해서만 증명한다.

$\boldsymbol{\Sigma}$가 양의 정부호 행렬일 때, 정리 1.48의 숄레스키 분해를 이용하면 $\mathbf{B}\mathbf{B}^{\mathrm{t}} = \boldsymbol{\Sigma}$인 하삼각행렬 $\mathbf{B}$를 구할 수 있다. 이때, 다변량 정규 분포의 정의(예제 3.19 참고)에 의해, 표준 정규 분포를 따르는 확률변수 $Z_1, \cdots, Z_n$을 성분으로 갖는 확률벡터 $\boldsymbol{Z} = [Z_1, \cdots, Z_n]^{\mathrm{t}} \sim \mathrm{N}(\mathbf{0}, \mathbf{I}_n)$에 대해 다음이 성립한다.

$$\boldsymbol{X} = \boldsymbol{\mu} + \mathbf{B}\boldsymbol{Z} \iff \begin{bmatrix}\boldsymbol{X}_p \\ \boldsymbol{X}_q\end{bmatrix} = \begin{bmatrix}\boldsymbol{\mu}_p \\ \boldsymbol{\mu}_q\end{bmatrix} + \begin{bmatrix}\mathbf{B}_p & \mathbf{O} \\ \mathbf{C}_r & \mathbf{B}_q\end{bmatrix}\begin{bmatrix}\boldsymbol{Z}_p \\ \boldsymbol{Z}_q\end{bmatrix}, \tag{3.49}$$

특히, $\boldsymbol{X}_p = \boldsymbol{\mu}_p + \mathbf{B}_p\boldsymbol{Z}_p$ 이므로 $\mathbf{\Sigma}_p := \mathbf{B}_p\mathbf{B}_p^{\mathrm{t}}$ 에 대해 $\boldsymbol{X}_p \sim \mathrm{N}(\boldsymbol{\mu}_p, \mathbf{\Sigma}_p)$ 임을 알 수 있다. 즉, 확률벡터 $\boldsymbol{X}$ 의 부분 벡터 $\boldsymbol{X}_p$ 도 다변량 정규 분포를 따르는 확률벡터가 된다.

참고로, $\mathbf{\Sigma}$ 를 하삼각행렬 $\mathbf{B}$ 를 이용하여 쓰면 다음 식

$$\mathbf{\Sigma} = \begin{bmatrix} \mathbf{\Sigma}_p & \mathbf{\Sigma}_r \\ \mathbf{\Sigma}_r^{\mathrm{t}} & \mathbf{\Sigma}_q \end{bmatrix} = \begin{bmatrix} \mathbf{B}_p\mathbf{B}_p^{\mathrm{t}} & \mathbf{B}_p\mathbf{C}_r^{\mathrm{t}} \\ \mathbf{C}_r\mathbf{B}_p^{\mathrm{t}} & \mathbf{C}_r\mathbf{C}_r^{\mathrm{t}} + \mathbf{B}_q\mathbf{B}_q^{\mathrm{t}} \end{bmatrix} \tag{3.50}$$

과 같다. □

위 정리에서 $\boldsymbol{X} = \boldsymbol{\mu} + \mathbf{B}\boldsymbol{Z}$ 의 성분의 순서를 바꾸는 치환행렬을 $\mathbf{P}$ 라 할 때,

$$\widetilde{\boldsymbol{X}} := \mathbf{P}\boldsymbol{X} = \mathbf{P}\boldsymbol{\mu} + \mathbf{P}\mathbf{B}\boldsymbol{Z}$$

도 $\boldsymbol{Z} \sim \mathrm{N}(\mathbf{0}, \mathbf{I})$ 의 아핀 변환이 되므로 다변량 정규 분포를 따르고,

$$\mathbb{E}[\widetilde{\boldsymbol{X}}] = \mathbf{P}\boldsymbol{\mu}, \quad \mathbb{V}\mathrm{ar}[\widetilde{\boldsymbol{X}}] = \mathbf{P}\mathbf{B}\mathbf{B}^{\mathrm{t}}\mathbf{P}^{\mathrm{t}} = \mathbf{P}\mathbf{\Sigma}\mathbf{P}^{\mathrm{t}}$$

가 성립한다. 따라서, $\boldsymbol{X}$ 의 처음 p 개의 성분으로 이루어진 부분 벡터 뿐만 아니라, 임의의 부분 벡터도 치환행렬을 이용하여 $\widetilde{\boldsymbol{X}}$ 의 처음 p 개 성분이 되도록 순서를 바꾸고, 정리 3.9를 적용하면 다변량 정규 분포를 따르는 확률벡터가 됨을 보일 수 있다.

예를 들어, 식 (3.48)에서 $\boldsymbol{X}_q$ 는 다변량 정규 분포 $\mathrm{N}(\boldsymbol{\mu}_q, \mathbf{\Sigma}_q)$ 를 따르는 확률벡터이다. 또 다른 예로, 다음 예제를 살펴보자.

예제 3.20 확률벡터 $\boldsymbol{X} = [X_1, X_2, X_3]^{\mathrm{t}}$ 는 아래의 $\boldsymbol{\mu}$, $\mathbf{\Sigma}$ 에 대해, 정규 분포 $\mathrm{N}(\boldsymbol{\mu}, \mathbf{\Sigma})$ 를 따르는 확률벡터이다.

$$\boldsymbol{\mu} = \begin{bmatrix} 1 \\ 0 \\ -1 \end{bmatrix}, \quad \mathbf{\Sigma} = \begin{bmatrix} 1 & -1 & 0 \\ -1 & 2 & 1 \\ 0 & 1 & 2 \end{bmatrix}$$

$\boldsymbol{\mu}$ 의 1, 3 행으로 이루어진 벡터 $\boldsymbol{\mu}_{\boldsymbol{Y}} = [1, -1]^{\mathrm{t}}$ 와 $\mathbf{\Sigma}$ 의 (i, j) 성분 (단, $i, j \in \{1, 3\}$) 으로 이루어진 행렬

$$\mathbf{\Sigma}_{\boldsymbol{Y}} = \begin{bmatrix} 1 & 0 \\ 0 & 2 \end{bmatrix}$$

에 대해, $\boldsymbol{Y} = [X_1, X_3]^{\mathrm{t}}$ 는 다변량 정규 분포 $\mathrm{N}(\boldsymbol{\mu}_{\boldsymbol{Y}}, \mathbf{\Sigma}_{\boldsymbol{Y}})$ 를 따름을 보이시오.

풀이 $\mathbf{B}\mathbf{B}^{\mathrm{t}} = \mathbf{\Sigma}$ 인 행렬 $\mathbf{B}$ 와 $\boldsymbol{Z} \sim \mathrm{N}(\mathbf{0}, \mathbf{I}_3)$ 에 대해 $\boldsymbol{X} = \boldsymbol{\mu} + \mathbf{B}\boldsymbol{Z}$ 이다. 따라서 2 행과 3 의 위치를 바꾸는 치환행렬 $\mathbf{P}$ 에 대해 $\widetilde{\boldsymbol{X}} = \mathbf{P}\boldsymbol{X}$ 로 정의하면, $\widetilde{\boldsymbol{X}}$ 는 기대벡터가 $\boldsymbol{\mu}_{\widetilde{\boldsymbol{X}}} = \mathbf{P}\boldsymbol{\mu}$

이고 공분산 행렬이 $\mathbf{\Sigma}_{\widetilde{\boldsymbol{X}}} = \mathbf{P}\mathbf{\Sigma}\mathbf{P}^{\mathrm{t}}$ 인 다변량 정규 분포를 따른다.

실제로 $\mathbf{P}$ 를 구하고 $\mathbf{P}\boldsymbol{\mu}$, $\mathbf{P}\mathbf{\Sigma}\mathbf{P}^{\mathrm{t}}$ 를 계산하면

$$\mathbf{P} = \begin{bmatrix} 1 & 0 & 0 \\ 0 & 0 & 1 \\ 0 & 1 & 0 \end{bmatrix}$$

$$\Longrightarrow \widetilde{\boldsymbol{X}} = \mathbf{P}\boldsymbol{X} = \begin{bmatrix} X_1 \\ X_3 \\ X_2 \end{bmatrix}, \ \boldsymbol{\mu}_{\widetilde{\boldsymbol{X}}} = \mathbf{P}\boldsymbol{\mu} = \begin{bmatrix} 1 \\ -1 \\ 0 \end{bmatrix}, \ \mathbf{\Sigma}_{\widetilde{\boldsymbol{X}}} = \mathbf{P}\mathbf{\Sigma}\mathbf{P}^{\mathrm{t}} = \begin{bmatrix} 1 & 0 & -1 \\ 0 & 2 & 1 \\ -1 & 1 & 2 \end{bmatrix}$$

이다. 따라서 $\widetilde{\boldsymbol{X}}$ 에 대해 정리 3.9를 적용하면, $\boldsymbol{Y} = [X_1, X_3]^{\mathrm{t}} = \widetilde{\boldsymbol{X}}_2$ 가 다변량 정규 분포 $\mathrm{N}(\boldsymbol{\mu}_{\boldsymbol{Y}}, \mathbf{\Sigma}_{\boldsymbol{Y}})$ 를 따르는 확률벡터임을 확인할 수 있다. □

다변량 정규 분포를 따르는 확률벡터의 부분 확률벡터가 다변량 정규 분포를 따름을 보였는데, 실제로는 조건부 확률분포도 다변량 정규 분포가 됨을 보일 수 있다.

정리 3.10 (다변량 정규 분포를 따르는 확률벡터의 조건부 확률분포)

양의 정부호 행렬 $\mathbf{\Sigma}$ 에 대해 확률벡터 $\boldsymbol{X}$ 가 다변량 정규 분포 $\mathrm{N}(\boldsymbol{\mu}, \mathbf{\Sigma})$ 를 따르고, $\boldsymbol{X}$, $\boldsymbol{\mu}$, $\mathbf{\Sigma}$ 가 식 (3.48)과 같이 분해된다고 하자. 이때, $\boldsymbol{X}_p = \boldsymbol{x}_p$ 가 주어질 때, $\boldsymbol{X}_q$ 의 조건부 확률분포는 다음과 같이 다변량 정규 분포를 따른다.

$$\left(\boldsymbol{X}_q \mid \boldsymbol{X}_p = \boldsymbol{x}_p\right) \sim \mathrm{N}\left(\boldsymbol{\mu}_p + \mathbf{\Sigma}_r^{\mathrm{t}}\mathbf{\Sigma}_p^{-1}(\boldsymbol{x}_p - \boldsymbol{\mu}_p), \mathbf{\Sigma}_q - \mathbf{\Sigma}_r^{\mathrm{t}}\mathbf{\Sigma}_p^{-1}\mathbf{\Sigma}_r\right) \tag{3.51}$$

따라서, 두 확률벡터 $\boldsymbol{X}_p$ 와 $\boldsymbol{X}_q$ 가 독립이 될 필요충분조건은

$$\mathbb{C}\mathrm{ov}(\boldsymbol{X}_p, \boldsymbol{X}_q) = \mathbf{\Sigma}_r = \mathbf{O} \tag{3.52}$$

이 된다.[a]

[a] 예제 3.10에서 살펴보았듯이, 일반적으로 두 확률벡터 $\boldsymbol{X}, \boldsymbol{Y}$ 가 독립이면 공분산 행렬이 $\mathbb{C}\mathrm{ov}(\boldsymbol{X}, \boldsymbol{Y}) = \mathbf{O}$ 이 되지만, 그 역은 성립하지 않는다. 하지만, 정규 분포를 따르는 확률벡터에 대해서는 그 역도 성립함을 의미한다.

[증명] 정리 3.9의 식 (3.49)와 앞의 설명에 의해 p 차원 다변량 표준 정규 분포를 따르는 확률벡터 $\boldsymbol{Z}_p$ 와 q 차원 다변량 표준 정규 분포를 따르는 확률벡터 $\boldsymbol{Z}_q$ 에 대해

$$\boldsymbol{X}_p = \boldsymbol{\mu}_p + \mathbf{B}_p\boldsymbol{Z}_p \text{이고 } \boldsymbol{X}_q = \boldsymbol{\mu}_q + \mathbf{C}_r\boldsymbol{Z}_p + \mathbf{B}_q\boldsymbol{Z}_q$$

이다. 이때,

$$(\boldsymbol{X}_q \,|\, \boldsymbol{X}_p = \boldsymbol{x}_p) = \boldsymbol{\mu}_q + \mathbf{C}_r\mathbf{B}_p^{-1}(\boldsymbol{x}_p - \boldsymbol{\mu}_p) + \mathbf{B}_q\boldsymbol{Z}_q$$

이므로, $\boldsymbol{X}_p = \boldsymbol{x}_p$ 가 주어질 때 $\boldsymbol{X}_q$ 는 $\boldsymbol{Z}_q$ 의 아핀 변환이 되어 다변량 정규 분포

$$\mathrm{N}\big(\boldsymbol{\mu}_p + \mathbf{C}_r\mathbf{B}_p^{-1}(\boldsymbol{x}_p - \boldsymbol{\mu}_p),\ \mathbf{B}_q\mathbf{B}_q^{\mathrm{t}}\big)$$

를 따른다. 따라서, $\mathbf{C}_r\mathbf{B}_p^{-1} = \boldsymbol{\Sigma}_r^{\mathrm{t}}\boldsymbol{\Sigma}_p^{-1}$ 이고 $\mathbf{B}_q\mathbf{B}_q^{\mathrm{t}} = \boldsymbol{\Sigma}_q - \boldsymbol{\Sigma}_r^{\mathrm{t}}\boldsymbol{\Sigma}_p^{-1}\boldsymbol{\Sigma}_r$ 임을 보이면 식 (3.51)의 증명이 끝난다.

식 (3.50)에서

$$\boldsymbol{\Sigma}_r^{\mathrm{t}}\boldsymbol{\Sigma}_p^{-1} = \big(\mathbf{C}_r\mathbf{B}_p^{\mathrm{t}}\big)\big(\mathbf{B}_p\mathbf{B}_p^{\mathrm{t}}\big)^{-1} = \mathbf{C}_r\mathbf{B}_p^{-1}$$

가 성립하고,

$$\boldsymbol{\Sigma}_r^{\mathrm{t}}\boldsymbol{\Sigma}_p^{-1}\boldsymbol{\Sigma}_r = \big(\mathbf{C}_r\mathbf{B}_p^{\mathrm{t}}\big)\big(\mathbf{B}_p\mathbf{B}_p^{\mathrm{t}}\big)^{-1}\big(\mathbf{B}_p\mathbf{C}_r^{\mathrm{t}}\big) = \mathbf{C}_r\mathbf{C}_r^{\mathrm{t}}$$

이고 $\boldsymbol{\Sigma}_q = \big(\mathbf{C}_r\mathbf{C}_r^{\mathrm{t}} + \mathbf{B}_q\mathbf{B}_q^{\mathrm{t}}\big)$ 이므로 $\boldsymbol{\Sigma}_q - \boldsymbol{\Sigma}_r^{\mathrm{t}}\boldsymbol{\Sigma}_p^{-1}\boldsymbol{\Sigma}_r = \mathbf{B}_q\mathbf{B}_q^{\mathrm{t}}$ 도 성립한다.

이제 $\boldsymbol{X}_p$ 와 $\boldsymbol{X}_q$ 가 독립이 될 필요충분조건이 $\boldsymbol{\Sigma}_r = \mathbf{O}$ 임을 보이자. 우선 $\boldsymbol{X}_p$ 와 $\boldsymbol{X}_q$ 가 독립이면

$$\boldsymbol{\Sigma}_r = \mathbb{C}\mathrm{ov}(\boldsymbol{X}_p, \boldsymbol{X}_q) = \mathbb{E}\big[(\boldsymbol{X}_p - \boldsymbol{\mu}_p)(\boldsymbol{X}_q - \boldsymbol{\mu}_q)^{\mathrm{t}}\big] = \mathbb{E}\big[(\boldsymbol{X}_p - \boldsymbol{\mu}_p)\big]\,\mathbb{E}\big[(\boldsymbol{X}_q - \boldsymbol{\mu}_q)^{\mathrm{t}}\big] = \mathbf{O}$$

이 성립한다. 역으로 $\boldsymbol{\Sigma}_r = \mathbf{O}$ 이면 식 (3.51)이

$$\big(\boldsymbol{X}_q \,|\, \boldsymbol{X}_p = \boldsymbol{x}_p\big) \sim \mathrm{N}\big(\boldsymbol{\mu}_p, \boldsymbol{\Sigma}_q\big)$$

가 되므로 $\big(\boldsymbol{X}_q \,|\, \boldsymbol{X}_p = \boldsymbol{x}_p\big)$ 의 확률분포와 $\boldsymbol{X}_q$ 의 확률분포가 같아진다. 즉, $\boldsymbol{X}_p = \boldsymbol{x}_p$ 가 주어질 때, $\boldsymbol{X}_q$ 의 분포와 조건이 주어지지 않은 $\boldsymbol{X}_q$ 의 분포가 동일하다. 따라서 $\boldsymbol{X}_p$ 와 $\boldsymbol{X}_q$ 는 독립이다. □

3.4.3 정규 분포, 카이제곱 분포, F-분포, t-분포의 관계

이 소절에서는 [표 3.2]에서 소개한 정규 분포, 카이제곱 분포, t-분포, F-분포 사이의 관계에 대해 중요한 내용을 정리한다. 앞에서도 언급했듯이 감마 분포 Gamma($n/2$, $1/2$)를 카이제곱 분포 χ_n^2 라 하고, 이때 $n \in \mathbb{N}$ 을 **자유도**(degrees of freedom)라고 부른다.

다음 정리는 다변량 정규 분포를 따르는 확률벡터 $\boldsymbol{X} = [X_1, \cdots, X_n]^{\mathrm{t}}$ 를 표준화한 확률벡터 $\boldsymbol{Z}$ 의 노름으로 얻어지는 확률변수 $\|\boldsymbol{Z}\|^2 = Z_1^2 + \cdots + Z_n^2$ 이 자유도가 n 인 카이제곱 분포를 따른다는 것을 알려준다.

정리 3.11 (정규 분포와 카이제곱 분포의 관계)

확률변수 $\boldsymbol{X} \sim \mathrm{N}(\boldsymbol{\mu}, \boldsymbol{\Sigma})$ (단, $\det(\boldsymbol{\Sigma})>0$) 에 대하여 다음이 성립한다.

$$(\boldsymbol{X} - \boldsymbol{\mu})^{\mathrm{t}} \boldsymbol{\Sigma}^{-1} (\boldsymbol{X} - \boldsymbol{\mu}) \sim \chi_n^2 \tag{3.53}$$

[증명] 공분산 행렬 $\boldsymbol{\Sigma}$ 가 가역행렬이므로 숄레스키 분해에 의해 $\boldsymbol{\Sigma} = \mathbf{B}\mathbf{B}^{\mathrm{t}}$ 인 가역행렬 $\mathbf{B}$ 를 잡을 수 있다. 이때, 독립동일분포를 따르는 $Z_1, \cdots, Z_n \sim \mathrm{N}(0, 1^2)$ 를 성분으로 갖는 확률벡터 $\boldsymbol{Z} = [Z_1, \cdots, Z_n]^{\mathrm{t}}$ 에 대해 $\boldsymbol{X} = \boldsymbol{\mu} + \mathbf{B}\boldsymbol{Z}$ 로 쓸 수 있고, 다음이 성립한다.

$$(\boldsymbol{X} - \boldsymbol{\mu})^{\mathrm{t}} \boldsymbol{\Sigma}^{-1} (\boldsymbol{X} - \boldsymbol{\mu}) = (\boldsymbol{X} - \boldsymbol{\mu})^{\mathrm{t}} \left(\mathbf{B}\mathbf{B}^{\mathrm{t}}\right)^{-1} (\boldsymbol{X} - \boldsymbol{\mu}) = \boldsymbol{Z}^{\mathrm{t}} \boldsymbol{Z} = \sum_{i=1}^{n} Z_i^2$$

한편, 자유도가 n 인 카이제곱 분포는 감마 분포 $\Gamma(n/2,\ 1/2)$ 이고, 예제 3.4의 식 (3.13)을 이용하면 카이제곱 χ_n^2 을 따르는 확률변수 X 의 적률생성함수는

$$M_X(s) = \left(\frac{1}{1-2s}\right)^{\frac{n}{2}}, \quad (s < 1/2)$$

이다. 따라서 $Y = Z_1^2 + \cdots + Z_n^2$ 의 적률생성함수가 $M_X(s)$ 와 같음을 보이면, 정리 3.2에 의해 $Y \sim \chi_n^2$ 이 증명된다. Y 의 적률생성함수

$$M_Y(s) = \mathbb{E}[e^{sY}] = \mathbb{E}[e^{sZ_1^2 + \cdots + sZ_n^2}] = \mathbb{E}[e^{sZ_1^2} \cdots e^{sZ_n^2}]$$

에서, $Z_1, \cdots, Z_n$ 이 독립이므로 $e^{sZ_1^2}, \cdots, e^{sZ_n^2}$ 도 독립이다. 또 독립인 확률변수 Z_i 는 모두 표준 정규 분포를 따르므로 $Z \sim \mathrm{N}(0, 1^2)$ 에 대해,

$$M_Y(s) = \mathbb{E}[e^{sZ_1^2} \cdots e^{sZ_n^2}] = \mathbb{E}[e^{sZ_1^2}] \cdots \mathbb{E}[e^{sZ_n^2}] = \left(\mathbb{E}[e^{sZ^2}]\right)^n$$

이 된다. 증명을 마무리하기 위해 $\mathbb{E}[e^{sZ^2}]$ 를 계산하면

$$\begin{aligned}\mathbb{E}[e^{sZ^2}] &= \int_{-\infty}^{\infty} e^{sz^2} \frac{1}{\sqrt{2\pi}} e^{-\frac{1}{2}z^2}\, dx \\ &= \frac{1}{\sqrt{2\pi}} \int_{-\infty}^{\infty} e^{-\frac{1}{2}(1-2s)z^2}\, dz = \frac{1}{\sqrt{1-2s}}, \quad (s < 1/2)\end{aligned}$$

이므로 $M_Y(s) = M_X(s)$ 가 성립하고 증명이 끝난다. □

앞의 정리 3.11은 본질적으로 표준 정규 분포 $\mathrm{N}(0,1)$ 을 따르는 n 개의 확률변수 X_i 에 대하여, 확률벡터 $\boldsymbol{X} = [X_1, \cdots, X_n]$ 의 노름의 제곱 $\|\boldsymbol{X}\|^2$ 이 카이제곱 분포 χ_n^2 를 따른다는 것을 알려준다.

위 결과를 일반화하면, n 개의 확률변수 X_i 가 각각 정규 분포 $\mathrm{N}(\mu_i, 1)$ 을 따를 때 $\|\boldsymbol{X}\|^2$ 의 분포는 **비중심 카이제곱 분포**(noncetral χ_n^2 distribution) 라고 부르는 분포를 따르게 된다.[28] 이 책에서 이 분포의 특성을 다루지는 않지만, n 개의 확률변수 $X_i \sim \mathrm{N}(\mu_i, 1)$ 의 제곱 합이 따르는 비중심 카이제곱은 오직 $\|\boldsymbol{\mu}\| = (\mu_1^2 + \cdots + \mu_n^2)^{1/2}$ 에만 의존하는 분포가 됨을 보일 수 있다. 따라서 $\theta = \|\boldsymbol{\mu}\|$ 를 **비중심성 모수**(noncentrality parameter) 라 하고, 비중심 카이제곱을 $\chi_n^2(\theta)$ 로 나타낸다. 비중심 카이제곱 분포는 다음 정리에서처럼 다변량 정규 분포를 따르는 확률벡터의 정사영을 고려할 때 자연스럽게 나오는 분포이다.

정리 3.12 (정규 분포와 비중심 카이제곱 분포의 관계)

확률벡터 $\boldsymbol{X}$ 는 n 차원 정규 분포 $\mathrm{N}(\boldsymbol{\mu}, \mathbf{I}_n)$ 을 따르고, $\mathbb{R}^n$ 의 k 차원 부분공간 $\mathcal{V}_k$ 와 m 차원 부분공간 $\mathcal{V}_m$ 에 대해 $\mathcal{V}_k \subset \mathcal{V}_m$ 이라 하자 (단, $k < m \leq n$).

확률벡터 $\boldsymbol{X}$ 의 $\mathcal{V}_k$ 위로 내린 정사영을 $\boldsymbol{X}_k$, $\mathcal{V}_m$ 위로 내린 정사영을 $\boldsymbol{X}_m$ 이라 하고, $\boldsymbol{\mu}$ 의 $\mathcal{V}_k$, $\mathcal{V}_m$ 위로의 정사영을 각각 $\boldsymbol{\mu}_k$, $\boldsymbol{\mu}_m$ 이라 할 때, 다음이 성립한다.

- 확률벡터 $\boldsymbol{X}_k$, $\boldsymbol{X}_m - \boldsymbol{X}_k$, $\boldsymbol{X} - \boldsymbol{X}_m$ 은 독립이다.
- $\|\boldsymbol{X}_k\|^2 \sim \chi_k^2(\|\boldsymbol{\mu}_k\|)$, $\quad \|\boldsymbol{X}_m - \boldsymbol{X}_k\|^2 \sim \chi_{m-k}^2(\|\boldsymbol{\mu}_m - \boldsymbol{\mu}_k\|)$,
  $\|\boldsymbol{X} - \boldsymbol{X}_m\|^2 \sim \chi_{n-m}^2(\|\boldsymbol{\mu} - \boldsymbol{\mu}_m\|)$

[증명] 다음 두 조건이 만족되는 $\mathbb{R}^n$ 의 정규직교기저 $\{\boldsymbol{v}_1, \cdots, \boldsymbol{v}_n\}$

- $\mathrm{span}(\{\boldsymbol{v}_1, \cdots, \boldsymbol{v}_k\}) = \mathcal{V}_k$
- $\mathrm{span}(\{\boldsymbol{v}_1, \cdots, \boldsymbol{v}_m\}) = \mathcal{V}_m$

를 잡고, $\mathbf{V}_j := [\boldsymbol{v}_1, \cdots, \boldsymbol{v}_j] \in \mathbb{R}^{n \times j}$, $(j = k, m, n)$ 이라 하자. 이때, $\mathbf{V}_j$ 의 열벡터들이 정규직교집합이므로 식 (1.24)와 (1.5)에 의해, 부분공간 $\mathcal{V}_j$ $(j = k, m, n)$ 위로의 정사영 행렬 $\mathbf{P}_j$ 는 다음과 같고, $\boldsymbol{X}_j = \mathbf{P}_j \boldsymbol{X}$ $(j = k, m)$ 이다.

$$\mathbf{P}_j = \mathbf{V}_j \left(\mathbf{V}_j^{\mathrm{t}} \mathbf{V}_j\right)^{-1} \mathbf{V}_j^{\mathrm{t}} = \mathbf{V}_j \mathbf{I}_j \mathbf{V}_j^{\mathrm{t}} = \sum_{i=1}^{j} \boldsymbol{v}_i \boldsymbol{v}_i^{\mathrm{t}}, \ (j = k, m, n)$$

[28] 상대적으로 적률생성함수를 계산하는 것은 쉽다.

확률벡터 $\boldsymbol{Z} = [Z_1, \cdots, Z_n]$ 를 $\boldsymbol{Z} := \mathbf{V}_n^{\mathrm{t}}\boldsymbol{X}$ 로 정의하면, 정리 3.8에 의해 $\boldsymbol{Z}$ 는 정규 분포 $\mathrm{N}(\mathbf{V}_n^{\mathrm{t}}\boldsymbol{\mu}, \mathbf{V}_n^{\mathrm{t}}\mathbf{V}_n)$ 을 따르는 확률벡터가 된다. 이때, $\mathbf{V}_n$ 이 직교행렬이므로 $\mathbf{V}_n^{\mathrm{t}}\mathbf{V}_n = \mathbf{I}_n = \mathbf{V}_n\mathbf{V}_n^{\mathrm{t}}$ 이 성립하고, 이를 이용하면

$$\boldsymbol{Z} \sim \mathrm{N}\big(\mathbf{V}_n^{\mathrm{t}}\boldsymbol{\mu}, \mathbf{I}_n\big) \tag{3.54}$$

과 $\|\boldsymbol{z}\| = \big\|\mathbf{V}_n^{\mathrm{t}}\boldsymbol{x}\big\| = \|\boldsymbol{x}\|$ 를 얻는다.[29]

먼저 첫 번째 성질을 증명하자. $p \times q$ 영행렬을 $\mathbf{O}_{p,q}$ 로 쓸 때, $j = k, m$ 에 대해

$$\mathbf{V}_n^{\mathrm{t}}\boldsymbol{X}_j = \mathbf{V}_n^{\mathrm{t}}\mathbf{P}_j\boldsymbol{X} = \mathbf{V}_n^{\mathrm{t}}\mathbf{V}_j\mathbf{V}_j^{\mathrm{t}}\boldsymbol{X} = \begin{bmatrix}\mathbf{I}_j \\ \mathbf{O}_{n-j,j}\end{bmatrix}\mathbf{V}_j^{\mathrm{t}}\boldsymbol{X} = [Z_1, \cdots, Z_j, 0, \cdots, 0]^{\mathrm{t}}$$

이다. 따라서

$$\begin{aligned}\mathbf{V}_n^{\mathrm{t}}(\boldsymbol{X}_m - \boldsymbol{X}_k) &= [0, \cdots, 0, Z_{k+1}, \cdots, Z_m, 0, \cdots, 0]^{\mathrm{t}} =: \widetilde{\boldsymbol{Z}}_1 \\ \mathbf{V}_n^{\mathrm{t}}(\boldsymbol{X} - \boldsymbol{X}_m) &= [0, \cdots, 0, Z_{m+1}, \cdots, Z_n]^{\mathrm{t}} =: \widetilde{\boldsymbol{Z}}_2\end{aligned}$$

이 성립한다. $\widetilde{\boldsymbol{Z}}_3 := \mathbf{V}_n^{\mathrm{t}}\boldsymbol{X}_k = [Z_1, \cdots, Z_k, 0, \cdots, 0]^{\mathrm{t}}$ 이라 하자. 이때, 식 (3.54)로부터 $Z_1, \cdots, Z_n$ 은 독립이므로 $\widetilde{\boldsymbol{Z}}_1$, $\widetilde{\boldsymbol{Z}}_2$, $\widetilde{\boldsymbol{Z}}_3$ 는 독립이다. 또, 예제 3.28에 의해

$$\mathbb{C}\mathrm{ov}(\boldsymbol{X}_m - \boldsymbol{X}_k, \boldsymbol{X} - \boldsymbol{X}_m) = \mathbb{C}\mathrm{ov}(\mathbf{V}_n\widetilde{\boldsymbol{Z}}_1, \mathbf{V}_n\widetilde{\boldsymbol{Z}}_2) = \mathbf{V}_n\mathbb{C}\mathrm{ov}(\widetilde{\boldsymbol{Z}}_1, \widetilde{\boldsymbol{Z}}_2)\mathbf{V}_n^{\mathrm{t}} = \mathbf{O}$$

이므로, 정리 3.10의 식 (3.52)에 의해 $\boldsymbol{X}_m - \boldsymbol{X}_k$ 와 $\boldsymbol{X} - \boldsymbol{X}_m$ 는 독립이다. 같은 방법으로 $\boldsymbol{X}_k$, $\boldsymbol{X}_m - \boldsymbol{X}_k$, $\boldsymbol{X} - \boldsymbol{X}_m$ 가 독립임을 확인할 수 있다.

두 번째 성질은 직교행렬 $\mathbf{V}_n$ 이 노름을 보존한다는 것을 이용하여 보일 수 있다. 식 (3.54)에 의해 각 확률변수 Z_i $(1 \leq i \leq n)$ 는 독립이고 분산이 1인 정규 분포를 따른다. 따라서, $\boldsymbol{Z}_k = [Z_1, \cdots, Z_k]^{\mathrm{t}}$ 에 대해 $\|\boldsymbol{Z}_k\|^2$ 은 비중심성 모수가 $\theta = \|\mathbb{E}[\boldsymbol{Z}_k]\|$ 인 비중심 카이제곱 $\chi_k^2(\theta)$ 를 따른다.

한편, $\mathbf{V}_n$ 이 직교행렬임을 이용하면 $\|\boldsymbol{X}_k\| = \big\|\mathbf{V}_n^{\mathrm{t}}\boldsymbol{X}_k\big\| = \|\boldsymbol{Z}_k\|$ 이고,

$$\theta = \|\mathbb{E}[\boldsymbol{Z}_k]\| = \big\|\mathbb{E}\big[\mathbf{V}_n^{\mathrm{t}}\boldsymbol{X}_k\big]\big\| = \big\|\mathbf{V}_n^{\mathrm{t}}\mathbb{E}[\boldsymbol{X}_k]\big\| = \|\mathbb{E}[\boldsymbol{X}_k]\| = \|\boldsymbol{\mu}_k\|$$

이므로, $\|\boldsymbol{X}_k\|^2 \sim \chi_k^2\big(\|\boldsymbol{\mu}_k\|\big)$ 가 성립한다. $\|\boldsymbol{X}_m - \boldsymbol{X}_k\|^2$ 과 $\|\boldsymbol{X} - \boldsymbol{X}_m\|^2$ 의 경우도 비슷한 방법으로 증명할 수 있다. □

[29] $\mathbf{V}_n$ 이 직교행렬임을 이용하면 $\|\boldsymbol{z}\|^2 = \boldsymbol{z}^{\mathrm{t}}\boldsymbol{z} = \big(\mathbf{V}_n^{\mathrm{t}}\boldsymbol{x}\big)^{\mathrm{t}}\mathbf{V}_n^{\mathrm{t}}\boldsymbol{x} = \boldsymbol{x}^{\mathrm{t}}\boldsymbol{x} = \|\boldsymbol{x}\|^2$ 이다.

위 정리에서 만약 $\boldsymbol{\mu} = \mathbb{E}[\boldsymbol{X}]$ 가 $\mathcal{V}_k$ 에 속하면 $\boldsymbol{\mu}_m = \boldsymbol{\mu}_k = \boldsymbol{\mu}$ 가 된다. 따라서, 정리로부터 두 확률변수 $\|\boldsymbol{X}_m - \boldsymbol{X}_k\|^2$ 과 $\|\boldsymbol{X} - \boldsymbol{X}_m\|^2$ 은 독립이고, 각각 카이제곱 분포 χ^2_{m-k} 와 χ^2_{n-m} 을 따르게 된다. 이런 경우에 두 확률변수의 비는 F-분포와 밀접하게 관련이 있는데, 다음 정리가 그 관계를 설명하며 F-통계량, F-검정의 기본이 된다.

정리 3.13 (카이제곱 분포와 F-분포의 관계)

두 확률변수 $X \sim \chi^2_m$ 와 $Y \sim \chi^2_n$ 이 독립일 때, 다음이 성립한다.

$$\frac{X/m}{Y/n} \sim \mathrm{F}(m, n)$$

[증명] 두 확률변수 $X \sim \mathrm{Gamma}(m/2, 1/2)$ 와 $Y \sim \mathrm{Gamma}(n/2, 1/2)$ 가 독립이므로 결합 확률밀도함수는 $x \geq 0,\ y \geq 0$ 에 대해

$$f_{X,Y}(x, y) = f_X(x) f_Y(y) = \frac{(1/2)^{m/2} x^{m/2-1} e^{-x/2}}{\Gamma(m/2)} \frac{(1/2)^{n/2} y^{n/2-1} e^{-y/2}}{\Gamma(n/2)}$$

이다. 확률변수 U 를 $U = X/Y$ 라 하자.

이때, 함수 $\boldsymbol{g}(x, y) = (x/y, y)$ 에 대해 $\boldsymbol{g}^{-1}(u, y) = (uy, y)$ 이고

$$\left|\det\left(\mathbf{J}_{\boldsymbol{g}^{-1}}(u, y)\right)\right| = \left|\begin{bmatrix} y & u \\ 0 & 1 \end{bmatrix}\right| = y$$

이므로, 정리 3.6에 의해 U, Y 에 대한 결합 확률밀도함수 $f_{U,Y}$ 는

$$f_{U,Y}(u, y) = \left|\det(\mathbf{J}_{\boldsymbol{g}^{-1}})\right| f_{X,Y}\left(\boldsymbol{g}^{-1}(u, y)\right) = y f_{X,Y}(uy, y) = y f_X(uy) f_Y(y)$$

이다. 따라서 U 의 주변 확률밀도함수 f_U 를 결합 확률밀도함수로부터 계산하면

$$\begin{aligned} f_U(u) &= \int_0^\infty y f_X(uy) f_Y(y)\, dy \\ &= \frac{1}{2^{(m+n)/2}\Gamma(m/2)\Gamma(n/2)} \int_0^\infty y(uy)^{m/2-1} e^{-uy/2} y^{n/2-1} e^{-y/2}\, dy \\ &= \frac{u^{m/2-1}}{2^{(m+n)/2}\Gamma(m/2)\Gamma(n/2)} \int_0^\infty y^{(m+n)/2-1} e^{-(1+u)y/2}\, dy \end{aligned}$$

이다. 이때 위 식의 마지막 적분은 $\mathrm{Gamma}\big((m+n)/2, (1+u)/2\big)$ 의 확률밀도함수를 이용하면 쉽게 계산할 수 있다. 즉, 다음 식을 이용하여 위 계산을 정리하면

$$\int_{-\infty}^{\infty} \frac{\left((1+u)/2\right)^{(m+n)/2}}{\Gamma\left((m+n)/2\right)} y^{(m+n)/2-1} e^{-y(1+u)/2}\, dy = 1$$

확률변수 $U = X/Y$ 의 확률밀도함수는 다음과 같다.

$$f_U(u) = \frac{\Gamma\big((m+n)/2\big)}{\Gamma(m/2)\Gamma(n/2)} \frac{u^{m/2-1}}{(1+u)^{(m+n)/2}}$$

끝으로 $Z = \dfrac{X/m}{Y/n} = (n/m)U$ 의 확률밀도함수를 구하면

$$f_Z(z) = m/n f_U(z\,m/n)$$

이 되고, [표 3.2]와 비교하면 F-분포의 확률밀도함수가 됨을 알 수 있다. □

일반적으로 확률변수 T 의 확률밀도함수 f_T 가 모든 실수 t 에 대하여 $f_T(-t) = f_T(t)$ 를 만족할 때, 확률변수 $X = T^2$ 이 F-분포 $\mathrm{F}(1,n)$ 를 따르면, T 의 분포는 실제로 t-분포 t_n 임을 다음과 같이 확인할 수 있다. 즉,

$$2\int_0^t f_T(t)\,dt = \int_{-t}^t f_T(t)\,dt = \mathbb{P}[-t \le T \le t] = \mathbb{P}[X \le t^2] = F_X(t^2)$$

에서 양변을 t 에 대해 미분하고 [표 3.2]의 $\mathrm{F}(1,n)$ 의 확률밀도함수 f_X 를 이용하여 계산하면

$$2f_T(t) = f_X(t^2)(2t) \implies f_T(t) = tf_X(t^2) = \frac{\Gamma(\frac{1+n}{2})}{\sqrt{n\pi}\,\Gamma(\frac{n}{2})}\left(1+\frac{t^2}{n}\right)^{-(1+n)/2}$$

이고, 우변의 함수는 [표 3.2]에서 t_n 의 확률밀도함수가 된다.

위 결과와 정리 3.13을 결합하면 다음 따름정리를 얻는다.

따름정리 3.14 (정규 분포, 카이제곱 분포, t-분포의 관계)

표준 정규 분포를 따르는 확률변수 $Z \sim \mathrm{N}(0,1)$ 과 카이제곱 분포를 따르는 확률변수 $Y \sim \chi_n^2$ 이 독립일 때, 확률변수 $T = Z/\sqrt{Y/n}$ 은 다음과 같이 t-분포를 따른다.

$$\frac{Z}{\sqrt{Y/n}} \sim \mathrm{t}_n$$

[증명] Z^2 은 카이제곱 분포 χ_1^2 을 따르므로 정리 3.13에 의해 $T^2 = Z^2/(Y/n)$ 은 F-분포 $\mathrm{F}(1,n)$ 을 따른다. 한편 Z 와 Y 가 독립이므로 T 의 확률밀도함수 f_T 에 대해 $f_T(t) = f_T(-t)$ 가 성립하고, 앞의 설명에 따라 T 는 t-분포 t_n 을 따른다. □

다음 예제는 선형 회귀 모델에 대한 추정량의 성질을 따질 때 유용하게 이용된다.

예제 3.21 다변량 정규 분포 $\mathrm{N}(\mathbf{0}, \sigma^2\mathbf{I}_n)$ 을 따르는 n 차원 확률벡터[30] $\boldsymbol{\varepsilon}$ 와 계수가 p 인 행렬 $\mathbf{X} \in \mathbb{R}^{n\times p}$, 벡터 $\boldsymbol{\beta} \in \mathbb{R}^p$ 에 대해, 확률벡터 $\boldsymbol{Y}$ 를

$$\boldsymbol{Y} = \mathbf{X}\boldsymbol{\beta} + \boldsymbol{\varepsilon}$$

으로 정의하자. 이때, 확률벡터 $\widehat{\boldsymbol{\beta}} = \mathbf{X}^+\boldsymbol{Y}$ 와 확률변수 $\widehat{\sigma^2} = \dfrac{1}{n}\left\|\boldsymbol{Y} - \mathbf{X}\widehat{\boldsymbol{\beta}}\right\|^2$ 에 대하여 다음을 보이시오.[31] (단, $\mathbf{X}^+$ 는 $\mathbf{X}$ 의 유사 역행렬이다.)

(1) $\widehat{\boldsymbol{\beta}} \sim \mathrm{N}\big(\boldsymbol{\beta}, \sigma^2(\mathbf{X}^{\mathrm{t}}\mathbf{X})^{-1}\big)$

(2) $\widehat{\boldsymbol{\beta}}$ 와 $\widehat{\sigma^2}$ 은 독립이다.

(3) $n\widehat{\sigma^2}/\sigma^2 \sim \chi^2_{n-p}$

풀이 우선 확률벡터 $\boldsymbol{Y}$ 는 다변량 정규 분포 $\mathrm{N}(\mathbf{X}\boldsymbol{\beta},\ \sigma^2\mathbf{I}_n)$ 을 따르므로, $\boldsymbol{\mu} = \mathbf{X}\boldsymbol{\beta}/\sigma$ 라 할 때 확률벡터 $\boldsymbol{Y}/\sigma$ 는 정규 분포 $\mathrm{N}(\boldsymbol{\mu}, \mathbf{I}_n)$ 을 따른다.

한편, 행렬 $\mathbf{X}$ 의 열벡터가 일차독립이므로 예제 1.20에 의해 $\mathbf{X}^{\mathrm{t}}\mathbf{X}$ 는 가역행렬이 되고, $\mathbf{X}$ 의 유사 역행렬은 식 (1.16)에 의해 $\mathbf{X}^+ = \left(\mathbf{X}^{\mathrm{t}}\mathbf{X}\right)^{-1}\mathbf{X}^{\mathrm{t}}$ 가 된다. 또, 정리 1.33에 의해 $\mathbf{X}$ 의 열벡터들로 생성되는 p 차원 부분공간 위로의 정사영 행렬은 $\mathbf{P} = \mathbf{X}\mathbf{X}^+$ 이다.

(1) 확률벡터 $\widehat{\boldsymbol{\beta}}$ 는 정규 분포를 따르는 확률벡터 $\boldsymbol{Y}$ 의 아핀 변환이므로 정리 3.8에 의해 정규 분포를 따르고, 기대벡터와 공분산 행렬은 다음과 같다.

$$\begin{aligned}\mathbb{E}[\widehat{\boldsymbol{\beta}}] &= \mathbf{X}^+\mathbb{E}[\boldsymbol{Y}] = \mathbf{X}^+\mathbf{X}\boldsymbol{\beta} = (\mathbf{X}^{\mathrm{t}}\mathbf{X})^{-1}\mathbf{X}^{\mathrm{t}}\mathbf{X}\boldsymbol{\beta} = \boldsymbol{\beta}\\ \mathbb{V}\mathrm{ar}[\widehat{\boldsymbol{\beta}}] &= \mathbb{C}\mathrm{ov}(\mathbf{X}^+\boldsymbol{Y}, \mathbf{X}^+\boldsymbol{Y}) = \mathbf{X}^+\mathbb{C}\mathrm{ov}(\boldsymbol{Y}, \boldsymbol{Y})(\mathbf{X}^+)^{\mathrm{t}} = \sigma^2(\mathbf{X}^{\mathrm{t}}\mathbf{X})^+ = \sigma^2(\mathbf{X}^{\mathrm{t}}\mathbf{X})^{-1}\end{aligned}$$

(2) 행렬 $\mathbf{X}$ 의 열벡터들로 생성되는 p 차원 부분공간을 $\mathcal{V}$ 라 할 때, $\boldsymbol{Y}$ 와 $\mathbb{E}[\boldsymbol{Y}]$ 의 $\mathcal{V}$ 위로의 정사영 벡터는 각각

$$\mathbf{P}\boldsymbol{Y} = \mathbf{X}\mathbf{X}^+\boldsymbol{Y} = \mathbf{X}\widehat{\boldsymbol{\beta}}, \quad \mathbb{E}[\mathbf{P}\boldsymbol{Y}] = \mathbf{P}\mathbf{X}\boldsymbol{\beta} = \mathbf{X}\mathbf{X}^+\mathbf{X}\boldsymbol{\beta} = \mathbf{X}\boldsymbol{\beta}$$

이다. 따라서 $\boldsymbol{Y}$ 의 $\mathcal{V}$ 위로의 정사영 벡터를 $\boldsymbol{Y}_p := \mathbf{P}\boldsymbol{Y}$ 라 두면 $\mathbb{E}[\boldsymbol{Y}] = \mathbb{E}[\boldsymbol{Y}_p] \in \mathcal{V}$ 이므로, 정리 3.12에 의해 $\boldsymbol{Y}_p/\sigma$ 와 $(\boldsymbol{Y} - \boldsymbol{Y}_p)/\sigma$ 는 독립이고 다음이 성립한다.[32]

$$\|(\boldsymbol{Y} - \boldsymbol{Y}_p)/\sigma\|^2 \ \sim \chi^2_{n-p}\big(\big\|(\mathbb{E}[\boldsymbol{Y}] - \mathbb{E}[\boldsymbol{Y}_p])/\sigma\big\|\big) = \chi^2_{n-p} \tag{3.55}$$

[30] 확률변수와 확률벡터는 대문자로 쓰는 것이 것이 관례이지만, 이 예제에서 $\varepsilon, \hat{\beta}, \hat{\sigma}$ 는 예외적으로 소문자를 사용한다.

[31] 실제로 $\widehat{\beta}$ 와 $\widehat{\sigma^2}$ 은 각각 290쪽에서 설명하는 최대우도추정법을 이용하여 구한 β 와 σ^2 에 대한 추정량이다.

[32] 이 결과로부터 $\mathbf{X}^+\boldsymbol{Y}_p$ 와 $\boldsymbol{Y} - \boldsymbol{Y}_p$ 도 독립이 되고, $\mathbf{X}^+\boldsymbol{Y}_p$ 와 $\|\boldsymbol{Y} - \boldsymbol{Y}_p\|^2$ 도 독립이 된다.

한편, 유사 역행렬의 성질로부터

$$\begin{aligned}\widehat{\boldsymbol{\beta}} &= \mathbf{X}^{+}\boldsymbol{Y} = (\mathbf{X}^{+}\mathbf{X}\mathbf{X}^{+})\boldsymbol{Y} = \mathbf{X}^{+}\mathbf{P}\boldsymbol{Y} = \mathbf{X}^{+}\boldsymbol{Y}_p \\ \widehat{\sigma^2} &= \frac{1}{n}\left\|\boldsymbol{Y} - \boldsymbol{X}\widehat{\boldsymbol{\beta}}\right\|^2 = \frac{1}{n}\left\|\boldsymbol{Y} - \boldsymbol{Y}_p\right\|^2\end{aligned}$$

이므로 $\widehat{\boldsymbol{\beta}}$와 $\widehat{\sigma^2}$도 독립이다.

(3) $\|\boldsymbol{Y} - \boldsymbol{Y}_p\|^2 = n\widehat{\sigma^2}$이고, 식 (3.55)에 의해 $\|\boldsymbol{Y} - \boldsymbol{Y}_p\|^2/\sigma^2 \sim \chi^2_{n-p}$이므로 $n\widehat{\sigma^2}/\sigma^2 \sim \chi^2_{n-p}$이 성립한다. □

참고 3.15 예제 3.21에서 행렬 $\mathbf{X}$의 계수가 열의 개수 p보다 작은 경우, 즉 $\operatorname{rank}(\mathbf{X}) = k < p$인 경우, $\mathbf{X}$의 유사 역행렬를 $\mathbf{X}^{+} = (\mathbf{X}^{\mathrm{t}}\mathbf{X})^{-1}\mathbf{X}^{\mathrm{t}}$로 쓸 수는 없지만, (1)의 결과를

$$\widehat{\boldsymbol{\beta}} \sim \mathrm{N}\big(\boldsymbol{\beta}, \sigma^2(\mathbf{X}^{\mathrm{t}}\mathbf{X})^{+}\big)$$

로 바꾸면, 나머지는 동일하게 성립함을 보일 수 있다. (즉, $\mathbf{X}$의 열벡터가 일차독립이 아니면 $\mathbf{X}^{\mathrm{t}}\mathbf{X}$가 역행렬을 갖지 않지만, 유사 역행렬에 대해 결과가 성립한다.)

특히, $\widehat{\boldsymbol{\beta}}$의 i 번째 성분 $\widehat{\beta}_i$는 정규 분포 $\mathrm{N}\big(\beta_i, \sigma(\mathbf{X}^{\mathrm{t}}\mathbf{X})^{+}_{ii}\big)$를 따르는데, $p \times p$ 행렬 $(\mathbf{X}^{\mathrm{t}}\mathbf{X})^{+}$의 (i,i) 성분은 i 번째 성분만 1인 $\boldsymbol{e}_i \in \mathbb{R}^p$에 대해

$$\boldsymbol{e}_i^{\mathrm{t}}(\mathbf{X}^{\mathrm{t}}\mathbf{X})^{+}\boldsymbol{e}_i = \boldsymbol{e}_i^{\mathrm{t}}\mathbf{X}^{+}(\mathbf{X}^{+})^{\mathrm{t}}\boldsymbol{e}_i = \left\|(\mathbf{X}^{+})^{\mathrm{t}}\boldsymbol{e}_i\right\|^2$$

이 된다.

3.5 확률변수열의 수렴

확률변수는 표본공간 Ω에서 $\mathbb{R}$로 가는 함수이므로, 확률변수열 $(X_n)_{n\geq 1} := X_1, X_2, \cdots$ 이 어떤 확률변수 X로 수렴한다는 것을 여러 가지 기준으로 생각하는 것이 가능하다. 이 절에서는 자주 사용되는 확률변수열의 수렴성에 대해 정리하고, 이 개념을 토대로 큰 수의 법칙과 중심극한정리를 소개하고, 그 의미를 살펴본다.

또, 이 과정에서 확률에 대한 부등식을 자주 사용하게 되는데, 자주 사용되는 몇 가지 확률 부등식도 살펴본다.

3.5.1 확률변수열에 대한 여러 가지 수렴성

가장 먼저 생각할 수 있는 수렴성은 정의역의 각 점 ω 마다 얻어지는 수열 $\big(X_n(\omega)\big)_{n\geq 1}$ 의 극한을 이용하여 다음 조건이 성립하는지를 따지는 것이다.

$$X(\omega) = \lim_{n\to\infty} X_n(\omega), \quad \forall\, \omega \in \Omega$$

이 조건이 만족될 때, 확률변수열 $(X_n)_{n\geq 1}$ 이 확률변수 X 로 **확실하게 수렴한다**(converges surely)고 말하고, $X_n \xrightarrow{\text{s}} X$ 로 나타낸다. 즉, 확률변수열에 대한 **확실한 수렴**(sure convergence)은 일반적인 함수열에 대한 **점별 수렴**(pointwise convegence)을 의미한다.

확률변수의 수렴성을 따질 때 좀 더 자연스러운 수렴성은 확률변수와 관련된 확률공간 $(\Omega, \mathcal{H}, \mathbb{P})$ 의 확률측도 $\mathbb{P}$ 를 이용하여 수렴성을 따지는 것이다.

정의 3.16 (확률 수렴)

확률변수열 $(X_n)_{n\geq 1}$ 이 확률변수 X 로 **확률에 대해 수렴한다**(conveges in probability)는 것은, 임의의 $\varepsilon > 0$ 에 대해 다음이 성립하는 것을 의미한다.

$$\lim_{n\to\infty} \mathbb{P}\big[|X_n - X| > \varepsilon\big] = 0$$

위와 같이 정의된 수렴성을 확률변수열에 대한 **확률 수렴**(convergence in probabilty)이라 하고, $X_n \xrightarrow{\mathbb{P}} X$ 로 나타낸다.

확률변수열 $(X_n)_{n\geq 1}$ 의 확률 수렴을 따질 때, $\mathbb{P}\big[|X_n - X| > \varepsilon\big]$ 는 X_n 의 분포만 고려하는데, $X_1, X_2, \cdots$ 가 정의된 표본공간이 모두 Ω 로 동일할 때, 모든 확률변수 X_n 의 결합 분포를 고려한 수렴성은 다음과 같이 정의한다.

정의 3.17 (거의 확실한 수렴)

확률변수열 $(X_n)_{n\geq 1}$ 이 확률변수 X 로 **거의 확실하게 수렴한다**(conveges almost surely)는 것은, 임의의 $\varepsilon > 0$ 에 대해 다음이 성립하는 것을 의미한다.

$$\lim_{n\to\infty} \mathbb{P}\big[\sup_{k\geq n} |X_k - X| > \varepsilon\big] = 0 \tag{3.56}$$

위와 같이 정의된 수렴성을 확률변수열에 대한 **거의 확실한 수렴**(almost sure convergence)이라 하고, $X_n \xrightarrow{\text{a.s.}} X$ 로 나타낸다.

식 (3.56)에서 정의한 수렴성의 의미는

$$\mathbb{P}\big[\omega \in \Omega \mid \lim_{n\to\infty} X_n(\omega) = X(\omega)\big] = 1 \tag{3.57}$$

와 같다는 것을 보일 수 있고, 이런 의미로 거의 확실한 수렴이라고 부른다.

확률변수열 $(X_n)_{n\geq 1}$ 에 대해 $X_n \xrightarrow{\text{a.s}} X$ 와 $X_n \xrightarrow{\mathbb{P}} X$ 의 관계를 살펴보자. 정의로부터 $X_n \xrightarrow{\text{a.s}} 0$은 $\sup_{k\geq n}|X_k| \xrightarrow{\mathbb{P}} 0$와 같은 뜻이므로, $X_n \xrightarrow{\mathbb{P}} 0$이 성립한다. 일반적으로 사건 사이에 다음 관계

$$\{\omega \mid |X_n(\omega) - X(\omega)| > \varepsilon\} \subset \{\omega \mid \sup_{k\geq n}|X_k(\omega) - X(\omega)| > \varepsilon\}$$

이 성립하므로, 위 식에서 오른쪽 사건의 확률이 0으로 수렴하면 왼쪽 사건의 확률도 0으로 수렴한다. 따라서 $X_n \xrightarrow{\text{a.s}} X$ 이면 $X_n \xrightarrow{\mathbb{P}} X$ 이 성립한다. 하지만, 그 역은 다음 예제에서 보듯이 성립하지 않는다.

예제 3.22 $X_n \xrightarrow{\mathbb{P}} 0$이 성립하지만 $X_n \xrightarrow{\text{a.s}} 0$이 성립하지 않는 예를 보이시오.

풀이 확률변수 $X_1, X_2, \cdots$ 는 서로 독립이고, 각 확률변수에 대한 주변 확률분포가

$$\mathbb{P}[X_n = 0] = 1 - \frac{1}{n}, \quad \mathbb{P}[X_n = 1] = \frac{1}{n}$$

이라 하자. 이때, 임의의 양수 ε에 대해

$$\mathbb{P}[|X_n| > \varepsilon] = \begin{cases} 1/n & (0 < \varepsilon < 1) \\ 0 & (\varepsilon \geq 1) \end{cases}$$

이므로 $X_n \xrightarrow{\mathbb{P}} 0$이 성립한다.

반면에 $X_1, X_2, \cdots$ 는 독립이므로, $0 < \varepsilon < 1$일 때 모든 $n = 1, 2, \cdots$ 에 대해

$$\begin{aligned}\mathbb{P}\big[\sup_{k\geq n}|X_k| \leq \varepsilon\big] &= \mathbb{P}\big[X_n \leq \varepsilon,\, X_{n+1} \leq \varepsilon, \cdots\big] \\ &= \prod_{k=n}^{\infty} \mathbb{P}\big[X_k \leq \varepsilon\big] \left(= \lim_{m\to\infty}\prod_{k=n}^{m}\mathbb{P}\big[X_k \leq \varepsilon\big]\right) \\ &= \lim_{m\to\infty}\left(\frac{n-1}{n}\,\frac{n}{n+1}\cdots\frac{m-1}{m}\right) = \lim_{m\to\infty}\frac{n-1}{m} = 0\end{aligned}$$

이 성립한다. 따라서 $0 < \varepsilon < 1$과 모든 $n \geq 1$에 대해, $\mathbb{P}\big[\sup_{k\geq n}|X_k - 0| > \varepsilon\big] = 1$이 되므로 $X_n \xrightarrow{\text{a.s}} 0$은 성립하지 않는다. □

몬테카를로 방법을 이용하여 함수의 기댓값이나 다중 적분에 대한 근삿값을 구할 때는 각 확률변수의 누적분포함수를 이용하여 확률변수열의 수렴성을 따지는 것이 유용하다.

정의 3.18 (분포 수렴)

확률변수열 $(X_n)_{n\geq 1}$ 이 확률변수 X 로 **분포 수렴한다**(conveges in distribution)는 것은, 확률변수 X 의 누적분포함수 $F_X(x) = \mathbb{P}[X \leq x]$ 에 대해 다음이 성립하는 것을 의미한다.

$$F_X \text{가 연속이 되는 모든 } x \text{에 대해, } \lim_{n\to\infty} \mathbb{P}\big[X_n \leq x\big] = F_X(x) \tag{3.58}$$

위와 같이 정의된 수렴성을 확률변수열에 대한 **분포 수렴**(convergence in distribution)이라 하고, $X_n \xrightarrow{\text{d}} X$ 로 나타낸다.

또, m 차원 확률벡터열 $(\boldsymbol{X}_n)_{n\geq 1}$ 이 m 차원 확률벡터 $\boldsymbol{X}$ 로 **분포 수렴**한다는 것은, $\mathbb{P}[\boldsymbol{X} \in \text{bd}(A)] = 0$ 인[a] $\mathbb{R}^m$ 의 임의의 집합 A 에 대해 다음이 성립하는 것을 말하고, $\boldsymbol{X}_n \xrightarrow{\text{d}} \boldsymbol{X}$ 로 쓴다.

$$\lim_{n\to\infty} \mathbb{P}\big[\boldsymbol{X}_n \in A\big] = \mathbb{P}[\boldsymbol{X} \in A]$$

[a] $\text{bd}(A)$ 는 109쪽에서 정의한 집합 A 의 경계를 나타낸다.

즉, $X_n \xrightarrow{\text{d}} X$ 는 $\lim_{t\to x} F_X(t) = F_X(x)$ 인 모든 x 에 대해 $\lim_{n\to\infty} F_{X_n}(x) = F_X(x)$ 가 성립함을 의미한다.

정리 3.2에서 두 확률변수 X, Y 의 누적분포함수 F_X 와 F_Y 가 같아질 필요충분조건이 두 확률변수의 적률생성함수 M_X 와 M_Y 가 원점을 포함하는 열린구간에서 같아지는 것임을 살펴보았다. 확률변수 X 에 대한 적률생성함수 $M_X(s) = \mathbb{E}[e^{sX}]$ 는 존재하지 않을 수 있다는 것이 한 가지 문제점인데, 이와 달리 확률변수 X 에 대해

$$\psi_X(t) := \mathbb{E}[e^{\mathrm{i}tX}], \quad t \in \mathbb{R} \ (\text{단}, \mathrm{i}^2 = -1 \text{ 이고 } e^{\mathrm{i}x} := \cos x + \mathrm{i}\sin x)$$

라고 정의하면, 모든 실수 t 에 대해 $\psi_X(t)$ 가 존재함을 보일 수 있다. 즉, $X \sim f$ 일 때

$$\begin{aligned}
\psi_X(t) &= \int_{-\infty}^{\infty} e^{\mathrm{i}tx} f(x)\,dx \left(= \int_{-\infty}^{\infty} \cos(tx) f(x) + \mathrm{i}\sin(tx) f(x)\,dx \right) \\
&= \int_{-\infty}^{\infty} \cos(tx) f(x)\,dx + \mathrm{i}\int_{-\infty}^{\infty} \sin(tx) f(x)\,dx \\
&= \mathbb{E}\big[\cos(tx)\big] + \mathrm{i}\,\mathbb{E}\big[\sin(tx)\big]
\end{aligned}$$

이고, 실수 a, b 에 대해 $|a+\mathrm{i}b|^2 = (a+\mathrm{i}b)(a-\mathrm{i}b) = a^2+b^2$ 이므로 볼록함수 $h: \mathbb{R}^2 \to \mathbb{R}$ 을 $h(t,s) = (t^2+s^2)^{1/2}$ 로 두면

$$\begin{aligned}|\psi_X(t)| =& h\big(\mathbb{E}\big[\cos(tx)\big], \mathbb{E}\big[\sin(tx)\big]\big|\big) \\ =& h\left(\int_{-\infty}^{\infty} \cos(tx) f(x)\,dx,\ \int_{-\infty}^{\infty} \sin(tx) f(x)\,dx\right)\end{aligned}$$

이다. 이때, 옌센 부등식 (2.32)에 의해

$$\begin{aligned}& h\left(\int_{-\infty}^{\infty} \cos(tx) f(x)\,dx,\ \int_{-\infty}^{\infty} \sin(tx) f(x)\,dx\right) \\ \le& \int_{-\infty}^{\infty} h\big(\cos(tx), \sin(tx)\big) f(x)\,dx \\ =& \int_{-\infty}^{\infty} \big(\cos^2(tx)+\sin^2(tx)\big)^{1/2} f(x)\,dx = \int_{-\infty}^{\infty} |e^{\mathrm{i}tx}| f(x)\,dx = 1\end{aligned}$$

이 되므로, 모든 실수 t 에 대해

$$|\psi_X(t)| = \big|\mathbb{E}[e^{\mathrm{i}tX}]\big| \le \mathbb{E}\big[\,\big|e^{\mathrm{i}tX}\big|\,\big] = 1$$

이 성립하고 $\psi_X(t)$ 는 존재한다.

위 정의를 확장하여 n 차원 확률벡터 $\boldsymbol{X}$ 에 대해 다음과 같이 함수 $\psi_{\boldsymbol{X}}$ 를 정의하면,

$$\psi_{\boldsymbol{X}}(\boldsymbol{t}) := \mathbb{E}[e^{\mathrm{i}\,\boldsymbol{t}^{\mathrm{t}}\boldsymbol{X}}], \quad \boldsymbol{t} \in \mathbb{R}^n \ (\text{단}, \mathrm{i}^2 = -1) \tag{3.59}$$

동일한 방법으로 다음 식이 성립함을 보일 수 있으므로 $\psi_{\boldsymbol{X}}$ 는 항상 존재한다.

$$|\psi_{\boldsymbol{X}}(\boldsymbol{t})| = \big|\mathbb{E}[e^{\mathrm{i}\boldsymbol{t}^{\mathrm{t}}\boldsymbol{X}}]\big| \le \mathbb{E}\big[\,\big|e^{\mathrm{i}\boldsymbol{t}^{\mathrm{t}}\boldsymbol{X}}\big|\,\big] = 1, \quad \boldsymbol{t} \in \mathbb{R}^n$$

이때, 함수 $\psi_{\boldsymbol{X}}$ 를 확률벡터 $\boldsymbol{X}$ 의 **특성함수**(characteristic function)라고 부른다.

특성함수를 활용하기 위해서 알아야 할 복소수의 성질 한 가지만 살펴보자. 특성함수를 정의할 때 사용한 복소수 $e^{\mathrm{i}t}$ $(t \in \mathbb{R})$ 는 크기가 1 인 복소수 $\cos t + \mathrm{i}\sin t$ 를 나타내는데, 삼각함수에 대한 아래의 덧셈정리를 이용하면

$$\cos(\alpha+\beta) = \cos\alpha\,\cos\beta - \sin\alpha\,\sin\beta, \qquad \sin(\alpha+\beta) = \sin\alpha\,\cos\beta - \cos\alpha\,\sin\beta$$

실수 α, β 에 대해 $e^{\mathrm{i}\alpha}e^{\mathrm{i}\beta} = e^{\mathrm{i}\alpha+\mathrm{i}\beta} = e^{\mathrm{i}(\alpha+\beta)}$ 가 성립함을 다음과 같이 보일 수 있다.

$$\begin{aligned}e^{\mathrm{i}\alpha}e^{\mathrm{i}\beta} =& (\cos\alpha + \mathrm{i}\sin\alpha)(\cos\beta + \mathrm{i}\sin\beta) \\ =& (\cos\alpha\,\cos\beta - \sin\alpha\,\sin\beta) + \mathrm{i}(\sin\alpha\,\cos\beta + \cos\alpha\,\sin\beta) \\ =& \cos(\alpha+\beta) + \mathrm{i}\sin(\alpha+\beta) = e^{\mathrm{i}(\alpha+\beta)}\end{aligned} \tag{3.60}$$

실제로는 복소수 $x + \mathrm{i}y$ 에 대한 지수함수를 거듭제곱급수를 이용하여 정의할 수 있지만, 실수 x, y 에 대해 아래와 같이 정의해도 그 결과는 동일하고, 지수법칙이 성립함을 보일 수 있다.

$$e^{x+\mathrm{i}y} := e^x e^{\mathrm{i}y}, \quad \forall x, y \in \mathbb{R} \tag{3.61}$$

레비의 연속성 정리 (Lévi's continuity theorem) 라고 부르는 다음 정리를 이용하면 확률벡터의 특성함수를 이용하여 확률벡터열의 분포 수렴성을 쉽게 확인할 수 있다. 이 정리의 증명은 이 책의 수준을 벗어나므로 생략하고, 그 결과만 이용하기로 한다. (증명에 관심이 있는 독자는 [9] 의 Theorem 3.3.17 을 참고하기 바란다.[33])

정리 3.19 (특성함수)

확률벡터열 $(\boldsymbol{X}_n)_{n\geq 1}$ 의 각 확률벡터 $\boldsymbol{X}_i$ 의 특성함수를 $\psi_{\boldsymbol{X}_i}$ 라 하고, 확률벡터 $\boldsymbol{X}$ 의 특성함수를 $\psi_{\boldsymbol{X}}$ 라 할 때, 다음 세 명제는 서로 동치이다.

(1) (특성함수열의 점별 수렴) $\lim_{n\to\infty} \psi_{\boldsymbol{X}_n}(\boldsymbol{t}) = \psi_{\boldsymbol{X}}(\boldsymbol{t}), \ \forall \boldsymbol{t} \in \mathbb{R}^n$

(2) (확률벡터열의 분포 수렴) $\boldsymbol{X}_n \xrightarrow{\mathrm{d}} (\boldsymbol{X})$

(3) 모든 유계 연속 함수 $h : \mathbb{R}^n \to \mathbb{R}$ 에 대해 $\lim_{n\to\infty} \mathbb{E}\big[h(\boldsymbol{X}_n)\big] = \mathbb{E}\big[h(\boldsymbol{X})\big]$

확률변수 X_1 과 X_2 가 독립일 때, $e^{\mathrm{i}tX_1}$ 과 $e^{\mathrm{i}tX_2}$ 도 독립이 된다. 따라서 식 (3.60) 과 (3.61) 로부터 확률변수 $X_1 + X_2$ 의 특성함수는 $\psi_{X_1+X_2}(t) = \psi_{X_1}(t)\psi_{X_2}(t)$ 를 만족한다. 이를 이용하여 다변량 정규 분포를 따르는 확률 벡터의 특성함수를 구해보자.

예제 3.23 표준 정규 분포 $\mathrm{N}(0, 1)$ 의 확률밀도함수 $f_Z(z) = \dfrac{1}{\sqrt{2\pi}} e^{-\frac{1}{2}z^2}$ 와 $\mathrm{i}^2 = -1$ 인 허수 단위 i 에 대해

$$\frac{1}{\sqrt{2\pi}} \int_{-\infty}^{\infty} e^{-\frac{1}{2}(z-\mathrm{i}t)^2}\, dz = 1, \quad \forall t \in \mathbb{R}$$

이 성립한다.[34] 이 결과를 이용하여 다음을 보이시오. (단, $\exp(x) := e^x$)

(1) 확률변수 $Z \sim \mathrm{N}(0, 1)$ 의 특성함수는 $\psi_Z(t) = \exp\big(-\frac{1}{2}t^2\big)$ 임을 보이시오.

(2) 확률벡터 $\boldsymbol{Z} \sim \mathrm{N}(\boldsymbol{0}, \mathbf{I}_n)$ 의 특성함수는 $\psi_{\boldsymbol{Z}}(\boldsymbol{t}) = \exp\big(-\frac{1}{2}\|\boldsymbol{t}\|^2\big)$ 임을 보이시오.

---

[33] https://services.math.duke.edu/~rtd/PTE/pte.html 에서 [9] 의 PDF 파일을 다운로드 받을 수 있다.

[34] 이 적분을 엄밀하게 계산하는 것은 이 책의 수준을 벗어난다. 복소 해석학의 코시 적분 공식 (Cauchy's integral formula) 을 이용하면 간단하게 구할 수 있지만, $\frac{d}{dt}\int f_Z(z-\mathrm{i}t)\,dz = \int \frac{\partial}{\partial t} f_Z(z-\mathrm{i}t)\,dz$ 와 같이 미분과 적분의 순서를 바꿀 수 있는 이유에 대해 실 해석학에서 공부하고 나면 복소 해석학을 사용하지 않고도 계산할 수 있다.
좀 더 자세히 공부하길 원하는 독자는 해석학 교재 [1] 를 공부하거나, [9] 의 127쪽 증명을 참고할 수 있다.

(3) 확률벡터 $\boldsymbol{X} \sim \mathrm{N}(\boldsymbol{\mu}, \boldsymbol{\Sigma})$의 특성함수는 $\psi_{\boldsymbol{X}}(\boldsymbol{t}) = \exp\left(\mathrm{i}\boldsymbol{t}^{\mathrm{t}}\boldsymbol{\mu} - \frac{1}{2}\boldsymbol{t}^{\mathrm{t}}\boldsymbol{\Sigma}\boldsymbol{t}\right)$ 임을 보이시오.

풀이 (1) $e^{\mathrm{i}tz}e^{-\frac{1}{2}z^2} = \exp\left(-\frac{(z-\mathrm{i}t)^2+t^2}{2}\right) = e^{-\frac{1}{2}t^2}e^{-\frac{1}{2}(z-\mathrm{i}t)^2}$ 이므로 다음과 같이 계산된다.

$$\psi_Z(t) = \mathbb{E}\left[e^{\mathrm{i}tZ}\right] = \frac{1}{\sqrt{2\pi}}\int_{-\infty}^{\infty} e^{\mathrm{i}tz}e^{-\frac{1}{2}z^2}\,dz = \frac{e^{-\frac{1}{2}t^2}}{\sqrt{2\pi}}\int_{-\infty}^{\infty} e^{-\frac{1}{2}(z-\mathrm{i}t)^2}\,dz = e^{-\frac{1}{2}t^2}$$

(2) $\boldsymbol{t} = [t_1, \cdots, t_n]^{\mathrm{t}}$, $\boldsymbol{Z} = [Z_1, \cdots, Z_n]^{\mathrm{t}}$ 라 하자. 이때, $Z_1, \cdots, Z_n$ 이 독립이므로 $f_{\boldsymbol{Z}}(\boldsymbol{z}) = \prod_{i=1}^n f_{Z_i}(z_i)$ 이고, (1)의 결과를 이용하여 계산하면

$$\begin{aligned}\psi_{\boldsymbol{Z}}(\boldsymbol{t}) = \mathbb{E}\left[e^{\mathrm{i}\boldsymbol{t}^{\mathrm{t}}\boldsymbol{Z}}\right] &= \int_{\mathbb{R}^n} e^{\mathrm{i}\boldsymbol{t}^{\mathrm{t}}\boldsymbol{z}} f_{\boldsymbol{Z}}(\boldsymbol{z})\,d\boldsymbol{z} \\ &= \int_{-\infty}^{\infty}\cdots\int_{-\infty}^{\infty}\left(\prod_{k=1}^n e^{\mathrm{i}t_k z_k}\prod_{k=1}^n f_{Z_k}(z_k)\right)dz_1\cdots dz_n \\ &= \prod_{k=1}^n \mathbb{E}\left[e^{\mathrm{i}t_k Z_k}\right] = \prod_{k=1}^n e^{-\frac{1}{2}t_k^2} = \exp\left(-\frac{1}{2}\sum_{k=1}^n t_k^2\right) = \exp\left(-\frac{1}{2}\|\boldsymbol{t}\|^2\right)\end{aligned}$$

이 된다.

(3) 식 (3.43)과 예제 3.19에 의해 확률벡터 $\boldsymbol{X}$를 $\boldsymbol{X} = \boldsymbol{\mu} + \mathbf{B}\boldsymbol{Z}$ (단, $\boldsymbol{\Sigma} = \mathbf{B}\mathbf{B}^{\mathrm{t}}$)로 쓸 수 있다. 따라서

$$\begin{aligned}\psi_{\boldsymbol{X}}(\boldsymbol{t}) = \mathbb{E}\left[e^{\mathrm{i}\boldsymbol{t}^{\mathrm{t}}\boldsymbol{X}}\right] &= \mathbb{E}\left[e^{\mathrm{i}\boldsymbol{t}^{\mathrm{t}}(\boldsymbol{\mu}+\mathbf{B}\boldsymbol{Z})}\right] \\ &= e^{\mathrm{i}\boldsymbol{t}^{\mathrm{t}}\boldsymbol{\mu}}\mathbb{E}\left[e^{\mathrm{i}(\mathbf{B}^{\mathrm{t}}\boldsymbol{t})^{\mathrm{t}}\boldsymbol{Z}}\right] \\ &= e^{\mathrm{i}\boldsymbol{\mu}}\psi_{\boldsymbol{Z}}(\mathbf{B}^{\mathrm{t}}\boldsymbol{t}) = e^{\mathrm{i}\boldsymbol{t}^{\mathrm{t}}\boldsymbol{\mu}}e^{-\frac{1}{2}\|\mathbf{B}^{\mathrm{t}}\boldsymbol{t}\|^2} = \exp\left(\mathrm{i}\boldsymbol{t}^{\mathrm{t}}\boldsymbol{\mu} - \boldsymbol{t}^{\mathrm{t}}\mathbf{B}\mathbf{B}^{\mathrm{t}}\boldsymbol{t}/2\right)\end{aligned}$$

가 되고, $\boldsymbol{\Sigma} = \mathbf{B}\mathbf{B}^{\mathrm{t}}$ 이므로 증명이 끝난다. □

정리 3.19를 활용하는 예로, 특성함수를 이용하여 확률변수열의 분포 수렴을 보이는 다음 예제를 살펴보자.

예제 3.24 확률변수열 $(X_n)_{n\geq 1}$ 이 독립이고 각각 동일한 베르누이 분포 $\mathrm{Ber}(1/2)$를 따를 때, 확률변수열 $(Y_n)_{n\geq 1}$ 을 다음과 같이 정의하자.

$$Y_n = \sum_{k=1}^n \frac{X_k}{2^k},\ n = 1, 2, \cdots$$

이때, 균등 분포 $\mathrm{U}(0, 1)$ 을 따르는 확률변수 Y 에 더해 $Y_n \xrightarrow{\mathrm{d}} Y$ 임을 보이시오.

$$\left(\text{단, } \lim_{h\to 0}\frac{e^{\mathrm{i}h}-1}{h} = \lim_{h\to 0}\left(\frac{\cos h - \cos 0}{h} + \mathrm{i}\,\frac{\sin h - \sin 0}{h}\right) = \mathrm{i}\right) \tag{3.62}$$

풀이 확률변수 Y_n 의 특성함수를 구하면 식 (3.60)과 (3.61)로부터

$$\psi_{Y_n}(t) = \mathbb{E}\big[\exp(\mathrm{i}tY_n)\big] = \mathbb{E}\Big[\exp\Big(\sum_{k=1}^{n}\mathrm{i}tX_k/2^k\Big)\Big] = \mathbb{E}\Big[\prod_{k=1}^{n}\exp(\mathrm{i}tX_k/2^k)\Big]$$

이다. 이때, $X_1, X_2, \cdots$ 가 독립이고, 각 $X_i \sim \mathrm{Ber}(1/2)$ 이므로

$$\begin{aligned}\mathbb{E}\Big[\prod_{k=1}^{n}\exp(\mathrm{i}tX_k/2^k)\Big] &= \prod_{k=1}^{n}\mathbb{E}\Big[\exp(\mathrm{i}tX_k/2^k)\Big]\\ &= \prod_{k=1}^{n}\Big(\frac{1}{2}+\frac{1}{2}e^{\mathrm{i}t/2^k}\Big) = 2^{-n}\prod_{k=1}^{n}\big(1+e^{\mathrm{i}t/2^k}\big)\end{aligned}$$

가 된다. 한편, $(1-e^{\mathrm{i}\alpha})(1+e^{\mathrm{i}\alpha}) = 1-e^{2\mathrm{i}\alpha}$ 를 반복해서 적용하면

$$\big(1-e^{\mathrm{i}t/2^n}\big)\prod_{k=1}^{n}\big(1+e^{\mathrm{i}t/2^k}\big) = \big(1-e^{\mathrm{i}t/2^{n-1}}\big)\prod_{k=1}^{n-1}\big(1+e^{\mathrm{i}t/2^k}\big) = \cdots = 1-e^{\mathrm{i}t}$$

가 성립하므로, 위 결과를 종합하여 다음과 같이 ψ_{Y_n} 을 구할 수 있다.

$$\big(1-e^{\mathrm{i}t/2^n}\big)\psi_{Y_n}(t) = 2^{-n}\big(1-e^{\mathrm{i}t}\big) \iff \psi_{Y_n}(t) = \big(1-e^{\mathrm{i}t}\big)\frac{1/2^n}{1-e^{\mathrm{i}t/2^n}}$$

이때, $n\to\infty$ 일 때, $\frac{t}{2^n}\to 0$ 이므로 식 (3.62)를 이용하면, $\lim_{n\to\infty}\psi_{Y_n}(t) = \frac{e^{\mathrm{i}t}-1}{\mathrm{i}t}$ 이다.

또, 균등 분포를 따르는 Y 의 특성함수는

$$\begin{aligned}\psi_Y(t) = \mathbb{E}\big[e^{\mathrm{i}tY}\big] = \int_0^1 e^{\mathrm{i}ty}\,dy &= \int_0^1\cos(ty)\,dy + \mathrm{i}\int_0^1\sin(ty)\,dy\\ &= \frac{\sin t+\mathrm{i}(1-\cos t)}{t} = \frac{\cos t+\mathrm{i}\,\sin t-1}{\mathrm{i}t} = \frac{e^{\mathrm{i}t}-1}{\mathrm{i}t}\end{aligned}$$

이므로, 임의의 실수 t 에 대해 $\lim_{n\to\infty}\psi_{Y_n}(t) = \psi_Y(t)$ 가 성립한다.

따라서 정리 3.19에 의해 $Y_n \xrightarrow{\mathrm{d}} Y$ 이다. □

확률변수의 수렴성에 대해 한 가지를 더 알아보자.

정의 3.20 (L^p-노름 수렴)

확률변수열 $(X_n)_{n\geq 1}$ 이 확률변수 X 로 **L^p-노름에 대해 수렴한다**(conveges in L^p-norm)는 것은 식 (3.63)이 성립하는 것을 의미하고, 확률변수열에 대한 L^p **수렴**을 $X_n \xrightarrow{L^p} X$ 로 나타낸다.

$$\lim_{n\to\infty}\mathbb{E}\big[\,|X_n-X|^p\,\big] = 0, \quad p\geq 1 \tag{3.63}$$

지금까지 정의한 확률변수의 수렴성 사이의 영향 관계는 3.5.3소절에서 살펴보기로 하고, 우선 다음 예를 살펴보자.

예제 3.25 균등 분포 $\mathrm{U}(0,1)$ 을 따르는 확률변수 X 와 모든 $n \geq 1$ 에 대해 $X_n = 1 - X$ 이라 하자. 확률변수열을 $(X_n)_{n\geq 1}$ 을 이용하여 $X_n \xrightarrow{\mathrm{d}} X$ 는 성립하지만, $X_n \xrightarrow{\mathbb{P}} X$ 나 $X_n \xrightarrow{L^1} X$ 는 성립하지 않음을 보이시오.

풀이 $X \sim \mathrm{U}(0,1)$ 이므로 X_n 의 누적분포함수는

$$F_{X_n}(x) = \mathbb{P}[X_n \leq x] = \mathbb{P}[1 - X \leq x] = \mathbb{P}[X \geq 1 - x] = 1 - (1 - x) = x = F_X(x)$$

이므로 $X_n \xrightarrow{\mathrm{d}} X$ 는 자명하다.

반면에 $\mathbb{E}\big[\,|X_n - X|\,\big] = \mathbb{E}\big[1 - 2X\big] = 1/2$ 이므로 $X_n \xrightarrow{L^1} X$ 이 성립하지 않는다. 또한, $\mathbb{P}\big[\,|X_n - X| > \varepsilon\big] = \mathbb{P}\big[0 \leq X < (1-\varepsilon)/2\big] + \mathbb{P}[(1+\varepsilon)/2 < X \leq 1] = 1 - \varepsilon$ 이므로 $X_n \xrightarrow{\mathbb{P}} X$ 도 성립하지 않는다. □

앞 예제에서 살펴보았듯이, 확률변수열 $(X_n)_{n\geq 1}$ 에 대해 $X_n \xrightarrow{\mathrm{d}} X$ 가 $X_n \xrightarrow{\mathbb{P}} X$ 를 보장하지 않는다. 하지만, 확률변수 X 가 상수(함수)일 때는 다음 예제에서 알 수 있듯이 예외가 성립한다.

예제 3.26 확률변수열 $(X_n)_{n\geq 1}$ 이 상수함수 c 로 분포 수렴하면, $(X_n)_{n\geq 1}$ 은 c 로 확률에 대해서도 수렴함을 보이시오. 즉, $X_n \xrightarrow{\mathrm{d}} c \implies X_n \xrightarrow{\mathbb{P}} c$ 을 보이시오.

풀이 $X_n \xrightarrow{\mathrm{d}} c$ 이므로 분포 수렴의 정의로부터 다음이 성립한다.

$$\lim_{n\to\infty} \mathbb{P}[X_n \leq x] = \begin{cases} 1, & (x > c) \\ 0, & (x \leq c) \end{cases} \tag{3.64}$$

이제 확률 수렴성을 따져 보자.

$$\begin{aligned} \mathbb{P}\big[\,|X_n - c| > \varepsilon\big] &= 1 - \mathbb{P}[c - \varepsilon \leq X_n \leq c + \varepsilon] \\ &\leq 1 - \mathbb{P}[X_n \leq c + \varepsilon] + \mathbb{P}[X_n \leq c - \varepsilon] \end{aligned}$$

가 성립하므로, 식 (3.64)에 의해

$$0 \leq \lim_{n\to\infty} \mathbb{P}\big[\,|X_n - c| > \varepsilon\big] \leq \lim_{n\to\infty}\Big(1 - \mathbb{P}[X_n \leq c + \varepsilon] + \mathbb{P}[X_n \leq c - \varepsilon]\Big) = 1 - 1 + 0 = 0$$

이 성립한다. 따라서, $X_n \xrightarrow{\mathbb{P}} c$ 도 성립함을 알 수 있다. □

3.5.2 몇 가지 확률 부등식

이 소절에서는 확률 계산에서 자주 사용되는 몇 가지 부등식들을 정리한다. 이미 상관계수의 범위를 구할 때 증명했던 식 (3.25)는 확률변수에 대한 **코시-슈바르츠 부등식**이라고 부른다.

정리 3.21 (코시-슈바르츠 부등식)

두 확률변수 X, Y 에 대해 다음 부등식이 성립한다.

$$\mathbb{E}[XY]^2 \leq \mathbb{E}\left[X^2\right] \mathbb{E}\left[Y^2\right]$$

정리 2.9에서 증명한 **엔센 부등식**을 확률벡터의 경우에 대해 다시 쓰면 다음과 같다.[35]

정리 3.22 (엔센 부등식)

n 차원 확률벡터 $\boldsymbol{X}$ 와 볼록함수 $g : U \to \mathbb{R}$ 에 대해 다음이 부등식이 성립한다. (단, $U \subset \mathbb{R}^n$ 는 $\boldsymbol{X}$ 의 치역을 포함하는 볼록집합)

$$g(\mathbb{E}[\boldsymbol{X}]) \leq \mathbb{E}\left[g(\boldsymbol{X})\right] \tag{3.65}$$

예를 들어, $g(x) = x^2$ 는 볼록함수이므로 $\mathbb{E}\left[X^2\right] \geq \mathbb{E}[X]^2$ 이 성립하고, $X \geq 0$ 인 확률변수 X 에 대해 볼록함수 $g(x) = 1/x$ 와 $g(x) = -\log x$ 를 각각 고려하면 기댓값에 대한 다음 부등식을 얻을 수 있다.

$$\mathbb{E}\left[\frac{1}{X}\right] \geq \frac{1}{\mathbb{E}[X]}, \quad \mathbb{E}\left[\log X\right] \leq \log \mathbb{E}[X]$$

정규 분포를 따르는 확률변수에 대한 확률을 직접 구하기는 어렵지만, 기댓값은 치환적분을 이용하여 직접 계산하는 것이 가능하다. 이런 경우에 확률 $\mathbb{P}[X \geq \varepsilon]$ 을 기댓값과 관련지을 수 있으면 유용한데, **마르코프 부등식**(Markov's inequality) 이 그런 부등식 중 하나이다.

이런 종류의 부등식을 보일 때, 음이 아닌 함수에 대한 적분은 함수의 그래프 아래쪽의 넓이와 같다는 적분의 성질을 자주 이용한다. 즉, $\mathbb{R}$ 의 부분집합 $\mathcal{I}$ 에서 적분가능한 함수 g 가 $g(x) \geq 0, \forall x \in \mathcal{I}$ 라 할 때, 다음 성질을 기본적으로 사용한다.

[35] 확률변수는 1 차원 확률벡터로 생각하면 된다.

- $\displaystyle\int_{\mathcal{I}} g(x)\,dx \geq 0$
- $\mathcal{I}_1 \subset \mathcal{I}_2 \subset \mathcal{I}$ 일 때, $\displaystyle\int_{\mathcal{I}_1} g(x)\,dx \leq \int_{\mathcal{I}_2} g(x)\,dx$

또, 두 함수 g_1, g_2 에 대해 $g_1(x) \leq g_2(x),\ \forall x \in \mathcal{I}$ 이면, 위의 첫 번째 성질과 적분의 선형성으로부터 얻어지는 다음 성질도 자주 사용한다.

$$\int_{\mathcal{I}} g_1(x)\,dx \leq \int_{\mathcal{I}} g_2(x)\,dx$$

이제 마르코프 부등식을 살펴보자.

정리 3.23 (마르코프 부등식)

확률변수 X 가 음이 아닌 값을 취할 때, 임의의 양수 ε 에 대해 다음 부등식이 성립한다.

$$\mathbb{P}[X \geq \varepsilon] \leq \frac{\mathbb{E}[X]}{\varepsilon}$$

[증명] 확률변수 X 의 확률밀도함수를 f_X 라 할 때, $f_X \geq 0$ 이므로 적분의 성질을 이용하면

$$\varepsilon\mathbb{P}[X \geq \varepsilon] = \int_{\varepsilon}^{\infty} \varepsilon f_X(x)\,dx \leq \int_{\varepsilon}^{\infty} x f_X(x)\,dx \leq \int_{0}^{\infty} x f(x)\,dx = \mathbb{E}[X]$$

이다. 따라서 양수 ε 으로 위 식의 양변을 나누면 증명이 끝난다. □

마르코프 부등식은 그 자체로는 다소 느슨한 부등식이다. 직관적으로 이를 이해하기 위해 다음 예제를 살펴보자.

예제 3.27 음이 아닌 값을 취하는 확률변수 X 의 누적분포함수를 F_X 라 할 때

$$\mathbb{E}[X] = \int_0^{\infty} 1 - F_X(x)\,dx$$

임을 보이고, 이를 이용하여 마르코프 부등식의 의미를 해석하시오.

풀이 미적분에서 배운 반복적분에 대한 푸비니 정리를 이용하여 적분의 순서를 바꾸어 계산하면 다음과 같이 주어진 식을 보일 수 있다.

$$\begin{aligned}\int_0^{\infty} 1 - F_X(x)\,dx &= \int_0^{\infty} 1 - \mathbb{P}[X \leq x]\,dx \\ &= \int_0^{\infty} \mathbb{P}[X \geq x]\,dx \\ &= \int_0^{\infty}\int_x^{\infty} f_X(t)\,dtdx = \int_0^{\infty}\int_0^{t} f_X(t)\,dxdt = \int_0^{\infty} tf_X(t)dx = \mathbb{E}[X]\end{aligned}$$

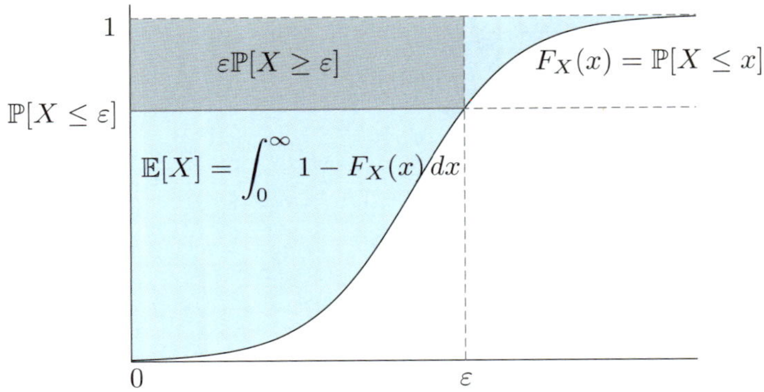

그림 3.4: 마르코프 부등식에 대한 직관적 이해

따라서 〈그림 3.4〉에서 직선 $y = 1$과 $y = F_X(x)$ 사이의 색칠된 부분이 $\mathbb{E}[X]$를 나타내고, 짙게 색칠된 직사각형의 넓이는 $\varepsilon(1 - \mathbb{P}[X \leq \varepsilon]) = \varepsilon\mathbb{P}[X \geq \varepsilon]$ 이므로, 두 넓이를 비교하면 마르코프 부등식이 성립함을 알 수 있고, 이 부등식이 느슨한 부등식임을 그림으로부터 알 수 있다. □

마르코프 부등식은 분포의 한 쪽 끝부분의 확률에 대한 상계를 구하는 부등식인데, 조금만 변형하면 양쪽 끝부분의 확률에 대한 상계를 주는 **체비셰프 부등식**(Chebyshev's inequality)을 얻을 수 있다.

정리 3.24 (체비셰프 부등식)

확률변수 X의 평균이 μ일 때, 임의의 양수 ε에 대해 다음 부등식이 성립한다.

$$\mathbb{P}\big[|X - \mu| \geq \varepsilon\big] \leq \frac{\mathbb{V}\mathrm{ar}[X]}{\varepsilon^2}$$

[증명] 확률변수 $(X - \mu)^2$에 대해 마르코프 부등식으로 적용하면,

$$\mathbb{P}\big[|X - \mu| \geq \varepsilon\big] = \mathbb{P}\big[(X - \mu)^2 \geq \varepsilon^2\big] \leq \frac{\mathbb{E}[(X - \mu)^2]}{\varepsilon^2} = \frac{\mathbb{V}\mathrm{ar}[X]}{\varepsilon^2}$$

과 같이 증명된다. □

예를 들어, $\mathbb{V}\mathrm{ar}[X] = \sigma^2$ 일 때, 체비셰프 부등식에서 $\varepsilon = k\sigma$로 잡으면 다음이 성립한다.

$$\mathbb{P}\big[|X - \mu| \geq k\sigma\big] \leq \frac{\sigma^2}{k^2\sigma^2} = \frac{1}{k^2}$$

지금까지 살펴본 마르코프 부등식이나 체비셰프 부등식은 다소 느슨한 위쪽 경계를 주는 부등식인데, 좀 더 밀착된 경계를 얻는 방법을 알아보자.

정리 3.25 (체르노프 유계)

확률변수 X의 적률생성함수 M_X와 양수 ε에 대해 함수 φ를

$$\varphi(\varepsilon) = \sup\{s\varepsilon - \ln M_X(s) \mid s > 0\}$$

이라 할 때, 다음 부등식이 성립한다.

$$\mathbb{P}[X \geq \varepsilon] \leq e^{-\varphi(\varepsilon)} \tag{3.66}$$

이때, $e^{-\varphi(\varepsilon)}$를 **체르노프 유계**(chernoff's bound)라고 부른다.

[증명] 임의의 양수 $s > 0$에 대해 지수함수 e^{sx}는 증가함수이므로 아래와 같이 마르코프 부등식을 적용하면

$$\mathbb{P}[X \geq \varepsilon] = \mathbb{P}[e^{sX} \geq e^{s\varepsilon}] \leq \frac{\mathbb{E}\left[e^{sX}\right]}{e^{s\varepsilon}}$$

이 성립한다. 또, $\mathbb{E}\left[e^{sX}\right]$는 X의 적률생성함수이므로

$$\mathbb{P}[X \geq \varepsilon] \leq e^{-s\varepsilon} M_X(s) = e^{-s\varepsilon + \ln M_X(s)}$$

로 쓸 수 있다. 이때, 위 식의 의미는 $\mathbb{P}[X \geq \varepsilon]$가 집합 $\{e^{-s\varepsilon+\ln M_X(s)} \mid s > 0\}$에 대한 하계가 된다는 의미이므로, 실수의 완비성 공리에 의해 이 집합의 최대 하계, 즉 하한이 존재하고, 다음 부등식이 성립한다.[36]

$$\mathbb{P}[X \geq \varepsilon] \leq \inf\{e^{-s\varepsilon+\ln M_X(s)} \mid s > 0\} \tag{3.67}$$

한편 식 (2.20)에 의해

$$\inf\{-s\varepsilon + \ln M_X(s) \mid s > 0\} = -\sup\{s\varepsilon - \ln M_X(s) \mid s > 0\} = -\varphi(\varepsilon)$$

이고, 지수함수 e^x가 증가함수이므로 식 (3.67)로부터 식 (3.66)을 얻게 된다. □

정규 분포를 따르는 확률변수 $X \sim \mathrm{N}(0, \sigma^2/N)$에 대해, $\mathbb{P}[X \geq \varepsilon]$에 대한 체르노프 유계를 체비셰프 부등식으로부터 얻을 수 있는 유계와 비교해보자.

[36] 실수의 완비성 공리와 하한에 대해서는 128쪽을 복습하면 된다.

우선 $\mu = 0$ 임을 염두에 두고 체비셰프 부등식을 적용하면

$$\mathbb{P}[X \geq \varepsilon] \leq \mathbb{P}\big[|X| \geq \varepsilon\big] \leq \frac{\mathbb{V}\mathrm{ar}[X]}{\varepsilon^2} = \frac{\sigma^2}{N\varepsilon^2} \tag{3.68}$$

이 된다.

체르노프 유계를 구하기 전에, 먼저 표준 정규 분포를 따르는 확률변수 $Z \sim \mathrm{N}(0,1)$ 의 적률생성함수 $M_Z(s) = \mathbb{E}[e^{sZ}]$ 를 계산하자.

$$\begin{aligned} M_Z(s) &= \frac{1}{\sqrt{2\pi}} \int_{-\infty}^{\infty} e^{sz} e^{-\frac{1}{2}z^2}\, dz \\ &= \frac{1}{\sqrt{2\pi}} \int_{-\infty}^{\infty} e^{-\frac{1}{2}(z-s)^2} e^{\frac{1}{2}s^2}\, dz = e^{s^2/2} \end{aligned}$$

이때 $X = (\sigma/\sqrt{N})Z$ 이므로 X 의 적률생성함수는

$$M_X(s) = \mathbb{E}\big[e^{sX}\big] = \mathbb{E}\big[e^{(s\sigma/\sqrt{N})Z}\big] = M_Z\Big(\frac{\sigma}{\sqrt{N}}s\Big) = \exp\Big(\frac{\sigma^2 s^2}{2N}\Big)$$

이 되고, s 에 관한 이차함수 $s\varepsilon - \ln M_X(s) = s\varepsilon - \dfrac{\sigma^2}{2N}s^2$ 는 $s = (N\varepsilon)/\sigma^2$ 에서 최댓값 $\varepsilon^2 N/(2\sigma^2)$ 을 갖는다. 따라서 식 (3.66)에서 함수 $\varphi(\varepsilon) = \varepsilon^2 N/(2\sigma^2)$ 이 되므로, 체르노프 유계 $e^{-\varphi(\varepsilon)}$ 에 대해

$$\mathbb{P}[X \geq \varepsilon] \leq \exp\Big(-\frac{\varepsilon^2 N}{2\sigma^2}\Big) \tag{3.69}$$

이 성립한다.

예제 3.28 정규 분포 $\mathrm{N}\big(0, (1/\sqrt{N})^2\big)$ 을 따르는 확률변수 X 에 대해 $\mathbb{P}[X \geq 0.1] \leq 0.05]$ 가 성립하는 N 의 값을 체비셰프 부등식과 체르노프 유계를 이용하여 각각 구하고 비교하시오.

풀이 체비셰프 부등식 (3.68)을 이용하면

$$\mathbb{P}[X \geq \varepsilon] \leq \frac{1}{0.1^2 N} \leq 0.05 \implies N \geq 2000$$

이고, 부등식 (3.69)에서 체르노프 유계를 이용하면

$$\mathbb{P}[X \geq \varepsilon] \leq \exp\Big(-\frac{0.01N}{2}\Big) \leq 0.05 \implies N \geq -\frac{2}{0.01}\ln(0.05) \approx 599.15$$

이다. 따라서 $N \geq 600$ 이면 $\mathbb{P}[X \geq \varepsilon] \leq 0.05$ 가 성립한다. 즉, 체비셰프 부등식은 체르노프 부등식에 비해 너무 느슨한 부등식임을 알 수 있다. (〈그림 3.5〉 참고) □

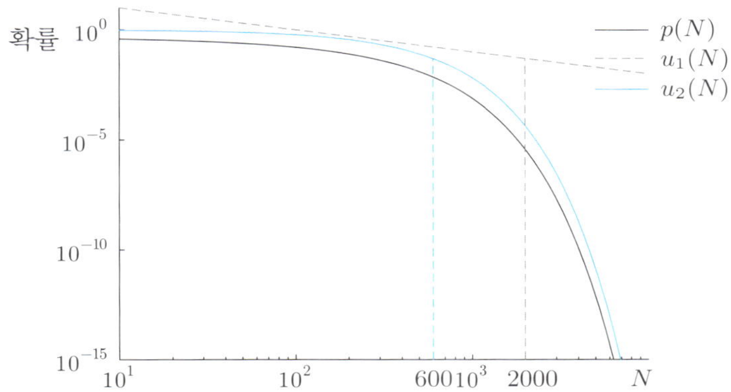

그림 3.5: $X \sim \mathrm{N}(0, 1/N)$ 일 때, N 의 변화에 따른 $p(N) = \mathbb{P}[X \geq 0.1]$ 과 대응되는 체비셰프 유계 $u_1(N)$, 체르노프 유계 $u_2(N)$ 의 비교 (단, 각 축에 대해 로그 스케일로 표시)

체비셰프 부등식은 느슨한 유계를 주는 반면에 체르노프 유계는 상대적으로 밀착된 유계라는 의미를 살펴보자. 앞의 예제 3.28의 상황 $X \sim \mathrm{N}(0, 1/N)$ 에서, $\varepsilon = 0.1$ 일 때 N 에 대한 확률 $\mathbb{P}[X \geq \varepsilon]$ 의 변화를 $p(N)$, 대응되는 체비셰프 유계를 $u_1(N)$, 체르노프 유계를 $u_2(N)$ 이라 하자. 이때, ⟨그림 3.5⟩ 에서 알 수 있듯이, 체비셰프 부등식으로부터 얻어지는 유계와 실제 확률과의 차이는 N 이 커짐에 따라 체르노프 유계에 비해 상대적으로 커짐을 알 수 있다.

3.5.3 확률변수열에 대한 수렴성 사이의 영향

이 소절에서는 지금까지 살펴본 확률변수열의 수렴성 사이의 관계를 정리한다.

정리 3.26 (확률변수열의 수렴성 사이의 관계)

확률변수열 $(X_n)_{n \geq 1}$ 의 수렴성에 대해 다음이 성립한다.

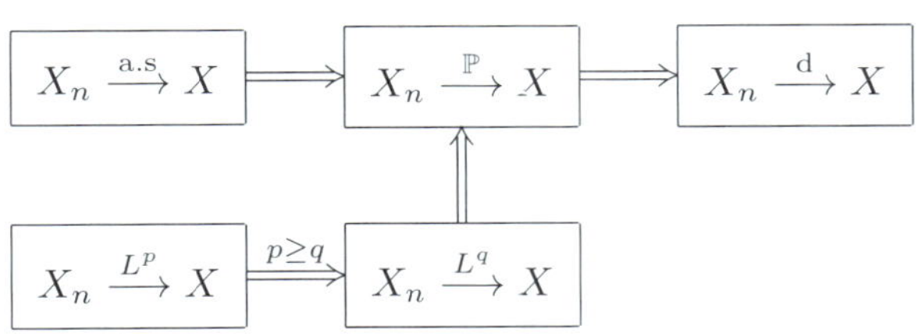

[증명] (1) 이미 예제 3.22 앞에서 설명하였듯이 $X_n \xrightarrow{\text{a.s}} X$ 이면 $X_n \xrightarrow{\mathbb{P}} X$ 이고, 그 역은 성립하지 않는다.

(2) $X_n \xrightarrow{\mathbb{P}} X$ 이면 $X_n \xrightarrow{\mathrm{d}} X$ 임을 보이자.

임의의 사건 B 에 대해 $\mathbb{P}[A \cap B] \leq \mathbb{P}[A]$ 이므로, 임의의 양수 ε 에 대해

$$\begin{aligned} F_{X_n}(x) = \mathbb{P}[X_n \leq x] &= \mathbb{P}\big[X_n \leq x,\, |X_n - X| \leq \varepsilon\big] + \mathbb{P}\big[X_n \leq x,\, |X_n - X| > \varepsilon\big] \\ &\leq \mathbb{P}\big[X_n \leq x,\, X \leq X_n + \varepsilon\big] + \mathbb{P}\big[|X_n - X| > \varepsilon\big] \\ &\leq \mathbb{P}[X \leq x + \varepsilon] + \mathbb{P}\big[|X_n - X| > \varepsilon\big] \end{aligned}$$

이고, 동일한 방법으로 $F_X(x)$ 를 구하면

$$F_X(x) \leq \mathbb{P}[X_n \leq x + \varepsilon] + \mathbb{P}\big[|X_n - X| > \varepsilon\big]$$

이다. 따라서 두 부등식을 결합하면

$$F_X(x-\varepsilon) - \mathbb{P}\big[|X_n - X| > \varepsilon\big] \leq \mathbb{P}[X_n \leq x] = F_{X_n}(x) \leq F_X(x+\varepsilon) + \mathbb{P}\big[|X_n - X| > \varepsilon\big)$$

가 된다. 따라서 위 식의 양변에 극한 $n \to \infty$ 을 취하면, $X_n \xrightarrow{\mathbb{P}} X$ 이므로

$$F_X(x - \varepsilon) \leq \lim_{n \to \infty} F_{X_n}(x) \leq F_X(x + \varepsilon)$$

이 성립한다.

또, F_X 는 연속함수이므로 위 식의 양변에 극한 $\varepsilon \to 0+$ 를 취하면 $X_n \xrightarrow{\mathrm{d}} X$ 가 증명된다.[37]

(3) $p \geq q \geq 1$ 일 때, $X_n \xrightarrow{L^p} X$ 이면 $X_n \xrightarrow{L^p} X$ 임을 보이자.

함수 $g(x) = -x^{q/p}$ (단, $q/p \leq 1$)은 볼록함수이므로 엔센 부등식 (3.65)에 의해

$$-\Big(\mathbb{E}|X|^p\Big)^{q/p} = g\big(\mathbb{E}|X|^p\big) \leq \mathbb{E}g\big(|X|^p\big) = -\mathbb{E}|X|^q \implies \big(\mathbb{E}|X|^q\big)^{1/q} \leq \big(\mathbb{E}|X|^p\big)^{1/p}$$

이므로, $\big(\mathbb{E}|X_n - X|^q\big)^{1/q} \leq \big(\mathbb{E}|X_n - X|^p\big)^{1/p}$ 가 성립한다. 따라서 $X_n \xrightarrow{L^p} X$ 이면 $X_n \xrightarrow{L^q} X$ 이다.

(4) $X_n \xrightarrow{L^q} X$ 이면 $X_n \xrightarrow{\mathbb{P}} X$ 임을 보이자. (3)에 의해 $q = 1$ 일 때 성립함을 보이면 충분하다. 임의의 양수 ε 에 대해 정리 3.23의 마르코프 부등식을 이용하면

$$\mathbb{P}\big[|X_n - X| > \varepsilon\big] \leq \frac{\mathbb{E}\big[|X_n - X|\big]}{\varepsilon}$$

이 성립하므로, $X_n \xrightarrow{L^1} X$ 이면 $X_n \xrightarrow{\mathbb{P}} X$ 이다. □

[37] 예제 3.25에서 살펴보았듯이 일반적으로 역은 성립하지 않는다. 역이 성립하는 예외적인 경우는 예제 3.26을 참고하면 된다.

3.5.4 큰 수의 법칙과 중심극한정리

이 소절에서는 확률 이론에서 가장 중요하다고 말할 수 있는 **큰 수의 법칙**(law of large numbers)과 **중심극한정리**(the central limit theorem)에 대해 설명한다. 두 결과 모두 독립인 확률변수들의 합의 수렴성과 관련이 있다.

우선 기댓값과 분산이 유한한, 즉 $\mu < \infty$, $\sigma^2 < \infty$ 인 독립동일분포를 따르는 확률변수열 $X_1, X_2, \cdots$ 이 주어질 때, 각 자연수 n 에 대해

$$\overline{X}_n := \frac{X_1 + \cdots + X_n}{n}$$

으로 정의되는 확률변수열 $\overline{X}_1, \overline{X}_2, \cdots$ 을 생각하자. 이때, 확률변수 $X_1, X_2, \cdots$ 가 독립이고 동일한 분포를 따르므로, 예제 3.3에 의해

$$\mathbb{E}[\overline{X}_n] = \mu, \quad \mathbb{V}\mathrm{ar}[\overline{X}_n] = \frac{\sigma^2}{n}$$

이 성립한다. 따라서 n 이 커질 때 $\overline{X}_n$ 의 분산이 0 으로 수렴하게 되고, 그 의미는 n 이 충분히 클 때 확률변수 $\overline{X}_n$ 의 분포는 평균 μ 근처에 집중되어 있다는 것으로 해석할 수 있다.[38] 또, $\mathbb{V}\mathrm{ar}[\overline{X}] = \mathbb{E}[|\overline{X}_n - \mu|^2]$ 이므로, $\overline{X}_n$ 의 분산이 0 으로 수렴한다는 것을 달리 표현하면 $\overline{X}_n \xrightarrow{L^2} \mu$ 이고, 정리 3.26에 의해 $\overline{X}_n \xrightarrow{\mathbb{P}} \mu$ 도 성립한다.

앞의 결과는 확률변수열이 따르는 동일 분포에 대해 두 조건 $\mu < \infty$, $\sigma^2 < \infty$ 이 모두 만족될 때, $\overline{X}_n \xrightarrow{L^2} \mu$ 가 성립한다는 것이다. 실제로는 다음 정리에서 알 수 있듯이, $\mu < \infty$ 만 충족되어도 $\overline{X}_n \xrightarrow{\mathbb{P}} \mu$ 가 성립하는데, 이를 **큰 수의 약법칙**(weak law of large numbers) 이라고 부른다.

정리 3.27 (큰 수의 약법칙)

독립인 확률변수열 $X_1, X_2 \cdots$ 가 모두 기댓값이 $\mathbb{E}[X] = \mu < \infty$ 인 확률변수 X 와 동일한 분포를 따를 때, 임의의 $\varepsilon > 0$ 에 대해

$$\lim_{n\to\infty} \mathbb{P}[|\overline{X}_n - \mu| > \varepsilon] = 0$$

이 성립한다. 즉, $\overline{X}_n \xrightarrow{\mathbb{P}} \mu$ 이다.

[38] 예를 들어, $\overline{X}_n$ 의 분포를 따르는 난수를 충분히 많이 생성한 후 히스토그램을 그려보면 μ 근처에 집중된 형태를 보이는 것으로 이해할 수 있다.

[증명] 모든 자연수 k 에 대해 $Y_k := X_k - \mu$ 라 두면, $Y_1, Y_2, \cdots$ 도 독립이고 $\mathbb{E}[Y] = 0$ 인 동일 분포를 따르는 확률변수열이다. 이때, $\overline{Y}_n \xrightarrow{\mathbb{P}} 0$ 을 보이면 된다.

$Y_1, Y_2, \cdots$ 가 동일분포를 따르므로 각 확률변수의 특성함수 ψ_{Y_k}, $(k \geq 1)$ 는 모두 동일한데, 이를 ψ_Y 라 하자. 이때, Y_i 의 독립성을 이용하여 $\overline{Y}_n$ 의 특성함수 $\psi_{\overline{Y}_n}(t)$ 를 구하면

$$\psi_{\overline{Y}_n}(t) = \mathbb{E}\big[e^{\mathrm{i}t\overline{Y}_n}\big] = \mathbb{E}\Big[\prod_{k=1}^{n} e^{\mathrm{i}tY_k/n}\Big] = \prod_{k=1}^{n} \mathbb{E}\big[e^{\mathrm{i}(t/n)Y_k}\big] = \prod_{k=1}^{n} \psi_{Y_k}\big(t/n\big) = \psi_Y\big(t/n\big)^n$$

이다. 한편 $\psi_Y(0) = 1$, $\psi'_Y(0) = \mathrm{i}\,\mathbb{E}[Y] = 0$ 임을 염두에 두고 $\psi_Y(t)$ 에 대해 테일러 정리 2.1을 적용하면

$$\psi_Y\big(t/n\big) = 1 + o(t/n) \implies \psi_{\overline{Y}_n}(t) = \big(1 + o(t/n)\big)^n$$

을 얻게 되므로, 모든 실수 t 에 대해 $\lim_{n\to\infty} \psi_{\overline{Y}_n}(t) = 1 = \psi_0(t)$ 이다.[39] 따라서 레비의 연속성 정리 3.19에 의해 $\overline{Y}_n \xrightarrow{\mathrm{d}} 0$ 이 성립하고, 다시 예제 3.26의 결과를 적용하면 $\overline{Y}_n \xrightarrow{\mathbb{P}} 0$ 이 되어 증명이 끝난다. □

확률변수 X 와 동일한 분포를 따르는 독립인 확률변수열 $(X_n)_{n\geq 1}$ 에 대한 큰 수의 약법칙은 하나의 조건 $\mathbb{E}[X] = \mu < \infty$ 이 충족될 때 $\overline{X}_n \xrightarrow{\mathbb{P}} \mu$ 가 성립한다는 것이다. 여기에 추가 조건 $\mathbb{E}\big[X^2\big] < \infty$ 이 충족되면, 좀 더 강한 의미의 수렴성인 $\overline{X}_n \xrightarrow{\mathrm{a.s}} \mu$ 가 성립함을 보일 수 있는데, 이것을 **큰 수의 강법칙**(strong law of large numbers)라고 부른다.

정리 3.28 (큰 수의 강법칙)

독립인 확률변수열 $X_1, X_2 \cdots$ 가 모두 기댓값이 $\mathbb{E}[X] = \mu < \infty$ 인 확률변수 X 와 동일한 분포를 따르고 $\mathbb{E}\big[X^2\big] < \infty$ 일 때, 임의의 $\varepsilon > 0$ 에 대해

$$\lim_{n\to\infty} \mathbb{P}\Big[\sup_{k\geq n} |\overline{X}_k - \mu| > \varepsilon\Big] = 0$$

이 성립한다. 즉, $\overline{X}_n \xrightarrow{\mathrm{a.s}} \mu$ 이다.[a]

[a] 실제로는 확률변수열이 독립이라는 조건을 좀 더 약한 조건인 쌍으로 독립으로 바꾸고, $\mathbb{E}\big[X^2\big] < \infty$ 를 $\mathbb{E}\big[|X|\big] < \infty$ 로 바꾸어도 동일한 결과가 성립하지만, 그 증명이 이 책의 수준을 넘어선다.

[39] $\lim_{n\to\infty}(1 + o(t/n))^n = \lim_{n\to\infty}(1 + o(t/n))^{\frac{1}{o(t/n)}\frac{o(t/n)}{1/n}}$ 이고 $\lim_{n\to\infty}(1 + o(t/n))^{\frac{1}{o(t/n)}} = e$, $\lim_{n\to\infty}\frac{o(t/n)}{1/n} = 0$ 이므로 구하는 극한은 $e^0 = 1$ 이 된다. 또, 상수 확률변수 0의 특성함수는 $\psi_0(t) = 1$

[증명] 우선 임의의 확률변수 X 에 대해 $X_+ := \max\{X, 0\}$, $X_- := -\min\{X, 0\}$ 으로 정의하면, $X = X_+ - X_-$ 로 쓸 수 있고, $\overline{X}_n = \overline{X}_{n+} - \overline{X}_{n-}$ 가 된다. 이때,

$$\begin{aligned} 0 \le \sup_{k \ge n} |\overline{X}_k - \mu| &= \sup_{k \ge n} \big|(\overline{X}_{k+} - \mu_+) - (\overline{X}_{k-} - \mu_-)\big| \\ &\le \sup_{k \ge n} |\overline{X}_{k+} - \mu_+| + \sup_{k \ge n} |\overline{X}_{k-} - \mu_-| \end{aligned}$$

가 성립하므로 $\overline{X}_{n+} \xrightarrow{\text{a.s}} \mu+$ 와 $\overline{X}_{n-} \xrightarrow{\text{a.s}} \mu-$ 를 보이면 $\overline{X}_n \xrightarrow{\text{a.s}} \mu$ 도 성립하게 된다. 따라서, 확률변수열의 모든 X_n 이 음이 아닌 값(즉 $X_n \ge 0$)을 취한다고 가정하고 증명하면 충분하다. (이때, 모든 n 에 대해 $\overline{X}_n \ge 0$ 이다.)

이제 음이 아닌 값을 취하는 확률변수열 $(\overline{X}_n)_{n \ge 1}$ 에 대해 $Y_n = \overline{X}_{n^2}$ $(n \ge 1)$ 로 정의하면 확률변수열 $(Y_n)_{n \ge 1}$ 은 $(\overline{X}_n)_{n \ge 1}$ 의 부분열이 된다. 이때, 정리 3.24의 체비셰프 부등식으로부터

$$\mathbb{P}\big[|Y_n - \mu| > \varepsilon\big] \le \frac{\mathbb{V}\text{ar}[Y_n]}{\varepsilon^2} = \frac{\mathbb{V}\text{ar}[\overline{X}_{n^2}]}{\varepsilon^2} = \frac{\mathbb{V}\text{ar}[X]/n^2}{\varepsilon^2}$$

이 성립한다. 한편, 급수 $\sum_{n=1}^{\infty} \frac{1}{n^2}$ 은 수렴하는 급수이므로 급수의 비교판정법에 의해 $\sum_{n=1}^{\infty} \mathbb{P}\big[|Y_n - \mu| > \varepsilon\big]$ 도 어떤 극한값 c 로 수렴한다. 따라서

$$\begin{aligned} \mathbb{P}\big[\sup_{k \ge n} |Y_k - \mu| > \varepsilon\big] &= \mathbb{P}\big[\cup_{k \ge n} \{|Y_k - \mu| > \varepsilon\}\big] \\ &\le \sum_{k \ge n} \mathbb{P}\big[|Y_k - \mu| > \varepsilon\big] \\ &\le \sum_{k=1}^{\infty} \mathbb{P}\big[|Y_k - \mu| > \varepsilon\big] - \sum_{k=1}^{n-1} \mathbb{P}\big[|Y_k - \mu| > \varepsilon\big] \\ &= c - \sum_{k=1}^{n-1} \mathbb{P}\big[|Y_k - \mu| > \varepsilon\big] \end{aligned}$$

가 되고, $\lim_{n \to \infty} \mathbb{P}\big[\sup_{k \ge n} |Y_k - \mu| > \varepsilon\big] = c - c = 0$ 이 된다. 즉, $Y_n \xrightarrow{\text{a.s}} \mu$ 이다.

위의 결과를 이용하여 $\overline{X}_n \xrightarrow{\text{a.s}} \mu$ 를 보이자. 임의의 n 에 대해 $k^2 \le n \le (k+1)^2$ 을 만족하는 자연수 k 를 잡을 수 있으므로, 음이 아닌 값을 취하는 $\overline{X}_n$ 에 대해

$$\frac{k^2}{(k+1)^2} Y_k = \frac{k^2}{(k+1)^2} \overline{X}_{k^2} \le \overline{X}_n \le \frac{(k+1)^2}{k^2} \overline{X}_{(k+1)^2} = \frac{(k+1)^2}{k^2} Y_{k+1}$$

이 성립하고, $Y_k \xrightarrow{\text{a.s}} \mu$ 이므로 $\overline{X}_n \xrightarrow{\text{a.s}} \mu$ 가 성립한다. □

큰 수의 법칙과 달리 **중심극한정리**는 독립동일분포를 따르는 확률변수열 $(X_n)_{n\geq 1}$ 에 대해, n 이 충분히 크면 $\overline{X}_n$ 의 확률분포를 정규 분포로 근사시킬 수 있다는 것을 알려준다. 즉, 다음 정리에서 알 수 있듯이, $\overline{X}_n$ 의 누적분포함수가 정규 분포의 누적분포함수로 점별수렴하는 것을 알려준다.

정리 3.29 (중심극한정리)

확률변수열 $X_1, X_2, \cdots$ 가 독립이고 모든 X_i 가 평균이 μ 이고 분산이 σ^2 인 동일분포를 따를 때, 모든 실수 x 에 대하여 다음이 성립한다. (단, Φ 는 $Z \sim \mathrm{N}(0,1)$ 의 누적분포함수)

$$\lim_{n\to\infty} \mathbb{P}\left[\frac{\overline{X}_n - \mu}{\sigma/\sqrt{n}} \leq x\right] = \Phi(x) \quad \left(\text{즉, } \frac{\overline{X}_n - \mu}{\sigma/\sqrt{n}} \xrightarrow{\mathrm{d}} Z\right)$$

[증명] 모든 자연수 k 에 대해 확률변수 X_k 의 표준화를 $Z_k := (X_k - \mu)/\sigma$ 로 두면, $\mathbb{E}[Z] = 0$ 이고 $\mathbb{V}\mathrm{ar}[Z^2] = 1$ 이다. 따라서 $\sqrt{n}\overline{Z}_n \xrightarrow{\mathrm{d}} Z$ 를 보이면 된다.

우선, 표준 정규 분포를 따르는 확률변수 Z 의 특성함수를 ψ_Z 라 할 때, 확률변수열 $(Z_n)_{n\geq 1}$ 이 독립임을 이용하여 정리 3.27의 증명과정과 유사하게 $\sqrt{n}\overline{Z}_n$ 의 특성함수를 구하면

$$\psi_{\sqrt{n}\overline{Z}_n}(t) = \mathbb{E}\left[e^{\mathrm{i}t\sqrt{n}\overline{Z}_n}\right] = \left(\psi_Z(t/\sqrt{n})\right)^n$$

이 된다. 이때 $t = 0$ 에서의 테일러 정리 2.1을 적용하면

$$\psi_Z\left(t/\sqrt{n}\right) = 1 + \frac{t}{\sqrt{n}}\psi'_Z(0) + \frac{t^2}{2n}\psi''_Z(0) + o\left(t^2/n\right)$$

이고, $\psi'_Z(0) = \mathrm{i}\,\mathbb{E}[Z] = 0,\ \psi''_Z(0) = \mathrm{i}^2\,\mathbb{E}\left[Z^2\right] = -1$ 임을 이용하면

$$\psi_{\sqrt{n}\overline{Z}_n}(t) = \left(\psi_Z(t/\sqrt{n})\right)^n = \left(1 - \frac{t^2}{2n} + o(t^2/n)\right)^n$$

이다. 또, $\lim\limits_{n\to\infty} o(t^2/n)n = 0$ 으로부터 $\lim\limits_{n\to\infty} o(t^2/n) = 0$ 이 되므로, $\lim\limits_{x\to\infty}(1+h)^{\frac{1}{h}} = e$ 를 이용하여 다음 극한을 구하면

$$\begin{aligned}\lim_{n\to\infty}\psi_{\sqrt{n}\overline{Z}_n}(t) &= \lim_{n\to\infty}\left(1 - \frac{t^2}{2n} + o(t^2/n)\right)^n \\ &= \lim_{n\to\infty}\left(1 + \left(o(t^2/n) - \frac{t^2}{2n}\right)\right)^{\frac{1}{o(t^2/n)-t^2/(2n)}\frac{o(t^2/n)-t^2/(2n)}{1/n}} = e^{-t^2/2}\end{aligned}$$

이다. 따라서 $\lim_{n\to\infty} \psi_{\sqrt{n}\overline{Z}_n}(t) = \psi_Z(t)$ 가 성립하고[40], 레비의 연속성 정리 3.19에 의해 $\sqrt{n}\overline{Z}_n \xrightarrow{\text{d}} Z$ 가 증명된다. □

3.5.5 구체적인 예를 통한 큰 수의 법칙과 중심극한정리의 의미 확인

중심극한정리에서 강조하고 싶은 내용은 독립동일분포를 따르는 원래 확률변수열 $(X_n)_{n\geq 1}$ 의 확률분포가 무엇이었는지와 무관하게, 또 확률변수가 연속 확률변수인지 이산 확률변수인지와 상관없이, $\overline{X}_n$ 의 확률분포는 n 이 커짐에 따라 정규 분포에 가까워진다는 것이다. 확률변수열 $(X_n)_{n\geq 1}$ 이 독립이고 동일한 지수 분포 $\text{Exp}(\lambda)$ 를 따를 때, $\overline{X}_n$ 의 분포를 구체적으로 직접 구해보고, 중심극한정리가 말하는 의미와 큰 수의 법칙이 말하는 의미를 시각적으로 확인해 보자.

우선 임의의 자연수 $n \geq 1$ 에 대해 $Y_n := X_1 + \cdots + X_n$ 의 분포부터 직접 구해보자. 지수 분포 $\text{Exp}(\lambda)$ 는 [표 3.2]에서 확인할 수 있듯이 감마 분포 $\text{Gamma}(1, \lambda)$ 와 일치한다. 따라서 예제 3.4에 의해 확률변수 $X \sim \text{Exp}(\lambda)$ 의 적률생성함수는

$$M_X(s) = \mathbb{E}\left[e^{sX}\right] = \frac{\lambda}{\lambda - s}, \quad (s < \lambda)$$

이다. 이때 확률변수열 $(X_n)_{n\geq 1}$ 이 독립이고 동일한 분포 $\text{Exp}(\lambda)$ 를 따르므로, 확률변수 Y_n 의 적률생성함수 M_{Y_n} 은

$$M_{Y_n}(s) = \mathbb{E}\left[e^{s(X_1+\cdots+X_n)}\right] = \prod_{k=1}^{n} \mathbb{E}\left[e^{sX_k}\right] = \left(M_X(s)\right)^n = \left(\frac{\lambda}{\lambda - s}\right)^n$$

이 된다. 다시 예제 3.4에 의해 $M_{Y_n}(s)$ 는 감마 분포 $\text{Gamma}(n, \lambda)$ 를 따르는 확률변수의 적률생성함수와 같으므로, 정리 3.2에 의해 $Y_n \sim \text{Gamma}(n, \lambda)$ 이다.

따라서 $\text{Gamma}(n, \lambda)$ 의 확률밀도함수 $f_{Y_n}(x) = \lambda^n x^{n-1} e^{-\lambda x}/(n-1)!$ 에 대해, $\overline{X}_n = Y_n/n$ 의 확률밀도함수를 3.3.1 소절에서 설명한 방식으로 구하면

$$f_{\overline{X}_n}(x) = n f_{Y_n}(nx) = \frac{\lambda^n n^n}{(n-1)!} x^{n-1} e^{-\lambda n x} \tag{3.70}$$

가 된다.

---

[40] 예제 3.23의 (1)에 의해 $\psi_Z(t) = e^{-t^2/2}$ 이다.

또, $\overline{X}_n$ 을 표준화한 확률변수 Z_n 을

$$Z_n := \frac{\overline{X}_n - \mu}{\sigma/\sqrt{n}},\ (\text{단}, \mu = \mathbb{E}[X_i] = 1/\lambda,\ \sigma^2 = \mathbb{E}[X_i] = 1/\lambda^2)$$

으로 두고, Z_n 의 확률밀도함수를 식 (3.70)에서처럼 f_{Y_n} 을 이용하여 구하면 다음과 같다.

$$f_{Z_n}(x) = \sqrt{n}\sigma f_{Y_n}(n\mu + \sqrt{n}\sigma x) = \frac{n^{n/2}}{(n-1)!}(x+\sqrt{n})^{n-1}e^{-\sqrt{n}(\sqrt{n}+1)x} \tag{3.71}$$

예를 들어, $\lambda = 1/2$ 일 때, $\mu = \mathbb{E}[X_k] = 2,\ \sigma^2 = \mathbb{V}\text{ar}[X_k] = 4$ 이고, 식 (3.70)과 (3.71)에서 구한 $\overline{X}_n$ 과 표준화된 Z_n 의 확률밀도함수를 n 을 변화시키면서 그려보면 각각 ⟨그림 3.6⟩, ⟨그림 3.7⟩ 과 같다.

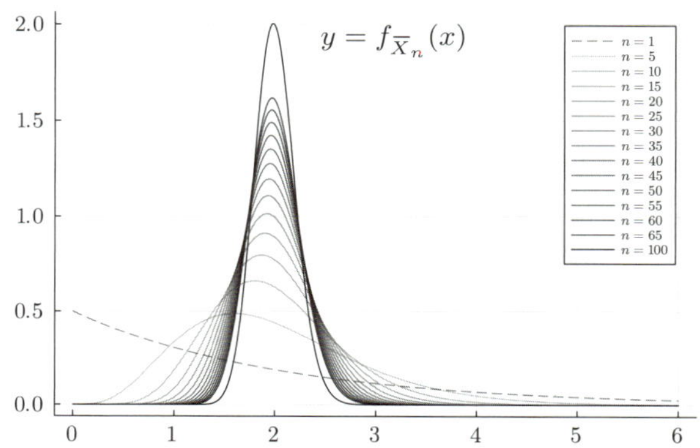

그림 3.6: $X_k \sim \text{Exp}(1/2)$ 인 iid $(X_k)_{k\geq 1}$ 에 대한 $\overline{X}_n$ 의 pdf

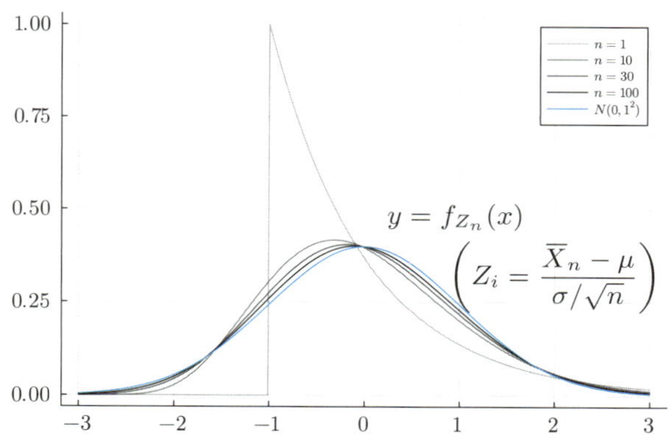

그림 3.7: $X_k \sim \text{Exp}(1/2)$ 인 iid $(X_k)_{k\geq 1}$ 에 대한 $(\overline{X}_n - \mu)/(\sigma/\sqrt{n})$ 의 pdf와 $\text{N}(0, 1^2)$

⟨그림 3.6⟩ 에서 보듯이, 확률변수열의 X_k 는 지수 분포를 따르는 확률변수이지만, $\overline{X}_n$ 의 분포는 n 이 커짐에 따라 점점 정규 분포의 형태에 가까워지고, $\overline{X}_n$ 를 표준화한 Z_n 의 분포는 표준 정규 분포 $N(0, 1^2)$ 에 가까워짐을 ⟨그림 3.7⟩ 에서 확인할 수 있다.

또, ⟨그림 3.6⟩ 에서 n 이 커짐에 따라 ($\mathbb{V}\mathrm{ar}[\overline{X}_n] = \sigma^2/n$ 이 작아지는 영향으로) 확률밀도함수의 극댓값은 커지고 그 폭은 줄어드는 것을 알 수 있는데, 이를 큰 수의 강법칙과 관련지어 살펴보자.

앞서 살펴보았던 $X_k \sim \mathrm{Exp}(1/2)$ 에 대한 $\overline{X}_n$ 의 확률밀도함수의 그래프를 좀 더 큰 n 에 대해 살펴보면, ⟨그림 3.8⟩ 에서 보듯이 $|x-2| > 10^{-2}$ 인 x 에 대해 $f_{\overline{X}_n}(x) = 0$, $(n \geq 10^6)$ 이 성립한다. 즉, $n \geq 10^6$ 일 때 $\mathbb{P}\big[|\overline{X}_n - 2| \leq 10^{-2}\big] = 1$ 이 됨을 의미하고, 이 결과는 정리 3.28의 큰 수의 강법칙의 결과와 일치한다. 특히, 이 경우에 $\overline{X}_{10^6}$ 이 취하는 값을 하나 구한 것이 α 라면, $|\alpha - 2| \leq 10^{-2}$ 가 성립한다.

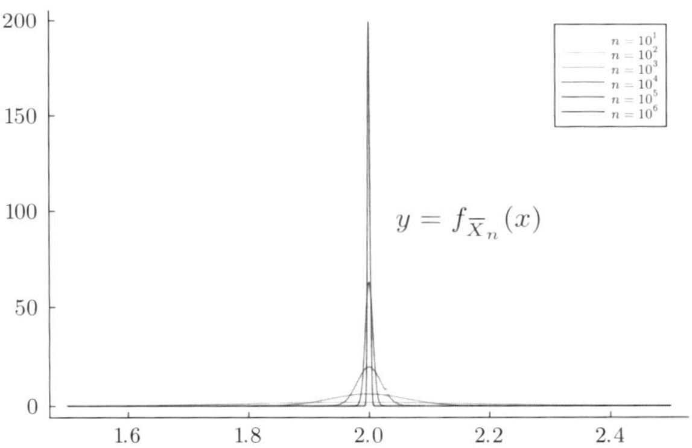

그림 3.8: 큰 수의 강법칙에 대한 직관적 이해

⟨그림 3.8⟩ 와 관련지어 설명한 큰 수의 강법칙은 의미는 다양한 방법으로 활용할 수 있다. 예를 들어, 큰 수의 강법칙을 활용하여 적분값의 근삿값을 구하는 **몬테카를로 방법**(Monte Carlo method)을 살펴보자.

확률변수 X 의 확률밀도함수가 f 일 때, 적분 $\displaystyle\int_{-\infty}^{\infty} f(x)g(x)\,dx$ 는 기댓값 $\mathbb{E}\big[g(X)\big]$ 이다. 따라서 적절한 조건이 만족될 때[41], $X_k \sim f$ 인 iid $X_1, X_2, \cdots$ 에 대해 큰 수의 강법칙에 의해

$$\frac{g(X_1) + \cdots + g(X_n)}{n} \xrightarrow{\text{a.s}} \mathbb{E}\big[g(X)\big]$$

[41] $\int g(x)f(x)\,dx < \infty$ 와 $\int g(x)^2 f(x)\,dx < \infty$ 가 만족되는 것을 의미한다.

가 성립한다. 따라서 앞서 설명한 것처럼 각 X 의 분포를 따르는 n 개의 표본 $x_1, \cdots, x_n$ 을 독립적으로 생성할 수 있으면, $\big(g(x_1) + \cdots + g(x_n)\big)/n$ 이 적분의 근삿값이 된다. 또, 특정 분포를 따르는 표본을 무작위로 생성하는 방법은 3.3.3 소절에서 설명한 방법을 이용하면 된다.

이때, 얼마나 큰 n 을 선택해야 하는지는 X 의 확률분포에 따라 다르다. 예를 들어 X 의 분포가 ⟨그림 3.8⟩ 의 경우라면 $n = 10^6$ 일 때, 근삿값의 오차가 10^{-2} 보다 작다. 하지만

$$\int g(x)\,dx = \int \frac{g(x)}{f(x)} f(x)\,dx$$

이므로, 수렴 속도를 고려하여 적절한 확률밀도함수를 선택하고 계산하는 것이 가능하다. 또, 유한 구간 $[a, b]$ 에서의 적분은 균등 분포 $\mathrm{U}\big([a, b]\big)$ 를 활용하거나, $[a, b]$ 에서만 1 이고 그 외에는 0 인 **지시함수**(indicator function)$\mathbf{1}_{[a,b]}$ 를 이용하여

$$\int_a^b f(x)g(x)\,dx = \int_{-\infty}^{\infty} f(x)g(x)\mathbf{1}_{[a,b]}(x)dx$$

를 계산하면 된다.

큰 수의 강법칙을 활용한 적분의 근삿값 계산(몬테카를로 방법)

확률밀도함수 f 에 대해 적분 $\int_{-\infty}^{\infty} f(x)g(x)\,dx$ 의 근삿값은 다음과 같이 구할 수 있다.

- 충분히 큰 n 에 대해 $X_k \sim f\ (1 \le k \le n)$ 인 확률변수 X_k 의 표본 $x_k\ (1 \le k \le n)$ 을 3.3.3 소절에서 설명한 방식으로 생성한다.
- 생성한 표본 $x_1, \cdots, x_n$ 에 대해 $g(x_1), \cdots, g(x_n)$ 을 계산한다.
- 적분값의 근삿값은 $\big(g(x_1) + \cdots + g(x_n)\big)/n$ 이다.

이때, $\overline{X}_n$ 의 분포를 이용하거나, 중심극한정리를 이용하여 분포를 근사시키면 근삿값에 대한 오차 범위를 계산할 수 있다.

특정 확률분포를 따르는 표본을 원하는 만큼 독립적으로 생성하고 이를 이용하여 적분의 근삿값을 구하는 위의 방법처럼, 컴퓨터를 이용하여 반복된 무작위 난수를 독립적으로 생성하고 이를 이용하여 어떤 함숫값을 근사시키는 일반적인 방법을 **몬테카를로 방법** 또는 **몬테카를로 실험**이라고 부른다.

3.6 통계적 추론

어떤 관측 과정에서 수집 가능한 관측값을 모두 모은 집합을 **모집단**(population)이라 하고, 실제로 관측한 값 또는 관측값들의 집합을 **표본**(sample)이라고 부른다. 통계학은 모집단으로부터 표본을 추출하는 방법, 즉 자료의 수집과정을 설계하고, 수집된 자료를 요약하고 해석하여 모집단의 특성에 대한 결론을 이끌어내거나 일반화하는 원리와 방법론을 제공하는 학문이다.

보통 모집단이 어떤 확률분포를 따른다고 가정할 때, 이 모집단의 확률분포를 특징짓는 수치를 **모수**(parameter)라고 부른다. 예를 들어 어느 공장에서 생산되는 전구의 수명을 모집단으로 생각하면 정규 분포 $\mathrm{N}(\mu, \sigma^2)$을 따르는 것으로 생각할 수 있는데, 이때 모집단의 정규분포를 결정하는 μ와 σ^2가 모수에 해당된다. 또, 모수를 나타내어 확률밀도함수를 표현할 때 $f(x\,;\,\mu, \theta)$로 쓴다.

전통적인 통계학에서는 관측 자료(표본) $\boldsymbol{\tau} = \{\boldsymbol{x}_1, \cdots, \boldsymbol{x}_n\}$를 모집단의 확률분포를 따르는 확률벡터들 $\boldsymbol{\mathcal{T}} = \{\boldsymbol{X}_1, \cdots, \boldsymbol{X}_n\}$의 결과로 생각하고, 표본이 갖고 있는 정보를 분석하여 모수에 대해 통계적 추론을 하게 된다. **통계적 추론**(statistical inference)이란 표본을 이용하여 확률 분포를 특징짓는 모수에 관한 추측 또는 추측치를 수치화된 정확도와 함께 제시하는 **추정**(estimation)과 모수에 대한 가설의 옳고 그름을 판단하는 **가설검정**(testing statistical hypotheses)을 포괄하는 것이다.

표본을 이용하여 모수에 대해 추론하려면 표본으로부터 계산되는 적절한 수치를 이용하게 되는데, 이 수치를 **통계치**(statistic) 또는 **통곗값**이라 부르고, 통계치를 주는 확률변수를 **통계량**(statistic)이라고 부른다. 이처럼 통계량을 확률변수로 다루는 이유는 모집단에 대한 추론에 확률 이론을 쓰기 위해서이다. 예를 들어, 수집된 표본 $x_1, \cdots, x_n$을 모집단의 확률분포를 따르는 iid $X_1, \cdots, X_n$의 결과로 생각하고 모집단의 평균을 추론하기 위한 통계량으로 $\overline{X}_n := (X_1 + \cdots + X_n)/n$를 고려할 때, 확률변수 $\overline{X}_n$을 **표본평균**이라고 부른다. 이때, 수집된 관측 자료에 대한 $(x_1 + \cdots + x_n)/n$이 대응되는 통계치이다.

정리하면, 전통적인 통계학에서는 표본(관측값)을 미지의 모수 $\theta_1, \cdots, \theta_k$로 특징지어지는 모집단의 확률분포를 따르는 확률변수(벡터) $X \sim f(\cdot\,;\,\theta_1, \cdots, \theta_k)$의 결과로 이해하고, 모수에 대한 통계적 추론을 통해 모집단의 특성을 파악한다. 이때, 미지의 모수는 그 값을 모르지만 정해져 있는 값이다.

이와는 달리, 모수 $\boldsymbol{\theta} = (\theta_1, \cdots, \theta_k)$ 에 대한 사전 지식이나 개인적인 판단 등을 고려하여 가중치 함수 $f(\boldsymbol{\theta})$ 를 선택하고, 이 가중치 함수를 이용하여 모수의 가능한 모든 값의 평균으로 모집단의 분포를 생각하는 접근 방법도 있는데, 이를 **베이지안 통계학**(Bayesian statistics) 이라고 부른다. 쉽게 생각하면 전통적인 통계학과 달리 모수 $\boldsymbol{\theta}$ 를 확률벡터 $\boldsymbol{\Theta}$ 로 생각하고 $f(\boldsymbol{\theta})$ 를 $\boldsymbol{\Theta}$ 의 확률밀도함수 $f_{\boldsymbol{\Theta}}(\boldsymbol{\theta})$, $f_{\boldsymbol{X}}(\boldsymbol{x}\,;\boldsymbol{\theta})$ 를 조건부 확률밀도함수 $f_{\boldsymbol{X}|\boldsymbol{\Theta}}(\boldsymbol{x}|\boldsymbol{\theta})$ 로 생각할 때,

$$\boldsymbol{X} \sim f_{\boldsymbol{X}}(\cdot) = \int f_{\boldsymbol{X}|\boldsymbol{\Theta}}(\cdot|\boldsymbol{\theta}) f_{\boldsymbol{\Theta}}(\boldsymbol{\theta})\, d\boldsymbol{\theta} \tag{3.72}$$

와 같이 X 의 확률분포를 구하는 방식이다. 식 (3.72)의 적분을 구체적인 식으로 표현하는 것이 어려울 수 있다. 하지만, 282쪽에서 설명한 것처럼 몬테카를로 방법을 이용하면 컴퓨터의 도움으로 극복할 수 있으므로 최근에는 많이 적용되는 접근 방법이다.

기계학습 등 실제 적용에서는 표본(관측값) $\boldsymbol{x}_1, \cdots, \boldsymbol{x}_n$ 에 기반한 모수 $\boldsymbol{\theta}$ 를 이용하기 위해 베이지안 접근 방법을 이용할 수도 있다. 즉, 주어진 표본을 각각 확률변수 $\boldsymbol{X}_1, \cdots, \boldsymbol{X}_n$ 의 결과로 생각하면, 베이즈의 법칙에서 $f_{\boldsymbol{X}_1,\cdots,\boldsymbol{X}_n}(\boldsymbol{x}_1, \cdots, \boldsymbol{x}_n)$ 가 상수로 고정되므로

$$f_{\boldsymbol{\Theta}|\boldsymbol{X}_1,\cdots,\boldsymbol{X}_n}(\boldsymbol{\theta}|\boldsymbol{x}_1, \cdots, \boldsymbol{x}_n) \ \propto \ f_{\boldsymbol{\Theta}}(\boldsymbol{\theta}) f_{\boldsymbol{X}_1,\cdots,\boldsymbol{X}_n|\boldsymbol{\Theta}}(\boldsymbol{x}_1, \cdots, \boldsymbol{x}_n|\boldsymbol{\theta}) \tag{3.73}$$

가 성립한다.[42] 이때, 위 식의 왼쪽 함수에 상수를 곱하면, 처음에 가정한 $f_{\boldsymbol{\Theta}}$ 에 표본으로부터 얻은 정보를 추가하여 새롭게 갱신한 $\boldsymbol{\Theta}$ 의 확률밀도함수가 되고, 식 (3.72)에 이 결과를 반영한다. 또는 식 (3.73)이 최대가 되는 $\boldsymbol{\theta}$ 로 추정하는 MAP(Maximum a posteriori) 추정법을 사용하기도 한다. 기계학습에 베이지안 접근 방법을 적용시키는 기본적인 내용은 [5]를 참고하기 바란다.

세부적인 내용에서 차이가 있긴 하지만, 기본적으로 기계학습에서 주어진 훈련 예제를 이용하여 학습 모델을 설계하는 것은 모집단의 확률분포로 적절한 모델을 선택하는 것에 대응되고, 훈련 예제를 통해 학습한다는 것은 통계적 추론에서 표본을 이용하여 모수를 추정하는 것에 대응된다. 이때, 학습한 모델의 정확도를 평가하는 과정이 통계적 추론의 가설검정에 대응된다. 이 절에서는 기계학습의 학습모델을 설계하는 것과 관련된 (전통적인) 통계적 추론에 대해 기본적인 내용을 정리한다.

[42] $\propto$ 는 왼쪽 함수에 상수를 곱하면 오른쪽 식이 된다는 뜻이다.

3.6.1 점추정

모수를 추정하는 방법에는, 추출된 표본으로부터 도수의 값에 가장 가까울 것이라고 예상되는 하나의 값을 제시하는 **점추정**(point estimation)과 모수를 포함할 것으로 예상되는 적절한 구간을 구하는 **구간추정**이 있다. 이 소절에서는 점추정에 대한 일반적인 개념을 소개하고, 점추정의 구체적인 방법인 적률추정법과 최대가능도추정법에 대해서는 다음 소절에서 살펴본다.

모수를 추정하기 위해 모집단에서 크기가 n 인 표본을 임의로 추출할 때, 이를 n 개의 확률변수 $X_1, \cdots, X_n$ 으로 표현한다고 하자. 이때, 모수를 추정할 목적으로 이 n 개의 확률변수를 이용하여 만든 통계량 $T := T(X_1, \cdots, X_n)$ 을 **추정량** (estimator) 이라 하고, 주어진 표본의 관측값 $x_1, \cdots, x_n$ 을 이용하여 계산된 추정량의 값의 **추정치** (estimate) 라고 한다. 다시 말해, 점추정은 적합한 추정량을 만들고, 주어진 표본으로부터 계산된 추정치를 모수에 대한 예측값으로 제시하는 것이다. (표본이 벡터이면 확률변수를 확률벡터 $\boldsymbol{X}_i$ 로 대체하고, 모수가 벡터인 경우에는 추정량을 확률벡터 $\boldsymbol{T}$ 로 생각하면 되므로, 엄밀하게 구분하지 않고 설명한다.)

T 가 모수 θ 에 대한 추정량일 때,

$$\mathbb{E}[T] - \theta$$

를 모수 θ 에 대한 T 의 **편향**(bias) 또는 **편향성**이라 하고, 편향성이 없는 추정량, 즉 $\mathbb{E}[T] = \theta$ 를 만족하는 추정량을 **비편향추정량** 또는 **불편추정량**(unbiased estimator) 라고 부른다. 이때, T 의 분포는 θ 에 의존하므로 이를 나타내기 위해 $\mathbb{E}_\theta[T]$ 와 같이 쓰기도 하고, 모수 θ 에 대한 추정량과 추정치를 구분없이 $\widehat{\theta}$ 으로 쓰기도 한다.

모수 θ 가 실수일 때, θ 에 대한 두 개의 추정량 T_1, T_2 중 어느 것이 더 좋은 추정량인지를 비교하는 기준으로 **평균제곱오차**(MSE:Mean Squared Error)

$$\text{MSE} = \mathbb{E}_\theta\big[(T-\theta)^2\big] \tag{3.74}$$

을 자주 사용한다. 즉, T_1 에 대한 MSE가 T_2 에 대한 MSE보다 작을 때, T_1 은 T_2 보다 더 효율적인 추정량이라고 말한다.

MSE의 의미를 좀 더 살펴보자. $(\mathbb{E}_\theta[T] - \theta)$ 가 상수라는 것과 $\mathbb{E}_\theta\big[T - \mathbb{E}_\theta[T]\big] = 0$ 이라는

것을 염두에 두고 식 (3.74)를 다시 쓰면

$$\begin{aligned}\text{MSE} = \mathbb{E}_\theta\left[(T-\theta)^2\right] &= \mathbb{E}_\theta\left[\left((T-\mathbb{E}_\theta[T]) + (\mathbb{E}_\theta[T]-\theta)\right)^2\right] \\ &= \mathbb{E}_\theta\left[(T-\mathbb{E}_\theta[T])^2\right] + 2(\mathbb{E}_\theta[T]-\theta)\,\mathbb{E}_\theta\left[T-\mathbb{E}_\theta[T]\right] + \left(\mathbb{E}_\theta[T]-\theta\right)^2 \\ &= \mathbb{V}\text{ar}_\theta[T] + \left(\mathbb{E}_\theta[T]-\theta\right)^2\end{aligned}$$

이다. 즉, 추정량에 대한 MSE는 추정량의 편향의 제곱과 분산의 합이 된다. 따라서 T가 비편향추정량인 경우에 MSE는 분산 $\mathbb{V}\text{ar}[T]$이 되고, 이 경우 MSE가 크다는 것은 추출된 표본으로부터 계산된 추정치가 어떤 표본이 추출되는지에 따라 변화가 크다는 것을 의미한다.

3.6.2 점추정 방법

이 소절에서는 점추정의 구체적 방법으로 적률추정법과 최대우도추정법을 소개한다.

우선 적률추정법을 알아보자. 관측값 $x_1, \cdots, x_n$이 모수 $\boldsymbol{\theta} = [\theta_1, \cdots, \theta]^{\text{t}}$로 특징지어지는 분포를 따르는 모집단에서 임의로 추출한 크기가 n인 표본 $X_1, \cdots, X_n \sim f(\cdot\,; \boldsymbol{\theta})$의 결과라 하자. 이때, **적률추정법**(method of moment)은 다음과 같이 정의되는 관측값들의 r차 적률

$$\frac{1}{n}\sum_{i=1}^{n} x_i^r, \ \ r = 1, 2, \cdots, k$$

과 실제 모집단의 분포에 대한 r차 적률 $\mathbb{E}_{\boldsymbol{\theta}}\left[X^r\right]$ $(r = 1, 2, \cdots, k)$이 일치하도록 $\boldsymbol{\theta}$의 추정치 $\widehat{\boldsymbol{\theta}}$을 구하는 방법을 말한다. 즉, 추정치 $\widehat{\boldsymbol{\theta}}$은 다음을 만족한다.

$$\mathbb{E}_{\widehat{\boldsymbol{\theta}}}\left[X^r\right] = \frac{1}{n}\sum_{i=1}^{n} x_i^r, \ \ r = 1, 2, \cdots, k$$

정규 분포를 따르는 모집단에서 크기가 n인 표본을 임의로 추출할 때, 적률추정법으로 모평균과 모분산을 추정해보자.

예제 3.29 평균이 μ이고 분산이 σ^2인 어떤 분포를 따르는 모집단에서 크기가 n인 표본 $X_1, \cdots, X_n$을 임의로 추출할 때, 관측값 $x_1, \cdots, x_n$을 이용하여 모평균에 대한 추정치 $\widehat{\mu}$와 모분산에 대한 추정치 $\widehat{\sigma^2}$를 각각 구하시오.

풀이 모수 $\boldsymbol{\theta} = [\mu, \sigma^2]^{\mathrm{t}}$ 에 대한 적률추정법을 이용하면,

$$\frac{1}{n}\sum_{i=1}^{n} x_i = \mathbb{E}_{\boldsymbol{\theta}}[X] = \mu,$$
$$\frac{1}{n}\sum_{i=1}^{n} x_i^2 = \mathbb{E}_{\boldsymbol{\theta}}[X^2] = \mathbb{V}\mathrm{ar}_{\boldsymbol{\theta}}[X] + \mathbb{E}_{\boldsymbol{\theta}}[X]^2 = \sigma^2 + \mu^2$$

를 만족하는 $\boldsymbol{\theta}$ 를 구하면

$$\widehat{\mu} = \frac{1}{n}\sum_{i=1}^{n} x_i =: \bar{x}$$

이고

$$\begin{aligned}\widehat{\sigma^2} = \left(\frac{1}{n}\sum_{i=1}^{n} x_i^2\right) - \widehat{\mu}^2 = \frac{1}{n}\sum_{i=1}^{n}(x_i^2 - \bar{x}^2) &= \frac{1}{n}\sum_{i=1}^{n}\left((x_i - \bar{x})^2 + 2x_i\bar{x} - 2\bar{x}^2\right) \\ &= \frac{1}{n}\sum_{i=1}^{n}(x_i - \bar{x})^2 + 2\bar{x}^2 - 2\bar{x}^2 \\ &= \frac{1}{n}\sum_{i=1}^{n}(x_i - \bar{x})^2\end{aligned}$$

이다. □

위 예제로부터, 정규 분포 $\mathrm{N}(\mu, \sigma^2)$ 을 따르는 모집단에서 크기가 n 인 표본 $X_1, \cdots, X_n$ 을 임의로 추출할 때, μ 의 추정량은 표본평균 $\overline{X} = (X_1 + \cdots + X_n)/n$ 이고, $\mathbb{E}_{\boldsymbol{\theta}}[\overline{X}] = \mu$ 이므로 비편향추정량이다. 반면에 σ^2 에 대한 추정치 $\widehat{\sigma^2}$ 에 대응되는 추정량

$$\widehat{\sigma^2} = \frac{1}{n}\sum_{i=1}^{n}\left(X_i - \overline{X}\right)^2 \tag{3.75}$$

은 편향추정량이 된다. 이것을 확인해보자. $X_1, \cdots, X_n$ 이 독립이므로 예제 3.23에 의해 $\mathbb{E}_{\boldsymbol{\theta}}[X_iX_j] = \mathbb{E}_{\boldsymbol{\theta}}[X_i]\,\mathbb{E}_{\boldsymbol{\theta}}[X_j] = \mu^2$ 이 성립한다. 따라서

$$\begin{aligned}\mathbb{E}_{\boldsymbol{\theta}}\left[\overline{X}^2\right] &= \frac{1}{n^2}\left(\sum_{i=1}^{n}\mathbb{E}_{\boldsymbol{\theta}}[X_i^2] + \sum_{1\le i\ne j\le n}\mathbb{E}_{\boldsymbol{\theta}}[X_i]\mathbb{E}_{\boldsymbol{\theta}}[X_j]\right) \\ &= \frac{1}{n^2}\left(\sum_{i=1}^{n}(\sigma^2 + \mu^2) + \sum_{1\le i\ne j\le n}\mu^2\right) \\ &= \frac{1}{n}(\sigma^2 + \mu^2) + \frac{n-1}{n}\mu^2 = \frac{1}{n}\sigma^2 + \mu^2\end{aligned}$$

이고,

$$\mathbb{E}_{\boldsymbol{\theta}}\left[X_i\overline{X}\right] = \frac{1}{n}\left(\mathbb{E}_{\boldsymbol{\theta}}\left[X_i^2\right] + \mathbb{E}_{\boldsymbol{\theta}}[X_i]\sum_{j\neq i}\mathbb{E}_{\boldsymbol{\theta}}[X_j]\right) = \frac{1}{n}\Big((\sigma^2+\mu^2)+(n-1)\mu^2\Big) = \frac{1}{n}\sigma^2+\mu^2$$

이다. 이 결과를 이용하여 $\mathbb{E}_{\boldsymbol{\theta}}\left[\widehat{\sigma^2}\right]$ 을 계산하면

$$\begin{aligned}\mathbb{E}_{\boldsymbol{\theta}}\left[\widehat{\sigma^2}\right] &= \frac{1}{n}\sum_{i=1}^{n}\mathbb{E}_{\boldsymbol{\theta}}\left[X_i^2 - 2X_i\overline{X} + \overline{X}^2\right] \\ &= \frac{1}{n}\sum_{i=1}^{n}\Big(\mathbb{E}_{\boldsymbol{\theta}}\left[X_i^2\right] - 2\mathbb{E}_{\boldsymbol{\theta}}[X_i\overline{X}] + \mathbb{E}_{\boldsymbol{\theta}}\left[\overline{X}^2\right]\Big) \\ &= \frac{1}{n}\sum_{i=1}^{n}\left((\sigma^2+\mu^2) - 2\Big(\frac{1}{n}\sigma^2+\mu^2\Big) + \frac{1}{n}\sigma^2+\mu^2\right) \\ &= \frac{n-1}{n}\sigma^2\end{aligned}$$

가 되므로 $\widehat{\sigma^2}$ 은 σ^2 의 편향추정량이 된다. 따라서

$$S^2 := \frac{n}{n-1}\widehat{\sigma^2} = \frac{1}{n-1}\sum_{i=1}^{n}\big(X_i - \overline{X}\big)^2$$

는 σ^2 에 대한 비편향추정량이 되는데 이를 **표본분산**(sample variance) 이라 하고, 제곱근을 취한 S 를 **표본표준편차**라고 부른다. 이때, 표본분산에 대응되는 추정치를 s^2 으로 쓴다. 즉, $s^2 = \sum_{i=1}^{n}(x_i - \bar{x})^2/(n-1)$ 이다. 경우에 따라서, 식 (3.75)의 편향추정량 $\widehat{\sigma^2}$ 을 **비수정 표본분산**이라고 부르고, S^2 을 **수정 표본분산**이라고 부르기도 한다.

평균과 분산에 대한 추정량을 적률추정법으로 구하는 방법은 확률벡터의 공분산 행렬에 대한 추정량을 구하는 것으로 확장할 수 있다. $\mathbb{E}[\boldsymbol{X}] = \boldsymbol{\mu}$, $\mathbb{C}\mathrm{ov}[\boldsymbol{X}] = \boldsymbol{\Sigma}$ 인 d 차원 확률벡터 $\boldsymbol{X}$ 와 동일한 분포를 따르는 $n\ (n \geq d)$ 개의 확률벡터 $\boldsymbol{X}_1, \cdots, \boldsymbol{X}_n$ 가 독립일 때, 표본평균 $\overline{\boldsymbol{X}} = \sum_{i=1}^{n}\boldsymbol{X}_i/n$ 이 $\boldsymbol{\mu}$ 의 비편향추정량이 되는 것은 쉽게 확인할 수 있다. 이때, 아래와 같이 정의되는 추정량

$$\widehat{\boldsymbol{\Sigma}} := \frac{1}{n-1}\sum_{i=1}^{n}\big(\boldsymbol{X}_i - \overline{\boldsymbol{X}}\big)\big(\boldsymbol{X}_i - \overline{\boldsymbol{X}}\big)^{\mathrm{t}}$$

는 $\boldsymbol{\Sigma}$ 에 대한 비편향추정량이 됨을 보일 수 있고, $\widehat{\boldsymbol{\Sigma}}$ 를 **표본공분산 행렬**(sample covariance matrix) 이라고 부른다.

예제 3.30 표본공분산 행렬 $\widehat{\boldsymbol{\Sigma}}$ 이 공분산 행렬 $\boldsymbol{\Sigma}$ 의 비편향추정량임을 보이시오.

풀이 확률벡터 $\boldsymbol{X}_1, \cdots, \boldsymbol{X}_n$ 이 독립이므로, $\boldsymbol{X}$ 의 k 성분 확률변수를 X_k, 확률벡터 $\boldsymbol{X}_i$ 의 k 성분 확률변수를 X_{ik} 로 쓸 때,

$$\mathbb{E}[X_{ik}X_{j\ell}] = \mathbb{E}[X_{ik}]\,\mathbb{E}[X_{j\ell}] = \mathbb{E}[X_k]\mathbb{E}[X_\ell], \quad \forall 1 \le i \ne j \le n,\ \forall 1 \le k, \ell \le d$$

이다. 따라서 $d \times d$ 행렬 $\mathbb{E}\big[\big(\boldsymbol{X}_i - \overline{\boldsymbol{X}}\big)\big(\boldsymbol{X}_i - \overline{\boldsymbol{X}}\big)^{\mathrm{t}}\big]$ 의 (k, ℓ) 성분은

$$\begin{aligned}
&\mathbb{E}\left[\left(X_{ik} - \frac{1}{n}\sum_{j=1}^{n} X_{jk}\right)\left(X_{i\ell} - \frac{1}{n}\sum_{r=1}^{n} X_{r\ell}\right)\right] \\
&= \mathbb{E}\left[\left(X_{ik}X_{i\ell} - \frac{1}{n}\sum_{r=1}^{n} X_{ik}X_{r\ell} - \frac{1}{n}\sum_{j=1}^{n} X_{jk}X_{i\ell} + \frac{1}{n^2}\sum_{j=1}^{n}\sum_{r=1}^{n} X_{jk}X_{r\ell}\right]\right. \\
&= \mathbb{E}[X_kX_\ell] - \frac{2}{n}\Big(\mathbb{E}[X_kX_\ell] + (n-1)\mathbb{E}[X_k]\mathbb{E}[X_\ell]\Big) \\
&\qquad + \frac{1}{n^2}\Big(n\mathbb{E}[X_kX_\ell] + n(n-1)\mathbb{E}[X_k]\mathbb{E}[X_\ell]\Big) \\
&= \frac{n-1}{n}\Big(\mathbb{E}[X_kX_\ell] - \mathbb{E}[X_k]\mathbb{E}[X_\ell]\Big)
\end{aligned}$$

이고, 식 (3.27)로부터 $\boldsymbol{\Sigma}$ 의 (k, ℓ) 성분은 $\mathbb{E}[X_kX_\ell] - \mathbb{E}[X_k]\mathbb{E}[X_\ell]$ 이므로

$$\begin{aligned}
\mathbb{E}\big[\widehat{\boldsymbol{\Sigma}}\big] &= \frac{1}{n-1}\sum_{i=1}^{n} \mathbb{E}\big[\big(\boldsymbol{X}_i - \overline{\boldsymbol{X}}\big)\big(\boldsymbol{X}_i - \overline{\boldsymbol{X}}\big)^{\mathrm{t}}\big] \\
&= \frac{1}{n-1}\frac{n-1}{n}\sum_{i=1}^{n}\Big(\mathbb{E}[\boldsymbol{X}\boldsymbol{X}^{\mathrm{t}}] - \mathbb{E}[\boldsymbol{X}]\mathbb{E}[\boldsymbol{X}]^{\mathrm{t}}\Big) \\
&= \mathbb{E}[\boldsymbol{X}\boldsymbol{X}^{\mathrm{t}}] - \mathbb{E}[\boldsymbol{X}]\mathbb{E}[\boldsymbol{X}]^{\mathrm{t}} = \mathbb{C}\mathrm{ov}[\boldsymbol{X}, \boldsymbol{X}] = \boldsymbol{\Sigma}
\end{aligned}$$

가 성립한다. 따라서 $\widehat{\boldsymbol{\Sigma}}$ 는 $\boldsymbol{\Sigma}$ 의 비편향추정량이다. □

이제 최대우도추정법에 대해 알아보자. 일반적으로 확률변수 X 의 확률밀도함수(또는 확률질량함수)가 모수 벡터 $\boldsymbol{\theta}$ 에 대해 $x \to f(x\,;\boldsymbol{\theta})$ 로 주어질 때, 고정된 x 에 대해 $\boldsymbol{\theta} \to f(x\,;\boldsymbol{\theta})$ 로 정의되는 함수를 **우도 함수**(likelihood function) 또는 **가능도 함수**라 하고 $\mathcal{L}(\theta|x)$ 로 쓴다. 즉,

$$\mathcal{L}(\cdot|x) : \boldsymbol{\theta} \to f(x\,;\boldsymbol{\theta})$$

이다. 이때, 식 (3.5)에서 설명했듯이 확률밀도함수 $f(x;\boldsymbol{\theta})$ 는 $X = x$ 가 될 가능성을 나타내는 것으로 이해할 수 있으므로, 우도 함수 $\mathcal{L}(\boldsymbol{\theta}|x)$ 는 각 모수 벡터 $\boldsymbol{\theta}$ 마다 $X = x$ 가 될 가능성을

대응시키는 함수로 생각할 수 있다.[43]

따라서, 임의로 추출한 크기가 n 인 표본 $X_1, \cdots, X_n$ 의 관측값 $x_1, \cdots, x_n$ 이 주어질 때, 각 모수 벡터 $\boldsymbol{\theta}$ 에 대해 이 관측값이 나올 가능성 $\mathcal{L}(\boldsymbol{\theta}|x_1, \cdots, x_n) = f(x_1, \cdots, x_n\,; \boldsymbol{\theta})$ 을 비교하여 가장 큰 값이 나오는 모수 벡터를 선택하는 방식으로 $\boldsymbol{\theta}$ 를 추정할 수 있는데, 이를 **최대우도추정법**(maximum likelihood method) 또는 **최대가능도추정법**이라고 말하고, 이 방식으로 얻은 추정치 $\widehat{\boldsymbol{\theta}}$ 를 **최대우도 추정치**(MLE:Maximum Likelihood Estimate), 대응되는 추정량을 **최대우도 추정량**이라고 부른다.

특히, 확률변수 $X_1, \cdots, X_n$ 가 독립이고 모든 i 에 대해 $X_i \sim f(\cdot\,; \boldsymbol{\theta})$ 이면 $X_1, \cdots, X_n$ 의 결합 확률밀도함수는 $f(x_1, \cdots, x_n\,; \boldsymbol{\theta}) = \prod_{i=1}^{n} f(x_i\,; \boldsymbol{\theta})$ 가 되므로, 대응되는 우도 함수는

$$\mathcal{L}(\boldsymbol{\theta}|x_1, \cdots, x_n) = \prod_{i=1}^{n} f(x_i\,; \boldsymbol{\theta})$$

이다. 또, 로그함수는 증가함수이므로, $\mathcal{L}(\boldsymbol{\theta}|x_1, \cdots, x_n)$ 이 최대가 되는 $\boldsymbol{\theta}$ 를 구하는 것은

$$\ln \mathcal{L}(\boldsymbol{\theta}|x_1, \cdots, x_n) = \sum_{i=1}^{n} \ln f(x_i\,; \boldsymbol{\theta})$$

가 최대가 되는 $\boldsymbol{\theta}$ 를 구하는 것과 동일하고, 종종 계산이 더 간단해진다. 이런 이유로 우도 함수에 로그를 취한 함수를 **로그우도 함수**라 하고 $\ell(\boldsymbol{\theta}|x_1, \cdots, x_n)$ 으로 쓰기도 한다.

최대우도추정법으로 $\boldsymbol{\theta}$ 를 추정할 때, $\mathcal{L}(\boldsymbol{\theta}) := \mathcal{L}(\boldsymbol{\theta}|x_1, \cdots, x_n)$ 이 $\boldsymbol{\theta}$ 에 대해 미분가능한 함수이면 기울기 벡터를 구할 수 있지만, $\nabla\mathcal{L}(\boldsymbol{\theta}) = \mathbf{0}$ 가 되는 $\boldsymbol{\theta}$ 를 구하고, 이를 이용하여 $\mathcal{L}(\boldsymbol{\theta})$ 가 최대가 되는 $\boldsymbol{\theta}$ 를 찾는 것이 어려운 경우도 있다. 이런 경우에는 $\mathcal{L}(\boldsymbol{\theta})$ 가 최대(즉, $-\mathcal{L}(\boldsymbol{\theta})$ 가 최소)가 되는 $\boldsymbol{\theta}$ 의 근삿값을 구하기 위해 2.4 소절에서 공부한 최적화에 대한 반복 알고리즘을 적용하면 된다.

실제로 계산 가능한 몇 가지 예를 살펴보자.

예제 3.31 예제 3.29의 상황에서 모집단의 분포가 정규 분포 $\mathrm{N}(\mu, \sigma^2)$ 이고, 모집단에서 크기가 n 인 표본 $X_1, \cdots, X_n$ 을 임의로 추출할 때, 모평균과 모분산의 추정량을 최대우도추정법으로 구하시오.

[43] 조건부 확률밀도함수 $f_{X|Y}(x|y)$ 의 경우에도 고정된 x 에 대해 정의되는 함수 $y \to f_{X|Y}(x|y)$ 를 우도 함수라 하고, $\mathcal{L}(y|x) := f_{X|Y}(x|y)$ 로 쓴다. 이 경우 $\mathcal{L}(y|x)$ 는 y 에 대한 확률밀도함수가 아님에 유의해야 한다.

풀이 $X_i \sim \mathrm{N}(\mu, \sigma^2)$ 일 때, 모수 벡터 $\boldsymbol{\theta} = [\mu, \sigma^2]^{\mathrm{t}}$ 에 대한 확률밀도함수 f_{X_i} 는

$$f_{X_i}(x_i\,;\boldsymbol{\theta}) = \frac{1}{\sqrt{2\pi}\sigma} e^{-\frac{1}{2}\left(\frac{x_i-\mu}{\sigma}\right)^2}$$

이므로, 관측값 $x_1, \cdots, x_n$ 에 대한 로그우도함수 $\ell(\boldsymbol{\theta}) := \ell(\boldsymbol{\theta}|x_1, \cdots, x_n)$ 에 -1 을 곱한 함수가 최소가 되는 $\boldsymbol{\theta}$ 를 구하자. $\theta_1 = \mu, \theta_2 = \sigma^2 (> 0)$ 이라 할 때,

$$-\ell(\boldsymbol{\theta}) = \sum_{i=1}^{n} \ln f(x_i\,;\boldsymbol{\theta}) = \sum_{i=1}^{n} \left(\frac{1}{2}\ln(2\pi) + \frac{1}{2}\ln\theta_2 + \frac{1}{2}\frac{(x_i-\theta_1)^2}{\theta_2} \right)$$

이므로 기울기 벡터의 성분함수는

$$-\frac{\partial \ell}{\partial \theta_1}(\boldsymbol{\theta}) = -\sum_{i=1}^{n} \frac{x_i-\theta_1}{\theta_2}, \quad -\frac{\partial \ell}{\partial \theta_2}(\boldsymbol{\theta}) = \sum_{i=1}^{n} \frac{1}{2}\left(\frac{1}{\theta_2} - \frac{(x_i-\theta_1)^2}{\theta_2^2} \right)$$

이고, 헤시안 행렬의 성분함수는

$$-\frac{\partial^2 \ell}{\partial \theta_1 \partial \theta_1}(\boldsymbol{\theta}) = \sum_{i=1}^{n} \frac{1}{\theta_2}, \quad -\frac{\partial^2 \ell}{\partial \theta_2 \partial \theta_2}(\boldsymbol{\theta}) = \sum_{i=1}^{n} \frac{1}{2}\left(-\frac{1}{\theta_2^2} + \frac{2(x_i-\theta_1)^2}{\theta_2^3} \right)$$

$$-\frac{\partial^2 \ell}{\partial \theta_2 \partial \theta_1}(\boldsymbol{\theta}) = -\frac{\partial^2 \ell}{\partial \theta_1 \partial \theta_2}(\boldsymbol{\theta}) = \sum_{i=1}^{n} \frac{x_i-\theta_1}{\theta_2^2}$$

이다. 따라서 $\nabla\ell(\boldsymbol{\theta}) = \mathbf{0}$ 인 $\boldsymbol{\theta}$ 를 구하면

$$-\frac{\partial \ell}{\partial \theta_1}(\boldsymbol{\theta}) = 0 \iff \left(\sum_{i=1}^{n} x_i \right) - n\vartheta_1 = 0 \implies \widehat{\theta_1} = \frac{\sum_{i=1}^{n} x_i}{n} =: \bar{x}$$

이고, 이 값을 이용하면

$$-\frac{\partial \ell}{\partial \theta_2}(\boldsymbol{\theta}) = 0 \iff n - \frac{\sum_{i=1}^{n}(x_i-\bar{x})^2}{\theta_2} = 0 \implies \widehat{\theta_2} = \frac{\sum_{i=1}^{n}(x_i-\bar{x})^2}{n} > 0$$

이다. 이때, $\widehat{\boldsymbol{\theta}} = [\widehat{\theta_1}, \widehat{\theta_2}]^{\mathrm{t}}$ 에서 앞서 계산한 이계 편도함수와 편도함수를 비교하면

$$-\frac{\partial^2 \ell}{\partial \theta_2 \partial \theta_2}(\widehat{\boldsymbol{\theta}}) = \frac{2}{\widehat{\theta_2}} \frac{\partial \ell}{\partial \theta_2}(\widehat{\boldsymbol{\theta}}) + \frac{n}{\widehat{\theta_2}} = \frac{n}{\widehat{\theta_2}}$$

이므로 $\widehat{\boldsymbol{\theta}}$ 에서 $-\ell(\boldsymbol{\theta})$ 의 헤시안 행렬의 행렬식은

$$\det\left(\begin{bmatrix} n/\widehat{\theta_2} & 0 \\ 0 & n/\widehat{\theta_2} \end{bmatrix} \right) = \frac{n^2}{\widehat{\theta_2}^{\,2}} > 0$$

이 되므로 $-\ell(\boldsymbol{\theta})$ 는 $\widehat{\boldsymbol{\theta}}$ 에서 최솟값을 갖는다. 즉, 모평균에 대한 비편향추정량 $\widehat{\theta_1}$ 과 모분산에 대한 편향추정량 $\widehat{\theta_2}$ 를 얻고, 그 결과는 예제 3.29의 경우와 동일하다. □

우도 함수가 확률질량함수를 통해 주어지는 경우에, 최대우도추정법을 이용하여 모수를 추정하는 예를 살펴보자.

예제 3.32 이항분포 $\mathrm{B}(n,p)$ 을 따르는 크기가 m 인 표본 $X_1, \cdots, X_m$ 을 임의로 추출할 때, 관측값 $x_1, \cdots, x_m$ 에 대해 최대우도추정법을 이용하여 구한 p 의 추정량이

$$\widehat{p} = \frac{X_1 + \cdots + X_m}{nm} = \frac{\overline{X}_m}{n}$$

임을 보이시오.

풀이 확률변수 X 의 확률질량함수 $f(k\,;\,p)$ 는

$$f(k\,;\,p) = \binom{n}{k} p^k (1-p)^{n-k},\ k = 0, 1, \cdots, n$$

이고, 확률변수 $X_1, \cdots, X_m$ 이 독립이므로 대응되는 우도 함수는

$$\mathcal{L}(p) := \mathcal{L}(p|x_1, \cdots, x_m) = \prod_{i=1}^{m} f(x_i\,;\,p) = \prod_{i=1}^{m} \binom{n}{x_i} p^{x_i}(1-p)^{n-x_i}$$

이다. $\ell(p) := \ln \mathcal{L}(p)$ 가 최대가 되는 p 를 구하기 위해 p 에 대해 미분하면

$$\begin{aligned} \frac{d\ell}{dp}(p) =& \frac{d}{dp} \sum_{i=1}^{m} \left(\ln \binom{n}{x_i} + x_i \ln p + (n - x_i)(1-p) \right) \\ =& \sum_{i=1}^{m} \left(\frac{x_i}{p} - \frac{n - x_i}{1-p} \right) \end{aligned}$$

이고, $\bar{x} := (x_1 + \cdots + x_m)/m$ 이라 할 때

$$\sum_{i=1}^{m} \left(\frac{x_i}{p} - \frac{n - x_i}{1-p} \right) = 0 \iff m\bar{x}(1-p) = m(n-\bar{x})p \implies \widehat{p} = \frac{\bar{x}}{n}$$

이다. 따라서 대응되는 추정량은 $\widehat{p} = \dfrac{\overline{X}_m}{n}$ 이 된다. □

3.6.3 구간추정

모수에 대한 점추정은 적합한 추정량을 만들고 주어진 표본의 관측값으로부터 추정치를 계산하여 제시하는 것이다. 이와 달리 구간추정은 하나의 수치를 구하는 것이 아니라 추정량의 분포를 이용하여 표본으로부터 모수 값을 포함하리라고 예상되는 구간을 구하여 제시하는

것이다. 이때 제시되는 구간을 **신뢰구간**(confidence interval)이라고 부른다.

표본의 관측값으로부터 계산되는 신뢰구간은 표본을 추출할 때마다 다를 수 있는데, 어떤 표본으로부터 계산된 신뢰구간이든지 반드시 모수를 포함하도록 신뢰구간을 만들면, 신뢰구간의 길이가 길어져서 모수에 대한 의미있는 정보를 얻기 힘들게 된다. 따라서 여러 번 표본을 추출할 때 계산되는 신뢰구간의 일정 비율이 모수를 포함하도록 조건을 완화시키면서 동시에 신뢰구간의 길이를 짧게 만드는 것이 의미있는 방법이다.

신뢰구간을 좀 더 엄밀하게 정의하자. 모수 θ에 의존하는 결합분포를 갖는 n개의 확률변수 $X_1, \cdots, X_n$에 대해 정의되는 두 통계량

$$T_1 = T_1(X_1, \cdots, X_n) < T_2 = T_2(X_1, \cdots, X_n)$$

이 다음 조건

$$\mathbb{P}_\theta[T_1 < \theta < T_2] \geq 1 - \alpha, \ \forall\theta$$

을 만족할 때[44], 확률적 구간 (T_1, T_2)를 모수 θ에 대한 **신뢰수준**(confidence level) $(1-\alpha)$의 **확률적 신뢰구간**(stochastic confidence interval)이라고 부른다. 또, 신뢰수준은 **신뢰도**라고도 부른다. 이때, $X_1, \cdots, X_n$의 관측값 $x_1, \cdots, x_n$에 대한 통계량 T_1, T_2의 값 t_1, t_2로부터 얻어지는 구간 (t_1, t_2)를 θ에 대한 신뢰수준 $1-\alpha$의 **신뢰구간**, 또는 신뢰수준 $100(1-\alpha)\%$ 신뢰구간이라고 부른다.

한 가지 주의할 점은 일단 표본으로부터 신뢰구간 (t_1, t_2)가 계산되고 나면, 수치로 표현된 이 구간에 대해서는 모수를 포함할 확률에 대해 말할 수 없다는 것이다. 즉, 95% 신뢰구간 (T_1, T_2)이라고 말하는 것의 의미는 크기가 n인 N개의 표본으로부터 계산한 N개의 신뢰구간 $(t_1^{(1)}, t_2^{(1)}), \cdots, (t_1^{(N)}, t_2^{(N)})$ 중에서, 모수 θ를 포함하는 신뢰구간이 대략 $0.95N$개 정도라는 것으로 해석해야 한다.

모수 벡터 $\boldsymbol{\theta} \in \mathbb{R}^n$의 경우에는 확률적 신뢰구간을 다음과 같이 정의되는 영역 $\mathcal{C} \subset \mathbb{R}^n$로 대체하고, $\boldsymbol{\theta}$에 대한 신뢰수준 $(1-\alpha)$의 **확률적 신뢰영역**이라고 부른다.

$$\mathbb{P}_{\boldsymbol{\theta}}\big[\boldsymbol{\theta} \in \mathcal{C}\big] \geq 1 - \alpha$$

가장 간단한 상황에서 다음 예제를 살펴보자.

[44] $\mathbb{P}_\theta$의 의미는 모수 θ에 의존하는 분포로부터 구한 확률이라는 뜻이다.

예제 3.33 표준편차 σ 가 알려진 정규 분포를 따르는 모집단에서 임의로 추출한 크기가 n 인 표본을 $X_1, \cdots, X_n$ 이라 할 때, 다음을 보이시오.

(1) 표본평균 $\overline{X}$ 를 이용하여 모평균 μ 에 대한 신뢰수준 $(1-\alpha)$ 의 신뢰구간이

$$\left(\overline{X} - z_{\alpha/2}\frac{\sigma}{\sqrt{n}}, \overline{X} + z_{\alpha/2}\frac{\sigma}{\sqrt{n}}\right)$$

임을 보이시오. (단, 표분 정규 분포의 누적분포함수 Φ 에 대해 $\Phi(z_{\alpha/2}) = 1 - \alpha/2$)

(2) $\mathbb{P}[|\overline{X} - \mu| \le \varepsilon] \ge 1 - \alpha$ 가 되도록 하는 표본의 크기 n 은 다음 식을 만족해야 함을 보이시오.

$$n \ge \left(z_{\alpha/2}\frac{\sigma}{\varepsilon}\right)^2$$

풀이 (1) 모든 $i = 1, \cdots, n$ 에 대해 $X_i \sim \mathrm{N}(\mu, \sigma^2)$ 이고, $X_1, \cdots, X_n$ 이 독립이므로 정리 3.8에 의해 표본평균 $\overline{X}$ 는 정규 분포 $\mathrm{N}(\mu, \sigma^2/n)$ 를 따른다.[45] 따라서 정리 3.7에 의해 표준화된 표본평균 $(\overline{X} - \mu)/(\sigma/\sqrt{n})$ 는 표준 정규 분포 $\mathrm{N}(0, 1)$ 을 따른다.

따라서, 〈그림 3.9〉 에서 보듯이, 확률밀도함수 φ 의 대칭성을 이용하여 누적분포함수의 값이 $\Phi(z) = 1 - \alpha/2$ 가 되는 z 를 $z_{\alpha/2}$ 라 하면,

$$\mathbb{P}\left[\frac{|\overline{X} - \mu|}{\sigma/\sqrt{n}} \le z_{\alpha/2}\right] = 1 - \alpha \iff \mathbb{P}\left[\overline{X} - z_{\alpha/2}\frac{\sigma}{\sqrt{n}} < \mu < \overline{X} + z_{\alpha/2}\frac{\sigma}{\sqrt{n}}\right] = 1 - \alpha$$

가 성립한다. 따라서 신뢰수준 $(1-\alpha)$ 의 신뢰구간은 $\left(\overline{X} - z_{\alpha/2}\frac{\sigma}{\sqrt{n}}, \overline{X} + z_{\alpha/2}\frac{\sigma}{\sqrt{n}}\right)$ 가 된다.

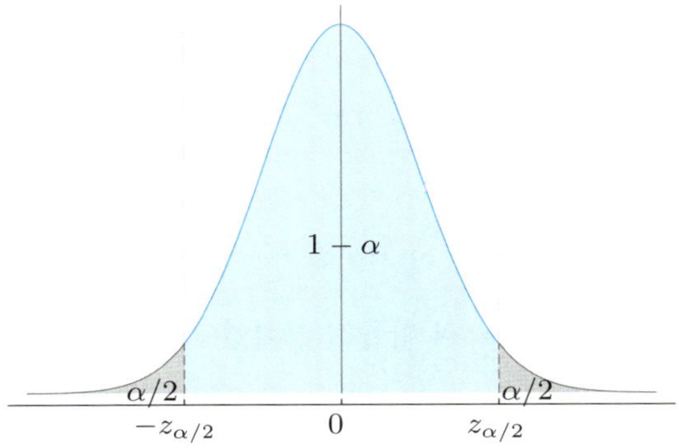

그림 3.9: $(\overline{X} - \mu)/(\sigma/\sqrt{n})$ 의 분포

[45] 정리 3.8에서 차원 m_i 가 모두 1 이고 1×1 행렬 $\mathbf{B}_i$ 가 모두 $1/n$ 인 경우이다.

(2) (1)의 결과에 의해 $\mathbb{P}\left[\left|\overline{X}-\mu\right| \le z_{\alpha/2}\sigma/\sqrt{n}\right] = 1-\alpha$ 이므로

$$\varepsilon \ge \frac{\sigma}{\sqrt{n}} z_{\alpha/2} \iff n \ge \left(z_{\alpha/2}\frac{\sigma}{\varepsilon}\right)^2$$

가 성립한다. □

실제로는 모집단의 분포를 모르고 표준편차도 모르는 경우가 많은데, 이런 경우에 σ 대신 표본표준편차 S의 추정치 s를 사용하고 중심극한정리를 이용하면 모수 μ에 대한 근사 신뢰구간을 구할 수 있다. 즉, 중심극한정리로부터 모집단의 분포와 무관하게 표본의 크기 n이 충분히 클 때, 확률변수

$$Z := \frac{\overline{X}-\mu}{\sigma/\sqrt{n}} \tag{3.76}$$

는 근사적으로 정규 분포 $\mathrm{N}(0,1)$을 따르므로

$$\mathbb{P}\left[\overline{X} - z_{\alpha/2}\frac{\sigma}{\sqrt{n}} < \mu < \overline{X} + z_{\alpha/2}\frac{\sigma}{\sqrt{n}}\right] \approx 1-\alpha \quad \left(\text{단, } \Phi(z_{\alpha/2}) = 1 - \frac{\alpha}{2}\right)$$

가 성립한다. 또, σ의 값을 모를 때, n이 충분히 크면 비편향추정량 S의 추정치 s로 대체해도 확률에 크게 영향을 주지 않으므로 모평균에 대한 유의수준 $(1-\alpha)$의 확률적 신뢰구간을

$$\left(\overline{X} - z_{\alpha/2}\frac{s}{\sqrt{n}},\ \overline{X} + z_{\alpha/2}\frac{s}{\sqrt{n}}\right)$$

로 근사시킨다. 이 경우 $\overline{X}$의 관측값 $\bar{x}$를 이용하여 얻어지는 신뢰구간의 의미를 해석할 때는 좀 더 주의를 기울일 필요가 있다.

한 가지 덧붙여서 만약 크기가 n인 표본 $X_1, \cdots, X_n$이 평균과 분산이 알려지지 않은 **정규 분포** $\mathrm{N}(\mu, \sigma^2)$을 따르는 경우라면, n의 크기와 구관하게 식 (3.76)의 Z에서 σ를 표본표준편차 S로 대체하면 t-분포를 이용하여 신뢰구간을 구할 수 있다. 다음 예제를 살펴보자.

예제 3.34 평균과 분산이 알려지지 않은 정규 분포 $\mathrm{N}(\mu, \sigma^2)$를 따르는 모집단에서 임의로 추출한 크기가 n인 표본을 $X_1, \cdots, X_n$이라 할 때, 표본평균 $\overline{X}$와 표본표준편차 S에 대하여 $\overline{X}$의 표준화에서 σ를 S로 대체한 확률변수 T는 t-분포 t_{n-1}을 따름을 보이시오. 즉,

$$T := \frac{\overline{X}-\mu}{S/\sqrt{n}} \sim \mathrm{t}_{n-1} \tag{3.77}$$

이를 이용하여 유의수준 $(1-\alpha)$의 확률적 신뢰구간이 다음과 같음을 보이시오. (단, $t_{\alpha/2}$는

자유도가 $n-1$ 인 t-분포 t_{n-1} 의 누적분포함수 F_T 에 대해 $F_T(t_{\alpha/2}) = 1-\alpha/2$ 인 값이다.)

$$\left(\overline{X} - t_{\alpha/2}\frac{S}{\sqrt{n}}, \overline{X} + t_{\alpha/2}\frac{S}{\sqrt{n}}\right)$$

풀이 확률벡터 $\boldsymbol{X}$ 를 $\boldsymbol{X} = (1/\sigma)[X_1, \cdots, X_n]^{\mathrm{t}}$, 벡터 $\boldsymbol{\mu}$ 를 $\boldsymbol{\mu} = [\mu, \cdots, \mu]^{\mathrm{t}}$ 로 두면 $\boldsymbol{X}$ 는 n 차원 정규 분포 $\mathrm{N}(\boldsymbol{\mu}/\sigma, \mathbf{I}_n)$ 을 따른다. 이때, $\mathbf{1} = [1, \cdots, 1]^{\mathrm{t}} (\in \mathbb{R}^n)$ 로 생성되는 1 차원 부분공간을 $\mathcal{V}_1$ 이라 하면, $\mathcal{V}_1$ 위로의 정사영 행렬 $\mathbf{P}_1$ 은 식 (1.23)에 의해

$$\mathbf{P}_1 = \mathbf{1}(\mathbf{1}^{\mathrm{t}}\mathbf{1})^{-1}\mathbf{1}^{\mathrm{t}} = \frac{1}{n}\mathbf{1}\mathbf{1}^{\mathrm{t}} \qquad (\text{단, } \mathbf{1}\mathbf{1}^{\mathrm{t}} \text{ 는 모든 성분이 1 인 } n \times n \text{ 행렬})$$

이 되고, $\boldsymbol{X}$ 를 $\mathcal{V}_1$ 위로 내린 정사영 벡터 $\boldsymbol{X}_1$ 은 표본평균 $\overline{X}$ 에 대해

$$\boldsymbol{X}_1 = [(1/\sigma)\overline{X}, \cdots, (1/\sigma)\overline{X}]^{\mathrm{t}}$$

가 된다. 따라서 정리 3.12에 의해 $\boldsymbol{X}_1$ 과 $\boldsymbol{X} - \boldsymbol{X}_1$ 은 독립이 되고, 이로부터 확률변수 $\overline{X}$ 와 확률변수 $\|\boldsymbol{X} - \boldsymbol{X}_1\|^2$ 도 독립이 된다. 또, 표본분산 S^2 에 대해

$$\|\boldsymbol{X} - \boldsymbol{X}_1\|^2 = \frac{1}{\sigma^2}\sum_{i=1}^{n}(X_i - \overline{X})^2 = \frac{n-1}{\sigma^2}S^2$$

이다. 한편, 정리 3.12에서 $\mathbb{E}[\boldsymbol{X}] = \boldsymbol{\mu}/\sigma = \mathbb{E}[\boldsymbol{X}_1]$ 이므로 $\|\boldsymbol{X} - \boldsymbol{X}_1\|^2 = (n-1)S^2/\sigma^2$ 은 카이제곱 분포 $\chi^2_{n-1}(\|\boldsymbol{\mu} - \boldsymbol{\mu}\|) = \chi^2_{n-1}$ 을 따른다.

결론적으로 다음 두 확률변수 Z, Y

$$Z := \frac{\overline{X} - \mu}{\sigma/\sqrt{n}} \sim \mathrm{N}(0,1), \quad Y := \frac{n-1}{\sigma^2}S^2 = \|\boldsymbol{X} - \boldsymbol{X}_1\|^2 \sim \chi^2_{n-1}$$

가 독립이므로 따름정리 3.14에 의해 $T = Z/\sqrt{Y/(n-1)}$ 은 t_{n-1} 분포를 따른다. 즉,

$$T = \frac{Z}{\sqrt{Y/(n-1)}} = \frac{\overline{X} - \mu}{\sigma/\sqrt{n}}\sqrt{\frac{\sigma^2}{(n-1)S^2/(n-1)}} = \frac{\overline{X} - \mu}{S/\sqrt{n}} \sim \mathrm{t}_{n-1}$$

이다.

따라서 t_{n-1} 분포의 누적분포함수 F_T 에 대해 $F_T(t) = 1-\alpha/2$ 를 만족하는 $t = t_{\alpha/2}$ 를 이용하면

$$\mathbb{P}\left[\frac{|\overline{X} - \mu|}{S/\sqrt{n}} \le t_{\alpha/2}\right] = 1 - \alpha \iff \mathbb{P}\left[\overline{X} - t_{\alpha/2}\frac{S}{\sqrt{n}} < \mu < \overline{X} + t_{\alpha/2}\frac{S}{\sqrt{n}}\right] = 1 - \alpha$$

가 성립하고, 이로부터 모평균 μ에 대한 유의수준 $(1-\alpha)$의 확률적 신뢰구간

$$\left(\overline{X} - t_{\alpha/2}\frac{S}{\sqrt{n}}, \overline{X} + t_{\alpha/2}\frac{S}{\sqrt{n}}\right)$$

를 얻는다. 물론 표본 $X_1, \cdots, X_n$의 관측값 $x_1, \cdots, x_n$이 주어지면 대응되는 $\overline{X}$의 값 $\bar{x}$가 S의 값 s를 대입하여 (수치적) 신뢰구간을 계산하면 된다. □

3.6.4 가설검정

가설검정(testing statistical hypotheses)이란 모수에 대한 가설이 적합한지를 추출한 표본 $X_1, \cdots, X_n$으로부터 판단하는 것이다.

즉, 가설검정이란 다음 단계에 따라 가설에 대한 결론을 도출하는 것을 말한다.

(단계1) 모수에 대해 다음 두 종류의 가설

- **대립가설**(H_1): (alternative hypothesis) 입증하여 주장하고자 하는 가설
- **귀무가설**(H_0): (null hypothesis) 대립가설의 반대 가설로 대립가설을 입증할 수 없을 때 대립가설을 무효화하면서 받아들이는 가설

을 세운다.

(단계2) 두 가설 중 어느 가설이 적합한지를 판단하기 위해, 표본으로부터 **검정통계량**(test statistic)이라고 부르는 통계량 $T := T(X_1, \cdots, X_n)$을 적절하게 구성한다.

(단계3) 계산된 통계량의 값(통계치)이 귀무가설 하에서 극히 일어나기 힘든 값이면 귀무가설 H_0을 기각하고 H_1을 채택한다. 만약 통계량의 값이 H_0을 기각할 근거로 불충분하면 H_0을 유지한다.

이와 같이 가설검정은 모집단의 일부분인 표본으로부터 계산된 검정통계량을 기초로 판단을 내리는 것이므로 잘못된 결론을 내릴 가능성이 항상 존재한다. 즉, 실제로 H_0이 맞는데 H_0을 기각하거나(즉, H_1을 채택하거나), H_0이 틀리는데 H_0을 기각하지 못하는(즉, H_1을 채택하지 못하는) 경우가 그것이다. 이 두 종류의 오류를 각각 **제 1종 오류**(Type I error), **제 2종 오류**(Type II error)라고 부르고, 각 오류를 범할 가능성을 확률로 표현하여 제 1종 오류를 범할 확률을 α, 제 2종 오류를 범하게 되는 확률을 β로 쓴다.

검정의 결론과 오류의 종류 사이의 관계를 정리하면 [표 3.5]와 같다.

검정 결론	실제 상태	
	H_0 이 맞다.	H_0 이 틀리다.
H_0 을 기각하지 않는다.	옳은 결론	잘못된 결론(제 2종 오류)
H_0 을 기각한다.	잘못된 결론 (제 1종 오류)	옳은 결론

표 3.5: 검정의 결론과 오류의 종류

이제 검정통계량을 이용해 귀무가설을 기각할 지 유지할 지를 판단하는 (단계3)을 구체적으로 알아보자. 일반적으로 **기각역을 이용한 결정 방법**과 **유의확률을 이용한 결정 방법**이 사용되는데, 먼저 기각역을 이용하는 방법부터 살펴보자.

기각역을 이용한 결정 방법은 표본으로부터 계산된 검정통계량의 값이 귀무가설 하에서 적절하게 선택한 구간에 속하면 귀무가설을 기각하고, 그렇지 않으면 유지하는 방법이다. 이때, 제 1종 오류와 제 2종 오류를 고려하여 선택한 구간을 **기각역**(critical region) 이라고 부르는데, 다음 세 가지 형태의 기각역

$$(-\infty, c], \qquad [c, \infty), \qquad (-\infty, c_1] \cup [c_2, \infty)$$

이 주로 이용된다. 또, 기각역의 끝 점 c, c_1, c_2 를 **임계점**(critical value) 이라고 부르기도 한다.

예를 들어, 평균이 μ_0 인 정규분포를 따르는 어떤 모집단의 평균을 μ_0 보다 작은 값으로 낮추기 위한 일련의 과정을 거친 후, 실제로 평균이 낮아졌는지를 검정하기 위해 표본을 추출했다고 하자. 이때, 귀무가설은 $H_0 : \mu = \mu_0$ 으로 세우고, 대립가설은 $H_1 : \mu < \mu_0$ 으로 세우는 것이 타당하다. 또, 검정통계량으로 표본평균 $\overline{X}$ 을 선택하는 것이 적절할 것이다.

이제 표본으로부터 계산된 표본평균의 값 μ_1 이 μ_0 보다 작은 값일 때, 귀무가설을 기각할 지를 판단하는 기준이 되는 적절한 기각역을 설정하는 방법을 생각해보자. 우선 양수 $\mu_0 - \mu_1$ 의 값이 클 수록 귀무가설을 기각할 강력한 근거가 되므로, 적절한 기각역은 $(-\infty, c]$ 의 형태가 된다. 또, 제 1종 오류를 범할 확률은 $H_0 : \mu = \mu_0$ 이 맞을 때 H_0 을 기각할 확률이므로 $\alpha = \mathbb{P}_{H_0}\left[\overline{X} \leq c\right]$ 가 되고, 제 2종 오류를 범할 확률은 $H_1 : \mu < \mu_0$ 이 맞을 때 H_0 을 유지할 확률이므로 $\beta = \mathbb{P}_{H_1}\left[\overline{X} > c\right]$ 이다. 이때 α 와 β 가 동시에 최소가 되는 임계점 c 를 찾는 것이 이상적이나, ⟨그림 3.10⟩ 에서 보듯이 임계점 c 를 작게하면 α 는 작아지지만 β 가 커지고, c 를 크게하면 β 는 작아지지만 α 는 커진다.

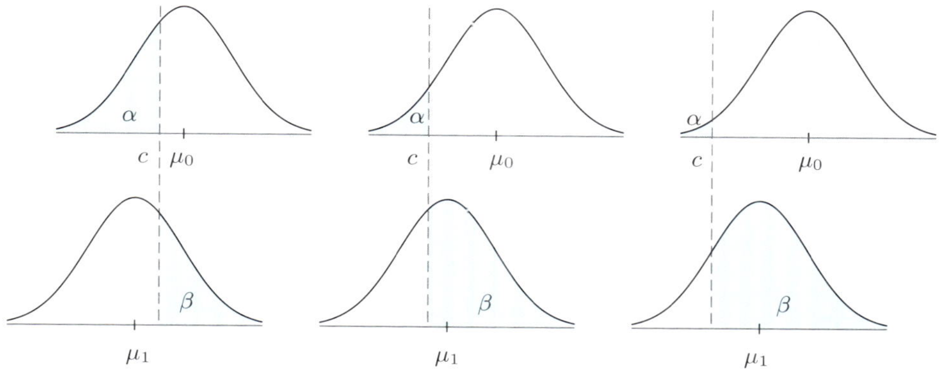

그림 3.10: 제 1종 오류와 제 2종 오류

따라서 적절한 선에서 타협하는 c를 찾아야 하는데, 많은 경우에 제 1종 오류가 제 2종 오류보다 심각한 것이므로 α 값이 정해진 기준값(즉, 0.1, 0.05, 0.01 등의 작은 값)을 넘지 않으면서 β가 최소가 되는 c를 선택하게 된다. 이때 선택된 기각역의 H_0 하에서의 확률 α를 **유의수준**(signification level)이라고 한다. 앞에서 예로 든 상황에서, 유의수준 α에 대응되는 기각역 $(-\infty, c]$를 결정하는 것은 $\mathbb{P}[\overline{X} \leq c] = \alpha$인 c를 구하는 것과 같다.

일반적으로 선택한 검정통계량 T에 대해, $T \in (-\infty, c]$일 때 H_0을 기각하는 가설검정을 왼쪽 **단측검정**(one-sided test)이라고 한다. 비슷하게 귀무가설이 $H_0 : \mu = \mu_0$이고 대립가설이 $H_1 : \mu > \mu_0$일 때는 기각역이 $[c, \infty)$ 꼴이 되고, $T \geq c$일 때 H_0을 기각하게 된다. 이런 경우를 오른쪽 단측검정이라 부른다. 또, 대립가설이 $H_1 : \mu \neq \mu_0$인 경우에는 $|T| \geq c$일 때 H_0을 기각하게 되는데, 이를 **양측검정**(two-sided test)라고 부른다.

정규 분포를 따르는 모집단의 모평균 μ에 대한 가설검정을 위해 크기가 n인 표본이 주어질 때, 귀무가설 $\mu = \mu_0$ 하에서

- 모집단의 표준편차 σ를 알고 있다면, 표본평균이 정규 분포 $\mathrm{N}(\mu_0, \sigma^2/n)$을 따르므로 이를 이용하거나 검정통계량 $(\overline{X} - \mu)/(\sigma/\sqrt{n}) \sim \mathrm{N}(0,1)$의 분포를 이용하여 주어진 유의수준에 맞게 기각역을 구하고 판단할 수 있다.
- 모집단의 표준편차가 알려지지 않은 경우에는, 예제 3.34에서처럼 주어진 표본에 대한 표본표준편차 S를 이용하면 검정통계량 $(\overline{X} - \mu_0)/(S/\sqrt{n})$은 자유도가 $(n-1)$인 t-분포를 따르므로 주어진 유의수준에 맞게 기각역을 구하고 판단할 수 있다.

예제 3.35 모평균 μ와 모표준편차 σ가 모두 알려지지 않은 모집단에서 크기가 100 인 표본을 추출하여 계산한 표본평균 $\overline{X}$의 값이 130.1, 표본표준편차 S의 값이 21.21 이라고 한다. 다음 두 가설

$$H_0 : \mu = 120, \qquad H_1 : \mu \neq 120$$

에 대하여 유의수준 $\alpha = 0.05$로 검정하시오.

풀이 예제 3.34에 의해, 귀무가설 $\mu = 120$ 하에서 검정통계량

$$T = \frac{\overline{X} - 120}{S/10}$$

은 자유도가 99 인 t-분포 t_{99}를 따르고, 주어진 조건으로부터 그 값은

$$t = (130.1 - 120)/(21.21/10) = 4.7619$$

이다.

한편, t-분포의 대칭성을 이용하면 유의수준 $\alpha = 0.05$에 대응되는 기각역의 임계점은 누적분포함수 F의 역함수로부터 $t_{\alpha/2} = F^{-1}(1-\alpha/2) = F^{-1}(0.975) = 1.984$가 되고, $t = 4.7619 > t_{\alpha/2}$를 만족한다. 따라서 유의수준 0.05로 귀무가설을 기각한다. □

앞서 공부한 기각역을 이용한 결정 방법에서는 표본으로부터 계산된 검정통계량의 값이 귀무가설을 기각할 수 있는 값이라는 것에 대한 근거로 제시되는 수치가 유의수준인데, 유의수준 만으로는 실제 표본으로부터 얻은 확신의 정도를 표현하는데 한계가 있다. 예를 들어, 유의수준 α에 대해 기각역이 $(-\infty, c]$이고, 표본으로부터 계산된 검정통계량의 두 값이 $t_1 < t_2 \leq c$라 하자. 이때, 두 경우 모두 주어진 유의수준으로 귀무가설을 기각할 수 있지만, t_1의 경우에 좀 더 확신을 가지고 귀무가설을 기각할 수 있다. 또, 기각역의 임계점 c가 $t_1 < c < t_2$를 만족했다면, t_1의 경우에는 귀무가설을 기각할 수 있지만, t_2의 경우에는 귀무가설을 기각할 수 없다.

이런 관점에서 주어진 검정통계량의 관측치로부터 H_0을 기각하게 하는 최소의 유의수준을 **유의확률**(significance probability) 또는 P-**값**(P-value)이라 하고, 검정의 결과로 P-값을 함께 제시하는 검정방법을 **유의확률을 이용한 결정 방법**이라고 말한다. 물론 P-값이 작을수록 귀무가설을 기각할 (자료에 기반한) 근거가 커지는 것으로 해석할 수 있다.

표본으로부터 계산된 검정통계량 T의 관측값이 t일 때, 정의로부터 P-값은 다음과 같이 구할 수 있다.

- 왼쪽 단측검정의 경우에 P-값: $\mathbb{P}_{H_0}[T \le t]$
- 오른쪽 단측검정의 경우에 P-값: $\mathbb{P}_{H_0}[T \ge t]$
- 양측검정의 경우에 P-값: $\min\{2\,\mathbb{P}_{H_0}[T \le t], 2\,\mathbb{P}_{H_0}[T \ge t]\}$

또, 가설검정의 기준이 되는 유의수준이 주어질 때 검정의 결론은 다음과 같다.

- 계산된 검정통계량의 값에 대응되는 P-값이 유의수준 α보다 작으면 귀무가설을 기각하고, 그렇지 않으면 귀무가설을 유지한다.

따라서, 다른 유의수준에 대해 기각역을 새로 구할 필요없이 P-값과 검정기준이 되는 유의수준 α를 직접 비교하면 된다는 점과 자료에 기반한 근거의 정도를 수치화하여 나타낸다는 것이 P-값을 이용할 때의 장점이다.

예제 3.35의 상황에서 유의확률을 이용하여 결론을 도출해보자.

예제 3.36 모평균 μ와 모표준편차 σ가 모두 알려지지 않은 모집단에서 크기가 100인 표본을 추출하여 계산한 표본평균 $\overline{X}$의 값이 130.1, 표본표준편차 S의 값이 21.21이라고 한다. 다음 두 가설

$$H_0: \ \mu = 120, \qquad H_1: \ \mu \ne 120$$

에 대하여 유의확률을 이용하여 검정하시오.

풀이 예제 3.35에 의해, 양측검정의 검정통계량은

$$T = \frac{\overline{X} - 120}{S/10} \sim \mathrm{t}_{99}$$

이고, 계산된 검정통계량의 관측치는 $t = 4.7619$이므로 P-값은

$$2\,\mathbb{P}[T \ge 4.7619] = 2\left(1 - \mathbb{P}[T \le 4.7619]\right) = 2(3.281 \times 10^{-6}) = 6.562 \times 10^{-6}$$

이다.[46] P-값이 유의수준 $\alpha = 0.05$는 물론이고, $\alpha = 0.01$보다도 훨씬 작은 값이므로 상당한 근거를 갖고 H_0을 기각하는 결론을 내릴 수 있다. □

[46] 파이썬(Python)이나 쥴리아(Julia) 등 무료로 사용할 수 있는 프로그래밍 언어의 분포관련 패키지를 이용하면 해당 분포의 누적분포함수값을 계산할 수 있다.

끝으로 예제 3.21에서 다루었던 상황을 기계학습의 용어로 바꾸어 표현하고, 이 경우에 가설검정이 갖는 의미를 해석해보자.

벡터의 각 성분이 어떤 특성 (feature)을 나타내는 p 차원 벡터 $\boldsymbol{x} = [x_1, \cdots, x_p]^{\mathrm{t}}$ 에 대해 평균적으로 실숫값 y를 주는 미지의 함수를 모델 파라미터 $\beta_1, \cdots, \beta_p$ 에 대해

$$f(\boldsymbol{x}) = \beta_1 x_1 + \cdots + \beta_p x_p + \varepsilon \quad (\text{단}, \varepsilon \sim \mathrm{N}(0, \sigma^2)) \tag{3.78}$$

로 모델링한 것을 회귀 문제에 대한 선형 학습 모델이라 하고, $\boldsymbol{x}_i$ 에 대해 실제 함숫값 y_i 를 알고 있는 n 개의 자료 $(\boldsymbol{x}_i, y_i)$ 를 훈련 자료라고 한다. 이때, 훈련 자료를 이용하여 실제값 y_i 와 예측값 $f(\boldsymbol{x}_i)$ 의 평균 오차가 최소가 되도록 모델 파라미터 $\beta_1, \cdots, \beta_p$ 를 결정하는 것을 학습이라고 한다.[47] (두 벡터 $\boldsymbol{y} = [y_1, \cdots, y_n]^{\mathrm{t}}$ 와 $\widehat{\boldsymbol{y}} = [f(\boldsymbol{x}_1), \cdots, f(\boldsymbol{x}_n)]^{\mathrm{t}}$ 의 노름이 최소가 되도록 β_i 를 구하는 최소제곱법이 학습의 한 가지 예에 해당한다.)

학습 모델 식 (3.78)과 관련하여 한 가지 강조할 점은, 주어진 학습 모델을 선형모델이라고 부르는 이유는 모델 파라미터에 대해 일차식이기 때문이며, 특성 벡터는 원래 자료에 대해 일차식이 아닐 수 있다는 점이다. 예를 들어, 미지의 함수가 $g(x) = \sin(x)$ 이고, 이를 관측하는 과정에서 어떤 오차를 포함하여 n 개의 자료 $(x_1, y_1), \cdots, (x_n, y_n)$ 을 얻었다고 하자. 이때 미지의 함수는 x 에 관한 함수이지만, 관측 자료 x_i 로부터 특성 벡터 $[x_i^0, x_i, x_i^2, \cdots, x_i^{19}]^{\mathrm{t}}$ 를 만들고 선형 모델을 구성하여 $\sin(x)$ 의 근삿값을 구하는 경우, (3.78)은 x 에 대해 일차식이 아니다.

선형 모델에서 모델 파라미터 β_i 가 갖는 의미는 미지의 함수를 근사시킬 때, 특성 벡터의 i 번째 특성이 어느 정도 기여하는지를 나타내는 것으로 이해할 수 있다. 즉, 앞의 예에서 주어진 자료로부터 학습이 제대로 이루어진다면 특성 x^{2k} 에 대응되는 β_{2k+1} 은 0에 가까운 값이 나와야 한다. 또, β_i 가 0에 가까운 값이 나왔다면 실제로 대응되는 특성 x^{i-1} 이 학습 모델을 구성하는데 영향이 없는 특성인지를 확인할 필요가 있는데, 이 절에서 공부한 가설검증을 활용할 수 있다. 예제 3.21의 결과를 바탕으로 이 과정을 살펴보자.

예제 3.21에서 $n \times p$ 행렬 $\mathbf{X}$ 는, 식 (3.78)을 모든 훈련 자료에 대해 하나의 식으로 표현할 수 있도록, 벡터 $\boldsymbol{x}_i$ 를 i 번째 행으로 갖는 행렬이고, $\widehat{\boldsymbol{\beta}}$ 은 최소제곱법으로 구한 $\boldsymbol{\beta} = [\beta_1, \cdots, \beta_p]^{\mathrm{t}}$ 의 추정량, $\widehat{\sigma^2}$ 은 σ^2 에 대한 추정량이다. 또, 예제를 통해 얻은 결론과 참고 3.15로부터, 추정

---

[47] 실제로는 $x_1 = 1$ 인 경우이지만, 여기서는 구별하지 않기로 한다.

량 $\widehat{\boldsymbol{\beta}}$ 의 i 번째 성분 $\widehat{\beta}_i$ 는 β_i 에 대한 추정량이 되고,

$$\widehat{\beta}_i \sim \mathrm{N}\big(\beta_i, \sigma^2 \left\|\boldsymbol{u}_i^{\mathrm{t}}\mathbf{X}^+\right\|^2\big)$$

인 정규 분포를 따르게 된다. (단, i 번째 성분만 1 인 단위벡터 $\boldsymbol{u}_i$ 에 대해, 분산 $\sigma^2 \left\|\boldsymbol{u}_i^{\mathrm{t}}\mathbf{X}^+\right\|^2$ 은 행렬 $\sigma^2(\mathbf{X}^{\mathrm{t}}\mathbf{X})^+$ 의 (i,i) 성분이다.)

또, $\widehat{\beta}_i$ 와 $\widehat{\sigma^2} = \dfrac{1}{n}\left\|\boldsymbol{Y} - \mathbf{X}\widehat{\boldsymbol{\beta}}\right\|^2$ 은 독립이고 $n\widehat{\sigma^2}/\sigma^2 \sim \chi_{n-p}$ 이므로 따름정리 3.14에 의해

$$T := \frac{(\widehat{\beta}_i - \beta_i)/(\sigma\left\|\boldsymbol{u}_i^{\mathrm{t}}\mathbf{X}^+\right\|)}{\sqrt{n\widehat{\sigma^2}/(n-p)\sigma^2}} = \frac{(\widehat{\beta}_i - \beta_i)/\left\|\boldsymbol{u}_i^{\mathrm{t}}\mathbf{X}^+\right\|}{\sqrt{n\widehat{\sigma^2}/(n-p)}} \sim \mathrm{t}_{n-p} \tag{3.79}$$

이다.

한편, 훈련 자료 $\mathbf{X}, \boldsymbol{y} = [y_1, \cdots, y_n]^{\mathrm{t}}$ 로부터 계산된 추정치 $\widehat{\beta}_i$ 와 $\widehat{\boldsymbol{y}} = \mathbf{X}\widehat{\boldsymbol{\beta}}$ 에 대해 $\widehat{\sigma^2}$ 의 추정치는

$$\widehat{\sigma^2} = \frac{\|\boldsymbol{y} - \widehat{\boldsymbol{y}}\|^2}{n} = \frac{\left\|\boldsymbol{y} - \mathbf{X}\widehat{\boldsymbol{\beta}}\right\|^2}{n}$$

이므로, 자유도가 $(n-p)$ 인 t-분포를 따르는 T 의 관측값은

$$t = \frac{(\widehat{\beta}_i - \beta_i)/\left\|\boldsymbol{u}_i^{\mathrm{t}}\mathbf{X}^+\right\|}{\sqrt{\|\boldsymbol{y} - \widehat{\boldsymbol{y}}\|^2/(n-p)}}$$

가 된다. 이때, $\|\boldsymbol{y} - \widehat{\boldsymbol{y}}\|^2 = \left\|\boldsymbol{y} - \mathbf{X}\widehat{\boldsymbol{\beta}}\right\|^2$ 를 **잔차제곱합**(RSS: Residual sum of squares) 이라 하고,[48] 잔차제곱합을 $(n-p)$ 로 나눈 값 $\|\boldsymbol{y} - \widehat{\boldsymbol{y}}\|/(n-p)$ 을 **잔차제곱오차**(Residual Squared error) 라 부르고 RSE로 쓴다.

따라서, 특성 벡터의 i 번째 특성이 학습 모델에 영향을 주는지 판단하려면, 두 가설

- 귀무가설 $H_0 : \beta_i = 0$
- 대립가설 $H_1 : \beta \neq 0$

을 세우고, 귀무가설 $(\beta_i = 0)$ 하에서 t_{n-p} 분포를 따르는 검정통계량 T 의 관측값

$$t = \frac{\widehat{\beta}_i/\left\|\boldsymbol{u}_i^{\mathrm{t}}\mathbf{X}^+\right\|}{\sqrt{\mathrm{RSE}}}$$

에 대한 P-값을 계산하고 판단하면 된다.

[48] SSR(Sum of Squared Residulas) 또는 SSE(Sum of Squared estimated of Erros) 라고 부르기도 한다.

APPENDIX 4

측도와 적분에 대한 개괄적인 설명

측도는 1차원 공간에서 선분의 길이, 2차원 공간에서 어떤 집합의 넓이, 3차원 공간에서 어떤 입체의 부피와 같이 집합의 크기를 재는 일종의 함수를 말한다. 이 절에서는 구분구적법에서 출발하여 리만 적분, 르베그 적분에 이르기까지 적분의 기본적인 아이디어를 소개한다.
이 과정에서 르베그 측도를 도입한 이유와 공리(axiom)를 이용한 콜모고로프의 (측도로써의) 확률 정의를 자연스럽게 이해할 수 있다.

4.1 구분구적법과 리만 적분

대학 1학년 수준의 미적분학에서 다루는 적분은 함수 f를 닫힌구간 $[a,b]$에서 연속인 함수로 제한하고 **구분구적법**을 이용하여 정의한다. 직관적으로 이해하기 쉽게, 함수 f가 닫힌구간 $[a,b]$에서 $f(x) \geq 0$을 만족한다고 가정하고, 함수 f의 그래프와 x축, 그리고 두 직선 $x = a, x = b$로 둘러싸인 영역의 넓이를 구한다고 하자. 구분구적법이란 구간 $[a,b]$를 n등분하여 작은 선분으로 분할한 다음, 분할된 각 선분을 밑변으로 하고 분할된 구간의 한 쪽 끝점에서의 함숫값을 높이로 하는 사각형의 넓이를 각각 구하고 모두 더한 값

$$S_n := \sum_{k=1}^{n} f(x_k)\Delta x, \quad \left(\text{단}, \Delta x = \frac{b-a}{n} \text{이고 } x_k = a + k\Delta x \ (0 \leq k \leq n)\right) \tag{4.1}$$

으로 이 영역의 넓이를 근사시키는 방법이다. 이때, 함수 f가 $f(x) \geq 0$이라는 조건을 만족하지 않더라도 닫힌구간 $[a,b]$에서 연속이기만 하면 $\lim_{n\to\infty} S_n$이 존재하는데, 이 극한값을

$\displaystyle\int_a^b f(x)\,dx$ 라고 정의한다.[1]

실제로는 함수 f 가 $[a,b]$ 에서 연속임을 이용하면, 식 (4.1)에서 각 구간 $I_k := [x_{k-1}, x_k]$ 에 대해 $f(x_k)\Delta x$ 를 구하는 대신, 임의의 $t_k \in I_k$ 에 대해 $f(t_k)\Delta x$ 로 계산해도 동일한 극한값을 얻게 된다. 즉, f 가 연속함수이므로 각 구간 I_k 에서

$$M_k := \max\{f(x) \mid x \in I_k\},\ m_k := \min\{f(x) \mid x \in I_k\}$$

가 존재하고,

$$\sum_{k=1}^{n} m_k \Delta x \le \sum_{k=1}^{n} f(t_k)\Delta x \le \sum_{k=1}^{n} M_k \Delta x \tag{4.2}$$

이 성립한다. 이때, f 가 연속함수이므로 $\lim_{n\to\infty}\sum_{k=1}^{n}(M_k - m_k)\Delta x = 0$ 이 성립하고, 이로부터

$$\lim_{n\to\infty}\sum_{k=1}^{n} m_k \Delta x = \lim_{n\to\infty}\sum_{k=1}^{n} f(t_k)\Delta x = \lim_{n\to\infty}\sum_{k=1}^{n} M_k \Delta x$$

를 보일 수 있다.

함수 f 가 닫힌구간 $[a,b]$ 에서 연속이 아니라 하더라도 위, 아래로 유계이면, 각 구간 I_k 에 대해

$$\begin{aligned} & m_k \le f(x) \le M_k,\ \forall x \in [x_k, x_{k+1}] \\ \Longleftrightarrow\ & m_k := \inf\{f(x) \mid x \in I_k\},\ M_k := \sup\{f(x) \mid x \in I_k\} \end{aligned}$$

인 m_k 와 M_k 가 존재한다. 이때,

$$\lim_{n\to\infty}\sum_{k=1}^{n} m_k \Delta x = \lim_{n\to\infty}\sum_{k=1}^{n} M_k \Delta x \tag{4.3}$$

가 성립하면, $\displaystyle\int_a^b f(x)\,dx$ 를 이 극한값으로 정의할 수 있고, 함수 f 는 적분가능한 함수라고 말한다. 이때, 연속함수가 아니라 하더라도 적분값을 구할 수 있는 경우가 생긴다.

예를 들어, 닫힌구간 $[a,b]$ 에 속하는 유한개의 $x_1, \cdots, x_m$ 에 대해 $f(x_i) = 0$ 이고, 나머지 x 에 대해서는 $f(x) = 1$ 인 함수 f 는 $[a,b]$ 에서 적분가능하고, 적분값은 $\displaystyle\int_a^b f(x)\,dx = 1$ 이 된다.

---

[1] 식 (4.1)에서 $f(x_k)\Delta x$ 는 함숫값이 음수일 때도 잘 정의되는 식이고, 이로부터 $\int_a^b -f(x)\,dx = -\int_a^b f(x)\,dx$ 가 성립한다.

여기서 한 걸음 더 나아가, $[a,b]$를 n 등분하는 경우와 $2n$ 등분하는 경우를 비교해보면,

$$\sum_{k=1}^{n} m_k \Delta x \le \sum_{k=1}^{2n} m_k \Delta x \le \sum_{k=1}^{2n} M_k \Delta x \le \sum_{k=1}^{n} M_k \Delta x$$

가 성립함을 쉽게 확인할 수 있다. 즉, $\sum_{k=1}^{n} M_k \Delta x$은 등분을 더 잘게 세분할수록 그 합이 점점 작아지고 아래로 유계이다. 따라서 가능한 모든 등분에 대한 합들이 최대하계를 갖게 되고 그 값은 n에 대한 극한값과 같아진다. 또, 같은 방법으로 $\sum_{k=1}^{n} m_k \Delta x$은 등분을 더 잘게 세분할수록 그 합이 점점 커지고 위로 유계이므로, n에 대한 극한값은 가능한 모든 등분에 대한 합들의 최소상계와 같아진다.

이 사실에 기반하여 $[a,b]$를 n 등분하는 대신 $a = x_0 < x_1 < \cdots < x_{n-1} < x_n = b$ 조건을 만족하는 임의의 분할 $\mathcal{P} := \{x_0, \cdots, x_n\}$로 대체하고, 가능한 모든 분할에 대해 다음 두 값

$$\overline{\int_a^b} f(x)\,dx := \inf_{\mathcal{P}} \left\{ \sum_{k=1}^{n} M_k (x_k - x_{k-1}) \,\middle|\, \mathcal{P}\text{는 } [a,b]\text{의 분할} \right\},$$
$$\underline{\int_a^b} f(x)\,dx := \sup_{\mathcal{P}} \left\{ \sum_{k=1}^{n} m_k (x_k - x_{k-1}) \,\middle|\, \mathcal{P}\text{는 } [a,b]\text{의 분할} \right\}$$

이 같아질 때, 즉 $\overline{\int_a^b} f(x)\,dx = \underline{\int_a^b} f(x)\,dx$일 때, 이 값을 f의 적분값 $\int_a^b f(x)\,dx$으로 정의하는 것을 **리만 적분**(Riemman integral)이라고 부른다.

4.2 르베그 측도와 르베그 적분

리만 적분과 르베그 적분을 비교할 때 자주 드는 예로 **디리클레 함수**(Dirichlet function)

$$f(x) = \begin{cases} 0 & (x\text{는 } [0,1]\text{에 속하는 무리수}) \\ 1 & (x\text{는 } [0,1]\text{에 속하는 유리수}) \end{cases}$$

를 생각하자. 이 함수가 리만 적분가능한 지 따져보기 위해 임의의 분할 $0 = x_0, \cdots, x_n = 1$이 주어졌다고 하자. 이때, 각 구간 $I_k = [x_{k-1}, x_k]$의 길이와 무관하게 항상 유리수와 무리수를 포함하므로 $m_k = 0$, $M_k = 1$이 되고,

$$\sum_{k=1}^{n} M_k (x_k - x_{k-1}) = \sum_{k=1}^{n} (x_k - x_{k-1}) = x_n - x_0 = 1,$$
$$\sum_{k=1}^{n} m_k (x_k - x_{k-1}) = \sum_{k=1}^{n} 0 = 0$$

이 성립한다. 이것은 임의의 분할에 대해 성립하는 결과이므로

$$0 = \underline{\int_0^1} f(x)\,dx \neq \overline{\int_0^1} f(x)\,dx = 1$$

이 되어, 디리클레 함수 f 는 리만 적분가능하지 않다.

프랑스의 수학자 르베그(Lebesque)는 리만 적분에서 정의역(x 축)을 잘게 분할하는 대신 함숫값(y 축)을 분할하는 방법을 제시함으로써 이런 제한을 극복하였는데, 이 방법을 따르면 y 의 분할에 대응하는 x 축의 부분집합이 반드시 선분이라는 보장이 없게 된다.

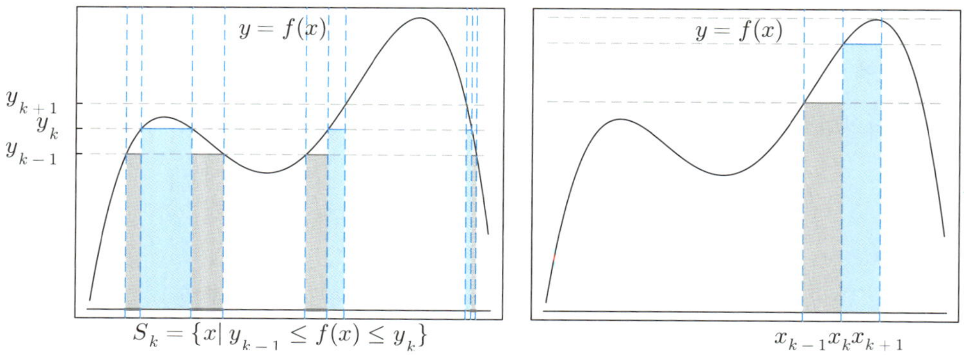

그림 4.1: 르베그 적분(왼쪽)과 리만 적분(오른쪽)에서 분할 합의 차이

예를 들어, 함수 f 가 닫힌구간 $[a, b]$ 의 모든 x 에 대해 $0 < m \leq f(x) \leq M$ 을 만족한다고 하자. 이때, $[m, M]$ 의 한 분할 $m = y_0, \cdots, y_n = M$ 에 대해 집합 S_k 를

$$S_k := \{x \mid y_{k-1} \leq f(x) \leq y_k\}$$

라 하면, ⟨그림 4.1⟩ 에서 보듯이 S_k 는 선분이 된다는 보장이 없다. 따라서 이 집합의 길이 $\ell(S_k)$ 를 구할 수 있으면,

$$\sum_{k=1}^{n} y_{k-1}\ell(S_k) \tag{4.4}$$

를 이용하여 적분을 근사시킬 수 있는데, 이것이 르베그의 방법이다.

좀 더 구체적인 예로 디리클레 함수에 대해 어떤 분할 $0 = y_0, \cdots, y_n = 1$ 을 잡더라도, 식 (4.4)에서

$$\begin{aligned} &S_0 \text{은 닫힌구간 } [0,1] \text{ 에 속하는 무리수의 집합,} \\ &S_n \text{은 닫힌구간 } [0,1] \text{ 에 속하는 유리수의 집합} \end{aligned} \tag{4.5}$$

이 된다. 따라서 집합 S_0 과 S_n 의 길이를 잴 수 있는지가 중요한 문제가 된다.

즉, $\mathbb{R}$ 의 임의의 부분집합 E 가 주어질 때 이 집합의 길이를 재는 함수 λ 가 필요한데, E 가 선분인 경우 $\lambda(E)$ 는 우리가 알고 있는 선분의 길이와 일치하길 원한다. 우선 다음과 같이 유한 구간 I 의 길이를 $\ell(I)$ 라 하자.

$$\ell\big([a,b]\big) = \ell\big((a,b]\big) = \ell\big([a,b)\big) = \ell\big((a,b)\big) = b-a \tag{4.6}$$

이제 $\mathbb{R}$ 의 모든 부분집합들로 이루어진 집합모임을 $\mathcal{P}(\mathbb{R})$ 라 할 때, 함수 $\lambda^* : \mathcal{P}(\mathbb{R}) \to [0,\infty]$ 를 다음과 같이 정의하자. (λ^* 는 ∞ 가 될 수도 있다.)

- $\lambda^*(\varnothing) := 0$ 이고, 임의의 유한 구간 I 에 대해 $\lambda^*(I) := \ell(I)$
- 임의의 $E \in \mathcal{P}(\mathbb{R})$ 에 대해

$$\lambda^* := \inf\left\{\sum_{k=1}^{\infty}\ell(I_k)\,\middle|\,(I_k)_{k\in\mathbb{N}}\text{는 } E \subset \bigcup_{k=1}^{\infty} I_k \text{ 를 만족하는 열린 구간}\right\} \tag{4.7}$$

이때, λ^* 는 잘 정의되고, $\mathbb{R}$ 의 유계 부분집합 E 에 대해 항상 유한한 값 $\lambda^*(E)$ 을 주는 함수가 되는데, 이를 **르베그 외측도**(Lebesque outer measure) 라고 부른다.

이제 선분을 포함하여 임의의 $E \in \mathcal{P}(\mathbb{R})$ 에 대해 $\lambda^*(E)$ 를 구할 수 있는데, 실제로 이 값을 집합 E 의 '길이' 라고 말할 수 있는지 생각해보자. 만약, λ^* 를 이용하여 어떤 집합 E 의 길이를 잴 수 있다면, E 를 아무리 잘게 자르더라도 E 의 길이와 잘게 자른 부분들의 길이의 합이 같아져야 하고, 또 자르는 방법에 관계없이 길이는 일정해야 한다.

예를 들어, 길이를 잴 수 있는 구간 $(0,1]$ 은 아래와 같이 셀 수 있게 많은 구간의 합집합

$$(0,1] = \bigcup_{n=1}^{\infty}\left(\frac{1}{n+1},\frac{1}{n}\right] \implies \sum_{n=1}^{\infty}\left(\frac{1}{n}-\frac{1}{n+1}\right) = \lim_{n\to\infty}\sum_{k=1}^{n}\left(\frac{1}{k}-\frac{1}{k+1}\right) = 1$$

으로 쓸 수 있고, 합집합을 구성하는 구간들의 길이의 합과 원래 구간 $(0,1]$ 의 길이 1 은 같아진다.

위 성질을 일반적으로 표현하면, 길이를 잴 수 있는 집합 E_n $(n \in \mathbb{N})$ 이 서로소[2] 일 때,

$$\lambda^*\left(\bigcup_{k=1}^{\infty} E_k\right) = \sum_{k=1}^{\infty}\lambda^*(E_i) \tag{4.8}$$

가 성립한다고 표현할 수 있는데, 이러한 성질을 **가산 가법성**(countable additivity) 이라고 부른다. 하지만, $\mathbb{R}$ 의 모든 부분집합이 λ^* 에 대해 가산 가법성 만족하는 것은 아니다. 따라서

[2] 여기서, 서로소라는 것은 $i \neq j$ 인 E_i, E_j 에 대해 $E_i \cap E_j = \varnothing$ 가 성립한다는 의미이다.

$\mathcal{P}(\mathbb{R})$에 속하는 특정 부분집합만으로 이루어진 집합모임으로 λ^*의 정의역을 제한하는 방식으로 가산 가법성을 보장하게 된다.

즉, $\mathbb{R}$의 모든 부분집합 A에 대해 **카라테오도리 기준** (Carathéodory criterion)이라고 부르는 다음 관계식

$$\lambda^*(A) = \lambda^*(A \cap E) + \lambda^*(A \cap E^c),\ \forall A \subset \mathbb{R} \tag{4.9}$$

을 만족하는 $E \in \mathcal{P}(\mathbb{R})$를 모두 모은 집합모임을 $\mathcal{M} \subset \mathcal{P}(\mathbb{R})$이라 하고, 르베그 외측도 λ^*를 $\mathcal{M}$에 제한하여 **르베그 측도**(Lebesque measure) $\lambda : \mathcal{M} \to [0, \infty]$를 $\lambda(E) = \lambda^*(E)$로 정의한다.

이때, $\mathcal{M}$은 **σ-대수**(σ-algebra)가 되기 위한 세 가지 조건 (σ-대수의 정의는 정의 4.4 참고)

(1) 공집합 $\varnothing$과 $\mathbb{R}$은 $\mathcal{M}$에 속한다.

(2) E가 $\mathcal{M}$에 속하면, E^c도 $\mathcal{M}$에 속한다.

(3) 만일 E_n $(n \in \mathbb{N})$이 모두 $\mathcal{M}$에 속하면 $\displaystyle\bigcup_{n=1}^{\infty} E_n$도 $\mathcal{M}$에 속한다.

을 만족시키고, 이 세 가지 성질로부터 서로소인 $\{E_n | n \in \mathbb{N}\} \subset \mathcal{M}$와 르베그 측도 λ에 대해 가산 가법성이 성립함을 보일 수 있다. 이때, σ-대수 $\mathcal{M}$에 속하는 $\mathbb{R}$의 부분집합을 (르베그 측도에 대해) **잴 수 있는 집합**(measurable set) 또는 **가측집합**이라고 부른다.

$\mathcal{M}$은 위의 세 조건 외에도 식 (4.9)에 의해 $\mathbb{R}$의 모든 구간을 포함하고, 이를 조건 (3)과 결합하면 임의의 열린집합도 포함함을 알 수 있다. 또, 임의의 $x \in \mathbb{R}$에 대해 $\{x\} \in \mathcal{M}$이고 $\lambda(\{x\}) = \lambda^*(\{x\}) = 0$이므로, 다시 성질 (3)과 가산 가법성에 의해 유리수 전체의 집합 $\mathbb{Q}$는 잴 수 있는 집합이 되고

$$\lambda(\mathbb{Q}) = \sum_{x \in \mathbb{Q}} \lambda(\{x\}) = 0$$

이 된다. 같은 이유로 식 (4.5)에서 $S_n = [0,1] \cap \mathbb{Q}$도 잴 수 있는 집합이고 $\lambda(S_n) = 0$이 된다. 일반적으로 $\mathbb{Q}$와 같이 르베그 측도에 대해 $\lambda(A) = 0$을 만족하는 잴 수 있는 집합 A를 **영측도 집합**(null set)이라고 부른다.

예제 4.1 식 (4.5)의 집합 S_0는 르베그 측도에 대해 잴 수 있는 집합이고, $\lambda(S_0) = 1$이 됨을 보이시오.

풀이 우선 $\mathcal{M}$이 만족하는 조건 (2)에 의해, $\mathcal{M}$에 속하는 두 집합 E_1, E_2에 대해 E_1^c과 E_2^c도 $\mathcal{M}$에 속하고, 조건 (3)에 의해 $(E_1^c \cup E_2^c)^c = E_1 \cap E_2$도 $\mathcal{M}$에 속한다.

한편, $S_0 = [0,1] \cap S_n^c = [0,1] \cap \mathbb{Q}^c$ 이고 $\mathbb{Q}$ 가 $\mathcal{M}$ 에 속하므로 S_0 는 잴 수 있는 집합이다. 따라서 조건 (3)을 이용하면 $\lambda\big([0,1]\big) = \lambda(S_0) + \lambda(S_n)$ 이므로, $\lambda(S_n) = 0$ 으로부터 $\lambda(S_0) = \lambda\big([0,1]\big) = 1$ 이 된다. □

$\mathbb{R}$ 에서 르베그 측도를 정의한 것과 유사한 방법으로 $\mathbb{R}^n$ 에서도 n 차원 부피와 일치하는 르베그 측도를 정의할 수 있다. 길이를 갖는 구간 $[a_i, b_i], [a_i, b_i), (a_i, b_i], (a_i, b_i)$ 중 하나를 I_i 라 할 때, $\mathbb{R}^n$ 에서 n 차원 상자

$$B = I_1 \times I_2 \times \cdots \times I_n = \{\boldsymbol{x} = (x_1, x_2, \cdots, x_n) \in \mathbb{R}^n \mid \forall x_i \in I_i\}$$

의 n 차원 부피를 $\mathrm{vol}(B) := (b_1 - a_1)(b_2 - a_2)\cdots(b_n - a_n)$ 라 하고, $\mathbb{R}^n$ 의 모든 부분집합들로 이루어진 집합모임을 $\mathcal{P}(\mathbb{R}^n)$ 이라 하자. 이때, 실수에서 르베그 외측도를 정의한 식 (4.7)에서 구간의 길이를 n 차원 상자의 부피로 바꾸면, 르베그 외측도를 $\mathbb{R}^n$ 으로 확장시킬 수 있다. 즉, $\lambda^* : \mathcal{P}(\mathbb{R}^n) \to [0, \infty]$ 는 다음과 같이 정의된다.

- $\lambda^*(\varnothing) = 0$ 이고, 임의의 n 차원 상자 B 에 대해 $\lambda^*(B) := \mathrm{vol}(B)$
- 임의의 $B \in \mathcal{P}(\mathbb{R}^n)$ 에 대해

$$\lambda^*(E) := \inf\left\{\sum_{k=1}^{\infty} \mathrm{vol}(B_k) \,\middle|\, (B_k)_{k\in\mathbb{N}}\text{는 } E \subset \bigcup_{k=1}^{\infty} B_k \text{ 를 만족하는 } n \text{ 차원 열린상자}\right\}$$

이때, $\mathcal{P}(\mathbb{R}^n)$ 에 속하는 부분집합 중 카라테오도리 기준을 만족하는 모든 부분집합들의 집합모임

$$\mathcal{M} := \big\{E \in \mathcal{P}(\mathbb{R}^n) \mid \lambda^*(A) = \lambda^*(A \cap E) + \lambda^*(A \cap E^c),\ \forall A \in \mathcal{P}(\mathbb{R}^n)\big\}$$

은 σ-대수가 되고, λ^* 를 $\mathcal{M}$ 에 제한한 함수 λ 를 $\mathbb{R}^n$ 에서의 **르베그 측도**라 정의한다. 또, $\mathcal{M}$ 에 속하는 E 를 르베그 측도에 대해 **잴 수 있는 집합** 또는 **가측집합**이라고 부른다.

이제 르베그 측도를 이용하여 연속함수를 포함하는 좀 더 넓은 범위의 함수에 대해 르베그 적분을 정의할 수 있다. 우선 집합 X 를 $\mathbb{R}$ 또는 $\mathbb{R}^n$ 이라 하고, $\mathcal{M}$ 을 앞서 정의한 것처럼 르베그 측도에 대해 잴 수 있는 집합들의 σ-대수라 할 때, 필요한 몇 가지 용어를 정의하자.

우선, 함수 $f : X \to \mathbb{R}$ 가 르베그 측도에 대해 **잴 수 있는 함수**(measurable function)라는 것은 임의의 실수 α 에 대해 집합 $\{\boldsymbol{x} \in X \mid f(\boldsymbol{x}) > \alpha\}$ 가 르베그 측도에 대해 잴 수 있는 집합

이 된다는 뜻이고, 다음과 동치이다.

$$\begin{aligned} &\{\boldsymbol{x} \in X \mid f(\boldsymbol{x}) > \alpha\} \in \mathcal{M}, \ \forall \alpha \in \mathbb{R} \\ \Longleftrightarrow &\{\boldsymbol{x} \in X \mid f(\boldsymbol{x}) \geq \alpha\} \in \mathcal{M}, \ \forall \alpha \in \mathbb{R} \\ \Longleftrightarrow &\{\boldsymbol{x} \in X \mid f(\boldsymbol{x}) < \alpha\} \in \mathcal{M}, \ \forall \alpha \in \mathbb{R} \\ \Longleftrightarrow &\{\boldsymbol{x} \in X \mid f(\boldsymbol{x}) \leq \alpha\} \in \mathcal{M}, \ \forall \alpha \in \mathbb{R} \end{aligned} \tag{4.10}$$

예를 들어, 연속함수, 리만 적분 가능한 함수, 증가함수, 계단함수와 앞서 예로 든 디리클레 함수 등은 모두 르베그 측도에 대해 잴 수 있는 함수가 된다. 잴 수 있는 함수를 **가측함수**라고 부르기도 한다.

또, X의 한 부분집합 E에 대한 **지시함수**(indicator function) $\mathbf{1}_E : X \to \{0, 1\}$은

$$\mathbf{1}_E(\boldsymbol{x}) = \begin{cases} 1 & (\boldsymbol{x} \in E) \\ 0 & (\boldsymbol{x} \notin E) \end{cases}$$

로 정의한다. 지시함수는 특성함수라고 부르기도 하며, $\mathbf{1}_E$ 외에도 χ_E, I_E 등으로 쓰기도 한다. 이때, X에서 정의된 **단순함수**(simple function)는 아래와 같이 서로소인 $\{E_1, \cdots, E_n\} \subset \mathcal{M}$인 가측집합 E_i에 대한 지시함수 $\mathbf{1}_{E_i}$의 일차결합을 의미한다.

$$s(\boldsymbol{x}) = \sum_{i=1}^{n} a_i \mathbf{1}_{E_i}(\boldsymbol{x}) \quad (\text{단}, a_1, \cdots, a_n \in \mathbb{R}\text{이고 } E_i \cap E_j = \varnothing)$$

정의로부터 잴 수 있는 집합에 대한 지시함수와 단순함수는 모두 잴 수 있는 함수가 된다.

이때, 르베그 측도에 대한 르베그 적분은 다음과 같이 단계적으로 정의할 수 있다.

정의 4.1 (르베그 적분)

- 음이 아닌 계수를 갖는 단순함수 $s(\boldsymbol{x}) = \sum_{i=1}^{n} a_i \mathbf{1}_{E_i}(\boldsymbol{x})$ $(\forall a_i \geq 0)$에 대한 르베그 적분은 아래와 같이 정의한다.

$$\int_X s \, d\lambda = \int_X \left(\sum_{i=1}^{n} a_i \mathbf{1}_{E_i} \right) d\lambda := \sum_{i=1}^{n} a_i \lambda(E_i)$$

- 함숫값이 0 이상인 잴 수 있는 함수 f의 르베그 적분은 다음과 같이 정의한다.

$$\int_X f d\lambda := \sup \left\{ \int_X s \, d\lambda \ \middle| \ s\text{는 } 0 \leq s(\boldsymbol{x}) \leq f(\boldsymbol{x}) \ (\forall \boldsymbol{x} \in X)\text{를 만족하는 단순함수} \right\}$$

- 잴 수 있는 함수 f에 대해 함수 f_+, f_-를 다음

$$f_+(\boldsymbol{x}) := \max\{f(\boldsymbol{x}), 0\}, \quad f_-(\boldsymbol{x}) = \max\{-f(\boldsymbol{x}), 0\}$$

과 같이 정의하면, $f_+(\boldsymbol{x}) \geq 0, f_-(\boldsymbol{x}) \geq 0$ 이고

$$f(\boldsymbol{x}) = f_+(\boldsymbol{x}) - f_-(\boldsymbol{x}), \quad |f(\boldsymbol{x})| = f_+(\boldsymbol{x}) + f_-(\boldsymbol{x})$$

가 된다. 음이 아닌 두 함수에 대한 르베그 적분 $\int_X f_+ \, d\lambda$, $\int_X f_- \, d\lambda$ 중 적어도 하나가 유한한 값일 때, f 의 르베그 적분을 다음과 같이 정의한다.

$$\int_X f \, d\lambda := \int_X f_+ \, d\lambda - \int_X f_- \, d\lambda$$

또, 잴 수 있는 함수 f 가 다음 조건

$$\int_X f_+ \, d\lambda < \infty \text{이고} \int_X f_- \, d\lambda < \infty \iff \int_X |f| \, d\lambda < \infty$$

을 만족할 때, f 는 **르베그 적분 가능한 함수**라 말한다.

- 잴 수 있는 집합 $A \in \mathcal{M}$ 에서 정의된 잴 수 있는 함수 f 의 르베그 적분은 다음과 같이 정의한다.

$$\int_X f \, d\lambda = \int_X \mathbf{1}_A f \, d\lambda$$

르베그 적분을 다음과 같이 쓰기도 한다.

$$\int f(\boldsymbol{x}) \, \lambda(d\boldsymbol{x})$$

르베그 측도에 대해 잴 수 있는 함수 $w : X \to \mathbb{R}$ 에 대해, 르베그 측도와 르베그 적분의 정의로부터 다음이 성립함을 보일 수 있다.

- 서로소인 가측집합들의 셀 수 있는 모임 $\{A_i \in \mathcal{M}_X \mid i \in \mathbb{N}\}$ 에 대해 $A = \bigcup_{i=1}^{\infty} A_i$ 라 할 때,

$$\int_A g \, d\lambda = \sum_{i=1}^{\infty} \int_{A_i} g \, d\lambda \tag{4.11}$$

- A 가 영측도 집합일 때, $\int_A g \, d\lambda$

이 소절을 시작하면서 예로 들었던 디리클레 함수 f 는 잴 수 있는 집합 $E := [0,1] \cap \mathbb{Q}$ 에 대해 $f = \mathbf{1}_E$ 이므로 잴 수 있는 함수이고, 르베그 적분값은 $\int f \, d\lambda = 0$ 이 된다. 이때, 영측도 집합 $\mathbb{Q}$ 의 부분집합인 $[0,1] \cap \mathbb{Q}$ 를 제외한 모든 점에서, 디리클레 함수 f 와 함숫값이 일치하는 상수함수 $g = 0$ 에 대해 $\int f \, d\lambda = \int g \, d\lambda$ 가 성립함을 알 수 있는데, 이러한 성질은 보다 일반적인 상황에서 성립하는 성질이다.

즉, 두 함수 f, g에 대해 집합 $\{\boldsymbol{x} \,|\, f(\boldsymbol{x}) \neq g(\boldsymbol{x})\}$가 어떤 영측도 집합의 부분집합이면 이 부분집합도 르베그 측도에 대해 잴 수 있는 영측도 집합이 되는데[3], 이런 상황을 간단히 다음과 같이 나타낸다.

$$f = g \ \text{ a.e.}$$

이때, 잴 수 있는 두 함수 f와 g의 르베그 적분에 대해 다음이 성립함을 보일 수 있다.

$$f = g \ \text{ a.e.} \implies \int f\,d\lambda = \int g\,d\lambda$$

이처럼 르베그 적분을 생각할 때, 영측도 집합은 적분에 영향을 주지 않으므로 아래와 같은 표현을 자주 사용한다.

- $f_n \to f$ a.e. $\iff \{\boldsymbol{x} \,|\, \lim_{n\to\infty} f_n(\boldsymbol{x}) \neq f(\boldsymbol{x})\}$는 영측도 집합의 부분집합
- $f \leq g$ a.e. $\iff \{\boldsymbol{x} \,|\, f(\boldsymbol{x}) > g(\boldsymbol{x})\}$는 영측도 집합의 부분집합

끝으로, 르베그 적분과 관련된 중요한 정리인 **단조 수렴 정리**(Monotone Convergence Theorem)과 **지배 수렴 정리**(Dominated Convergence Theroem)를 소개한다.

정리 4.2

집합 X에서 정의된 잴 수 있는 함수열 $\{f_n\}$과 잴 수 있는 함수 f에 대해 다음 두 조건

- $f_n(x) \leq f_{n+1}(x),\ \forall n \in \mathbb{N},\ \forall x \in X$
- $\lim_{n\to\infty} f_n = f$ a.e.

이 성립하면, $\displaystyle\lim_{n\to\infty} \int f_n\,d\lambda = \int f\,d\lambda$이다. (이때, 적분값이 ∞인 경우에도 성립한다.)

정리 4.3

[지배 수렴 정리] 잴 수 있는 함수열 $\{f_n\}$과 함수 f에 대해 다음 두 조건

- $f_n \to f$ a.e.
- 모든 $n \in \mathbb{N}$에 대해 $|f_n| \leq g$를 만족하는 르베그 적분 가능한 함수 g가 존재

이 성립하면, f는 르베그 적분 가능하고 $\displaystyle\int f\,d\lambda = \lim_{n\to\infty} \int f_n\,d\lambda$가 성립한다.

[3] 다음 절에서 소개하는 일반적인 측도에 대해서는 영측도 집합의 부분집합이 잴 수 있는 집합이라는 보장이 없다. 일단, 영측도 집합 A의 부분집합 B가 잴 수 있는 집합이기만 하면, $0 = \lambda(A) = \lambda(B) + \lambda(A \cap B)$과 λ는 항상 0 이상의 값만 취한다는 사실로부터 $\lambda(B) = 0$을 쉽게 보일 수 있다.

4.3 일반적인 측도와 확률 측도

앞 절에서 살펴본 르베그 측도는 우리가 일상에서 실제로 길이, 넓이, 부피를 잴 수 있는 집합에 대해서는 동일한 값을 주면서, 보다 덜 직관적인 집합의 크기까지도 잴 수 있는 함수였다. 하지만 일상에서 길이를 잴 때도 경우에 따라서는 다른 측면을 고려한 새로운 길이를 생각해야 하는 경우가 있다. 예를 들어, 균일하게 만들어진 아주 가는 철사를 질량이 같아지도 자르는 방법은 길이가 같아지게 자르면 되지만, 균일하지 않다면 밀도를 고려한 길이를 생각해야 한다. 이 절에서는 집합의 크기를 측정하는 다양한 방법을 수학적으로 표현한 일반적인 측도에 대해 설명한다.

우선 전체집합에서 측도로 잴 수 있는 집합의 집합모임으로 생각하기 위해, 전체집합 X 에 기반한 σ-대수를 정의하자.

정의 4.4 (σ-대수)

공집합이 아닌 집합 X 에 대하여 X 의 어떤 부분집합들의 집합모임 $\mathcal{M}_X$ 가 다음 세 가지 조건을 만족할 때, $\mathcal{M}_X$ 를 X 에 기반한 **σ-대수**라고 부른다. 또, $\mathcal{M}_X$ 에 속하는 집합을 **잴 수 있는 집합**이라고 부른다.

(1) 전체집합 X 는 $\mathcal{M}_X$ 에 속한다.

(2) 만일 A 가 $\mathcal{M}_X$ 에 속하면, 여집합 $A^c := X \setminus A$ 도 $\mathcal{M}_X$ 에 속한다.

(3) 만일 A_i $(i \in \mathbb{N})$ 가 모두 $\mathcal{M}_X$ 에 속하면, $\displaystyle\bigcup_{i=1}^{\infty} A_i$ 도 $\mathcal{M}_X$ 에 속한다.

이때, 위 정의로부터 $\mathcal{M}_X$ 가 X 에 기반한 σ-대수이면, 다음이 성립한다.

- 조건 (1)과 (2)에 의해 공집합 $\varnothing$ 도 $\mathcal{M}$ 에 속한다.
- 이때, 조건 (3)에서 $i \geq n+1$ 일 때 $A_i = \varnothing$ 으로 두면, $\mathcal{M}_X$ 에 속하는 유한 개 집합의 합집합도 $\mathcal{M}_X$ 에 속함을 알 수 있다.
- 또, 조건 (2)와 (3)으로부터, A_i $(i \in \mathbb{N})$ 가 모두 $\mathcal{M}_X$ 에 속하면, $\displaystyle\bigcap_{i=1}^{\infty} A_i$ 도 $\mathcal{M}_X$ 에 속함을 알 수 있다.

이제 일반적인 측도를 정의할 수 있다.

정의 4.5 (측도)

X 에 기반한 σ-대수 $\mathcal{M}_X$ 가 주어질 때, $\mathcal{M}_X$ 에서 정의된 함수 $\mu : \mathcal{M}_X \to [0, \infty]$ 가 다음 두 성질을 만족하면 μ 를 **측도**(measure) 라 하고, $(X, \mathcal{M}_X, \mu)$ 를 **측도공간**(measure space) 이라고 한다.

(1) $\mu(\varnothing) = 0$

(2) [**가산 가법성**] 서로소인 $\{A_i \in \mathcal{M}_X \mid i \in \mathbb{N}\}$ 에 대하여

$$\mu\left(\bigcup_{i=1}^{\infty} A_i\right) = \sum_{i=1}^{\infty} \mu(A_i)$$

만약 전체집합의 측도값이 유한하면, 즉 X 에 대해 $\mu(X) < \infty$ 이면 μ 를 **유한측도**(finite measure) 라고 부른다. 특히, $\mu(X) = 1$ 인 측도를 **확률 측도**(probability measure) 라 부른다.

일반적인 측도가 갖는 기본적인 성질을 알아보기 위해 다음 예제를 살펴보자.

예제 4.2 $(X, \mathcal{M}_X, \mu)$ 가 측도공간이라 할 때, 측도 μ 에 대해 다음이 성립함을 보이시오.

- $A, B \in \mathcal{M}_X$ 이고 $A \subset B$ 이면, $\mu(A) \le \mu(B)$ 이다. **[단조성]**
- $A_i \in \mathcal{M}_X$, $\forall\, i \in \mathbb{N}$ 에 대하여

$$\mu\left(\bigcup_{i=1}^{\infty} A_i\right) \le \sum_{i=1}^{\infty} \mu(A_i)$$

풀이 측도의 성질 (2) 에서 유한개의 집합을 제외한 나머지 집합을 $\varnothing$ 으로 두면, 유한개의 셀 수 있는 집합 A_i 에 대해 $\mu(A_1 \cup \cdots \cup A_n) = \mu(A_1) + \cdots + \mu(A_n)$ 이 성립한다. 따라서 $A \subset B$ 인 $A, B \in \mathcal{M}_X$ 에 대해, B 는 서로소인 두 집합 $A \in \mathcal{M}_X$ 와 $B \cap A^c \in \mathcal{M}_X$ 에 대해

$$\mu(B) = \mu(A) + \mu(B \cap A^c) \ge \mu(A)$$

가 성립한다.

이제 두 번째 성질을 보이자. 주어진 집합열 $\{A_i \mid i \in \mathbb{N}\}$ 에 대해, 집합 B_i 를

$$B_1 := A_1, \quad B_i := A_i \cap \big(A_1 \cup \cdots \cup A_{i-1}\big)^c \ (i \ge 2)$$

로 정의하면 B_i는 모두 $\mathcal{M}_X$에 속하고, $B_i \subset A_i$이므로 $\mu(B_i) \le \mu(A_i)$이다. 또, $\{B_i \mid i \in \mathbb{N}\}$은 서로소이므로 측도의 성질 (2)에 의해

$$\mu\left(\bigcup_{i=1}^{\infty} A_i\right) = \mu\left(\bigcup_{i=1}^{\infty} B_i\right) = \sum_{i=1}^{\infty} \mu(B_i) \le \sum_{i=1}^{\infty} \mu(A_i)$$

가 성립한다. □

측도의 몇 가지 예를 살펴보자.

- **보렐 측도**

$X = \mathbb{R}^n$에서 모든 열린집합을 포함하는 가장 작은 σ-대수 $\mathcal{B}_X$를 **보렐 σ-대수**라 하고, 보렐 σ-대수에 속하는 집합을 **보렐 집합**이라고 부른다.[4] 이때, 보렐 σ-대수에서 정의된 측도를 **보렐 측도**(Borel measure)라 한다.

예를 들어, $\mathbb{R}^n$에서 르베그 측도를 정의할 때 구성한 σ-대수는 모든 보렐 집합을 포함하므로 르베그 측도 λ를 보렐 σ-대수 $\mathcal{B}_X$로 제한하면 보렐 측도가 된다.

$\mathcal{B}_X$에서 정의되는 보렐 측도를 구성하는 또 다른 예를 살펴보자. 르베그 측도에 대해 잴 수 있는 음이 아닌 함수 $w : X \to [0, \infty)$[5]와 르베그 측도 λ에 대하여, 측도 $\mu : \mathcal{B}_X \to [0, \infty]$를

$$\mu(A) := \int_A w \, d\lambda \tag{4.12}$$

로 정의하면, 식 (4.11)에 의해 μ는 보렐 측도가 됨을 확인할 수 있다. 이때, 음이 아닌 함수 w를 르베그 측도 λ에 대한 μ의 **밀도함수**(density function)라고 부르고[6], $\mu(d\boldsymbol{x}) = w(\boldsymbol{x})\lambda(d\boldsymbol{x})$로 쓴다. 또, 측도 μ에 대한 적분 $\int f \, d\mu$(또는 $\int f(\boldsymbol{x}) \, \mu(d\boldsymbol{x})$)은 아래 예제 4.3에서 알 수 있듯이 르베그 측도에 대한 르베그 적분을 이용하여 다음과 같이 구한다.

$$\int f \, d\mu := \int f \, w d\lambda = \int f(\boldsymbol{x}) \, w(\boldsymbol{x})\lambda(d\boldsymbol{x})$$

예제 4.3 측도 μ가 밀도함수 w에 대해 (4.12)와 같이 정의된다고 하자. 이때, 잴 수 있는 함수 $f : X \to \mathbb{R}$의 측도 μ에 대한 르베그 적분은 $\int f \, d\mu = \int f \, w \, d\lambda$가 됨을 보이시오.

[4] 여기서는 전체집합 X를 $\mathbb{R}^n$으로 제한했지만, 일반적으로 열린집합을 생각할 수 있는 임의의 위상공간 X에 대해 보렐 σ-대수를 말할 수 있다.

[5] 르베그 측도에 대해 잴 수 있는 함수의 동치조건은 식 (4.10)을 참고하면 된다.

[6] μ가 $\mu(X) = 1$인 확률 측도인 경우, w가 확률밀도함수에 대응된다.

풀이 첫 번째 단계로, f가 음이 아닌 단순함수, 즉 $a_i \geq 0$이고 $i \neq j$이면 $A_i \cap A_j = \varnothing$인 가측집합 $A_i\,(1 \leq i \leq n)$에 대해 $f = \sum_{i=1}^{n} a_i \mathbf{1}_{A_i}$인 경우를 생각하자. 이때, μ에 대한 르베그 적분은

$$\int f\, d\mu = \sum_{i=1}^{n} a_i \mu(A_i)$$

이고, 측도의 정의로부터

$$\mu(A_i) = \int_{A_i} w\, d\lambda = \int_X \mathbf{1}_{A_i} w\, d\lambda\,(1 \leq i \leq n)$$

이므로 f가 음이 아닌 단순함수일 때 아래와 같이 주어진 식이 성립한다.

$$\int f\, d\mu = \sum_{i=1}^{n} a_i \int \mathbf{1}_{A_i} w\, d\lambda = \int \left(\sum_{i=1}^{n} a_i \mathbf{1}_{A_i} \right) w\, d\lambda = \int f\, w\, d\lambda$$

두 번째 단계로, 함수 $f : X \to [0, \infty)$가 잴 수 있는 함수인 경우를 생각하자. 이때 다음 조건을 만족하는 음이 아닌 단순함수열 $\{s_n\}$을 구할 수 있다.

- $\{s_n\}$은 증가하는 함수열, 즉 $0 \leq s_n(x) \leq s_{n+1}(\boldsymbol{x})$, $\forall\, n \in \mathbb{N}$, $\forall\, \boldsymbol{x} \in X$
- $\lim_{n\to\infty} s_n(\boldsymbol{x}) = f(\boldsymbol{x})$, $\forall\, \boldsymbol{x} \in X$

이때, $w \geq 0$이므로 함수열 $\{s_n w\}$은 증가하는 함수열이 되고,

$$\lim_{n\to\infty} s_n(\boldsymbol{x}) w(\boldsymbol{x}) = f(\boldsymbol{x}) w(\boldsymbol{x}), \quad \forall \boldsymbol{x} \in X$$

이 성립한다. 한편 첫 번째 단계의 결과에 의해 $\int s_n\, d\mu = \int s_n\, w\, d\lambda$이므로, 르베그 적분에 대한 단조 수렴 정리 4.2에 의해

$$\lim_{n\to\infty} \int s_n\, d\mu = \int f\, d\mu, \quad \lim_{n\to\infty} \int s_n\, w\, d\lambda = \int f\, w\, d\lambda$$

가 성립한다. 따라서 $\int f\, d\mu = \int f\, w\, d\lambda$가 성립한다.

끝으로, 함수 $f : X \to \mathbb{R}$이 잴 수 있는 함수일 때, f_+와 f_-는 음이 아닌 잴 수 있는 함수이므로 두 번째 단계에 의해 $\int f_+\, d\mu = \int f_+\, w\, d\lambda$, $\int f_-\, d\mu = \int f_-\, w\, d\lambda$가 성립한다. 따라서

$$\int f\, d\mu = \int f_+\, d\mu - \int f_-\, d\mu = \int (f_+ - f_-) w\, d\lambda = \int f\, w\, d\lambda$$

가 성립한다. □

- **셈측도**

집합 X 의 모든 부분집합의 집합모임 $\mathcal{P}(X)$ 는 σ-대수가 된다. 이때, X 의 부분집합 A 의 원소의 개수를 대응시키는 함수 $\mu : \mathcal{P}(X) \to [0, \infty]$ 는 측도가 되는데, 이를 **셈측도**(counting measure) 라 부른다. 즉, A 의 원소의 개수가 n 이면 $\mu(A) = n$ 이고, A 의 원소의 개수가 무한개이면 $\mu(A) = \infty$ 이다.

- **이산측도**

집합 $X \subset \mathbb{R}^n$ 가 셀 수 있는 집합 $\{x_i \,|\, i \in \mathbb{N}\}$ 일 때[7], 음이 아닌 함수 $w : X \to [0, \infty)$ 에 대하여

$$\mu(A) := \sum_{\boldsymbol{x} \in A} w(\boldsymbol{x}), \quad A \subset X$$

로 정의되는 함수 $\mu : \mathcal{P}(X) \to [0, \infty]$ 는 측도가 되는데, 이를 **이산측도**(dicrete measure) 라 부른다. 이때, w 는 셈측도에 대한 μ 의 밀도라고 생각할 수 있다. 이산측도에 대한 적분은

$$\int f(\boldsymbol{x})\mu(d\boldsymbol{x}) := \sum_{\boldsymbol{x} \in X} f(\boldsymbol{x})w(\boldsymbol{x})$$

가 된다.

끝으로 3.1.1 절에서 설명한 콜모고로프의 확률공간 $(\Omega, \mathcal{H}, \mathbb{P})$ 을 측도공간과 관련지어 살펴보자. 우선, 표본공간 Ω 의 부분집합 중 확률을 취할 수 있는 사건들의 모임인 $\mathcal{H}$ 는 집합 Ω 의 σ-대수 (보통은 보렐 σ-대수) 이다. 또, $\varnothing \cap \varnothing = \varnothing$ 이므로 콜모고로프의 공리 (3) 에 의해

$$\mathbb{P}(\varnothing) = \mathbb{P}(\varnothing \cup \varnothing) = \mathbb{P}(\varnothing) + \mathbb{P}(\varnothing) \implies \mathbb{P}(\varnothing) = 0$$

이 성립하므로 측도의 성질 (1) 이 만족되고, $\mathbb{P}$ 는 확률측도가 된다.

역으로 측도공간 $(X, \mathcal{M}_X, \mu)$ 에서 μ 가 확률측도이면, 확률측도의 정의와 예제 4.2에 의해 함수 μ 는 콜모고로프의 확률 공리 (1),(2),(3) 을 모두 만족한다. 따라서 $(X, \mathcal{M}_X, \mu)$ 는 확률공간이 된다.

[7] 즉, X 의 원소가 유한개이거나, 두 집합 X 와 $\mathbb{N}$ 사이에 일대일대응이 존재하는 집합을 말한다.

참고문헌

[1] 김성기, 김도한, 계승혁,《해석개론》, 제2개정판, 서울대학교출판문화원, 2011.

[2] 김홍종,《미적분학2》, 제3개정판, 서울대학교출판문화원, 2023.

[3] 하길찬,《해설이 있는 선형대수학》, 제2판, 교우, 2018.

[4] C. C. Aggarwal, *Linear Algebra and Optimization for Machine Learning*, Springer, 2020.

[5] C. M. Bishop, *Pattern Recognition and Machine Learning*, Springer, 2006.

[6] S. Boyd and L. Vandenberghe, *Convex Optimization*, Cambridge University Press, 2004.

[7] G. Casella and R. L. Berger, *Statistical Inference*, 2nd edition, Cengage Learning, 2001.

[8] S. H. Chan, *Introduction to probability for data science*, Michigan Publishing Services, 2021.

[9] R. Durrett, *Probability: Theory and Examples*, 5th edition, Cambridge University Press, 2019.

[10] R. Fletcher, *Practical Methods of Optimization*, 2nd edition, Wiley, 2000.

[11] G. B. Folland, *Real Analysis: Modern Techniques and Their Applications*, 2nd edition, Wiley, 2007.

[12] G. H. Golub and C. F. Van Loan, *Matrix Computations*, 4th edition, Johns Hopkins University Press, 2013.

[13] T. J. Hastie, R. J. Tibshirani, and J. H. Friedman. *The Elements of Statistical Learning: Data mining, Inference, and Prediction*. Springer, New York, 2009.

[14] R. T . Rockafellar, *Convex Analysis*, Princeton University Press, 1970.

[15] S. M. Ross, *A First Course in Probability*, 10th edition, Pearson, 2019.

[16] D. Simovici, *Mathematical Analysis for Machine Learning and Data Mining*, World Scientific, 2018.

[17] Gilbert Strang, *Introduction to Linear Algebra*, 5th edition, Wellesley-Cambridge Press, 2016.

찾아보기

하 길찬

현) 세종대학교 수학통계학부 교수

서울대학교 이학박사
한국전자통신연구소 선임연구원
국가보안기술연구소 선임연구원

머신러닝을 위한 수학 길잡이

초판발행 2024년 1월 25일

지은이 하길찬
펴낸이 오판근
펴낸곳 (주) 교우
주 소 서울시 동대문구 약령시로 8 교우빌딩 2층 (주)교우
전 화 02-925-2861 / **팩 스** 02-925-2860. **편집부** 02-925-2825
홈페이지&북스토어 www.kyowoo.co.kr / **이메일** kyowoo@kyowoo.co.kr

등 록 1994년 3월 24일 제1994-000013호
ISBN 979-11-251-0388-2 (93410)